# 长春年鉴

2017

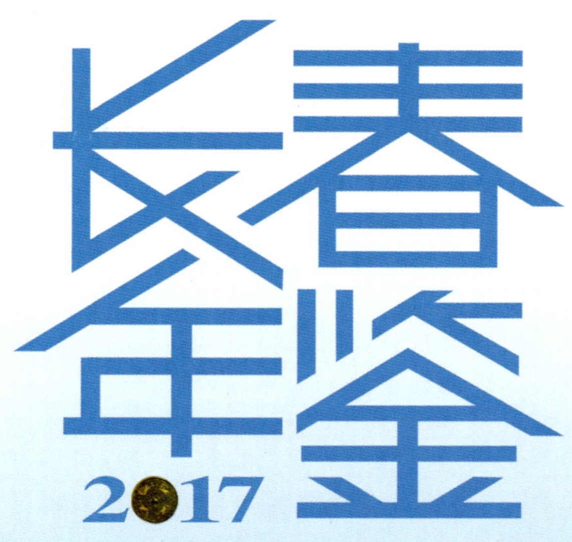

# CHANGCHUN ALMANAC

长春市人民政府　主办
长春市地方志编纂委员会　编

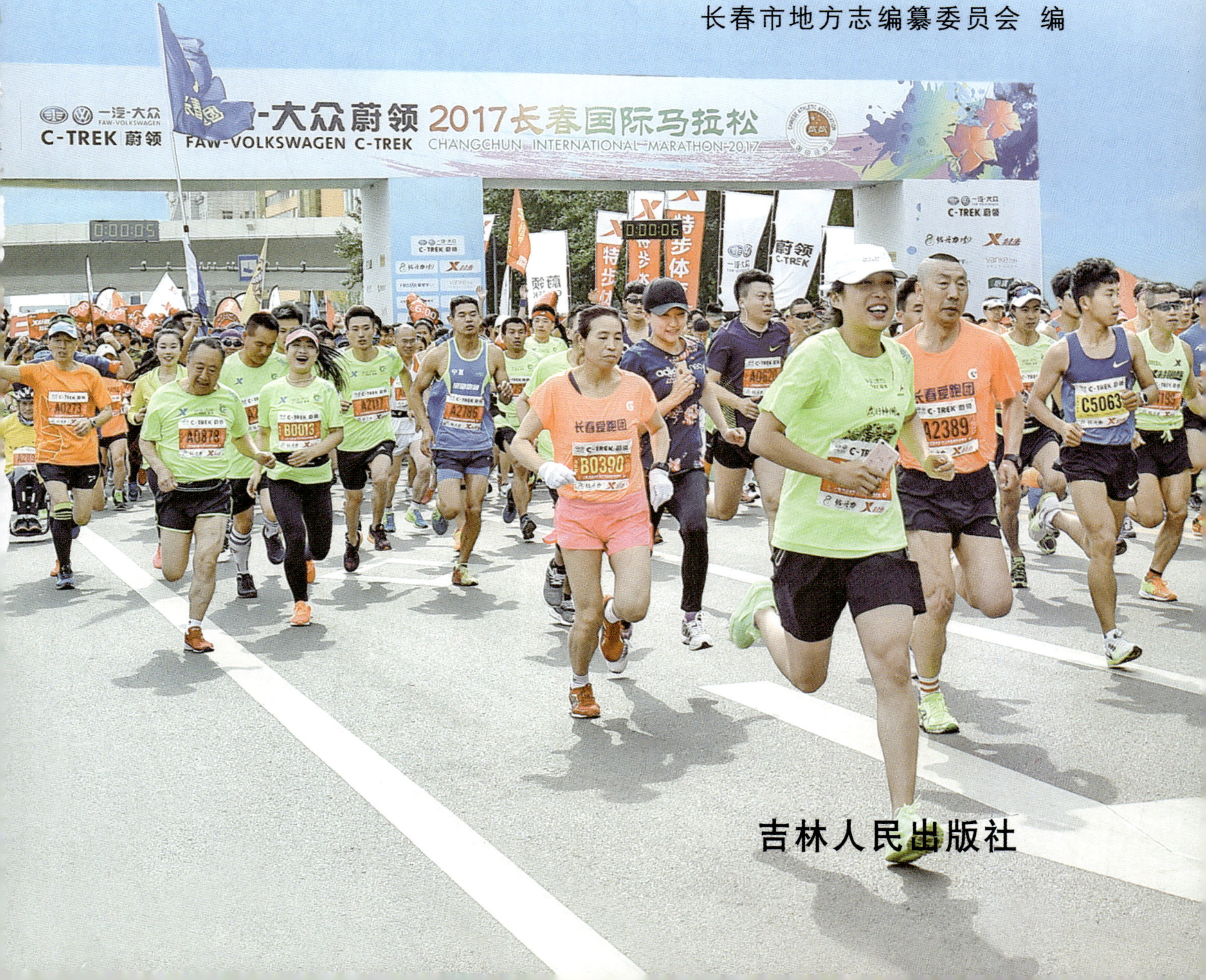


吉林人民出版社

**图书在版编目(CIP)数据**

长春年鉴. 2017 / 长春市地方志编纂委员会编. --
长春 : 吉林人民出版社, 2017.11
ISBN 978-7-206-14620-6

Ⅰ. ①长… Ⅱ. ①长… Ⅲ. ①长春—2017—年鉴
Ⅳ. ①Z523.41

中国版本图书馆CIP数据核字(2017)第294648号

# 长春年鉴(2017)

编　　者：长春市地方志编纂委员会
责任编辑：陆　雨　　　封面设计：祁贵鹏
吉林人民出版社出版 发行(长春市人民大街7548号　邮政编码：130022)
印　　刷：长春方圆印业有限公司
开　　本：889mm × 1194mm　1/16
印　　张：20.25　　字数：690千字　　插页：30
标准书号：ISBN 978-7-206-14620-6
版　　次：2017年11月第1版　　　印　次：2017年11月第1次印刷
印　　数：1-1000册　　　　　　　定　价：298.00元

## 长春年鉴编纂委员会



## 长春年鉴编纂人员

长春市城区图
长春新区
长春北湖科技开发区
长东北城市生态湿地公园
宽城区
经济技术开发区(北区)
绿园区
G302
G12
G01
G102
S101
S106
地铁一号线
宽城区政府
长吉城际铁路

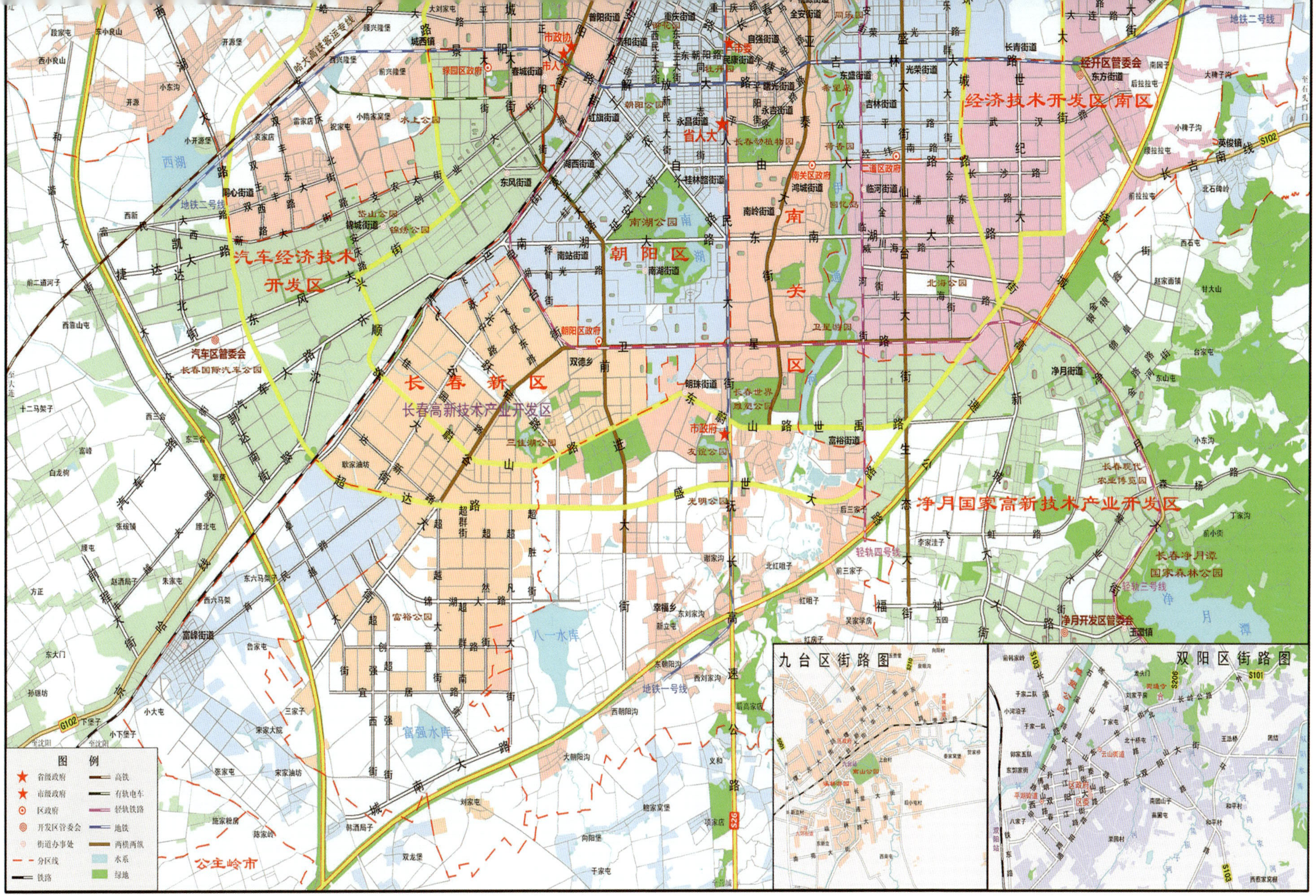

经济技术开发区(南区)

南关区

朝阳区

长春新区

长春高新技术产业开发区

汽车经济技术开发区

净月国家高新技术产业开发区

长春净月潭国家森林公园

公主岭市

九台区街路图

双阳区街路图

图例

| | | | |
|---|---|---|---|
| ★ | 省级政府 | | 高铁 |
| ★ | 市级政府 | | 有轨电车 |
| ⊙ | 区政府 | | 轻轨铁路 |
| ◎ | 开发区管委会 | | 地铁 |
| ○ | 街道办事处 | | 两横两纵 |
| | 分区线 | | 水系 |
| | 铁路 | | 绿地 |

吉S(2014)133号 长春市规划局监制

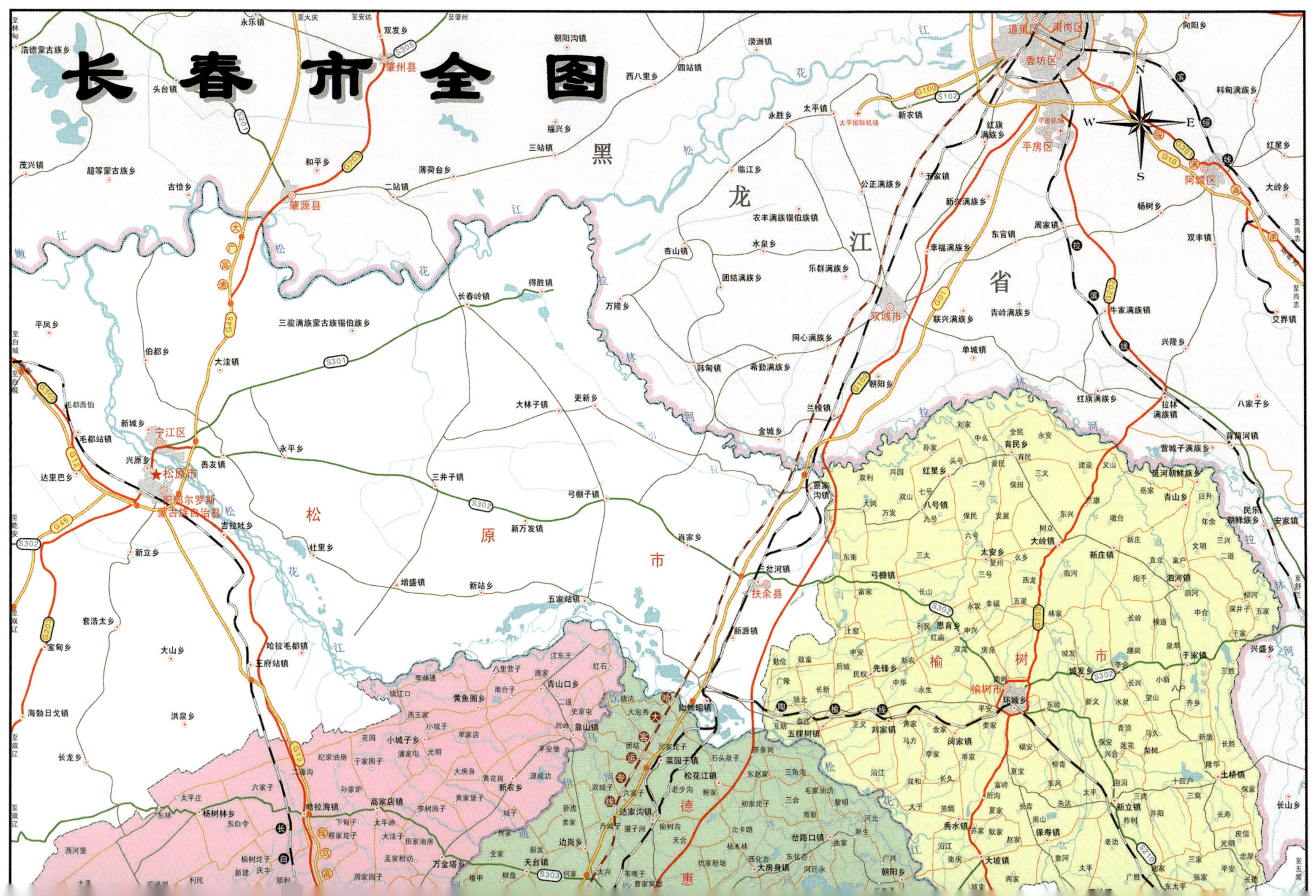

长春市全图
黑
龙
江
省
松
原
市
榆
树
市
德
惠
肇州县
肇源县
宁江区
松原市
前郭尔罗斯蒙古族自治县
扶余县
双城市
道里区
南岗区
香坊区
平房区
阿城区
榆树市
太平国际机场
浩德蒙古族乡
头台镇
茂兴镇
超等蒙古族乡
古恰乡
和平乡
二站镇
薄荷台乡
三站镇
福兴乡
朝阳沟镇
西八里乡
四站镇
涝洲镇
永胜乡
太平镇
新农镇
临江乡
公正满族乡
农丰满族锡伯族镇
水泉乡
杏山镇
团结满族乡
乐群满族乡
万隆乡
同心满族乡
韩甸镇
希勤满族乡
兰棱镇
金城乡
朝阳乡
单城镇
联兴满族乡
青岭满族乡
幸福满族乡
东官镇
周家镇
新兴满族乡
五家镇
红旗满族乡
杨树乡
双丰镇
科甸满族乡
红星乡
大岭乡
交界镇
兴隆乡
牛家满族镇
红旗满族乡
拉林满族镇
八家子乡
背荫河镇
营城子满族乡
延河朝鲜族乡
青山乡
民乐朝鲜族乡
安家镇
兴盛乡
长山乡
平凤乡
伯都乡
大洼镇
三骏满族蒙古族锡伯族乡
长春岭镇
得胜镇
大林子镇
更新乡
永平乡
善友镇
三井子镇
弓棚子镇
新万发镇
肖家乡
三岔河镇
杜里乡
吉拉吐乡
增盛镇
新站乡
五家站镇
新源镇
陶赖昭镇
新立乡
兴原乡
新城乡
毛都站镇
达里巴乡
套浩太乡
宝甸乡
大山乡
哈拉毛都镇
王府站镇
洪泉乡
海勃日戈镇
长龙乡
黄鱼圈乡
青山口乡
靠山镇
小城子乡
哈拉海镇
杨树林乡
高家店镇
大房身镇
弓棚镇
先锋乡
恩育乡
五棵树镇
刘家镇
闵家镇
环城乡
城发乡
于家镇
大岭镇
新庄镇
泗河镇
太安乡
红星乡
育民乡
八号镇
秀水镇
保寿镇
新立镇
大坡镇
土桥镇
松花江镇
菜园子镇
达家沟镇
边岗乡
天台镇
岔路口镇
朝阳乡
万金塔乡

图例

- 地级市行政中心
- 县级行政中心
- 乡、镇、街道
- 行政村
- 机场
- 高速公路出入口
- 省级界
- 地级市界
- 县级界
- 规划东北区域轻轨公路
- 快速铁路及车站
- 铁路
- 高速公路
- 规划高速公路
- 国道
- 省道
- 环城路
- 县级公路
- 其他道路
- 湖泊

资料截止时间2017年6月　吉S(2014)132号　长春市规划局监制

# 长春的一天

清晨，长春火车站的钟声打破拂晓的沉寂。在全市20604平方公里的大地上，753.4万名辛勤的长春人从睡梦中苏醒，434万名工人、农民、知识分子、干部和社会各界人士，129.6万名大中小学生，分别从276万户居民家庭中走出，开始了新的一天生活。

每天有4457辆公共汽（电）车通过遍布长春纵横交错的251条线路，其中公交专用道36条；15401辆出租车、128.1万辆私家轿车运行在长春市区，每天将出行的长春人民和来长的客人送到各自所要到达的目的地。

在这一天里，勤劳的长春人民为国家创造生产总值162424.66万元，创造农林牧渔业增加值9104.11万元，创造工业增加值80169.86万元，使财政获得31520.55万元收入，其中地方财政收入11383.56万元。地方财政支出21112.33万元，其中社会保障和就业支出3057.53万元，医疗卫生与计划生育支出1852.05万元，交通运输支出594.52万元。现在一天生产汽车6959辆，其中轿车5014辆，公路客车27辆，载货汽车315辆；生产铁路客车3辆，拖拉机13台，轮胎9690条，变压器约1万千伏安，工业自动调节仪表与控制系统622台；一天的水泥产量达4.45万吨，原煤产量7419.18吨，钢材产量484.93吨，农用塑料薄膜98.63吨；每日发电量6197.26万千瓦时；一天生产精炼食用植物油838.36吨，卷烟3923.29万支，啤酒720.55吨，服装2.87万件，中成药25吨，饲料9835.62吨。每日上市蔬菜7402.74吨，牛奶180.82吨，肉类3098.63吨，禽蛋950.68吨，出栏生猪1.65万头，出栏家禽71.23万只，粮食27076.71吨，其中玉米22709.59吨，水稻3731.51吨。

智慧的长春人民每天专利申请量约37件，其中发明专利申请量16件，每天民营科技企业技术合同成交额达2964.38万元，科技管理部门投入经费54.79万元。

善良的长春人民每天社会福利彩票收益378.08万元，为社会募集善款4.93万元，支出善款2.49万元，救助困难群众41人次。

来自216个国家和地区的雕塑家，为长春市创作积累的1635件（组）精美雕塑作品，分别落置在长春世界雕塑公园、双阳雕塑公园、汽车公园雕塑园、高新长东北湿地雕塑公园内，在装扮这座美丽城市的同时，日均迎接3000余人次入园参观游览。

长春地处中国东北地区辽、吉、黑、蒙四省区通衢的十字要冲，每日公路完成货运量29.85万吨，铁路发送货物1.38万吨，民航货邮吞吐量238.36吨，有34.59万人次通过公路、铁路、航空运输渠道进出长春。每天来长春旅游观光的人数达到16.65万人次，其中有1238名游客是外国人、华侨和港澳台同胞，创旅游（外汇）收入94.24万美元。邮电职工每天将986.3件特快专递送到千家万户，邮电业务收入达2712.33万元，每日有699.4万户互联网用户在上网。

随着长春投资环境的不断改善，对外开放水平的进一步提高，许多世界著名的大财团、大公司和有实力的港澳台商人在长春投资。每天实际利用外资1780.82万美元，直接利用外资353.42万美元，每天有526.03万美元的商品出口到世界120多个国家和地区，同时也有3353.42万美元的商品从世界各地进口到长春。

城市投资建设成绩斐然，平均每天有12.91亿元用于固定资产投资，其中房地产开发投资1.64亿元，新增固定资产8.67亿元。每天销售商品房2.79万平方米，二手房成交面积1.63万平方米。每天金融机构本外币各项存款30.47亿元，贷款27.30亿元，其中城乡住户储蓄存款11.72亿元。每天保险费收入6158.90万元，保险赔付1876.71万元。每日有价证券成交总额43.34亿元，其中股票交易成交额25.51亿元。

城乡人民生活质量明显提高，平均每天社会消费品零售总额达7.26亿元，城镇常住居民平均每天消费性支出28901.58万元，比2015年增长1156.56万元；乡村常住居民平均每天可支配收入10875.32万元，比2015年增长715.16万元。

惠民政策温暖城乡千家万户，每天打通微循环道路107米，施划公共停车泊位900多个，安装路灯、楼道灯63盏，改造农村水冲式厕所40户。改造城区“暖房子”近万平方米，新建、改造老旧供热、燃气和供水室外管网2.44公里，新增供热能力2.34万平方米。每天新增市场主体80户，24户农民工返乡自主创业，获得新农村建设专项资金8万元。

每天有170名新生儿在长春降生，有80人因各种原因而离开人世。有195对新人喜结良缘，有82对夫妇准予离异。有231人迁出长春，有130人来长春落户发展。

市民安全感和满意度明显提升，全市每天新增“四期”视频探头54个，破获各类刑事案件26起。每天发生一般程度道路交通事故7起、工矿商贸安全生产事故0.6起，扑救火灾6起，直接经济损失19.67万元。每天新增绿化面积0.3公顷，植树26.30平方米，园林绿化支出547.95万元。

空气质量逐步改善，城区空气首要污染物细颗粒物（PM2.5）日均每立方米46微克，比2015年下降20微克；二氧化硫日均每立方米28微克，比2015下降8微克；二氧化氮日均每立方米40微克，比2015年下降5微克。日均淘汰小锅炉3台，淘汰黄标车和老旧车辆110辆，征收排污费31.45万元。

午夜零点，当人们开始进入梦乡时，来自全市各水厂、电站和煤气站的计量表显示，全市日供水能力124万吨，日售电量4880.27万千瓦小时，液化石油气日供气量136.99吨、天然气日供气量158.67万立方米。

（邱志华）

# 主要城市荣誉

国家卫生城市（2008年12月5日）

全国文明城市（2011年12月20日）

国家新型城镇化综合试点城市（2015年2月4日）

全国人民防空先进城市（2016年5月13日）

全国法治宣传教育先进城市（2016年5月28日）

最佳避暑旅游城市（2016年6月24日）

全国双拥模范城市（2016年7月29日）

“中国制造2025”试点示范城市（2016年8月18日）

全国绿色有机农业示范市（2016年9月2日）

国家森林城市（2016年9月19日）

中国最具幸福感城市（2016年12月1日）

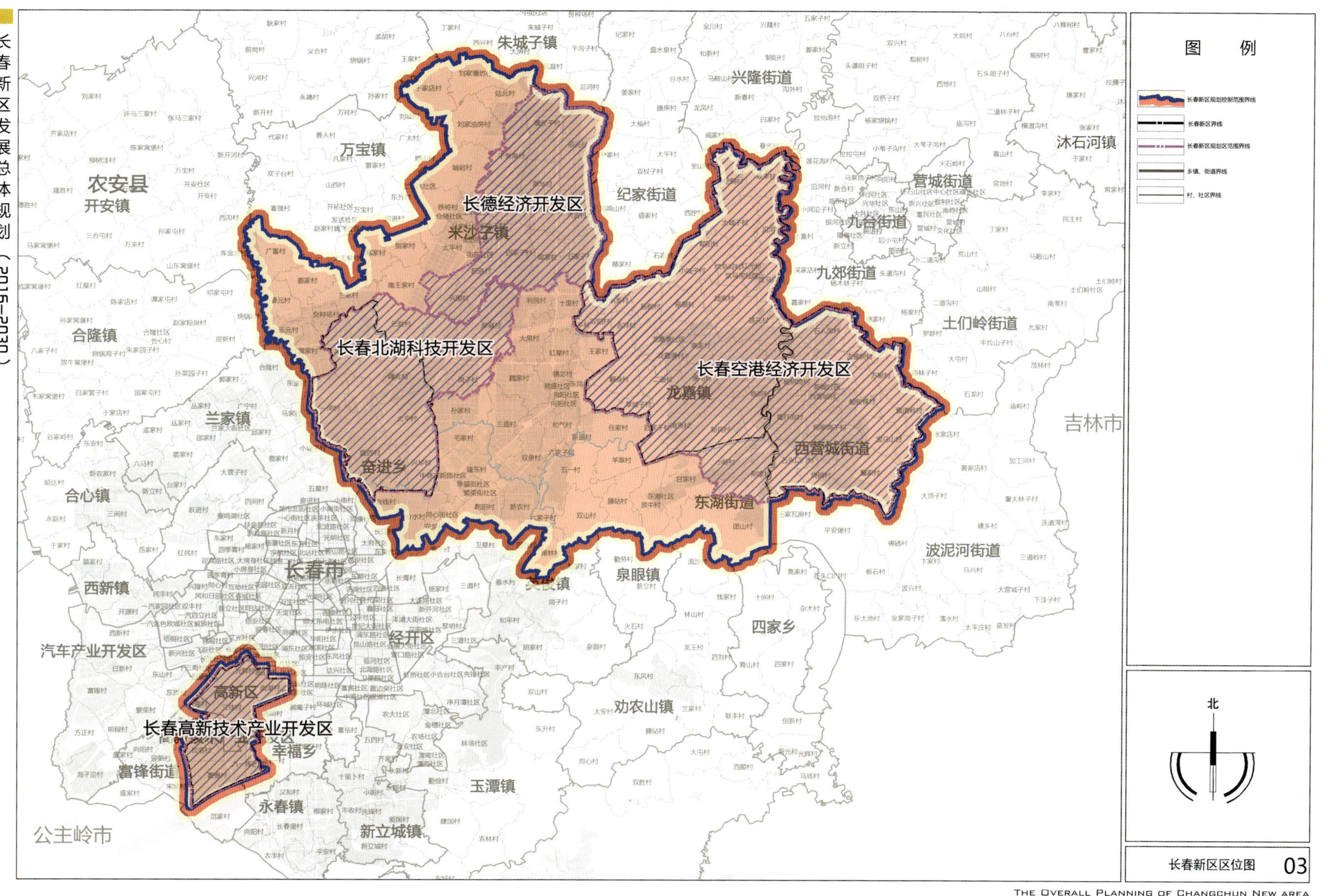


长春新区发展总体规划（2016—2030）

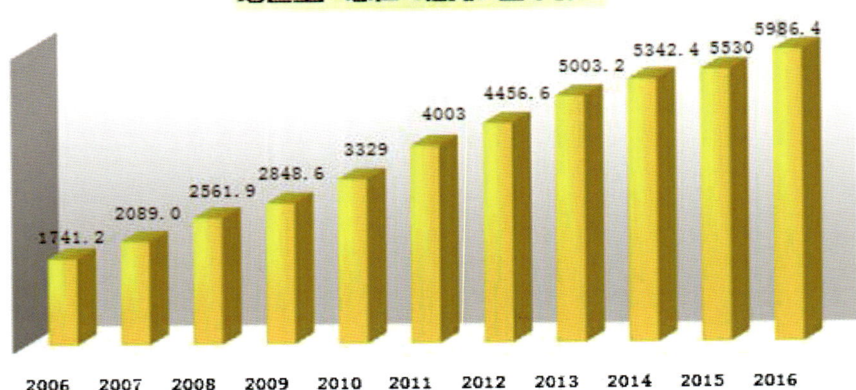
地区生产总值（亿元、当年价）
1741.2
2089.0
2561.9
2848.6
3329
4003
4456.6
5003.2
5342.4
5530
5986.4
2006
2007
2008
2009
2010
2011
2012
2013
2014
2015
2016

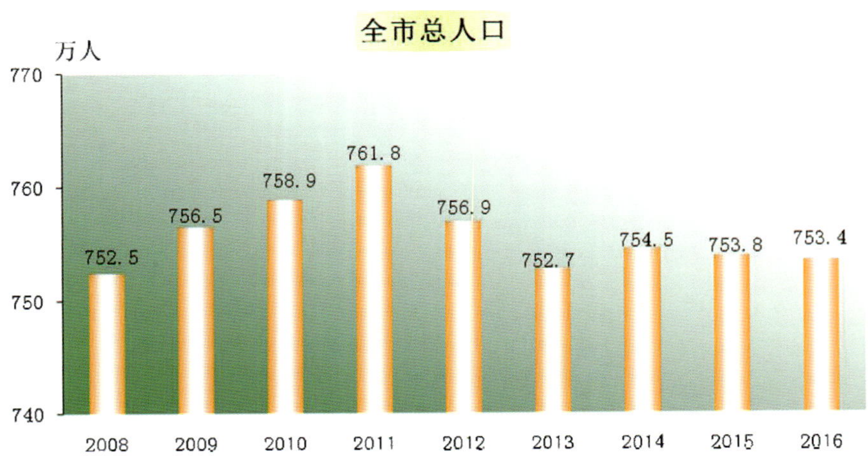
全市总人口
万人
770
760
750
740
752.5
756.5
758.9
761.8
756.9
752.7
754.5
753.8
753.4
2008
2009
2010
2011
2012
2013
2014
2015
2016

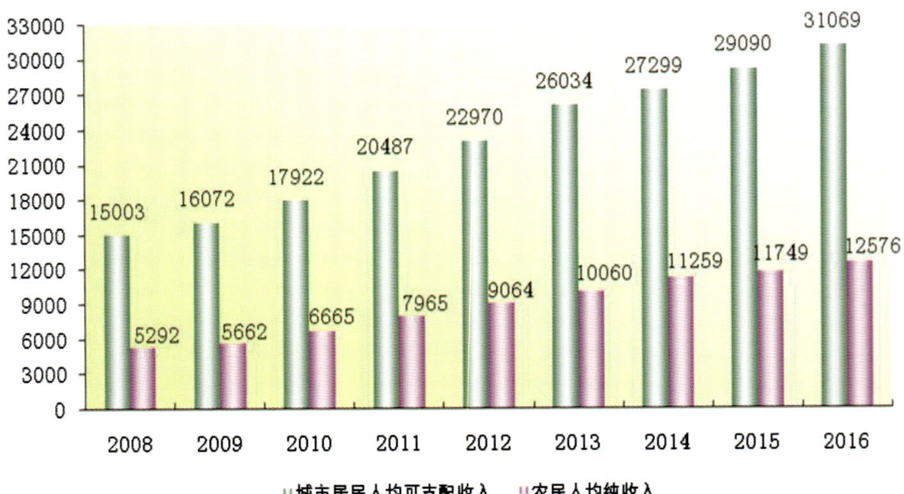
城乡居民收入（元）
33000
30000
27000
24000
21000
18000
15000
12000
9000
6000
3000
0
15003
5292
16072
5662
17922
6665
20487
7965
22970
9064
26034
10060
27299
11259
29090
11749
31069
12576
2008
2009
2010
2011
2012
2013
2014
2015
2016
城市居民人均可支配收入
农民人均纯收入

规模以上工业总产值（亿元）
2839.1
3515.3
4461.7
5750.8
7005
8263.5
9213.4
9831.1
8658.2
9278
2007
2008
2009
2010
2011
2012
2013
2014
2015
2016

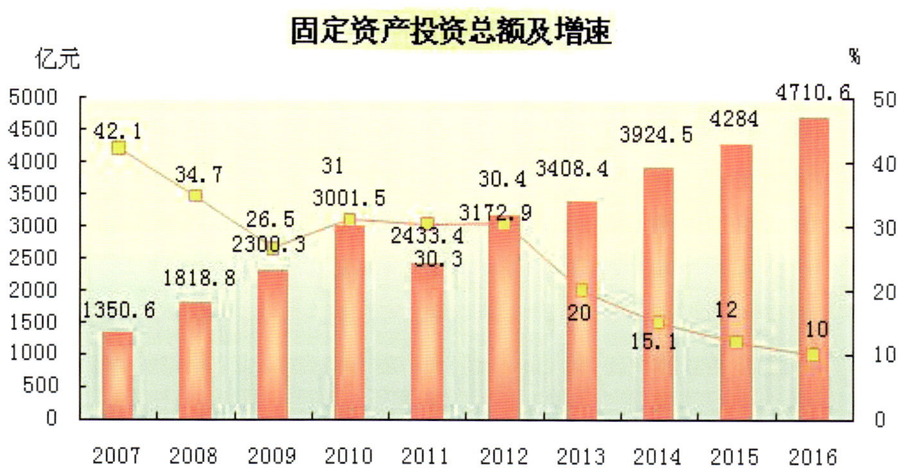
固定资产投资总额及增速
亿元
%
5000
4500
4000
3500
3000
2500
2000
1500
1000
500
0
50
40
30
20
10
0
1350.6
42.1
1818.8
34.7
2300.3
26.5
3001.5
31
2433.4
30.3
3172.9
30.4
3408.4
20
3924.5
15.1
4284
12
4710.6
10
2007
2008
2009
2010
2011
2012
2013
2014
2015
2016

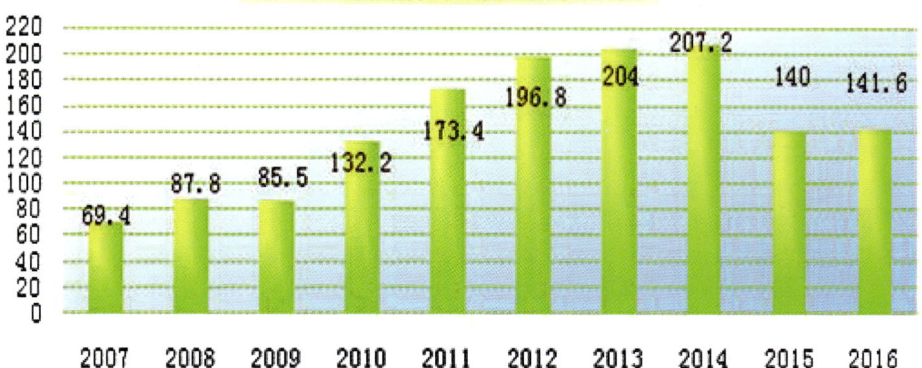
对外贸易进出口总额（亿美元）
220
200
180
160
140
120
100
80
60
40
20
0
69.4
87.8
85.5
132.2
173.4
196.8
204
207.2
140
141.6
2007
2008
2009
2010
2011
2012
2013
2014
2015
2016

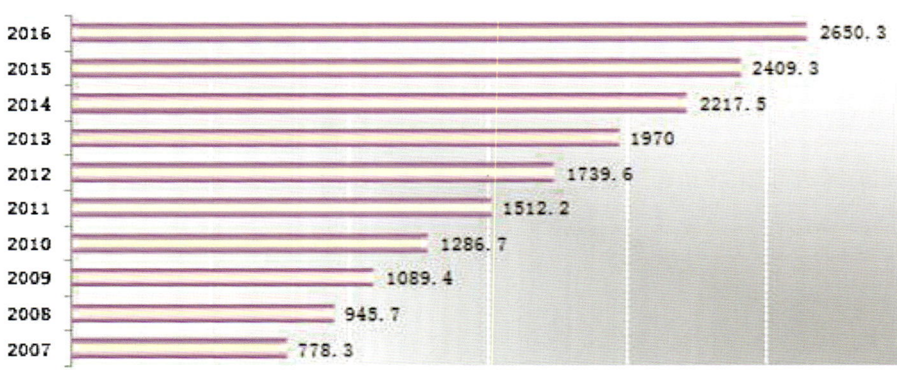


注：金融机构存、贷款余额及储蓄存款余额均为人民币

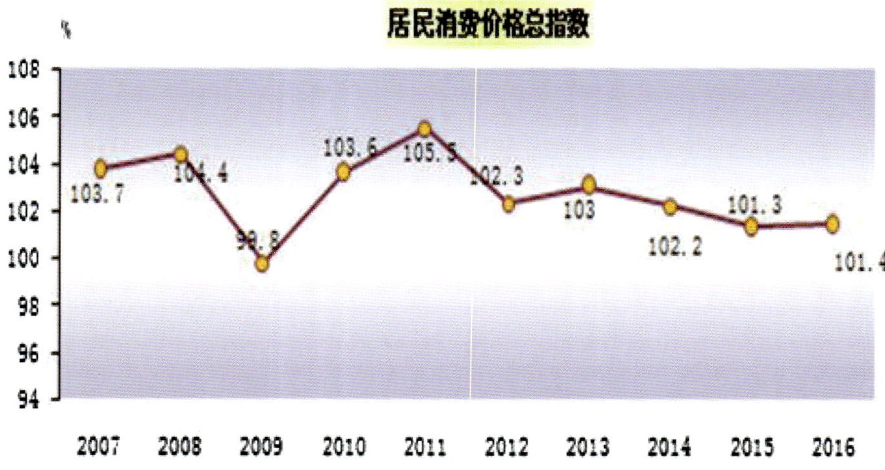


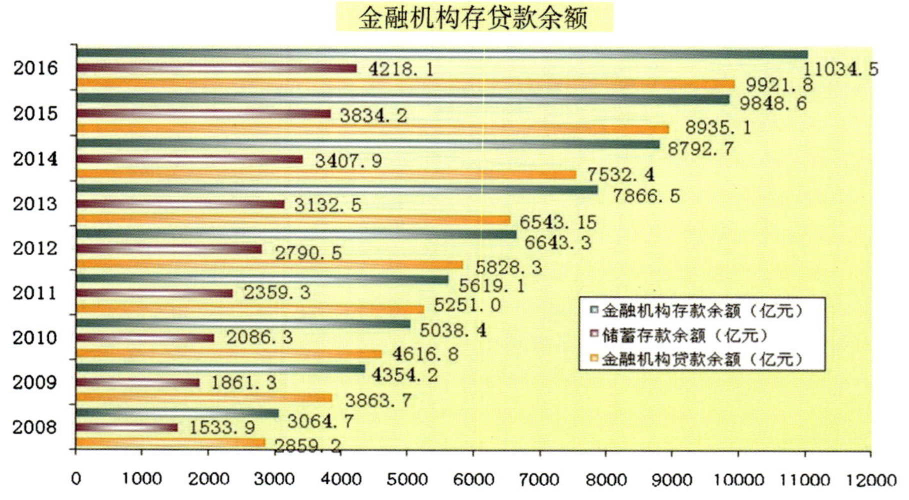

▶ 北海路湿地公园

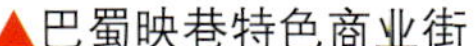
▲巴蜀映巷特色商业街

▲吉林大路

◀东北亚「黄金纽带」文化园

◀长春德苑正式开园迎客

▲莲花山度假区冬季美景

▲长新东路

长春奥体中心▶

▲12月27日至29日，中国共产党长春市第十三次代表大会在吉林省宾馆胜利召开

▲12月29日，新当选的中国共产党长春市第十三届委员会常务委员会委员

▲5月24日，省委常委、市委书记王君正参加省经贸代表团活动，访问大众集团总部，会见大众集团董事长穆伦

▲市人大常委会主任李树国走访贫困户

▲11月10日，长春市市长刘长龙会见美国驻沈阳总领事

▲11月4日，市政协主席崔杰视察大项目

▲6月27日，庆祝中国共产党成立95周年暨长春市第十三次创先争优表彰大会在省宾馆举行

▲5月10日，省委常委、市委书记王君正到市人社局指导“两学一做”学习教育，并讲了一堂生动的党课

▲6月29日，在庆祝建党95周年暨全市创先争优表彰大会上省委常委、市委书记王君正为优秀共产党员标兵颁发荣誉证书

▲6月28日，市司法局代表队在“全市学习党章党规 严明党的纪律”知识竞赛中获三等奖

▲8月26日，长春市召开创建全国双拥模范城总结部署大会

▲9月2日，长春市创建全国绿色有机农业示范市授牌仪式

▲12月1日，“2016中国最具幸福感城市”调查推选活动结果在北京人民大会堂揭晓，长春第9次蝉联“中国最具幸福感城市”

▲9月19日，“2016森林城市建设座谈会”在陕西省延安市开幕，长春市获“国家森林城市”称号

全市经济工作会议

8月11日，省委常委、市委书记王君正主持召开全市招商引资工作座谈会

11月9日，全市工业转型座谈会

11月29日，长春市党政代表团在天津滨海新区考察

▲11月2日，长春市人民政府与国网吉林省电力有限公司签订长春电网“十三五”发展协议

▲ 11月16日，市政府与中国核工业建设集团公司战略合作框架协议签约仪式在南湖宾馆举行

▲ 8月10日，长春市副市长白绪贵和省工信厅副厅长马军共同为吉林航天信息产业创新联盟揭牌

▲3月31日，长春市人民政府、华为技术有限公司云计算数据中心战略合作协议签约仪式

▲12月16日，市委全面深化改革领导小组召开2016年第八次全体会议

▲7月22日，长春市召开长春市政务服务"一门式、一张网"综合改革工作动员大会暨领导小组第一次会议

▲净月高新区高新技术创业服务中心国家级科技企业孵化器——众创大厦

▲11月1日，长春市召开全市创新发展座谈会

▲7月18日，长春科技大市场启动运行

▲长春北湖科技园

▲一汽集团红旗轿车生产线

▲皓月集团

▲中华老字号—鼎丰真

▲8月10日，长春地铁首列车运抵1号线车辆段

▲大成集团

▲红旗街商圈

◀7月15日，第十三届中国长春国际汽车博览会开幕式

▲8月24日，第十五届中国长春国际农业·食品博览（交易）会

▲12月15日，首届中国·吉林国际冰雪旅游产业博览会开幕式

▲10月15日，第十三届中国长春电影节暨纪念红军长征胜利80周年影片《勇士》首映式

◀4月13日，长春市召开建设幸福长春大会

▲7月11日，市关工委成立25周年暨关心下一代工作表彰大会

▲12月23日，长春市市长刘长龙慰问环卫工人

▲12月28日，长春市副市长王路视察长春市天然气外环高压管网工程

▲10月13日，2016年吉林省暨长春市“双创”活动周启动仪式在长春高新益田福朋喜来登酒店举行

▲4月17日，全市整治道路交通秩序大会战公安机关动员大会

▲交警部门严格管理交通秩序

▲6月24日，长春市首期电视问政直播

▲长春市“一门式、一张网”政务服务大厅

▲省委常委、市委书记王君正到长春急救指挥中心调研

▲12月7日，长春市市长刘长龙到吉林省龙家堡矿业有限责任公司实地检查煤矿井下安全生产情况

▲7月7日，“长春好人”评选活动

▲11月11日，2016年金融教育扶贫励志班开学典礼

◀5月11日，长春市召开农村低保补差式救助工作会议

▲12月21日，长春市事业单位首次赴北京开展人才招聘会

▲7月4日，长春龙嘉国际机场开通长春—伊尔库茨克—莫斯科航线（首次开通洲际航线）

▲ 11月22日，长春市在全国社区治理和服务创新工作经验交流会议上作典型发言

▲1月4日，2016中国长春冰雪旅游节暨净月潭瓦萨滑雪节

▲8月6日，庆祝全国第8个"全民健身日"活动

▲8月2日，全国软式棒垒球夏令营暨全国软式棒垒球锦标赛

# 编辑说明

《长春年鉴》创刊于1988年，是由长春市人民政府主办、长春市地方志编纂委员会编纂、吉林人民出版社出版的大型综合性资料年刊，每年编辑出版一卷，此书为第30卷。旨在连续记述长春市改革开放、经济建设和社会发展的历史进程，为各级领导了解市情、实施科学决策，为各行各业查询资料信息、推动事业发展，为国内外广大读者全面、系统、翔实地了解、研究、认识长春市提供服务。

《长春年鉴》2017卷记述2016年长春市政治、经济、社会发展等方面情况。采用分类编辑法，主体内容分类目、分目和条目3个层次。《长春年鉴》2017卷在内容和体例上基本与2016卷年鉴保持了相对的连续性和稳定性，根据《吉林省地方综合年鉴编纂规范》要求，全书类目做了局部调整，设专辑、大事记、长春概貌、中国共产党长春市委员会、长春市人民代表大会、长春市人民政府、中国人民政治协商会议长春市委员会、纪检监察、民主党派、人民团体·社会团体、地方武装、法治、综合经济管理、城建环保、对外经济贸易、农业、工业、民营经济、交通、信息产业、商业旅游业会展经济、金融、教育、科学、文化、卫生体育、社会、县（市）区概览、开发区、人物、领导干部名单、文献、附录等33个类目，168个分目，1219个条目。书前设全书英文目录，书后附主题索引。

《长春年鉴》2017卷所载稿件内容由长春市各县（市）区，市直各部门，中央、省驻长有关单位及驻长部队撰（供）稿，并经各有关单位领导审核，主要统计数据由长春市统计局审核认定。

《长春年鉴》2017卷在编纂过程中得到全市各有关单位和吉林人民出版社的热情支持，在此深表感谢。全书文字虽经多次审校，仍难免有差错和疏漏之处，敬请读者批评指正。

长春年鉴编辑部

2017年11月18日

# 目　　录

## 专　文



## 大事记



## 长春概览



## 中国共产党长春市委员会

## 中国人民政治协商会议长春市委员会



## 纪律检查和行政监察



## 民主党派和工商联

## 人民团体·社会团体



## 地方武装



## 法　治

·城市管理·



·城市公用事业·



·房地产业·



·环境保护·



·国土资源管理·



·园林绿化·



·伊通河管理·



## 对外经济贸易

·招商引资·

## 附　录



## 主题索引

# CHANGCHUN ALMANAC
# TABLE OF CONTENTS

## FEATURES



## CHRONICLE FOR IMPORTANT EVENTS



## A GENERAL SURVEY OF CHANGCHUN



## CHANGCHUN MUNICIPAL COMMITTEE OF THE CPC



## THE STANDING COMMITTEE OF THE PEOPLE'S CONGRESS OF CHANGCHUN MUNICIPALITY



## THE PEOPLE'S GOVERNMENT OF CHANGCHUN MUNICIPALITY



## CHANGCHUN COMMITTEE OF THE CHINESE PEOPLE'S POLITICAL CONSULTATIVE CONFERENCE

## DISCIPLINE SUPERVISION AND ADMINISTRATIVE SUPERVISION



## DEMOCRATIC PARTIES AND INDUSTRY AND COMMERCIAL FEDERATION



## PEOPLE'S GROUPS AND SOCIAL GROUPS



## LOCAL ARMED FORCES



## POLITICS AND LAW



## ECONOMIC ADJUSTMENT AND SUPERVISION



## URBAN CONSTRUCTION AND ENVIRONMENTAL PROTECTION



## FOREIGN ECONOMIC RELATIONS AND TRADE

## AGRICULTURE



## INDUSTRY



## TRAFFIC



## INFORMATION INDUSTRY



## COMMERCE , TOURISM AND EXHIBITION ECONOMY



## BANKING



## EDUCATION



## SCIENCE



## CULTURE

## HYGIENE & SPORTS



## SOCIAL LIFE



## A GENERAL SITUATION OF DISTRICS AND COUNTIES



## DEVELOPING AREAS CONSTRUCTION



## FIGURES
## LEADERS' NAME LIST



## DOCUMENTS



## APPENDIX



## SUBJECT INDEX

# 幸福长春建设综述

2016年，长春市主动适应新时期民生工作从“关注生存”到“重视保障”再到“全面发展”新变化、新趋势，瞄准高点、保住低点、回应热点，推进幸福长春建设，提升“衣食住行、业教保医”各项民生工作层次和水平，群众幸福感、满意度得到提升。

2016年，长春市将脱贫攻坚列为改善民生的“一号工程”，通过建档立卡“回头看”，层层建立扶贫数据库，实现贫困人口动态精准在册；组织市（县）、区数万名干部走进所有贫困村、贫困家庭开展对接，包规划、包协调、包建设、包项目，为146个贫困村全部派驻第一书记；按照“精准扶贫”要求，确保不落一地、不落一户、不落一人。推出“养老机构+托管”模式，帮助病残人口脱贫；落实各教育阶段政策，帮助因学致贫人口脱贫；发挥基层党组织和包保部门作用，采取“一对一”“一对多”等形式，帮助自身发展动力不足人口脱贫；创建保险补偿基金，鼓励开展“保险+银行”“贷款+保险”等融资业务，帮助缺资金贫困人口脱贫；启动“最低生活保障支持计划”，通过农村低保标准与扶贫标准“两线合一”，实现社会保障兜底脱贫。全年为贫困村筹措资金8.23亿元，实施各类扶贫项目626个，帮助76.2%贫困人口、74%贫困村实现脱贫。

举办首届“长春国际创客节”，开展创客创投高峰论坛等系列主题活动，开通“创业就业一点通”数字电视频道，1万余人现场体验。启动大学生就业创业“助力启航”工程，健全“政校企”服务模式，打造“政校企”精品社区10个，推进“互联网+”创业战略，扶持高校毕业生创业3500名。实施农民工返乡创业“春雁行动”，建立返乡创业基地14个，发放农民工返乡创业小额担保贷款2662万元，扶持创业2480户，建设村级电子商务服务站300余个，实现返乡农民工自主创业8713户，带动就业45037人。搭建“税易贷”平台，通过“银税互动”合作机制，为80户纳税人提供贷款9190万元，解决小微企业“融资难”问题。为符合规定的954家企业发放稳岗补贴2.46亿元，惠及职工30万人。全年开发就业岗位14万个，实现城镇新增就业12.6万人，城镇登记失业率3.68%，整体就业局势稳中向好。

职工养老保险金标准实现“12连增”，企业退休人员月人均养老保险金2283元。城乡居民（不含双阳区）基础养老金由125元提高到130元/月。城区城市低保标准由月人均510元提高到580元，农村低保标准由年人均3000元提高到4320元。通过“万户特困户结对救助”活动，为全市12747户结对救助特困户每户发放1000元生活补贴。贯彻《长春市医疗救助办法（试行）》，将支出型贫困家庭纳入救助范围，救助封顶线由1.2万元提高到2万元，重特大疾病住院救助比例由70%提高到75%。开展“幸福长春·圆梦助学”活动，救助贫困学子932人，发放助学金563万元。启动医保“夕阳健康”行动计划，参保居民中85周岁以上老人住院补偿比例提高到80%左右，4066名失能人员享受医疗照护保险待遇，平均报销比例85%。新建居家养老服务中心45个、城市托老中心9个，社区老年人日间照料中心实现全覆盖。建立政府购买居家养老服务新模式，10万名失独、失能、空巢老人从中受益。实施困难残疾人生活补贴、重度残疾人护理补贴两项制度。推出“三免两减三优化”殡葬惠民措施，减轻群众治丧负担。

新建义务教育学校5所、公办幼儿园22所，公办小学100%、公办初中90%以上实现划片入学。打击违规办学行为，受理举报件243件，处理违规教师37名。搭建起覆盖15个县区的“智慧教育服务平台”，实现移动应用、互动教学、管理、教学、资源、评价、家校互动等多领域的数据互通，支持教师、学生、家长及各级教育管理者构建个性化网络学习空间。以“大学区”为单位，组织19所“龙头学校”进行“优质资源输出教室”样板点建设。

加快公立医院改革步伐，在市、区属20家公立医院取消药品加成，实现药品零差率销售，直接让利患者2925万元。全市20家县区级医院、134家乡镇卫生院与三级医院建立医联体，逐步实现优质医疗资源下沉，基层医疗机构门诊量占比从20%提高到30%，县级医院转诊率降到10%以下。在朝阳和绿园开展家庭医生签约服务试点，与辖区内的慢性病人、空巢老人、残疾人等重点人群以自愿的方式签订家庭医生式服务协议书，根据协议书内容提供建立健康档案、电话咨询、入户访视、健康教育等针对性服务。在全国率先启动失能人员长期护理保险制度试点，医保低自付、慢性病门诊治疗病种进一步增加，长春与北京、新疆、海南等省市实现医保即时结算。

丰富百姓精神文化生活，举办新春秧歌大赛、非物质文化遗产展、东北民俗展、消夏节、国际冰雪旅游博览会及各类公益讲座活动。开展全民阅读活动，举办各类读者活动320场次。组织农村公益电影数字放映20292场，城区公益电影放映2000场；组织“送戏下基层”文化惠民演出410场。举办第十三届中国长春电影节，展映经典影片107部，邀请嘉宾600余位。启动伊通河百里健身长廊慢行系统和健身步道规划建设；维护、更新、新配置健身路径190套；投资120万元，完成全长2600米的南湖公园健身步道建设。结合“扶贫攻坚”，为双阳、九台、榆树、德惠、农安等156个行政村安装健身路径、乒乓球台和篮球架。建成国家和省市三级足球特色校241所。开展“百万市民上冰雪”“全民冰雪活动季”系列活动200余项次。成功承办全国青少年软式棒垒球夏令营暨锦标赛、全国“未来之星”青少年冬季阳光体育大会(长春站)系列活动。

启动旧城改造工程，完成39条示范街路、221条规范街路、6个商圈、155个老旧小区环境改造提升。重点实施市政公用管线、街路环境、老旧小区、暖房子、主要商圈、绿化亮化美化、城市微循环和历史文化街区改造等8项工程，一些长期影响居民生活的问题得到解决。完成棚户区改造任务9626套，实施老旧住宅区综合整治项目（建筑面积1225.82万平方米，2248栋)155个，改造市区农村危房850户，实施“暖房子”改造261.5万平方米；拆除棚户区90万平方米，安置被拆迁居民1.1万户。开工建设五大热源项目，新增集中供热能力855万平方米；改造供热老旧管网212.8公里，新建燃气管网60公里，改造燃气管网215公里，完成7.8万户居民二次供水接收改造，改造二次供水设施158座、供水室外管网395公里。

新建社区公园6个、大块绿地15宗。南溪湿地公园四环路以北工程基本完工，伊通河中段9个调蓄池开工、3个主体实现封闭，主河道28个吐口全部实现应截尽截，伊通河综合治理初见成效。完成天燃气、电、生物质供热锅炉房改造35座。20万千瓦及以上燃煤发电机组全部完成脱硫、脱硝工程，实现达标排放。淘汰小锅炉1255台，治理超标锅炉631台、搬迁重污染企业8家，完成70万千瓦火电机组超低排放改造3台。市域城市道路全时段禁行“黄标车”，淘汰老旧车及黄标车40379辆，发放淘汰补贴资金3000万元。提升城市保洁标准，地面清洗范围扩大到26个广场、596条道路，16条街路实施深度保洁。出台秸秆综合利用实施意见和补贴办法，全年新增综合利用量70万吨以上，综合利用率75%，焚烧现象明显减少。全市空气质量优良天数291天，优良率79.7%；重度以上污染天数6天，可吸入颗粒物(PM10)、细颗粒物(PM2.5)浓度比2015年分别下降27.1%和30.3%。

创建“公交都市”示范城市工作全面提速，地铁1号线实现热滑试车，地铁2号线7座车站完成主体结构土建，双线贯通区间18公里，轻轨3号线延长线东广场站、辽宁路站正在实施主体结构施工。更新出租车660台，更新公交车400台；建设港湾式公交停靠站16座，完成公交专用道施划20公里，完成南湖大路、西安大路公交专用道彩化4.8公里。新建公交亮化站牌50座；开辟优化公交线路22条，新建港湾式停靠站20座。2000余台公共自行车投入使用。亚泰大街南延长线三环路节点、亚太大街与南四环路立交桥实现主线通车；机场快速路、吉林大路东延长线通车。开展整治道路交通秩序大会战，完善道路标牌标线，清理私设地桩、地锁、隔离墩18万个，施划公共停车泊位34万个，困扰市民的停车难、停车乱问题得到扭转。

加快推进新农村建设，72个省级重点村申报确定114个项目，争取省级新农村建设专项资金3013万元。新建农村公路928公里。改造农村室内水冲式厕所1.45万户。23个村获评省级“美丽乡村”。开展幸福社区创建，通过新建、改建、购买、租赁等多种方式推进千米社区建设，城市千米社区比例67%，农村社区用房面积平均超过400平方米。将物业管理、环境整治、居家养老、创业就业和青少年课后教育确定为社区服务重点项目，打造15分钟社区便民服务圈，为辖区居民提供便捷优质服务。

2016年10月31日，长春市被新华社《瞭望东方周刊》联合中国市长协会《中国城市发展报告》共同举办的“中国最具幸福感城市”调查推选活动评为“2016中国最具幸福感城市”，并因连续5年以上入榜，被授予“2016中国最具幸福感城市十周年最高荣誉大奖”。2017年2月20日，中央电视台财经频道举办的《中国经济生活大调查(2016–2017)》数据发布之夜在北京举行，现场发布了幸福感最强的十大省会城市和直辖市，长春市名列“中国最具幸福感十佳城市”第三名。长春市于2008~2016年连续9次入选新华社《瞭望东方周刊》“中国最具幸福感城市”，并于2012年、2016年2次获得CCTV经济生活大调查“最具幸福感城市”。

（李　强）

# 凝心聚力大整治 交通管理大发展

长春市新一届市委领导班子高度重视城市管理和交通管理工作，从2016年4月14日开始，在全市部署开展整治道路交通秩序工作。市公安局交警支队经过7个多月攻坚，在集中宣传发动、施划停车泊位、优化交通组织、规范静态停车、动态秩序管理、完善交通设施等方面取得历史性突破。

时任市长姜治莹任全市整治道路交通秩序领导小组组长，副市长王路、李祥任副组长，市委宣传部、市建委、公安等18个部门主要领导和各区区长、开发区管委会主任为成员，开始全面启动整治道路交通秩序整治工作。在公安机关内部第一次全警参与交通管理，实行全警宣传发动、全警联动配合。交警支队与市局户政、经文保、科侦、机动治安、公交、宣传等业务处队全面对接，各区交警大队与属地分局、派出所警务队、夜巡巡区对接警力部署。

强化“互联网+公安”创新实践。在新浪吉林公布的2016年一季度吉林省政务指数微博影响力报告中，长春交警微博在“吉林十大政务微博”和“吉林十大公安微博”中排名第一；省公安厅在四平召开的互联网+公安现场会上，长春交警在全省做经验介绍；2016年9月，长春市公安局交警支队双微平台获得全国公安交管微博账号第一名，在全国率先推出的驾驶人记满12分网上考试培训工作，得到公安部充分认可和认证。

在全市781所中小学、124家运输企业组织开展主题教育活动。在全市集中组织开展4次主题宣传日活动，突出阶段性整治重点，向全市发放《交通安全提示卡》《文明交通倡议书》《致学生家长一封信》等宣传材料，制作针对机动车通行、非机动车行人通行、商铺、违法停车等不同群体、不同内容的宣传单23种1233万份。在21家中央和省市媒体开辟宣传阵地，报道3000多次。通过90家互联网新媒体门户网站、微博、微信、手机客户端等发布宣传信息14000多条，交警网站月均点击率达140万人次，“长春交警” 新浪微博发布信息2805条，阅读量达12.19亿余次；微信公众平台发布图文信息707条，阅读量达80万次。与媒体互动，邀请“交通之声”等媒体走进交警，对交通秩序整治工作进行报道，组织业务部门负责人走进直播间，为广大交通参与者答疑解惑。综合利用宣传展板、出租车电子屏、交通诱导屏、楼宇显示屏、行人和非机动车教育处罚点、警用巡逻车进行广泛宣传，媒体曝光违法行为1030人次，交通违法单位35家。组织发动机关干部、社区网格员6万余人次，交通志愿者10万余人次上路参与交通宣传管理。

长春市交警支队打造朝阳、宽城铁南样板区，选树二道宣传工作典型，推广南关区啃硬骨头的工作精神和绿园区巩固交通秩序整治成效先进经验，带动全市打造16个示范片区，建设47条重点示范街路。在示范片区创建中，支队抽调开发区大队精干警力增援片区创建管理，划分包保区域开展比武竞赛，倾斜施工力量保障泊位、标线施划工程进度。

长春交警在不占用盲道、不影响交通、不妨碍通行、不破坏美观前提下，最大限度挖掘停车资源，利用道路空间，最大限度地满足停车需求。全市组织68支泊位施划施工队伍，调集专业施划设备68部，采购移车器56套，抢施工进度。组织标线施划施工队伍25支，调集施工机械43部，与泊位施划同步推进。全市施划停车泊位33.17万个，是交通秩序整治前的86.5倍，桂林路、光复路、大马路等地停车难问题得到缓解。交通标线施划按照有路就有线的标准，全市具备施划条件的街路，标线施划总面积226.75万平方米，是交通秩序整治前的2.5倍。新增各类交通标志8467面，是交通秩序整治前的4倍。

以各大商圈、乱点为突破口，对非法占道进行集中联合清理。全市清理占道障碍物13.1万个，其中地桩4.4万个、地锁1.3万个、铁链2403条、地锥等占道物2.7万个。清理长期占道停放车辆1051台，非法占道设施22914处，保障泊位标线施划任务顺利完成。

交警支队对全市设置的单行线、方向性限制路口、公交车专用道及其他限行措施进行排查评估，出台4期调流通告，解除方向性限制路口22个，增设方向性限制路口24个，解除单向通行街路13条。针对行人不走斑马线、机动车乱停乱放、非法占道等违法行为，坚持以警示告知、宣传教育为主。对严重危及交通安全的、影响交通畅通的、群众反响强烈的严重交通违法行为实行“零容忍”，坚持高压严管。公安机关依法查处妨碍公务案件32起，刑事拘留6人，行政拘留29人，教育训诫606人；查处私自圈占公共停车泊位乱收费案件1起，对违法行为人依法予以治安拘留10日并处500元罚款；查处私自损毁停车泊位标线案件1起，对违法行为人依法做出罚款200元的处罚，并责令其恢复原状。

通过开展交通大整治，全市一般程序道路事故比2015年下降10.18%，一般程序以上事故下降13.83%，死亡事故下降

0.32%;经实地抽检,机动车规范停车率99.81%,交通违法率下降35.4%。

2016年9月26日,长春市公安交通指挥中心新址正式落成投入使用,这标志着交通管理从传统管理向智能化管理全面转型,打造完成交通信息采集、交通信号控制和交通诱导服务"三大系统",利用15项智能指挥功能,实施全方位立体式指挥调度,完成对市区交通流量实时监测,对交通信号配时实时调整,对交通信息实行实时发布,有效降低交通延误率,提高路口通行能力,实施绿波控制的主干道平均车速明显提高。

(夏洪涛)

# 长春市旧城改造综述

长春市旧城区主要在三环以内,面积166平方公里左右,常住人口约202万人,约占市区人口总数的60%。市委、市政府高度重视旧城区的建设管理,"两横三纵"快速路建成通车,暖房子、棚户区、老旧小区、地下管网等各项城市改造建设全面推进,旧城区整体功能和环境得到改善和提升。在组织实施时,确定旧城改造高标准,全国36家知名设计单位参与旧城改造方案设计,总指挥部组织27次设计评审会,对项目把关定位,有效保证工程顺利推进。

完成39条示范街路,221条规范街路,6个商圈,155个老旧小区改造任务,各项工程全面完成,在2016年的旧城改造提升中,着力实施8项重点工程:

1.市政公用管线改造工程。长春市地下管线总计20343公里,亟需改造的老旧高危管网4207公里(占管网总量的21%),这些老旧高危管网70%集中在三环以内老城区,群众投诉一直居高不下。2016年对这些管网进行统筹改造,5年内不得挖掘,改造各类地下管网454公里,推进84公里架空管线入地。

2.街路环境改造提升工程。以市政道路路面修复为重点,对人行步道进行全面改造,建设一批更加人性化的自行车道、彩色人行步道;在街路立面整饰改造方面,整饰楼体2087栋,增加装饰和艺术色彩,建筑品位得到提升;对商家牌匾进行规范,改造商家牌匾8212块;增设公厕、果皮箱、垃圾箱、座椅、公交站亭、书报亭、路牌等,公共设施更加规范、安全、美观。

3.老旧小区改造工程。立足百姓需求,从解决突出问题、实现功能提升和改善生活品质入手,综合改造的155个老旧小区,是过去4年总和,这些小区占地面积849万平方米,建筑面积1164万平方米,粉饰楼体695栋,疏通排水管网15万米,改造楼内上下水管道7678米,粉刷楼道150万平方米,更换楼宇门4762个,安装楼道灯19832盏,安装路灯3316盏,规范整理架空线路11.5万米,新修小区道路33万米,铺设方砖道路46万平方米,新增小区停车泊位10533个,新增绿化面积34万平方米,增加凉亭127个,配设健身设施496个,配建晾衣架1651个,安装监控摄像头648个,新增物业管理用房1472平方米。

4.暖房子改造维修工程。提升暖房子立面整饰标准,对少部分过质保期,防水、色彩脱落等有问题的暖房子进行维修养护。2016年暖房子改造计划238万平方米,实际完成262万平方米。

5.商圈改造提升工程。重庆路、桂林路、红旗街、长江路、永春路、春城大街6个商圈全部完工。在商圈改造中,向周边进行延伸,对楼体立面、底商装饰、店招标识、公共设施、美化亮化等进行全方位改造,营造良好商业氛围。

6.绿化亮化美化提升工程。园林绿化新植街路20条,新增绿地面积46公顷,实施立体绿化27处、桥体绿化16处、渠化岛改造32个,新建6个社区公园;在改造的旧城区范围内设置100个雕塑作品;夜景照明施工正在快速推进,人民大街、吉林大路、南湖大路等10条重点街路388栋楼体和2个公园、4个广场的景观亮化12月中旬竣工。安排打造冬季城市景观,通过冰雕、雪雕、观枝、观果等多种形式,使冬季城市景观得到提升。

7.打通城市微循环工程。全市拆除违法建筑17836处、136万平方米,是过去5年总和;从改善城市大交通入手,打开小区围墙,使"毛细血管"畅通起来,打通微循环道路253条、38944米,打通卡脖路、断头路32条,新建港湾停靠站16个。

8.历史文化街区改造工程。北京大街东、西地块和东天街3个历史文化街区的改造已部分进场,北京大街西地块4栋历史建筑正在修缮,其他2个街区征拆工作正在抓紧推进。

通过旧城改造,城市功能环境得到较大改善,一些群众反映比较强烈的问题得到解决,使群众增加了获得感和幸福感,增强城市活力,带动商业繁荣,提升城市竞争力。

(张九高)

# 长春市引领和支撑吉林中部创新转型核心区建设情况

建设吉林中部创新转型核心区是省委、省政府在新常态大逻辑下统筹全省区域协调发展的重大战略布局。长春市作为中部创新转型核心区的最大经济体，必须也正在发挥着打先锋、站排头的作用。

## 一、厚植优势，打造创新转型新高

(一)夯实基础优势，聚集创新发展新要素

——长春区位优势明显

从哈长城市群建设来看，长春是哈(尔滨)大(连)经济带的重要节点和哈长城市群核心省会城市，地处我国东北地区交通主干线上，京哈铁路、哈大高速铁路和京哈国家高速公路贯穿其中，是辽、吉、黑、内蒙四省(区)通衢的十字要冲。

从“一带一路”看，长春是国家“一带一路”北线中“中蒙俄经济走廊”重要的节点城市，经长春—白城—两山铁路—乌兰巴托—欧洲的北线陆路通道距离为9800公里，货运至欧洲只需要14天，比海上的北冰洋航线和马六甲航线分别节省13天和22天。

从图们江流域合作开发来看，长春位于东北亚几何中心，位于长吉图“一廊三区”建设(长吉图国际合作区走廊、长吉图中蒙俄国际合作区、长吉图东北亚国际合作区、长吉图国际合作核心区)核心位置。

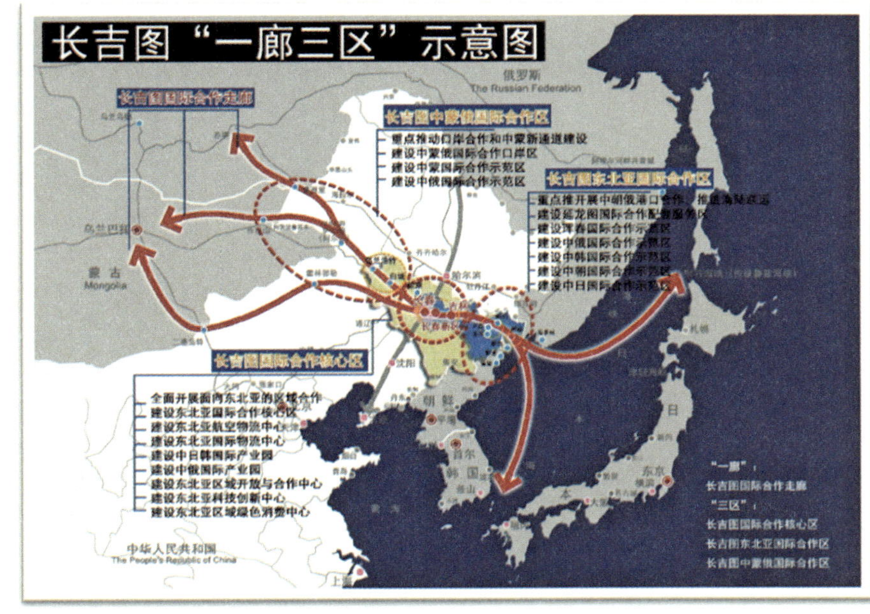


——长春创新基础坚实

经济增长平稳，质量不断提高。2015年，全市地区生产总值5530亿元，占全省的38.7%，是“十一五”末期的1.7倍，年均增长9.3%。全口径财政收入1078.2亿元，是“十一五”末期的1.9倍，年均增长13.9%，万元GDP财政贡献率由“十一五”末期的16.9%提高到19.5%。

长春在核心区中占比高，份额大，地位举足轻重。吉林省中部创新转型核心区包括长春市、吉林市、四平市、辽源市、松原市、公主岭市和梅河口市，35个县(市、区)，面积91072平方公里，占全省的48.7%；总人口1971.6万人，占全省的71.6%；2015年GDP达12435亿元，占全省的87.1%，地方级财政收入709亿元，占全省57.8%。长春市总人口754万，占核心区总人口的36%，2015年长春市GDP达到5530亿元，占核心区的46.04%，地方级财政收入388亿元，占核心区的55%。长春在中部创新转型核心区中地缘优势明显，为吉林中部创新转型核心区建设奠定重要发展基础，聚集发展核心要素。

(二)做强产业优势，培育千亿规模产业群

创新转型发展，产业是关键。在项目、产业、经济的点、线、面逻辑中，产业发展起着承上启下的独特作用。长春除汽车、轨道客车、农产品加工三大产业已形成集群发展之势外，光电信息、生物产业、先进装备制造等产业都具备大发展、快发展的基础和条件。

——加快推进世界级汽车产业基地建设。“十二五”期间，长春汽车工业有着良好的发展基础。但与世界级的汽车产业集群比较，还有相当大差距。“十三五”期间，长春汽车产业集群的目标是构建“中国长春国际汽车城”的基本框架，实现长春汽车工业总产值达8000亿元，年均增长10.5%，占全市规模以上工业总产值的61.5%。其中，整车总产值6000亿元，年均增长10.8%，汽车零部件总产值2000亿元，年均增长9.7%。

推进整车扩能、自主创新、调整结构，一汽大众在不间断扩能改造基础上产能已超百万辆，EA211、EA888发动机，MQ200变速箱等项目建成投产，日本丰田纺织、德国伟巴斯特、加拿大麦格纳、日本电装等世界500强企业相继落位，动力工业园、轴齿工业园区、德国工业园等特色园区建设加快推进，形成以整车制造企业为核心，产能超百万辆，产值超千亿元，国内最具竞争力的汽车产业集群。一汽集团技术中心、启明信息中心、德国大陆技术中心都具有在汽车行业国内顶尖的科技创新能力。全市建立汽车企业技术中心41户，其中国家级技术中心3户。截至2015年底，长春市已拥有一汽一大众、一汽轿股等8户整车企业，双龙专用车、金马特种车等15家专用车企业，有中外合资、独资汽车及零部件相关企业超过100户，汽车整车产业总产值3596亿元。

——加快推进世界级轨道交通装备产业基地建设。长春轨道交通装备产业将实现从国内市场向国际市场的战略扩张，到2020年综合产能将达3500辆，高寒动车、防风沙动车生产能力达年产1000辆，混合动力高铁达1000辆，货运动车组达1000辆，高速地铁达500辆，实现产值600亿元。依托长客股份、长客装备等重点企业，以轨道交通装备产业开发区和装备制造产业开发区为载体，全力打造"生产能力第一、产品水平第一、试验检测能力第一、维修能力第一"的集整车制造、零部件生产、车辆维修及售后服务、研发检测试验于一体的世界级轨道客车研发制造基地。截至2015年底，轨道交通装备制造业完成产值370亿元，长春已成为我国最大的高速动车组、城轨客车整车研发、生产、制造基地。

——加快推进世界级农产品加工基地建设。"十三五"期间，长春的农产品加工业产值将达到3000亿元，转移农村劳动力20万人，促进农民增收50亿元。其中玉米全株全粒加工能力将达1000万吨，产值将达1500亿元。推进玉米深加工、禽肉加工、快速消费食品等产业领域资源整合，通过兼并重组等形式，打造大型龙头企业集团，已拥有长春大成、长春皓月、长春金隆豆业、长春华正等一批规模较大、技术先进、产品竞争力强的骨干企业和企业集团。培育科技型中小企业，强化科技创新对产业提升发展作用，支持中小企业在农产品精深加工及资源综合利用的细分领域健康快速发展。长春市已形成以玉米深加工和禽畜乳深加工为主导，产业链初具规模并具有区域特色的农产品加工业体系，2015年全市规模以上农产品加工业企业246户，完成工业总产值1283亿元，农产品加工业总量在全国15个副省级城市中位居前列。

——加快推进光电信息产业发展。到2020年，全市光电信息产业产值力争达到1300亿元。其中，光电子领域实现产值200亿，汽车电子领域实现产值650亿，软件及信息服务业销售收入达450亿。以"小卫星"为切入点，加强在卫星制造、发射、地面站建设、信息分发和推广应用等方面与国外龙头企业的合作。加快推进"吉林一号"星载一体化商业卫星项目、半导体照明产业园项目、迪瑞医疗设备项目等重点项目建设。以城区、开发区各具特色的产业园区为载体，打造了航天信息产业集聚区、光电子产业集聚区、汽车电子产业集聚区、信息技术服务产业集聚区。截至2015年底，长春光电信息产业重点企业数量165户，全市光电信息产业实现产值755亿元。

——加快推进生物产业发展。到2020年，全市规模以上生物产业企业工业总产值达到1000亿元，年均增长6.5%。推进拥有自主知识产权的重大生物技术成果转化，加速规模化生产和应用，亚泰医药产业园、康宁杰瑞生物制药、中粮聚乳酸等项目等一批生物产业重点项目落位。鼓励企业、研究机构、高校和个人申请专利、植物新品种、商标等知识产权，支持企业开展技术标准制定，抢占生物产业竞争的制高点，构建了从基础研究、小试研究、中试开发直至产业化的创新体系，形成以大成集团、中粮生化能源为龙头的生物制造、生物农业企业集群和以修正药业为龙头的生物产业集群。2015年全市生物产业规模以上企业63户，完成工业总产值554亿元。

——加快推进先进装备制造业发展。到2020年，全市规模以上装备工业总产值达1200亿元，年均增长14.1%。其中，轨道客车交通装备（含零部件）产值达700亿元，年均增长15.5%。争取国家、省扶持工业发展专项资金向先进装备制造业倾斜，先进装备制造业投资占工业投资的比重逐年增长。在产品销售、专项推广、关键部件进口等方面，加大资金扶持、专项补贴、设备折旧、免税退税等政策的支持力度，提高企业竞争能力。扶持配套企业跟随主机厂走出国门，参与长客俄罗斯、美国、西亚等海外项目的实施，利用与国际行业协会的联络沟通作用推荐企业开发国际项目，更加快速便捷地将企业推向国际市场。截至2015年年底，全市装备制造企业达2615户，规模以上企业实现产值674亿元。

（三）用足政策优势，打造振兴发展新引擎

——实施东北地区等老工业基地振兴的系列政策覆盖范围大、含金量高，持续时间长。2014年和2015年，中央出台《关于近期支持东北振兴若干重大政策举措的意见》和《关于全面振兴东北地区等老工业基地的若干意见》，对东北老工业基地完善体制机制、调整产业结构、鼓励创新创业和改善民生做出部署和安排。

——国家"一带一路"战略将强力推动长春实施"走出去"战略。加强产能合用和装备制造业的国际合作是国家"一带一路"战略的两个重要支撑点，长春作为"一带一路"中蒙俄经济走廊上的重要节点城市，在这两个领域有着巨大的潜力和优势，凭借经贸流通、装备制造、基础设施建设等领域优势，加快形成"横跨东北亚、兼顾海陆、联通内外"大开放格局。

——哈长城市群规划全面启动实施，为以哈长为核心城市群联动发展奠定基础。这一规划从国家层面统筹吉林和黑龙江两省相关的空间、规模、产业三大结构，科学规划城市空间布局，促进区域内基础设施互联互通、产业发展协调、生态环境共建、开放合作共赢、公共服务共享，为长春提升城市环境质量、城市竞争力和新型城镇化水平提供发展机遇。

——长吉图战略的实施，为长春推进与图们江流域的合作提供重要平台。整合域内资源优势，畅通对外联络通道、扩大对外投资、吸引国际资本、产业项目，通过打造重要节点和大功能区，引导重大项目、重要资源向功能区和节点集聚，推进空间融合。

——长春新区将成为长春经济创新转型发展的重要引擎。新区打造“两轴、三中心、四基地”发展格局，重点打造航天信息产业园、新能源汽车产业园、玄武岩纤维制品项目、亚太农业和食品安全产业园、东北亚国际物流园区等基地型项目。除国家在产业布局、重大项目建设上给予系列政策支持外，省委、省政府出台《关于支持长春新区创新发展的若干意见》，在财税、金融、土地和产业等方面给予优惠政策支持，加快推进长春新区产业优化升级，形成特色新兴产业集群，加快构建现代产业体系。

——九台撤市设区为长春创新转型发展拓展广阔发展空间。九台撤市设区后，长春城区面积从4682平方公里增加到7557平方公里，市区建成区面积超过500平方公里。城区人口由原来的365万增加到436万，城镇化率达58.6%。

（四）发挥科技优势，激发成果转化新动能

——创新“舟桥”机制支持转化。在科技攻关阶段，推动企业介入高校院所早期研发活动，加大在试验、开发、应用、推广、生产等方面投入力度，推动聚酰亚胺、聚醚醚酮、超高密度LED显示屏等一批成果实现转化。在中试阶段，支持企业不愿接盘、有产业化前景的科研成果经过中试就地转化，建设12个行业中试与检测中心，使高校院所科技成果走出实验室，提高科技成果成熟度，降低企业转化风险。在实现产业化阶段，依托技术产权交易中心，创新科技成果托管、挂牌交易、拍卖等多种交易方式，为科技成果转化推广提供交易平台，通过市场化手段加快科技成果转化，打通制约科技成果转化通道。

——依托优势产业促进转化。围绕产业链部署创新链，以创新链延长产业链，加强科技计划项目牵引。围绕汽车、轨道客车、农产品加工的产业基地建设和战略性新兴产业发展，推动技术跨越，加快推进有突破性的关键核心技术应用。实施100个重点科技攻关项目和10个重大科技攻关项目，强化“一院四所四校”技术创新战略联盟作用，建成了光电子、新材料、新能源、生物医药、生态农业等五大专业技术平台，围绕产业和企业技术创新需求开展科研活动，科技计划项目与产业技术创新需求吻合度不断提高。

——健全激励机制推动转化。建立健全科技人才服务地方经济发展的评价与激励机制，协同在长高校院所推进科技人员考核评价制度改革，实施“高端人才创新创业计划”“长白慧谷”计划等，建立高校院所科技人才合理流动、科技人才创新创业激励、科技人才创新创业扶持等机制，打通科技成果向现实生产力转化的通道。至2015年底，长春市拥有国家级高新技术企业201户，科技型“小巨人”企业350户，全市专利申请量增长29.7%，交易技术合同占全省总量的93%。

## 二、补齐短板，增添创新转型新动力

（一）实施服务业攻坚，优化经济结构

“十二五”期间，长春三次产业始终是“二三一”结构。与其他副省级城市相比，第三产业无论是占比还是总量都相对落后。长春市实施生产性服务业壮大工程、生活性服务业提升工程、高端服务业培育工程、现代服务业集聚工程以及服务业开放工程，加快构建服务业发展新格局。

——实施“三三五”发展战略。“三率先”：就是要力争率先形成工业和服务业“双拉动”的经济增长格局，率先构建以服务业为主的现代产业体系，率先建成东北亚区域性服务业中心城市。“三提升”：就是量级要提升，服务业增速要高于全省服务业平均增速。比重要提升，到“十三五”末超过50%。水平要提升，服务业内部结构优化，到“十三五”末现代服务业占服务业比重争取达60%以上，生产性服务业占服务业比重争取达50%以上。“五转型”：服务业体量向规模化转型，服务业功能向专业化转型，服务业品质向高端化转型，服务业布局向集聚化转型，服务业业态向国际化转型。

——做大做强服务业规模总量，提升服务业的产业“竞争力”。重点发展现代金融产业、现代物流产业、信息服务产业、商贸流通产业、旅游会展产业、文化创意产业、健康养老产业、服务外包产业，推动服务业总量扩大、规模扩张、效益提升。

——培育壮大服务业市场主体，提升服务业的成长“内生力”。引进一批，形成“建设一批、储备一批、谋划一批”的项目落实氛围。扶持个体工商户和“小巨人”企业发展，培育一批电子商务平台企业，在遥感卫星产业、“卫星+”服务业等领域寻找新支点。支持龙头企业升级发展，抓出一批服务业全国500强企业。

——拓展优化服务业结构布局，提升服务业的区域“辐射力”。合理开发一批城市商业综合体，引领带动全市服务业提档升级。重点打造特色街区，打造若干条在全国有影响力和知名度的品牌街区。加快建设现代服务业集聚区，重点推进10个省级现代服务业集聚区建设，提升区域辐射功能。

——加快服务业开放步伐，提升服务业的对外“影响力”。主动融入国家“一带一路”建设，开展国际贸易、服务外包、跨境金融、跨境电子商务等多领域合作。用好开放平台，加快兴隆综合保税区、空港经济区、东北亚国际物流园区建设，把长春新区打造成为现代服务业的“样板区”。加强开放合作，将“长春制造”和“长春服务”结合起来，形成参与国际竞争的比较优势。

（二）壮大民营经济体量，持续增强经济活力

针对民营经济总量不大、结构不优、创新能力不足的客观实际，长春突出发展民营经济，推进“大众创业、万众创新”，培植壮大优势企业，加强与域外企业合作，提高企业科技创新能力，民营经济呈现出逆势上扬的发展局面。

——坚持发展大中小微企业并举，扩大民营经济规模。努力形成大企业“顶天立地”、小企业“铺天盖地”，各类企业共同发展的良好局面。

——坚持三次产业并举，优化民营经济结构。努力形成以高新技术产业为先导、以先进装备制造业为支撑、以特色优势产业为基础的现代产业体系，推动民营经济在一、二、三次产

业全面跟进、协调发展。

——坚持“引进来”和“走出去”并举,提升民营经济发展潜力。加快形成外来企业与本土企业竞相发展、相得益彰的良好态势。

——坚持发挥国企优势和挖掘民企潜力并举,提升民营经济发展活力。形成一批主业突出、竞争能力较强的大企业、大集团。

——营造有利于人才集聚、创业创新的环境,搭建创业创新园区、孵化基地平台,强化服务体系建设,培育壮大各类创业创新主体,形成大众创业、万众创新的良好态势。建设市级以上创业孵化基地80户,北湖科技园、吉林省摆渡创新工场等9家众创空间进入国家科技部火炬中心众创空间行列。

“十三五”时期,长春市服务业要以高于全省平均增速的速度提速增长,力争到2020年,全市服务业增加值突破4000亿元;服务业增加值占GDP比重达50%,成为拉动经济增长的主要推动力。截至2015年底,全市民营经济市场主体数量达47.3万户,新增6.9万户;全市民营经济增加值占全市GDP比重由2010年的41.6%提升到46%,民营企业上缴税金占全口径财政收入的比重达32.3%。

(三)增强县域经济实力,促进城乡协调发展

——高度重视有效投资。推动供给侧结构性改革,加大有效投资力度,加大对战略性新兴产业、现代服务业、城建重点工程以及民生等重点领域的投资。

——加大项目建设力度。排出时间节点,落实包保责任,整合各方力量,推进已列入年度计划的重点项目,以项目的突破带动有效投资,促进结构调整和产业升级。

——加大招商引资力度。突出产业优势、区位优势、地缘优势,根据各地经济发展布局,加大招商引资力度。根据产业链招商、根据品牌招商、以商招商,各级领导干部要带头招商,营造浓厚的招商亲商氛围。

——突出产业特色。在第一产业上,围绕打造绿色农产品基地,突出抓好品牌建设;围绕调整农业内部结构,发展高效特色农业和现代都市农业;围绕加强农业产业化建设,突出抓好龙头企业;加大农产品深加工力度,提高农业比较效益。在第二产业上,抓好招商引资,建设工业园区,提升单位面积的投资强度和产出效益。在第三产业上,发展生活性服务业,培育多元化、多层次的服务主体,提升县域商贸、餐饮等传统服务业和文化旅游、健康养老等现代服务业整体水平;发展生产性服务业,尤其是结合县域发展的特色,推动生产、经营、信息、技术一体化发展项目,抢抓“互联网+”机遇,发展农村电子商务。截至2015年底,全市县域地区生产总值实现1837亿元。

(四)加快对外开放步伐,着力提高经济外向度

——打通对外通道。构建以北京-沈阳-长春-哈尔滨为主、图们-长春-乌兰浩特为辅的“十”字形运输复合通道,全市公路总里程2.27万公里。已形成“一横一纵一环一射”高速公路网格局和“三横四纵一环六放射”普通干线公路网格局。对外开辟长春至莫斯科货运电商包机、长春经爱沙尼亚至莫斯科货运包机等航空航线。长春至大连的保税货运专列、长春到海参崴的国际公路运输通道、“长满欧”铁路大通道等陆路通道成功开通。形成由公路、铁路、航空、内河组成的立体综合交通运输网络,南可连接辽东半岛,北可通过黑龙江向俄罗斯和东欧各国拓展,东可经珲春、图们江口岸通往朝鲜、韩国、俄罗斯等国,西可经由白城与蒙古交往。

——搭建开放平台。以长春空港、长春内陆港、长春公路港和综合保税区为辐射源,发挥这些平台有效作用。长春龙嘉国际机场现已开发和运营国际和地区航线17条。截至2015年底,机场旅客吞吐量820万人次,其中,国际旅客吞吐量55万人次;机场货邮吞吐量8万吨。长春铁路货运口岸(东站陆路干港)一期货5线铁路及集装箱场站、联检大厦主体工程全面建设完成并投入使用。东北亚国际物流产业园全面启动建设,一期项目总投资25亿元的长春铁路综合货场完成场地平整,铁路专用线路工程加快推进。兴隆综保区截至2015年底,实现货物出口700万单,业务额3.2亿元人民币,业务辐射俄罗斯、韩国、德国、日本、新西兰、澳大利亚等190多个国家和地区。14家电商及物流企业注册登记和开展业务,具备日处理10万件包裹能力。有25户企业开展通关业务,申报报关单(含备案清单)5500份,业务额实现2.5亿美元。

——加强对外贸易。组织企业赴英国、法国等国家和地区开展经贸交流活动,帮助企业开拓国际市场,保持外贸进出口稳定在合理的区间。出口产品结构得到优化,机电产品和高新技术产品出口比重达86%。2015年,新设立外商投资企业30户。外商投资企业4027户,世界500强企业达72家,新增14户,与170多个国家建立经贸合作关系。截至2015年底,全市进出口总额140亿美元。其中,出口完成20亿美元,进口完成120亿美元。全年实际利用内外资实现1110亿元和56.53亿美元。其中,引进省域外资金900亿元。

(五)提高城市建设水平,切实提升综合承载能力

——高标准抓好城市规划、建设和管理。突出抓好以伊通河综合治理暨百里生态长廊为重点的生态环境建设、以轨道交通为重点的重大交通基础设施建设、以地下管廊为重点的城市要素保障能力提升工程建设、以棚户区改造为重点的城市风貌塑造工程建设。重点实施城市文化修复工程,把历史文化元素有机融入到城市建设管理之中;实施生态修复工程,加强关键节点绿化;实施路面修复工程,把城市维修抓好抓细;实施交通规范工程,通过宣传提升文明素质,通过管理提高畅通性;实施市容市貌整治工程,开展除尘治污保洁、美化城市、环境保护行动。

——破解城市建设管理的各类重大瓶颈问题。多措并举拓宽建设资金来源渠道,加强投融资体制改革,确保建设资金足额按时到位。探索以重大建设项目带动土地开发、以土地开发解决建设用地的新路子。抓好征拆工作,强化法治理念、加大推进力度,解决制约施工的难点问题。

——科学把握城市建设管理中的几个关系。处理好建设

进度与安全质量的关系。处理好老城改造与新城建设的关系。截至2015年底，市区建成区面积超过500平方公里，城镇化率达58.6%。公路通车总里程2.27万公里，“两横三纵”快速路覆盖全市90%以上的主城区；轻轨4号线与3号线实现贯通换乘，形成地上轨道交通骨干环形网络。长春西站综合换乘中心、长春站综合换乘中心北枢纽投入使用。五大净水厂日综合生产能力达116万立方米。城市综合气化率达98.6%，城市热化率达90%。

## 三、前瞻布局，谋划创新转型新思路

（一）建设一个城市

“十三五”期间，打造多业支撑的汽车城、绿色宜居的森林城、开放包容的文化城，把长春建设成为动力强劲、活力迸发、魅力四射的东北亚区域性中心城市。

（二）打造城市发展“五个升级版”

——打造经济量级升级版。放手扩大经济规模，提高经济效益，做大经济“底盘”。

——打造城市能级升级版。推进快速路网体系和管网改造等重点建设工程，提高城市建设和管理水平。

——打造社会治理升级版。推进社会治理社会化、信息化、法治化、网格化、精细化建设，提升社会治理能力。

——打造民生改善升级版。提高城乡居民收入，推动义务教育均等化，提高医疗水平，推进棚户区改造、老旧散小区治理等民生工程，促进民生改善。

——打造生态文明升级版。实施城市森林、城市水域、城市湿地、大气污染防治等保护工程，创建“国家森林城”。

（三）实现“六大目标”

——经济发达。夯实经济基础，增强核心竞争力，提升长春在东北亚区域的经济首位度，扩大影响力。

——文化繁荣。实施“文化兴市”战略，打好文化发展、文化惠民、文化改革三张牌，提升城市软实力。

——法治优良。推进法治长春建设，不断提高依法行政、依法治理、依法办事能力。

——功能完善。抓好城市建设和管理，促进城市要素保障、综合承载能力和水平明显提升。

——生态一流。推进生态和环境建设，着力形成不可替代的绿色竞争力。

——人民幸福。办好各项民生实事，让“最具幸福感城市”成为长春永恒的品牌。

## 四、开创创新转型新局面

2016年，全市GDP完成5986.4亿元，增长7.7%；规模以上工业总产值完成9278亿元，增长8.6%；规模以上工业增加值完成2322.2亿元，增长8.3%；全口径财政收入完成1150.5亿元，增长6.7%；地方财政收入完成415.5亿元，增长7%。GDP和三次产业增加值增速同比均实现提升。GDP增速、规模以上工业增加值增速、全社会固定资产投资增速和社会消费品零售总额增速均在东北四市中位居第1位。

（一）加强项目建设，放手做大规模

2016年，全市落实亿元以上重点项目1145个，比年初计划增加92个，落实投资4927亿元，增长15%以上，占全省比重达35.3%，高于全省平均增速5个百分点。在副省级城市中，投资总额和增速分别位于第11位和第4位。1月至4月，长春市完成投资346亿元，占全省的33.6%，占全年投资任务的7.3%，时序进度快于往年；比2015年增长15%，比2015年同期提高3.5个百分点，比全省平均增速高5个百分点。前4个月，亿元以上重点项目开复工476个，比年初计划多179个，完成投资197亿元。项目规模不断提高。落实的亿元以上重点项目平均投资规模为10.2亿元，比2015年高2.8亿元；项目结构不断优化。在亿元以上重点项目中，产业类项目635个，

**2016年长春市亿元以上项目情况表**

单位：亿元

| 序号 | | 项目名称 | 开工时间 | 竣工时间 | 总投资 |
|---|---|---|---|---|---|
| 总投资额1亿元及以上项目1145个 | | | | | 11673 |
| 总投资额100亿元以上（不包含100亿元）项目10个 | | | | | 2346 |
| 投资额前10的项目 | 1 | 东北10个城区老工业区搬迁改造 | 2012 | 2022 | 526 |
| | 2 | 长春(开安)至西巴彦花铁路 | 2016 | 2020 | 500 |
| | 3 | 伊通河综合治理 | 2015 | 2020 | 297 |
| | 4 | 地下综合管廊项目 | 2015 | 2017 | 220 |
| | 5 | 长春地铁1号线 | 2012 | 2017 | 161.17 |
| | 6 | 奥迪Q工厂项目 | 2015 | 2020 | 158 |
| | 7 | 长春地铁2号线 | 2012 | 2017 | 154.21 |
| | 8 | 奥特莱斯长春中央休闲区建设项目 | 2016 | 2019 | 120 |
| | 9 | 大众技术开发部新试验中心项目 | 2016 | 2018 | 108.75 |
| | 10 | 国信奢岭乡村都市项目 | 2012 | 2018 | 101 |

续表

| 序号 | | 项 目 名 称 | 开工时间 | 竣工时间 | 总投资 |
|---|---|---|---|---|---|
| 总投资额 50 亿元-100 亿元(不包含 50 亿元)项目 14 个 | | | | | 898.53 |
| 投资额前10的项目 | 1 | 长春亚泰莲花山国际度假区项目 | 2014 | 2020 | 100 |
| | 2 | 华润万象城 | 2016 | 2021 | 70 |
| | 3 | 力旺康城 | 2014 | 2017 | 70 |
| | 4 | 天茂庄园项目 | 2011 | 2017 | 70 |
| | 5 | 技术中心乘用车所 | 2014 | 2017 | 68 |
| | 6 | 迈腾 B8L 车型技术改造项目 | 2014 | 2016 | 64.19 |
| | 7 | 大禹·时代广场 | 2014 | 2020 | 64 |
| | 8 | 钜城国际 | 2011 | 2017 | 60 |
| | 9 | Audi A4L 升级技术改造项目 | 2014 | 2017 | 59.93 |
| | 10 | 蓝色港湾 | 2012 | 2018 | 58 |
| 总投资额 20 亿元-50 亿元(不包含 20 亿元)项目 97 个 | | | | | 3004.31 |
| 投资额前10的项目 | 1 | 万科柏翠园 | 2011 | 2018 | 50 |
| | 2 | 榆树通用机场项目 | 2014 | 2017 | 50 |
| | 3 | 长春北湖科技园项目 | 2012 | 2016 | 50 |
| | 4 | 比克(长春)新能源汽车产业园项目 | 2016 | 2018 | 50 |
| | 5 | 浪潮东北亚区域核心云数据中心项目 | 2016 | 2018 | 50 |
| | 6 | 远洋戛纳小镇 | 2013 | 2017 | 50 |
| | 7 | 复华文化创意园 | 2016 | 2018 | 50 |
| | 8 | 1 亿只肉鸡产业化项目 | 2013 | 2017 | 48.6 |
| | 9 | 长春龙嘉国际机场二期扩建工程 | 2016 | 2018 | 48.03 |
| | 10 | 龙嘉机场二期扩建配套工程 | 2016 | 2019 | 47.6 |
| 总投资额 10 亿元-20 亿元(不包含 10 亿元)项目 170 个 | | | | | 2475.48 |
| 投资额前10的项目 | 1 | 广东大厦项目 | 2015 | 2017 | 20 |
| | 2 | 吉林正业崇智商城区域商业综合体项目 | 2016 | 2019 | 20 |
| | 3 | 东北亚家居总部基地大厦 | 2011 | 2016 | 20 |
| | 4 | 吉林回头客食品有限公司 10 万吨食品加工项目 | 2016 | 2017 | 20 |
| | 5 | 君悦豪庭项目 | 2011 | 2016 | 20 |
| | 6 | 波西塔诺项目 | 2011 | 2016 | 20 |
| | 7 | 文化旅游产业园区一期项目 | 2011 | 2017 | 20 |
| | 8 | 远达钢材加工与现代物流项目 | 2014 | 2016 | 20 |
| | 9 | 普洛斯(长春)电子商务及现代服务项目 | 2016 | 2017 | 20 |
| | 10 | 生物医药城地块开发利用项目 | 2016 | 2018 | 20 |
| 总投资额 5 亿元-10 亿元(不包含 5 亿元)项目 183 个 | | | | | 1389.94 |
| 投资额前10的项目 | 1 | 全人源化单克隆抗体项目 | 2016 | 2017 | 10 |
| | 2 | 吉林盛大特种电缆项目 | 2015 | 2017 | 10 |
| | 3 | 吉芝元注射剂等新药生产及新药研发中心项目 | 2015 | 2017 | 10 |
| | 4 | 房地产开发项目 | 2013 | 2016 | 10 |
| | 5 | 新立物流项目 | 2016 | 2018 | 10 |
| | 6 | 同家民生综合体项目 | 2015 | 2017 | 10 |
| | 7 | 诚通福祉国际中心 | 2014 | 2016 | 10 |
| | 8 | 台湾富得林企业总部写字楼及台商总部基地 | 2016 | 2017 | 10 |
| | 9 | 万达商业综合体项目 | 2016 | 2018 | 10 |
| | 10 | 保利中央公园房地产项目 | 2014 | 2016 | 10 |

续表

| 序号 | | 项目名称 | 开工时间 | 竣工时间 | 总投资 |
|---|---|---|---|---|---|
| 总投资额1亿元-5亿元项目671个 | | | | | 1558.42 |
| 投资额前10的项目 | 1 | 九台区前进路北段道路及桥梁建设工程项目 | 2016 | 2016 | 5 |
| | 2 | 物流园区道路工程 | 2016 | 2017 | 5 |
| | 3 | 东北亚科技金融产业基地及创业创新基地项目 | 2016 | 2018 | 5 |
| | 4 | 颐康医养中心 | 2016 | 2017 | 5 |
| | 5 | 动车组零部件项目 | 2015 | 2016 | 5 |
| | 6 | 长春市朱老六腌渍酸菜项目 | 2014 | 2016 | 5 |
| | 7 | 年产5000万平方米石膏板建设项目 | 2014 | 2016 | 5 |
| | 8 | 吉林调峰天然气二期项目 | 2014 | 2016 | 5 |
| | 9 | 万星幸福城A区建设项目 | 2014 | 2016 | 5 |
| | 10 | 振翔15峰建设项目 | 2016 | 2018 | 5 |

现代服务业项目193个,基础设施类项目132个,生态环保类项目27个,民生类项目79个。项目分布不断均衡。亿元以上重点项目,城区板块项目225个,县域板块项目260个,开发区板块项目637个,跨区域项目23个;项目推进不断加快。华为云计算数据中心、浪潮大数据中心、长春国际金融中心、恒兴国际城、复华文化创意园等一批新兴产业项目都在很短时间内就完成落位;项目保障不断强化。强化对重点项目和投资运行的保障,解决项目建设中问题52个。

(二)强化招商引资,提升发展质量

2016年,长春市国内招商引资计划指标为1278.9亿元,其中,省域外计划指标为1033亿元。1月至4月份,全市实际引进项目170个,金额335.5亿元,完成全年计划的26.2%,比2015年增长14.9%。其中引进外省项目136个,金额276.9亿元,占全年计划26.8%,增长4.7%。实际利用外资计划指标为63.4亿美元,其中,直接利用外资12.7亿美元。1月至4月份,全市实际利用外资16.6亿美元,完成全年计划的26.2%,增长3.0%,其中,直接利用外资4.24亿美元,完成全年计划33.4%,增长0.1%。

(三)全面深化改革,清除体制障碍

加快供给侧重结构性改革,提高劳动力、土地、资本、技术等要素供给效率,降低企业成本。推广二道区"一门式"政务服务模式,推进简政放权、放管结合、优化服务,减少行政审批事项,完善"权力清单""责任清单""负面清单",解决好"中梗阻"和服务群众"最后一公里"问题。

(四)保障和改善民生,提升幸福指数

实施年度幸福长春行动计划,重点抓好脱贫攻坚民生一号工程,推进食药安全、就业创业、社会保障体系和保障性安居工程等重点领域突破。加大投资力度,解决好伊通河流域水资源、水安全、水环境、水生态问题,抓好以伊通河综合治理暨百里生态长廊为重点的生态环境建设。推进平安长春建设,加强网格化社会管理,抓好安全生产。健全立体化社会治安防控体系,完善社会矛盾纠纷排查预警和调处化解综合机制。

(五)严格督查考核,确保任务落实

发挥政绩考核的"指挥棒""风向标"作用,把抓落实的意识、能力、效果与干部的考核、奖惩、提拔使用挂钩,建立和完善《中共长春市委督查工作制度》《关于在市管领导班子和领导干部中开展年度目标业绩综合考评工作的方案》《2016年度长春市直属机关党群系统绩效考评实施方案》《2016年度长春市地区绩效管理考评实施方案》《2016年长春市政府工作部门绩效考评实施方案》和《关于建立党员干部干事创业担当负责容错免责机制的实施办法(试行)》等制度,注重经济增量指标考核,将各项指标纳入各单位年度目标绩效考核和干部任期考核体系。加大协调和督查工作力度,以问责追责倒逼各项工作的落实。

(长春市委政策研究室)

# 大事记

## 1月

*1日*

2016年长春市全民健身运动会暨"全民冰雪活动季"启动活动在南湖公园举行。市委常委、副市长张晶莹出席活动并为徒步走鸣枪。

*同日*

长春首家川渝文化体验旅游商街——"巴蜀映巷"特色商街正式开门。

*2日—3日*

中国创投长春峰会、2016东北亚区域性金融服务发展高峰论坛在净月高新区举行。

*3日*

国际雪联越野滑雪中国巡回赛长春站比赛开赛。

*4日*

2016中国长春冰雪旅游节暨净月潭瓦萨国际滑雪节在净月潭开幕。来自30多个国家和地区的2000余名专业运动员和5000多名滑雪爱好者参加冰雪节期间的滑雪赛事。

*同日*

2016长春净月潭瓦萨国际滑雪节经贸洽谈会在益田喜来登大酒店举行。会议敲定吉林省股权基金总部、遥感应用产业园等22个合作项目，引资总额348.7亿元。

*同日*

吉林省脱贫攻坚的"千个单位包村、万名干部包户、百万党员参与帮扶"活动启动。

*8日*

吉林省金税三期工程上线启动仪式在高新区举行。国税、地税共用一个信息化平台开展纳税服务和税收管理工作。

*同日*

国家科技技术奖在北京揭晓，由东北师范大学校长刘益春主持完成的"低维氧化锌材料的载流子调控与功能化研究"项目获国家自然科学奖二等奖。

*11日*

雕塑公园国际联盟大会暨殷小烽雕塑展在长春世界雕塑公园开幕。长春市市长姜治莹出席开幕式并为殷小烽颁发收藏证书。

*17日*

吉林大学"全面依法治国重大问题研究中心"正式揭牌。

*20日*

长春市市长姜治莹主持召开市政府第34次常务会议。会议讨论并通过《关于全面深化全市公安改革的实施意见(讨论稿)》和《长春市发展应用新型墙体材料管理规定(修订草案)》。

*21日*

韩天宇在全国冬季运动会短道速滑1500米比赛中，为长春代表团夺得本届冬运会首枚金牌。

*22日*

长春市召开党员领导干部会议。省委书记巴音朝鲁出席会议并讲话。省委常委、省委组织部部长林武宣布党中央决定：王君正任吉林省委常委、长春市委书记。

*23日*

长春市十四届人大常委会举行第二十三次会议。会议决定免去贺兴国的市政府秘书长职务，任命赵显为市政府秘书长。

*29日—2月14日*

第七届吉林冬季农业博览会暨净月潭新春大会在长春农博园开幕。博览会吸引近50万人次观展。

## 2月

*3日*

省委常委、市委书记王君正，长春市市长姜治莹会见浪潮集团董事长孙丕恕一行。浪潮集团此次到长，旨在就云计算、大数据等项目与长春市进行对接合作。

*同日*

吉林省关于申请设立长春新区的请示得到批复，国务院同意设立长春新区。长春新区范围包括长春市朝阳区、宽城区、二道区、九台区的部分区域，规划面积约499平方公里。

*4日*

吉林省委常委、市委书记王君正和市长姜治莹在长春宾馆会见一汽集团公司董事长徐平，就长春市和一汽集团公司深化"十三五"合作，助推长春汽车产业振兴发展进行深度交流。

*14日*

2015年度中国科学院杰出科技成

就奖颁奖仪式在京举行。长春应化所张洪杰院士领衔、李成宇研究员和孟健研究员等为主要成员的“新型稀土功能材料基础研究和应用研究集体”榜上有名。

*19日*

长春市市长姜治莹主持召开市政府第35次常务会议。会议讨论并原则通过《关于我市建立责任清单工作有关情况的汇报》《关于加快新一轮（2016—2020年）棚户区改造“攻坚”工作的实施意见》。

*25日—29日*

政协长春市第十二届委员会第四次会议在省宾馆开幕。开幕式由市政协副主席崔国光主持，省委常委、市委书记王君正发表重要讲话。市政协主席崔杰代表政协长春市第十二届委员会常务委员会向大会作工作报告。

*26日—29日*

长春市第十四届人民代表大会第四次会议在省宾馆开幕。长春市市长姜治莹代表市政府向大会作政府工作报告。

*27日*

第十三届“感动吉林”2015年度人物颁奖典礼在吉林省图书馆举行。张连学团队、张久丽、孙武等10位（组）“感动吉林”人物获奖。

## 3月

*1日*

省委常委、市委书记王君正主持召开市委常委会。市委决定在全市开展“解放思想、抢抓机遇、创新发展”大讨论。全市各地、各部门和广大党员干部要坚持问题导向，做好“三个结合”，最终以解决问题的成果检验大讨论的成效。

*2日*

市委常委、副市长王路到南关区伊通河综合治理之南溪湿地公园（伊通河水利防洪工程）、地铁、临河街地下综合管廊、乙六路公租房周边路网等民生重点工程的9个主要建设节点，了解并踏查现场实际情况，针对影响工程建设的征拆问题，逐一进行现场调度。

*8日*

中共中央政治局常委、全国人大常委会委员长张德江到十二届全国人大四次会议吉林代表团，同代表们一起审查计划报告和预算报告。吉林代表团团长巴音朝鲁主持会议，副团长蒋超良等参加会议。全国人大代表、长春市市长姜治莹在会议上发言。

*9日—11日*

长春市副市长桂广礼赴北京开展招商拜会对接及洽谈活动。

*11日*

国家发展改革委发布《长春新区总体方案》《哈长城市群发展规划》。

*13日*

2016年短道速滑世锦赛在韩国落幕。长春市选手韩天宇一人获男子1500米、男子全能冠军、5000米接力3枚金牌。

*14日—15日*

省委常委、市委书记王君正到绿园、宽城、二道3个城区，就城区经济社会发展情况进行调研。

*17日*

长春市市长姜治莹主持召开近期重点工作调度会。会议审议并通过《关于加快服务业发展的若干实施意见》。

*17日—21日*

第十二届中国长春君子兰节在春莲花卉城开幕。为期5天。有25万人次参会，实现交易额2000多万元，签约金额3000多万元。

*28日*

省委常委、市委书记王君正会见日本驻沈阳总领事馆新任总领事石塚英树。

*28日—30日*

中共中央政治局常委、全国政协主席俞正声先后到吉林延边朝鲜族自治州、长春市，深入企业车间、基层社区、民族村镇、学校医院进行调研。

*29日*

长春—香港新能源汽车合作论坛在长春市举办。香港汽车零部件协会代表团与长春市新能源汽车整车及零部件企业共同研讨，推进新能源汽车产业发展。

*31日*

长春市人民政府与华为公司“云计算数据中心战略合作协议”、中国联通吉林省分公司与华为公司“长春政务云战略合作协议”签约仪式在长春市举行。

*同日*

2016年第九届中国长春装备制造业博览会暨2016第十二届长春汽车零配件展洽会在长春国际会展中心开幕。来自国内外的500余家知名制造业及汽配企业和代理商参展。

*同日*

位于长春市苏州北街的金源大市场发生火灾。过火面积约5000平方米。

*同日*

国家科技部火炬中心发布《关于公布2015年国家级科技企业孵化器的通知》，确定净月高新区高新技术创业服务中心为国家级科技企业孵化器。

## 4月

*1日*

长春市农村工作会议召开。省委常委、市委书记王君正出席会议。

*8日*

“2016中国零售商业琅琊榜年度风尚人物”颁奖典礼在苏州国际博览中心举行。长春欧亚集团董事长曹和平当选“2015年度中国零售业风尚人物”。

*13日*

长春市召开“两学一做”学习教育工作大会。深入学习习近平总书记关于“两学一做”学习教育的重要指示，贯彻落实中央、省委有关会议精神，对全市“两学一做”学习教育进行安排部署。

*同日*

长春市召开建设幸福长春大会。省委常委、市委书记王君正出席会议并强调，要全力保障和改善民生，努力让人民群众生活得更加美好。

*14日*

长春市市长姜治莹主持召开市政府第36次常务会议。会议讨论并原则通过《〈长春市城市规划（2011—2020）〉（2016年修订）》《长春市申报国家历史文化名城工作方案》《长春市人民政府关于市十四届人大四次会议议案办理方案的报告》《长春市政府关于第二批公立医院取消药品加成的实施意见》。

*同日*

长春市政府召开视频会议，市委、市政府决定，为期9个月的全市整治道路交通秩序大会战启动。

*15日*

长春市政府与浪潮集团就推动云计算和大数据产业发展签署战略合作协议，确定在长春经开区投资建设大数据产业基地。

*16日*

央视2016年“中国梦·劳动美”五一特别节目《幸福长春、劳动筑梦——2016年长春市庆祝“五一”国际劳动节特别节目》在分会场中车长春轨道客车股份有限公司高速动车组制造中心装配一车间完成录制。

*17日*

长春名优农产品北京营销中心开业。

*18日*

省委书记巴音朝鲁到长春市海尔市场创新产业园、长客高速动车组检修基地、亚泰医药产业园、华阳高强度玄武岩纤维及制品项目、航天信息产业园、顺丰电商装备产业园、百里伊通河综合治理工程、南溪湿地、新星宇商业广场、凯捷金沙中心、净月潭国家森林公园立体停车场、临河街地下综合管廊、复华文化创意·金融产业园等项目地调研长春市稳增长、调结构、补短板新开工的重点项目。

*同日*

德国沃尔夫斯堡市代表团到长春图书馆，出席长春市与沃尔夫斯堡市结好10周年纪念暨“德国周”系列活动启动仪式。

*19日*

《长春新区发展总体规划(2016—2030)》专家论证会在长春市召开。与会专家一致通过本项规划成果。

*21日*

第十二届重庆高新技术成果交易会暨第八届中国国际军民两用技术博览会在重庆南坪国际会展中心开幕。长春市副市长白绪贵率长春市44户高新技术企业和科研单位参展。

*21日—28日*

吉林省政府参事肖万民率领由长春市工信局、长春经开区、长春兴隆综保区等8家民营企业负责人组成的代表团赴匈牙利、意大利、德国开展招商活动。

*22日*

长春市市长姜治莹主持召开市政府第37次常务会议。会议讨论并原则通过《关于做好“先照后证”衔接加强事中事后监管的实施意见》《市场主体信用信息归集应用管理办法》《长春市基本建设项目并联审批实施方案(试行)》《关于进一步促进住房消费，稳定房地产市场的若干意见》。

*26日*

长春市举行长春新区成立大会暨重大项目签约仪式。省委常委、常务副省长高广滨宣读《国务院关于同意设立长春新区的批复》。

*27日*

吉林省暨长春市庆祝“五一”国际劳动节大会在省宾馆召开。省委副书记马俊清、副省长李晋修、市委副书记杨子明、副市长桂广礼等省、市领导共同为荣获国家、省、市“五一”劳动奖状、奖章和“工人先锋号”的先进集体、先进个人代表颁奖。

*28日*

省委常委、市委书记王君正，市长姜治莹率领长春党政代表团到青岛市学习考察创新发展、产业转型、城市规划建设、西海岸新区建设发展管理和现代服务业发展工作。

*29日*

长春新区2016年重点项目集中开工暨长春新能源汽车项目奠基仪式在长春新区北区举行。

## 5月

*1日*

吉林省全面推开“营改增”试点启动活动在长春市朝阳区国税局举行。

*4日—6日*

长春市副市长桂广礼带领由绿园区、长春轨道交通装备产业开发区、长客股份公司组成的轨道交通装备配套项目政企联合招商团，赴安徽桐城、江苏南京开展招商推介活动。

*5日*

长春市双阳区招商引资项目集中签约仪式在国信南山温泉酒店举行。21个重点项目现场签约，投资额240亿元。

*10日*

长春市政府与古巴生物技术和医药产业集团签署合作框架协议，决定共同建设长春中古生特技术产业合作区。

*同日*

长春市市长姜治莹会见新西兰马斯特顿市市长琳·帕特森女士。

*15日*

吉林省暨长春市第二十六次全国助残日活动，在全国扶残先进个人胡艳萍创办的“阿甘村”举行。中国残联副主席吕世明，副省长隋忠诚，副市长桂广礼参加活动。

*16日*

长春市召开首届“长春工匠”命名表彰大会。授予中车长春轨道客车股份有限公司转向架制造中心焊工李万君等10人“十大最具影响力长春工匠”荣誉称号；授予一汽铸造有限公司有色铸造分公司维修工孟庆长等90人“长春工匠”荣誉称号。

*17日*

长春市委常委、长春新区党工委书记孙亚明带领长春新区招商考察团到山东考察泰山体育产业集团。“东北亚国际体育文化产业中心”与“高端冰雪运动装备制造”项目将落位长春新区空港经济开发区。

*18日—20日*

以省委常委、市委书记王君正为团长的长春市经贸代表团到新加坡学习考察，开展系列经贸活动。

*26日*

第八次全国法治宣传教育工作会议在北京召开。长春市被评为“全国法治宣传教育先进城市”，这是长春市第4次获此殊荣。

*27日*

长春汽车经济技术开发区创建国家生态工业示范园区正式通过国家验收。

是吉林省第一个通过此项验收的地区，也是全国第一个通过此项验收的汽车行业类区域。

*28日*

市委常委、常务副市长张晶莹在香格里拉大饭店会见美国圣地亚哥郡郡长罗恩·罗伯茨，并签署《关于建立长春市与圣地亚哥郡友好合作关系的备忘录》。

*29日*

长春市政府与中国建筑股份有限公司在北京签署战备合作框架协议。省委常委、市委书记王君正出席签约仪式。市委常委、副市长王路代表市政府签约。

*同日*

中共长春市委与清华大学在北京签署人才开发战略合作框架协议，深化双方在教育、科技、人才培养等方面的合作。

## 6月

*1日*

“长吉平”3市共治大气污染专项行动暨生态环境保护行动正式启动。市长姜治莹出席启动会议并讲话。市委常委、副市长王路在会上就专项行动进行部署。

*2日*

省委常委、市委书记王君正主持召开市委常委会议，研究部署全市旧城更新改造工作。会议讨论并原则通过《长春市2016年旧城更新改造方案》。

*3日*

长春市软环境建设大会召开。省委常委、市委书记王君正要求，坚持“严”字当头，务求实处着力，加快打造一流经济发展软环境。

*同日*

长春市城市发展投资控股(集团)有限公司与长春市5个城区、4个开发区、2个市直相关部门及2家市直单位签订旧城更新改造项目委托建设管理协议。

*6日*

长春市政府与中国能源建设股份有限公司签署战略合作框架协议。签约仪式前，省委常委、市委书记王君正会见中国能建总经理丁焰章。

*9日—13日*

第十二届中国(长春)国际动漫艺术博览会开幕。20余万人次进入长春国际会展中心观展，促成现场成交额近百万元。

*19日*

第十届中国长春消夏节开幕式暨净月潭森林马拉松赛在净月潭开赛。

*21日*

2016中日韩经贸交流会在长春香格里拉大饭店举行。长春市副市长桂广礼出席会议并作主旨发言。

*24日*

中国工商银行吉林省分行与市政府签署全面战略合作协议。未来5年，该行将为长春市提供1000亿元的意向性融资支持。

*同日*

长春市“电视问政”首期直播活动在长春广播电视台演播厅举行。5个城区和4个开发区负责人走进演播厅，解答市民现场提问。

*同日*

2016中国避暑旅游产业峰会在长春市举办。长春市获“最佳避暑旅游城市”称号。

*29日*

长春市党史教育基地在市委党校揭牌。

*30日*

长春市十四届人大常委会举行第二十七次会议。会议表决通过《关于接受姜治莹辞去长春市市长职务的决定》，决定任命张敬安为长春市副市长。

## 7月

*2日*

2016中国物流信息化大会在长春市开幕。

*同日*

东北师范大学大数据研究院成立暨学术研讨会在东北师范大学举行。

*2日—3日*

吉林大学理论化学研究所教授高加力在第53次国际量子分子科学院院士大会上当选为院士。成为获此殊荣的第2位吉林大学教授。

*4日—5日*

全国政协常委、全国政协社会和法制委员会副主任季允石到长春市调研政府权力清单制度落实情况。市政协主席崔杰，市委常委、副市长张敬安陪同。

*5日*

全国人大常委会副委员长艾力更·依明巴海、全国人大常委会委员、全国人大华侨委员会副主任委员杨邦杰，到长春市朝阳区南湖街道湖东社区、长春金赛药业有限责任公司、南关区长通路清真寺社区调研侨务工作开展情况。

*7日*

长春市委常委会议召开。省委常委、市委书记王君正对长春市政务服务“一门式、一张网”综合改革工作进行安排部署。会议讨论并通过《长春市政务服务“一门式、一张网”综合改革工作方案》。

*8日*

长春市整治道路交通秩序大会战停车泊位施划工作总结表彰大会召开。副市长、市公安局局长李祥为获奖单位颁奖。

*13日*

中国·长春大学生创新创业峰会(2016)暨全国大学生创业实训营在长春市开幕。团中央书记处书记傅振邦致辞。省委常委、市委书记王君正，副市长桂广礼参加开幕式。

*14日*

长春市委常委、副市长王路会见日本长春总商会会长関口孝子一行。関口孝子表示，此次来长带来旅游观光、房地产、人力咨询、新能源化工、城建、绿色农业等9类项目。希望通过项目促进日中交流。

*同日*

国内首个地铁装配式车站—长春地铁2号线袁家店站成功完成拼装。用“搭积木”的方式建地铁车站，在全国尚属首次。

*15日—24日*

第十三届中国(长春)国际汽车博览会在长春国际会展中心开幕。本届汽博会分为9个室内展馆和3个室外展场，总展出面积21万平方米，参展车辆1300余辆。观众达68.4万人次，销售汽车29432辆，成交额58.86亿元。

*15日*

由中车长客股份公司研制的中国标准动车组CRH—0503，在郑徐客运专线进行的会车试验中，以每小时420公里的交会速度再次刷新列车高速实验纪录，是世界上首次在实际运行的轨道上进行的高速列车会车试验。

*18日*

长春科技大市场正式启动运行。

*20日*

长春市城乡规划委员会2016年第二次全委会议召开。会议审议《长春新区发展总体规划（2016—2030年）》《长春市综合交通体系规划》《长春历史文化名城保护规划》，听取《长春市“多规合一”工作汇报》。

*27日*

中国共产党长春市第十二届委员会第九次全体会议在市委机关会堂召开。全会由市委常委会主持，省委常委、市委书记王君正作工作报告。全会听取并讨论了王君正受市委常委会委托所作的工作报告，审议通过《深入实施创新驱动发展战略，加快东北亚区域性中心城市建设的若干意见》《关于召开中国共产党长春市第十三次代表大会的决议》《中共长春市委十二届九次全体会议决议》。

*29日*

全国双拥模范城（县）命名暨双拥模范单位和表彰大会召开，长春市再次荣获“全国双拥模范城市”荣誉。这是长春自1992年以来连续第8次获此殊荣。

*30日*

第六届长春乡村旅游节在九台庙香山旅游度假区开幕。这届旅游节主题为“全域乡村游，美丽乡村行”。

*31日*

长春市副市长白绪贵在长春香格里拉大饭店会见古巴生物技术和医药产业集团总裁路易斯·海瑞拉。

## 8月

*1日*

伊通河综合治理工程启动以来，各项工作全力推进。省委常委、市委书记王君正主持召开伊通河综合治理领导小组会议，研究部署下一步伊通河综合治理重点任务。

*2日*

长春市委常委会讨论并原则通过《长春市增加城乡居民收入“暖流计划”（2016年行动方案）》。

*3日*

全国人大常委会委员、内务司法委员会副主任委员，全国台联会长，中国侨联副主席，台盟中央副主席汪毅夫率领的台湾省第十二届全国人大代表调研组到长春市调研。市委常委、副市长张敬安介绍长春新区发展情况和长春在哈长城市群建设中发展情况及台胞在长生产生活等情况。

*同日*

省委常委、市委书记王君正会见到长参加第六届国际玛珥会议的中国科学院院士刘嘉麒一行，就加强院地合作，推动玄武岩纤维产业化进行探讨。

*8日*

长春旅游集散中心在长春农博园揭牌。

*10日*

吉林航天信息产业创新联盟在长春成立。

*11日*

长春地铁1号线一期工程主体土建工程完成，实现全线洞通。

*12日—21日*

第十五届中国长春国际农业·食品博览（交易）会在长春农博园开幕。本届农博会以“科技与绿色、交流与发展、文化与经贸、质量与安全”为主题。展会期间，参展、参会总人数171万人次，实现现场交易额18亿元。吉林省、长春市与各地客商签约经贸项目202项，签约金额220亿元。

*12日*

2016长春名牌农产品评选表彰暨获奖产品推介会举行。

*15日*

第四次汉学家文学翻译国际研讨会在长春市开幕。中国作协主席铁凝、副主席李敬泽以及莫言、贾平凹、余华、阿来等来自中国、美国、英国、法国等19个国家的百余位著名作家、翻译家、汉学家出席研讨会。

*16日*

市委常委、常务副市长张晶莹在净月益田喜来登酒店会见俄罗斯布拉戈维申斯克市副市长科萨拉波夫。

*17日*

长春市与青岛市正式签署《加强战略合作框架协议》。

*18日*

长春市与中国中铁股份有限公司签署《战略合作框架协议》。决定在重大基础设施建设等领域开展深度合作。

*19日*

2016东北振兴论坛在哈尔滨市开幕。市委常委、常务副市长张晶莹代表长春市政府在开幕式上发表主旨演讲。

*24日*

省委常委、市委书记王君正主持召开“强基础、补短板、稳增长”工作推进会并讲话。市委常委、常务副市长张晶莹通报全市投资和项目建设工作推进情况并安排下步重点工作。

*同日*

长春市发起伊通河综合治理工程“百日会战”，全面推进工程建设、黑臭水体治理、征拆、棚改等工作。

*26日*

长春市召开环境保护重点工作推进会。会上下发《长春市清洁空气行动计划（2016—2020）》《长春市清洁水体行动计划（2016—2020）》《长春市人民政府办公厅关于加强应急管控措施减缓重污染天气影响的实施意见》。

*同日*

2016年长春国际服务外包产业年会召开。

*28日*

长春市与复华控股集团在北京签订战略合作协议。双方将在共同打造东北亚区域性中心城市产业发展“净月论坛”

品牌、加快发展战略性新兴产业等方面进行深度合作。

*29 日*

长春市与中国交通建设集团在北京签署战略合作框架协议。

## 9 月

*1 日*

省委常委、市委书记王君正接受俄罗斯媒体代表团联合采访，就中俄交流合作、“一带一路”倡议等问题，回答代表团记者提问。

*2 日*

长春市获得国家农业部批准，全面启动全国绿色有机农业示范市创建工作。长春市是全国首个、也是唯一获批城市。同日授牌仪式在长春农博园举行。

*2 日—6 日*

首届中国国际秸秆产业博览会在长春农博园开幕。会议集中展示秸秆在科技环保、土壤改良、食品安全等方面的应用成果。本届博览会参展商超过千家，现场成交额 3.6 亿元。

*6 日*

省委常委、市委书记王君正会见泰国正大集团董事长谢国民。

*10 日*

东北师范大学举行建校 70 周年庆祝大会。

*同日*

2016 中国长春净月潭国际友城友人半程马拉松邀请赛开赛。

*14 日*

长春市获评第 2 批国家级医养结合试点，其中长春市 PPP 养老综合项目获评全国唯一示范项目。

*16 日*

吉林大学迎来建校 70 周年。

*19 日*

2016 森林城市建设座谈会在陕西省延安市开幕。长春市获“国家森林城市”称号。

*21 日*

“长春德苑”社会主义核心价值观主题公园正式开园。

*23 日—27 日*

2016 长春房地产暨相关产业产品展示交易会在长春国际会展中心开幕。

*25 日—28 日*

长春市委常委、副市长张敬安率长春市经贸代表团赴香港开展经贸交流活动。

*26 日*

第十七届中国长春(绿园)国际雕塑作品邀请展在锦江公园开幕。

*27 日*

长春市召开全市领导干部会议，宣布中央和省委决定：刘长龙任长春市委委员、常委、副书记。

*28 日*

长春市十四届人大常委会举行第二十九次会议，决定任命刘长龙、贾晓东为长春市副市长，决定刘长龙为长春市代理市长。

*29 日*

省委常委、市委书记王君正会见 HPE 公司全球副总裁谢少毅一行，围绕深化互利合作，共建智慧长春进行深入探讨。

*同日*

市委常委、常务副市长张晶莹在长春香格里拉大饭店会见希腊伊庇鲁斯大区主席亚历山大·凯利曼尼斯。长春市与伊庇鲁斯大区首府约阿尼纳市签署友好城市协议。

*同日*

长春市举行长春烈士陵园晋升国家级烈士纪念设施揭牌仪式。市委常委、长春警备区政委张为周，副市长、市公安局局长李祥为长春烈士陵园晋升国家级烈士纪念设施揭牌。

## 10 月

*5 日*

亚吉铁路通车庆典在埃塞俄比亚首都亚的斯亚贝巴的拉布车站举行。这是首条完全按照“中国标准”修建的跨国电气化铁路。由中车长客股份有限公司制造的 30 辆电气化铁路客车将在这条铁路线上运行。

*11 日—15 日*

第十三届中国长春电影节暨纪念红军长征胜利 80 周年影片《勇士》首映式在长春国际会议中心开幕。国家新闻出版广电总局副局长童刚、长春市代市长刘长龙分别致辞。电影节历时 5 天，评选出“金鹿奖”11 个奖项。

*12 日*

省委常委、市委书记王君正主持召开市城乡规划委员会 2016 年第三次全委会议，审议《长春市城市地下空间利用专项规划(修编)》《长春市人民广场城市中心城市设计》《长春市冬季城市景观研究及实施方案(2016—2017)》等重点议题。

*同日*

2016 年吉林省暨长春市大众创业万众创新活动周启动。

*13 日*

长春交通投资集团与中铁一局集团、铁成公司成立长春铁通建设投资有限公司签约仪式举行。

*18 日*

全市淘汰黄标车专题会在市政府召开。

*19 日*

《长春新区发展总体规划(2016—2030)》正式对外公布。

*20 日*

魏小明艺术馆在长春世界雕塑公园揭幕。

*25 日*

东北三省一市 2016 年度土地督察联席会议在长春市召开。市委常委、副市长王路代表长春市就“全力推进永久基本农田划定工作”作典型发言。

*同日*

由市国税局设计研发的长春“国税专+”手机 APP 正式上线。这是全国税务系统首个专门针对“走出去”企业开展涉税服务的手机 APP。

*27 日*

长春市第十四届人民代表大会第五次会议在省宾馆闭幕。大会补选刘长龙为长春市市长。

*28 日*

长春市中医院总部启用并正式开

诊。

*30 日*

中国工程院院长、院士周济率工信部、中国工程院专家组到长春市考察评估"中国制造 2025"城市试点示范创建工作。

## 11 月

*2 日*

长春市政府与国网吉林省电力有限公司签订长春电网"十三五"发展协议。

*同日*

长春名优农产品第四家营销中心在海南省三亚市开业。

*4 日*

长春市职工创新大会暨优秀技术创新成果展开幕式在长春国际会展中心举行。

*同日*

长春市政务服务"一门式、一张网"综合改革试点启动仪式在市政务中心会场与二道区、农安县、南关区、净月高新区四个分会场同步举行。开启互联网+政务服务新模式，让群众和企业办事更方便快捷。

*5 日*

首届长春国际创客节开幕。该届创客节主题是"创业、创新、创客、创投"。"长春就业创业一点通"数字电视频道正式开通。

*同日*

长春市为 2011 年以来涌现出的 25 位见义勇为英烈举行刻碑落成揭幕仪式。

*同日*

由中车长客股份公司研制的时速 250 公里长编卧铺动车组—CRH5E 型卧铺动车组获得国家铁路局颁发型号合格证和制造许可证。是中国首列可以在高寒、风沙下运行的卧铺动车组。

*5 日—8 日*

第十四届中国国际农产品交易会在昆明市举行。长春市副市长贾晓东参加长春市农业项目及名优产品推介会。

*8 日*

中国教育学会首个"十三五"教育改革实验区在净月高新区正式挂牌。

*10 日*

长春市人民政府荣获由中国人民对外友好协会、中国国际友好城市联合会颁发的"国际友好城市交流合作奖"。

*同日*

长春市长刘长龙在长春香格里拉大酒店会见美国驻沈阳总领事梅儒瑞。

*11 日*

长春市长刘长龙主持召开市政府第 39 次常务会议。会议讨论并原则通过《关于做大做强冰雪和避暑旅游产业的实施意见》《长春市多规合一管理若干规定(草案)》《长春市公共资源交易平台整合方案》。

*16 日*

长春市政府与中国核工业建设集团公司战略合作框架协议签约仪式在南湖宾馆举行。省委常委、市委书记王君正出席签约仪式。

*同日*

省委常委、市委书记王君正主持召开市委常委会，听取旧城改造提升工作汇报。

*同日*

省委常委、市委书记王君正主持召开市委常委会，讨论并通过市委市政府《关于做大做强冰雪和避暑旅游产业的实施意见》。

*17 日*

长春市政府与中国石化集团公司签署战略合作框架协议。长春市市长刘长龙、中国石化集团公司副总经理焦方正出席签约仪式。

*18 日*

长春市政府与中国石化集团公司签署战略合作框架协议，在清洁能源开发利用、城市燃气供应等方面开展全面合作。

*同日*

长春市亚泰大街与台北大街互通立交桥实现全线通车。

*25 日*

长春市市长刘长龙主持召开市政府第 40 次常务会议。会议听取关于贯彻落实《国务院关于深入推进实施新一轮东北振兴战略、加快推动东北地区经济企稳向好若干重要举措的意见》情况汇报，讨论并通过《关于提请审议和修改部分地方性法规的议案》《关于修改和废止部分政府规章的决定》，讨论并通过《长春市电梯安全管理办法》《关于加强农村留守儿童关爱保护工作的实施意见》。

*28 日*

省委常委、市委书记王君正、长春市市长刘长龙率市党政代表团到天津市学习考察，落实对接东北振兴对口合作相关工作。

*29 日*

长春市九台区在天津市举行招商引资推介会暨项目签约仪式。22 家企业现场签约，项目总金额 197 亿元。

*30 日*

国家工信部正式批复长春市为"中国制造 2025"试点示范城市。

## 12 月

*1 日*

长春市第 9 次蝉联"中国最具幸福感城市"，获得"2016 中国最具幸福感城市十周年最高荣誉大奖"。市委常委、常务副市长张晶莹在 2016 年中国幸福感城市可持续发展国际论坛上作主旨发言。

*同日*

市委全面深化改革领导小组召开 2016 年第七次全体会议。贯彻落实中央全面深化改革领导小组第 29 次全体会议和省委全面深化改革领导小组第 25 次会议精神，会议审议并原则通过《关于加强市纪委派驻机构建设意见》《建立健全长春市"十三五"规划纲要实施机制的意见》《长春市公共资源交易平台整合方案》《关于加强长春市国有企业党建工作的意见》《长春市科协系统深化改革方案》。

*3 日*

由长春博奥医学检验所有限公司与吉大一院联合申报的国家基因检测技术应用示范中心启动仪式在长春举行。

*6 日*

长春市十四届人大常委会举行第三

十二次会议。会议决定任命吕锋为副市长、市公安局局长。

*7日*

长春市工商联(总商会)第十六次会员代表大会在南湖宾馆召开，李维斗当选长春市工商联(总商会)第十六届执行委员会主席(会长)。

*8日*

长春市产业发展研究院正式成立。

*9日*

首届中国·吉林国际冰雪旅游产业博览会暨国际旅行商大会在长春市开幕。省委书记巴音朝鲁、国家旅游局局长李金早、“世界罗佩特”运动组织主席尤哈·维利玛在开幕式上致辞，并共同按下“手印启动仪”。

*12日*

长春市市长刘长龙主持召开市政府第41次常务会议。会议讨论并原则通过《政府工作报告(讨论稿)》《长春市安全生产“党政同责、一岗双责”规定(送审稿)》。

*同日*

第一届全国文明家庭表彰大会在北京举行。长春市刘锦辉、夏志国2户家庭获“全国文明家庭”荣誉称号。

*同日*

《长春市电梯安全管理办法》经市政府第40次常务会议审议通过，予以发布，自2017年1月12日起施行。

*13日*

长春兴隆铁路集装箱场站正式获国家口岸办批准，作为临时口岸对外开放。

*18日*

“玩冰踏雪·健康吉林”2016—2017年度吉林省暨长春市冰雪体育系列活动在净月潭国家森林公园启动。国家体育总局局长苟仲文、副局长高志丹，副省长李晋修，市长刘长龙，副市长桂广礼及冬奥会冠军周洋出席启动仪式。

*20日*

长春检验检测认证产业园核心区项目正式签约。

*21日*

省委常委、市委书记王君正主持召开市城乡规划委员会2016年第四次全委会议。会议审议《长春市重点地区城市设计方案》《长春市城乡规划委员会2016年工作报告》等议题。

*22日*

中国首颗碳卫星在酒泉卫星发射中心发射成功。卫星上搭载的高光谱与高空间分辨率$CO_2$(二氧化碳)探测仪、多谱段云与气溶胶探测仪均由中科院长春光机所研制。

*23日*

长春市市长刘长龙主持召开市政府第42次常务会议。会议讨论并通过《关于贯彻落实〈国务院关于深入推进实施新一轮东北振兴战略加快推动东北地区经济企稳向好若干重要举措的意见〉推进与天津市开展对口合作的实施意见(讨论稿)》《天津市—长春市建立对口合作关系框架协议(讨论稿)》《关于2016年国民经济和社会发展计划执行情况与2017年国民经济和社会发展计划草案的报告(讨论稿)》《关于2016年预算执行情况和2017年预算草案的报告》《关于市十四届人大四次会议议案办理情况的报告(讨论稿)》。

*24日*

中共长春市委十二届十次全体会议在市委机关会堂召开。全会由市委常委会主持，省委常委、市委书记王君正作重要讲话。会议审议通过中共长春市第十二届委员会工作报告(草案)、中共长春市第十二届纪委工作报告(草案)、《在市委十二届十次全会上关于市委常委工作的报告》《中国共产党长春市第十二届委员会第十次全体会议决议》。讨论通过《中共长春市委关于贯彻落实党的十八届六中全会精神，坚定不移推进全面从严治党的意见》。

*27日—29日*

中国共产党长春市第十三次代表大会在吉林省宾馆礼堂开幕。省委常委、市委书记王君正代表中国共产党长春市第十二届委员会向大会作了题为《不忘初心、继续前进，为建设东北亚区域性中心城市而努力奋斗》的报告。市委十三届一次全会选举王君正为市委书记，刘长龙、张晶莹为市委副书记，王君正、刘长龙、张晶莹、赵明、王路、王长久、李祥、刘德生、王庭凯、马延峰、郭灵计、李忠斌为市委常委。

*28日*

长春市天然气外环高压管网工程全线竣工通气。长春市天然气年输气能力将从6亿立方米跃升至40亿立方米。

*30日*

《长春市道路交通安全管理条例》由长春市第十四届人民代表大会常务委员会第三十二次会议通过，自2017年1月1日起施行。

(常　颖)

# 长春概览

## 自然概况

**【位置境域】** 长春市位于北纬43°05′~45°15′;东经124°18′~127°05′,居北半球中纬度北温带,其中主城区位于松辽平原腹地的伊通河台地之上。面积20604平方公里。居于中华人民共和国东北地区中部,地处京哈与珲乌两条交通线交会处,是吉林省的政治、经济、文化中心。长春市辖3县(市)7区,包括榆树市、农安县、德惠市和朝阳区、南关区、宽城区、二道区、绿园区、双阳区、九台区(2014年末,经国务院批准,撤销县级九台市,设立长春市九台区,以原九台市的行政区域为九台区的行政区域)。西北与松原市毗邻,西南和四平市相连,东南与吉林市相依,东北同黑龙江省接壤。城市面积4789平方公里。市区中心城区建成区面积348.62平方公里。

**【地质地貌】** 长春市属天山——兴安地槽褶皱区吉黑褶皱系松辽拗陷的东部边缘,城区下部分布着深厚的白垩系泉头组,为一套红色较粗粒碎屑岩(页岩、泥岩、细砂岩和砂页岩互层),均为不透水层或含水性极微层,地层深厚(500米尚未穿透),岩层致密,倾角很小(5°~10°)。第四世纪沉积相当普遍,洪积层上部为黄土状物质,下部为红色黏土或砂砾层。新构造运动以来,地体微升,地表受流水切割,沟谷发育,形成微波状台地平原。二级阶地黄土状亚黏土厚15米~25米,抗压强度20吨~25吨/平方米,是较佳的天然地基。一级阶地(二道区)亚黏土层地基抗压强度8吨/平方米~11吨/平方米,但地表下2米~4米深处有一淤泥层,不适于天然地基,下部是砂、砂砾层,抗压强度25吨~35吨/平方米,距地表6米~11米以下是基岩,对大型、特大型建筑基础置于基岩上最为有利。

主要地貌类型为:1.低山丘陵。分布于市区东南部,属大黑山脉的一部分,略呈东北西南走向,海拔大部分在250米~350米之间,相对高度为50米~100米;东部的大顶子山海拔407米,组成的岩石有花岗岩、安山岩等变质岩系,其中以花岗岩分布面积最广,久经侵蚀,已成浑圆状;山地丘陵面积在市区内所占面积比重甚微,山地丘陵中有森林,低丘之间有些冲积平原和盆地,为农业区;伊通河出大黑山北麓,从南向北穿过市区东部,在狭口处有修筑水库的良好条件。2.台地平原。城区台地面积约占总面积的70%,并高出伊通河一级阶地10米~20米,地表微波起伏,土质主要由黄土状土构成,海拔在200米~230米之间,最高压245米;浅谷谷坡漫长,市区有近80%的地面坡在10度以下。3.冲积平原。主要由伊通河冲积作用形成,在河流两岸形成比较宽阔的带状平原,面积近30%,地势低平,海拔多在200米左右;沿河两岸的低洼部分,汛期常被洪水淹没,属河漫滩部分,组成物质多为粗砂或细砂,河漫滩两侧为宽窄不等的高漫滩或一级阶地,宽度一般在4公里~5公里间;一级阶地高出河床3米左右,其组成物质上部是亚砂土、亚黏土,下部是砂砾层,冲积物厚10米左右;二级阶地面积较小,河床两侧可提供建筑用砂;平原上的河迹洼地,因多为淤泥质黏土或亚黏土,并夹灰色砂质透镜体,大多排水不畅,土体抗压性较差,但在大部分台地平原上的沟谷系统则成为城市自然排水通道。4.火山锥体。台地平原西接松辽分水岭,系第四纪更新世末期沿断裂带呈地垒式隆起,并有火山活动,因此在长春西南的大屯、范家屯一带,火山锥体突起在波状平原之上。多由玄武岩构成,是良好的建筑材料。

**【水文气候】** 长春市的地表水属松花江水系,松花江、饮马河、伊通河的中下游,还有沐石河、双阳河、雾开河、新开河及卡岔河等流经境内,有波罗泡子、敖宝吐泡子、元宝泡子等主要泡子湖泊7处;市区的地表水,较大的河流为松花江的支流,也是饮马河的支流——伊通河及其支流——新开河等。由于市区的下部基岩为中生代白垩系红色岩系,岩层致密,为一不透水层或含水性极微,因而无深层地下水源,故地下水贫乏。长春市的气候介于东部山地湿润与西部平原半干旱区之间的过渡带,属温带大陆性半湿润季风气候类型。东部和南部虽距海洋不远,但由于长白山地的阻挡,削弱了夏季风的作用;西部和北部为地势平坦的松辽平原,西伯利亚极地大陆气团畅通无阻,故气候总的特点是春季干旱多风,夏季温暖短促，秋季晴朗温差大，冬季严寒漫长。春季，地表温度增高，蒙古高压系统势力减弱，这时低压系统自贝加尔湖区侵入，形成东北低压并经常过境，低压前部常出现强大的西南气流，后部有猛烈的西北气流，大风天气多，最大风速可达30米/秒，且低压系统后部引起北方寒流冷气南下，形成寒潮天气。夏季，东南风盛行，有从小笠原状群岛吹来的东南风，也有渤海补充的湿气，自南而来的夏季风极锋锋线位置也移到本地，并有温带气旋过境。平均气温21.9摄氏度，最高气温出现在德惠市，为32.1摄氏度；全年最大日降水量出现在九台市，为98.8毫米。秋季，贝加尔湖低压系统虽有入侵，但发展的机会不如春季显著，高压在本区停滞的机会较多，因而在秋季可形成持续数日的晴朗而温暖的天气，温差较大，风速也较春季小。冬季，受强蒙古高压系统影响，冷气流经常自北及西北侵入，盛行偏西风，气候寒冷、干燥。天气变化主要取决于高空西风带中的低槽过境：低槽移近时，常有较盛的偏南风入境，形成多云、多雪的阴湿天气；低槽过后，高压脊的前部侵入，致使风向转为西北风，气温骤降，并有时出现雪暴天气，然后高压系统全部占据，天气晴朗、干燥、风力微弱。这种更替，一次大约三四天，形成冬季"三寒四温"的天气特征。平均气温零下12摄氏度，最低气温出现在农安县，为零下37.2摄氏度。

**【自然资源】** 长春市地域辽阔，土地资源较丰富，面积20604平方公里，其中耕地135.04万公顷。土质主要是黑土、草甸土、黑钙土等，分别占耕地面积的34.5%、29.06%和15.28%。土质肥沃，一般黑土层厚达0.6米~1.0米。全市有林地26.5万公顷，森林的组成以东亚阔叶林成分为主，华北系成分、长白区系成分也有渗入，如黑松、樟子松、云杉、冷杉、长白落叶松、侧柏、桧柏、胡桃楸、水曲柳、黄菠萝、花曲柳、山杨、黑桦等。野生植物资源群落中，有森林植物、草甸植物、草原植物等，具有经济价值的野生植物300余种：可供药用的有五味子、大活、党参、苍术等到150多种；可做工副业原料的有胡枝子、芦苇、蒙古栎等50多种；可供食用的有蕨菜、黄花菜、山楂、山葡萄等30多种；可做饲料的有碱草、草木樨、小叶樟等50多种。野生动物资源有豹猫、红狐、鸿雁、林蛙、中华鳖、虎斑文蛇、背角无齿蚌等5类34种。长春市的矿产资源，除已探明的煤、油质岩矿、水泥石灰岩矿、水泥黏土矿、珍珠岩砂、膨润土、萤石、铸型用砂矿、铜、银、铁以外，石油、天然气也有一定储量。

（李开天　曾　剑）

## 气象　水文

**【概况】** 2016年（1月–12月）长春市总的气候特点是：气温略高，降水偏多，日照时数略少。全市年平均气温为5.8摄氏度，比常年高0.2摄氏度；全市年平均降水量为741.7毫米，比常年556.8毫米多184.9毫米；年平均日照时数为2433.6小时，比常年少98.1小时。整个农作物生长季（5月–9月）气温略高、降水偏多、日照略少。

**气温**　年平均气温主要特征2016年（1月–12月）气温略高，全市年平均气温为5.8摄氏度，比常年同期高0.2摄氏度，比2015年低0.5摄氏度。地域分布见图1，其中长春市区和双阳为6.7摄氏度和6.3摄氏度；其他地方5摄氏度至5.7摄氏度。与常年相比，榆树与常年持平，长春市区、双阳和德惠分别高0.5摄氏度、0.4摄氏度和0.3摄氏度，农安和九台分别低0.2摄氏度和0.1摄氏度。

年内极端最高气温为33.9摄氏度，8月5日出现在双阳；极端最低气温为-33.3摄氏度，1月23日出现在农安。

逐月温度变化如图2，气温高的月份居多。全年只有4个月份（1、6、10和11月）气温低于常年同期，其余各月高于常年同期。3月–10月全市平均气温

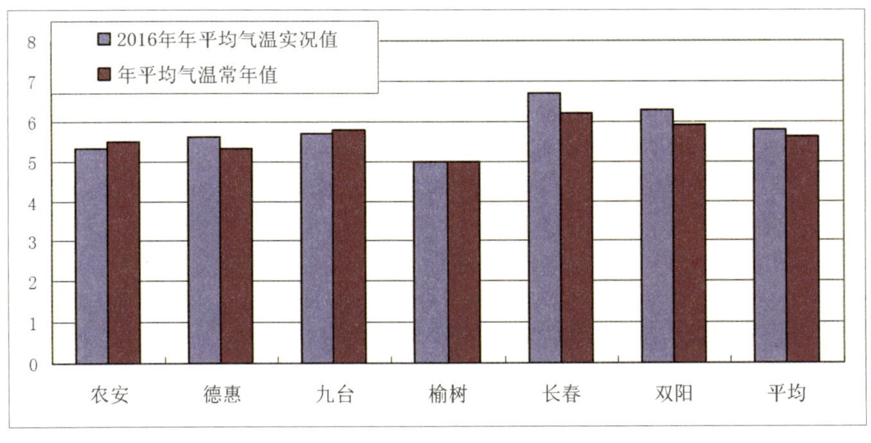


图1　2016年全市年平均气温及与常年对比柱状图（单位：摄氏度）

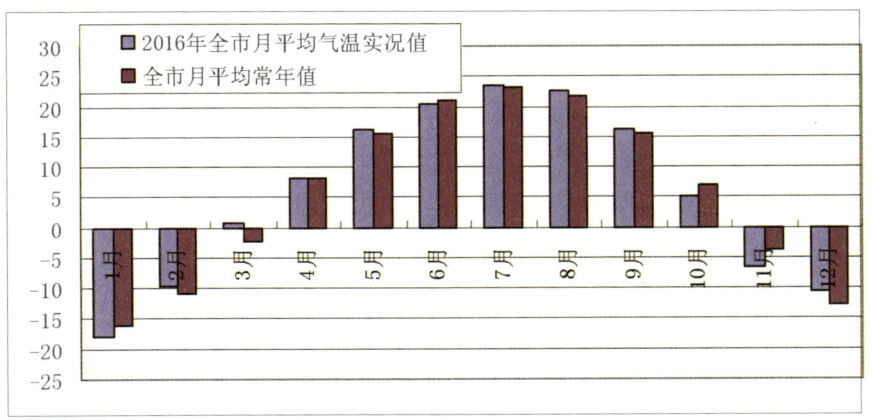


图2　2016年逐月气温变化曲线（单位：摄氏度）

14.2摄氏度,比常年同期高0.5摄氏度。5月-9月全市平均气温19.8摄氏度,比常年同期高0.4摄氏度。

气温季节变化特征冬季气温略高,春季偏高、夏季略高、秋季偏低。

冬季(1月、2月和12月)气温略高,全市季平均气温为-12.7摄氏度,年同期高0.6摄氏度。2016年1月气温偏低,全市月平均气温为-18摄氏度,比常年同期低1.9摄氏度;2016年2月气温偏高,全市月平均气温为-9.7摄氏度,比常年同期高1.3摄氏度;12月气温偏高,全市月平均气温为-10.5摄氏度,比常年同期高2.2摄氏度。

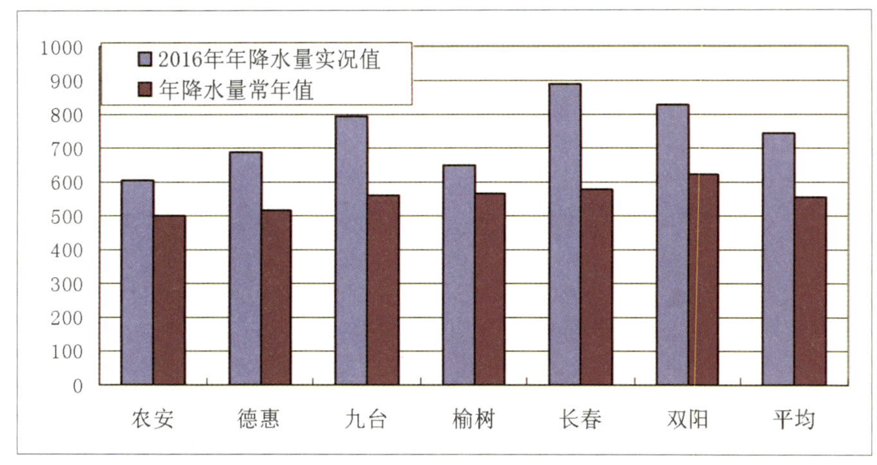

图3 2016年全市年降水量及常年对比柱状图(单位:毫米)

春季(3月-5月)气温偏高,全市季平均气温为8.5摄氏度,比常年同期高1.3摄氏度,居历史同期高温第6位。3月气温特高,全市月平均气温为0.9摄氏度,比常年同期高3.1摄氏度,居历史同期高温第4位;4月气温略高,全市月平均气温为8.3摄氏度,比常年同期高0.1摄氏度;5月气温略高,全市月平均气温为16.2摄氏度,比常年同期高0.6摄氏度。

夏季(6月-8月)气温略高,全市季平均气温为22.2摄氏度,比常年同期高0.2摄氏度。6月气温略低,全市月平均气温为20.5摄氏度,比常年同期低0.5摄氏度;7月气温略高,全市月平均气温为23.5摄氏度,比常年同期高0.4摄氏度;8月气温略高,全市月平均气温为22.6摄氏度,比常年同期高0.8摄氏度。

秋季(9月-11月)气温偏低,全市季平均气温为4.9摄氏度,比常年同期低1.3摄氏度,居历史同期低温第9位。9月气温略高,全市月平均气温为16.3摄氏度,比常年同期高0.8摄氏度;10月气温偏低,全市月平均气温为5.1摄氏度,比常年同期低2摄氏度,居历史同期低温第八位;11月气温偏低,全市月平均气温为-6.7摄氏度,比常年同期低2.8摄氏度,居历史同期低温第7位。

**降水** 降水量时空分布特征2016年降水量偏多,全市年(1月-12月)平均降水量为741.7毫米,比常年多33.2%,比2015年多50.7%,居历史同期多雨第2位。各地年降水量实况如图3,长春市区和双阳年降水量为890.8毫米和825.4毫米,九台年降水量为793.4毫米,其他地方年降水量在606.1毫米~686.2毫米。与常年同期相比,长春市区特多,多54.4%,居历史同期多雨第1位;九台偏多41.5%,居历史同期多雨的第5位;双阳和德惠分别偏多32.9%和32.4%,居历史同期多雨第6位;农安偏多21.7%;榆树略多14.7%。

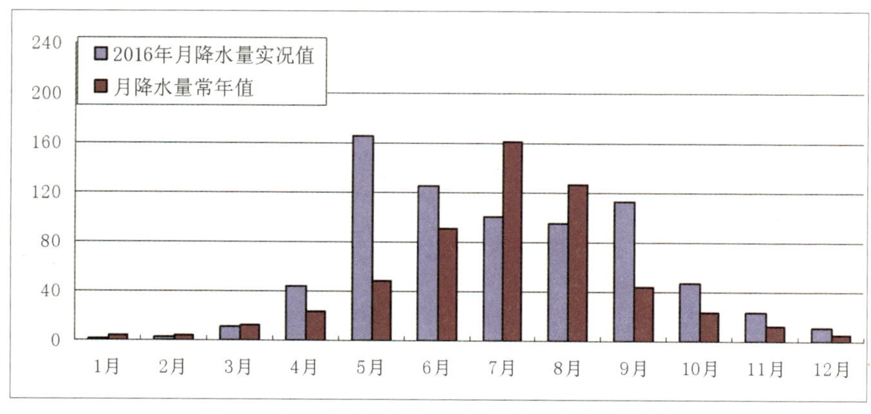

图4 2016年逐月降水量变化图(单位:毫米)

逐月降水变化如图4,全年中有5个月份(1月、2月、3月、7月和8月)降水量少于常年,其余均多于常年。3月-10月全市平均降水量703.7毫米,比常年同期偏多32.8%,居历史同期多雨的第3位。5月-9月全市平均降水量601.8毫米,比常年同期多27.6%,居历史同期多雨的第5位。

降水季节分布特征冬季降水偏多,春季降水特多,夏季降水略少,秋季降水特多。

冬季(1月、2月和12月)降水偏多,全市平均降水量为14.6毫米,与常年同期持平。其中2016年1月降水特少,全市平均降水量为0.7毫米,比常年同期少83%,2016年2月降水略少,全市平均降水量为3.1毫米,比常年同期少18%;12月降水特多,全市平均降水量为10.8毫米,比常年同期多77%,居历史同期多雨(雪)的第10位。

春季(3月-5月)降水特多。全市平均降水量221.6毫米,比常年同期多167%,居历史同期多雨的第1位。其中3月降水略少,全市平均降水量为11.4毫米,比常年同期少8%;4月降水特多,全市平均降水量为44.1毫米,比常年同期多92%,居历史同期多雨的第9位;5月降水特多,全市平均降水量为166.2毫米,比常年同期多248%,居历史同期多雨的第1位。

夏季(6月-8月)降水略少,全市平均降水量322.2毫米,比常年同期少15%。其中6月降水偏多,全市平均降水

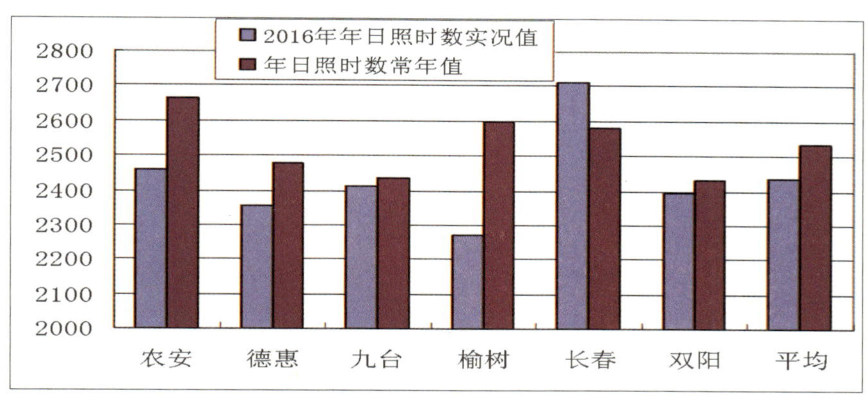


图 5　2016 年全市年日照时数及常年对比柱状图(单位:小时)

量为 125.7 毫米，比常年同期多 37%;7 月降水偏少，全市平均降水量为 100.6 毫米,比常年同期少 38%,居历史同期少雨的第九位;8 月降水偏少,全市平均降水量为 95.8 毫米,比常年同期少 34%。

秋季(9 月-11 月)降水特多。全市平均降水量为 183.5 毫米，比常年同期多 130%,居历史同期多雨的第 2 位。其中 9 月降水特多，全市平均降水量为 113.5 毫米,比常年同期多 154%,居历史同期多雨的第 2 位;10 月降水特多,全市平均降水量为 46.4 毫米,比常年同期多 104%,居历史同期多雨第 7 位;11 月降水特少，全市月平均降水量为 23.6 毫米,比常年同期多 89%,居历史同期多雨第 6 位。

**日照**　2016 年日照时数略少,全市年平均日照时数为 2433.6 小时,比常年同期少 98.1 小时，比 2015 年 2459.1 小时少 25.5 小时。地域分布见图 5,长春市区最多为 2712 小时,比常年多 131.7 小时;其他地方年日照时数在 2457 小时-2272.5 小时。与常年同期相比，少 22.3 小时 209.5 小时。(3 月-10 月)全市平均日照时数 1775.6 小时，比常年同期少 66.7 小时。农作物生长季(5 月-9 月)全市平均日照时数 1150 小时,比常年同期少 25.8 小时。

**霜**　2016 年全市终霜结束时间较早,长春市区最早 4 月 13 日,农安和双阳 4 月 25 日,德惠 4 月 28 日,九台和榆树 4 月 30 日。与常年同期相比,榆树和常年持平,长春市区早 17 天,其他地方早 3 天-6 天。全市初霜日略晚,为 9 月 28 日,与常年同期相比,比常年同期晚 3 天-7 天。全市无霜期平均为 155 天,与常年同期相比，长春市区比常年多 20 天,其他地方常年多 7 天-10 天。

**【主要气象灾害】**　**暴雨**　2016 年全市出现 3 次站次暴雨,5 月 3 日长春市区、九台和双阳出现暴雨，降水量分别为 63.6 毫米、66.1 毫米和 68.6 毫米。

**冰雹**　2016 年冰雹 5 站次。其中榆树和德惠各 1 次、双阳 3 次。

**寒潮**　2016 年全市寒潮天气过程频繁,降温幅度大。全市出现寒潮 30 站次。其中有 3 次区域性寒潮,分别为 2 月 13 日、4 月 1 日和 11 月 16 日。

**大风天气**　2016 年度全市出现大风 99 站次，比常年偏多。其中德惠 25 次、农安 23 次、榆树和九台各 15 次、双阳各 12 次,长春市区 9 次。

**大雾**　2016 年出现大雾天气 16 站次。其中农安 1 次,长春市区和德惠各 3 次、榆树 4 次、双阳 5 次。

(梁衍波)

## 行政区划

**【行政建置】**　截至 2016 年底,长春市辖朝阳、南关、宽城、绿园、二道、双阳、九台 7 个区(含长春经济技术开发区、长春净月高新技术产业开发区、长春新区、长春汽车经济技术开发区、长春莲花山生态旅游度假区 5 个开发区);榆树市、德惠市、农安县由省直辖。辖 84 个街道,30 个乡,59 个镇。

**【地名管理】**　按照国务院《地名管理条例》《吉林省地名管理条例》、民政部《地名管理条例实施细则》以及《长春市地名管理条例》对地名工作进行管理。

(李　硕)

**2016 年长春市行政区划统计表**

| 县(市)、区名称 | 街道(个) | 镇(个) | 乡(个) |
|---|---|---|---|
| 朝阳区 | 10 | 2 | 1 |
| 宽城区 | 12 | 5 | 1 |
| 南关区 | 16 | 3 | 1 |
| 二道区 | 9 | 3 | 1 |
| 绿园区 | 9 | 3 | |
| 双阳区 | 4 | 3 | 1 |
| 九台区 | 12 | 4 | 2 |
| 榆树市 | 4 | 15 | 9 |
| 德惠市 | 4 | 10 | 4 |
| 农安县 | 4 | 11 | 10 |
| 合　计 | 84 | 59 | 30 |

**2016 年长春市区（市）、县、街道、镇（乡）区划一览表**

| | |
|---|---|
| 朝阳区（街 10 镇 2 乡 1） | 湖西街道　重庆街道　红旗街道　清和街道　永昌街道　南湖街道　桂林街道　前进街道　富锋街道　永春镇　乐山镇　硅谷街道（高新代管）　双德乡（高新代管） |
| 宽城区（街 12 镇 5 乡 1） | 新发街道　南广街道　东广街道　站前街道　柳影街道　群英街道　凯旋街道　团山街道　兴业街道　欣园街道　兰家镇　兴隆山镇（经开代管）　合隆镇（农安代管）　米沙子镇（德惠代管）　万宝镇（德惠代管）　奋进乡（高新代管）　北湖街道（高新代管）　长德街道（高新代管） |
| 南关区（街 16 镇 3 乡 1） | 新春街道　长通街道　南岭街道　永吉街道　曙光街道　全安街道　民康街道　自强街道　桃源街道　鸿城街道　明珠街道　富裕街道　幸福乡　永兴街道（净月代管）　净月街道（净月代管）　临河街道（经开代管）　玉潭镇（净月代管）　新立城镇（净月代管）　新湖镇（净月代管）　会展街道（经开代管） |
| 二道区（街 9 镇 3 乡 1） | 八里堡街道　远达街道　东站街道　东盛街道　吉林街道　荣光街道　东方广场街道（经开代管）　长青街道　英俊镇　泉眼镇（莲花山代管）　劝农山镇（莲花山代管）　四家乡（莲花山代管）　世纪街道（经开代管） |
| 绿园区（街 9 镇 3） | 铁西街道　普阳街道　青年路街道　春城街道　正阳街道　林园街道　同心街道　合心镇　西新镇　城西镇　锦程街道（汽开代管）　东风街道（汽开代管） |
| 双阳区（街 4 镇 3 乡 1） | 平湖街道　云山街道　奢岭街道　山河街道　太平镇　鹿乡镇　齐家镇　双营子回族乡 |
| 九台区（街 12 镇 4 乡 2） | 九台街道　九郊街道　营城街道　西营城街道　土们岭街道　苇子沟街道　兴隆街道　波泥河街道　纪家街道　卡伦湖街道　东湖街道　龙嘉街道　上河湾镇　其塔木镇　沐石河镇　城子街镇　胡家回族乡　莽卡满族乡 |
| 榆树市（街 4 镇 15 乡 9） | 正阳街道　培英街道　华昌街道　城郊街道　八号镇　大坡镇　弓棚镇　刘家镇　五棵树镇　闵家镇　黑林镇　保寿镇　秀水镇　新立镇　土桥镇　大岭镇　新庄镇　于家镇　泗河镇　育民乡　红星乡　太安乡　先锋乡　青山乡　延河朝鲜族乡　恩育乡　城发乡　环城乡 |
| 德惠市（街 4 镇 10 乡 4） | 胜利街道　建设街道　惠发街道　夏家店街道　郭家镇　天台镇　大房身镇　菜园子镇　松花江镇　布海镇　大青嘴镇　朱城子镇　达家沟镇　岔路口镇　朝阳乡　五台乡　同太乡　边岗乡 |
| 农安县（街 4 镇 11 乡 10） | 农安镇　伏龙泉镇　高家店镇　哈拉海镇　开安镇　烧锅镇　靠山镇　华家镇　巴吉垒镇　三盛玉镇　三岗镇　杨树林乡　万顺乡　龙王乡　黄鱼圈乡　永安乡　前岗乡　青山口乡　新农乡　小城子乡　万金塔乡　兴农街道　宝塔街道　和谐街道　黄龙街道 |

## 人口情况

**【总人口及分布】** 截至 2016 年末，长春市有 2767867 户，7534284 人。其中，男性人口 3787404 人，占人口总数的 50.3%；女性人口 3746880 人，占人口总数的 49.7%。市区（南关区、宽城区、朝阳区、二道区、绿园区、双阳区、九台区）人口为 4377882 人，占全市总人口数的 58.1%；县（市）（农安县、榆树市、德惠市）人口为 3156402 人，占全市总人口数的 41.9%。总人口数比 2015 年减少 4051 人，增长率为-0.5‰，增长率比 2015 年上升 0.4‰。长春市人口占吉林

## 2016年长春市人口增长及分布情况统计表

单位:人

| 区、县(市)别 | 2015年末总人口 | 2016年末总人口 | 增加人口 | 增长率‰ |
|---|---|---|---|---|
| 全　市 | 7538335 | 7534284 | -4051 | -0.5 |
| 市辖区 | 4361115 | 4377882 | 16767 | 3.8 |
| 南　关 | 698626 | 710364 | 11738 | 16.5 |
| 宽　城 | 643251 | 645916 | 2665 | 4.1 |
| 朝　阳 | 718403 | 724202 | 5799 | 8.0 |
| 二　道 | 572318 | 576456 | 4138 | 7.2 |
| 绿　园 | 659009 | 660552 | 1543 | 2.3 |
| 双　阳 | 376413 | 375579 | -834 | -2.2 |
| 九　台 | 693095 | 684813 | -8282 | -12.1 |
| 农　安 | 1086844 | 1079889 | -6955 | -6.4 |
| 榆　树 | 1263160 | 1254681 | -8479 | -6.8 |
| 德　惠 | 827216 | 821832 | -5384 | -6.6 |

省总人口数的28.5%。

**【人口自然变动】** 2016年，全市出生62117人,出生率为8.24‰,比2015年上升0.92‰。市区出生43327人,出生率为9.92‰,比2015年上升1.62‰。平均每天出生170人;全年死亡29294人,死亡率为3.89‰，比2015年下降1.28‰。市区死亡22497人,死亡率为5.15‰,比2015年下降0.71‰。平均每天死亡80人。全市自然增长32823人，增长率为4.36‰,比2015年上升2.21‰,市区自然增长20830人，增长率为4.77‰,比2015年上升2.33‰。

## 2016年长春市人口自然变动情况统计表

单位:人

| 区、县(市)别 | 出生人口 | | 死亡人口 | | 自然增长人口 | |
|---|---|---|---|---|---|---|
| | 人数 | 出生率‰ | 人数 | 死亡率‰ | 人数 | 增长率‰ |
| 全　市 | 62117 | 8.24 | 29294 | 3.89 | 32823 | 4.36 |
| 市辖区 | 43327 | 9.92 | 22497 | 5.15 | 20830 | 4.77 |
| 南　关 | 8323 | 11.81 | 4470 | 6.34 | 3853 | 5.47 |
| 宽　城 | 6587 | 10.22 | 3463 | 5.37 | 3124 | 4.85 |
| 朝　阳 | 7906 | 10.96 | 4191 | 5.81 | 3715 | 5.15 |
| 二　道 | 6255 | 10.89 | 2849 | 4.96 | 3406 | 5.93 |
| 绿　园 | 7427 | 11.26 | 3893 | 5.90 | 3534 | 5.36 |
| 双　阳 | 2514 | 6.69 | 1273 | 3.39 | 1241 | 3.30 |
| 九　台 | 4315 | 6.26 | 2358 | 3.42 | 1957 | 2.84 |
| 农　安 | 6815 | 6.29 | 2391 | 2.21 | 4424 | 4.08 |
| 榆　树 | 6662 | 5.29 | 2926 | 2.32 | 3736 | 2.97 |
| 德　惠 | 5313 | 6.44 | 1480 | 1.79 | 3833 | 4.65 |

**【人口机械变动】** 2016年,全市迁入人口47261人,迁入率为6.27‰;迁出人口84135人，迁出率为11.17‰；机械增长人口出现负增长36874人，增长率为-4.89‰，比2015年下降4.57‰。其中,市区的朝阳、双阳、九台;县(市)的农安县、榆树市、德惠市均出现迁出人口高于迁入人口,呈现负增长情况。

## 2016年长春市人口机械变动情况统计表

单位:人

| 区、县(市)别 | 迁入人口 | | 迁出人口 | | 机械增长人口 | |
|---|---|---|---|---|---|---|
| | 人　数 | 迁入率‰ | 人　数 | 迁出率‰ | 人　数 | 增长率‰ |
| 全　市 | 47261 | 6.27 | 84135 | 11.17 | -36874 | -4.89 |
| 市辖区 | 41340 | 9.44 | 45393 | 10.37 | -4053 | -0.93 |
| 南　关 | 10620 | 14.95 | 8292 | 11.67 | 2328 | 3.28 |
| 宽　城 | 5920 | 9.17 | 3871 | 5.99 | 2049 | 3.17 |
| 朝　阳 | 9343 | 12.90 | 9344 | 12.90 | -1 | 0.00 |
| 二　道 | 6249 | 10.84 | 6022 | 10.45 | 227 | 0.39 |
| 绿　园 | 6842 | 10.36 | 4252 | 6.44 | 2590 | 3.92 |
| 双　阳 | 772 | 2.06 | 1878 | 5.00 | -1106 | -2.94 |
| 九　台 | 1594 | 2.33 | 11734 | 17.13 | -10140 | -14.81 |
| 农　安 | 2132 | 1.97 | 13496 | 12.50 | -11364 | -10.52 |
| 榆　树 | 2206 | 1.76 | 14421 | 11.49 | -12215 | -9.74 |
| 德　惠 | 1583 | 1.93 | 10792 | 13.13 | -9209 | -11.21 |

**【人口结构】** 2016年，在性别比例上，以女性人口为100，全市性别比例101.1，与2015年相比下降0.1%。在乡村人口与城镇人口的构成上，全市城镇人口3680253人，占总人口的48.8%，与2015年上升1.3%；有乡村人口3854031人，占总人口的51.2%，与2015年比下降4.3%。县(市)城镇人口德惠(市)略高为18.6%，比2015年下降0.9%；榆树略低为18.1%，与2015年比下降0.9%。

## 2016年长春市人口结构情况统计表

单位:人

| 区、县(市)别 | 总人口数 | 性　别 | | 性别比例 | 农业人口与非农业人口 | | |
|---|---|---|---|---|---|---|---|
| | | 男性人口 | 女性人口 | (女性人口为100) | 农业人口 | 非农业人口 | 非农业人口比重% |
| 全　市 | 7534284 | 3787404 | 3746880 | 101.1 | 3680253 | 3854031 | 48.8 |
| 市辖区 | 4377882 | 2172083 | 2205799 | 98.5 | 3100999 | 1276883 | 70.8 |
| 南　关 | 710364 | 345343 | 365021 | 94.6 | 651685 | 58679 | 91.7 |
| 宽　城 | 645916 | 320635 | 325281 | 98.6 | 425276 | 220640 | 65.8 |
| 朝　阳 | 724202 | 352441 | 371761 | 94.8 | 679131 | 45071 | 93.8 |
| 二　道 | 576456 | 285027 | 291429 | 97.8 | 425526 | 150930 | 73.8 |
| 绿　园 | 660552 | 327779 | 332773 | 98.5 | 621328 | 39224 | 94.1 |
| 双　阳 | 375579 | 190623 | 184956 | 103.1 | 100892 | 274687 | 26.9 |
| 九　台 | 684813 | 350235 | 334578 | 104.7 | 197161 | 487652 | 28.8 |
| 农　安 | 1079889 | 554009 | 525880 | 105.3 | 199067 | 880822 | 18.4 |
| 榆　树 | 1254681 | 643056 | 611625 | 105.1 | 227133 | 1027548 | 18.1 |
| 德　惠 | 821832 | 418256 | 403576 | 103.6 | 153054 | 668778 | 18.6 |

(孟令彦)

**【民族】** 2016年，长春市有50个少数民族，人口31.95万人，占全市总人口的4.2%。有满族、回族、朝鲜族、蒙古族、锡伯族5个世居民族。其中，满族17.8万人，占55.7%；朝鲜族5.7万人，占17.8%；回族4.9万人，占15.3%；蒙古族1.5万人，占4.7%；锡伯族1354人，占0.4%。有4个民族乡，双阳区双营子回族乡、九台市胡家回族乡、九台市莽卡满族乡、榆树市延和朝鲜族乡。43个少数民族聚居村。市级少数民族社团6个；少数民族特需商品定点生产企业7家；市级朝鲜族群众艺术馆1所；乡级少数民族文化站4所。民族中小学13所；民族医院1所，民族乡医院4所，少数民族聚居村合作医疗点43个。

(潘　爽)

## 国民经济和社会发展

【概况】 2016年，长春市实现地区生产总值5986.4亿元，按不变价格计算，比2015年增长7.7%。其中，第一产业增加值323.5亿元，比2015年增长3.7%；第二产业增加值2957.3亿元，增长6.7%；第三产业增加值2705.6亿元，增长9.4%。三次产业结构为5.4:49.4:45.2。对经济增长的贡献率分别为2.9%、45.0%和52.1%。人均生产总值79434元（按户籍年平均人口数计算），比2015年增长7.7%，折合11959美元。

全市一般预算全口径财政收入1150.5亿元，增长6.7%。全市地方财政收入415.5亿元，增长7.0%，其中，税收收入309.9亿元，增长3.3%。地方财政支出770.6亿元，增长0.6%，其中，社会保障和就业支出111.6亿元，增长5.6%；医疗卫生与计划生育支出67.6亿元，增长8.1%；交通运输支出21.7亿元，增长11.7%；农林水支出57.4亿元，增长24.2%；住房保障支出26.5亿元，增长32.7%。

全年居民消费价格总水平比2015年上涨1.4%，涨幅比2015年扩大0.1个百分点。从各类商品及服务价格变动情况看，医疗保健价格上涨8.1%，食品烟酒价格上涨3.3%，其他用品和服务价格上涨1.1%，衣着价格上涨0.8%，生活用品及服务、教育文化和娱乐价格均上涨0.2%，交通和通信价格下降1.3%，居住价格下降1.1%。工业生产者出厂价格比2015年下降0.43%，降幅比2015年收窄1.17个百分点。其中，生产资料价格下降2.05%，生活资料价格上升0.75%。工业生产者购进价格比2015年下降1.72%，降幅比2015年扩大0.82个百分点。

【农业】 全年完成农林牧渔业增加值332.3亿元，比2015年增长3.7%。其中，种植业增加值181.3亿元，增长3%；林业增加值1.9亿元，增长18.8%；牧业增加值137.5亿元，增长4.2%；渔业增加值2.8亿元，增长4.8%；农林牧渔服务业增加值8.8亿元，增长3%。

全年农作物总播种面积134.9万公顷，比2015年增长1.1%。粮食总产量988.3万吨，比2015年增加32.6万吨。其中，玉米产量828.9万吨，增长4.1%；水稻产量136.2万吨，下降0.2%。猪出栏600.8万头，下降3.0%；牛出栏110万头，增长1.1%；羊出栏40.3万只，增长2.6%；家禽出栏2.6亿只，增长4.1%。肉类产量113.1万吨，下降1.1%；禽蛋产量34.7万吨，增长4.0%；牛奶产量6.6万吨，下降12.4%。

2016年，全年农业机械总动力660.4万千瓦，比2015年增长1%；全市蔬菜耕地面积76800公顷，增长1%；蔬菜总产值98.9亿元，增长4.5%。全市有效使用绿色食品标识产品10个，有机食品86个，无公害农产品151个，认定无公害产品基地15个，面积12333.33公顷。

农业支持保护补贴20.5亿元，玉米生产者补贴24.5亿元，农机购置补贴3.7亿元。全市高标准建设省级新农村示范村73个，落实新农村建设项目5大类114项，获得省新农村建设项目补助资金3013万元；获评吉林省美丽乡村24个。

全市农产品加工企业实现产值2080亿元，比2015年增长8%。新建续建农产品加工业项目113个，完成投资235亿元。省级以上和市级龙头企业数量分别发展到105户和355户。

【工业和建筑业】 全年完成规模以上工业增加值2332.2亿元，比2015年增长8.3%。其中，轻工业实现增加值387.8亿元，增长4.6%；重工业实现增加值1944.4亿元，增长9.0%。分经济类型看，国有企业实现增加值1122.2亿元，增长7.0%；集体企业实现增加值1.5亿元，增长6.9%；股份制企业实现增加值885.6亿元，增长10.3%；外商及港澳台商投资企业实现增加值311.4亿元，增长6.3%；其他经济类型企业实现增加值11.5亿元，增长33.9%。规模以上工业企业万元增加值综合能源消耗降低率为5.3%。

全年完成规模以上工业总产值9278亿元，比2015年增长8.6%。汽车制造业完成产值5372.2亿元，增长10.1%，占规模以上工业总产值的57.9%；农副食品加工业完成产值1186.1亿元，增长8.2%，占规模以上工业总产值的12.8%；生物与医药工业完成产值153.7亿元，增长9.3%，占1.7%；光电子信息工业完成产值132亿元，增长8.3%，占1.4%；建材工业完成产值626.9亿元，下降1.9%，占6.8%；能源工业完成产值546.2亿元，增长4.0%，占5.9%；装备制造业完成产值775亿元，增长10%，占8.4%。40户重点工业企业完成工业总产值6532.2亿元，增长8%，占规模以上工业总产值70.4%。实现主营业务收入9486.2亿元，比2015年增长8.4%；利税总额1337.5亿元，增长4.6%；盈亏相抵后实现利润总额737.8亿元，增长1.3%。

建筑业完成增加值467.4亿元，比2015年增长8.1%。资质以上建筑业完成总产值1184.3亿元，比2015年增长6.2%。

【固定资产投资】 全年完成全社会固定资产投资总额4710.6亿元，比2015年增长10%。其中，房地产开发投资596.6亿元，增长17.9%。新增固定资产3163.4亿元。固定资产交付使用率为67.9%，比2015年下降10.2个百分点。房屋面积竣工率为20.7%，比2015年下降0.2个百分点。从各产业完成投资情况看，第一产业投资27.9亿元，增长7.2%；第二产业投资2314.3亿元，增长8.3%；第三产业投资2316.9亿元，增长12.8%。从投资主体看，国有经济投资1117.1亿元，下降12.7%；非国有经济投资3541.9亿元，增长20.5%，占全社会固定资产投资的比重为76%。民间投资3465.8亿元，增长21.8%。全市工业投资2310亿元，增长10%，对全社会投资增长的贡献率达47.6%。全市商品房施工面积6522.2万平方米，比2015年增长6.1%。商品房竣工面积762万平方米，增长29.1%。商品房销售面积1017.7万平方米，增长25.5%。商品房销售额667.4亿元，增长

24.9%。2016年,二手房交易65766套,交易面积593.5万平方米,比2015年增长40.2%。其中,住宅交易63308套,交易面积544万平方米,增长40.5%。

**【国内贸易】** 全年实现社会消费品零售总额2650.3亿元,比2015年增长9.8%。分行业看,批发零售贸易业零售额2374.7亿元,增长9.1%。其中,限额以上批发零售贸易业零售额1057.8亿元,增长6.9%;限额以下批发零售贸易业零售额1316.9亿元,增长10.6%。住宿和餐饮业零售额275.6亿元,增长16.2%。其中,限额以上住宿餐饮业零售额27.6亿元,增长10.5%;限额以下住宿餐饮业零售额248亿元,增长16.9%。限额以上批发和零售企业汽车类零售额293.7亿元,增长4.4%;粮油、食品类零售额106.3亿元,增长9.9%;服装鞋帽针纺织品类零售额158.9亿元,增长6.3%;金银珠宝类零售额38.1亿元,增长2.2%;家用电器和音像器材类零售额60亿元,增长0.7%;石油及制品零售额140.4亿元,增长8.8%。

**【对外经济旅游和会展】** 全年实现进出口总额141.6亿美元,比2015年增长1.4%。其中,进口122.4亿美元,增长1.7%;出口19.2亿美元,下降0.6%。在出口企业中,一般贸易企业出口13.3亿美元,下降3.5%;加工贸易企业出口5.8亿美元,增长5.1%。全年新批外资项目(企业)28个,全年实际利用外资65亿美元,比2015年增长14.7%。其中,直接利用外资12.9亿美元,增长8%。全年来长旅游人数6700.4万人次,比2015年增长17%。其中,接待入境游客45.2万人次,比2015年增长5%;接待国内旅游者6655.2万人次,增长17.1%。全年旅游总收入1341.1亿元,增长25%。旅游外汇收入34398.2万美元,增长8%。全市举办规模以上会展活动135项,展览面积248万平方米,比2015分别增长10%和12%。展会直接收入55亿元,带动其他相关产业收入480亿元,比2015分别增长17%和15%。

**【交通邮电业】** 全年公路货物周转量290.2亿吨公里,增长3.2%;旅客周转量为44.2亿人公里,下降5.3%。民航完成货邮吞吐量8.7万吨,增长11.3%;完成旅客吞吐量949.3万人,增长11.0%。2016年末全市民用汽车保有量143.7万辆,增长13.1%。其中,私人汽车保有量128.1万辆,增长15.2%。2016年完成邮电业务总量99.0亿元,增长44.3%。其中,邮政业务总量5.7亿元,下降1.8%;特快专递36.0万件,下降30.8%;集邮1418万件,下降12.5%;邮政储蓄平均余额3201.2亿元,增长26.8%。电信业务总量93.2亿元,增长48.1%。市话期末到达户数115.8万户,下降4.9%;农话期末到达户数23万户,下降6.5%;移动电话期末到达户数1489.2万户,增长38.7%。互联网接入用户699.4万户,增长35.8%。

**【金融证券和保险】** 截至2016年底,全市拥有银行信社类金融机构39家,保险公司34家,证券公司2家,证券公司分公司21家,证券营业部66家,上市企业23家。全市金融机构本外币各项存款余额11122.2亿元,比年初增长11.7%。住户存款余额4277.1亿元,增长11.6%。金融机构本外币各项贷款余额9966.1亿元,比年初增长10.6%。全市股民账户数208.6万户,比2015年增长13%。有价证券成交总额15820.8亿元,比2015年下降35.9%。其中,股票交易成交额9312.2亿元,下降54.9%;国债成交额5081.6亿元,增长55.1%;基金成交额1083.9亿元,增长102.3%。全年保费收入224.8亿元,比2015年增长39.1%。其中,财产险保费收入68.2亿元,增长12.6%;人身险保费收入156.6亿元,增长55%。全年赔付总金额68.5亿元,增长23.3%。其中,财产险赔付金额38.9亿元,增长15.5%;人身险赔付金额29.6亿元,增长35.1%。

**【城建和公用事业】** 全市完成道路新建和扩建长度119.2公里,全市道路总面积7715.2万平方米,道路长度3534.7公里,人均道路面积19.8平方米。全市水厂日综合生产能力为124万立方米/日,城区使用自来水人数达417.77万人。全市天然气供气总量57914万立方米;液化石油气供气总量5万吨。城区使用天然气、石油液化气户数169万户。城区集中供热面积21185.64万平方米。全市公园绿地面积16974公顷,建成区绿化覆盖面积19299公顷,建成区绿化覆盖率41.5%。

**【科技质量技术监督和教育】** 全年专利申请量13327件,授权量7062件,分别比2015年增长30.9%和18.1%。其中,发明专利申请量5801件,增长24.4%;发明专利授权量1982件,增长8.2%。全年通过鉴定、验收和认定的科技成果381项,获得市级科技进步奖励50项。

2016年末,在全市各级各类科技人员中,驻长"两院"院士40人,其中,域内24人,双聘16人。全市技术合同成交额达108.2亿元。市科技管理部门投入科技经费2亿元。全市新认定高新技术企业73户。

全市有法定产品质量检验机构6家,法定计量技术机构11家。全年实施市级产品质量监督抽查258批次,受理委托检验18114批次,国家和省的监督抽查产品质量平均合格率分别为97.1%和96.3%;计量校准设备15781台/件,检验各类器具266971台/件。

长春市有各级各类教育学校1556所(不含幼儿园),其中,在长普通高校38所,成人高校8所,中等职业学校96所,普通高中68所,初中268所,小学1067所,特殊教育10所,工读学校1所。各级各类学校招生人数34.6万人,其中,普通高校15.5万人,成人高校0.4万人,中等职业学校1.7万人,普通高中4万人,初中阶段6.4万人,小学6.7万人,特殊教育259人。各级各类学校在校人数129.6万人,其中,在读研究生5.1万人,普通本、专科生43.4万人,成人本专科生6.9万人,中等职业学校在校生4.4万人,普通高中在校生11.7万人,初中在校生17.9万人,小学在校生40万人,特殊教育在校生1116人。各类教育学校专任教师9.1万人。其中,普通高等学校 2.7 万人，成人高校 934 人，民办机构 178 人，中等职业学校 0.46 万人，普通高中 1.02 万人，初中阶段 2.1 万人，小学 2.7 万人，特殊教育学校 396 人，工读学校 29 人。全市学前教育机构 1084 个，其中，举办幼儿班机构 304 个，独立设置幼儿园 780 所，当年入园儿童 5.65 万人，在园儿童 12.3 万人。幼儿园教职工人数 1.8 万人，专任教师 1.02 万人。

【文化卫生和体育】 2016 年，全市有文化（文物）事业机构 230 家，其中，艺术表演团体 3 家，艺术表演场馆 6 家，公共图书馆 12 家，艺术馆、文化馆 12 家，文化站 160 家，文化艺术科研、科技机构 2 家，文物保护研究机构 1 家，文物保护管理机构 4 家，其他文化事业 19 家，其他文化企业 1 家，博物馆 10 家，文化市场管理机构 15 家。公共图书馆总藏量 490.57 万册，其中少儿图书馆藏量 94.82 万册。有各类文化经营场所 1216 家，其中，互联网上网服务营业场所 676 家（连锁 46 家），文化娱乐场所 201 家，演出场所 17 家，音像制品营业场所 96 家，古玩（美术品）经营店 226 家，其中市区（含开发区）文化经营场所 872 家。其中互联网上网服务营业场所 465 家（连锁 42 家），文化娱乐场所 122 家，演出场所 9 家，古玩（美术品）经营店 223 家。有广播电台 4 座，节目 10 套，中波发射台和转播台 26 座，转播台 24 座，广播人口覆盖率为 100%，电视台 4 座，节目 9 套，电视人口覆盖率为 100%。有国家综合档案馆 11 个，馆藏档案 179 万卷、166 万件，开放档案 16 万卷、9 万件。

2016 年末，全市卫生医疗机构 4404 个，增长 2%。其中，医院、卫生院 297 所，比 2015 年减少 1.3%。拥有医疗床位 4.87 万张，比 2015 年增长 2.9%。卫生技术人员 5.03 万人，比 2015 年增长 5.9%。每千人拥有执业医师和执业助理医师 2.82 人。市辖区建成社区卫生服务中心 68 家，城区人口覆盖率 100%。358.9 万农民参加新型合作医疗，常住人口参合率 98.1%，筹集资金 20.5 亿元，有 152.1 万参合农民受益，支付补偿金 17.4 亿元，占筹资总额的 89.7%。

全年承办瓦萨国际越野滑雪赛等国际国内大型体育赛事 200 余项次。开展各级各类健身活动 1200 余项次，近百万人次参与活动。长春市代表团参加全国第十三届冬季运动会，取得运动成绩和精神文明双丰收。夺得 12 枚金牌、12 枚银牌和 10 枚铜牌，75 个项目进入前八名，1 人 1 次破 1 项全国纪录，位居 52 个参赛代表团的前三位。全年体育彩票销售 15.13 亿元，占全省销售比例的 40%。

【环境保护】 2016 年末，全市区域环境噪声平均值控制在 56 分贝，道路交通噪声平均值控制在 69.5 分贝。全年城区空气环境质量优良级天数 291 天，占总天数的 79.5%，其中，优级天数 55 天，占 15.0%；良级天数 236 天，占 64.5%；空气首要污染物细颗粒物（PM2.5）年日均值每立方米 46 微克，比 2015 年下降 20 微克；二氧化硫年日均值每立方米 28 微克，比 2015 年下降 8 微克；二氧化氮年日均值每立方米 40 微克，比 2015 年下降 5 微克；饮用水源水质达标率 100%。

【人口和就业】 2016 年末，全市户籍总人口 753.4 万人。其中，市区人口 437.8 万人，3 县（市）人口 315.6 万人。全市人口出生率为 8.24‰，死亡率 3.89‰，自然增长率 4.36‰。城镇常住居民人均可支配收入 31069.4 元，比 2015 年增长 6.8%，其中，工资性收入 17135.2 元，增长 4.8%；经营净收入 1247.6 元，下降 2.4%；财产净收入 2530.8 元，下降 0.6%；转移净收入 10155.8 元，增长 13.9%。城镇常住居民人均消费支出 24096.3 元，比 2015 年增长 3.8%。农村常住居民人均可支配收入 12576 元，比 2015 年增长 7.0%。全市城镇企业职工基本养老保险参保人数 211.2 万人，比 2015 年增长 3.4%。其中，在职职工 149.6 万人，增长 3.6%；城镇失业保险参保人数 95.9 万人，增长 1.2%。全年征缴养老保险基金 140 亿元，增长 10.1%；征缴失业保险基金 9.8 亿元。全年为 61.6 万名离退休人员发放养老金 156.4 亿元，增长 10.2%；为 2.2 万名失业人员发放失业金 1.3 亿元。城镇医疗保险参保人数 407.4 万人，工伤和生育保险参保人数分别为 142.6 万人和 113.7 万人。全市开发就业岗位 14.3 万个，实现城镇新增就业 11.3 万人，安置下岗失业人员实现再就业 5.7 万人，其中就业困难人员再就业 1.3 万人。全市公益性岗位在岗人数 1.9 万人，援助 535 户零就业家庭实现就业。实现农村劳动力转移就业 113.7 万人。城镇登记失业率 3.57%。

全市建设保障性住房 7819 套、建筑面积 51.9 万平方米、总投资额 81827 万元。改造棚户区住宅 9010 套，回迁安置居民 8090 户。全市城市居民 114528 人享受最低生活保障；农村居民 147032 人享受最低生活保障。全年发放城乡低保资金 8.5 亿元。全市在民政部门注册养老服务机构有 300 家，总床位数 28235 张。其中，国家办养老机构 5 家，社会力量投资兴办的养老机构 199 家。农村社会福利服务中心 96 所。销售社会福利彩票 13.8 亿元。募集善款 1799.2 万元，总支出慈善募捐款 907.5 万元，受助群众 1.5 万人次。

（黄思念）

## 精神文明建设

【宣传社会主义核心价值观】 2016 年 9 月 21 日，市委、市政府下发《关于进一步加强社会主义核心价值观主题宣传教育阵地建设的实施意见》。10 月 13 日至 14 日，全国社会主义核心价值观宣传教育现场交流会在长春市召开。中宣部副部长鲁炜，吉林省委常委、长春市委书记王君正，吉林省委常委、宣传部长高福平出席会议。市委常委、宣传部长王庭凯代表长春市在大会上作题为《打造“一体多翼”主题宣传教育阵地 推进社会主义核心价值观落地生根》的经验介绍。

【“共筑爱心网、建好幸福城”活动】 在全市开展“致敬”“冬爱”“童行”“靓城”“悦活”“乐善”6 大系列公益活动，活动范围涵盖城市、乡村各个角落；关爱对象包涵困难群众、留守儿童等困难群体，交通民警、保洁员、建筑工人等特殊群体。1月27日，在市容环卫局举行2016年全市“共筑爱心网，建好幸福城”大型系列公益活动暨“冬爱”行动启动仪式。数百个爱心企业和近万名爱心人士投身到关爱行动当中。全市建有市级“爱心驿站”152个，各类爱心活动站3000余个。

**【2个家庭当选全国文明家庭】** 长春市夏志国家庭、刘锦辉家庭获第一届全国文明家庭荣誉，夏志国家庭以吉林省推选第一名身份当选。12月12日，两个家庭成员出席全国表彰大会，受到习近平总书记接见。

**【文明建设】** 开展好人评选。全年评选“长春好人”405名，“长春好人标兵”40名，长春市道德模范10名。成立长春市好人协会，制定《长春好人评选管理暂行办法》，为长春好人提供免费体检。加强志愿服务制度化建设。朝阳区红旗街道天宝社区获得全国最佳志愿服务社区称号。4月22日，在长春世界雕塑公园召开“为中国加分”吉林省·长春市文明旅游公益行动暨2016年文明游客征集活动启动仪式。5月7日在文化广场启动长春市“文明交通，我承诺、我践行”主题教育实践活动暨文明交通志愿者招募启动仪式。开展农村志愿服务活动。以关爱农村留守妇女、留守儿童、留守老人为重点，把志愿服务做到了村屯，营造你帮我，我帮你的良好风尚。双阳区的3+X志愿服务活动在全省农村精神文明建设工作会议上做经验介绍。

**【未成年人阵地建设】** 2016年度专项彩票公益金支持乡村学校少年宫项目中，长春市有16所乡村学校少年宫获得扶持，获得551万扶持资金。长春市受国家、省彩票公益金扶持的少年宫计79个，获得专项扶持资金约2200万。完成中央、省专项彩票公益金支持乡村学校少年宫项目建设任务，建立“乡村学校少年宫联盟”，完善乡村学校少年宫网上展示和信息平台，实现资源共享。突出“实”“宽”“广”“全”等特点，抓好少年宫教师培训和大学生志愿者、文化志愿者进“乡村学校少年宫”工作，解决少年宫师资不足问题。

（董　馨）

## 政府法制建设

**【法治政府建设】** 推进依法行政示范单位创建工作，对市级示范单位和申报单位进行检查指导，新确定6个市级示范单位，召开经验交流会，并将经验成果汇编成册。加强法制干部业务培训，邀请有关专家为全市法制干部讲解法治政府建设和相关业务知识，提高法律素质和业务水平。法制宣传，在《长春日报》发表稿件26篇，利用法治政府微信平台发布信息100期、500余篇。

**【简政放权】** 取消行政审批事项39项。清理行政审批中介服务事项，取消和调整561项行政审批条件。建立市本级责任清单，市直47个部门确定主要职责613项，明确职责边界事项21项，公共服务事项246项。完善管理机制，建立事中事后监管制度436个。推进政务服务“一门式、一张网”综合改革，完成53个单位1938项政务服务标准化梳理工作并上线运行。

**【政府立法】** 完成《长春市爱国卫生条例》等4部地方性法规和《长春市电梯安全管理办法》等8部政府规章草案的起草、修改、审核工作；完成《关于加强养老和失业保险扩面征缴工作的通告》等10部政府通告的审核、修改工作；办理《吉林省全民健身条例》等21件征求意见函；进行《长春市发展应用新型墙体材料管理规定》等10部政府规章的英文译审工作。规范性文件监管，对99件规范性文件进行合法性审查。对2017年立法项目进行征集，提出政府规章立法项目。坚持立、改、废、释并举，对现行有效的地方性法规和政府规章进行全面清理，修改2部、废止3部地方性法规，修改2部、废止14部政府规章。为加强民主立法，加大公众参与力度，12部法规、规章草案全部通过媒体征求意见，并征求立法联系点意见，召开部门协调会、专家论证会、相对人座谈会41次。为加强科学立法，落实立法草案多元起草、立法听证、立法协商、立法后评估和立法项目成本效益分析等制度，对14个立法项目进行实践。

**【行政执法监督】** 推行“双随机一公开”监管，对部门上报抽查事项进行审查，向社会公布。进行行政执法案卷评查，评出优秀案卷8部。依法规范涉企检查，审核批准23个部门上报的年度检查计划。落实省规范行政处罚自由裁量权制度。落实重大行政处罚备案制度，备案1595件。推进文明执法，推行行政执法全过程记录制度。开展行政执法公示试点，完成执法信息在平台、媒介的录入和公示工作。

**【矛盾纠纷化解】** 加强行政复议工作，提高办案质量和规范化水平。全市受理行政复议案件1412件，其中，市本级受理行政复议案件1279件，结案1173件，纠错率54%；对155件重大案件进行回访；出台《长春市行政复议档案管理办法》，对市本级1994年以来的2933件行政复议档案进行系统整理、归档。制定《关于进一步推进行政调解工作的意见》，全市行政调解工作走向规范化。加强行政应诉工作，全市一审行政应诉案件822件，涉诉行政机关出庭应诉，依法按时答辩，履行法院生效的判决裁定。仲裁化解民商事纠纷受理仲裁案件4264件，标的额33亿元。

（张海光）

## 重点工作

【经济发展】 经济运行稳中有升，2016年长春市完成地区生产总值5986.4亿元，增长7.7%，增速比2015年提高1.2个百分点，地方级财政收入完成415.5亿元，增长7%，增速比2015年提高9.3个百分点，招商引资和项目建设工作取得实效，伊通河综合治理等6个百亿级项目顺利推进，全年实施亿元以上项目1150个、10亿元以上项目284个，完成固定资产投资4710.6亿元，增长10%，华为、浪潮等一批战略投资者相继落位，全年实际利用内外资分别增长15%和12%；工业发展良好，推进传统产业品牌化、支柱产业高端化、新兴产业规模化，制定《关于加快推进工业转型升级的实施意见》，一汽大众奥迪Q工厂、EA211发动机、长客动车组检修基地、中粮10万吨液糖等一批工业项目稳步实施，一汽实现恢复性增长，大成加快转型发展，汽车、农产品加工、轨道客车三大支柱产业整体素质得到提升，长春市被国家正式确定为“中国制造2025”试点示范城市，先进装备制造、生物及医药健康、光电信息、新能源汽车、新材料、大数据6大千亿级战略性新兴产业加快发展，全年规模以上工业增加值增长8.3%，增速在15个副省级城市中位次由第14位上升到第2位；服务业发展提速，净月国家服务业综合改革试点建设稳步推进，东北亚区域性金融服务中心加快建设，全市建设一批商务综合体、服务业集聚区和特色街区，举办汽博会、农博会、电影节、雕塑展、雪博会，获批筹建东北首家民营银行，互联网和相关服务营业收入增长2倍，长春市获批“中国服务外包示范城市”，全年服务业增加值增长9.4%，连续8个季度高于一产、二产增速，服务业占GDP比重提高1.6个百分点；农业稳步向现代化迈进，启动建设5大现代农业实验区，加快种植业结构调整，调减籽粒玉米面积14866.67公顷，综合农机化率超过80%，粮食总产量达到988.3万吨历史新高水平，扩大“长春大米”等农产品品牌的影响力，免疫无口蹄疫区建设基本完成，长春成为首个“创建全国绿色有机农业示范市”；开发区加快转型升级，推进长春新区建设，全年开工项目245个，经济总量突破1000亿元、固定资产投资1000亿元、全口径财政收入105亿元，城区提升产业层次、完善服务功能、打造城市品牌，县域发挥特色优势、培育特色产业、壮大特色城镇，县域GDP、地方财政收入、规模以上工业总产值等主要指标均高于全市平均水平。

【改革创新开放】 推进供给侧结构性改革，落实“三去一降一补”重点任务，淘汰煤炭落后产能117万吨、钢铁落后产能48万吨，汽车库存降低2.6万辆，商品住房可售面积下降15%；启动“一门式、一张网”综合改革，构建“互联网+政务服务”新模式，行政审批中介服务事项削减23%，行政审批要件精简21%，基本建设项目实行并联审批，审批时限压缩到51天，探索推行“双随机、一公开”监管，落实减免税优惠政策，推行营改增，清费减负，行政事业性收费和政府性基金实行清单管理，全年减轻企业税费负担30多亿元，改善经济发展软环境，全年新增规模以上工业企业273户、规模以上服务业企业793户、限额以上批零住餐企业434户，新登记各类市场主体增长18.3%，市属国有企业股权规范重组取得进展，公共资源交易平台整合，供销社、农村金融、不动产登记、集体经营性建设用地入市等领域改革有序推进。民营经济综合配套改革示范区被列为国家试点，新登记民营企业户数增长27.1%。实施“一二四五”创新驱动发展战略，制定出台加快吉林中部创新转型核心区建设的《若干意见》和大力推进科技创新的《实施意见》等政策措施，加快“政产学研用金介”七位一体创新体系建设，启动创建国家自主创新示范区、国家级“双创”综合性示范区，单克隆抗体、玄武岩纤维等一批关键技术实现产业化，航天信息、新能源汽车等10大产业园区启动建设，科技大市场建成开业，全市技术合同交易额109亿元，增长3.5倍，17户科技型中小企业新三板挂牌，国家级众创空间、科技企业孵化器分别发展到9家和49家，国家高新技术企业和科技型“小巨人”企业分别发展到285户和453户。抢抓国家“一带一路”、新一轮东北老工业基地振兴等重大机遇，主动参与中蒙经济走廊建设，与天津市开展对口合作，兴隆综保区获批国家一类口岸,"长满欧"货运班列正式列入国家中欧班列发展规划,中德、中韩、中白等国际合作产业园区加快建设,一汽集团15个海外生产基地、长客股份27个海外重点项目建设进展顺利,对俄、对欧跨境电子商务深入开展,国务院侨办批准长春市成为东北首家侨资经济特区,华侨华人创新创业聚集区落户长春市,长春市获"国家国际友好城市合作奖"。

**【城市建设】** 以城市发展战略规划为统领的30个专项规划实现"多规合一",基本实现主城区"规划一张图"。推进伊通河百里生态长廊建设,城区段主河道完成截污,南溪湿地、沿河旅游设施、防洪生态绿道、调蓄池、污水处理厂建设顺利推进,建成区黑臭水体治理全面启动。实施三环以内旧城改造提升工程,综合整治6个商圈、155个老旧小区、2087栋楼体,集中打造260条示范街路、规范街路,亮化美化一批重点街路、公园广场。拆除违法建筑1.8万处、193万平方米。完成16个城市出入口综合改造。亚泰大街南四环路立交桥、机场大道哈尔滨大街至保税区段、吉林大路东延长线等一批重要路桥建成通车。新建7座人行天桥,打通32条断头路、卡脖路,打开253处小区围墙。开展整治道路交通秩序大会战,完善道路标牌标线,清理私设地桩、地锁、隔离墩18万个,施划公共停车泊位34万个。地铁1号线热滑试车,地铁2号线、北湖快轨、轻轨3号线延伸线建设进展顺利。建成17.6公里地下综合管廊廊体,改造地下管网822.8公里,外环燃气高压管网全线竣工,哈沈天然气干线连接工程交付使用,城区3个热电厂实现热网联接。加大空气污染防治力度,关停搬迁重污染企业12户,淘汰4万辆黄标车和老旧车辆、1255台燃煤小锅炉,秸秆综合利用率达到75%。提升城市保洁标准,地面清洗范围扩大到26个广场、596条道路,16条街路实施深度保洁。新建6个社区公园、15宗大块绿地。长春世界雕塑公园被国家评定为AAAAA级景区。"长春德苑"主题公园建成开放。

**【幸福长春建设】** 把民生作为发展的"指南针",推进脱贫攻坚,实施各类扶贫项目626个,76.2%贫困人口、74%贫困村脱贫,加大就业创业支持力度,对少裁员、不裁员企业发放2.1亿元稳岗补贴,城镇登记失业率保持在4%以下,提高居民基础养老金、城乡低保、重点优抚对象补助标准,企业退休人员养老保险金实现"十二连增";实施困难残疾人生活补贴、重度残疾人护理补贴制度;建立政府购买居家养老服务新模式,10万名失独、失能、空巢老人受益;拆除90万平方米棚户区,当年安置被拆迁居民1.1万户;改造"暖房子"254.7万平方米,1.7万户群众享受货币和实物住房保障。2.26万户中低收入家庭获得公积金低息贷款,无籍房确权取得新进展;完成7.8万户居民二次供水接收改造,改造农村室内水冲式厕所1.45万户,新建农村公路928公里,23个村获评省级"美丽乡村";新建5所义务教育学校、22所公办幼儿园,公办小学100%、公办初中90%以上实现划片入学,基础教育质量和均衡化水平稳步提升;市属公立医院取消药品加成,住院费中的药费占比下降15.2个百分点;推动分级诊疗,区级医院门诊量增加2倍。在全国率先启动失能人员长期护理保险制度试点,医保低自付、慢性病门诊治疗病种进一步增加,长春与部分省市实现医保即时结算;实施城区残疾人免费乘坐公交车政策,开辟优化公交线路22条,新建港湾式停靠站20座,2000余台公共自行车投入使用;举办市民艺术节、送戏下基层、公益电影放映等活动,公共文化服务均等化水平得到提升;长春体育中心完成改造,启动建设伊通河、南湖等一批健身步道;开展幸福社区创建,城市千米社区比例达67%,农村社区用房面积平均超过400平方米,社区建设经验在全国推广。

**【中共长春市委十二届九次全体会议】** 2016年7月27日,长春市十二届九次全会举行,会议听取和审议中共吉林省委常委、长春市委书记王君正受市委常委会委托所作的工作报告,全会对长春市面临的经济形势作出科学判断,围绕学习贯彻习近平总书记在庆祝中国共产党成立95周年大会上的重要讲话精神,以及全国科技创新大会、省委十届七次全会精神作出部署要求,审议通过《深入实施创新驱动发展战略,加快东北亚区域性中心城市建设的若干意见》和《关于召开中国共产党长春市第十三次代表大会的决议》,动员全市广大党员干部群众凝心聚力干事,主动适应把握引领新常态,坚持稳中求进、进中求新、新中求好、好中求快,推动东北亚区域性中心城市建设,加快打造经济量级、城市能级、民生改善、社会治理和生态文明"五个升级版",最终实现经济发达、文化繁荣、法治优良、功能完善、生态一流、人民幸福"六个目标",为全省经济发展大局作出新贡献。

**【中共长春市委十二届十次全体会议】** 2016年12月24日,中共长春市委十二届十次全体会议召开,会议听取和审议中共吉林省委常委、长春市委书记王君正受市委常委会委托所作的工作报告,就学习贯彻党的十八届六中全会和省委十届八次全会精神,落实党中央关于全面从严治党的新要求作出安排部署,会议审议通过中共长春市第十二届委员会工作报告(草案)、中共长春市第十二届纪委工作报告(草案);中共长春市十三届"两委"委员候选人预备人选建议名单、长春市委推荐吉林省出席党的十九大代表人选;《在市委十二届十次全会上关于市委常委会工作的报告》《中国共产党长春市第十二届委员会第十次全体会议决议》,讨论通过《中共长春市委关于贯彻落实党的十八届六中全会精神,坚定不移推进全面从严治党的意见》,全会决定,2016年12月27日召开中国共产党长春市第十三次代表大会。

**【中国共产党长春市第十三次代表大会】** 2016年12月27日,中国共产党长春市第十三次代表大会召开,中共吉林省委常委、长春市委书记王君正代表中国共产党长春市第十二届委员会向大会作题为《不忘初心、继续前进,为建设东北亚区域性中心城市而努力奋斗》的报告。会议总结长春市过去五年经济社会发展情况，并对长春市未来五年发展作出重要部署，会议明确中国共产党长春市第十三次代表大会的主要任务是：高举中国特色社会主义伟大旗帜，坚持以习近平总书记系列重要讲话特别是视察吉林重要讲话精神统揽经济社会发展全局，贯彻落实习近平总书记治国理政新理念新思想新战略，动员全市广大党员干部群众，按照省委提出的“打先锋、站排头”要求，解放思想、开拓奋进，抢抓机遇、创新发展，加快老工业基地全面振兴和吉林中部创新转型核心区建设，为建设东北亚区域性中心城市而努力奋斗。

（陈广鸿）

## 组　织

【思想和作风建设】　实施“课堂教学、实践体验和党性分析”为一体的党性教育模式，改进网络学校，打造特色教学基地，提升教育培训实效。开展“两学一做”学习教育。全市各级党委（党组）普遍完成专题学习研讨3次以上，各级领导干部带头讲党课1000余场，开展“四个一”送党课下基层活动，为基层送党课400余场。坚持学改结合，全市县处级以上领导干部列出问题清单8400余个，即知即改7300余个，整改率86.9%。开展争做“六个表率”活动、“打先锋、站排头，建功立业共圆长春梦”活动，全市涌现出“红细胞”“红马甲”“蒲公英”等党员志愿服务载体90余个，设立党建服务项目2056个，为群众办好事、解难事。

【基层党组织建设】　落实抓基层党建责任。以农村基层党建“一个责任、四件实事”为抓手，以点带面，通过对榆树市388个村逐村调研，制定出台“一个实施意见、六个具体办法”，构建起全市农村基层党建的整体构架和基本模式，得到省委领导肯定。强化带头人队伍建设。开展村书记引领式、整顿式、实战式、体验式“四式”培训，实现两年轮训一遍的目标。选派71名优秀社区书记到发达地区社区挂职锻炼，选派53名社区书记到城区精品社区学习锻炼。组织村级组织换届，换届后村书记、村主任“一肩挑”比例为84%，“项目支书”比例达97%，35岁以下村党组织委员比例达34.3%。加强基层基础保障。整合建设资金5亿元，新建村部503个、改扩建1105个，全市村部“社区式”改造升级三年任务两年完成。村级运转经费村均达13.75万元，村党组织书记年均报酬2.9万元，社区服务群众专项经费20万元，打造党建精品示范社区80个，扩大社区党建品牌。非公企业和社会组织党组织党建活动经费每户1000元。抓好纪念建党95周年表彰活动，对598名优秀共产党员、优秀党务工作者、先进基层党组织进行表彰。落实基层党建“七项重点任务”，党员组织关系排查和党费收缴问题自查自纠工作取得重要进展，全市非公企业、社会组织党组织覆盖率分别为81.9%和71.9%，全市2049个未按期换届基层党组织全部进行换届，远程监控纪实系统完成设备安装村达100%。开展扶贫帮困“双包双转化”工程，选派146名优秀年轻干部担任建档立卡贫困村第一书记，2016年长春市实现“双70”脱贫目标。

【人才机制创新】　坚持用制度机制创新吸引人才。研究制定《进一步加强高层次人才创新创业扶持的意见》《关于大力推进科技创新的实施意见》《关于进一步放活事业单位人才交流的意见（试行）》等政策文件，在技术作价入股、成果处置权下放等方面提出优惠措施，全年引进高端人才近千人。深化“人才管理改革试验区”建设，制定出台《促进产业发展若干政策》及配套文件，有效调动企业和人才创新创业活力。坚持用创新创业平台服务人才。建设“长春人才港”，打造集人才引进、成果转化、政策宣传、人才服务于一体的综合性网络服务平台。建设长春科技金融创新服务中心，推动智力资本与金融资本融合。坚持用人才重点工程开发培养人才。开展千名高技能领军人才培养工程、企业经营管理人才培养工程、农村实用人才培养和新型职业农民培育工程等人才工程建设。评选出第6批有突出贡献专家148人，营造尊重人才、重视人才的浓厚氛围。坚持在交流合作中引进人才。与清华大学、人民大学签署《人才开发战略合作框架协议》，在人才引进培养、干部挂职锻炼、成果转化应用、政府决策咨询等多个方面达成合作意向。向吉林大学、中科院长春分院等在长中省直单位征集科技成果转化项目586项，推动前沿技术成果在长春市转化应用。

（徐　哲）

3月7日，长春市召开全市组织工作会议　　（徐　哲　提供）

# 宣 传

**【召开全市宣传部长会议】** 2月18日，全市宣传部长会议召开。会议传达全国、全省宣传部长会议精神，传达2月4日市委常委会对宣传思想文化工作要求，对2015年度全市宣传思想文化工作创新奖进行表彰，印发《市委宣传部2016年宣传思想文化工作要点》。市委常委、宣传部长王庭凯出席会议并做重要讲话。

**【理论武装工作】** 开展习近平总书记系列重要讲话精神学习教育，组织党中央治国理政新理念新思想新战略主题宣传，开展中国特色社会主义理论和中国梦宣传教育。抓住市级领导干部这个"关键少数"，强化市委理论学习中心组学习，发挥中心组和领导干部的示范带动作用。全市广大党员干部围绕《中国共产党廉洁自律准则》和《中国共产党纪律处分条例》，围绕《中国共产党地方委员会工作条例》，围绕"抢抓机遇、创新发展"解放思想大讨论，围绕"两学一做"学习教育，围绕马克思主义政治经济学基本原理和方法论，围绕总书记在全国"科技三会"上的讲话，围绕《中国共产党问责条例》，围绕十八届六中全会精神等10个专题开展学习活动。开展习近平总书记"七一"重要讲话精神和党的十八届六中全会主题宣传活动。

**【开展"抢抓机遇、创新发展"解放思想大讨论】** 全市范围内开展"抢抓机遇、创新发展"解放思想大讨论，引导广大干部群众立足吉林看长春、放眼全国看长春、走向世界看长春，更新观念、转变作风、解决问题、推动工作。3月1日召开市委常委会，研究审议通过《关于开展"抢抓机遇、创新发展"大讨论的方案》。3月3日市委办公厅、市政府办公厅印发《关于开展"抢抓机遇、创新发展"大讨论的方案》。

**【舆论引导】** 有效应对"唱衰东北"论调，唱响长春改革发展和新一轮东北老工业基地振兴的主旋律。4月25日央视新闻直播间以"2016年五一劳动节特别节目:长春分会场录制完成"为题进行报道。7月25日央视新闻联播《调结构转方式·国家高新区调研行》第1集以《长春高新区:创新培育新动力》为题进行报道。10月19日《经济日报》头版头条以《潜力怎样成为实力——从长春发展新亮点看东北振兴新希望》为题进行报道。11月18日中国日报英文版A6版以"New area shows how it's done"为题对长春新区进行报道。12月23日《人民日报》(01版)以"长春'抓落实'推进新一轮振兴"为题对长春市持续整治不作为慢作为进行报道。

**【对外宣传】** 打造长春城市形象，擦亮长春城市名片，开展"中直涉外媒体长春行""外国友人看长春"等品牌活动。利用全国"两会"等重要时段和关键节点，传播好长春声音。加强外宣、外事、文化、旅游、商务等部门协作，加强市直与县(市)区联动，加强外宣与内宣统筹，形成"大外宣"合力。12月1日由联合国开发计划署和新华社《瞭望东方周刊》联合主办的"2016年中国最具幸福感城市"调查推选活动在北京揭晓，长春市第9次蝉联"中国最具幸福感城市"，摘得"中国最具幸福感城市十周年最高荣誉大奖"。

**【网络管控和媒体融合】** 加大网络领导管控，落实网络监管责任，净化网络生态。邀请新华网、中青网、国际在线、澎湃新闻网、中国财经网、财新网等全国重点新闻网站、知名商业网站来长，开展"回眸奋进足迹、再创新的辉煌"主题宣传，开展"治堵、治霾、治软、提升、提速"五方面成就宣传，唱响"东北振兴看长春"网上主旋律。

**【社会主义核心价值观】** 9月18日，中共长春市委、长春市人民政府下发《关于进一步加强社会主义核心价值观主题宣传教育阵地建设的实施意见》，构建以爱国主义教育基地和主题公园为主体，其他主题阵地多翼组合、互联互动的"一体多翼"主题宣传教育阵地。全市培育市级以上爱国主义教育基地21个，打造社会主义核心价值观主题公园27个，主题城市广场25个，主题街路51条，主题街角131个，主题社区(村)962个，农村社会主义核心价值观主题文化小广场328个。全国文明城市创建。开展"共筑爱心网、建好幸福城"大型公益活动，涌现出"爱心驿站""雷锋商铺"等一大批爱心商家，"爱心"网络初具规模。城乡共建，推进学雷锋志愿服务制度化，推出长春好人、道德模范、"十佳"大学生、美德少年、百姓学习之星、女大学生返乡创业联盟等先进典型，开展"共筑爱心网，建好幸福城"等大型公益活动，形成向上向善的强大力量。开展学雷锋志愿服务活动。全市有2个志愿服务组织、2个基层社区、1个志愿服务项目和1名志愿者进入中央"四个100"先进典型候选名单。开展"长春好人 引领风尚"主题实践活动。2016年，评选产生400名长春好人，其中40人获得长春好人标兵荣誉称号，62人荣获吉林好人荣誉称号，17人荣誉吉林好人标兵荣誉称号，8人成为"中国好人365"网页封面人物，在全省、全国均处于领先位置。加强未成年人思想道德建设。强化阵地教育，获得551万国家专项彩票公益金，新建16所乡村学校少年宫。开展"做一个有道德的人"主题实践活动，命名表彰"美德青少年标兵"和"美德青少年"。

**【文化改革发展】** 推动文艺精品创作生产。举行长春市文艺界纪念毛泽东同志《在延安文艺座谈会上的讲话》发表74周年暨第四届长春文学奖颁奖大会，牛力军等32位长春文学奖获得者到到表彰奖励，评选出《刑警江湖》等28部获奖作品，3位作家获成就奖。第28届吉林省电视文艺"丹顶鹤"奖落幕，长春广播电视台《福满春城2016长春市春节联欢晚会》获电视文艺类一等奖，《坐标·文化周刊》获精品文艺栏目奖。国家公共文化服务体系示范区创建，开展文化惠民活动。举办新春团拜会、长春市春晚、文化惠民直通车、文化庙会、市民文化节、农民文化节等一系列文化惠民活动。完成长春市文化产业联合会换届工作。

【干部队伍建设】 开展“两学一做”学习教育、开展“抢抓机遇、创新发展”解放思想大讨论，领导班子和干部队伍建设得到加强，全市宣传思想文化战线的作风进一步转变。召开市直宣传文化系统“抢抓机遇、创新发展”解放思想大讨论推进会议，传达省委常委、市委书记王君正关于解放思想大讨论的重要讲话精神及全市解放思想大讨论交流推进视频大会精神，总结前期大讨论开展情况，对下步分析查摆工作作出部署。市委常委、宣传部长王庭凯出席会议并讲话。贯彻落实意识形态工作责任制，加强意识形态问题研判和通报，主动引导意识形态工作。市委办公厅印发《长春市关于落实党委(党组）意识形态工作责任制的检查考核办法》(长办发〔2016〕14号文件)，在检查考核内容、检查考核办法、检查考核结果运用、追责问责制度、职责分工等方面为开展意识形态工作提供基本遵循。中宣部主管期刊《党建》2016年第6期以“吉林长春：加强检查考核推动意识形态工作”为题推介长春经验做法。加强舆情信息深度分析研判。全年上报信息4000余篇(条)，被中宣部采用151余篇(条)，获得中央领导批示30余次，被省委宣传部内刊采用30篇(条)。组织开展“创新奖”评选表彰活动。下发《关于开展“2016年度全市宣传思想文化工作创新奖”评比表彰活动的通知》，截至12月31日，收到40家单位申报项目47个，最终评出获奖项目28个。推荐13个项目参与“吉林省宣传思想文化工作创新奖”评选，3个项目获“吉林省宣传思想文化工作创新奖”。开展调查研究，注重科学选题和实际应用，组织实施12个重点调研课题研究，调查研究的针对性和实效性得到增强。

（孙国志）

## 统一战线

【重大决策】 制定印发《贯彻落实中央和省委统一战线重大决策部署责任分工方案》和《关于对市委统一战线重大决策部署开展专项督查的工作方案》，将目标任务细化分解落实到各相关部门。推动责任落实、任务落细、政策落地，在全市范围首次开展统战工作专项督查，各级党委（党组）对统战工作的领导得到加强，中央和省、市委对统战工作的新部署新要求、关于党外人士安排使用的政策规定得到较好落实，全市10个县(市)区均成立党委统战工作领导小组，统战部长全部由同级党委常委担任。

【合作发展】 市民革《关于在长春南部创建国家级双创综合性示范区的建议》，得到李克强总理、巴音朝鲁书记和王君正书记的重视。在长春海外联谊会换届大会和首界全球吉商大会期间，召开促进长春企业发展座谈会、“吉商情—长春行”恳谈推介会，多家企业与海外公司达成合作意向。组织民营企业家赴欧洲、美洲考察调研，促成多家民营企业与欧洲企业签署合作协议。支持涉台经济部门开展长台合作，利用台资近10亿美元。在澳大利亚、日本、美国建立吉林(长春)商会，完善海外工作联络点。发挥资源密集优势，协调有关方面投入200多万元，为定点帮扶贫困村发展蔬菜大棚基地等致富项目。支持非公有制企业参与全市扶贫工作，开展“民企帮扶脱贫攻坚光彩行动”，村企结对298户。推动多党合作事业健康发展，起草《关于开展政党协商工作的实施办法》，对政党协商制度进行配套完善。定期召开季谈会、协商会和议政会，就全市重点工作、热点问题征求党外人士意见建议。协助民革、民盟、民建、九三学社4个民主党派市级组织完成换届工作。维护民族宗教领域和谐稳定，召开全市宗教工作会议。指导爱国宗教团体履行职责，举办基督教堂负责人大会及合法教堂义工传道员培训班，严格执行三级协防巡查制度和零报告制度。推进新的社会阶层人士统战工作，召开新的社会阶层人士统战工作联席会议，建立相关工作机制。联合有关部门推荐各领域代表人士，成立新的社会阶层人士联合会和新媒体人士联谊会，推动新阶层人士统战工作规范化、制度化。举办长春市新媒体论坛等学习教育活动，开展“新阶层有爱”等社会服务行动，引导新社会阶层人士为长春振兴发展传播好声音、凝聚正能量。加强党外代表人士队伍建设，实施“万千百十”党外人士培养工程，充实党外代表人士库。加大党外代表人士培训力度，举办民主党派骨干成员、党外知识分子、归国留学人员中青年骨干等各类班次20期，参训学员2000余人。落实政治安排和实职安排，完成党外政协委员的提名、推荐、考察，向组织部推荐20名党外领导干部后备人选。

【学习调研】 开展“两学一做”学习教育，按照市委统一部署，组织开展理论中心组学习、知识问答、廉政教育、讲党课、抄党章等活动，增强统战系统党员干部的政治意识和组织观念。开展“解放思想、抢抓机遇、创新发展”大讨论，立足统战工作特点，制定大讨论实施方案并严格执行到位，引导系统党员干部在思想上行动上自觉地向市委看齐，主动投身长春新一轮振兴发展。推进效能建设，制定《2016年度统战系统机关绩效考评方案》和《指标量化表》，推动作风与效能“双提高”。开展“建言十三五共筑长春梦”调研活动，完成调研报告63篇，其中，获中央统战部重点课题研究成果评比优秀奖2个，获全市优秀调研成果二等奖1个、三等奖2个、优秀奖4个，统战部机关获得优秀组织奖。

（胡嘉惠）

## 市直机关党建

【解放思想大讨论】 落实省委常委、市委书记王君正对机关党建工作的重要批示精神。机关党工委下发通知，要求各部门召开党委(党组)中心组学习会议、机关党员大会、机关支部会议，把批示精神传达到每位党员，召开专题党委(党组)会议，落实重要批示精神，部署机关党建工作。推进“抢抓机遇、创新发展”解放思想大讨论。下发《市直机关开展“抢抓机遇、创新发展”解放思想大讨论工作安排表》，要求各部门学习市委常委、市委秘书长、市直机关党工委书记赵明对大讨论工作提出的要求。制定下发《市直机关“抢抓机遇、创新发展”窗口行业优质服务竞赛活动实施方案》。组织全市机关干部、企业工人、社区工作者和大学生等1538名选手,围绕“功成不必在我,建功必须有我”“做官务必做事,做事绝不作秀”“看重组织考核,注重群众感受”“本色做人,角色做事”“假如我是服务对象”等方面开展系列演讲210余场。5月13日,在长春广播电视台举办全市“抢抓机遇、创新发展”解放思想大讨论主题演讲,在长春电视台黄金时间滚动播出4次。在机关党建网开辟大讨论专栏,在《彩话长春机关》推出大讨论、演讲比赛和换位体验专刊,发布相关信息182次,开展网络竞答6次,市直机关有3486人次参加,在全市形成思想解放、勇于创新、对标先进、竞进有为的鲜明导向和浓厚氛围。

【服务保障】 推进“学党章党规、学系列讲话,做合格党员”学习教育。对市直机关“两学一做”学习教育进行总体部署,下发制定《关于上报“两学一做”学习教育动员部署情况的通知》,组织各级党组织以理论中心组学习、座谈讨论、主题宣讲、理论知识测试、网络竞答等形式,开展学习。深化“服务发展先锋行动,改善民生春风行动”主题活动。完善“两锋(风)行动”的各项方法措施,引导各级党组织和党员干部自觉站到全市新一轮振兴发展最前沿,投身打造经济量级、城市能级、社会治理和民生改善“四个升级版”。强化目标责任制考核“指挥棒”作用。印发《长春市直属机关2016年度党建工作考核办法》和《长春市直属机关2016年度党的建设考核内容及评分标准》。建立严格的奖惩机制,科学实施目标管理。

【作风建设】 开展正风肃纪工作。开展集中巡查4次,分组暗访10余次,对发现的20余起违反机关工作纪律的情况及时向所在部门进行反馈,责成批评教育,严令整改。强化“一支队伍三项制度”建设。加强机关作风效能义务监督员队伍建设,加大义务监督员培训力度。改进“万人评议机关”工作方法。创新“万人评议机关”满意度测评的方式方法,开展入户调查,跟踪访查和问卷调查,面对面征求服务对象的意见建议,针对发现的问题,逐一下发《问题整改反馈单》,跟踪整改,促进机关作风持续好转。加大党性教育力度。组织7000余名机关党员干部参加党风廉政知识测试,开展“传承红色精神,点亮党性之光”主题征文活动,在机关党建网开辟“以案说纪”栏目,以漫画和案例的形式形象解读《条例》。组织市直机关党员干部参观市委党校“大道雄魂、天地党性”党性教育展览。

【基层组织】 落实党建责任。召开专题会议学习传达省委常委、市委书记王君正《关于在“两学一做”学习教育中集中强化省直部门(单位)机关党建工作责任落实的若干意见》做出的批示和市委组织部落实党建责任“七个专项”重点任务通知要求,制定下发《关于在“两学一做”学习教育中排查整改机关党建责任落实方面存在突出问题的通知》,在市直机关开展为期1个月的专项整治,督促各部门列出问题清单、建立整改台账、推动问题整改。夯实组织基础。制定市直机关基层党建工作量化标准,连续5年推行支部工作法。抓好队伍建设。开展创先争优评选,对市直机关333名优秀共产党员,157名优秀党务工作者,115个先进基层党组织和6个机关直属党组织进行表彰,市直机关21名个人、13个基层党组织获得全市创先争优荣誉称号。抓好党代会组织筹备相关工作。按照《中共长春市委关于中国共产党长春市第十三次代表大会代表选举工作的通知》要求,按照相关程序,组织市直机关1101个支部,13000余名党员参与到市直机关出席市第十三次党代会代表的酝酿、推荐选举工作。召开动员会、部署会,按照代表条件、名额、候选人产生程序和构成比例进行指导、把关,确保党代会前期各项工作顺利进行。

【建和谐机关】 开展机关党员教育。严抓党员队伍的经常性教育,对年度党员干部学习计划进行统一安排,学习习近平总书记在庆祝中国共产党成立95周年大会上的重要讲话情况进行着重要求和重点调度。发挥“君子兰讲坛”宣讲优势,开展3次集中宣讲,组织全市1200余人次党员干部参加学习。发挥《彩话长春机关》特色宣传阵地作用,编印14期,152版,以图文并茂方式,报道信息900余张(条)。在长春机关党建网及时更新党建活动信息,全年发布各类信息2000余条。组织市直机关开展理论知识测试,5000余名党员干部参加测试。开展机关文体活动。举办“巾帼展风采·筑梦建新功”市直机关女职工庆“三八”主题知识竞赛,52个代表队200余名女职工参加比赛。举办“迎新春·送祝福”“闹元宵·猜灯谜”“讴歌长征胜利、弘扬长征精神、缅怀革命先辈、共筑民族梦想”主题书画展等活动,“传承红色基因,建设幸福长春”市直属机关纪念中国工农红军长征胜利80周年主题活动。参加全省“体彩杯”篮球赛并取得冠军,参与第十四届全国篮球城市邀请赛,与俄罗斯乌兰乌德市公务员进行乒乓球赛。

【扶贫帮困】 对农安县烧锅镇中兴村进行包保。为中兴村争取农民工返乡创业和大学生返乡创业基地项目,多方协调550万元,建设留守儿童之家、全民健身广场、图书阅览室、文体活动室等设施,建成村屯水泥路6.2公里,花窖10栋。捐赠文件柜、电脑、打印机等办公设备,为留守儿童和贫困户捐赠慰问金和慰问品,计6万余元。

(陈 刚)

## 政策研究

【重点课题研究】 对长春市民生情况进行研究,完成《长春市民生报告2016》,为市领导科学决策提供重要参考。对长春市未来发展方向进行研究,完成《长春发展战略研究报告》,从更高的层次、用全新的视角深度谋划长春的城市发展战略,对长春市未来发展具有指导意义。对长春市创新转型进行研究,完成《关于长春市引领和支撑吉林中部创新转型核心区建设的情况报告》，为长春市推进创新转型指明方向。对长春市各县（市）区命名历史进行研究，完成《长春市各县（市）区地名由来的情况报告》，为下一步研究和设计地区形象发挥基础性作用。对新形势下如何改进党的群团工作进行研究，完成《长春市关于加强和改进党的群团工作的调研报告》，为发挥群团组织的桥梁纽带作用指明方向。对农业资源开发利用进行研究，完成《关于我市农作物秸秆综合利用问题的研究报告》，对长春市推进农作物秸秆综合利用，缓解资源约束，增加农民收入具有指导作用。对莲花山开发区发展进行科学谋划，完成《关于莲花山生态旅游开发区新一轮战略研究》，从更高的站位研究莲花山生态旅游度假区新一轮战略发展的思路、定位、路径和举措，具有重要的现实意义。

**【专题调研】** 围绕科学治理伊通河、破解体制机制障碍问题，完成《长春伊通河生态经济开发区组建的基本设想》。围绕发展旅游、加大旅游投资问题，完成《关于推进吉林长发旅游投资集团加快发展的情况汇报》。围绕加强机关作风建设问题，完成《关于加强长春市机关作风建设研究》。围绕城市建设和建筑产业发展，完成《关于长春市建筑产业现代化发展问题的调研报告》。围绕大数据发展问题，完成《关于我市大数据产业发展研究的调研报告》。围绕城市公共安全管理问题，完成《关于加强公共安全体系建设的建议》。

**【深化改革】** 完善体制机制。根据省委全面深化改革领导小组专项小组的调整情况和实际工作需要，将原有的6个深化改革专项小组调整为10个。着眼长春城市建设管理的实际，成立城市建设与管理专项改革领导小组。由市委市政府分管领导担任专项小组组长、副组长，市委市政府副秘书长担任联络员，在相关职能部门设立专项小组办公室，明晰工作职责，理顺工作关系。坚持整体推进。按照遵循顶层设计与强化自主探索相结合的原则，编制《中共长春市委全面深化改革领导小组2016年工作要点》和《长春2016年全面深化改革任务台账》，明确10大领域235项具体改革任务，做到改革任务具体化、项目化、便督察、可检验，确保按时间进度统筹实施。制定《中共长春市委十二届八次全会重要改革举措实施规划（2016-2020年）》，提出10个方面127项重大改革任务，做到改革任务条目化、责任部门化、进度节点化、成果具体化，为统筹推进各项重大改革提供了遵循。加大落实力度。召开全面深化改革领导小组全体会议8次，研究通过经济发展、城市建设、民生改善、社会治理、生态环境等31项改革方案。印发会议纪要，对会议提出的各项改革任务举措进行督察督办。建立专业领域市领导负责制、重大事项联席会议制、上报事项领导会签制“三项制度”，加大统筹协调力度。组织召开全市改革办公系统工作会议，对全市改革办公系统的262名工作人员进行培训，强化改革工作的组织保障。狠抓督导考核。制定下发《长春市全面深化改革工作督查制度》，对所有改革事项实行“项目化”管理，做到重点项目随时调度、一般项目月调度、面上情况季调度，已完成的任务及时报账销号，进度滞后的加大推进力度，没有按时完成的挂账问责。进行3次全面督察、2次重点督察和15次专项督察，先后3次通报全市改革工作总体情况。《督察专报》对重点改革任务完成情况进行动态通报。

**【创新工作】** 加强政策制定工作。注重将调查研究与工作实践紧密结合，及时将调研成果转化为党委和政府的政策法规。与省发改委等部门合作起草《中共吉林省委吉林省人民政府关于加快服务业发展的若干实施意见》（吉发〔2016〕6号）。与高新区管委会合作代省委省政府起草《中共吉林省委吉林省人民政府关于支持长春新区创新发展的若干意见》（吉发〔2016〕16号），完成《中共长春市委长春市人民政府关于支持长春新区创新发展的实施意见》（长发〔2016〕20号）。与市建委等部门合作起草《关于加快推进建筑产业现代化发展的意见》和《关于推进建筑产业现代化发展的实施方案》。抓好产业发展研究院组建和运行工作。2016年10月，长春市产业发展研究院由省市编办批准成立，为市委市政府政策研究室下属事业单位。12月8日，研究院成立仪式正式举行，研究院选择净月高新技术开发区生态大街“伟峰东樾”写字楼10楼1001室作为办公地址，完成装修改造和办公家具采购等基础性工作，选择17名客座研究员和32家战略合作伙伴。研究院将发挥平台作用，借助外脑，在新区建设、产业转型、园区设计等方面研究，破解城市发展难题，为长春的全面振兴发展作出贡献。做好综合信息工作。编辑出版《长春改革》《信息参考》2份简报，全年印发73期。汇总编辑《领导工作手册》和2016年《主要经济社会指标汇总与比较》数据册。做好文字综合工作。完成吉林省委常委、长春市委书记王君正在全部8次市委深化改革全体会议上的讲话和主持稿、在省委常委会上《关于加快服务业发展若干实施意见》征求意见的发言提纲、在全市党的群团工作会议上的讲话提纲等文稿。为吉林省委常委、长春市委书记王君正接受新华社记者访谈提供相关资料。完成市领导在《长春日报》发表的题为《站在更高层次谋划长春发展》的署名文章。做好优秀调研课题评选表彰工作。征集2015年度全市各单位申报调研课题参评调研成果530余篇，评选出特等奖1篇，一等奖21篇，二等奖29篇，三等奖56篇，优秀奖70篇。

（管吉鹏）

## 信　访

**【概况】** 2016年，长春市推进信访工作制度改革，全面打造“互联网+信访”工作模式；强化领导干部接访下访、重点案件领导包案等工作，及时就地解决重点疑难信访案件，全年信访工作取得显著成效，被吉林省人民政府授予“2016年度全省信访工作目标责任制优秀单位”荣誉称号。

**【主体责任落实】** 明确化解责任。按照

“抓早、抓小、抓苗头”的原则,对信访纯案逐案落实化解责任主体。通过层层落实责任制,信访案件化解率得到提升;落实稳控责任。整合全市信访、公安和事涉单位三方力量,坚持“三位一体”,做好稳控工作,做到守住自己的门,管住自己的人;严格责任倒查。建立责任倒查追究机制,对解决信访问题责任不落实、工作不主动,导致矛盾激化、造成恶劣影响等严重后果的单位和个人,市委、市政府严肃问责。

**【信访问题化解】** 高效办结初信初访,确保群众上访问题在规定的时限内得到有效化解,避免矛盾问题叠加升级。全年初信初访办结率93.6%。领导包保化解信访问题。市信访工作联席会议办公室梳理出29件重点信访案件和突出问题,省里交办6件重点案件,全部由市级领导包案化解。市信访工作联席会议办公室梳理出85件信访突出问题,逐案下达督办单,按照“三到位一处理”的原则,由各级各部门主要领导和分管领导包案解决,推动重大疑难信访问题的解决;攻坚解决信访积案。对向国家呈报的2013年以来的2027件信访积案,全部转交给化解责任主体,逐案明确责任单位、责任领导及化解时限,压实主办和协办责任,攻坚办理;领导干部接访下访工作。按照“常委包地区、市长包战线、县区包属地、部门包分管”的原则,结合民情恳谈、局长接待日、扶贫救助和信访矛盾隐患排查等工作,以具有重大集体访隐患、到省进京重大集体访、非正常访和上级交办的信访案件为重点,开展领导干部接访下访活动,效果明显。全年有546名领导干部深入基层接待上访群众,受理信访案件781件,解决731件;矛盾纠纷排查工作。采取日常排查与集中排查相结合的方式,整合信访、综治、维稳等各方面力量,发挥基层乡镇(街道)干部和群防群治力量的优势,紧盯征地拆迁、劳动人事、涉法涉诉、房地产纠纷等矛盾易发、高发领域及关系民生和影响社会稳定的热点、焦点问题,全方位、多角度、深层次地开展排查工作,确保隐患问题“发现得早、化解得了、控制得住、处理得好”。全年排查出信访隐患问题196件,绝大多数隐患问题得到处置,减少越级访数量。

**【信访制度改革】** 深化“互联网+信访”工作。强化“网上信访”工作的深度应用,使“网上信访”成为群众信访的主渠道。全年全市利用系统登记受理办理各级网上投诉2244件次,办结2064件次,办结率达92%;群众来信受理办理工作。全年受理群众来信1861件,及时有效归口转办,形成受理群众来信与接待群众来访同等处置效果的办信形式,把信访工作引入良性发展的轨道;律师参与信访工作。通过购买服务、司法援助等形式,推进律师参与信访工作,引导群众通过法律途径解决涉法涉诉问题,防止矛盾激化。全年律师信访接待室接待信访案件233件,接待信访人员502人次,引导信访人采取诉讼手段解决问题的案件占律师接待室接待信访总量的85%。

(陈华春)

4月1日,长春市公安局召开全国“两会”信访维稳总结表彰大会

(陈华春　提供)

## 老干部工作

**【老干部政治待遇】** 老干部思想政治建设。印发《关于离退休干部党员开展“两学一做”学习教育的指导意见》,举办“两学一做”专题辅导,全市组织讲党课、报告会、专题辅导、座谈讨论323次,增强离退休干部“两学一做”学习教育效果。开展“抢抓机遇、创新发展”解放思想大讨论活动。举办全市离退休干部经济形势通报会。坚持阅读文件、通报情况、参加重要会议和活动等制度。建立老干部思想政治工作联系点14个。组织市级老领导参观考察汽车开发区、长春农博会、德惠市;组织厅局级老干部参观考察一汽红旗汽车展览馆、马自达4生产线和长春老年大学。全市组织参观考察50多次,参与老干部3500人次。市老干部宣讲团发展到12人,深入县(市)区和市直部门开展巡回宣讲7次。全市发展基层“草根宣讲员”142人,开展宣讲196场次,受教育人数4.7万人。开展“点赞改革发展、感受幸福长春”主题征文活动,撰写征文156篇。开展“讲故事、晒家风”风采展示活动。征集作品56件,通过书法、绘画、短文等形式,展示老干部良好的家风文化。开展《讲“两史”、看巨变、跟党走、做贡献》专题教育活动。开展老干部网宣工作。举办老干部网宣员培训班,培训网宣知识,交流网宣经验。在全省老干部局长会议和正能量活动座谈会上长春市介绍工作经验。开展纪念中国共产党成立95周年、红军长征胜利80周年系列活动。举办全市离退休干部迎“七一”反腐倡廉书画展,展出作品240件。

开展纪念活动，其中，文艺演出42场、书画展37次、座谈会59个、报告会63次。老干部党组织建设。全市建立离退休干部党委9个、党总支7个、党支部240个、党小组391个。全市离退休干部临时党支部有236个。新成立联络站8个、中心户18个，全市建立老干部党员联络站70个、党员中心户52个。规范离退休干部党支部组织生活和学习活动。举办离退休干部党支部书记培训班，培训市直部门和部分城区老干部党支部书记、理论骨干200多人。规范党支部“三会一课”、政治学习、联系党员、党费收缴等制度的落实。组织老干部参观李大钊纪念馆、杨靖宇纪念馆，重温入党誓词等。开展“创先争优”活动。推进离退休干部党支部“四有一创”工程，其中，有60%的党支部达到“四有一创”标准。2016年，长春市15个离退休干部党支部和62名离退休干部党员受到省里表彰；1名离退休干部受到中组部表彰。

**【老干部生活待遇】** 巩固离休费保障机制。市直机关、事业单位离休干部离休费由财政承担，企业离休干部基本养老金由社保部门发放、生活补贴等其他各项费用全部由财政承担。中央和省新出台护理费、抚恤金、新增生活补贴、提高医疗待遇等政策落实到位。完善医疗费保障机制。2016年，长春市老干部医药费统筹标准为3.3万元~4.1万元。为满足老干部的医疗需求，市直离休干部定点医院由4家市属医院增加到包括省、部属医院12家，实现与省直离休干部同城同待遇。建立离休干部个人医疗账户，标准为5700元~7200元，老干部到定点医院住院费用全部由统筹基金支付，不再使用个人账户资金；实行个人账户节余返现制度。解决易地安置、长期异地居住离休干部的医疗服务问题和外转诊、异地就医离休干部医药费报销问题。财政支持机制建设。离休干部医药费超支部分财政兜底，兑现市直离休干部住房货币补贴，提高科级以下离休干部采暖费补贴标准。

**【阵地建设】** 老干部管理服务工作。表彰先进离退休干部。开展“四个教育”，在“点赞改革发展、感受幸福长春”主题征文和“讲故事、晒家风”风采展示活动中，征集作品50件。调整党组织设置，分批培训80名老干部党支部书记。组织500多名老干部参观考察一汽红旗轿车展览馆及生产线。组织240名老干部赴长白山健康休养。开展“登门入户解难题”主题活动，走访1131名老干部。两次开展特困离休干部帮扶工作，帮扶特困离休干部141人次。老干部住房货币补贴发放资金4万元。走访慰问管理中心异地居住离休干部22人。发放老干部常规费用4876.1万元。长春老年大学工作。制定《长春老年大学“十三五”发展规划》，创建全国一流老年大学。建党95周年、红军长征胜利80周年和建校30周年开展活动，编排的舞蹈《征途》在全省离退休干部纪念红军长征胜利80周年文艺演出中获最佳表演奖。2016年，长春老年大学被评为全省精神文明先进单位。市老干部活动中心承办全市离退休干部经济形势通报暨春节联欢会，举办长春市离退休干部第十三届“长寿杯”门球邀请赛取得第一名的好成绩。组织乒乓球和台球协会会员赛、老干部艺术团“迎七一”专场演出及评剧票友联欢会等活动，参与老干部2100多人次。

（王媛媛）

## 保密工作

**【全市保密工作会议】** 4月22日，召开市委保密委员会2016年第一次会议。传达学习习近平总书记重要讲话和省委书记巴音朝鲁、省长蒋超良、省委常委、市委书记王君正关于做好保密工作的批示精神。市委常委、秘书长、市委保密委员会主任赵明就如何做好长春市2016年保密工作发表讲话。4月26日，召开全市重点涉密单位保密工作会议，传达市委保密委员会会议精神，安排部署2016年保密工作具体任务。

**【保密工作规划】** 明确全市保密工作目标和方向，代市委起草《长春市加强和改进保密工作实施办法》，从总则、目标任务、体制机制、监督管理、保密科技、队伍建设、附则等7个大方面对全市保密工作进行整体部署。制定《“十三五”时期长春市保密事业发展规划》（长办发〔2016〕53号）并经市委常委会2016年第16次会议讨论通过，在全市印发实施。

**【保密监督检查】** 开展全市保密自查自评督查，制定下发《关于督查全市机关、单位保密自查自评工作的通知》（长保办〈局〉发〔2016〕1号），对保密自查自评工作进行全面部署和安排。围绕保密自查自评工作程序、工作方法和工作内容等方面组织6期专题培训，全市182家单位，计216人参加。开展自查自评督导，于5月下旬至11月底，对全市160余家重点机关、单位自查自评开展情况进行现场督查。

**【保密宣传教育】** 3月22日至24日，9月22日，举办保密教育培训班。规划“七五”保密法制宣传教育工作，印发《长春市“七五”保密法制宣传教育规划》（长保办（局）发〔2016〕4号），从指导思想、工作目标、工作原则、主要任务、基本要求、工作步骤和保障措施7个方面全面部署长春市“七五”保密法制宣传教育工作。开展保密形势教育实地宣讲，为市委办公厅等30家单位作保密形势教育报告；订购《红色往事》《机关、单位保密自查自评工作指导手册》等32种保密教育工具书，编印《保密知识图解（一）》《保密讲堂（一）》资料，设计制作保密宣传品——鼠标垫，组织保密宣传挂图展。

**【保密技术防范】** 完成非涉密网计算机保密技术防护系统二期工程建设。开展应急移动保密检查平台建设工作，车辆改装、平台设备安装和系统调试完成，进行试运行。做好全市互联网接入口保密监测平台现有的木马检测器的系统升级工作。对全市机关、单位互联网信息的统计汇总工作。11月29日，举办全市保密技术检查大队成员业务培训班，开展技术装备操作使用培训。

9 月 22 日，市保密局举办全市保密教育培训班　（刘为维　提供）

【保密管理基础】 开展定密授权工作，督促指导具备条件的市直机关和企业事业单位向上级业务主管单位递交定密授权申请，获得定密权。做好全市定密年度统计工作。开展定密事项认领工作，将涉及长春市定密事项，逐条逐款“对号入座”，落实到各个机关、单位，及其具体产生岗位。加强涉密人员管理，开展第四次涉密人员分类确定和上岗审查工作。召开 3 次学习讨论会，6 期培训班。完成涉密人员分类确定和上岗审查工作，建立《全市涉密人员档案》。开展涉密人员保密管理专项调研，形成《长春市涉密人员保密管理调查与思考》专项调研报告。开展全市各级领导干部、核心和重要涉密人员手机木马检测工作。开展保密审查工作。保密依法行政工作，制定、修订《长春市国家保密局依法行政管理制度》，落实责任清单监管制度，完成责任清单的复核并在本局网站公布。清理行政审批中介服务，全面梳理行政审批条件，确定本局行政审批项目 3 项、行政审批条件总数 35 个，保留行政审批中介服务项目数 3 个、非中介项目数 32 个。做好“一门式、一张网”行政审批工作。完成入网综合改革事项受理范围、实施机关、办理依据、审批条件、申请资料、审批证件、审批时限、审批收费项目的梳理与确认。

（刘为维）

## 党　校

【教学工作】 2016 年，学员测评的平均分达 99.12 分，其中 90 分以上的课程占总课程的 99.72%。有 2 门课程入选全国行政学院优秀课；在全省党校系统第三届“精品课”评选中，有两名教师分别获一等奖和三等奖；突出主业主课，学习习近平总书记“七一”重要讲话、十八届六中全会精神、《胡锦涛文选》等中央和省市委重要部署进专题，进课堂、进教材、进头脑。新开设《资本论》《社会主义从空想到科学的发展》等原著课程。把《党章》《准则》《条例》《党委会的工作方法》等作为必修课，固化在教学专题中。开设以“大道雄浑、天地党性”党性教育展馆和党史情景剧《遵义会议的历史抉择》为主要内容的立体化党性教育模式。开发《以强烈的文化意识提升城市形象》《新常态下激发民营经济新动能》等教学新专题。开设“电视问政”情景模拟教学模式；以“实现长春服务业跨越式发展”“科技创新增强城市核心竞争力”为主题进行结构化研讨。全年举办各类外请报告 101 场，占总课程的 25.7%；邀请党政机关工作部门负责人来校授课 28 人次，各班次占比均超过 30%。完成培训 1.1 万人，党校系列完成 20 期 20 个班次，培训学员 1599 人；行政学院系列完成 16 期 33 个班次 6815 人和在线培训 2700 人。立项各类课题 59 个，其中，中央党校课题 2 项，吉林省社科基金项目 3 项；公开发表学术论文 80 余篇，其中，在 CSSCI 来源期刊上发表 3 篇，在中文核心期刊上发表 3 篇，一篇论文在《人民日报》刊发；全年出版教材 3 部。

【学员管理】 制定《学员违反校纪校规处理办法》。抓入学教育、承诺践诺、开展党性分析每一个环节，深化学风建设；采用“刷脸”“刷卡”双保险办法，严肃考勤纪律；把学员在校期间表现进行百分量化，严格执行扣分制度；对顶风违纪的行为实行零容忍，严肃处理违反规定的学员，杜绝自由散漫、请客送礼、经营人脉等不正之风。

【科研资政】 坚持校长领题，强化市情调研，全年组织开展调研 40 余次，参与调研 120 人次。在中央党校 2016 年度科研评比中获副省级党校科研组织奖第一名，以专题研讨班的形式，对长春市城市建设与管理、长春市创建有机农业示范市等重大现实问题和战略问题进行研究，实现教学、科研、资政的有机统一。长春市城市建设管理专题研讨班有一项成果获吉林省委常委、长春市委书记王君正签批。持续推进理论宣讲下基层。开展“两学一做”学习教育、“四个一”送党课下基层、党的十八届六中全会精神等重要宣讲活动，其中“四个一”送党课下基层中 75%的任务均为市委党校完成；接受各类主流媒体访谈 80 多次，建立“红色集结号”微信公众平台，全年推送信息 2000 余条；在“长白山讲堂”、省市图书馆等公共讲坛主讲 11 期。

【培养人才队伍】 实施“名师工程”。通过访问学者、学位攻读、集中培训、高校研修、校际交流、参与中心工作等方式，对全体教师和中层干部、部分行政后勤骨干进行分层分类多元化培训。推进“青年教师锻炼计划”。选派 18 位中青年骨干教师到城区和市直对口部门进行为期 1 年的挂职锻炼，选派 16 名新入职的青年教师到扶贫联系点做蹲点调研。树立正确用人导向，有2名教师被评选为“第三届党校名师”，1人被推荐享受政府特殊津贴。

【行政教辅】 创新办学体制，在各开发区和机关党工委、国资委、教育局等部门建立20个党校分校。建立健全和完善各项财务管理制度，开展财务分析，每季度统计和编制资金收入支出情况表，掌握资金使用进度。图书馆图书集成管理系统与“校园一卡通”智能管理平台实现数字平顺对接。

（于建玮）

## 党史研究

【概况】 出版发行《长春大事记》(2015年卷)，全书16万字，图片48幅；全年完成3个专题和3篇论文。上报《长春农博会的发展历程》和《中国——东北亚博览会纪实》专题，撰写的《中国北车长春轨道客车有限公司发展纪实》专题已收录在中央党史研究室出版的《改革开放实录》(第一辑)丛书中。完成吉林省委党史研究室交办的《长春市改革开放的历史进程和基本经验》专题、纪念红军长征胜利80周年理论文章《毛泽东在长征中挽救红军和中国革命的历史性作用》和《陕北革命根据地作为红军的立脚点和出发点的历史作用》。撰写《延安精神与吉林老工业基地振兴》论文，报送吉林省延安精神研究会。

【资料征编】 对全国14个副省级城市和全省各地市(州)情况进行调研，根据长春工作实际，在原《中国共产党长春历史(第二卷)》编写方案的基础上，修改编写方案，完善编写大纲；征集《中国共产党长春市第十二届市委执政实录》资料，征集资料38份，20余万字；征集2016年长春大事记资料，征集文字资料20余万字，图片20余幅；征集中共长春党史人物传资料，面向40余家单位发放征集函，成稿3篇党史人物传记；征集党早期人员的相关资料，收集到可立传党史人物名单26人；征集上报《吉林执政实录》(2015)涉及长春的资料，征集上报文字资料5万余字、图片15幅。

【党史宣教】 全年出版7期《春潮》党史期刊，宣传“建党95周年”“长征胜利80周年”等内容，增加“红军长征胜利80周年”特刊1期；全年更新机关板报2期；为吉林大学行政学院学生、省检察院青年干部做《信仰、信念、纪律与担当——铭记党的历史 争做当代“四铁”青年》《革命理想高于天对当代的启迪意义》《回顾党在长春早期革命历程，做新时期“四铁”党员干部》3次主题宣讲活动，近千名青年学生、干部接受党史教育；举办红军长征胜利80周年图片展，进行巡回展出2个月，近万人次参观；与长春电视台联合制作《红色历程》专题片，面向广大市民宣传党在长春的历史；协助沈阳电视台历史记录片《回声》栏目组，在长春地区进行有关内容的采访、拍摄；开通“中国共产党长春历史网”(www.zgccls.com)，点击量2.2万人次；“春城党史”(微信号ccds-1926)微信公众平台正式上线，阅读量上万次；联合市委组织部、市直机关党工委、市委党校共同举办“大道雄魂 天地党性”主题参观活动，接待参观上万人；新命名7处纪念场馆为长春市第三批中共党史教育基地，将榆树小乡博物馆申报为省级中共党史教育基地，获得审批。党史教育基地全年接待参观人员近10万人；长春市中共党史教育基地“党在长春第一个通讯站”旧址(二道沟邮局旧址)由市党史研究室进行管理，对老旧设施进行修缮，完善陈设，发挥其地方党史的标志性作用；科学管理资料室，有7500本存书、1200本报刊、717张图片、照片和554卷档案资料。为使资料查阅更为便捷，开展资料(书籍)电子化工作，整理760张电子图片、10本图片版书籍、150万字资料电子文档。接待查阅80余人次，提供100余万字电子资料，调阅100余卷(次)资料、图书。

（都　鹏）

## 档　案

【指导全市档案工作】 市档案局编制完成《长春市档案事业发展第十三个五年规划》。以长春市委、市政府办公厅名义印发《关于加强和改进新形势下全市档案工作的通知》，明确长春市发展档案事业主要任务。年初全市局(馆)长会议，就如何落实《通知》精神进行安排部署，要求各县(市)区结合本地实际抓好落实。3月份召开2次培训会，对市直机关110

七一前夕，市档案局邀请景阳社区党员来档案馆参观，并在党旗下重温入党誓词

（汤　明　提供）

9月8日，长春市档案局举办“干部讲坛”活动 （汤 明 提供）

家立档单位档案人员进行专项培训。各县（市）区也以转发文件、出台制度、举行培训、执法检查等不同形式组织落实。

【档案安全与保护建设】 推进市（区）县综合档案馆建设，德惠市新馆建设项目已完成主体工程验收，榆树市、双阳区新馆建设已完成用地规划，九台区档案馆建设纳入本地“十三五”规划建设项目，朝阳区投入25万元，对档案库房进行升级改造。国家重点档案目录基础体系建设和重点档案开发项目工作启动，已整理历史档案2.6万件。申报的《长春历史地图征集及出版》成为国家重点档案开发项目，国家档案局批准专项资金给予支持。履行安全工作职责，消除安全隐患。完善监控系统，实行双人入库制度。修裱破损历史档案1200页，缩微片分夹36万幅，对存于软盘上的信息进行抢救性备份。制定《关于切实加强档案整理和档案数字化外包管理工作的通知》，消除失泄密隐患。对涉及民生档案进行重点扫描，并进行异地备份。

【档案法制建设】 开展专项检查。对县（市）区、开发区及部分市直机关、市属企业、专业档案馆、中直机构等45个单位开展执法检查，部分档案工作中存在的问题和安全隐患得到整改。加强行政复议档案管理。会同市政府法制办制定《长春市行政复议档案管理办法》，为依法保护和利用行政复议档案奠定基础。处理涉档投诉。会同市人社局妥善处理吉林柴油机集团有限公司职工涉档投诉，处理《市委书记网友留言》中涉档问题。

【档案服务】 打造温馨服务窗口。对查档大厅进行局部改造，窗口服务人员统一着装，佩戴名牌，推出承诺服务、挂牌服务和限时服务，采取委托办理、电话查询等多项便民措施。开展档案公共服务整治。向县（市）区档案馆下发《关于简化优化档案公共服务流程，清理各种证明相关要求的通知》，对全市档案公共服务提出要求；实行纸质档案出证服务、电子档案信息刻盘服务、电子档案远程利用服务；在《长春档案信息资源网》公布公共服务事项目录和办事指南，在一楼大厅显示屏滚动播出《查档须知》《长春市档案馆档案查阅大厅服务承诺》，确保办事程序规范透明。服务全市经济发展，对长春新区、长春市伊通河治理改造指挥部等重点领域的档案工作进行跟踪指导，帮助其修改完善档案管理办法和管理模式；对第2次地名普查档案管理工作进行业务指导，对长春轨道交通集团“地铁一号线一期工程”、长春轨道客车集团“完善动车组制造平台建设项目”档案工作予以指导。加强远程查档用档。更新民生档案信息和馆藏开放档案信息数据库，市、县（市）区两级档案馆远程查档出证219例。全市11个综合档案馆接待档案查询11161人次，提供档案17394卷（件）。为百姓补办个人档案、办理养老保险、调转、落户、出国、房改和低保等提供有效凭证。丰富馆藏资源，接收市中级人民法院诉讼业务档案33万卷，馆藏档案总量达到169万（卷）件。档案服务进入全市“一门式、一张网”平台。档案利用者通过“互联网+政务服务”工作新模式，可办理相关档案查询等服务。经过项目梳理、数据上传等前期大量准备工作，“一门式、一张网”平台进入测试阶段。

【档案宣传】 结合“两学一做”学习教育、建党95周年和“抢抓机遇、创新发展”解放思想大讨论，举办“伟大引领砥砺前行——中国共产党党旗史话”和“察往知来”长春历史展，进行巡回展出，成为全市党性教育活动的重要宣传阵地。市档案局（馆）编辑完成《长春档案文献》（1950年-1957年卷），成为抢救性挖掘和征集长春解放至“一五”结束时期史料工作的重要成果。举办车厢档案展览。继续与西北公司合作，在新上线运营的234路24辆公交车上举办档案展览，向广大乘客和长春市民讲述长春历史。借助档案系统自身宣传阵地和全市宣传媒介，在国家、省、市报刊、杂志等刊发稿件21篇。

（汤 明）

## 重点工作

【代表大会】 2016年，召开人民代表大会2次。即长春市第十四届人民代表大会第四次会议和长春市第十四届人民代表大会第五次会议。长春市第十四届人民代表大会第四次会议于2016年2月26日至29日召开。会议审议通过长春市国民经济和社会发展第十三个五年规划纲要；听取和审议长春市人民政府工作报告；审查和批准长春市2015年国民经济和社会发展计划执行情况与2016年国民经济和社会发展计划草案的报告，批准2016年国民经济和社会发展计划；审查和批准长春市2015年预算执行情况和2016年预算草案的报告，批准2016年预算；听取和审议长春市人民代表大会常务委员会工作报告、长春市中级人民法院工作报告、长春市人民检察院工作报告。会议选举吕凝、王铁茗、王明德为长春市第十四届人民代表大会常务委员会副主任，选举丁佳、马吉祥、孟宪新、徐高峰、董春波、鞠国彬为长春市第十四届人民代表大会常务委员会委员。

长春市第十四届人民代表大会第五次会议于2016年10月26日至27日召开。会议补选刘长龙为长春市市长；于春、乔大勇、邹德东、赵蕾为长春市第十四届人民代表大会常务委员会委员。会议以按表决器的方式通过于春、乔大勇为有关专门委员会主任委员，表决通过各项决定。

【常委会会议】 全年举行常委会会议11次，即长春市第十四届人大常委会第二十三次至第三十三次会议。1月23日，市十四届人大常委会举行第二十三次会议。听取审议长春市人民代表大会常务委员会代表资格审查委员会关于个别代表的代表资格的报告；听取审议《关于罢免朱永坚的吉林省第十二届人民代表大会代表职务的议案（草案）》。审议《关于长春市人大常委会2015年立法计划执行情况的报告（书面）》；会议表决通过《关于召开长春市第十四届人民代表大会第四次会议的决定（草案）》；会议表决通过人事事项。补选吉林省第十二届人民代表大会代表。

2月23日，市十四届人大常委会举行第二十四次会议。会议审议并表决通过长春市十四届人大常委会代表资格审查委员会关于个别代表的代表资格的报告；表决通过《关于接受陈海英等辞去吉林省第十二届人民代表大会代表职务的决定》；表决通过长春市人大常委会工作报告审议稿及长春市人大常委会2016年工作要点；审议通过市十四届人大四次会议议程草案、日程草案，主席团和秘书长名单草案，主席团常务主席名单草案、副秘书长名单草案，决定列席人员名单草案；会议表决通过有关人事事项。补选吉林省第十二届人民代表大会代表。

3月28日，市十四届人大常委会举行第二十五次会议。会议听取关于调整市十四届人大常委会代表资格审查委员会部分组成人员的议案和说明，表决通过关于调整市十四届人大常委会代表资格审查委员会部分组成人员的决定、关于调整长春市人民代表大会换届时间的决定；表决通过市十四届人大常委会代表资格审查委员会关于个别代表的代表资格的报告；传达十二届全国人大四次会议精神（书面）。

4月15日，市十四届人大常委会举行第二十六次会议。会议审议并表决通过市十四届人大常委会代表资格审查委员会关于个别代表的代表资格的报告；听取市政府关于市十四届人大四次会议议案办理方案报告和关于提请审议《长春市城市总体规划（2011–2020）修改稿》的议案及说明；听取有关人员任免职议案和说明，表决通过有关人员的免职议案，拟任命人员进行供职发言。会议补选吉林省第十二届人民代表大会代表，举行新任命人员向宪法宣誓仪式。

6月30日，市十四届人大常委会举行第二十七次会议。会议听取审议关于提请审议制定《长春市地下空间开发利用管理条例》的议案及说明；听取审议关于制定《长春市宪法宣誓制度实施细则》的说明；听取审议市政府关于林业工作情况的报告。听取审议有关人员任免职议案和说明。表决通过市十四届人大常委会代表资格审查委员会关于个别代表的代表资格的报告。会议表决通过《长春市宪法宣誓制度实施细则》和有关人事事项。表决通过《长春市第十四届人民代表大会常务委员会关于接受姜治莹辞去长春市市长职务的决定》,决定任命张敬安为长春市副市长(挂职)。

8月30日至31日，市十四届人大常委会举行第二十八次会议。会议听取市人大法制委员会关于《长春市地下空间开发利用管理条例(草案)》审议结果的报告，市人大内务司法委员会关于提请审议制定《长春市道路交通安全管理条例》的议案及说明,市人大教育科学文化卫生委员会关于提请审议制定《长春市爱国卫生条例》的议案及说明,市人大农业与农村委员会关于提请审议修订《长春市动物诊疗机构管理条例》的议案及说明，市人大城乡建设环境保护委员会关于提请审议修订《长春市市容和环境卫生管理条例》的议案及说明;听取市政府关于食品药品安全监管改革工作情况的报告和关于全市民族宗教工作情况的报告；听取市中级人民法院关于司法体制改革试点工作情况的报告；听取市人民检察院关于司法体制改革试点工作情况的报告。会议听取市政府关于2016年国民经济和社会发展计划上半年执行情况的报告，关于2015年财政决算和2016年上半年预算执行情况的报告,关于2015年度市本级预算执行和其他财政收支情况的审计工作报告；听取市人大财政经济委员会关于长春市本级2015年财政决算的审查结果报告。审议市人大常委会执法检查组关于《中华人民共和国残疾人保障法》《吉林省残疾人保障条例》和《长春市残疾人保障若干规定》执法检查情况的报告,长春市县乡两级人民代表大会换届选举工作规程（书面),市政府关于全市安全生产工作情况的报告(书面),市政府关于2015年依法行政工作的报告(书面)。会议表决通过《长春市城市地下空间开发利用管理条例》和《长春市人民代表大会常务委员会关于批准长春市本级2015年财政决算的决议》。

9月28日,市十四届人大常委会举行第二十九次会议。会议表决通过市人大常委会主任会议关于提请审议刘长龙等任职的议案,决定任命刘长龙、贾晓东为长春市副市长；听取审议并表决通过市人大常委会主任会议关于提请审议决定刘长龙为长春市代理市长的议案。

10月18日，市十四届人大常委会举行第三十次会议。会议听取审议并表决通过长春市十四届人大常委会代表资格审查委员会关于个别代表的代表资格的报告，表决通过长春市人大常委会关于接受有关人员辞职的决定。听取和审议有关人员的任免职议案及说明，表决通过免职议案及有关人员的任职议案，举行新任命人员向宪法宣誓仪式。

10月21日，市十四届人大常委会举行第三十一次会议。会议听取关于召开长春市第十四届人民代表大会第五次会议情况的说明，审议并表决通过长春市人民代表大会常务委员会关于召开长春市第十四届人民代表大会第五次会议的决定草案；表决通过长春市第十四届人民代表大会第五次会议议程草案、日程草案，长春市第十四届人民代表大会第五次会议主席团和秘书长名单草案；表决通过长春市第十四届人民代表大会第五次会议主席团常务主席名单草案及副秘书长名单草案。

12月6日,市十四届人大常委会举行第三十二次会议。会议听取并表决通过《长春市道路交通安全管理条例（草案)》《长春市爱国卫生条例（草案)》《长春市动物诊疗机构管理条例（修订草案)》《长春市市容和环境卫生管理条例(修订草案)》;审议并表决通过《长春市第十四届人民代表大会常务委员会代表资格审查委员会关于个别代表的代表资格的报告》和《长春市第十四届人民代表大会常务委员会代表资格审查委员会关于长春市第十五届人民代表大会代表资格的报告》,听取市政府关于青少年业余体育活动开展情况的报告、市人大常委会关于召开长春市第十五届人民代表大会第一次会议情况的报告,表决通过《长春市第十四届人民代表大会常务委员会关于召开长春市第十五届人民代表大会第一次会议的决定》。审议关于全市脱贫攻坚工作情况的报告(书面)、关于全市财政投资重大项目资金支出情况的报告(书面)、2015年度市本级预算执行和其他财政收支审计结果落实情况的报告(书面)。听取有关人员任免职议案和说明，表决通过有关人员的免职议案。

12月26日，市十四届人大常委会举行第三十三次会议。会议听取市政府关于提请审议修改和废止部分地方性法规的议案及说明、关于提请审议2016年公共预算和政府性基金预算调整的议案及说明、关于市十四届人大四次会议议案办理情况的报告；听取市人大人选委关于提请补选吉林省第十二届人民代表大会代表的议案、市人大财经委关于长春市2016年公共预算和政府性基金预算调整的审查结果报告。审议市政府《关于市十四届人大四次会议建议办理情况的报告(书面)》,市人大人事代表选举委员会《关于市十四届人大四次会议建议办理情况的报告(书面)》,市人大城乡建设环境保护委员会《关于治理城市水体强化城市基础设施建设的议案》办理情况审议结果的报告(书面),市人大民族侨务外事委员会《关于加快长春旅游产业发展完善旅游集散服务体系建设的议案》办理情况审议结果的报告(书面)会议表决通过《长春市第十四届人民代表大会常务委员会代表资格审查委员会关于个别代表的代表资格的报告》;表决通过市十五届人大一次会议议程草案、日程草案,主席团和秘书长名单草案,主席团常务主席名单草案、副秘书长名单草案，决定列席人员名单草案。表决通过《长春市人大常委会关于修改和废止部分地方性法规的决定》《长春市人民代表大会常务委员会工作报告(审议稿)》《长春市人民代表大会常务委员会关于批准我市2016年公共预算和政府性基金预算调整的决议》;补选吉林省第十二届人民代表大会代表。

**【立法工作】** 全年审议制定、修订、修改和废止地方性法规10件。其中制定3件:《长春市城市地下空间开发利用管理条例》《长春市道路交通安全管理条例》《长春市爱国卫生条例》；修订2件,《长春市动物诊疗机构管理条例》《长春市市容和环境卫生管理条例》;修改2件,《长春市企业负担监督管理条例》《长春市城市客运出租汽车管理条例》；废止3件，

《长春市大气污染防治管理办法》《长春市道路货物运输交易市场管理条例》《长春市信访工作若干规定》。2016年12月15日，长春市第十四届人民代表大会常务委员会发布第41号公告。《长春市城市地下空间开发利用管理条例》于2016年8月31日由长春市第十四届人民代表大会常务委员会第二十八次会议通过，于2016年11月17日经吉林省第十二届人民代表大会常务委员会第三十次会议批准，自2017年1月1日起施行。《长春市城市地下空间开发利用管理条例》中对长春市地下空间的规划、用地、建设、不动产登记、使用管理等方面给出明确界定，明确相关部门在地下空间开发利用过程中的职责和权限及地下空间建成后使用的管理责任及地下建(构)筑物的产权关。2016年12月31日，长春市第十四届人民代表大会常务委员会发布第43号公告。《长春市道路交通安全管理条例》于2016年12月6日由长春市第十四届人民代表大会常务委员会第三十二次会议通过，于2016年12月29日经吉林省第十二届人民代表大会常务委员会第三十二次会议批准，自2017年1月1日起施行。《长春市爱国卫生条例》于2016年12月6日由长春市第十四届人民代表大会常务委员会第三十二次会议通过，于2016年12月29日经吉林省第十二届人民代表大会常务委员会第三十二次会议批准，自2017年2月1日起施行。《长春市动物诊疗机构管理条例》于2016年12月6日由长春市第十四届人民代表大会常务委员会第三十二次会议通过，于2016年12月29日经吉林省第十二届人民代表大会常务委员会第三十二次会议批准，自2017年2月1日起施行。《长春市市容和环境卫生管理条例》于2016年12月6日由长春市第十四届人民代表大会常务委员会第三十二次会议通过，于2016年12月29日经吉林省第十二届人民代表大会常务委员会第三十二次会议批准，自2017年2月1日起施行。《长春市人大常委会关于修改和废止部分地方性法规的决定》于2016年12月26日由长春市第十四届人民代表大会常务委员会第三十三次会议通过。《长春市人大常委会关于修改和废止部分地方性法规的决定》对《长春市企业负担监督管理条例》《长春市城市客运出租汽车管理条例》的部分内容进行了修改，决定废止《长春市大气污染防治管理办法》《长春市道路货物运输交易市场管理条例》《长春市信访工作若干规定》。

**【视察调研】** 全年听取和审议“一府两院”专项工作报告15项，组织开展专题视察、调研23次，开展执法检查2次。常委会加强对经济社会发展重大事项的监督，听取审议市政府关于2016年国民经济计划和财政预算上半年执行情况的报告、2015年市本级预算执行和其他财政收支情况的审计工作报告，审查并批准2015年财政决算。对公共安全建设的监督，就交通安全、生产安全、食品药品安全、校园安全等工作开展视察、检查，听取审议市政府关于安全生产、食品药品安全监管改革等工作情况的报告，督促政府相关部门就存在的问题进行整改。对生态环境保护的监督，围绕推进绿色宜居城市建设，听取市政府关于林业工作、大气污染防治、2015年度环境状况和环境保护目标责任完成等情况的报告，对伊通河城区段新一轮综合治理暨百里生态长廊工程情况进行调研，要求市政府加大整治力度，改善城市生态环境质量。对民生改善的监督，听取审议关于脱贫攻坚、青少年业余体育活动等工作情况的报告，就残疾人保障法、职业教育法等贯彻实施情况开展执法检查，对养老、宗教场所、公共文化服务体系示范区建设等工作开展专项视察，努力推进民生改善和社会事业发展。加强对依法行政、公正司法的监督，听取市政府依法行政工作的报告、市中级人民法院和市人民检察院关于司法体制改革试点工作的情况的报告，对公安基层警备建设、交通整治情况进行了视察，对司法公开等工作进行调研。

**【人事任免】** 2016年1月1日起实施宪法宣誓制度，增强任职人员宪法意识、责任意识、公仆意识。常委会对重要人事事项随时加开代表大会或者常委会进行选举、任免，使“一府两院”任职干部及时到位。全年依法任免地方国家机关工作人员151人次。

**【议案办理】** 代表议案和建议督办。市十四届人大四次会议主席团确定大会议案2件，《关于加快长春旅游产业发展完善旅游集散服务体系建设的议案》《关于治理城市水体强化城市基础设施建设的议案》。大会闭幕后，主任会议审议决定将《关于加快推进长春市养老服务业发展的建议》等10件建议作为重点督办的代表建议。4月，市十四届人大常委会第二十六次会议听取和审议市政府《关于市十四届人大四次会议议案办理方案的报告》，对议案办理工作提出明确要求。各专门委员会强化跟踪督办，市十四届人大四次会议期间代表提出的164件建议、批评和意见年内全部办结，议案建议落实率和代表满意率得到提高。开展代表活动。

**【代表工作】** 在全体代表中开展“人民选我当代表、我当代表为人民”和“人大代表基层行”主题实践活动，组织在长全国、省和市三级人大代表，开展座谈、调研、视察、检查等活动。搭建代表履职平台，加强人大街道工委建设，完善“人大代表之家”和代表联络工作站。坚持常委会组成人员联系代表制度，邀请代表列席常委会会议，拓宽代表知情知政渠道，发挥代表在推动发展、改善民生、维护稳定方面的积极作用。依法做好人大换届选举工作。贯彻执行中央和省、市委关于做好人大换届选举有关工作的意见，开展调研，制定工作规程，加强督查指导，做好人大代表的选举组织和资格审查工作，完成换届选举任务。本次换届，选出乡镇人大代表5923名、县(市)区人大代表2614名、市人大代表492名。

(张　剑)

# 长春市人民政府

## 重点工作

【概况】 2016年,全市全年实现地区生产总值5986.4亿元,按不变价格计算,比2015年增长7.7%。其中,第一产业增加值323.5亿元,比2015年增长3.7%;第二产业增加值2957.3亿元,增长6.7%;第三产业增加值2705.6亿元,增长9.4%。三次产业结构为5.4:49.4:45.2。对经济增长的贡献率分别为2.9%、45.0%和52.1%。人均生产总值79434元(按户籍年平均人口数计算),比2015年增长7.7%,折合11959美元。全市一般预算全口径财政收入1150.5亿元,增长6.7%。全市地方财政收入415.5亿元,增长7.0%,其中,税收收入309.9亿元,增长3.3%。地方财政支出770.6亿元,增长0.6%。完成全社会固定资产投资总额4710.6亿元,增长10%,其中,房地产开发投资596.6亿元,增长17.9%。城镇常住居民人均可支配收入31069.4元,增长6.8%。农村常住居民人均可支配收入12576元,增长7.0%。

【经济发展】 全年实施亿元以上项目1150个、10亿元以上项目284个。启动建设5大现代农业实验区,带动农业发展方式加快转变。综合农机化率超过80%。调减籽粒玉米面积14866.67公顷,"长春大米"等优质农产品品牌影响力持续扩大,长春市成为首个"创建全国绿色有机农业示范市"。一汽大众奥迪Q工厂、EA211发动机、长客动车组检修基地、中粮10万吨液糖等一批项目顺利实施,汽车、农产品加工、轨道客车三大支柱产业整体素质不断提升,长春被国家正式列为"中国制造2025"试点示范城市。规模以上工业产值增长8.6%,增速比2015年提高20.4个百分点,总量在15个副省级城市中位次由第10位上升到第9位。建设商业综合体、特色街区、现代服务业集聚区,服务业占GDP比重提高1.6个百分点。成功举办汽博会、农博会、电影节、雕塑展、雪博会。民航进出港人数增长11%。旅游业总收入增长25%。社会消费品零售总额增长9.8%,增速比2015年提高1个百分点。互联网和相关服务营业收入增长2倍。长春进入"中国服务外包示范城市"行列。启动创建国家自主创新示范区、国家级"双创"综合性示范区,加快培育发展新动能。单克隆抗体、玄武岩纤维等一批关键技术实现产业化,航天信息、新能源汽车等10大产业园区启动建设。科技大市场建成开业。全市技术合同交易额109亿元,增长3.5倍。3户企业上市,17户科技型中小企业新三板挂牌。国家级众创空间、科技企业孵化器分别发展到9家和49家。国家高新技术企业和科技型"小巨人"企业分别285户和453户。

【改革开放】 启动"一门式、一张网"综合改革,构建"互联网+政务服务"新模式,方便群众和企业办事创业。行政审批中介服务事项削减23%,行政审批要件精简21%。基本建设项目实行并联审批,审批时限压缩到51天。探索推行"双随机、一公开"监管,随机抽取检查对象,随机选派执法检查人员,公布查处结果,确保市场活而不乱。全年减轻企业税费负担30多亿元。新增规模以上工业企业273户、规模以上服务业企业793户、限额以上批零住餐企业434户。新登记各类市场主体增长18.3%,其中新登记民营企业户数增长27.1%。民营经济综合配套改革示范区被列为国家试点。淘汰煤炭落后产能117万吨、钢铁落后产能48万吨。汽车库存降低2.6万辆。商品住房可售面积下降15%。抓国家"一带一路"、新一轮东北老工业基地振兴等重大机遇,参与中蒙经济走廊建设,与天津市开展对口合作,兴隆综保区获批国家一类口岸,"长满欧"货运班列实现常态化运行。中德、中韩、中白等国际合作产业园区加快建设,华侨华人创新创业聚集区落户长春。引进华为云计算、浪潮大数据等一批高质量的大项目,实际利用内外资分别增长15%和12%。

【城市建设】 以城市发展战略规划为统领的30个专项规划实现"多规合一",基本实现主城区"规划一张图"。推进伊通河百里生态长廊建设,城区段主河道完成截污,南溪湿地、沿河旅游设施、防洪生态绿道、调蓄池、污水处理厂建设顺利推进,建成区黑臭水体治理全面启动。实施三环以内旧城改造提升工程,综合整治6个商圈、155个老旧小区、2087栋楼体，集中打造260条示范街路、规范街路，亮化美化一批重点街路、公园广场。拆除违法建筑1.8万处、193万平方米。完成16个城市出入口综合改造。亚泰大街南四环路立交桥、机场大道哈尔滨大街至保税区段、吉林大路东延长线等一批重要路桥建成通车。新建7座人行天桥，打通32条断头路、卡脖路，打开253处小区围墙。开展整治道路交通秩序大会战，完善道路标牌标线，清理私设地桩、地锁、隔离墩18万个，施划公共停车泊位34万个。地铁1号线热滑试车，地铁2号线、北湖快轨、轻轨3号线延伸线建设进展顺利。建成17.6公里地下综合管廊廊体，改造地下管网822.8公里，外环燃气高压管网全线竣工，哈沈天然气干线连接工程交付使用，城区3个热电厂实现热网联接。加大空气污染防治力度，关停搬迁重污染企业12户，淘汰4万辆黄标车和老旧车辆、1255台燃煤小锅炉，秸秆综合利用率75%。提升城市保洁标准，地面清洗范围扩大到26个广场、596条道路，16条街路实施深度保洁。新建6个社区公园、15宗大块绿地。长春世界雕塑公园被国家评定为AAAAA级景区。“长春德苑”主题公园建成开放，文明城创建取得新成效。

**【社会事业】** 全年专利申请量13327件，授权量7062件，分别比2015年增长30.9%和18.1%。其中，发明专利申请量5801件，增长24.4%；发明专利授权量1982件，增长8.2%。全年通过鉴定、验收和认定的科技成果381项，其中，获得市级科技进步奖励50项。2016年末，在全市各级各类科技人员中，驻长“两院”院士40人，其中，域内24人，双聘16人。全市技术合同成交额108.2亿元。市科技管理部门投入科技经费2亿元。全市有法定产品质量检验机构6家，法定计量技术机构11家。全年实施市级产品质量监督抽查258批次，受理委托检验18114批次，国家和省的监督抽查产品质量平均合格率分别为97.1%和96.3%；计量校准设备15781台/件，检验各类器具266971台/件。

长春市有各级各类教育学校1556所（不含幼儿园），其中，在长普通高校38所，成人高校8所，中等职业学校96所，普通高中68所，初中268所，小学1067所，特殊教育10所，工读学校1所。全市各级各类学校招生人数34.6万人，其中，普通高校15.5万人，成人高校0.4万人，中等职业学校1.7万人，普通高中4万人，初中阶段6.4万人，小学6.7万人，特殊教育259人。全市各级各类学校在校人数129.6万人，其中，在读研究生5.1万人，普通本、专科生43.4万人，成人本专科生6.9万人，中等职业学校在校生4.4万人，普通高中在校生11.7万人，初中在校生17.9万人，小学在校生40万人，特殊教育在校生1116人。全市各类教育学校专任教师9.1万人。其中，普通高等学校2.7万人，成人高校934人，民办机构178人，中等职业学校0.46万人，普通高中1.02万人，初中阶段2.1万人，小学2.7万人，特殊教育学校396人，工读学校29人。

2016年，全市有文化（文物）事业机构230家，其中，艺术表演团体3家，艺术表演场馆6家，公共图书馆12家，艺术馆、文化馆12家，文化站160家，文化艺术科研、科技机构2家，文物保护研究机构1家，文物保护管理机构4家，其他文化事业19家，其他文化企业1家，博物馆10家，文化市场管理机构15家。公共图书馆总藏量490.57万册，其中少儿图书馆藏量94.82万册。全市有各类文化经营场所1216家，其中，互联网上网服务营业场所676家（连锁46家），文化娱乐场所201家，演出场所17家，音像制品营业场所96家，古玩（美术品）经营店226家，其中市区（含开发区）文化经营场所872家。

全市有广播电台4座，节目10套，中波发射台和转播台26座，转播台24座，广播人口覆盖率100%，电视台4座，节目9套，电视人口覆盖率100%。全市卫生医疗机构4404个。其中，医院、卫生院297所，比2015年减少1.3%。拥有医疗床位4.87万张，比2015年增长2.9%。卫生技术人员为5.03万人，比2015年增长5.9%。每千人拥有执业医师和执业助理医师2.82人。

2016年末，市辖区建成社区卫生服务中心68家，城区人口覆盖率100%。358.9万农民参加新型合作医疗，常住人口参合率98.1%，筹集资金20.5亿元，有152.1万参合农民受益，支付补偿金17.4亿元，占筹资总额89.7%。承办瓦萨国际越野滑雪赛等国际国内大型体育赛事200余项次。开展全民健身活动，完善健身场地设施，改善健身条件，各级各类健身活动1200余项次，近百万人次参与活动。全年体育彩票销售15.13亿元，占全省销售比例40%。长春市代表团参加全国第十三届冬季运动会，取得运动成绩和精神文明双丰收。夺得12枚金牌、12枚银牌和10枚铜牌，75个项目进入前8名，1人1次破1项全国纪录，位居52个参赛代表团的前3位，整体实力继续保持在全国前列水平。

（房　明）

**【接待服务】** 2016年，接待各类团组194批次，1604人次。其中，接待原中共中央政治局常委李长春；中共中央政治局常委、中央政法委书记孟建柱；全国政协原副主席王忠禹；全国政协原副主席李金华；全国人大常委会副委员长、全国妇联主席沈跃跃；全国人大常委会副委员长万鄂湘；全国政协副主席李海峰；全国政协副主席王钦敏等党和国家领导人9位，省部级领导74位、司局级213位。完成市委101个团组、市人大30个团组、市政府33个团组、市政协30个团组、经贸考察40个团组的接待任务。其中，大型党政代表团12个。3月、5月、7月、8月分别接待为期10天的全国政协“东北三省工业转型升级”调研组、国务院促进民间投资专项督查组、新华社“东北振兴调研组”，以及东北振兴调研组。接待中国建筑、中国铁建、中国能源、中国石化、中国一汽、东风集团、华为公司、新兴际华等世界500强企业。参与完成2016中国长春冰雪旅游节暨净月潭瓦萨国际滑雪节、第十三届中国（长春）国际汽车博览会、第十五届中国长春国际农业·食品博览（交易）会、第十五届中国长春电影节等大型会展活动。在组织完成接待任务过程中，严格落实中央八项规定要求，以高度的政治责任感和创新求实的工作态度，增加接待卡片种类，提升服务质量；挖掘城市特色元素，增加接待“文化”内涵；搭建接待平台，推进办公网络信息化。

（刘丽芳）

## 市长公开电话

**【概况】** 2016年，“12345”市长公开电话全口径受理反映的问题504807件，与2015年相比，在市长公开电话服务平台政府工作64个主要行业中，受理问题量占比下降的行业达到54个，占行业总数的84.4%，市民普遍比较关注的拆迁、产权办理、物业服务、违建、占道经营、供热、社保等方面问题均呈下降趋势。其中，电话受理501894件，读报读网受理1091件，网站受理1690件，其他途径受理132件；涉及诉求258652件，咨询243400件，建议2696件，表扬59件；依法合理答复239519件，转交网络单位办理265288件，办结率99%以上，反馈率95%以上，群众满意率85%以上。局长接待日12次，接待来访群众7990人次，受理问题2473件，办结2446件，办结率98.9%，其中，通过局长接待日网上预约系统预约受理问题1051件，人数1625人。

**【增强服务功能】** 针对市长公开电话智能化综合服务系统运行时间过长、服务功能明显不足的情况，加强与东师理想软件公司合作，研发的新系统在办公场所升级改造完成后即可全面投入使用；研究论证推出手机APP终端移动办公功能，即方便市民反映诉求，便于工作人员及时有效进行处理；根据市领导指示和要求，于6月开通市民投诉电子邮箱，为市民反映诉求、解决问题提供新渠道。

**【跟踪督办】** 克服人手少、任务重的困难，加大跟踪督办力度，召开专项工作调度会议39次、现场跟踪督办62次、专项督办事项52件、重点督办事项54件，解决欧风花园周边平房区长期无水、朝阳区人才市场B座居民楼长期供暖不达标等一大批市民集中关注的热点问题。结合“元旦”和“春节”重要时机，在系统内开展“大排查快解决，让百姓放心过年”活动，研究解决近千个影响百姓过节的突出问题。依托市长公开电话门户网站“对话市长”栏目，于10月13日组织全市相关职能部门和各供热企业现场专题协调解决市民反映的有关供热方面问题100多个。

**【信息宣传】** 编发工作专报、简报、情况通报40多期，在急办件办理中捕捉农安县实验中学装修污染等社会敏感信息30多件，为领导决策和城市稳定运行做出贡献。与各级媒体的深度沟通与合作，通过中央、省、市各级新闻媒体对公开电话工作进行宣传报道500余次，与《长春日报》合作的每月1期《局长接待日专版》和与《长春晚报》合作的每半月1期《“12345”半月版》，2016年出刊36期。

（蔡　波）

## 决策咨询

**【概况】** 2016年，市政府决策咨询委员会完成各类课题、报告、调研材料、意见建议等43项，成稿字数约20余万字；接受市政府及各部门的委托研究论证涉法事项88件，其中包括地方性法规草案4件、地方政府行政规章草案6件、规范性文件9件、涉法个案69件。《关于榆树市十三五经济社会发展规划的调研报告》获长春市优秀调研成果一等奖。

**【咨询论证】** 完成市工信局关于《长春市十三五经济社会发展规划》的咨询论证工作；完成榆树市十三五规划咨询论证工作；完成长春市东北亚艺术中心的筹建电影学院的论证工作；完成市园林局报送创建国家森林城规划的咨询工作；完成市工信局关于长春市民营经济发展规划的咨询论证工作；完成市委宣传部文化产业办十三五规划咨询论证等项工作。参加市政府及相关部门涉法咨询论证会70余次，涉法个案88个件；地方性法规草案4件，《长春市爱国卫生条例（草案）》《动物诊疗机构管理条例（草案）》《长春市容环卫条例（草案）》《长春市道路安全管理条例（草案）》；地方政府行政规章草案6件，《长春市国有土地上房屋征收与补偿办法（草案）》）《城市公共交通基础设施管理办法（草案）》《棚改项目征收货币化安置细则》《公共租赁住房产权登记有关规定》《长春市电梯安全管理办法》《长春市城镇医疗保险监督管理办法》；规范性文件咨询论证1件，《长春市人民政府关于推进驻长中央企业家属区分离移交“三供一业”工作的指导意见（征求意见稿）》。

**【建议与咨询服务】** 对长春市博物馆筹建问题提出意见建议；推荐部分院校专家为市政府决策咨询委员预备人选报政府审定；对金融业如何支持中小企业提出意见建议；对长春市工业转型升级规划提出修改建议；对长春市开发区十三五规划提出修改意见；对长春市民营经济发展提出意见建议；对长春市服务外包研究报告与十三五规划提出咨询意见；对长春市文化产业十三五规划几次提出修改意见；对市电视台宣传长春文化、朝阳区变化、净月发展诸问题提供咨询；对长春市冰雪与避暑旅游发展意见提出修改建议。对2016年市政协文史工作计划提出建议；对长春市应急水源问题进行资料收集与初步研究；就长春市工业遗址保护问题提出参考建议；对市政协《往事》刊物提升提出意见。

建议并促成戈沙作品299件捐给市政府建立戈沙艺术研究中心；联系并具体参与戈沙美术作品在延边展出，实现戈沙生前愿望；解决市民葛建国万件伊通河古生物化石缺少房屋租金问题，并对建立古生物乐园问题提出修改建议；参与中国工艺美术大师彭祖述向省、市争取资金建立松花砚艺术馆的具体工作，并协助起草展会相关材料；就中华太极文化普及提高走向世界问题向陈正雷大师提出书面建议；协助中国工艺美术大师冯宇平筹备建立吉林省工艺美术馆系列活动。

对哈长城市群背景下的榆树市城镇

化提交研究报告，参与拟写汇报材料；参与研究榆树市中长期发展思路及重大项目推进行动计划；为榆树市起草与哈尔滨代表团商议哈长一体化示范区推进意见文稿；对榆树市新的引松工程提出书面建议。拟写吉林省新型城镇化研究资料，供专家参阅；对吉林省建立长春经通化向丹东方向出海大通道问题提出咨询意见；对全省互联网协会发展问题提出咨询建议；参与起草咨询专家对全省产业的加减乘除法的设想建议；对省里关于建立中韩自贸区的方案提出咨询建议。参与研究起草敦化市建立生态经济示范区申报材料；对延边州培育税源经济问题提出意见建议；对延边和龙市建立中朝合作区提出总体构想；对延边州建立延龙图新区问题提出咨询意见；对延边海兰湖地区旅游发展提出意见建议；对珲春市温州产业园发展提出参考意见。

为省委党校机关干部班讲提高调研质量问题、调研程序问题等；为市委党校选调干部班讲机关工作入门与公务员职业规划问题；对建立长春电影职业学院问题提出咨询意见；对二道区天予化工企业向文化创意产业转型提供参谋建议；对二道区文化创意谷构建一事提出具体修改建议；对“节约网”如何壮大发展提出咨询建议。

（王延文）

## 民生工作

**【扶贫攻坚】** 2016年，长春市推出“养老机构+托管”模式，帮助病残人口脱贫；落实各教育阶段政策，应免尽免，应补尽补，帮助因学致贫人口脱贫；发挥基层党组织和包保部门作用，帮助自身发展动力不足人口脱贫；创建保险补偿基金，鼓励开展“保险+银行”“贷款+保险”等融资业务，帮助缺资金贫困人口脱贫；启动“最低生活保障支持计划”，通过农村低保标准与扶贫标准“两线合一”，实现社会保障兜底脱贫。全年为贫困村筹措资金8.23亿元，实施各类扶贫项目626个，帮助76.2%贫困人口、74%贫困村实现脱贫。

**【就业创业】** 举办首届“长春国际创客节”，开展创客创投高峰论坛等系列主题活动，开通“创业就业一点通”数字电视频道，1万余人现场体验。启动大学生就业创业“助力启航”工程，健全“政校企”服务模式，打造“政校企”精品社区10个，推进“互联网+”创业战略，扶持高校毕业生创业3500名。实施农民工返乡创业“春雁行动”，建立返乡创业基地14个，发放农民工返乡创业小额担保贷款2662万元，扶持创业2480户，建设村级电子商务服务站300余个，实现返乡农民工自主创业8713户，带动就业45037人。搭建“税易贷”平台，通过“银税互动”合作机制，为80户纳税人提供贷款9190万元，解决小微企业“融资难”问题。为符合规定的954家企业发放稳岗补贴2.46亿元，惠及职工30万人。全年开发就业岗位14万个，实现城镇新增就业12.6万人，城镇登记失业率3.68%，整体就业局势稳中向好。

**【社会保障】** 职工养老保险金标准实现“12连增”，企业退休人员月人均养老保险金达到2283元。城乡居民（不含双阳区）基础养老金由125元提高到130元/月。城区城市低保标准由月人均510元提高到580元，农村低保标准由年人均3000元提高到4320元。通过“万户特困户结对救助”活动，为全市12747户结对救助特困户每户发放1000元生活补贴。贯彻《长春市医疗救助办法（试行）》，将支出型贫困家庭纳入救助范围，救助封顶线由1.2万元提高到2万元，重特大疾病住院救助比例由70%提高到75%。开展“幸福长春·圆梦助学”活动，救助贫困学子932人，发放助学金563万元。启动医保“夕阳健康”行动计划，参保居民中85周岁以上老人住院补偿比例提高到80%，4066名失能人员享受医疗照护保险待遇，平均报销比例85%。新建居家养老服务中心45个、城市托老中心9个，社区老年人日间照料中心实现全覆盖。建立政府购买居家养老服务新模式，10万名失独、失能、空巢老人从中受益。实施困难残疾人生活补贴、重度残疾人护理补贴两项制度。推出“三免两减三优化”殡葬惠民措施，减轻群众治丧负担。

**【教育卫生】** 新建义务教育学校5所、公办幼儿园22所，公办小学100%、公办初中90%以上实现划片入学，基础教育质量和均衡化水平稳步提升。打击违规办学行为，受理举报件243件，处理违规教师37名。搭建起覆盖15个县区的“智慧教育服务平台”，实现移动应用、互动教学、管理、教学、资源、评价、家校互动等多领域的数据互通，支持教师、学生、家长及各级教育管理者构建个性化网络学习空间。以“大学区”为单位，组织19所“龙头学校”进行“优质资源输出教室”样板点建设。召开“长春市大学区异地互动、线上共享工作推进会”，探索利用信息化手段构建扩大优质资源覆盖面的有效机制。在市、区属20家公立医院全面取消药品加成，实现药品零差率销售，直接让利患者2925万元。全市20家县区级医院、134家乡镇卫生院与三级医院建立医联体，实现优质医疗资源下沉，基层医疗机构门诊量占比从20%提高到30%，县级医院转诊率降到10%以下。在全国率先启动失能人员长期护理保险制度试点，医保低自付、慢性病门诊治疗病种增加，长春与北京、新疆、海南等省市实现医保即时结算。

**【文化体育】** 举办新春秧歌大赛、非物质文化遗产展、东北民俗展、消夏节、国际冰雪旅游博览会及各类公益讲座活动。开展全民阅读活动，举办各类读者活动320场次。组织农村公益电影数字放映20292场，城区公益电影放映2000场；组织“送戏下基层”文化惠民演出410场。举办第十三届中国长春电影节，展映经典影片107部，邀请嘉宾600余位。启动伊通河百里健身长廊慢行系统和健身步道规划建设；维护、更新、新配置健身路径190套；投资120万元，完成全长2600米的南湖公园健身步道建设。结合“扶贫攻坚”，为双阳、九台、榆树、德惠、农安等156个行政村安装健身路径、乒乓球台和篮球架。建成国家和省市三级足

7 月 15 日,第三届吉林省农民文化节启动仪式 （李 强 提供）

球特色校 241 所。开展“百万市民上冰雪”“全民冰雪活动季”系列活动 200 余项次。成功承办全国青少年软式棒垒球夏令营暨锦标赛、全国“未来之星”青少年冬季阳光体育大会(长春站)系列活动。

**【旧城改造】** 2016 年,长春市启动旧城改造工程，完成 39 条示范街路、221 条规范街路、6 个商圈、155 个老旧小区的功能环境改造工作。重点实施市政公用管线、街路环境、老旧小区、“暖房子”、主要商圈、绿化亮化美化、城市微循环和历史文化街区改造等 8 项工程，完成棚户区改造任务 9626 套,实施老旧住宅区综合整治项目（建筑面积 1225.82 万平方米,2248 栋)155 个，改造市区农村危房 850 户,实施“暖房子”改造 261.5 万平方米;拆除棚户区 90 万平方米,安置被拆迁居民 1.1 万户。新增集中供热能力 855 万平方米；改造供热老旧管网 212.8 公里,新建燃气管网 60 公里,改造燃气管网 215 公里，完成 7.8 万户居民二次供水接收改造,改造二次供水设施 158 座、供水室外管网 395 公里。

**【环境治理】** 新建社区公园 6 个、大块绿地 15 宗。南溪湿地公园四环路以北工程基本完工，伊通河中段 9 个调蓄池开工、3 个主体已实现封闭，主河道 28 个吐口全部实现应截尽截，伊通河综合治理初见成效。完成天燃气、电、生物质供热锅炉房改造 35 座。20 万千瓦及以上燃煤发电机组全部完成脱硫、脱硝工程,实现达标排放。淘汰小锅炉 1255 台,治理超标锅炉 631 台、搬迁重污染企业 8 家,完成 70 万千瓦火电机组超低排放改造 3 台。市域城市道路全时段禁行“黄标车”，淘汰老旧车及黄标车 40379 辆，发放淘汰补贴资金 3000 万元。提升城市保洁标准，地面清洗范围扩大到 26 个广场、596 条道路,16 条街路实施深度保洁。出台秸秆综合利用实施意见和补贴办法，全年新增综合利用量 70 万吨以上,综合利用率 75%,焚烧现象明显减少。全市空气质量优良天数 291 天,优良率 79.7%,比 2015 年增加 54 天;重度以上污染天数 6 天、比 2015 年减少 22 天;可吸入颗粒物（PM10)、细颗粒物(PM2.5)浓度分别比 2015 年下降 27.1%和 30.3%。

**【公共交通】** 创建“公交都市”示范城市工作全面提速，地铁 1 号线实现热滑试车，地铁 2 号线 7 座车站完成主体结构土建,双线贯通区间 18 公里,轻轨 3 号线延长线东广场站、辽宁站正在实施主体结构施工。更新出租车 660 台,更新公交车 400 台;建设港湾式公交停靠站 16 座,完成公交专用道施划 20 公里,完成南湖大路、西安大路公交专用道彩化 4.8 公里。新建公交亮化站牌 50 座;开辟优化公交线路 22 条，新建港湾式停靠站 20 座。2000 余台公共自行车投入使用。亚泰大街南延长线三环路节点、亚太大街与南四环路立交桥实现主线通车;机场快速路、吉林大路东延长线通车。开展整治道路交通秩序大会战，完善道路标牌标线,清理私设地桩、地锁、隔离墩 18 万个,施划公共停车泊位 34 万个。

**【幸福乡村(社区)建设】** 推进新农村建设,72 个省级重点村申报确定 114 个项目,争取省级新农村建设专项资金 3013 万元。新建农村公路 928 公里。改造农村室内水冲式厕所 1.45 万户。23 个村获评省级“美丽乡村”。开展幸福社区创建,通过新建、改建、购买、租赁等多种方式推进千米社区建设，城市千米社区比例为 67%，农村社区用房面积平均超过 400 平方米。将物业管理、环境整治、居家养老、创业就业和青少年课后教育确定为社区服务重点项目,打造 15 分钟社区便民服务圈，为辖区居民提供便捷优质服务,城乡居民幸福感明显增强。

**【当选“中国最具幸福感城市”】** 2016 年 10 月 31 日,长春市被新华社《瞭望东方周刊》联合中国市长协会《中国城市发展报告》共同举办的“中国最具幸福感城市”调查推选活动评为“2016 中国最具幸福感城市”，因连续 5 年以上入榜,被授予“2016 中国最具幸福感城市十周年最高荣誉大奖”。长春市于 2008~2016 年连续 9 次入选新华社《瞭望东方周刊》“中国最具幸福感城市”,2012 年、2016 年 2 次获得 CCTV 经济生活大调查“最具幸福感城市”。

（李 强）

## 外事侨务

**【外事管理和服务】** 全年受理审核、审批全市因公出国境团组 79 个，比 2015 年增长 12.8%,人数 216 人次，比 2015 年减少 9.2%。其中,党政团组 39 个,党政人员 103 人次。事业单位团组 14 个,事业人员44人次。企业团组26个，企业人员69次。新发因公电子护照104本，为63个因公出国团组的189人办理出国签证手续。为长春市相关机构及市民办理领事认证18705份，比2015年同期增长1.9%。其中，自办认证18633份，代办使、领馆认证72份。审核、审批外国人来华邀请团组70个，127人次；签发邀请确认函团组65个，114人次。

【对外交流活动】 举办"德国周"系列活动。为纪念长春市与德国沃尔夫斯堡市建立友好城市10周年，4月，市外办邀请德国沃尔夫斯堡市市长率团来访，并策划举办德国周系列活动，分别是"德国美食文化周""两市交往系列图片展""沃尔夫斯堡"号公交车开通仪式、"建立友城十周年宣传周活动""教育交流活动""电视台专访活动""净月健康日"活动和"中德马术"交流活动"等。举办纪念与马斯特顿市缔结友城20年纪念活动。长春市与新西兰马斯特顿市于1996年正式建立友好城市关系，2016年适逢两市结好20周年。应市政府邀请，以新西兰友城马斯特顿市市长琳·帕特森女士为团长的一行12人代表团于5月10日至14日对长春市进行为期5天的友好访问。

【对外经贸合作】 实施建设东北亚区域中心城市战略，加大招商引资力度，促进长春市企业对外交流合作，推动东北亚区域经济一体化进程，经市外办与日韩相关部门多次协商，中日韩经贸交流会暨中日韩工商界高尔夫球精英赛于2016年6月20日—23日在长春成功举办。中日韩经贸交流会邀请60余位日韩工商界人士来长参会，包括世界500强企业丰田公司、丸红公司、住友商社、伊藤忠商社等。

【为企业融入"一带一路"提供服务】 服务企业调研。对欧亚集团、长春金赛药业、百科生物、澳来德及第六元素等8家民营企业进行走访调研，了解企业拓展国际业务的需求，帮助企业"请进来"和"走出去"，融入"一带一路"为企业申办APEC商务旅行卡。截至6月6日，为长春市33家民营企业的57位商务人员向外交部递交申办APEC商务旅行卡相关资料。组织、协调长春市派代表团参加在克市举办的"克拉斯诺亚尔斯克经济论坛"；接待克拉斯诺亚尔斯克边疆区华人华侨协会主席赵红女士一行，与长春市相关企业洽谈农产品、食品合作。与农业大学、长春科技学院就互培学生、开展农业科技领域合作进行洽谈；并与长春市企业就开展桦树汁合作达成一致意见。开辟俄罗斯乌拉尔航空公司从哈巴罗夫斯克飞长春至泰国曼谷国际航线。长春——伊尔库茨克——莫斯科的航班于7月正式开通。举办俄罗斯远东地区城市旅游推介会；推动俄罗斯克拉斯诺亚尔斯克农业大学与长春科技学院签署友好合作关系。引进俄罗斯布拉格维申斯克"绿丝带"公司落户兴隆保税区，完成市外办在综保区招商引资任务；推动长春市科技企业希达电子公司与俄罗斯高铁集团签署合作协议，希达电子公司成为俄罗斯高铁集团正式供货商。推动俄罗斯哈巴罗夫斯克边疆区阿尔卡伊姆公司与吉林金达公司正式签订合作协议，双方就在兴隆保税区投资2.9亿美元建设合资厂，生产二氢槲皮素、阿拉伯糖等产品达成共识。

10月21日，2016法国面包节在长春欧亚卖场举办 （厉家磊 提供）

【华侨专业人士回国创业研习班】 举办第26期华人华侨专业人士回国创业研习班"。由国务院侨办、长春市人民政府共同主办的"第26期华人华侨专业人士回国创业研习班"于9月4日至9月8日在长春市举办。本期研习班以"凝聚侨心共圆共筑中国梦 竭诚服务招商引智兴长春"为主题，举办创业辅导、项目对接和参观考察等活动。邀请到来自世界各个国家和地区的50位海外华侨华人专业人士参会，征集技术合作项目60个。

【涉侨工作】 做好侨务扶贫、信访和三侨考生身份认定工作，把保护归侨侨眷、海外侨胞权益和解决贫困归侨侨眷保障问题等作为护侨工作的出发点。解决散居社会贫困归侨侨眷生产生活问题。走访慰问，帮助长期患病，丧失劳动能力，房屋回迁，子女升学的贫困归侨侨眷解决临时性、突发性等生活困难问题。2016年对20户贫困归侨、侨眷进行生活救济，发放侨务扶贫资金8万元。争取国务院侨办和省侨办等上级机关的支持，推动长春市基层侨务扶贫工作的开展。争取省侨办扶贫经费3万余元。对2名贫困归侨家庭学生进行助学资助，资助金额4000元。接待侨务信访2件(次)，性质为经济纠纷和生活困难问题，已帮助协调完毕。对长春地区高考、中考三侨考生和归侨、侨眷身份进行认定，认定三侨考生19名，归侨、侨眷身份10名。

（厉家磊）

9 月 5 日，第 26 期华侨华人专业人士回国创业研习班开班式 （厉家磊　提供）

## 地方志编纂

【方志馆建设】 一期加固工程于 4 月开工，大堂、二堂、侧堂、东门耳房加固修缮工程完成 80%，消防主管道安装完成。完善布展方案的工作力度，召集设计单位、相关专家对布展方案进行论证，报市政府相关领导进行审定。开展馆藏征集工作，搜集文物线索 400 余条，文献线索 200 余条，召开文物鉴定评估会议，对已掌握文物的价值和等级做初步评估。在施工期间，与润德集团共同做好安全保卫工作，确保文物安全。

【志书编纂】 根据吉林省方志委终审要求及所提出的修改意见，对《长春市志》（1989-2000）4 卷本 440 余万字志稿进行集中修改、审对和整理。向全市 186 个单位和部门征求意见，对史实、文字等内容进行最后审核和把关。完成图片选择、版式设计和书号购买等工作，形成送审稿。

【《长春年鉴》编纂】 完善栏目设置，增加和充实专辑内容。即全市“三严三实”教育纪实、幸福长春行动计划和全年优秀调研成果等。2016 年，在中指组举办的全国年鉴质量评比中，《长春年鉴》获得二等奖，在省方志委举办的志鉴质量评估中，《长春年鉴》获得优秀奖。

【县（市）区地方志工作】 指导县（市）区志鉴出版。完成《二道区志 1989-2000》文字稿 80 万字的验收终审工作，县（市）区中除农安县外，都完成二轮修志任务。对《净月开发区志》进行审读，提出修改意见。指导二道区、绿园区和双阳区首部年鉴启动和编纂工作。二道区和绿园区召开启动会议，第一部《双阳年鉴》于 12 月 12 日出版。全面启动县（市）区三轮志书资料长编编纂和资料室建设两项指标性工作。指导二道区、绿园区、农安县启动资料长编，完成九台区方志馆验收工作。开展年鉴专业知识培训活动。邀请省方志委年鉴专家为长春市各县（市）、区及开发区年鉴工作者进行实务培训和指导，提升年鉴出版质量。开展长春市县（市）区地方志工作情况调研。对县（市）方志机构存在的问题，提出意见建议，形成调研报告，报告得到吉林省方志委领导的批示，将在全省推广此做法。

【《长春地情活页》编辑】 加大反映长春历史文化和资政当代的篇幅，增设《资政建言》栏目，每期都刊出建议性文章，为领导服务。2016 年出版《长春地情活页》4 期和方志动态 1 期增刊，其中包括纪念建党 95 周年特刊。

【长春地情网建设】 强化长春地情网的服务功能。加大志鉴书籍数字化的工作力度，强化网站的服务功能。更新动态信息 400 余条。长春地情网的开通能够安全稳定运行，实现网络安全零事故。

【挖掘和利用地情资源】 发挥资政作用。编纂《“十二五”时期主要经济指标比较》数据册；对长春市遗址的历史资料进行搜集整理，形成《长春市主要遗址简介及建议》。选取长春市内主要古城、衙署、宗教场所和伪满主要遗址及老字号等 100 余处遗址进行介绍，供领导参阅。编制《老长春记忆》宣传读本。2016 年，市方志委被省方志委评为吉林省地情资源开发利用先进单位。

【为社会发展建言献策】 根据长春市历史文化名城建设实际，广泛查阅相关历史资料，为展示老长春百年商街的特色，挖掘老长春历史文化资源，向市里报送《关于恢复“长春百年老商街”的建议》，得到市领导重视，并在全市“抢抓机遇、创新发展”解放思想大讨论活动中，获得“发展金点子”奖。

【咨询服务】 全天候为修志部门及读者提供资料查借阅服务。全年接待查阅 50 余人次，查阅资料 150 余本（次），并与 15 个副省级城市进行志鉴交换。开展“方志成果进军营活动”，为驻市委武警支队送去地情书籍，向武警官兵宣传长春历史。

（崔玉恺）

## 重要会议

【全体会议】 2017年1月6日至10日，中国人民政治协商会议长春市第十三届委员会第一次会议召开。中共吉林省委常委、长春市委书记王君正等市领导出席会议并参加分组讨论，与委员共商改革发展振兴大计。会议审议并通过崔杰所作的政协长春市第十二届委员会常务委员会工作报告和孙丰月所作的政协长春市第十二届委员会常务委员会关于提案工作情况的报告。协商讨论市长刘长龙所作的政府工作报告，以及长春市中级人民法院工作报告、长春市人民检察院工作报告，讨论关于长春市2016年国民经济和社会发展计划执行情况与2017年国民经济和社会发展计划草案的报告、关于长春市2016年预算执行情况和2017年预算草案的报告。会议期间举行大会发言和主题为“新动能、新发展”的委员论坛。审议通过政协长春市第十三届委员会第一次会议决议。选举产生政协长春市第十三届委员会主席、副主席、秘书长和常务委员。市政协主席綦远方主持闭幕会并讲话。

【常委会议】 2016年，市政协十二届四次会议闭幕后召开6次常委会议。3月23日，召开市政协十二届十九次常委会议，传达贯彻全国政协十二届四次会议精神；听取市人社局、环保局、水利局、粮食局、旅游局工作情报的通报（书面）；听取市政协提案委员会关于十二届四次会议提案审查情况的报告；传达省市委关于提前召开市政协十三届一次会议的通知精神，并征求常委意见；安排部署市政协开展“抢抓机遇 创新发展”解放思想大讨论。

3月26日，召开市政协十二届二十次常委会议，听取向市政协委员征求提前换届意见的情况汇报，通过《关于提前召开政协长春市第十三届委员会第一次会议的决定》。

7月21日，召开市政协十二届二十一次常委会议，围绕城市污水处理与回收利用专题协商议政；听取市委常委、常务副市长张晶莹关于全市上半年经济社会发展情况和下半年重点工作安排的通报，市民政局、规划局、畜牧局、商务局、食药监局相关工作情况的通报（书面）；通过人事事项。

9月6日，召开市政协十二届二十二次常委会议，围绕发展现代职业教育专题协商议政；听取市信访局、公用局、安监局、质监局相关工作情况的通报（书面）。

11月9日，召开市政协十二届二十三次常委会议，学习传达全国政协十二届十八次常委会议精神；表彰市政协十二届四次会议以来优秀提案和提案承办先进单位、市政协2016年度优秀委员活动小组和优秀委员、建国初期长春文史资料征集工作先进单位和先进个人；听取市委办公厅、市政府办公厅关于市政协十二届四次会议以来提案办理情况的报告，市政协领导督办建议案、重点提案情况报告（书面）；增补刘玉铧、杨启新、杨盛林、邴晓君、张鸿飞、崔永泉为政协长春市第十二届委员会委员。

12月9日，召开市政协十二届二十四次常委会议，审议通过关于召开政协长春市第十三届委员会第一次会议的决定，政协长春市第十三届委员会第一次会议议程（草案）和日程；审议政协长春市第十二届委员会常务委员会工作报告（审议稿）、政协长春市第十二届委员会常务委员会关于提案工作情况的报告（审议稿）；协商通过政协长春市第十三届委员会委员名单；审议市政协十二届委员会各专门委员会工作报告（书面）。

## 参政议政

【协商议政】 制定并组织实施2016年协商工作计划，以城市污水处理与回收利用，发展现代职业教育为议题，召开2次常委会议；以为建设幸福长春建言献策，完善科技金融体系、促进长春市中小企业创新发展为议题，召开2次专题议政会；以加强慢病防治工作、农产品价格政策调整对长春市“三农”的影响为议题，召开2次协商座谈会；以城乡养老服务工作为议题，召开1次调研成果通报会；开展促进民营企业融入国家“一带一路”战略、2016年长春市经济形势分析和2017年发展趋势预测专题调研。2016年开展9项重点调研，重大项目建设、城建重点工程等23项视察调研，形成37份调研报告，立案并交办提案314件，征集社情民意信息159条，委员们以饱满的热情、负责的态度，参与各项履职活动1000余人次。

**【提案工作】** 贯彻落实《全国政协提案办理协商办法》精神，在提案工作中体现协商理念，加强制度化、规范化、程序化和信息化建设，提高提案工作科学化水平。注重协商环节，推进提案交办工作。强化与委员、市委办公厅、市政府办公厅及承办单位沟通协调，反复就提案内容与承办单位职权事权的匹配程度进行协商，研究落实解决方案，确保所有提案交办对口、分办合理。突出工作重点，组织落实领办督办协商。市委、市政府领导领办9件，市政协主席会议成员督办9件，强化提案办理层次与力度。组织评选表彰，强化激励机制。市政协常委会议对提案承办部门办理工作进行民主评议，评选优秀提案和先进提案承办单位并进行表彰。加强与全国政协及其他省市政协提案工作的交流互鉴，加强对县(市)区政协提案工作的联系指导。通过报纸、电视台、广播电台和网络等媒体，多层次开展提案宣传工作，扩大提案工作社会影响力。

**【立法协商】** 按照全市年度立法计划，组织委员和专家40余人次，调查听取意见，对《长春市爱国卫生条例(草案)》《长春市道路交通安全管理条例(草案)》《长春市动物诊疗管理条例(征求意见稿)》《长春市国有土地上房屋征收与补偿办法(草案)》《长春市市容和环境卫生管理条例(征求意见稿)》等5部地方性法规进行立法协商，提出150余条修改意见和建议。

## 文史研究

**【文史编研】** 强化编辑出版工作，推进建国初期文史资料征集工作。完成3个批次、43个机关部门、14个在长大厂大学和科研单位、10个县(市)区政协的征集工作，走访调查亲历者、亲见者和亲闻者700多人次，形成口述史资料500余万字。完成《公安史料专辑》《业余作者之家》《外五县史料专辑》《老干部回忆录》《教文卫民政城建史料专辑》《一汽史料专辑》《东北师大史料专辑》《长影史料专辑》等8部建国初期长春文史资料系列丛书，计200多万字。编辑出版《末代皇帝溥仪与国宝》《长春1945》两部文史资料专辑，60余万字，完成《长春文史资料选编》10册、400万字的编辑出版任务。强化期刊规范化建设，努力提高《往事》期刊办刊水平。从内容上突出文史期刊的史料性、思想性、时效性、地域性和多样性特点，对期刊栏目进行合理设置和规范，新增红色人物、抚今追昔、艺术人生、家风传承等栏目，重点打造建国初期文史资料征集、人物春秋、文史精华等栏目，结合热点推出纪念吉林大学成立70周年专题、纪念东北师范大学成立70周年专题等栏目。出版发行4期《往事》期刊，刊发文史资料稿件100余篇、50余万字，留存大量珍贵的文史资料。强化专题研究和宣传，拓宽文史工作视野，扩大文史工作影响。推进《李松山回忆录》采编工作和《长春解放中的反饥饿问题研究》课题研究。纪念抗日战争胜利70周年之际，在《人民政协报》开辟通栏专版，组织11篇稿件，15000余字，着重宣传长春市政协文史工作、《往事》文史期刊和长春“九·一九”抗战历史。强化平台载体建设，广泛集聚人才推进文史工作。发展和壮大人才队伍，文史专员、历史文化研究会员、《往事》期刊特邀撰稿人90人、57人和46人。

**【创新机制】** 创新工作理念。围绕中心、服务大局，坚持制定实施年度协商工作计划。贯彻协商在决策之前和实施之中的原则，完善上一年度协商议题作为下一年度视察督办重点的工作思路，提出用好政协话语权的问题，拓展和丰富政协工作形式。创新工作模式。经过实践探索，形成专题议政会、协商座谈会、调研成果通报会等新的工作模式，打造为建设幸福长春建言献策、经济形势分析预测、民营企业传承发展等品牌性工作，协商议政更具系统性、多层性和灵活性。创新工作平台。实行特聘专家制度，聘请文史专员、特邀撰稿人，把委员以外的各界人士团结凝聚到政协组织中来，汇聚力量，推动工作，夯实团结合作的基础。创新工作内容。调动和集中各方面力量，创造性地组织开展新中国成立初期长春市文史资料征集、长春解放反饥饿斗争研究、历史文化资源研究保护利用等工作，拓展政协工作新领域，开创政协工作新格局。创新工作机制。建立和实行年度工作总结汇报、全体会议工作总结汇报、电视专题片评审、《往事》期刊评审等工作机制，形成比较完备、系统的制度体系。

(张泗国)

## 纪律检察

**【纪委全会】** 2016年2月17日，中共长春市第十二届纪律检查委员会召开第六次全体会议。学习贯彻习近平总书记在十八届中央纪委第六次全体会议上的重要讲话精神，贯彻落实十八届中央纪委六次全会、省纪委十届五次全会和市委十二届八次全会部署，总结2015年全市纪律检查工作，部署2016年任务。省委常委、市委书记王君正讲话，对贯彻落实中央纪委、省纪委全会精神及全市党风廉政建设和反腐败工作任务提出要求。市委常委、市纪委书记王长久代表市纪委常委会作题为《忠诚履职，挺纪在前，在全面从严治党中强化监督执纪问责》的工作报告。

**【"五位一体"责任体系形成】** 落实县（市）区纪委向市纪委报告线索处置和执纪审查情况的办法。研究制定《市纪委机关问题线索管理和处置规程（征求意见稿）》，明确问题线索报送时间、范围、方式以及转办程序、处置流程。落实纪委书记、副书记提名考察具体办法。下发《关于进一步规范做好〈县（市）区纪委书记、副书记提名考察办法（试行）〉有关规定具体执行工作的通知》，规范和推进各级纪委书记、副书记的提名考察工作。推进市纪委派驻机构改革相关任务落实。制定印发《关于加强市纪委派驻机构建设的意见》，研究制定《中共长春市纪委派驻机构主要职责、机构设置和人员编制方案》，对深化市纪委派驻机构改革作出安排。健全落实"两个责任"体系。研究制定《关于实行领导班子和党员干部问责的实施办法（试行）》《关于建立党员干部干事担当容错免责机制的实施办法（试行）》等文件，形成定责、查责、评责、督责、追责"五位一体"的责任体系。落实全面从严治党述责工作。制定《中共长春市委2016年全面从严治党主体责任清单》《中共长春市纪委2016年党风廉政建设监督责任清单》《关于开展县（市）区、开发区、市直相关部门党委（党工委）书记就落实全面从严治党主体责任向市委常委会议述责的实施方案》，推动各级党委落实全面从严治党主体责任。

**【案件查处】** 2016年，全市纪检监察机关接受信访举报3374件次，比2015下降51.3%；立案2044件，比2015增长41.9%；处分2099人，比2015增长45.4%；组织处理212人。其中，立案审查市管干部23件、县处级干部129件、乡科级干部217件，分别比2015年增长91.7%、63.3%和1.4%。移送司法机关56人。其中，对3名市管干部采取"两规"措施。县（市）区纪委立案1792件，比2015增长39.5%；开发区和市直纪检监察机构立案134件，比2015增长86.1%。

## 行政监察

**【党风政风监督】** 推进"两个责任"落实。市纪委监察局领导班子成员对市直部门、开发区、市属高校和国企党委（党组）、纪委（纪检组）主要负责人162人进行约谈，强化责任意识，传导压力。组织市环保局、市旅游局等6个市政府工作部门主要负责人向市纪委十二届六次全会述责述廉，并接受质询和测评，促进主体责任落实。整治"四风"和基层腐败问题。纠正"四风"。加大对享乐奢靡和隐形变异"四风"问题的明察暗访力度，防止"四风"问题反弹回潮。开展专项监督检查，发现滥发钱物、违规公款消费、公车私用等问题线索146个，处分29人，批评教育、诫勉谈话、组织处理55人，对13起违反中央八项规定精神典型问题予以通报曝光。严肃整治基层"微腐败"。

开展党政机关干部和国有企业领导人员违规承包农村土地问题专项清理工作；督办查处农机购置补贴政策落实和扶贫领域违规违纪问题，切实维护群众利益。完善问题线索处置机制，采取自办、转办、督办等方式，对土地征收流转、"三资"管理、惠农补贴等方面以权谋私、虚报冒领、贪污侵占的问题线索分析研判，督办查实，查处问题43个、处分48人。开展巡察监督。市委5个巡察组围绕落实"两个责任"、严肃换届纪律、整治和查处"四风"和腐败问题等开展巡察，个别谈话2316人次，受理群众举报68件次，发现问题 118 个，从严治党要求落到实处。开展“电视问政”活动。围绕私搭乱建和垃圾乱堆乱放、伊通河综合治理、供热服务和食品安全等主题开展“电视问政”，2016 年举办 3 期，16 个单位 23 名负责人接受了问政。推出 26 期《问政进行时》栏目，通过“电视问政”，整改问题 1700 多个，追责问责 52 人。对省纪委交办、转办和党风政风监督室、党风政风监督举报中心受理的 188 个问题线索进行分析研判，转交有关单位调查核实，形成 59 个调查报告上报省纪委。

**【廉政教育】** 党风廉政宣传。构建专题宣传平台。在《长春日报》开设“推进全面从严治党”专栏，在市纪委网站开设“贯彻落实全会精神”和“抢抓机遇、创新发展”等专栏，对市纪委全会精神解读。对全市纪检监察工作经验做法宣传报道，在中央和省市级新闻媒体刊发稿件 580 余篇。拓展宣传阵地。在《纪检监察工作》期刊上开设“学习贯彻《准则》《条例》”和“大讨论进行时”等专栏。加大媒体曝光力度。对市纪委查办的典型案件，及时在中央和省市纪委网站及主流媒体曝光，发挥纪律审查的震慑作用，受到中央纪委宣传部的通报表扬。党风廉政教育。以“赛”促廉。在全市组织开展“学习党章党规、严明党的纪律”知识竞赛活动，掀起学习党章和党内法规的热潮。

以“案”警廉。开展“以案明纪”警示教育，向全市下发了《底线》《破纪者戒》教育片，组织党员干部观看。在《纪检监察工作》上开设“以案释纪”专栏，运用典型案例解读党纪条文，强化党员干部纪律和规矩意识。以“教”育廉。组织 2 万余名党员干部参观省廉政教育基地，接受警示教育。廉洁文化建设。推进家风建设。组织开展“清廉家风故事”主题征文活动，编印《廉风清韵—清廉家风故事选编》一书。有 15 篇文章在省纪委评选活动中获奖。创新文化载体。与市检察院、市委党校联合建立长春市廉政教育基地，协助有关单位举办迎“七一”反腐倡廉书画展览。创作文化精品。组织创作一批廉洁文化作品，建立廉洁文化精品库，编印下发《“清风倡廉”—廉政书画作品集》。加大网络监管力度，实行全天候监控，报送重大网络涉腐舆情，制作网络舆情信息专报 12 期，网络舆情快报 4 期。主动发声引导舆论。加强涉纪涉腐舆情分析研判，做好网络舆情引导。网络舆情和评论工作在全国副省级城市中排名第一，获全国纪检监察系统网络舆情和评论工作先进单位称号，并在表彰会上作经验介绍。拓展网络宣传渠道。加强委局网站建设和管理维护，完善网站更新，月均点击量突破 5 万次。为适应全媒体时代互联网发展新趋势，开通市纪委监察局网站新闻客户端。

**【廉政制度建设】** 加强法规制度建设。做好法规制度立项工作，委局各部门围绕党风廉政建设和反腐败工作制定法规制度立项计划。跟踪检查制度执行情况。对《长春市部分国有资金投资工程项目采用随机方式定标的实施办法》实施情况进行跟踪，对市建委起草的相关细则，结合实际提出具体意见。开展专题调查研究。按照《委局机关 2016 年党风廉政建设和反腐败工作分工意见》部署，对“建立领导干部插手重大事项记录制度”开展专题调研和摸底。抓好制度廉洁性审查评估。全年收到《关于进一步推进重点工程项目征收工作的实施意见》《长春市关于落实党委(党组)意识形态工作责任制的检查考核办法》《长春市道德模范、“长春好人”评选管理暂行办法》等法规、规章和规范性文件 41 件。

推进依法治市工作。成立《长春市重大行政决策责任追究办法》起草工作小组，启动各项准备工作。完成专项课题任务。单项细则选题调研工作。围绕《条例》中六大纪律的有关条款，形成《关于贯彻落实<中国共产党纪律处分条例>需要细化和规范的几个问题》调研报告，提出 14 个需要细化和规范的问题。起草制定单项细则。按照省纪委安排，承担起草《关于党员收送礼品、礼金、消费卡等违纪行为适用<中国共产党纪律处分条例>的实施细则》的任务，通过实地调研、召开座谈会、调查问卷和查阅典型案例等方式，征求意见建议，研究修改后，向省纪委报送《实施细则》草稿。

**【干部监督】** 按照市纪委《反映纪检监察干部问题线索受理和处置暂行办法》，对反映全市纪检监察干部问题的线索进行认真处置。建立和完善工作机制。与委局机关组织部、案件监督管理室、机关党委建立沟通协调机制，研究建立信访分类等级、线索管理专人、案件主办人等一系列工作和管理制度。加大案件查处力度，从严管理纪检监察干部。2016 年，收到举报件 21 件(重复件 8 件)，其中省纪委干部监督室转办 2 件，信访室转来 19 件。初核案件线索 6 件，函询 1 件，了结 1 件，提醒谈话 2 人。挺纪在前，及时抓早抓小。对发现的苗头性、倾向性问题，对相对人及时进行提醒谈话。对群众有反应，但线索不详实，未发现存在违纪问题的纪检监察干部及时进行约谈，有针对性地提醒个别纪检监察干部加强思想作风建设，时刻保持洁身自好。

**【调查研究】** 做好重要文稿起草工作。完成市纪委十二届六次全会工作报告、解放思想大讨论情况汇报、市纪委向市第十三次党代会的工作报告（征求意见稿）等近 20 篇文稿。加强反腐倡廉理论研究工作。集中对反腐倡廉实践经验、发展形势、基础理论和重大现实问题进行理论研究，努力以科学理论指导反腐倡廉建设、以科学制度保障反腐倡廉建设、以科学方法推进反腐倡廉建设。完成重点课题研究任务。配合省纪委开展“总结党的十八大以来党风廉政建设和反腐败工作新理念新成效新经验”专项课题研究，形成课题报告，撰写《关于实践监督执纪“四种形态”》的专项课题。完成市科技局软科学项目《把纪律和规矩挺在法律前面问题研究》。完成吉林大学廉政研究与教育中心《当前作风建设存在问题与对策研究》课题的主体内容撰写工作。

（刘巍巍）

## 中国国民党革命委员会长春市委员会

**【建言献策】** 参与高层次政治协商发挥作用。参与对长春市“双创”、幸福长春建设、粮价调整对“三农”问题的影响等重点问题、重要文件出台、重要人事安排等发表意见建议，尽职尽责履行参政党职能。完善参政议政机构。聘请12位高校、社科、党政部门的专家学者成立参政议政专家委员会，强化顶层设计，提出调研方向。与省民革共同完成《关于在长春南部创建国家级“双创”综合性示范区的建议》。提升提案议案质量。2016年，向十二届政协四次全会提交8件党派提案和35件委员提案，王庆军、姜延彤在大会上发言。由宁淑荣提出的《关于加强改制后无工会组织企业困难职工帮扶救助的建议》姜延彤提出的《关于实施互联网+装备制造业创新发展的建议》被列为年度主席督办提案；《关于推进长春市“海绵城市”建设的建议》《关于打造健康长春的建议》2件提案获得优秀团体提案；由民革长春市委、民建长春市委组成的政协第一活动小组被评为优秀小组；宁淑荣、刘煜、朱东等8人被评为2016年度优秀政协委员；原民革长春市委秘书长王庚申获得建国初期长春文史资料征集工作先进个人。党员朱东提出的《关于实施医教结合，加强特教儿童诊断康复的建议》，党员柏洋提出的《关于居民小区内禁止露天烧烤的建议》在市政协“为建设幸福长春建言献策专题议政会”发言。党员王庆军参与市政协“关于粮食价格调整对‘三农’的影响”专项调研，在座谈会上作题为《粮食价格调整对农民的影响及对策建议》发言。

**【社会服务】** 发挥联盟优势。依托创新与创业服务联盟、CCMG长春志愿者联盟、创业服务联盟所属金融超市与光大银行、吉林银行等签订战略合作协议，为50余家中小企业服务，融资2000万元；科技金融创新服务中心与中投长春投资公司联合成立吉林省科技成果转化基金，对吉林省处在初创期的科技成果进行投资孵化；同心创新创业基地，与包括吉林建筑大学等14所高校签署“双创”合作协议，开展创业思维、创业技能、创业业务等各类培训49期，培训各类创业创新人才3940人。2016年，基地被国家教育部教育信息管理中心评为“全国职业核心能力认证培训基地”、被吉林省教育厅授牌“吉林省高校大学生创新创业基地”、民革吉林省委评为“中山创新创业示范基地”，探索了民主党派组织服务“双创”工作新路子。品牌效应。各基层组织打造“中山·特教学生帮扶行动”“中山·爱的天空”“中山·筑梦新生”“爱眼天使、光明未来”等新的系列活动品牌。在全市6所小学特教辅读班设立“医教结合帮扶基地校”，与市教育局、吉林大学第一医院在朝阳区红旗小学联合举行了“中山·特教学生帮扶行动”启动仪式。2016年，按民革中央和省委的部署，联合市文明办及东亚经贸新闻多家媒体共同开展“文明长春需要你我”主题活动，组织百余名民革党员、大学生志愿者分别在长春市内5个主要城区的繁华路段向市民发放“致市民的一封信”倡议书，引导市民从自身做起，自觉守护城市文明，形成人人讲文明的良好社会氛围。拓展法援范围。推进法律援助“进社区、进企业、进校园、进乡村”。组织律师团队到南关区桃园社区、绿园区新竹社区，举办义务咨询活动18场，接待咨询群众400余人，息访息诉案件23起；深入基层和企业，为企业员工进行法律知识培训15场次，培训总人数约900人；坚持一人一案制度，完成法援工作56件次。

**【自身建设】** 2016年召开主委会、常委会、全委会议9次，交流思想，增进共识，促进团结，凝聚力量。完成市委会换届工作。18名新成员充实到班子中来，新一届委员会由36名委员组成。选出50名出席省党代会的代表“活力示范支部”建设，指导14个基层组织完成换届工作，103名德才兼备、热心民革工作的优秀党员被选为基层组织负责人。开展“支部进社区”活动，民革宽城区委“党员之家”在贵阳社区正式揭牌成立。2016年，发展新党员152人，其中，博士10人，硕士40人，大学102人；高级职称27人，中级职称31人；长白山学者2人，中组部

5月13日，“中山·特教学生帮扶项目”在朝阳区红旗小学正式启动

（沙　晶　提供）

“青千计划”1人。党员队伍数量1370人。市民革有副处级以上党员57人，其中“一府两院”副局级以上10人，有副教授以上职称的323人，硕士以上学历的党员占全体党员总数的24%。作风建设。巩固“作风建设年”活动成果，坚持谈心会、述职、民主评议等制度，执行市委会委员参加重大会议活动通报制度。召开基层组织负责人大讨论活动座谈会，领会大讨论活动的重要意义，就如何使民主党派在助力长春攻坚“破茧”、推动转型发展、实现新一轮振兴中发挥应有的作用提出要求。

**【社会宣传】** 利用《长春民革》、长春民革网站和微信公众平台，策划“文明长春需要你我”等系列主题宣传活动，编辑《共襄中国梦 共铸新辉煌》等“外宣品”，为每位民革党员和省市相关部门征订《团结报》。采写、编辑各类稿件80余篇，其中，被中央级媒体采用30余篇次，被省、市级媒体刊物采用70余篇次，市委会机关宣传处被评为民革中央评为先进集体，机关干部刘莎莎被评为2016年度《团结报》先进特约通讯员。

（沙　晶）

## 中国民主同盟会长春市委员会

**【概况】** 截至2016年年底，中国民主同盟长春市委员会（以下简称市民盟）有基层组织40个。其中，盟委28个，直属支部12个，盟员总数3019人，平均年龄52.5岁，高中级职称88.6%，担任市级以上人大代表18人，市级以上政协委员46人。

**【思想建设】** 以省民盟提出的“思想建设年”为主线，在全市盟开展“讲政治、守规矩、建设高素质参政党”学习教育实践活动。制定《关于深入开展“讲政治、守规矩、建设高素质参政党”学习教育实践活动方案》，活动学习借鉴中共中央“两学一做”的做法，倡导盟员“学盟章盟史，学习总书记系列讲话，做合格的参政党成员”，坚持向中共看齐”的政治意识，加强民盟的思想建设。市民盟领导班子带头开展“学教”活动，带领全体机关干部具体指导各基层盟组织制定相应的“学教”活动计划，督促所联系的各级盟组织地以座谈、交流、研讨会、培训等形式开展理论学习活动。活动期间，全市基层组织召开学习交流会20余次，上交心得体会千余篇。把握新时期宣传工作“新特征”，巩固传统宣传阵地，建立新队伍、新平台的宣传模式。搭建以微信企业号为依托的新平台，按所属基层组织将盟员分类，建立10个固定人员组别（如专委会等），6个主要功能模块，加强市民盟宣传和信息传送渠道的畅通。创办周末大讲堂新型学习载体，举办6期讲座，提高广大盟员素质。2016年，市民盟被盟中央授予“坚持和发展中国特色社会主义学习实践活动”先进集体荣誉称号。

**【参政议政】** 确定16个题目作为《2016年参政议政参考课题》。召开2015年度参政议政表彰会、开展参政议政骨干培训、聘任第4批参政议政特聘专家组等活动加强市盟参政议政能力。全年组织专题调研10余次，征集各类建议68份36份被采纳，向有关部门进行报送，其中市政协团体提案5份，个人提案12份，社情民意18份，市人大建议3份，统战部理论课题2份，《议政专递》6份，提交省盟参考团体提案4份，社情民意5份。市民盟被省民盟授予“民盟提案工作先进集体”荣誉称号。

**【社会服务】** 市民盟整合盟内各方力量，为长春新智新校义卖活动；吉盛残障老人儿童免费福利院捐款19350元；向伊通3个智障孩子家庭捐款2000多元；走进浦东路敬老院，开展“夕阳最美 人间有爱”敬老爱老公益演出活动。市民盟摄影协会在临江火绒沟成立摄影基地，以文化扶贫的方式为临江市脱贫攻坚工作助力。联合省民盟共同开展打响“健康保胃战”活动，创建社会服务新品牌。在2016年5月，获省民盟“社会服务工作先进单位”荣誉称号。

**【换届工作】** 2016年是市民盟换届年，于11月13日至15日，中国民主同盟长春市第十四次代表大会在南湖宾馆隆重召开。132位代表受全市3019名盟员的重托出席会议。大会对民盟长春市第十三届委员会的工作给予肯定，审议并通过民盟长春市第十三届委员会的工作报告，通过《中国民主同盟长春市第十四次

11 月 14 日，中国民主同盟长春市第十四次代表大会在南湖宾馆召开

（张　宇　提供）

代表大会决议》。大会选举产生由 43 人组成的民盟长春市第十四届委员会，选举长春市出席民盟吉林省第十次代表大会代表 58 名。在新一届委员会第一次会议上，选举产生由 17 人组成的常务委员会，孙丰月当选主任委员，穆金辉、李德山、欧阳继红(女，满族)、图力古尔(蒙古族)、冯银江、董龙、孙晓春当选副主任委员。第十四届一次全委会议任命李娟娟(女，满族)为民盟长春市委员会秘书长。

【制度建设】　举办新联系人培训班，发展盟员 141 人。推荐民主党派后备干部 49 人；推荐党外联谊干部 12 人；推荐 1 名盟员吉林省审计厅特约审计员。调整充实 10 个专委会组成人员，就联系专委会部室作以明确分工。完善机关规章制度。结合工作实际，建立机关干部联系基层组织、联系专委会的工作机制，重新修订和完善机关各项规章制度，印发新的市民盟《机关规章制度汇编》《民盟长春市委岗位责任制》，机关制度建设得到加强。市民盟以发挥基层盟组织作用为抓手，增强组织活力，以活动促发展，举办“春华秋实　魅力巾帼”三八文艺演出、“百人绿色环保行”、民盟吉林省委暨长春市委第二届趣味运动会等活动，7 月 1 日，长春民盟摄影协会在市群众艺术馆举行揭牌仪式，举办长春市民盟纪念建党 95 周年摄影书画艺术展，出版摄影作品集《影·想》，加强基层组织建设，丰富基层盟员文化生活。

（张　宇）

## 中国民主建国会长春市委员会

【概况】　截至 2016 年年底，中国民主建国会长春市委员会有基层组织 122 个，其中，基层委员会 13 个，总支部 33 个，支部委员会和支部 76 个。会员数 1483 人，具有高级职称的 333 人，占会员总数的 22.5%，具有中级职称的 551 人，占会员总数的 37.2%，会员中担任各级人大代表、政协委员职务的共有 190 人，占会员总数的 12.8%。

【重点工作】　2016 年 5 月 19 日民建长春市委召开成立 60 周年纪念大会。会议对在本职工作和会务工作中做出突出贡献的 10 个先进基层组织和 142 名优秀会员进行表彰。为纪念民建长春市委成立 60 周年，市委会统一部署，编印纪念民建长春市委成立 60 周年图片册》《民建长春市委大事记（2011--2016）》《建言 2014》《建言 2015》《民建长春市委员会历届市委委员与基层组织负责人名录》《同心同行铸辉煌》历史图片册，制作《纪念民建长春市委成立 60 周年》电视专题片。用文字、图像、图片展示市委会参政议政、社会服务、自身建设、基层工作等领域取得的工作成果，记载市委会 60 年来发展足迹。在市委会的号召下，各基层委员会开展“长春民建—我为你祝福”主题活动，以征文等丰富多彩的形式纪念民建长春市委成立 60 周年，展示民建市委奋发有为、团结向上的

11 月 12 日，中国民主建国会长春市第十三次代表大会在南湖宾馆召开

（张洪禹　提供）

精神风貌。民建长春市第十三次代表大会于11月10日至12日，在南湖宾馆召开。本次代表大会代表130名，其中选举代表104名，提名代表26名。代表结构体现民建密切联系经济界的特色，主要包括企业界人士、高校专家学者、政府及司法机关工作人员、会务工作者等。

【参政议政】 围绕市委、市政府的中心工作以及群众关心的社会热点、难点问题，确定26个参考调研课题。征集调研成果22件，其中专委会报送9份，基层组织报送3份，调研处撰写10份。经过认真筛选修改，精选9份报送省民建作为团体提案素材使用，精选6份调研成果作为民建长春市委团体提案。针对社会上反映强烈的重点、难点问题，借助市委统战部的议政专递刊物、市政府信息平台和市政协社情民意平台等多种渠道，开展关注民生反映民意活动，履行参政党职能。

2016年度报送社情民意163件，其中报送省民建118件、报送市委统战部15件(其中7件被议政专递采用)、报送市政府15件、报送市政协15件。在长春市政协十二届四次全体会议上提交《关于确保我市城区供水安全的建议》《关于加强农业职业经理人培训促进我市农业现代化发展的建议》《关于调整我市作物种植结构的建议》《关于盘活城区闲置土地资源的建议》《关于促进中小型制造业企业技术改造的建议》和《关于规范P2P网贷平台发展的建议》等6份团体提案，其中《关于确保我市城区供水安全的建议》作为大会发言，被评为2016年度市政协优秀提案。在市政协十二届四次会议上，提出的《关于解决农民专业合作社融资问题的建议》，被评为2015年度市政协优秀提案。向市政协"幸福长春"活动报送《关于加快建设和使用市区自行车慢行廊道的建议》，向市委统战部专题议政会报送《关于进一步建好长春新区的建议》。市委会编辑《建言2014》《建言2015》两本参政议政成果汇编，收入市委会各级人大代表、政协委员以及骨干会员的105份参政议政成果，展现长春市民建会员参政议政的风采。

【社会服务】 2016年，民建长春市委组织20个基层组织及骨干会员开展扶贫帮困工作，捐款捐物价值148万元，其中帮困家庭90户，捐款捐物价值12.31万元；帮困个人4840人(次)，捐款捐物价值91万元；实施扶贫脱贫技术帮扶项目7项，捐款捐物价值45万元。民建长春市委联合吉林电视台、吉林省哈弗车友俱乐部，利用第9个"世界自闭症日"，主办"让爱一起飞，走进星星的世界"——"同心·关爱自闭症儿童"捐赠活动启动仪式及文艺演出。《中华人民共和国反家庭暴力法》颁布实施后，妇委会邀请法制委员会主任、常春律师事务所主任张树波，开展《反家庭暴力法》普法讲座。

【思想建设】 2016年，市委会组织骨干会员学习贯彻全国两会精神、习近平总书记在政协民建工商联界别组会议上的讲话精神、"七一"讲话精神、纪念红军长征胜利80周年讲话精神、中共十八届六中全会精神，《中国共产党统一战线工作条例（试行）》，撰写学习心得和体会文章，提高会员政治素质和理论水平。组织开展学习全国两会精神体会、民建市委成立60周年等征文活动8次，收到会员投稿106篇。市委会会刊由季刊增为双月刊，编辑完成下发5期，用稿72篇，照片78幅。在民建省委《会员之友》创刊30周年纪念大会上，市委会第一个发言交流办刊经验。市委会网站上传稿件202篇次，其中基层组织通讯员投稿172篇次，占总数的85%。各类媒体采用市委会宣传报道稿件613篇次。

（张洪禹）

## 中国民主促进会长春市委员会

【概述】 截至2016年年底，中国民主促进会长春市委员会(以下简称市民进)有县(市)级委员会1个(榆树市委员会)，基层委员会12个，103个支部委员会，8个专门委员会，会员人数1874人，其中，教育文化出版等主要界别会员1271人，占会员总数的67.8%；具有高中级职称的会员1645人，占会员总数的87.9%；大学以上学历1434人，占会员总数的76.5%。会员中省人大代表4人，市人大代表13人，区人大代表6人；全国政协委员1人，省政协委员14人，市政协委员17人，区政协委员82人。

【思想建设】 向全市基层组织转发民进中央学习十八届六中全会精神的通知，组织机关干部参加市委统战部学习十八届六中全会精神的报告会，。开展第十四次统战理论征文活动，全市各基层组织征集论文42篇。召开相关的研讨会，市委会还向省民进推荐20篇文章，其中有7篇文章获得优秀论文奖。市委会在机关内部以及全市基层开展"抢抓机遇创新发展"解放思想大讨论工作。机关内部召开学习研讨会，市委会领导班子部分成员及机关干部利用2周时间走访调研9个基层组织，完成换位体验活动，填写《长春市直属机关干部"大讨论"自查问题清单及整改记实》。

【组织建设】 指导17个基层组织开展换届、届中调整及成立工作。为全市39个基层组织逐一建立了电子档案，存入基层组织各类信息，根据基层动态不断更新内容。为规范基层组织建档立卷，统一给基层组织购买铁卷柜，方便基层组织保存各类会务材料。通过与部分基层组织所在党委领导、基层领导班子成员及部分骨干会员、新会员开展座谈，听取基层领导班子工作情况等方式开展走访调研，了解基层组织领导班子的思想动态和会务工作开展情况，听取基层组织对市委会的意见和建议，下半年完成16个基层组织的走访活动。形成各基层组织负责人每年到市委会述职，班子成员间年终述制度。首次举办市委会经济工作委员会学习研讨扩大会。全年推选、组织机关干部及部分会员百余人次参加上级部门举办各类培训学习班。开展"我身边的榜样"以及优秀会员评选等活动，有9个先进基层，87名优秀会员受到表彰奖励，推选18个基层组织和86名会员参加“2014-2015年度民进吉林省委先进基层组织和优秀会员”评选活动。

【参政议政】 民进长春市委被民进中央评为全国参政议政工作先进集体，吉林大学教授李贺平被评为先进个人。向市政协十二届四次会议提交5份党派提案，在市政协十二届三次会议上提交的《关于推进我市青少年国学素养教育的建议》被评为优秀提案，向市政协十三届一次会议报送5份团体提案。根据中共长春市委统战部《“建言‘十三五’、共筑‘长春梦’”调研活动方案》的要求，向统战部报送《加强党派团体提案工作，努力提高参政议政水平》、《新常态下如何充分发挥民主党派在政党协商中的作用》两篇论文，以及《调整我市种植结构，发展休闲农业研究》、《关于加强长春市供给侧结构性改革的制度保障问题研究》2篇调研报告。召开参政议政工作座谈会，对2015年市政协开展的“为‘十三五’规划建言献策”中表现优异的5个基层组织及15名会员进行表彰与奖励。市委会采取与基层组织合作的模式，由基层组织申报调研课题，选取人员组成调研小组，市委会采取配合协调的模式，共同完成调研，形成调研报告，申报获得市委会批准的调研课题有12个，全部完成调研报告的撰写工作。向市政协及省民进等部门报送社情民意10篇，其中《关于我市供热二次管网建设维护的建议》为市政协选用，报送有关市领导。《关于长春新区新城规划建设要更加注重民生的建议》在市政协第五次“建设幸福长春”专题大会上作书面发言。“踏查长春”系列活动，在市委会的指导下，开展2次踏查活动，召开5次座谈会。

【社会服务】 为纪念中国工农红军长征胜利80周年，市委会联合多家单位共同举办“漫漫长路八十颂，民族复兴中国梦”纪念长征胜利80周年主题巡回展，展出书籍、图片、实物等200余件，吸引200余人前来参观，各大媒体争相报道。与吉林省硬笔书法等级考试培训中心等单位联合开展长春市青少年硬笔书法现场书写大赛。市委会筹集近2万册图书，开展5次捐书送教活动。在市委会组织开展的“民进社区行”活动启动的基础上，各区级委员会及东北师大委员会选择辖区内社区开展10余次进社区活动，活动内容主要集中在文化、经济援助以及医疗服务，受到社区居民普遍欢迎。市委会还在全市基层组织中开展为镇赉特困户捐款的活动，采取“线上启动，红包筹款”的方式，有834名会员参与，筹集善款7879元。长春民进开明书画院按照民进中央“春联万家”活动的具体要求，与民进吉林省委联合在朝阳区清和街道万宝社区举办“送春联进社区”活动，书写福字、春联200余幅。书画院还选送4位理事的书画作品代表市委统战部参加市直机关工委举办的“讴歌长征胜利、弘扬长征精神、缅怀革命先辈、共筑民族梦想”主题书画展，取得3个一等奖，1个二等奖的好成绩。民进朝阳区委会成立全省首家区级民进开明书画院—民进开明朝阳书画院。

（王　丹）

10月21日，中国民主促进会长春市委员会纪念中国工农红军长征胜利80周年主题巡回展活动在长举行　（王　丹　提供）

## 中国农工民主党长春市委员会

【概况】 中国农工民主党长春市委员会（以下简称市农工党）有基层组织28个，其中，基层工作委员会3个，总支委员会6个，支部18个，小组1个。截至2016年底，全市党员总数989人，平均年龄49.9岁。其中，医药卫生界533人，占党员总数的53.9%；政府机关、司法机关、民主党派机关的有72人，占党员总数的7.3%；新的社会阶层人士130人，占党员总数的13.1%。具有高级职称的有518人，占党员总数的52.4%；具有中级职称的有244人，占党员总数的24.7%。农工党党员中担任各级人大代表、政协委员的有76人，其中，担任省人大代表的1人，省人大常委1人；担任省政协委员1人。机关现有专职干部8人。

【参政议政】 2016年，市农工党组织党内的专家学者到市环保局、市容环境卫生管理局，针对城市垃圾分类处理、环保工人待遇等问题进行调研；发挥各医院基层支部的作用，对长春市各医院院内制剂基本情况进行调研。形成《关于加大政府对城市生活垃圾处理工作管理力度的建议》《关于扶持和促进院内中药制剂发展的建议》《关于进一步提高长春市环卫工人待遇的建议》3篇提案，提交长春市政协会议。市委统战部议政平台《议政专递》采用3篇，向农工省委会报送社情民意48篇。市农工党结合农工中央开展的“坚持和发展中国特色社会主义”学习实践活动，与农工党吉林省委在5月、6月、11月和12月举办4次面向基层组织负责人、党员骨干、新党员的培训班。

【思想建设】 2016年，市农工党制定下发《农工党长春市委“抢抓机遇、创新发展”解放思想大讨论活动工作方案》，由市农工党主委侯治富亲自主持召开全委(扩大)会议，对大讨论活动进行动员和部署。落实“两学一做”活动精神和省委提出长春“打先锋、站排头”要求，结合“抢抓机遇、创新发展”解放思想大讨论活动，市农工党根据市直机关公务员年度培训工作安排，派机关干部到河南兰考参加“做焦裕禄式好干部、为民服务当表率”实践教育专题培训班；参加省农工举办的机关专职干部培训班，提高机关干部业务素质和办文、办会、办事的能力与水平；赴安徽省合肥市参加参政党理论专题培训收获颇丰。为将换位体验活动落实到实处，市农工党机关干部走访了宽城区委统战部、双阳区委统战部以及榆树市委统战部，了解基层组织建设、活动情况、党员思想状况、组织发展情况以及履行职能情况，对基层组织工作中所存在的困难和问题进行归纳总结。

【社会服务】 3月7日，市农工党主委侯治富带领农工党界别的市政协委员到市儿童福利院慰问孤残儿童；4月23日，市农工党与农工党吉林省委会共同组织党员来到伊通县大孤山镇聂家村，开展“植造绿色梦想·助建美丽中国”义务植树活动。党员们自费提供1.3万株树苗、植树工具和运输车辆，与伊通县政协商定共同打造一片“农工林”；5月20日和25日，市农工党与农工党朝阳区总支在朝阳区乐山镇长胜村、永春镇农丰村开展“送医疗，送科技，送岗位，到村头”精准扶贫活动，为村民们送去招聘就业信息和种植类科技书籍，并邀请医疗专家现场为村民进行免费问诊咨询，受到村民们欢迎；6月5日，市农工党与长春市环保局，在长春市儿童公园联合开展“中国环境与健康宣传周”宣传活动，通过摆放宣传展板、发放宣传手册和环保袋等形式，倡导人们维护海洋环境，促进绿色生态发展，保障健康生活；6月25日，市农工党与农工党长春市绿园区总支，组织党员到绿园区合心乡敬老院开展大型义诊慰问活动，各学科医生们为敬老院的孤寡老人和残障人士进行诊查，提供健康规划和养生指导，捐赠价值5000余元的药品、医疗用品、生活用品和宣传品；9月6日，市农工党和南关区总支在南关区亚泰大街文庙开展主题为“倡导科学生活、共筑健康中国”大型宣传活动，现场向社区卫生服务中心、社区居民和过往群众发放5000份《健康素养66条》宣传手册；11月6日，市农工党组织吉大一院支部的专家赴辽源市中医院开展“同心助医”活动；11月9日，市农工党在长春市朝阳区南湖街道二二八社区，开展以“爱护眼睛健康、守卫健康幸福”为主题的知识讲座活动，邀请市中医院眼科主任韩光向社区居民宣传眼睛保健常识。

【组织建设】 6月27日，市农工党举办“永远跟党走，践行中国梦”文艺演出；市农工党组织精英骨干党员参加农工党中央在四平和白城举办的“走进基层、贴近党员、培育和践行社会主义核心价值观百场主题宣讲”活动；选拔党员参加农工党吉林省委在白城举办的庆祝中国共产党建党95周年和农工党吉林省委成立30周年乒乓球赛，并获得女团三等奖，男团优胜奖的佳绩；向全市农工党员征集书画摄影作品，组织作者参加在通化举办的“纪念农工党吉林省委会成立30周年书画摄影展”活动；协助筹办农工党吉林省委会成立30周年纪念大会，全国人大副委员长、农工党中央主席陈竺出席会议；3月21日至26日，市农工党组织农工党基层组织负责人及骨干党员赴广州市社会主义学院进行为期6天的集中学习与培训；6月14日至17日，市农工党组织骨干党员与机关干部参加农工党吉林省委在福建泉州华侨大学举办的2016年度骨干党员素质提高班；7月1日，市农工党组织机关干部收看习近平总书记在庆祝中国共产党建立95周年大会上的重要讲话，主委侯治富围绕习近平总书记七一重要讲话精神，为机关干部作题为《不忘合作之本，继续同心同行》辅导，撰写《做好换位体验大文章，做好全市农工党员的知心人、贴心人、代言人》等理论文章，在学习中发挥表率带头作用。

(宗 伟)

6月5日，市农工党在儿童公园开展“中国环境与健康宣传周”活动

(宗 伟 提供)

5 月 5 日，九三学社长春市委员会部分社员到江西干部学院培训

（于帼荣　提供）

## 九三学社长春市委员会

【概况】 截至 2016 年年底，九三学社长春市委员会（以下简称市九三学社）有 106 个基层组织（其中，18 个委员会、86 个支社、2 个小组），有社员 2453 人，平均年龄 51 岁，高级职称占 52.96%，担任各级人大代表和政协委员 34 人。

【思想建设】 根据中共长春市委指示，按照市委统战部《关于开展“抢抓机遇、创新发展”解放思想大讨论的方案》的要求，市九三学社高圆满完成大讨论活动；根据九三学社吉林省委指示，市九三学社就社的基层组织建设情况，对近年来组织建设进行摸底调研，形成《九三学社市级组织有关工作案例选编》，通过九三学社吉林省委审阅，已入选九三学社中央；向基层组织下发《关于学习贯彻十二届全国人大四次会议和全国政协十二届四次会议精神的通知》，要求基层积极组织开展学习活动；为加强基层组织思想建设，市九三学社下发了《关于开展九三学社长春市委关于开展“今天我以九三为荣，明天九三以我为荣”的通知》，各基层组织开展丰富多彩的活动；根据九三学社中央宣传部下发的《关于开展 2016 年九三学社中央思想建设课题招标活动的通知》，市九三学社组织开展工作，确定的课题为《高校九三学社社员对社组织的认同及分析》；市九三学社完成九三学社中央开展的“征集第三届九三学社中央坚持和发展中国特色社会主义论坛论文活动”和九三学社中央开展的《中国面孔·中国梦》摄影作品征集活动，完成征文《携手共赢画好同心圆》，上报作品 10 余幅；5 月，“九三学社书画社”更名为“九三学社长春市书画院”。市九三学社全年报道社务工作信息 50 余条。

【参政议政】 组织社员参加市政协十二届四次会议，大会发言 1 项，集体提案 4 项，社员提案 34 项，提案受到市政府有关部门的重视，并逐一得到答复；按照九三学社吉林省委常委会要求，参加社省委重点课题的调研 5 项；按照中共长春市委统战部要求，落实《关于开展“建言‘十三五’、‘共筑长春梦’”调研活动的实施方案》调研课题 7 项；市九三学社不断拓宽思路，采取向九三学社中央申报、与九三学社吉林省委联合等形式进行调研及参政议政。2016 年承接与九三学社中央合作的调研题目《合作开展促进社区服务业发展之社区养老调研》，与九三学社吉林省委联合开展调研课题——《大力发展健康经济，促进吉林省、长春市经济转型升级》。

【组织建设】 2016 年 6 月，市九三学社完成了基层组织换届工作，成立法律综合委员会、吉林动画学院支社、榆树支社、长春工程学院支社、长春职业技术学院支社。九三学社长春市直属委员会重组为九三学社长春市直属第一、第二、第三、第四委员会。5 月，在井冈山江西干部学院进行为期 8 天的新任基层组织负责人及骨干社员培训。井冈山之行，使社员们受到深刻的党性和革命传统教育。5 月，市九三学社召开“社员之家”建设工作会议，鼓励和支持有条件的基层组织成立“社员之家”。市九三学社成立“社员之家”5 个，市九三学社向“社员之家”赠送了体育器材；基层组织活动丰富多彩，市九三学社在“三八”妇女节组织全体女社员唱红歌；市九三学社吉林大学委员会举办“第 47 个世界地球日”大型活动；市九三学社朝阳区委员会举办“庆五四，传承九三精神，在行动”主题活动等；基层组织换届之后，市九三学社完成换届工作，实现领导班子的新老交替和政治交接。

【社会服务】 市九三学社法律综合委员会于 2016 年 1 月成立，与市中级人民法院开展“创新民主监督方式，助力法治长春建设”法律咨询讲座，以帮助企业有效预防和控制经营过程中的法律风险，降低企业经营成本，助力长春经济发展；与吉林竭诚评估事务所联合主办评估业务讲座，为近 200 名大学生提供就业培训与指导；带领专业法律社员到社区开展法律咨询援助活动，发挥九三学社社的界别优势；5 月 13 日是中国第 27 个残疾人助残日，市九三学社与吉林艺术学院联合举办“爱握手”3D 打印帮助残疾儿童公益活动，呼吁社会各界关注残疾儿童事业；为推进九三学社科技成果转化为技术生产力搭建平台，为大学生求职就业提供培训实践基地，市九三学社经济科技委员会创新科技转化基地和市九三学社经济科技委员会科技企业人才培训见习中心落户吉林省劳动就业培训中心基地大健康园区；3 月，市九三学社协办的“我们的中国梦，文化进万家，向污染宣战，吉林省文化惠农直通车”活动,受到农安县高家店镇人民政府、高家店中学广大师生好评。

(于帼荣)

## 长春市工商业联合会

【招商引资】 市工商联配合省、市筹备和组织“2016首届全球吉商大会”招商系列活动,协助省工商联完成吉商大会会务筹备和组织工作,做好“吉商联合会成立大会”“2016首届全球吉商大会开幕式”“吉商发展高峰论坛”等重要会议任务。制定《长春市参加2016首届全球吉商大会工作方案》,做好沟通协调与组织落实工作,完成市领导会见海外华商代表团、国内知名企业家工作,组织召开“吉商情,家乡行”恳谈推介会,促成一批项目签约,长春市在吉商大会期间签约项目14个、投资额107.8亿元。

【民营企业参与“一带一路”建设】 组织长春市商会暨民营企业家代表团到法国巴黎、夏斗湖,瑞士日内瓦,德国斯图加特、法兰克福、汉诺威、汉堡等城市开展经贸交流,考察法国施耐德电气公司总部、德国BMJ等一批世界著名企业,与当地的政府商务机构和有影响力的商会进行商务项目对接。组织长春市民营企业商贸代表团赴美国、加拿大、墨西哥进行考察,访问加拿大“加中友好协会”、美国吉商联合会、纽约中小企业署、墨西哥城联邦商会等机构,在电子、汽配、机电、建材及休闲养老等方面开展项目洽谈及合作交流。

【商会建设】 市工商联成立礼品定制行业商会等7家行业商会,完成休闲养生行业商会等7家行业商会筹建工作,指导陶瓷卫浴家居行业商会等多家行业商会完成换届工作,市工商联行业商会发展到61家。完善县(市)区工商联考核评价办法和直属商会规范管理制度,组织召开直属行业商会会长、秘书长述职会议;抓好“五好五有”县级工商联建设,召开全市“五好”县级工商联建设工作推进会,指导朝阳区、二道区、德惠市实现基层商会全覆盖。做好工商联会员发展与管理工作,通过走访企业、召开座谈会、联谊交流会、成立行业商会、老会员推荐等措施发展会员近3000人;加强会员数据库建设,对全市22000名会员进行动态管理。

【参政议政】 市工商联开展调查研究工作,形成《关于打造“新长商文化”的建议》《关于推进长春市民营企业“走出去”的建议》《关于大力发展互联网产业的建议》等一批调研成果。《关于打造“新长商文化”的建议》获得市政协优秀提案。

【建立民营经济联合服务机制】 市工商与市司法局合作,在县级工商联及商会中建立民商事纠纷人民调解委员会,开展人民调解工作;与市法制办联合选聘145名商会骨干担任市政府行政执法监督员;与市检察院共同成立“民营经济维权投诉中心”,聘任45名商会负责人担任调解员;与市法院共同探索民商事纠纷预防化解模式,成立“长春市民商事诉调中心”,为商会会员成功调解28起民商事纠纷,挽回经济损失600余万元。

7月28日,长春市领导会见知名企业家 (沙显光 提供)

【搭建民营企业服务平台】 市工商与市外办、市体育局联合举办“中日韩经济贸易交流会”,与省商务厅、大韩贸易投资振兴会社联合举办“2016韩国(亚洲)进出口商品展洽会”,与美国智慧资本、美国投融资俱乐部联合举办“2016投资美国财富论坛”,与市外办、香港贸发局共同组织“长港发展新能源汽车合作论坛”和参观考察“长春一汽四环发动机制造有限公司”活动。与市农委联合举办农业招商引资项目推介会,签订战略合作协议,促成一批农业产业项目签约,签约金额近70亿元。

【扶贫工作】 市工商联引导全市各类商会开展“民企帮扶脱贫攻坚光彩行动”。研究市工商联包保贫困村的“精准扶贫”工作,完成农安县巴吉垒镇太平山村扶贫工作;完成投资115万元的农机推进项目,购置农机、玉米收割机等设备,投入使用后每年实现创收10万元;为村里配备价值5万元的健身器材;为村部配备1套价值近万元的锅炉设备,解决村部长期无采暖问题。市工商联组织部分民营企业到太平山村开展“产业扶贫”项目对接,与村委会签订《项目扶贫意向书》。

【换届工作】 市工商联对全市非公企业和非公人士进行摸底调研,确定执常委提名人选,经上报市委统战部同意后,对拟提名的执常委人选进行考核与综合评价,形成市工商联第十六届执委会建议人选名单,十六届执委会规模为249人,比上届增加21.5%。市工商联还指导县(市)区、开发区工商联(总商会)换届工作,使基层换届工作顺利进行。

(沙显光)

## 长春市总工会

【概况】 2016年，长春市总工会（简称“市总工会”）获得国家和省市各类表彰29项。开展帮扶活动，组织机关党员干部下基层、蹲企业，梳理出促进工作作风转变“金点子”100个。

【职工经济技术创新活动】 2016年，命名省、市劳模创新工作室17家，全市115个劳模创新工作室培训技术工人2万余人次、完成创新项目1800余项、获国家专利150余个、创造直接经济效益3亿元。市总工会联合长春市科协、市科技局、市人社局组织开展职工优秀技术创新成果评选活动，并在长春国际会展中心召开“长春市职工创新大会”，命名长春市“十大职工技术创新成果”“十大职工技术创新英才”和“十佳职工先进操作法”，对108项职工优秀技术创新成果、62名技术创新标兵和48个先进操作法予以表彰，同时举办以“匠心独具·创新逐梦”为主题的“长春市职工优秀技术创新成果展”，展出全市100余家企事业单位的450余项职工发明创造成果。开展“学技能、争一流、促转型、做贡献”主题劳动竞赛和“五比五创”地铁工程建设立功竞赛，全市1977家企业参赛，参赛职工28.3万人。组织实施全市性制造业、餐饮服务业、燃气行业、卫生系统护理及教育系统微课程等9场25个工种的职工技能大赛，参赛职工3万人，1031名职工进入决赛，546名职工被授予“职工技术带头人”和“高技能职工”称号，并得到职业等级晋升。市总工会获“2016年中国技能大赛——吉林省职业技能竞赛最佳组织单位”称号。同市人社局制定下发《长春市职工技能大赛提升推进暨“长春工匠”培养选树五年规划》，组织开展首届“长春工匠”推荐评选活动，召开首届“长春工匠”命名表彰大会，对“十大最具影响力长春工匠”和90名“长春工匠”给予重奖。

【劳模管理服务】 2016年，选拔推荐全国、省、市五一劳动奖章、奖状和工人先锋号218个。在对市管离退休国、省、市三级劳动模范及享受待遇人员全面普查的基础上，建立健全劳模档案，实现规范化管理。为9105名离退休劳模和生活困难劳模发放各种津贴、补助金1087万元，为398名困难劳模办理城镇居民基本医疗保险。完成首期“劳动模范和优秀职工高等学历教育班”的教学任务和第二期招生开班工作。

【职工维权】 市总工会同长春市人社局建立集体合同和工资专项集体合同统一编号审查备案制度，组建长春市总工会本级和县（市）区两级工资集体协商专职指导员队伍。2016年，签订集体合同和工资专项集体合同5112份，覆盖企业

4月27日，吉林省暨长春市庆祝“五一”国际劳动节大会在省宾馆举行

（王　拓　提供）

1.6万户、职工65万人，建制率分别为89%和88%，履约率90%以上。国有及国有控股企业和事业单位职代会、厂务公开建制率分别为99%和96%，区域(行业)小型非公企业联合会职代会实现全覆盖。建立6000名基层工会劳动保护监督员队伍，排查职业危害和安全隐患2689个，整改率98%。组织开展户外职工饮水安全健康状况专项调研，发放问卷1.4万份，征集意见建议1.7万条，并形成调研报告。市总工会开通“12351”职工服务热线，设立“初航工作室”处理复杂劳动争议案件，成立“长春市工会法律服务律师团”，在朝阳、二道区和农安县开展“劳动合议庭”试点，全年为职工争得实际经济利益182万元。

【职工帮扶】 2016年，开展职业介绍7235人次，开发就业岗位4565个，创业就业技能培训4103人，创业实训培训352人。筹措“送温暖”资金2513万元，救助困难职工和农民工2.6万人次。发放助学资金499万元，资助困难职工和农民工子女4060人次。职工互助保险办为1.6万人次给付互助金1520万元。为2279名困难农民工建立帮扶档案，开展农民工就业创业培训4.2万人次，新建农民工夫妻房30间。发放45万张工会会员服务卡，服务项目拓展至20项，全市37万名职工享受到710余万元的免费或优惠服务，有7254名职工享受到住院医疗、非工伤意外伤害和家庭火灾补贴337万元。三级服务体系建设有序推进，市总工会制定出台《长春市总工会建设三级服务体系和信息平台三年规划》及9个配套实施方案，在全市构建由134个职工服务中心(站)构成的三级服务体系。

【基层工会建设】 2016年，全市基层工会组织4870个，覆盖法人单位2万多户，会员91万人。实名采集录入法人单位2万户，会员70万人。实施农民工入会集中行动，农民工会员8.3万人。组织市总机关、县(市)区、开发区工会干部、职业化工会主席到浙江省总工会干校和河南省兰考焦裕禄学院培训，全年培训各级工会干部5680人次。制定下发《长春市工会资产监督管理暂行办法》，长春工人体育馆开工建设，职工文体活动中心维修改造全面启动。

（王　拓）

## 共青团长春市委员会

【共青团改革】 2016年是省市共青团改革的启动年，12月16日《共青团长春市委改革方案》经市深改组第8次会议审议通过，改革共青团长春市委员会(下文简称“团市委”)的组织机构、构建“凝聚青年、服务大局、当好桥梁、从严治团”的四维工作格局。

【青少年思想教育】 2016年，组织开展“童心共筑长春梦，经典传承民族魂”等主题少先队日活动；“崇德向善、志存高远”成人仪式系列教育；“我为核心价值观代言”活动；“奋斗的青春最美丽宣讲分享活动”；最美青年志愿者、优秀少先队辅导员、少先队“十佳百星”等评选活动。发掘身边好青年典型57人，其中25人被评为“吉林好青年”。开展解放思想大讨论演讲、书画、诗歌、手工作品创作等系列活动，激发青年在长春新一轮振兴发展中的担当精神。

【网上共青团】 2016年，全市各级团组织20余个微信公众平台的粉丝订阅数12万人，新浪微博粉丝31万人；微信公众号全年编发图文信息3000余条，微博发布信息18万条，阅读量520万次。受理青年提出问题3523个，采纳回复3606次，总浏览量61万次。完成团中央、团省委下达网络舆论引导任务11次，在各大主流媒体、自媒体集中发声18次。

【服务青年创新创业】 开展全国大学生创业英雄颁奖暨2016年寻访全国大学生创业英雄启动仪式、全国大学生创业实训营开营仪式等活动，启动“牵手长春”支持大学生创业行动计划，来自全国16个省份52所高校的近500名青年创业者出席峰会。启动长春青年创业工场扩建项目，整合社会资源1000万元，在长春青年创业工场正茂园区一期的基础上扩建1万平方米，将青年创业工场升级成为青年创业综合体。牵头组建由21个政府部门、5所国家级科研机构、32所高校、15家金融机构、42个孵化园区、11家律师服务机构、184企业组成长春大学生创新创业联盟，组建大学生创新创业导师团。举办“首届长春市青年信息化精英创新创意设计大赛”，培养设计人才

7月13日，中国·长春大学生创新创业峰会(2016)暨全国大学生创业实训营大会现场

（张梓萱　提供）

800余人，发放创业扶持奖金20万元。FM90.0《创业故事会》、FM88.9《创业点对点》播出120余期。开展“长春十大创新型青年企业家”“长春市大青年创业新星”评选表彰活动。

**【青少年事务社会参与】** 规范志愿服务团队、志愿服务项目、志愿者实名注册和志愿服务计时工作。全年有2万多名志愿者参与到志愿服务，实名注册志愿者45万名，发布志愿项目20个，志愿服务时长90万小时。筹备建立全省首家青年社会组织联盟，对青年社会组织提供支持。争取180万元，通过“买服务+买岗位”的方式，向3家社工机构购买22名青少年事务社工岗位，建立长春市首支青少年社工专业队伍。

**【维护青少年合法权益】** 实施“长春市开发青少年网络舆情监测APP实现青少年权益状况实时动态监测”和“共青团与民政‘联姻’建设12355青少年服务台”项目。团中央试点工作简报以《吉林省长春市推动未成年人保护机构有效运转》为题介绍长春市未成年人保护工作做法。向社工机构购买“长春市‘晨光引航’不良行为青少年社会工作介入项目”等3个服务项目，帮扶重点青少年群体70人。开展心理健康、人身安全、防范意外伤害和侵害行为等方面内容的培训和活动200余场，惠及青年1万余人次。依托“七彩小屋”等，面向农民工子女开展周末兴趣活动小组，软式棒垒球、篮球、冰球等5项特长培养，城市体验一日游等活动600余场，开展父母亲子活动、亲子教育讲座20场，惠及1300余个农民工家庭。发起“梦想厨房”网上众筹活动，全年建设“梦想厨房”3个，改善偏远农村小学学生饮食条件。整合资金189.7万元，开展幸福长春圆梦助学活动、村小“爱心图书室”建设、“芙蓉学子”公益助学等青少年民生工作。指导德惠团市委建立50万元的“阳光普惠基金”。开展“携手禁毒，筑梦青春”“携手抗艾，重在预防”系列讲座活动，开展禁毒防艾教育30余场，惠及青年4万多人。

**【组织建设】** 在全市55个街道建立区域青年工作共建委员会。出台《关于在村“两委”和村务监督委员会换届期间做好共青团组织换届工作的通知》，推动农村优秀青年参政，选好配好村团干部。通过下发《2016年非公企业团建工作要点》，推动非公团组织开展“创先争优”活动，新建非公团组织360家。联合宽城区建成占地面积32公顷的长春青年公园，具备红色教育、生态体验、素质拓展、青年联谊等功能，成为长春市首个青少年户外思想教育基地。加强举办东北亚国际青年大联欢，增进长春市与东北亚各国的青年友好交往与文化艺术交流。举办长春市青联中印软件企业合作交流会，与印度SRM软件公司就软件技术研发、人才培养等事项畅谈合作意向，组织青年企业家赴欧洲进行经贸考察。加强青年统战工作，推荐51人成为省青联委员，推荐7人成为市政协委员。开展青年书法篆刻大赛，发掘青年艺术人才200余人。出台《2016年长春市少先队重点工作考核办法（试行）》，团市委、市少工委采取以评促建的形式对长春市少先队重点工作进行考核。

**【精准扶贫】** 驻村摸底，全面了解和掌握建卡贫困户的家庭情况和致贫原因，建立帮扶档案，进行挂牌公开帮扶。落实帮扶责任人，实施机关党员干部“一人一家、帮扶到户”的结对扶贫，所有结对帮扶的党员干部都进村入户1次以上。全年为对口村协调投入扶贫资金108万元，物资折价10万元。其中，扶贫助困方面，为7贫困户进行危房改造，为17户重点贫困户解决生活电器，为56户贫困户送去生活物资；设施改造方面，为对口村村解决文化广场体育设施1套，为村耕地内排水渠清淤9200米，修葺村内水泥路800米。启动脱贫致富项目考察立项工作，多次赴吉林农业大学和外市（州）考察咨询畜牧、种植、农机等项目。

（张梓萱）

## 长春市妇女联合会

**【概况】** 2016年，长春市妇女联合会（以下简称“长春市妇联”）获国家级奖项5个、省级奖项7个、市级奖项6个，全国、省、市新闻媒体535次报道市妇联工作。中央政治局委员、国务院副总理刘延东、省委书记巴音朝鲁、省委常委、市委书记王君正对“女大学生返乡创业联盟”和“儿童之家”创建工作给予重要批示。

**【选树妇女典型】** 组织优秀女性走进

12月3日，出彩草编人长春市草艺编织技能大赛团体竞赛作品展示

（张　郧　提供）

"现代女性大讲堂",全年送课145场次,志愿服务1078场次,覆盖妇女群众6.6万名。宣传妇女典型2572名,2户家庭被评为首届全国"文明家庭",受到习近平总书记接见。

【妇女创业创新】 在5个非公企业建立"创悦空间",为女大学生开办48期"创悦课堂",在电视台播出59期《创悦人生》。受人社部、农业部委托,牵头组织制定"棕草编织工"国家职业标准,承担职业技能鉴定的考试命题,举办的草艺编织技能竞赛、巾帼手工艺创客大赛、巾帼创业创新人物评选表彰等12次赛事吸引了千余名妇女参与。建立巾帼农产品电商创业孵化基地,免费为63家入驻企业提供综合服务,220种农产品线上交易金额超过1.5亿元;指导女大学生返乡创业联盟开发经营自主品牌18个,安置农村劳动力1500人,带动2.5万户农户在乡就业,"联盟"入选全国农村创业创新带头人典型案例目录,《人民日报》《农民日报》予以专题报道。全年培训妇女8505人次,开发就业岗位3086个,新增妇女就业3472人,13名优秀创业创新女性成长为人大代表和政协委员。

【家庭文明建设】 在中小学开展"写家信、晒家规、助成长"活动,与长春市纪检委联合开展"家庭助廉"活动,与市公安局联合开展"好警嫂"评选活动,与市教育局联合开展"珍爱生命,向不安全行为say no"主题教育活动。编印《"最美家庭"活动专刊》,开设"最美家庭"专栏,在电视台播放"最美家庭"故事,依托微信平台定期推送"最美家庭"典型,形成具有长春特色的家庭文化产品。健全家庭教育服务体系,在交通之声电台开办的《早教360》栏目全年直播50期,平均市场占有率49.43%,周收听人数10.7万人次,栏目排名始终居前3位;"早教进社区"公益服务178场次,辐射114个社区,1.2万名家长受益。连续4年举办"幸福绽放"长春少儿春晚,获全国春节节目评选"最佳作品奖"。

【维权服务】 推动《中华人民共和国反家庭暴力法》宣传入村入户。推动《长春市预防和制止家庭暴力条例》纳入2016年度市人大常委会立法调研计划和2017年立法修改计划,《长春市家庭教育促进条例》纳入下届市人大常委会立法计划。推动市政府将妇女儿童发展规划纳入市"十三五"规划。由政府部门牵头成立检查组,完成10个县(市)区妇女儿童发展规划的评估督导。推动巾帼司法顾问团参与妇女儿童维权志愿服务、"点单授课"进社区(村)、"FM88.9妇女儿童维权热线"、信访窗口接待和人民调解工作。全年市、县(市)两级妇联接待妇女儿童来电来访734件,开展妇女权益人民调解70件,群众满意率100%。市巾帼司法顾问团被评为全国优秀志愿服务团队。

【脱贫活动】 开展手工艺和家政服务培训,投入资金20.7万元,培训贫困妇女1035名。争取政府资金199.3万元,为22334名贫困妇女免费开展"两癌"检查;争取社会各界资金55万元,在贫困村新建"儿童之家"20个,并组织社会公益团体、志愿服务队伍结对共建。将"代理妈妈"活动向贫困村、留守流动人口集中地延伸,全年代理贫困留守流动儿童2209名,帮扶款物132.5万元。组织24名机关党员包保农安县开安镇新开河村11户贫困户,协调投入资金165.56万元,实施"奶山羊"养殖、道路整修、房屋维修等项目,帮助9户贫困户实现脱贫。

【基层组织建设】 形成《长春市妇联改革方案(征求意见稿)》,通过市委深改领导小组审核。探索"妇女之家"建设"1+3+X"模式、"屯上建家"模式,指导条件成熟的屯、"两新"组织建"家"1862个,在"两新"组织建立妇委会336个。两级妇联组织培训干部1679人次;四级妇联组织兼职副主席配备率均为100%;乡、村两级执委数量分别增加17.9%和58.6%;妇女进村"两委"比例均为100%,女性正职比例提高0.6%。党代表、人大代表、政协委员中的女性比例分别为28.7%、22.96%和29.35%,比上届提高1.6%、5.16%和4.65%。"长春妇联""创悦人生""乡村速递""早教360"4个微信公众号圈粉7.7万人,全国妇联发布的"全国地市级妇联微信公众号传播指数排行榜"上,长春市妇联名列第十。

【开展"两学一做"教育】 组织机关党员干部深入全市186个村(社区),与服务对象面对面访谈近千人次,查找问题。开展"结万家亲·促姐妹情""巾帼心向党""争当合格党员三体验"等活动。开展专题调研5个。党代表、人大代表、政协委员中的女性比例分别为28.7%、22.96%和29.35%,比上届提高1.6%、5.16%和4.65%。

(张　郦)

## 长春市台湾同胞联谊会

【概况】 截至2016年底,长春市台湾同胞联谊会(以下简称"市台联")有台胞120人,台属2.6万余人。基层组织13个。

【长台交流与合作】 9月18日至24日,市台联组织书画文化交流参访团赴台北、台中等地参访。与中国文化大学董事长张镜湖、美术学院美术系师生及台湾书画家巫登益等举行艺术交流研讨会、现场交流笔会,参观校博物馆及美术学院。22日,"翰墨飘香两岸情"——长台书画展在台中侨光科技大学美术馆开展,展出来自东北师范大学5位书画家的23幅作品。市台联副会长吴音与南投县县长林明溱进行会晤。参访团成员与南投书画家李毂摩、姚淑芬、谢坤山,台湾原新庄市市长、四届立法委员郑余镇,台南水墨画家刘蓉莺及侨光科技大学董事长陈伯涛等进行交流。2016年,市台联接待岛内台胞6批116人次。1月18日至25日,配合省台联接待"全国台联2016年台胞青年冬令营"98人次。8月2日至6日,接待社团法人中华消费者协会执行长郑俪丝一行。10月10日至23日,接待台中市海峡两岸交流促进协会成员及部分台湾工商业负责人一行8人。12月7日至14日,协办首届两岸冰雪美食节活动,接待侨光科技大学董事长陈伯涛、董事长夫人张媛、国际与两岸事务处国际长傅秀仁及副国际长汤恬恬

9月29日"翰墨飘香两岸情"长台书画展开幕仪式　（高　萌　提供）

等一行13人。1月29日，省、市台共同举办"在长老台胞2016年新春团拜会"。3月8日，市台联举办庆"三八"养生茶道讲座。5月25日至27日，组织20名台胞赴丹东凤城开展春游活动。6月18日，市台联同就读于吉林大学和东北师范大学的20余名台生举办联谊活动。会长孔令智向每位台生赠送双肩背包及《台联人员联络卡》。7月12日，由市台联主办，东北师范大学党委统战部协办的"长春市台胞台属趣味运动会"，全市14支代表队的160名队员参赛。7月26日至29日，市台联在辽宁省东戴河举办2016年台胞台属夏令营，20余位台胞台属参加此次活动。9月12日，市台联举办长春市台胞台属迎中秋徒步活动，有120余位台胞台属参加。

【思想教育】 3月24日，市台联召开七届四次理事会，会长孔令智向与会理事传达十二届全国人大四次会议的精神。6月23日，召开纪念建党95周年座谈会，市委统战部副部长张守刚及市台联班子成员、台胞台属代表近30人参加座谈。10月20日，举办参政议政骨干培训班，30余位台胞、台属参与培训。邀请市台办宋丽君作《新时期党的对台方针政策及海峡两岸关系》讲座。市台联副会长吴音作《发挥优势，做好参政议政工作》报告。

【自身建设】 6月16日，长春大学召开校台联成立大会。市台联副会长吴音、长春大学纪委书记陈权、党委统战部部长张洪昭到会祝贺。会议通过《长大台联章程》，选举产生由赵利民担任会长，马琳、由剑锋担任副会长的校台联领导班子。10月28日，绿园区召开区台联成立大会。市台联副会长吴音；绿园区委常委、统战部部长杨宝昌；统战部副部长杨柏光到会祝贺。会议审议通过绿园区台联章程，选举产生由于晓芳担任会长，赵杰、甘泉担任副会长的区台联领导班子。3月初，市台联召开七届四次理事会，审议通过《基层台联负责人联席会议制度》。8月12日，首次长春市基层台联工作联席会议由宽城区台联承办；12月9日，朝阳区台联承办第二次会议。理事会成员对九台区工农小学和双阳区晨宇希望中学11名贫困学生进行帮扶。2016年，志愿者为贫困学生捐助3万余元。年初，台联班子成员和理事会对全年的参政议政工作进行谋划。市台联确定10个重点调研题目，完成调研报告7篇。

（高　萌）

## 长春市归国华侨联合会

【概况】 长春市有国内归侨侨眷7万人左右，其中归侨1500人左右，侨眷、外籍华人眷属以及留学归国人员近7万人。与长春有联系、有关系的海外侨务工作对象约13万人，长春市有基层侨联组织12个，侨胞之家5个。

【对外联络联谊】 2016年，全市各级侨联接待海外侨社团15个，海外侨胞450人次，举办餐叙、恳谈等联谊活动10余次，结识新侨领、重点侨胞20多位。与"泰国中国和平统一促进会""马来西亚中华总商会""南美洲世界华人华侨总会""浙江欧洲青田商会""香港中华厂商会"等5个侨社团建立联系，与新疆阿勒泰地区侨联、泉州市侨联签署《建立友好合作关系协议书》，与6个海外侨团建立起联系，建立3个海外联谊工作微信群。市侨联向海内外侨社团、侨联发贺函、贺信10余封；向海外侨胞发送电子贺卡300余份，向吉林籍海外侨团征集为家乡父老拜年视频。以"尽职尽责、发挥作用，加深了解、共赢发展"为主题举办联谊座谈会。通过"华侨华人回国创业研习班"活动，邀请和接待来自美国、英国、加拿大、日本、澳大利亚、埃及、泰国等12个国家和香港、澳门、台湾地区以及北京市华商会、福建省侨商会的70位侨商和华侨华人。邀请参加"2016首届全球吉商大会"、以中国侨联副主席李卓彬为团长，来自20多个国家和地区50余人的海外华商代表团在长春市考察和洽谈。9月，承办"第26期华人华侨专业人士回国创业研习班"创业分享会，邀请中国工程院院士姜会林教授，国家纳米操纵与制造技术国际联合研究中心主任王作斌参与分享会。通过接待海外侨团和承办"研习班""海外侨商吉林行""海外华裔青少年"冬令营等活动，为长春理工大学侨联、朝阳区侨联、宽城区侨联、绿园区侨联、一汽集团侨联提供开展对外联谊工作机会。

【"两个服务"工作】 在全市侨联系统开

展“侨联工作课题”调研活动。组织侨界人大代表、政协委员参与“建言‘十三五’、共筑‘长春梦’”调研活动。协助侨界人大代表、政协委员开展调研,为侨界人大代表、政协委员参与社会建设提供服务。开展长春市侨资企业基本经营情况调研工作,对全市近百家侨资企业进行调查,形成报告。开展2016年度招商引资项目征集工作,通过与市招商局、重点项目办公室、发改委、工信局等合作征集招商项目300个,其中10个项目上报省侨联。承办“第二十六期海外华人回国创业研习班”,邀请70余位海外华人华侨来长参加培训和进行项目对接。与延边州侨联合作,举办“第二届华人华侨专业人士·延边行”活动。为参会的北京市华商会、日本KTI株式会社等组织7次对接洽谈活动,推动5个项目与相关部门和企业签订意向,其中美籍华人博士梁少华“建立管道技术研究院”项目和美籍华人博士千吉松“新能源开发利用”项目与长春新区洽谈、落实。市侨联为10个海内外侨商团组来长考察、洽谈提供项目推介和牵线对接服务。

**【特色活动】** 2016年,全市各级侨联组织30余次群体活动。9月和11月,分别与朝阳区侨联、宽城区侨联联合举办第二届“爱我中华·侨联杯”乒乓球赛和第二届“爱我中华·侨联杯”羽毛球赛。与绿园区侨联共同举办“话中秋·迎国庆”文艺联欢会及“话团圆”饺子大赛。12月,与一汽集团侨联举办“侨法知识竞赛”活动。组织高新区、净月区、吉林大学、长春理工大学等单位参加中国侨联“第六届新侨创新创业成果交流评选”活动。通过评选,王作斌、陈育新、张心明、马芳武获得“中国侨界(创新人才)贡献奖”;吉林省福斯匹克科技有限责任公司的CMOS图像传感器芯片产品研发与产业化成果获得“中国侨界(创新成果)贡献奖”;吉林大学功能仿生智能材料与技术研发团队、净月区柏旭创新团队获得“中国侨界(创新团队)贡献奖”;长春孔辉汽车科技有限公司获得“中国侨界(创新企业)贡献奖”。9月1日,组织部分获奖者参加第六届新侨创新创业成果交流大会。10月,组织长春吉大天元化学技术股份有限公司参加新侨创新创业成果展。征集自市侨联成立以来开展工作的图片资料和基层侨联在不同时期活动的电子照片为《中国侨联60年画册》提供素材。组织长春市侨界和热心支持华侨事业的美术家、书法家参加“第三届世界华侨华人美术书法展”,其中南关区侨联推荐的3幅作品入选。组织长春市侨界青少年参加“第十八届世界华裔青少年作文大赛”活动。组织归侨侨眷青少年参加“亲情中华 文化之旅”夏令营活动。

**【爱心公益活动】** 开展“送温暖、献爱心”活动,春节前夕,领导班子带队看望困难归侨侨眷、侨界代表人士及老归侨代表90余户。利用“华侨华人专业人士·延边行”活动,组织海外侨胞为延边水灾捐款,捐助人民币7万余元。全年全市各级侨联组织开展6次“送温暖、献爱心”活动,捐款、捐物折合人民币12万余元。对120户困难归侨侨眷家庭进行帮扶。对长春市处于贫困线下的归侨侨眷进行调研,形成调研报告。赴九台区龙家堡王加清侨心小学、榆树市第一高级中学“珍珠班”进行走访调研。

**【干部培训】** 组织全市侨联骨干参加中国侨联和省侨联举办的侨联干部培训班。9月,组织全市侨联干部、统战系统负责侨联工作的赴泉州华侨大学学习。依托社区启动“侨胞之家”创建工程,2016年,在朝阳区、绿园区、一汽集团等3个区内建立5个“侨胞之家”。

(邹 晶)

## 长春市残疾人联合会

**【社会保障】** 制定并以长春市人民政府办公厅名义印发《加快推进全市残疾人小康进程有关意见的分工方案》,编制完成《长春市“十三五”加快残疾人小康进程规划纲要》,并纳入《长春市国民经济和社会发展第十三个五年规划汇编》,为“十三五”时期全市的残疾人工作提供重要的政策支持。落实重度残疾人护理补贴和贫困残疾人生活补贴政策,惠及残疾人10万余人,其中贫困残疾人生活补贴49350人,重度残疾人护理补贴52667人。对“三无一靠”成年重度残疾人给予生活补贴,投入资金209.8万元,救助残疾人976人。实施国家“阳光家园计划”,机构集中托养标准为每人每年1.2万元,居家安养标准由每人每年600元提高到1500元,投入资金605.7万元,服务残疾人2568人。实施“沐浴阳光”工程项目,为1610户贫困重度精神残疾人和智力残疾人家庭安装洗浴设备。推动出台《长春市残疾人免费乘车实施办法》,对城区残疾人全部实行免费乘坐公交车。开通12385残疾人服务热线和残疾人信访信息系统,维护残疾人合法权益。

**【扶贫攻坚】** 组织完成残疾人贫困户精准识别18356人,纳入到建档立卡范围7931人。根据《关于进一步加强脱贫攻坚工作的意见》,与长春市扶贫开发领导小组办公室联合印发《长春市脱贫攻坚工作贫困残疾人项目实施细则》,投入资金772.6万元,为全市残疾人精准扶贫工作提供重要政策和资金保障。对九台区莽卡乡三道村59户贫困户进行包保,选派第一书记驻村开展帮扶工作。为包保村残疾人发放辅助器具11件,总价值0.98万元;组织评残专家免费为70余人进行现场评残鉴定;资助1.2万元建设环保公厕3个,解决村民如厕难问题。投入国家专项扶贫资金、农机扶贫资金60余万元实施农机扶贫项目,农机库房建设完成,即将投入使用。

**【就业教育】** 落实长春市人民政府《关于加强和改进残疾人就业工作的意见》,长春市残疾人联合会(以下简称“市残联”)制定印发10余项促进残疾人创业就业的具体办法,全市新增城镇残疾人就业2925人,完成任务目标的146.3%。对30家超比例安排残疾人就业单位给予资金补贴,安置残疾人168人,其中超比例安置98人,补贴资金87万元。对19家新建盲人按摩机构给予资金补贴13.5万元;对12人给予个体从业租赁摊床位租金补贴约13.3万元;对安置残疾人大学生就业的10家企业给予补贴资金10.3万元,安置13人;投入资金5万元,对2名创业的残疾人大学生给予扶持。发挥残疾人就业(扶贫)基地和创业带头人的辐射带动作用,评选出市级残疾人扶贫基地2家、就业基地8家、残疾人创业带头人7人,推荐省级扶贫基地1家。每月18日残疾人"招聘日"活动的平台作用,全年市本级举办各类招聘洽谈会18场,有717名残疾人求职者与用工单位达成就业意向,就业233人。开展残疾人精准培训,培训残疾人9258人次,完成任务目标的115.7%。利用国家"彩金助学项目"对贫困残疾儿童学前教育给予资助,投入资金38.7万元,资助残疾儿童129人。实施扶残助学项目,全市有残疾学生及残疾人子女653人通过申报。其中本科以上336人、大专177人、中专140人,资助金额249.1万元。对就读长春广播电视大学的残疾学生给予每人每年1000元的资助,投入资金16.8万元,资助168人。

**【康复服务】** 2016年,市本级投入康复经费433.5万元,争取上级康复资金1340万元,支持全市残疾人康复工作开展。长春市以及南关区、双阳区被作为全国残疾人精准康复服务行动示范点进行重点培育。实施"康复进家庭项目",投入资金336.2万元,服务贫困肢体残疾人3362人。投入资金750.6万元,为精神障碍患者提供免费送药救助6747人次、免费住院救助2444人次。在残疾儿童抢救性康复方面,投入资金857.8万元,救助残疾儿童718名(其中孤独症儿童171名、脑瘫儿童218名、智力残疾儿童310名、苯丙酮尿症儿童19名)。实施省级彩票公益金"助行圆梦项目",完成大腿50例、小腿197例假肢安装的筛查工作,发放辅助器具及康复器具3755件(套)。对300名盲人进行定向行走训练。选定长春市和谐居家养老服务中心等3家康复机构进行培育。长春市残疾人康复中心完成主体工程。

**【宣传文体】** 通过《长春日报》"同行小康路"专栏对残疾人创业就业典型、扶残助残政策进行宣传,市残联网站全年发布各类信息590条,向上级网站报送信息514条,其中,中国残疾人联合会采用453条,吉林省残疾人联合会(以下简称"省残联")采用490条,"中国长春"采用184条,开通市残联微信公众号,扩大残疾人工作社会影响力。举办长春市残疾人书画摄影艺术作品展暨长春书画名家公益助残笔会和"东科杯"残疾人事业"同行小康路"主题征文比赛,选送43件艺术作品参加省残联"追梦杯"系列活动,丰富残疾人的精神文化生活。成立长春市残疾人文学艺术界联合会,经开区东北科技职业技术学校和南关区益乐工坊被评为省级文化创业示范点。与中共长春市委宣传部、长春市精神文明办公室共同开展2016年"长春好人·自强之星"评选活动,评选出"自强之星标兵"5人,"自强之星"20人,有14人入选省"自强之星"标兵和省"自强之星"。建立长春市残疾人体育训练基地,并开展各类体育培训及健身活动。培训残疾人体育健身指导员88名,其中省级16名,市(县)级72名。承办2016年吉林省残疾人健身大会,完成国家体育健身示范点的申报工作。组建成立长春市残疾人冰壶队,并代表吉林省参加2016年全国残疾人冰壶锦标赛,取得男子听障组亚军、女子听障组季军的优异成绩。

**【公益助残】** 2016年,长春市残疾人福利基金会筹集款物合计人民币433万元,组织实施"阳光伴我行—集善明门儿童轮椅"救助项目、"共享阳光下的温暖"—中国基督教两会轮椅救助项目,启动"兴业银行助残基金"轮椅和助听器救助项目,发放成人轮椅和脑瘫儿童专用轮椅1070台,价值235万元;发放助听器40台,价值12万元。完成"阳光伴我行—集善明门儿童轮椅"救助项目纪念雕塑的招投标和制作工作。长春市"壹基金·温暖包"项目为孤独症儿童发放生活用品总价值36.5万元。爱心企业丽声助听器长春直营中心通过市残疾人福利基金会向听障儿童捐赠助听器10部,并提供后续服务,总价值23.2万余元。全市各类残疾人专门协会、志愿助残组织开展残友联谊会、无障碍环境体验、手语服务推广、家教"一帮一"等活动。成立长春市聋人协会、长春市盲人协会,"长春聋人帮帮团"募集善款约3.7万元,帮扶216人、服务时长1300多个小时。

(孙连涛)

## 长春市红十字会

**【概况】** 2016年,长春市红十字会被吉林省公务员局、省红十字会评为吉林省红十字会系统先进集体;被中共长春市直属机关工作委员会评为先进直属党组织和"服务发展先锋行动、改善民生春风行动"主题活动先进单位。

**【备灾救灾】** 2016年5月12日,省、市红十字会联合在红十字蓝天救援队长春基地举办第8个"防灾减灾日""减少灾害风险,建设安全城市"主题活动。市红十字会向红十字蓝天救援队捐赠急救包、急救帐篷和应急救护手册等救援物品。组织参加2016年全国红十字防灾避险知识竞赛,市红十字会获最佳组织一等奖。

**【公益救助】** 开展"春暖助老、博爱送万家"活动,慰问无儿无女、家庭贫困老人,筹集款物15万元,救助贫困老人300户。用4万元人道救助资金救助40名贫困重大疾病患者;为九台营城子和九台街道所辖的困难家庭发放价值36万元的衣物3000件;开展慰问农村冠心病患者活动,为380名农村冠心病患者送去价值9.7万元的药品。为15名贫困家庭白血病患儿、5名先天性心脏病患儿完成小天使基金的救助申请审核申报工作。完成9名贫困家庭白血病患儿的救助金拟发放审核工作。救助贫困大学生7名,共1.4万元。携手长春老韩头清真食品有限公司开展慰问社会受关注群体活动,为养老院老人、环卫工人、一线交警、儿童福利院、回族小学、雷锋车队等群体发放价值16余万元的老韩头食品;携手长春市市容环卫局、恒大冰泉开展环卫工人冬日暖心公益活动为环卫工人捐赠6000箱矿泉水,价值12万元;携手著名书法家初长洲教授为患病大学生夏婉莹举行义卖捐款活动,募捐11.5万元;携手浦发银行长春分行为贫困听障学生捐赠210件棉服、100套校服、23套园服,价值4万元;携手纳爱斯集团开展“与爱“童”行,让爱发“声””公益活动,为特殊教育学校贫困学生赠价值1万余元的生活用品。

【应急救护培训】 完成《长春市2016年建设幸福长春行动计划》中“组织千名志愿者救护员和万名群众应急救护培训”任务。开展应急救护培训“进社区、进农村、进学校、进企业、进机关、进展会”活动,举办应急救护师资培训班1期,培训师资志愿者44名;救护员培训班39期,培训红十字志愿者救护员1540余人;群众性应急救护培训250余场,培训群众13900余人。举办吉林省暨长春市红十字会“生命健康安全教育体验日活动”,朝阳区富锦路小学校全体师生和蓝天救援队志愿者500余人参加活动,进行应急救护演练。开展“儿童学急救、急救为儿童”主题活动,中国红十字会总会副会长王海京、吉林省红十字会常务副会长牛继东等领导出席,200多名小学生参加应急救护演练。确定在朝阳区实验小学建设生命安全教育体验教室1所,项目资金32.5万元。举办长春市红十字会第二届应急救护技能大赛,省红十字会党组书记、常务副会长牛继东、市政府副秘书长卢福建等领导出席活动。

【志愿服务】 开展中高考温馨志愿服务活动,设置中高考服务站56个,参与红十字志愿者近200名,为考生和家长提供眼部检查、心理疏导、发放凉垫等服务。组织志愿者在第十五届农博会、第十三届汽博会、第十二届中国(长春)国际动漫艺术博览会等大型展会开展志愿服务,出动志愿者80人次,处理皮外伤、低血压、低血糖等突发事件60余例。开展现场应急救护讲座30场,培训数百人,发放宣传资料1万余份。七一前,组织10名医生志愿者,为浦东敬老院的老年人讲解健康知识和免费体检。

【宣传工作】 完成市红十字会“一官两微”信息平台搭建和运行,通过官方网站和微信公众号发布信息85条,官网访问量47327人次,在线处理人道救助、救护培训和志愿者等业务申请186条。《中国红十字报》《吉林日报》、吉林省电台、《长春日报》、长春电视台、长春市电台等媒体,播报市红十字会工作信息52条,新华网、光明网、环球网、网易、新浪、搜狐、凤凰、今日头条等网络媒体发稿86篇。其中《入学第一课》《小记者学救护》《无声的约定》《心念奉献的生命·致敬不朽的灵魂》等文章在《中国红十字报》《长春晚报》等媒体头版刊登。5月9日,《长春日报》发专刊《博爱精神凝聚温暖力量 创新举措提升服务水平》对长春市红十字会工作报道,得到社会好评。

(李　力)

## 长春市个体劳动者私营企业协会

【概况】 截至2016年底,长春市个体劳动者私营企业协会(以下简称市个协)有会员575482户。其中,个体会员418742户,私企会员156740户。协会工作人员7人。机构设置办公室、组织联络部、宣传教育部、会员服务部和党委办公室。所属各区、开发区、直属基层协会16个。

【帮扶助困】 两节期间,市个协一行4人到净月区新立城看望慰问低保户崔振彪,为他送去生活物品。开展“扶贫帮困送温暖”活动,组织3名非公企业党员和1名入党积极分子为汽车开发区内非公私营困难业户送年货;为奢岭村贫困户送去价值8万余元的婴幼儿奶粉;围绕特殊群体开展一系列活动,为残障儿童赠送音响、帮助残障群体义卖手工制品、为智障中心的孩子们举办感恩年会等。

【非公党建工作】 3月23日至24日,市个协党委举办基层党组织书记和党务工作者培训班。基层党组织书记和党务工作者70余人参加培训。按照长春市工商局党办对失联党员集中排查的工作安排,市个协党委在9月27日前将12名失联党员全部找到。5月18日至22日,市个协党委在长春市委党校举办入党积极分子培训班,有包括25名非公企业入党积极分子在内的47人参加培训。2016年,新发展非公党员20名。7月1日,协会党委举办纪念建党95周年新党员宣誓仪式,各基层协会秘书长、非公企业党组织书记、党务工作者代表等200余人参加仪式。仪式后,长春市委党校吴笛教授作了“七一”专题党课报告。市个协党委组织非公企业党员参与“两学一做”知识竞赛网上答题,269名党员提交答卷。9月22日,市个协党委在吉林省丛家橡胶制品有限公司举行揭牌仪式,成立丛家橡胶制品有限公司联合支部委员会。该企业成为二道区个私协会“会员之家”,被评选为长春市非公党建示范点。开展“小、个、专”党团组织覆盖“百日攻坚”行动。按照《关于开展小微企业个体工商户专业市场党团组织覆盖“百日攻坚”行动的通知》要求,市个协对全市50余万户小微企业、个体工商户和专业市场进行调研,统计出全市非公党员和党组织基本情况。按照长春市委组织部转发的《中共吉林省委组织部关于集中推进全省非公有制企业和社会组织党的组织和工作覆盖的通知》文件精神,市个协会党委对全市范围内的75家社会中介类企业实现“双覆盖”,采取“派出组建法”,选派人员进驻企业帮助其建立党支部。对规模以上中介类企业实现党组织覆盖,规模较小企业实现党的工作覆盖,将社会中介类企业的党组织覆盖率提高到80%。按照省局《关于集中力量抓好专业市场党建工作的通知》要求,对全市98家专业市场全面摸排基础上,对未成立党组织的专业市场积极组建党支部,没有党员的专业市场实现党的工作覆盖。2016年,新成立32个党组织,党组织覆盖率提升至69.4%。

【服务发展】 市个协于3月7日联合中国邮政储蓄银行举办了融资动员会,为个体企业讲解银行贷款优惠政策及贷款手续的办理方法。召开“银企对接、助企融资”推进会，11家金融机构和73户个体私营企业参加了对接。市个协与二道区个协联合组织开展了“中山学院修正班与个私协会对接交流会”，辖区内50余家企业负责人参加会议。

【主题活动】 “10·18光彩服务日”，各基层协会在辖区内开展以“精准帮扶、回馈社会”为主题的一系列公益活动。“12·1世界艾滋病日”，市个协连同各基层协会在全市范围内开展以“携手抗艾、重在预防”为主题的艾滋病宣传教育活动。在龙嘉机场设立禁毒“流动课堂”宣传点；在月潭商贸城举办宣传活动，发放维权知识手册和计生用品，发放宣传手册3000余份，计生用品2000余个。

【荣誉表彰】 12月5日，在全国先进个体工商户表彰大会暨纪念中个协成立30周年座谈会上，国家工商总局、中国个体劳动者协会授予长春市个体经营业户翟丽青、李龙为“全国先进个体工商户”荣誉称号，同时授予宽城区个协“全国个私协会系统先进单位”、经开个协秘书长刘岩“全国个私协会系统先进工作者”称号。

（贾冠华）

## 长春市消费者协会

【“3·15”纪念表彰会】 长春市消费者协会（下文简称“市消协”）组织召开全市“3·15”纪念及表彰大会，对13个服务行业的15家消费者权益保护工作单位、10个消费维权服务站、5名维权义工和10名消费维权卫士进行表彰；市委常委、副市长王路出席会议并致辞，全市各界代表400余人参加大会。

【消费维权】 2016年，全市各级消费者协会受理各类消费投诉7552件，受理群体投诉案件4宗，投诉解决率95.35%；接待消费咨询近2万件，为消费者挽回经济损失2345.49万元；全年全市各级消协通过人民调解和诉调对接处理案件67件。各大商企解决疑难投诉2380件。落实举证责任倒置、召回制度、三包规定、网购7日无理由退货制度。开通投诉和解平台，为企业提供一站式服务。6月30日，市消协与19家批发市场、购物广场签订消费维权第一责任人责任书，履行第一责任人义务。助广本歌斯图轿车自燃车主得到27万赔偿。解决电热水器安装致水管打漏引发财产损失商家拒赔问题。就电热水器安装所引发系列问题，召开在长34个电热水器品牌质询会，市消协通过媒体提出应尽快完善和规范家电安装服务方面相关法规，引导企业修改侵害消费者合法权益的相关交易规则等建议。

【消费维权宣传】 2016年，全市各级消费者协会组织开展消费教育活动78次；发布消费提示830余条、消费警示68条，相关媒体采访及报导46次，中央电视台报导信息2条；建立2个消费教育基地；组织培训16个消费维权分会及211个维权服务站900余人。开展“预防网络欺诈”、金融消费专题讲座；“纺织商品知识大讲堂”教育活动；儿童、青少年消费维权教育宣传活动、开展“服务企业、以赛代学、提高技能”维护消费者合法权益学法用法竞赛活动，组织首届电信系统“以案说法”暨岗位服务技能大赛。开展“走进吉林品牌”消费体察月活动；组织“大学生消费维权漫画”创作大赛；编印和发放教育、宣传材料99.4万册（份）；消费教育进商场、进社区、进农家大院、进企业助培指导服务，市消协对16个品牌快热式电热水器（厨宝）、20个品牌电脑桌（转椅）、50个品牌壁纸、40个品牌强化地板等进行比较试验，引导消费。

【社会监督】 通过召开联席会议，将投诉热点及消费者反映的问题向各大企业通报，督促企业整改。市消协针对汽车消费与维权状况调查、对电信行业家用宽带接入网速率监测的调查等，对营造良好消费环境发挥了积极作用。就餐饮行业最低消费限制、汽车销售、电信服务、银行服务、医疗美容服务、预付款、教育培训、手机等行业不公平条款和侵权问题开展约谈和点评，特别是促使在汽车服务、苹果产品、三星手机“霸王条款”问题的解决。市消协建立汽车、农资、国民消费教育等17所消费教育中心，有2名监督员被评为省市十大维权人物，10名监督员受到表彰，全市有消费维权监督员员和维权义工1500余名。

（钟　萍）

# 地方武装

## 长春警备区

【概况】 2016年,开展"大讲堂""大讨论"和"大党日"活动,传达学习中央军委《关于郭伯雄违法犯罪案件的情况通报》。完成"两学一做"学习教育先行试点,配合开展七一表彰、重温入党誓词、参观净月监狱等系列活动,在中央级媒体发稿110篇,省军区刊发要讯7篇。开展"安全隐患大排查大整治"活动,确保部队安全稳定。市委、市政府2次召开军地对接会,研究驻军部队的问题。出台《关于经济建设和国防建设融合发展的意见》,对发展方向、组织领导、融合项目等进行明确。长春市民政局支持驻军部队建设运动场、电子阅览室、连队图书室。推行"阳光安置"模式,确保每年符合安置条件的退役士兵100%安置。10月10日,召开市委常委议军会,研究解决部分营区供水供暖、转业干部安置、随军家属就业和军人子女入学等问题。组织42所高校开展"我爱国防"演讲比赛。长春市连续第八次被评为"全国双拥模范城"。

【扶贫工作】 开展"感恩长春人民、奉献第二故乡"活动,支持地方棚户区改造、道路疏通和项目建设。贯彻市委关于精准扶贫的指示精神,参与包保榆树市闵家镇二十家村,牵头组织司法局、民政局、交通局、水利局等单位到二十家村现场办公,帮助研究解决村路建设、资金扶持和致富项目等问题。长春警备区帮扶资金10万元,帮扶图书300册,同长春市司法局引进致富项目6个。帮扶德惠市同太乡侯家村小学、榆树市秀水镇治江学校等13所贫困学校,长春警备区43名团以上干部一对一包保43名困难学生,每名学生帮扶资金1000元。

【征兵工作】 完成兵员征集任务,大学生占新兵总数的57%。征兵创新做法在《中国国防报》头版头条和《解放军画报》刊发。组织大学生"军营一日"活动,遴选300名大学生走进军营体验生活。全市登记适龄青年近11万人,高校应届毕业和在校男生近22万人,高中应届毕业男生近2.2万人。开通"长春征兵"微信公众平台、升级改版长春征兵工作网,开通"长春征兵" 微网,发送征兵宣传信息500余万条。市征兵办编印征兵宣传提纲,印发宣传海报1500套、《参军入伍宣传手册》15万份,租用LED屏,滚动播放征兵广告。与团市委联合制作《参军吧,兄弟!》征兵宣传片。开展"征兵宣传进校园""征兵宣传周"等活动,上站体检人数明显高于2015年。修订下发《长春市廉洁征兵"十三条"禁令》。对征集条件、指标、体检结果、政审结果、定兵程序、定兵结果、检查监督、处理结果进行"八公开",对体检合格、政审合格、预定新兵和定兵名单进行"四公示"。对长春

3月16日,吉林省征兵宣传进高校活动启动仪式在长春工业大学举行

(王 野 提供)

6 月 29 日，长春警备区组织入党宣誓仪式　　（王　野　提供）

市征兵业务骨干 100 人进行业务培训，各县（市、区）组织培训 400 人次。新兵起运前组织短期集训，提高兵员质量、减少退兵数量。

【训练演习】 每月对 1 个人武部的值班分队进行拉动点验；投入 100 余万元，购置无人机 13 架，引进气象预警终端 11 部。组织百名专武干部和教练员集训，2 次组织首长机关封闭集训，20 名专武干部参加省军区组织的集训考核获得总评第 3 名。6 月，出动民兵 30 人，冲锋舟 2 艘、音视频生命探测仪 1 部，救援榆树市大坡桥落水车辆。7 月，出动民兵应急分队 200 人，完成加固堤坝和转移群众 2 项演练任务。出动民兵 300 人，动用冲锋舟 5 艘、橡皮舟 10 艘，完成卡伦湖水面清污任务。组织 6 类 13 支民兵重点分队点验拉动，到点率 100%。

开通微信公众平台，士兵参加省军区考核获得总分第 2 名。1 月 18 日至 26 日，警备区带所属 10 个人武部 103 人，区分法规常识、军事技能、战术作业和徒步行军 4 个专题组织冬训。5 月 9 日至 13 日，警备区集中组织专武干部和民兵教练员 140 人训练。6 月 2 日，随机对 7 个单位 13 支分队 1486 人进行拉动点验，所有分队均在 3 小时内机动至指定地域。1 月，组织安全管理知识授课。4 月，组织基层单位行管干部安全管理能力集训和保密员专项集训。5 月下旬，组织 2 支心理战分队进行心理行为拓展训练。投资 40 余万元，建设 2200 平方米心理行为拓展训练场，可同时展开 2 支分队 23 个科目的训练。编写《心理行为拓展训练指导手册》，组织 2 支心理战分队进行全科目训练。6 月 20 日，组织心理战分队 6 个高空科目演练，培训心理工作骨干 100 多名，省军区首长带机关和驻长师级单位政工领导参观训练场建设并现场观摩。7 月，出动民兵 300 余人，加固松花江回水堤险工险段 2000 余米。

【武器装备管理】 2016 年，仓库收发作业 70 余次，完成武器装备的核对工作。进行静电释放器和防雷系统的升级改造、安防监控设备和库区外围铁丝网的检查维修、UPS 备用电源的购置安装、军警民实兵联防演练和 70 余份软件的细化规范。全年组织保障首长机关训练、民兵基地驻训及各类集训 11 次。组织对库存的帐篷、冲锋舟、运输车辆等 10 种抗洪抢险物资器材装备近 1000 余件（套）进行检测、维修和补充。

（王　野）

## 武警长春市支队

【思想政治建设】 每月组织“指导员之家”活动，每周督促教育落实，每天抽考“三个半小时”落实思想学习工作。开展“坚定‘四铁’信念，做改革强军拥护者”干部专题教育，帮助受火灾战士家庭重建房屋，倡导“忠诚、尚武、担当、纯朴”的支队队魂，重大节日举办升国旗仪式和大型文艺汇演，开展“强军风采”系列文化活动，组织部分官兵参观见学、祭扫英烈，定期拍摄“公益广告”下发部队，拍摄发行警营微电影《逆行》，在总队“军歌嘹亮献给党”歌咏比赛和“强军杯”篮球比赛中均获第一名。开展拥政爱民、助民扶贫、军民共建等活动，武警长春市支队被

6 月 2 日，长春警备区组织民兵整组拉动点验　　（王　野　提供）

长春市委市政府表彰为“民族团结进步先进集体”,三中队、四中队分别被评为“吉林省拥政爱民先进单位”和“吉林省青年文明号”。

【勤务训练】 坚持“能打仗、打胜仗”,组织勤训轮换、“以老带新”,推行“五级查勤”机制,开展勤务专项教育整顿,完成400余起临时勤务。推进军事训练“八落实”,制定《关于加强军事训练工作的决定》,落实“减员增效”,节约执勤兵力。组织“四会”教练员、器械小教员、侦察骨干、反恐训练尖子、士官长等5类集训,开展尖子兵岗位培训,储备实战化训练人才。全年培养全科目教练员43名、单科目教练员262名,作训科参谋张思琦被总部评为优秀“四会”教练员。投入1200余万元购买器材装备、训练设施;建设训练场地。完善10种战备预案、12种应急保障预案。在总队遂行任务能力检验评估暨年度军事训练考核和标兵中队考核中,考评优秀。

【安全管理】 落实《八个方面安全基本工作规范》,开展“条令学习日”和“学法规、用法规、守法规”活动。修订《正规化建设“二十条”措施》,举办正规化建设和经常性工作落实观摩会,正规部队“四个秩序”。开展“百日安全竞赛”活动,为临时单位安装监控系统,为支队安装限位卡扣和防护栏,出台部队、家庭、社会“三位一体”机制。支队被总部评为“百日安全优胜单位”和“士官队伍建设先进单位”。

【基层建设】 修订年度按纲建队计划;结合考察帮建、当兵蹲连、《纲要》考评、“五级检查”和重大任务搞好重点指导帮带。机关干部按季素质考核、每月理论学习、每周业务培训、每天工作反馈,制定大队工作“六条规范”,建立大队“日查、周评、月考”机制,每月集中学习培训;组织基层干部对“七本五簿三表一册”记录情况进行专题培训。合并18项会议活动、取消22个工作组、压减43份文电,投入8.7万元为基层配发炊事器材,为基层8个单位和机关3个部门安装饮用水净化装置,组织官兵到前卫医院免费体检,为支队官兵建立就医绿色通道、提供医疗和心理服务,开展“被装服务”“医疗援建”下基层活动,修补军鞋1500双,调配服装2982件。

(周志宇)

## 人民防空

【人防工程开发利用】 2016年,办理《人民防空工程平时使用证》31项,面积22.4万平方米,签订《人防工程租赁使用合同》,办理使用证237个,面积为141.4万平方米,全年投入维修经费82.61万元,维护、维修早期人防工程15项,维护管理率100%,开发利用率在85%以上,实现人防工程平战结合开发利用收入4016.58万元,提前并超额完成省办下达的全年工作目标。完成第一部分人防工程控制性详细规划编制工作,第二部分规划编制工作也全面展开。下发15个安全生产规范性文件,制作并发放安全宣传材料1万余份,实施安全检查30余次,发现安全隐患8处,无重大安全隐患。

【人防工程建设】 将人防工程(结建)审批项目纳入长春市行政审批“一门式、一张网”服务系统,推动人防结建工程建设开展。2016年,人防结建地下室竣工验收59项,竣工验收面积约42万平方米,防护质量专项验收合格率100%,竣工验收合格项目专项备案率100%,在建筑市场形势整体下滑的情况下,全市收取人防易地建设费9140万元,实现既定目标。重点工程“971”基本指挥所建设基本完成,休办区、生活保障区投入使用,指挥区信息化建设达到使用水平。“752”省、市联合人防预备指挥所完成预期建设目标。利用优势融合发展,与IT企业联合建立起人防数据灾备中心,填补吉林省数据灾备中心建设发展空白。“871”人防商场改造工作顺利完成。

【人防法制建设】 修订《长春市地下空间开发使用管理条例》,组织执法大检查,清缴陈欠结建费180万元。对签订的18份重大合同进行法制把关,消除漏洞和诉讼责任。开展“六五普法”和纪念《纲要》的颁布实施宣传活动,受教育群众达5万余人次。

【扶贫工作】 发动党员捐款5.78万元,对包保的39个贫困户进行慰问。投入资金670万元,为德惠市布海镇哈里村修建8公里村路,方便村民出行,解决贫困户卖粮难问题。结合人口疏散基地建设,为哈里村修建近4000平方米的扶贫大市场,对有劳动能力的贫困户进行免费安置,促进贫困户增收。

(石忠华)

## 消　防

【概况】 2016年,全市消防部队开展重点单位“六熟悉”5161次、实战演练1738次、制作数字化灭火救援预案1585份,1200余名现役官兵和合同制消防员参加比武。全市发生火灾2316起,死亡5人,受伤0人,直接财产损失4140.1万元,与2015年火灾起数基本持平,死亡人数减少2人,受伤人数减少2人,直接经济损失基本持平。消防支队接处警5998起,出动车辆1.06万台次、警力5.3万人次,成功处置“3·31”金源大市场家具城火灾、“5·25”光复路303栋火灾等火灾事故。

【改进服务方式】 制定实施《服务地方经济助推长春振兴二十条措施》,聘请29名社会监督员,召开警民恳谈会,改进服务方式,向社会公开推出全面实行窗口受理“公开化”、监督执法“透明化”、审核验收“一致化”、跟踪服务“常态化”、灭火救援“科学化”的承诺;对受理的项目实行跟踪服务,提升验收一次性通过率;实行容缺预审制,允许建设工程补报手续,先行审核,缩短审批周期;对重点工程前移服务关口,对大型重点工程、民生工程开通绿色通道,缩短审批时限。为吉林省民航机场集团公司、长春市地铁有限责任公司等30余家企业项目进行多次现场指导和技术服务，实施容缺受理项目 1081 个，为企业节省资金过亿元。

**【火灾隐患整改】** 2016 年，全市投入重大火灾隐患整改资金 7000 余万元，整改销案重大火灾隐患 18 家，剩余 4 家重大火灾隐患单位全部落实整改资金、整改责任。开展城市综合体、商市场、超高层、易燃易爆、重大火灾隐患、电气线路、消防安全疏散、自动喷水灭火系统等 8 大专项整治行动。检查单位 33582 家次，发现火灾隐患 19432 处，督促整改火灾隐患 19096 处，三停单位 222 家，查封 415 家，罚款 968.13 万元，拘留 95 人，曝光火灾隐患单位 66 家，侦办火灾刑事案件 6 起，追究刑事责任 13 人，对消防违法行为形成有力震慑。支队被公安部消防局评为 2016 年夏季消防检查先进支队。

6 月 9 日，长春市消防支队在长春工业大学人文信息学院校区开展“消防安全月”宣传活动 （李臻尧　提供）

**【消防安全宣传】** 与民政局、教育局、安监局、卫计委等多部门联合印发《消防安全宣传教育“七进”工作实施方案》，与市文广新局联合下发《关于在全市公共文化服务场所和文化娱乐经营场所开展消防安全“三提示”宣传活动的通知》；研发长春消防微信公众号，实现举报火灾隐患、开展消防安全培训、查询消防审批项目，微信关注人数超过 12 万人；开展消防“进军训”、大学生文化节、“消除家庭火灾隐患，学会正确自救”“共建平安校园，培养消防先锋”等宣传活动，开展社区网格员、重点岗位人员培训 48 期，培训 11000 余人。播消防专题节目 104 期，进行消防公益宣传 7000 余次，公益广告提示 5 万条次。“3·31”金源大市场火灾发生后，支队第召开火灾警示教育现场会，邀请吉林电视台、长春电视台等 10 余家媒体对会议进行报道。

**【消防站及水源建设】** 2016 年，新建政府专职消防站 27 处、新增政府专职消防员 220 人，配备全新消防车 28 辆，超额完成专职消防站建设和合同制消防员征召任务 350%和 9%；全市除已并入城区乡镇和朝阳区乐山镇、永春镇，全部拥有政府专职消防队。落实专项水源建设资金 2500 万元，其中有独立水源建设任务的县市区落实 1626 万元，市政水源新建及维护保养投入 4126 万元，新增 1400 个市政消火栓、100 个消防水鹤，提高市政消防水源的建设水平；推进新型水源建设，在社会重点单位消防水池安装独立供水、远程启动的取水口供水系统。支队建成 500 立方米以上社会单位消防水池取水口 273 处，100 立方米以上 500 立方米以下社会单位消防水池取水口 99 处，社会公共水源一次性增加 40 万立方米，破解长春地区火灾现场供水难题。

**【后勤保障】** 2016 年，建成维修车间和物资储备库，购置饮食保障车、运输车、叉车等保障车辆 8 台；采购个人防护装备 21 种2.3 万件套执勤车 33 台、个人特种防护装备及其他常规类装备 11 类 130 种 1.4 万件套。采购的车辆装备中，新筹建营房10 处，总占地面积 5.4 万平方米、建筑面积 3.8 万平方米，含 7 处体能训练馆，建设标准全面提高。

（李臻尧）

# 法　　治

## 综　述

【维护社会稳定】 2016年，开展反渗透、反间谍、反分裂、反恐怖、反邪教斗争，加强情报信息搜集研判，依法查处一批间谍窃密案件、邪教组织违法犯罪案件和暴恐预谋案件。完善社会稳定风险评估和社会矛盾纠纷多元化解机制，建立社会矛盾日排查、周调度、月研判等“七项机制”，运用人民调解、行政调解、司法调解等多种方式，采取协商、听证、仲裁、教育等多种手段，及时化解社会矛盾纠纷。推行重大信访案件领导包保制度，设立维稳专项资金，实行综治维稳一票否决权制，推动解决了一批重点信访案件。全国“两会”“G20”峰会、党的十八届六中全会等重大会事和敏感节点期间全市未发生有影响的案(事)件。

【服务经济社会发展】 制定出台《关于全市政法机关深化“抢抓机遇、创新发展”大讨论服务长春新一轮振兴发展的实施意见》，围绕7个方面提出26条具体措施，统一指导全市政法机关服务保障振兴发展工作。开展“万名政法干警下基层”活动，通过包保对接重大项目、重点企业，及时提供个性化、订单式的法律服务和法律体检；通过依法严厉打击和查处破坏企业公平竞争、侵犯知识产权等违法犯罪活动，保障企业合法权益；通过加大涉党政机关的执行积案和涉发展软环境的重点信访积案的化解力度，妥善化解社会矛盾纠纷；通过整治涉企“六难三案”行为，提升执法司法公信力。召开全市政法机关服务保障新一轮振兴发展专题研讨会，梳理出6个方面15条重点难点问题，组织政法机关与市直相关部门精准对接，加快推动问题解决。

【平安长春建设】 2016年，全市110刑事警情、“两抢”案件、刑事案件数量比2015年分别下降16.2%、13.2%和27.5%。省委政法委、省综治委在长春召开全省社会治安防控体系建设现场会，对长春市立体化社会治安防控体系建设工作给予充分肯定。开展“打盗骗、保民安”等专项行动，严厉打击各类刑事犯罪特别是破坏经济发展环境、危害群众生命财产安全等犯罪活动，强化交通、消防、危爆物品等重点领域的安全管理和源头治理，强化对刑满释放人员、严重精神障碍患者、吸毒人员等特殊人群的服务管理和动态管控，提高对各类风险隐患的防范、化解、管控能力。注重基础性制度建设，制定出台《长春市健全落实社会治安综合治理领导责任制实施细则》和《关于服务保障我市新一轮振兴发展进一步深化平安长春建设的实施方案》等一系列文件。注重现代科技应用，加大公共安全视频监控、综治信息系统和视联网等现代科技手段的应用，加强和规范基层综治中心建设，及时把基础信息实时推送到基层一线，推动服务管理资源向网格延伸。长春市获选全国公共安全视频监控联网应用首批示范城市，获得中央补助资金2800万元。在街道(乡镇)普遍成立了政法委，在社区(村)普遍成立综治委，组建由网格长、综治协管员、群众志愿者组成的群防群治队伍。

【法治长春建设】 按照长春市委总体部署，将《全面推进依法治市实施规划(2015-2020年)》确定重点任务全部细化分解，明确具体责任单位，定期进行督导检查。实施“法治建设十件实事”，面向社会召开新闻发布会，公布实事内容，明确目标任务，落实工作责任。开展“法律六进”“万名政法干警下基层”等载体活动，依托社区法律服务站，为群众提供便捷的法律服务。发挥法学会的资源优势，组织专家学者服务区域法治建设，在规范决策行为、推进依法行政等方面发挥重要作用。利用广播、电视、报纸、网络、微信等新闻媒体，依托《长春政法报道》《889新说法》《长春政法》等专栏专刊，开展多种形式法治宣传。一批法治文化示范点、法治文化基地。长春市被中宣部、司法部评为全国法治宣传教育先进城市。

【司法体制改革】 2016年，全国和全省司法体制改革工作推进会在长春市召开。市法院推进家事审判方式改革、探索保全保险机制改革等工作取得实质进展；市检察院明确17项“精装修”改革任务，在推行独任制检察官试点工作、同步监督制约机制等方面积累经验。推动法院、检察院细化和落实案件质量终身负责制，完善法律责任、纪律责任、质量责任、伦理责任等4大责任体系，明确责权清单，强化司法责任追究，提高司法质量、效率和公信力。深化审判公开、检务公开、警务公开，推动政法各部门深化户籍、出入境、消防、交通管理制度改革，取消、下放一批行政审批事项，出台便民利民措施，解决冷硬横推等群众反映强烈的突出问题，促进严格执法、公正司法。

（赵　彬）

## 公　安

【治安防控体系建设】　固化常态运行街面巡逻机制、公安武警联勤武装巡逻机制和治安卡点等级勤务机制，提升社会整体防控能力和应急处突能力。全市110刑事警情、刑事案件、“八类严暴案件”“两抢”案件，比2015年分别下降18.9%、29.6%、21.1%和20.3%。

【严打整治】　组织命案攻坚、“黑拐抢”“盗抢骗”“黄赌毒”网络电信诈骗等专项行动。全市破获各类刑事案件9636起，逮捕4800人，起诉8851人，打掉涉恶团伙67个，116起命案全部破获，全市8类严暴案件和刑事案件破案率分别为70.7%和43.4%。

【安保维稳】　全年完成高规格等级警卫任务35批次，重要会事、重大活动、重要敏感节点安保维稳任务314批次；处置各类群体访529批次20350人次，依法打击非访和群体访骨干355人，进京非访登记人数比2015年下降21%；破获邪教案件420起，抓获邪教人员563人；防范处置出租车串联罢运、“E租宝”、委培生、涉军等特殊群体聚集上访44批次1306人次。

【加强公共安全管理】　开展消防专项排查整治5次，29家重大火灾隐患单位整改销案25家。建成重点单位微型消防站2170家，社区微型消防站414家。组织开展为期9个月的道路交通秩序整治大会战，强化静态停车和动态行车交通秩序，施划停车泊位33.17万个，主次干道通行能力提高8.9%。对全市543家加油（加气）站、100家剧毒放射性物品单位、15家民用爆炸物品单位、94家易制爆物品使用单位、322家物流寄递企业严格监管，确保安全。

【“放管服”改革】　全市公安行政审批项目全部实行“一站式审批、一窗式办理、一次性告知、一条龙服务”。在全省率先完成“自学直考、自主约考”全国驾考改革试点任务。全市户籍、出入境窗口一律免费照相、免费复印、网上预约、延时服务，居民身份证异地办理、交通违法罚款异地缴纳、出入境证件异地受理全面铺开。“互联网+公安”综合服务平台实名注册180.56万人，注册率为23.95%，办结各类办件39.7万件，反馈咨询1.6万件。

【基础设施建设】　投入2.01亿元，建设“四期”视频探头19536个，城乡重点部队全覆盖，投入7318万元，建设350兆专网图传系统、指挥车无线多媒体集群系统。投入743万元配备技侦手段装备，达到全国省会城市一流水平。投入3543万元，升级网侦平台和节点侦控手段，被国家列为全国网综平台建设示范市。投入1088.6万元，为4150名民警配发移动警务终端。投入4.52亿元，建成4.4万平方米的新公安交通指挥中心，完成10个交通分中心升级改造；投入2760万元，改造1.9万平方米的刑事技术用房。

（陆亚戈）

【交通管理】　2016年，长春市公安局交通警察支队（下文简称“支队”）纠正违法176万件，其中酒驾6535件；超员1092件；超载3037件；超速20242件；疲劳驾驶9404件；涉牌涉证11650件；闯红灯32691件；越线行驶684315件；违停406403件，吊销驾驶证1720本，暂扣驾驶证3037件。确定“五个规范”摄录取证抓拍交通违法行为，记者随警强化市民守法意识。支队根据交通拥堵的点段和群众反映热点问题，定时发布4期调流通告，解除单向通行街路13条，打开公交专用车道10条，提高道路利用率；解除方向性限制路口22个，提高路口通行效率；新增单向通行街路6条，增加方向性限制路口39个。发布交通整治指挥部通告2次，1号通告重点解决占用道路和其他公共区域违法设置地桩地锁石墩及长期停放车辆的问题，2号通告重点解决对私自圈占公共停车泊位和私自乱收费及涂改、损毁停车泊位、标志标线等违法行为进行处罚管理的问题。支队代

4月17日，长春市公安局开展整治道路交通秩序大会战宣传活动

（周志宇　提供）

政府起草《长春市道路交通安全管理条例》，填补了长春市交通地方立法的空白。长春市主次干路通行能力比整治前提升8.9%，视频抽查全路线交通违法率下降35%；通过实地抽检和视频巡查，机动车按划定泊位和箭头指示方向停放的比例93.56%，比整治前提高31.22个百分点。

**【勤务设置】** 支队实行“5+2”“白+黑”勤务模式，人均每天超时工作3.5小时，推进勤务改革，支队民警全部执行勤务，勤务设置率100%。打造“探头站岗、鼠标巡逻、民警疏导”的勤务模式实，落实民警管理责任田，包保率100%。整治朝阳桂林商圈、永春路商业区、光复路批发市场、临河街生产资料市场、克娜奇美综合市场等区域，全市16个示范片区达到规定标准。

**【应急保障】** 2016年，处置55起突发警情，未发生因应急处置不力而引发的事态扩大升级事件。完成全国、省、市“两会”交通安保，等级警卫任务43次、大型活动安保87次、临时性安保110次、省市领导公务出行安保2910次。完善《应对意外事件、恶劣天气应急预案》《应对各类自然灾害工作预案》《大气重污染应急处置工作预案》等，有效应对恶劣天气。启动等级预案39次，参加市政府应急演练2次。

**【事故预防】** 出台《进一步加强事故处理岗位建设的工作意见》，采取事故处理队伍垂直管理，工作实行末位淘汰。组建事故预防领导小组，推出56条措施，开展22次专项检查。对环卫工人开展10次宣传教育，建立基础台账，重点车辆、驾驶人信息采集率分别为99.95%和99.98%。对客运车辆、危化品车辆进行监管，下达整改通知书221份。执行责任制倒查，全年倒查5起。一般程序道路交通事故2632起，比2015年下降7.75%；死亡817人，下降3.31%；伤人2875人，下降11.13%；经济损失3037.8万元，下降4.46%。

**【指挥中心搬迁】** 制定搬迁计划，协调对接省厅总队、市局、6家网络运营商、20家各系统及设备承建商和40余家社会驾校，运用先进的虚拟化技术，平稳迁移机动车数据库、驾驶人考试数据库、集成指挥平台卡口数据库、350兆警用集群系统及基站等交管核心业务系统20套；顺利割接网络租用专线200条、自建光缆11条、外线电话55部；搬迁服务器及交换机设备517台、电脑及打印机213台，利用双休日、夜间等非工作时间，使用搬迁车辆1000余台次。

**【智能交通系统建设】** 开发交通流量采集诱导、视频监控、接处警、指挥调度、警员定位、执法监督、缉查布控、查询服务等16大系统。协调督促市建委加快建设“两横三纵”快速路智能交通管理系统，快速路桥下100处灯控路口、100处信号机更换完毕、99处信号灯实现中心链路连通、99处实现中心控制。推进城区11个大队分指挥中心建设，7个大队分指挥中心全面投入使用。指挥分中心具备交通视频巡检、车辆动态监控、警员卫星定位、接处警指挥调度、实时路况巡查等功能，能够满足常态和突发事件条件下交通控制、指挥调度、应急保障、交通管理、缉查布控等功能需求。指挥中心建章立制，建立工作规章制度和考核办法，实行实时调度，实时考核，实时公布。

**【交通安全宣传】** 向全市发出《文明交通倡议书》；全市781所中小学开展主题教育活动，推广二道区五十三中学和南关区东四小学交通安全的典型经验；与市交通局在全市124家运输企业组织规范交通创建活动；与市司法局利用“四网三微一热线”媒体平台，对酒驾等违法行为进行重点宣传，受理交通方面法律咨询。全市到机关企事业单位内部，对110多万机动车及190多万驾驶员、2138家临街商户和企事业单位进行告知，签订责任书48918份，发放宣传资料1277.31万份，展板4419块。利用388台巡逻广播车、50块交通诱导屏、26块楼宇显示屏、电视滚动字幕144条、14630辆出租车顶屏等形式进行宣传。电视、广播、报纸等21家中央、省市媒体报道3569次，在新浪、搜狐等90家互联网新媒体发布信息6642次，网民阅读点击量4541.35万次，转发量415.29万次。向全市53万手机用户发送短信113种。在媒体公开曝光交通违法行为人1328人，曝光违法单位35家。

**【清理淘汰车辆】** 对客车、货车、校车、危化品运输车和农村面包车这“五类重点车”有超员、超速、未检验、未报废等违法行为的，进行清理。2016年，清理车辆738台，清网率19%。同时，还对营转非客车、公路客车、旅游客车、校车、危化品车逾期未检验、未报废违法行为，开展“大清违”行动，及时消除交通安全隐患，清理车辆686台，清违率72%。出台黄标车全市限行通告，处罚黄标车闯禁行1819件，扣留黄标车565台。多次组织召开黄标车淘汰专门会议，配合市政府将黄标车淘汰治理列为2016年交通管理重点工作，全市有111143台黄标车，已淘汰86950台，占应淘汰总量的78%。2016年，淘汰18088台，占淘汰总量的16%。截至2016年底，还有24193台未淘汰。按照要求，2017年底前全部淘汰完毕。

**【创新服务】** 全市设立11个交管服务站，购置32台自助服务机，布设42家检车线、37家驾驶员考试社会化考场、11家交通事故快处快赔服务中心，开通13家驾驶人体检医院，授权68家4S店临牌打印，便民服务点的增设，缩短服务半径，减少群众办事路程时间。创新推出驾驶员记满12分网上学习培训平台，已在全省推广。推进“互联网+公安”服务举措，支队在省厅和总队现场会介绍“互联网+公安”的工作经验。互联网约考总数104.8万人，实现网上约考率100%。长春交警人人有微博，群众在微博上反映的交通问题，人人会答复，件件有回音。长春交警微博在新浪吉林公布的“吉林十大政务机构微博”和“吉林十大公安系统微博”中均排名第一，获“2016年公安部十大飞跃力微博账号”奖。支队所有对外办事窗口推行延时办公服务，每天早晚延长办公时间2个小时，中午和双休日实行奉献办公，方便群众办事，减少业务积压。人大、政协建议提案办结率、满意率均100%。

【交通整治】 派出所社区警务队、夜巡巡区向路面投放警力，履行交通管理工作职责。重点加强静态停车和行人管理，公安机关平均每天投入路面警力1082人、协警792人、巡逻车624台、摩托车122台。成立全市交通集中整治指挥部，城管办、建设、财政、工商、公安、交通、教育等市直18个部门和各区政府、开发区管委会为成员单位。组织召开指挥部会议7次，朝阳、宽城、二道、南关、绿园现场会5次，成员单位调度会20余次。各区、开发区分片包干，市直各部门履职尽责。

【交通标线建设】 支队制定《道路交通标线、停车泊位施划指导意见》，对新建、翻建的道路用热熔漆，道路完好率的冷漆，人行步道采用人工喷涂，不完整的路面利用白灰施划（停车位）。2个月时间施划标线226.75万平方米，施划停车泊位33.17万个，分别是2015年的2.5倍和86.5倍。每一个停车位按标准喷划“区属、路名、编号”，并制作《白皮书》。制定《道路交通标志设置指导意见》，打造人民大街、新发路、南湖大路、自由大路“交通标志设置示范街”，实现标志设置既清晰可见，又通俗易懂，起到疏导、指示和引领作用。全市新增交通标志8467面，是2015年的4倍。投资990万元，在大经路、西安大路、同志街、南湖大路等主要街路更新安装护栏25.2公里，设置新式护栏的街路交通事故发生率减少90%，死亡交通事故发生率降低100%。

【施工占道管理】 结合地铁1号线、2号线，全市新建、改建、扩建道路等施工建设项目，规范施工行为，严格施工时间，完善施工区域的交通指路标志，制定相应的交通导改措施，有效设置固定警力，采取定点、定段疏导指挥，确保施工现场周边交通秩序平稳有序。保障全市786个施工项目、153条大中修道路的顺利完成。

（周志宇）

## 检　察

【服务保障】 制定下发3个服务大局指导性文件，其中《服务保障全市新一轮振兴发展工作意见》，省检察院检察长杨克勤批示转发全省检察机关学习借鉴；《服务保障全市经济发展软环境建设的实施意见》，以长春市委名义印发全市学习交流。突出服务重大项目和重点产业，与一汽奥迪工厂、伊通河综合治理工程等130个重大建设项目和重点企业建立对接关系，开展包保服务。监督纠正各种怠政行为，向有关部门提出检察纠正建议123件。对九台区红石村开展帮扶，启动天麻种植、泥草房改造等5大扶贫项目，实现精准扶贫。市检察院连续2年被评为“长春市直属机关双锋（风）行动标兵单位”。

【惩治职务犯罪】 2016年，全年立案查办职务犯罪案件312件416人。其中，查办贪污贿赂案件204件253人，渎职侵权案件108件163人。全地区侦查终结289件390人，起诉213件293人，有罪判决189件254人，起诉率、有罪判决率比2015年提升均在50%以上。办案效果明显，查办大案253件，县处级以上要案55人，大要案数量位居全省第一位。受中纪委、高检院和省院指派，抽调两级院30余名业务骨干参与查办河北省委原常委、政法委原书记张越、北京市委原副书记吕锡文等重大案件。自主研发建立的职务犯罪侦查信息化平台，使初查成案率提升到52%，并在全国侦查信息工作会上做经验展示。健全完善侦防一体化工作机制，结合办案，开展预防调查26件，撰写犯罪分析38件，向发案单位发出预防检察建议35件。完成长春市警示教育基地布展工作，首次试展取得良好效果。宽城院创作的反腐倡廉“三字经”受到好评。推动社会化大预防工作格局建立，在全市建立56个预防责任区，市预防协会成员单位由原来的203个增加到284个，形成预防工作在重点领域、重要部门全覆盖。

【打击刑事犯罪】 参与平安长春建设，维护社会和谐稳定。严厉打击各类刑事犯罪，批准逮捕3854件4849人，起诉6844件9147人，办结郭伟杰非法经营疫苗案、高波等4人利用“e租宝”非法吸收公众存款案等一批群众高度关注的热点敏感案件。坚持宽严相济，对涉嫌犯罪但社会危险性较小的，不批捕738人；

5月4日，市检察院举行创建“劳模工作室”“青年文明号”授牌仪式

（沈　仲　提供）

对犯罪情节轻微、依法不需要判处刑罚的,不起诉836人。将636件涉检信访案件和42件诉讼监督案件导入检察机关法律程序。依托竹青志愿者联盟,开展系列普法活动。市院成立“未成年人检察工作办公室”,落实未成年人犯罪案件专人办理、犯罪记录封存、合适成年人到场等工作机制,开辟“未检工作心理专家服务绿色通道”。朝阳院被评为“全国青少年优秀维权岗”,长春市人民检察院被评为省级“优秀妇女儿童维权岗”。

**【诉讼监督】** 强化刑事诉讼监督,监督立案65件,监督撤案63件,比2015年分别上升54.76%和103.23%,纠正漏捕50人,漏诉146人,分别上升61.29%和40.38%。加强对生效裁判、调解书以及审执人员违法行为的监督,提出、提请抗诉、发出再审检察建议61件。受理调查后移送审执人员违法线索9件,有罪判决6件。强化行政违法行为监督,向行政执法部门发出督促履职检察建议156件,采纳144件。推进公益诉讼,向环保、国土等部门提出纠正违法、督促履职的检察建议52件,向长春市人民法院提起诉讼11件,为国家挽回经济损失1.34亿元。办理减刑、假释、暂予监外执行6167人,审查发现不当1196件,书面纠正1173件,提出释放或者变更强制措施数281件,相关部门采纳251件,强制医疗执行监督、指定居所监视居住执行监督、死刑执行临场监督等新增业务稳步推进,初步建立起覆盖刑罚执行、刑事强制措施执行、刑事监管活动的刑执监督体系。

**【司法体制改革】** 制定出台司法过错责任追究、强化办案质量监督暂行办法等8项改革配套制度,构建起涵盖司法责任、司法业务管理的制度体系。推动员额动态管理和检察官单独职务序列改革,补充员额45人,18人晋升二级高级检察官,5名正科级干部晋升为四级高级检察官。依法提前介入孙嘉鑫危害公共安全等39件重大敏感案件,引导公安机关取证。推进公诉环节认罪认罚从宽处理试点工作,制定下发《刑事案件公诉环节认罪认罚从宽处理制度实施意见(试行)》。

**【业务提高】** 加强对检察人员的教育、管理和监督,加强思想政治、业务能力、纪律作风建设。教育引导干警强化政治意识、大局意识、核心意识、看齐意识。开展专题培训、岗位练兵和业务竞赛,38名检察人员入选全省业务标兵、办案能手人才库,7名检察人员在全省检察业务竞赛中获得“十佳”“能手”等称号。

**【社会监督】** 全年完成99件人民监督员案件评议工作,为市司法局监督员管理提供信息资料90余次,得到市司法局及人民监督员一致认可,代表长春市院在全省人民监督员工作会议上做经验交流。推进代表委员参与检察工作,邀请代表委员列席检委会、全市检察长会议、参加检察开放日活动、评议公诉人出庭公诉等活动300余人次。推进检务公开,两级院全部建成集案件查询、律师接待、举报申诉、视频接访、行贿犯罪档案查询等功能于一体的“一站式”服务大厅,发布重要案件信息1861件,公布法律文书4729份,发布程序性信息13352件,为群众提供优质高效的检察服务。在全市开展的政法机关执法满意度测评中,群众满意率96.72%,创历史新高。2016年,全地区有170余个集体和个人受到市以上表彰。长春市人民检察院被评为“2013-2015年度全省精神文明单位”,九台区人民检察院被评为“全国先进基层检察院”。特别是在市十五届人大一次会议上,市检察院的工作报告赞成率97.90%,比2015年提高2.97个百分点。

(沈　仲)

## 法　院

**【概况】** 2016年,全市各级法院受理各类案件117933件,结案率96.03%。长春市中级人民法院(下文简称“市中院”)受理各类案件17485件,结案率97.48%。

**【刑事司法】** 2016年,全市法院依法受理刑事案件13768件。审结河北省委原秘书长景春华等重大系列案件。贯彻罪刑法定、疑罪从无原则,依法宣告无罪或变更指控罪名137人。依法尊重刑法执行机关减刑假释改造积极性。严格规范刑罚变更,依法对59名职务犯罪、金融犯罪、涉黑犯罪罪犯不予减刑、假释。

**【民商事审判】** 全市法院受理民商事案件70127件。依法审结全省首例反垄断

5月26日,学习贯彻习近平总书记重要批示精神　加强党组领导班子建设专题研讨会

(孙　伟　提供)

纠纷案、审结一批确认不侵权、特许经营合同、微信公众平台著作权侵权等新型案件,依法保护商业秘密,审理民间借贷案件,严格审查高息放贷行为,审结一批P2P网贷案件,保护企业间合法借贷。依法审理房地产纠纷案件,审结一批建筑施工合同纠纷,逾期办理产权证责任纠纷等案件,注意区分严重质量问题和一般性质量瑕疵,慎重认定合同解除、合同无效,依法推动房地产行业"去库存"。服务一汽、轨道客车等重点企业,依法支持支柱产业发展。审结全国首例食品药品安全领域检察机关支持起诉民事公益诉讼案件。强化司法拥军,维护军队、军人、军属合法权益,支持驻军单位依法变更合同履行、停止有偿服务,市中院被评为"北部战区五省(区)涉军维权先进单位"。依法审理土地承包经营纠纷案件,尊重农民保留承包权、流转经营权意愿,助推农村土地三权分置改革。依法审理涉农民工纠纷案件,在劳动条件、劳动报酬、养老保险等方面贯彻平等原则,推进城乡一体化发展。依法审理劳动争议案件,重点保护劳动者工伤保险待遇、休息休假等权利,引导企业规范用工管理,做到保障劳动者合法权益与维护用人单位生存发展并重。依法审理物业服务纠纷案件,审结一批"住改商"、物业费、车位车库、解除物业服务合同等争议案件,促进物业与业主沟通协商,倡导建立和谐安居环境。依法审理银行卡纠纷、电信服务合同纠纷等案件,推动企业规范管理、优化服务,实现企业与客户之间利益均衡。依法审理家事纠纷案件,未婚同居彩礼依法酌情返还,离婚案件优先保护未成年人权益,赡养案件既判处给付赡养费又责令子女定期探望,把道德要求贯彻到法治实施当中。完善多元解纷机制,搭建消费纠纷、医疗纠纷、交通事故责任纠纷等诉调对接平台,推进社会治理法治化。

**【化解行政争议】** 全市法院受理行政案件2142件。有效化解行政征收争议,依法做到既支持政府依法征收,又保障被征收人合法权益。妥善审理行政处罚及行政强制案件,依法做到既纠正执法瑕疵,又维护执法权威。审慎对待工伤保险行政案件,依法做到既保护劳动者合法权益,又维护工伤保险基金安全。支持市容环境综合整治、整治道路交通秩序大会战和社会治安防控体系建设,促进社会治理转型升级。发送行政审判白皮书和针对性司法建议,支持行政机关完善依法决策机制。推动行政机关负责人出庭应诉,彰显诉权平等和程序正义。

**【执行案件】** 全市法院受理执行案件27686件。完善执行信息查控体系,实现"点对点""总对总"查控系统并网,查询案件17079件,查明财产90.36亿元,依法冻结23.14亿元,纳入失信被执行人黑名单17530人。加大执行信用惩戒力度,在媒体、公园、车站、商业中心循环播放失信信息,对失信被执行人罚款295人、限制高消费1398人、限制出境123人、司法拘留2130人、判处拒执罪55人,使失信被执行人在51个生产生活领域"一案失信、处处受限"。审结全省首例拒执罪自诉案件,打击拒执罪案件入选全国法院十大典型案例。对执行案款进行专门清理,对未实结案件不间断查询财产。中央电视台、《人民日报》《光明日报》报道长春破解执行难工作成果。

**【司法服务】** 出台《关于为全市脱贫攻坚提供司法服务和保障的意见》,对接帮扶榆树市红星村,解决特困群众住房、出行、就医、上学困难,研发扶贫信息化管理系统,搭建"互联网+特色养殖、种植"平台,完成精准脱贫任务。建设标准化诉讼服务中心,设立诉讼指引、电子诉讼等7大服务区,增加志愿服务、材料接转等4个服务窗口,提供庭审以外全部诉讼服务。出台保障律师执业权利专门意见,在法院建立律师工作室、开通律师绿色通道,举办法官与律师司法论坛,推动法治长春建设。落实普法责任制,社区、村屯、学校、部队讲授法律知识,做客新闻直播间解答热点问题,巡回开展预防"民转刑"案件宣讲。《百姓与法》成为全国法院连办时间最长的法治宣传节目,收视率位居长春电视台非自办节目首位。

**【司法改革】** 评查案件3236件、问责法官210人次。落实省级以下人财物统管改革和职业保障改革,完善法院管理体制。实施破产审判机制改革,在全国副省级城市中级人民法院最先成立清算与破产审判庭,审理全省首例"执转破"案件,涉案金额4.5亿元。探索家事审判改革,离婚案件引入冷静期、心理辅导、家事调查等制度,对家暴案件及时下发人身保护令。推进繁简分流改革,形成简易程序、普通程序、特别程序相配套的多层次诉讼制度体系。2016年,全市法官人均结案198.8件,26件长期无化解出口的刑事信访案件得以化解,农电改制等一批集体访案件顺利解决。优化诉访分离,德惠1700余户粮食收购集体访等及时导入法院诉讼程序。做好日常接访处访,落实庭处长值班制度。抓好信访工作信息化,案件数据清晰准确,创建全省首个信访倾诉室,全市法院信访总量下降到97件。

**【执行工作改革】** 搭建全市执行联动平台,形成"党委领导、政法委协调、人大监督、政府支持、法院主办、部门配合、社会各界参与"的综合治理执行难格局。建设执行指挥中心,实现四级法院执行联动,重大执行案件远程实时指挥。建立无财产可供执行案件退出机制,将资不抵债企业依法引入破产程序。在全国法院最先实行执行查控措施前置保全程序,将诉前、诉中保全归口集中实施,诉讼全程引导原告对有效资产申请保全,以精准保全促精准执行。在全省法院率先开展保全保险,降低保全申请门槛。最高法院新近出台的《关于办理财产保全案件若干问题的规定》采纳了市中院的意见和做法。

**【司法公开】** 建设电子法院,实现网上立案、网上审理、网上调解、网上阅卷和云会议等功能。自主研发4套办案系统,实现办案过程全程留痕,在全省法院最早实施远程开庭和提讯。审判流程公开,189106件案件公开各项流程信息。庭审活动公开,方便群众旁听庭审、查阅诉讼资料,开展网上庭审直播,实现庭审同步录音录像。推进裁判文书公开,符合条件的文书全部上网,公开文书24.53万件,公开比率位居全国前列。推进执行信息公开,重大案件执行全程录音录像,司法拍卖全部入驻淘宝网,成功拍卖“新三板”东海证券公司1亿股股权,成交金额13.01亿元,创全国司法网拍新记录。整合司法公开资源,健全新闻发言人制度,建成“一端两微三网”平台,“长春中法”微博影响力位居全国法院首期阳光司法排行榜第13位。

【司法整风】 党建微信群吸收全国法院近万名法官在线交流审判业务,宣传长春城市发展。创办“长法新青年”思想政治微信平台,影响力位居全国法院第3名。开展司法整风行动,督查重点问题18项,调度各类案件7900件,约谈34人、通报4人、诫勉谈话1人、调整领导分工1人、质效问责1人、建议退出法官员额1人、立案调查2人。

(孙　伟)

## 司　法

【法律保障】 2016年,市司法局接收社区戒毒(康复)人员1453人,矫正监管3628人、在册矫正4658人,再犯罪率低于全国和吉林省平均水平。建立完善人民调解组织2550个,调节矛盾纠纷3.49万件,成功率99%。开展“百企千岗安置计划”“三清四访五帮扶”和彩虹基地“三优三提升”活动,在册帮教刑满释放人员近1.5万人,接收3685人、安置3231人。办理信访案件629件,提供法律咨询8000余人次。

【法律服务】 开展“助推新一轮振兴发展法律服务年”活动,组建服务团队32个,对接国家和省市项目20个,全市律师代理案件1.49万件、公证17.7万件、司法鉴定0.4万件,基层法律服务解答咨询1.8万件。建成市县乡三级公共法律服务平台,全市315个社区、1565个村实现律师(法律顾问)全覆盖,开展公证、司法鉴定特色公益服务13场(次)。建成法律援助快速服务圈和便民服务窗口,全年办理法律援助案件4682件。12348热线,全年接听热线2.7万次。推进“一门式、一张网”,建立“双随机、一公开”监管机制。

【法治宣传教育】 组织法治宣传月、农博会普法、“12·4”法制宣传日等系列活动1500余场,受益群众300余万人。开展“公益法律服务日”活动12次、举办百姓法律大讲堂478场。完成“六五”普法总结验收工作,打造市级模范法治乡镇(街道)180个、民主法治示范村1197个、民主法治示范社区293个,建立示范基地和示范点138个,农安县建成东北首个宪法主题公园。长春市第4次获“全国法治宣传教育先进城市”称号,成为4个获此殊荣的副省级城市之一。完成国家司法考试长春考区组织实施工作,连续5年实现试卷卡零差错、考区零事故。

【司法行政改革】 完善法律援助制度、推行法律顾问制度和公职律师公司律师制度,落实《长春市司法局关于进一步加强和改进律师工作的意见》,建立律师“三险一检一金”服务保障长效机制。健全社会普法教育机制,53个市直部门落实“谁执法、谁普法”责任,选派监督员485人次、监督案件97件。吉林省委全面深化改革领导小组办公室、吉林省政府办公厅等简报5次专版刊发长春市司法局改革经验,长春市公共法律服务体系建设经验上报中央全面深化改革领导小组办公室。

【学习培训】 开展“两学一做”学习教育和解放思想大讨论,召开长春市司法局纪念建党95周年大会,组织学习党的十八届六中全会精神,落实组织关系排查、换届选举等7项任务。长春市直机关党支部解放思想大讨论暨“两学一做”现场会在长春市司法局召开,长春市司法局党委在全市“两学一做”推进会上介绍经验。举办全市司法行政干部、戒毒业务骨干和党务工作者等培训22次3730人次,提拔处级以上干部8名,遴选和招录公务员12名。国家和省、市新闻媒体刊发(播报)长春市司法局成果信息214件,全市司法行政系统45个集体和53名个人受到国家和省市表彰。开展“纪律作风巩固年”活动,约谈22人次,查办违纪案件7件,给予党纪政纪处分9人。开展局(处)长领题和体验式调研活动,形成调研报告和下基层手记45篇。在全市绩效考评中长春市司法局被评为优秀档次。

【扶贫攻坚】 参与榆树市二十家村扶贫攻坚工作,实施危房改造、爱心超市等8个项目,协调资金189万元修建水泥路7公里,扶持72户贫困户养殖笨鸡,资助全村所有学生学费和班车费,脱贫率83%,超前完成预定目标。

(殷　虹)

## 宏观调控

【概况】 2016年地区生产总值实现5986.4亿元，比2015年增长7.7%。其中，第一产业增加值实现323.5亿元，增长3.7%；第二产业增加值实现2957.3亿元，增长6.7%；第三产业增加值实现2705.6亿元，增长9.4%。固定资产投资实现4710.6亿元，增长10%。地方财政收入实现415.5亿元，增长7%。社会消费品零售总额实现2650亿元，增长9.8%。城镇居民人均可支配收入增长7.8%，农村居民人均可支配收入增长6%。城镇登记失业率为3.57%。

【重大发展项目】 起草《关于建立健全长春市“十三五”规划纲要实施机制的意见》，研究提出7个部分22项具体意见，经市委全面深化改革领导小组第七次全体会议审议通过，围绕落实张高丽、栗战书等中央领导同志对中办回访调研报告的批示，代市委市政府起草《关于全面贯彻落实中央领导重要批示精神的工作方案》。围绕落实中央《关于深化体制机制改革加快实施创新驱动发展战略的若干意见》以及全国科技创新大会习近平总书记重要讲话精神，牵头制定《关于深入实施创新驱动发展战略，加快东北亚区域性中心城市建设的若干意见》。围绕落实习近平总书记关于“建设好投资、营商等软环境”的重要指示，牵头制定《关于进一步加强经济发展软环境建设的实施意见》，起草《关于长春市推进供给侧结构性改革落实“三去一降一补”任务的指导意见》。谋划全年综合经济体制改革工作，制定《经济体制和生态文明体制改革专项小组2016年拟重点推进的改革任务》。

【年度经济发展规划】 按照“十三五”规划目标分解，综合考虑全省和15个副省级城市指标安排，科学制定2016年度计划，完成全年和半年计划报告起草工作，提出GDP、财政收入、投资、城乡居民收入等导向性目标，为经济社会发展提供基本遵循。季度、半年以及关键节点的经济运行情况，研究提出一系列稳增长、调结构、促改革的政策建议。借鉴发达地区成功经验，改革创新地区绩效考评工作，科学设置共性指标和个性指标，强化绩效考评的导向作用。

【项目战略】 坚持创新体制机制，优化项目建设环境。完善重大项目领导包保机制，筛选5大方面52个重大项目，总投资2665亿元，年度计划投资595亿元，由29位现职市级领导包保联系推动。建立健全项目建设秘书制、领办制、代办制，每个5000万元以上项目指派1名项目秘书，提供从开工落位到竣工投产的全过程服务，坚持对标高位，自加压力确定全年5000亿元投资任务。创新投资项目考核办法，分板块设置2亿元、5亿元和10亿元新建项目投资考核指标，逐级分解项目建设任务。按照市委市政府要求组成联合督查组，分门别类制定项目督查计划，明确督导对象和督导重点，将投资和项目建设总任务落实到具体项目，统筹组织重大项目谋划推进工作，全市滚动谋划储备亿元以上项目1015个，总投资12087亿元，激光产业园、新能源汽车产业园、长春中汇城等10亿元以上项目312个，总投资9914亿元。2016年，组织申报80个项目，争取国家资金52.51亿元，比2015年增长72.3%，创历史最好水平，其中中央预算内资金12.38亿元。推动百里伊通河水系生态治理工程争取国家专项建设基金20亿元，地铁2号线一期工程争取专项建设基金14亿元。围绕国家培育和发展新兴产业3年行动计划，争取19个项目、1亿元资金支持，项目数和争取资金额度均占全省的三分之二。

【项目创新发展】 按照全省服务业攻坚要求和市委市政府工作部署，研究出台《关于促进服务业加快发展的若干实施意见》以及配套的《分工方案》和《实施细则》，政策出台后通过媒体第一时间组织开展政策系列解读，扩大政策影响力。按照《关于促进服务业加快发展的若干实施意见》等文件规定，对符合政策兑现条件的省级服务业集聚区园区、AAA级以上物流企业、甩挂物流运输企业和巴蜀映巷特色商街下达财政兑现资金2125万元。“十三五”期间每年滚动推进50个10亿元以上服务业重大项目，2016年确定的50个重点项目总投资1289.6亿元。推动商业综合体建设,组织复华未来世界和凯捷金沙中心项目通过认定申请,全市商业综合体43个。推进“巴蜀映巷”建设,填补长春市特色街区空白。加快现代服务业集聚区建设,长春市有24个园区被认定为省级现代服务业集聚区,入驻企业4200户左右,从业人员4.32万人,全年营业收入237亿元。研究制定《关于推进重点区域现代服务业创新发展试点的实施意见》,在长春新区、净月西区、南部新城、西部新城等区域开展现代服务业创新发展试点。按照国家和省发改委要求,组织编制《长春市开展“十三五”国家服务业综合改革试点方案》,通过省发改委组织的专家评审和答辩,在全省5个申报地区中评分获得第一名。

【扶贫攻坚】 制定《关于全面推进脱贫攻坚的实施意见》,统领全市脱贫攻坚工作。印发《关于进一步加强脱贫攻坚工作的意见》,提出5大类33条含金量高的具体措施。起草《关于市级以上领导深入县(市)区开展脱贫攻坚督导方案》《市直部门(单位)包保帮扶贫困村工作成效考核评价办法》《关于贫困对象退出的实施方案》《关于脱贫攻坚扶贫资金监管计划实施办法》等政策文件,建立健全脱贫攻坚工作推进机制。下发《关于在全市脱贫攻坚战中实施单位包村、干部包户、党员参与帮扶的方案》,实行定单位、定人、定点、定责帮扶,构建全社会广泛参与的“大扶贫格局”。长春市有27位市级以上领导包保贫困村、结对贫困户,近2万名干部结对包保帮扶,派驻贫困村第一书记146名,包保帮扶部门200余个、参与帮扶企业300余家,实现贫困村、贫困户结对包保全覆盖。在帮扶因病、因残、因学致贫人口等方面,协调相关部门创新采用“医疗中心+救助”等模式,推动实施“贫困村农超对接”等项目,设立1亿元专项教育扶贫资金。推动全市建设产业帮扶项目300多个、基础设施项目200多个,市本级财政直接投入2.18亿元扶贫资金,撬动社会各类资金22.23亿元。

【振兴东北政策落实】 落实《国务院关于深入推进实施新一轮东北振兴战略加快推动东北地区经济企稳向好若干重要举措的意见》(国发〔2016〕62号),起草长春市重点任务分工方案,经政府常务会和市委常委会讨论通过。加大项目谋划和包装力度,组织谋划东北振兴重大项目700个,总投资1.3万亿元,其中纳入国家、省项目储备库项目332个,总投资2793亿元。起草《关于推进与天津市对口合作工作的指导意见》,确定对口合作方向和重点领域。抽调相关处室骨干力量成立东北振兴工作组,赴天津进行实地考察洽谈,组织长春新区、四大国家级开发区与天津滨海新区等开展对接,促进对口合作取得实质进展。争取老工业区搬迁改造试点政策支持,有6个项目获得中央资金支持23962万元,推动铁北8户企业实施搬迁改造,其中4户已建成投产,另外4户新厂房建设取得实质性进展。成功申报国家级双元培育试点,推动九台区纳入国家级采煤沉陷区试点支持范围,联合市工信局申报国家级民营经济改革试点。

【制定发展战略】 落实新型城镇化建设工作精神,研究起草《长春市人民政府关于深入推进新型城镇化建设的实施意见》。加快推动新型城镇化试点建设,在深化户籍制度改革、推广政府和社会资本合作(PPP)模式、完善城镇治理模式、“多规合一”、农村改革等方面加大力度,相关工作得到国家新型城镇化综合试点工作评估小组高度认可。发挥协调各方作用,推动长春新区获批成为国家级新区,牵头协调各委办局向长春新区下放权限。制定《中韩国际合作示范区规划》,配合起草《中韩(吉林)国际合作示范区建设总体方案》,推进示范区申报工作。加大项目储备和资金争取力度,全年争取到长吉图专项资金5.4亿元。推进简政放权,取消收费许可证年检、部分商品和服务价格审批2项审批事项,印发基本建设项目并联审批实施方案,推动“一门式、一张网”综合改革工作。优化项目审批服务,实行首问负责制、一次性告知、容缺受理等方式。修订完善并公布权力清单和责任清单,保留8大类38项职权,将行政许可事项原有40个前置要件精简为20个。改进招投标管理工作,起草形成《长春市公共资源交易平台整合方案》。编制《长春市“十三五”节能和循环经济发展规划》,起草《长春市加快生态文明建设实施方案》,组织申报循环经济、资源综合利用、城市矿产和低碳工业园区等各级各类试点。分解落实万元

6月6日,长春市人民政府 中国能源建设股份有限公司战略合作框架协议签署仪式
(任 毅 提供)

GDP能耗、温室气体排放等任务，制定实施《关于推进农作物秸秆综合利用的实施意见》《长春市控制煤炭总体实施方案》等文件，推动大气质量改善。

**【物价调控】** 落实服务业发展政策意见，推动服务业供热与工业同价调整，将城区服务业供热价格由34元调整到31元，为服务业减轻负担5500万元。将城区居民自来水价格下调0.2元，非居民自来水价格和特业用水价格下调0.4元，为居民和企事业单位减轻负担7000多万元。联合卫计委等部门出台公立医院综合改革试点医疗服务调整方案，调整2780余项收费项目，实行公立医院药品零差率销售，完善医疗服务价格体系。落实大豆目标价格改革试点任务，协调统计、财政、农委等相关部门做好统计、复核及认定工作，为大豆目标价格补贴工作打好基础。健全社会救助和保障标准与物价上涨挂钩联动机制，规范物业服务、机动车停放等重点收费行为，围绕涉农价费、医药价费等民生热点问题开展专项检查，受理价格投诉举报2908件。落实国家和省各项清费减负政策，实行行政事业性收费目录清单制度，2016年全市行政事业性收费减负约4013.2万元。

**【党建工作】** 加强思想政治建设，制定《关于在全委党员中开展“两学一做”学习教育的实施方案》，与解放思想大讨论相结合，开展“两学一做”学习教育，通过专题党课、党员活动日、问题查摆等活动，放大学习教育效果。强化组织建设，按照“抓班子、带队伍、强素质、树形象、促发展”的总要求，构建党委书记负总责、分管领导分工负责、机关党组织具体抓、处室负责人“一岗双责”的党建工作责任体系。按照“一报告两评议”的总体要求，严格规范选人用人程序，打造充满活力的选人用人机制。2016年，按照《党政领导干部选拔任用工作条例》规定，组织5名非领导竞争上岗。开展系列活动强化基层党建。从10月中旬开始，分3批组织200多名党员干部开展“走进大庆，学习铁人精神”系列党建活动。11月，开展“学习长征精神，传承红色基因”党建活动，组织两批次党员干部赴井冈山参加专题讲座、接受现场教学，营造凝心、聚力、干事的浓厚氛围，提升党员干部的凝聚力和向心力。2016年市发改委被市直机关党工委评为“服务发展先锋行动”标兵单位，机关党委被评为先进直属党组织、2个支部被评为先进基层党组织，2名被评为优秀支部书记，6名被评为市直机关优秀共产党员，1名被评为全市优秀共产党员。印发《市发改委关于在“两学一做”学习教育中开展党员领导干部争做“六个表率”活动的实施方案》，通过针对性学习树立表率意识。在工作中推广发改系统联络员制度，实行首问责任制和挂牌服务。在思想政治建设方面，重点推动“两学一做”中查摆出的问题整改，强化学习教育成效；在组织建设方面，完善双重组织生活会、“三会一课”等制度，加强党员队伍教育管理；在党风廉政建设方面，重点加强对《准则》《条例》的学习，认真贯彻落实党风廉政建设主体责任和“一岗双责”。

（任　毅）

## 统　计

**【强化统计职能】** 抓监测，防止经济滑出合理区间。加强对规模以上工业、建筑业、房地产业、批零住餐业、规模以上服务业等重点行业、重点企业的统计监测，初步建立起事前预测、事中监测、事后统计相结合的统计监测预警体系。2016年8月网上直报期间，监测到3户重点企业产值连续2个月下降，提报《亚泰等3户重点企业当月产值持续下降需高度关注》一期内参，省委常委、市委书记王君正高度重视，抓调度，建立部门联动机制。主动与发改、工信、商务、工商、房地、建委等部门沟通联系，初步建立起部门联动、资源共享的工作机制，完善统计数据之间的合理衔接、协调统一。在重要的时间节点，会同发改委多次牵头召开联席会、碰头会，会商统计的相关数据和行业数据，强化对重点产业、重点行业、重点区域各项指标的调度，就项目入统、工作口径的分类，企业名录库建设，行业指标体系建设等具体问题，挖掘经济新增长点。把新进“四上”企业的数量作为绩效考核指标并分解。推动县（市）区、开发区开展“四上”企业核查工作，确保应统尽统，颗粒归仓。截至2016年年底，全市月度、年度入库“四上”企业超2000户，超额完成全年1236户的年度目标任务。

**【统计服务】** 强化经济的运行分析。建立月度监测，季度分析，半年、全年盘点总结的工作规范。研究经济走势、跟踪宏观政策、把握国家和省整体经济运行态势，研判全市经济的运行情况。2016年，编发《统计内参》88期，其中《长春经济总量现状分析》《对标高位找差距，挖掘存量促发展》《经济运行喜忧参半，完成目标尚需努力》等13篇内参得到市委书记、市长、主管市长和省局主要领导的签批。全局完成8篇重点课题，其中，《充分发挥服务业投资关键作用·加快经济增长方式转变》获得全省优秀统计分析报告评比一等奖；《长春市服务业发展水平综合评价》获得省局优秀论文二等奖；与省局合作撰写的《吉林省服务业发展问题的研究》，得到省领导肯定。

强化先行指标质量控制。为提高指标的匹配度，研判数据质量，会同有关部门，重点强化对全社会用电量、工业用电量、公路铁路航空运输周转量、邮政业务总量、工业品出厂价格指数、消费价格指数、项目用地出让面积等先行指标的调度和统计，评估重点产业增速，提高发布数据的真实性和可信度。建立埠外信息交换平台。建立信息互通机制，了解国家、省和副省级城市经济运行动态，畅通上下和横向信息联系平台。每季度向市领导报送全国、全省和15个副省级城市，特别是东北4市的主要指标完成情况。2016年10月，撰写《前三个季度与哈尔滨主要指标数据对比》，联系《吉林日报》《长春日报》、长春广播电台等主流媒体，第一时间向社会发布全市最新统计信息和统计资讯，其中《依法治统事有成，鞭策统计再求真》在12月27日《吉林日报》以专题工作纪实形式刊登；《树立统计形象，提升统计权威》《“智”统计撬动经济稳增长》《长春经济重回“7”时代》3篇文章均被《长春日报》登载，《长春统计：从“数库”向“智库”转变》一文还被市委宣传部“看长春”“长春政事”微信平台和《长春日报》刊载。

【统计方法制度改革】 在服务业统计、“三新”统计和智慧统计3个环节下功夫，加快服务业统计改革。落实省、市服务业攻坚战略部署，推进服务业统计改革。加强与部门的工作衔接。定期与发改、财政、商务、交通、房地和人民银行等承担服务业指标的相关部门沟通情况，建立月报和季报评估机制，探索剥离企业非主营业务。加强对工业企业主辅分离的利弊进行深入分析，对一汽等代表性企业进行调查摸底和数据测算，撰写《一汽集团剥离非主营业务调研情况的报告》，提出定性、定量的分析建议。对一汽启明纳入工业统计分类名录的企业，研究纳入服务业统计范畴，推动非主营业务的剥离工作。加强对全市规模以上服务业重点监测，规模以上服务业企业月度统计上报率100%。1-12月全市规模以上服务业重点行业营业收入增速23.1%，为全市乃至全省服务业发展提供保障。开展新经济的调查。为真实反映三新经济发展现状，开展城市商业综合体统计专项调查和电子商务交易平台定期报表，组织“四众”(众创、众包、众扶、众筹)企业摸底调查，逐步实现将新经济内容纳入到统计范畴。初步掌握，全市有电子商务示范企业22户，“四众”企业46户，进驻企业600余户，这些企业通过培育和孵化，将逐步转化为“四上”企业，成为服务业新的增长点。继续探索和完善“互联网+统计+网格化管理”的工作新模式。相继在南关区、二道区、绿园区、双阳区进行“智慧统计”平台建设，实现手机上的“统计内参”，国家统计局局长宁吉喆到吉林省调研时，对长春市“智慧统计”给予高度关注和肯定。

【普查及专项调查】 围绕普查宣传、两员培训、经费保障、机构组建、试点示范等方面强化责任落实、统筹安排、超前谋划，榆树市和农安县，分别承接省级和市级试点重任，榆树得到国务院农普办的较高评价，为普查工作全面铺开奠定基础。全市普查登记工作正在有序推进中。完成1%人口抽样调查。这次调查，全市抽取325个村级调查单位，样本量为8万常住人口，按1.1%的比例开展人口调查。通过这次抽样调查，获取人口数量、构成、地区分布以及居住状况等重要信息，工作质量和数据质量得到省统计局的肯定，做好全市劳动力月度调查工作。为反映劳动力就业状况，2016年增加30%样本量，样本总数达40个小区、800户家庭，样本覆盖各县(市)区、开发区。2016年调查失业率整体呈现逐月下降趋势，反映全市经济基本面正在向好的方向转变。

【统计数据质量】 下发《长春市统计局关于强化数据质量监测的通知》，建立“长春市统计失信企业公示平台”。对全市200余户联网直报企业进行专项联合执法，针对部分“四上”企业拒报的违法行为，提出整改意见。开展统计法治宣传，推进依法统计。市局按照“推进依法治市，建设法治长春”的部署要求，开展法治宣传教育活动，把统计法律法规宣传到街镇社区和企业。首次创新普法形式，借助移动客户端新平台来提高宣传范围，以手机发送短信方式向全市“四上”企业单位和统计系统同仁发送宣传短信，提高统计法治宣传的穿透力，采用立体式的宣传形式，收到良好效果。加强统计数据的质量评估，提高数据的真实性。参照省局数据质量评估办法，通过调查比对，分析研究多种途径掌握经济社会实际情况，推进评估过程的科学化、标准化和规范化。在工业、服务业、投资、消费等主要指标的认定上，在汇总上报的基础上，遵循经济发展规律。

(黄思念)

## 国有资产监管

【概况】 截至2016年年末，国资企业资产3346亿元，比2015年增长13.2%；国有权益1216亿元，增长11.6%；营业收入241.3亿元，下降2.4%(剔除政府补贴因素增长3.6%)；利润总额87.4亿元，下降3.8%(剔除政府补贴和政策性亏损因素增长85.0%)；上缴国有资本收益5896.3万元。

【增长亮点】 国投公司高标准建设长德工业园，参股中投光电基金有5户投资企业在新三板挂牌，海吉星市场成为长春市重要农产品批发基地。建工集团与长白山管委会战略合作，提高自营施工和代建业务份额。旭阳集团应急承接一

2月2日，长春市国资委系统2016年度工作会议 (耿伟刚 提供)

汽大众毯业配套市场，配套宝马、奥迪、菲亚特等多个新产品实现量产，200公里高铁座椅批量供货。欧亚集团新开门店20个，2016年在中国企业500强排名中前移19位。产权交易中心完成金融、文化等业务交易1300宗，成交额120亿元，比2015年增长126%。长发控股集团完成融资额286亿元，融资成本降至4.85%，旧城改造、历史文化街区改造、地下综合管廊建设等重大项目有序推进。

【基础设施建设】 轨道交通集团地铁1、2号线建设稳步推进，1号线实现“热滑”通车。公交集团收回合作线路14条，新开辟线路4条。水务集团二次供水管网改造700公里，供水和污水处理能力全面提高。长港燃气改造危旧管网130公里，天然气成功对接哈沈天然气干线，新增燃气用户10.4万户。供热集团坚持技术创新，热力集团推进多热源联网建设，挖潜增效，供热由标准型向舒适型过渡，增加供热面积270余万平方米。

【改革推进】 制定并印发《关于深化国有企业改革的意见》《关于进一步加强国有企业党的建设的意见》《国有企业功能界定与分类办法》《完善法人治理结构的意见》等8个改革文件，《企业负责人经营业绩考核办法》《薪酬管理办法》等配套文件正在修改完善。长龙钢铁、长春燃气淘汰50万吨钢、72万吨焦炭落后产能。国投公司转让持有的羊草煤矿股权、金达物资公司股权。推进热力集团、水务集团等公益类企业下属配套服务企业市场化运营。市政府与中石化签署战略合作框架协议。长春燃气非公开发行股票获证监会批准。混合所有制改革稳步推进，国投公司维鸿东光、报废汽车回收中心，润德集团城市管廊PPP合作完成混改，热力集团接收改造一汽、长客供热面积74万平方米，整体接收沈阳铁路局驻吉林省供热、供水及物业职能；完成一汽供气分离移交；水务集团与7户央企签订供水分离移交框架协议；签署国投公司接收东北工业集团38.4万平方米职工住宅物业协议，3564万元物业维修改造资金到位。年内发放厂办大集体企业一次性社保补贴465.6万元，发放市属企业职工经济补偿金755.4万元。处理亚泰热力、长拖配件厂等企业信访问题，强化基础管理签订企业安全生产责任书，开展隐患排查整改及专项整治行动，全年未发生一般及以上安全生产事故。

【完善监管】 以管资本为主改进国资监管方式方法。制定国资监管责任清单，并在市政府网站公布，接受社会监督。加强战略管理，编制出资企业《“十三五”发展规划》，改革投资管理，支持主业投资，实行备案管理，严格审核非主业投资。出资企业全年实施固定资产投资项目58个，完成投资220.3亿元，比2015年增长47%，实施股权投资7亿元。以董事会建设为重点规范出资企业法人治理结构。推行外部董事制度，建立百名外部董事人才库；选择建工集团、旭阳集团开展董事会建设试点，配备外部董事，董事会结构得到改善。改进监事会监督，6户企业实行监事会主席外派，日常管理和履职报告更加规范。严格规范企业产（股）权转让，全部实行进场挂牌，实现阳光交易。严格落实重要事项法律咨询论证制度。优化国有资本经营预算支出结构。

【国企党建】 制定并以市委名义出台长春市《关于进一步加强国有企业党的建设的意见》，坚持和完善双向进入、交叉任职的领导体制，交叉任职人数48人，占企业领导人员总数的54%。坚持好干部标准和“凭能力用干部，以实绩论英雄”导向，全年调整企业领导人员46人次，从党政机关、央企、省企引进、交流6人，放宽选人用人视野。选派50名企业领导人员和后备人才到大连高级经理学院学习培训。严格执行个人事项报告核查和档案审核，清理整顿企业领导人员违规兼职及家属经商办企业、移居国（境）外等问题。强化履职担当，落实主体责任。坚持把方向、管大局、保落实，从严落实党组织书记述职、约谈制度，开展2016年度市属国有企业党委书记抓基层党建述职评议。推进精准扶贫，出真招、求实效，深入到包保村蹲点调研，投入资金947万元，完成年度脱贫目标。加强基层党组织建设，开展“两学一做”学习教育，强化整改落实。充实基层党建工作力量，全系统新选任各级党组织书记351人，占总数33.8%，配备专职党务工作人员1100多人。举办纪念建党95周年优秀共产党员事迹报告会，开展“我为什么要入党”大讨论等系列活动，企业党组织的政治优势、组织优势有效地转化为企业的竞争优势和科学发展优势。强化监督执纪问责，党风廉政建设落到实处。与企业党委书记签订党风廉政建设责任书，严格落实责任报告、一岗双责、

6月30日，省委常委、市委书记王君正到国资委调研　（耿伟刚　提供）

述责述廉、廉政谈话等制度。建立企业党风廉政建设风险防控机制，组织排查廉政风险点 281 个。组织机关干部和企业领导人员开展职务犯罪预防专题报告和现场警示教育，制定完善配套制度、防范措施 348 个。

（耿伟刚）

# 工商行政管理

**【概况】** 截至 2016 年年末，全市辖区内登记注册各类市场主体 594736 户，比 2015 年增长 16.01%。其中，公有制企业 13097 户，增长 4.7%；私营企业 144170 户，增长 16.9%；外商投资企业 1836 户，减少 3.4%；个体工商户 416325 户，增长 16.4%；农民专业合作社 19308 户，增长 10.6%。全市新登记市场主体 122645 户，增长 18.3%，占全省新增市场主体总量的 33.8%。其中，公有制企业 1227 户，增长 10.8%；私营企业 32946 户，增长 27.1%；外商投资企业 133 户，增长 34.3%；个体工商户 86326 户，增长 17.9%；农民专业合作社 2013 户，减少 39.7%。2016 年新登记市场主体注册资本(金)2872.5 亿元(因币种不同，不含外商投资企业)，比 2015 年增长 49.7%。其中：公有制企业注册资本（金)594.6 亿元，增长 38.1%；私营企业注册资本(金)2129.7 亿元，增长 61.9%；个体工商户资金数额 79.1 亿元，增长 24.2%；农民专业合作社出资总额 69.1 亿元，减少 37%。新登记外资企业注册资本(金)合计 9.6 亿美元，增长 146.2%；投资总额 12.6 亿美元，增长 34%。

**【商事制度改革】** 巩固“五证合一、一照一码”和“先照后证”登记制度改革成果，重新梳理前置审批、后置备案事项目录，实现准入便利化。放宽住所登记限制，简化住所(登记场所)登记手续，截至 2016 年末，全系统登记“一照多址”市场主体 39 户；登记“一址多照”市场主体 6588 户；对未取得房屋产权证明的，只要提交有权部门的证明，即可作为住所(经营场所)登记，办理 26038 户此类市场主体登记；办理“住宅改商用”市场主体登记 23611 户。宣传“五证合一”改革政策，强化部门会商、信息技术和窗口服务等保障措施，全市各级工商登记窗口为企业颁发“五证合一、一照一码”营业执照 110677 户。借助媒体、网络、社会“三大渠道”宣传和督促年报，各类市场主体年报率均接近或超过 90%。推动企业信用信息归集工作，提请市政府印发管理办法，协调涉事部门录入市场主体名录库信息 62.1 万条，打破信息“孤岛”，将 6.5 万多户市场主体列入经营异常名录，为实现企业“一处失信、处处受限”的监管目标奠定坚实基础。对省局随机抽取的 3364 户企业进行“双随机”抽查。开展“僵尸”企业清理工作，分 4 批对 8419 户企业履行吊销程序，相关做法受到总局充分肯定和宣传推广。

**【工商职能服务】** 出台 12 条窗口提速增效措施和《登记服务工作规范》，实施“一门式、一张网”综合审批制度改革，开发网上登记系统，开启工商“互联网+政务”服务新模式。各级窗口通过“绿色通道”为 753 户重点项目落地提供登记服务。出台 18 个方面深化软环境建设和支持“双创”工作的意见，扶持建设各类“双创”平台 98 个，为 1.2 万余户小微企业提供创业政策支持。利用“三大平台”为中小企业融资 582.1 亿元，长春市 3 名个人和 1 个集体在中个协成立 30 周年大会上受到表彰。各级工商和市场监管部门指导签订农业订单 16.5 万份，有效保护农民合法权益。实施“注册商标增量工程”，长春市注册商标 44236 件，比 2015 年增长 15.8%，占全省的 44.4%。支持吉林省广告产业试点园区统筹发展，在园区成功举办中国广告论坛。依托“广告助农”平台帮助一批特色产业发展壮大。

**【市场主体信用监管】** 建立市场主体信用信息公示及黑名单制度。落实企业信息公示、经营异常名录、严重违法企业名单等制度，强化信用约束。加大年报和即时信息公示宣传力度，集中开展大规模的宣传和上门走访活动。开展列入、移出异常名录管理工作，坚持做到“三项规范”：程序规范、文书规范、考核规范。因各种情形有 25775 户企业、3643 户农民专业合作社被列入经营名录，有 35294 户个体工商户被标记为经营异常状态；企业信息归集工作进展顺利。代市政府起草《长春市人民政府关于做好“先照后证”衔接加强事中事后监管的实施意见》《长春市市场主体信用信息归集应用管理办法(试行)》。筹备全市的市场主体名录库建设和信息归集公示工作会议，制定《建立市场主体名录库工作方案》和《信用信息归集工作任务分解表》。对全市涉及信用信息归集公示工作的 26 个审批监管部门全面完成授权工作，授权 458 个县(市)区级单位，授权用户 550 个。录入公示系统市场主体许可信息 17949 条，占全省的 39.4%，报送全市 24 个部门的存量市场主体许可信息 34.07 万条。

**【反垄断与不正当竞争整治】** 开展整治公用企业限制竞争和垄断行为专项执法行动。查处供热、公交、有线电视、物业公司限制竞争行为；治理商业贿赂，保护公平竞争。对群众关心的社会热点领域商业贿赂行为加大查处力度，依法查处医药购销、酒类销售以及其他商品采购活动中的商业贿赂案件；打击“傍名牌”等违法行为，保护知识产权；以与人民群众生产、生活密切相关的日常生活用品、农资商品和汽车配件、建材等为重点整治品种，以超市、商场、各类专业批发市场、农村商品集散地、城乡结合部小作坊作为重点整治对象，将专项执法行动与保护企业商标专用权和名称权有机结合起来，组织开展“三打一治”专项执法行动。集中查处虚假表示和虚假宣传行为，查处“傍名牌”行为，集中治理商业贿赂行为。

**【打击传销与规范直销】** 建立健全“三位一体”打击传销防控体系，开展打击传销宣传教育以及打击传销重点等 7 项工作内容。开展禁传宣教，打击传销宣传教育活动，发放或张贴直传销知识解读、致广大市民一封信、致高校大学生一封信等打击传销彩页宣传品 2 万余份，现场宣传10余场次。落实属地打传责任,打击网络传销。联合查办以虚拟商铺为道具的拉人头式网络传销案件中山盛仕铭公司网络传销大案,罚没1370万元。加强直销报备会议督查,规范直销行为,接受直销企业会议报备70余次300余场次;对报备会议进入现场监督检查30余次;开展直销企业专项检查,对在经营活动较多的27家直销企业直销企业的分支机构、服务网点、授权经销店进行监督检查,对申请直销企业资质和直销企业扩区27份征求意见函逐一核实,均按时限向上级部门回复,有效规范直销经营行为。

**【消费者权益保护】** 对儿童玩具、儿童服装、纸制品、服装、鞋类、厨用小家电和移动通讯终端等7类商品开展商品质量检测。抽检商品495个批次,其中儿童玩具70个批次、合格率70%,儿童服装70个批次、合格率54.3%,抽检纸制品50个批次、合格率为100%,抽检移动终端商品45个批次,合格率为51%,并做到抽检结果及时公示。年末之前还将以家用电器、建材、汽车配件、羽绒制品、羊绒制品为重点开展商品质量抽检工作,全年完成抽检商品1000个批次;强化质量抽检与监管执法衔接,组织辖区分局对抽检不合格商品依法退市,提高商品质量监管水平。运用移动大数据和移动网络技术研发综合监管云平台。实现流通领域商品质量监管、信息门户发布、商品质量查询信息库、商品质量简易判定、市场主体信息、年报查询与网格责任区电子地图显示等10大功能。

利用移动监管终端的扫描、手工输入、拍照摄录、定位上传与查询提示等多项功能对不合格商品信息进行查询和质量简易判定,确定重点监管对象和商品;确认经营主体信息,收集、固定相关证据;根据提示及时对辖区企业进行认领、核查、抽查,敦促企业进行年报和信息公示;核查经营主体资格,对无照经营行为进行地点登记和上传;对为市场主体服务的过程和频次进行记录;查询相关法律、法规,对经营者及时进行告诫等。开展儿童用品专项整治、教育装备产品专项整治、公用企业侵害消费者合法权益专项行动和针对"发卡"行业不按约定提供服务、设定霸王条款、随意限制消费、擅自中止服务、使用假冒伪劣商品等违法行为的专项整治行动等多项专项整治行动。

开展"2016年红盾质量维权"行动,以消费者反映突出的家用电子电器、装饰装修材料、儿童用品、汽车配件等4类商品为重点,开展"靶向式"商品质量抽检,组织各分局以城乡结合部为重点区域,开展专项执法检查;以互联网和电信服务、美容美发洗浴服务、文化娱乐体育服务等"三类服务"为重点,强化服务消费侵权问题查纠。推进商业零售企业落实经营者首问和建立赔偿先付制度。指导推进长春市欧亚集团、中东集团、长百大楼、沃尔玛超市等123家大中型商业零售企业参与到赔偿先付制度活动中。通过推进落实经营者首问责任和建立赔偿先付制度,督促商业企业履行法定责任和义务,抵制不正当竞争行为。

**【市场规范管理】** 开展千人走访活动,实现服务市场主体面对面。形成全市服务市场主体调研报告并汇编成册;制定大型商场、大型超市、室内农贸市场、中小型连锁超市、品牌汽车销售、农资、家电、建材、果蔬店、食杂店等10大类市场主体行业经营行为规范,制作公示板3万余块并统一悬挂,督促企业诚信、守法经营;走访50余万户市场主体并送达《服务联系卡》;印制《服务市场主体记实》《工商所服务市场主体须知》和《市场主体服务监管手册》近7000册;出台各类市场业态经营行为规范;重新细化并印制网格服务监管图,涵盖19个分局和113个工商所;开展红盾护农行动及农资打假百日行动,抽检流通环节化肥500个批次,出动执法人员2400人次,检查农资经营单位5100户次,立案查处115件,案值930万元。

开展禁燃专项检查,对各类商超、连锁超市、市场开展检查,委托检测机构检测塑料购物袋325批次;开展禁烧专项整治工作。出动执法人员13640人次,发放"三禁"告知书6万张,与政府及其他部门联合执法行动146次,检查重点区域5300余处次,检查经营商户27490户次,收缴封建迷信殡葬用品3200公斤。参与创城、打非治违、扫黄打非等综合治理和专项整治工作。开展首次"诚信个体经营业户"评选活动,评选出"诚信个体经营业户"76户,向全市35万名个体工商业户发表诚信经营倡议,倡导诚信经营。

**【监督管理】** 2016年,长春市登记注册广告经营单位2088户,是2015年的1.37倍;从业人员52256人,比2015年增长37.8%;广告经营额26.13亿元,增长20.7%。全年检查各类广告市场主体3159户,行政告诫12条,责令停止发布22条次;立案查处广告违法案件85件;加强媒体广告监测。针对社会上反映比较强烈、涉及到人民群众生活和身体健康的药品、医疗、医疗器械,房地产,保健品美容和化妆品等广告加强监测力度。全年监测媒体广告153610条次,违法率趋近于零。实施广告战略,完善监管机制,重点打击虚假违法广告。支持吉林省广告产业试点园区统筹发展,在园区成功举办中国广告论坛。依托"广告助农"平台帮助一批特色产业发展壮大。推进注册商标增量工程。利用《商标注册维权服务函》的提示作用及"一所多标"的引导作用,鼓励和引导辖区企业进行商标注册,树立企业发展、商标先行的发展理念,指导企业有效运用商标、合法使用商标、主动保护商标。长春市有效注册商标总量41902件,比2015年增长9.7%,占全省总量的44.18%。以开展"4·26"知识产权日为契机。开展"推进商标品牌战略,服务创新驱动发展"主题宣传周活动。加强商标专用权保护。落实"双打"统一部署,坚持日常监管与专项整治相结合,以保护驰名、著名商标、地理标志和涉外商标为中心,围绕重点商品、重点区域,集中开展专项整治行动,查处商标侵权案件79件。

**【合同监督管理】** 开展对重点行业合同格式条款的规范整治。组织开展对公用事业类、旅游类及汽车销售类合同格式条款的规范整治行动。对制定不公平不合理合同格式条款的企业下达行政约谈与行政指导。检查经营主体1.8万户，行政约谈28户，印制并张贴“营造和谐环境 杜绝霸王条款”海报3万余份。动产抵押助企融资再创新高。印制“动产抵押服务联系卡”3万张，组织召开银企对接会6场次，办理动产抵押登记227件，抵押额359亿元，融资额351亿元，超额75%完成助企融资指标。开展合同帮农工作。指导涉农工商所全部建立合同帮农指导站示范点，并在辖区各村委会建立“合同帮农指导站”，发放合同示范文本与宣传单5000余份，指导签订农业订单16.5万份，建立合同帮农指导站示范点25个。开展对已公示的企业实施动态监管。围绕经济发展重点、社会关注热点、消费者投诉焦点和监管工作难点，在相关重点行业推广合同示范文本，印制30种涉农种植、养殖合同示范文本，供农民免费查询、使用。在红盾信息网站专门设立“合同示范文本专栏”，上传百余种合同示范文本，供社会免费下载使用。

【网络监督管理】 建立健全网络市场监管工作联席会议制度，提升系统内网络市场线上线下一体化监管效能。有效应用全国网络交易平台监管服务系统，加强平台和网店监管。开展网络经营主体“亮照亮标”工作。下放权限到基层分局，审核通过独立网站的电子链接标识备案企业2760家户，比2015年增长210%。2016红盾网剑专项行动，重点查处消费者反映强烈、诉求集中的独立网站虚假宣传行为，立案查处网站虚假宣传案件51件。

（张杰夫）

## 物　价

【价格调控】 做好重要商品价格调控，加大市场价格监管力度，依法查处价格违法行为，维护市场价格秩序。2016年，全市居民消费价格总水平上涨1.4%，比全国居民消费价格总水平涨幅低0.6个百分点，比全省居民消费价格总水平低0.2个百分点，完成年初预定的全市价格总水平调控目标。

【价格改革】 2016年，长春市是全省各市（州）中唯一一个全面完成各项工作的城市，得到国家发改委和省物价局的高度赞扬。1.完善环境服务价格政策，合理调整城市污水处理收费标准。居民污水处理费调整到每吨不低于0.95元，非居民不低于1.40元。政策推出后社会反响平稳。2.理顺医疗服务价格，推进公立医院综合改革进程。4月印发《长春市公立医院（市属、区属）综合改革试点医疗服务价格调整方案》，取消公立医院药品加成，调整2780余项医疗服务价格。对全部实行改革的医院进行回访调研，各方反馈价格政策制定清晰合理，未发生因价格争议引起的投诉事件。3.完善交通运输价格机制，合理拟定停车收费政策和出租车运价形成机制。与有关部门拟定《长春市机动车停车场管理实施细则》（征求意见稿），正在征求各界意见。细则明确公共停车场、专用停车场和道路停车泊位的定价原则，制定差别化停车服务收费标准。4.合理确定公用事业产品价格。2016年2月1日起实施居民生活用气阶梯价格制度。严格落实服务业用水、用电、用气、用热与工业同价政策。市政府决定自2016年-2017年采暖期起，对长春市城区服务业供热价格由每平方米34元调整到31元，与工业执行同一价格。实施此政策后，服务业企业减轻负担5500万元。

【清费治乱减负】 开展重点行业和部门的收费专项治理，取消、减免、暂停、调整43项行政事业性收费，全年减负约15754万元（不包含基金）。取消收费许可证制度，加强事中事后监管。建立收费目录清单制度，通过市财政局、市发改委网站对外公布，利用“全国收费动态监管系统”平台做好行政事业性收费统计和上报工作。开展经营服务性收费清理工作。重新清理长春市经营服务性收费项目和标准，公布经营服务性收费项目。重点清理涉企经营服务性收费降标5%的项目和标准，年减负额580万元。

【市场价格监管】 强化节日市场价格监管，在元旦、春节、端午、中秋和国庆等重要节日期间进驻市区大型商超现场办公，指导商家规范价格管理，对节日市场价格秩序进行有效监管。开展价格欺诈专项检查，重点查处虚构原价、模糊标价、低标高结、不履行价格承诺等价格欺诈问题，维护消费者合法权益。

【价格专项检查】 开展涉农价费专项检查。重点检查农村用水、用电、用气、农民建房、中小学、殡葬服务、农产品检验检疫收费、农村征地补偿收费、灌溉用水用电收费、农村医疗卫生服务以及村组织等领域事关农民生活和农业生产的价费问题。开展医药价费专项检查。重点放开价格出现异常波动的原料药、药品，集中解决群众和企业反映强烈的问题。开展涉企收费专项检查。重点查处长春市属及区属行政机关违规向企业收费或指定服务乱收费，以及中介组织、行业协会等借助行政权力垄断经营、强制服务、强制收费等行为。

【办理群众诉求】 依托全国4级联网的“12358”价格举报信息管理系统，加强技术保障，规范受理流程，确保举报电话畅通。加强重要节日期间的值班值守，做好突发事件预案和处置。加强举报数据分析研判，引导和把控舆情。全年受理价格投诉举报2588件。其中，“12345”市长公开电话转办2139件，“12358”价格举报电话受理449件。

【价格监测预警】 重点做好重要主副食品价格的监测和发布，做好重要节日期间市场价格监测工作。提报价格监测数据180195笔，通过新闻媒介发布重要主副食品价格监测信息48次，提报专题报告、分析报告和动态信息26篇，加强舆情分析，完善长春市价格监测信息管理系统，满足不同群体个性化需求，引导生产和消费，提高价格监测预警水平。

【成本调查监审】 2016年，对污水处理、物业、停车、旅游景点等6个行业15个单位进行价格成本监审，监审金额

11.7 亿元，核减金额 0.64 亿元，出具价格成本监审报告 15 份。开展农产品成本调查，为促进农业生产服务，进行粮食、蔬菜、生猪、梅花鹿等 9 个品种农产品价民本调查，提报调查报告 9 份。

**【价格认证】** 贯彻落实国家发改委《价格认定规定》，依法合规、客观公正地做好涉案、涉纪、涉税和其他价格认定工作，提升价格认定工作质量。全年价格认定 915 件，认定金额 5636.54 万元。

（邵树权）

## 质量技术监督

**【质量提升】** 协调 26 家成员单位完成对 15 县、市（区）质量工作现场考核；组织进行考核培训，制定质量工作考核流程和打分表；开展质量月活动，推动品牌创建。经吉林省质监局专家评审确定老韩头等 27 户企业的24 种产品进行公示；组织 48 户名牌企业的 49 种产品参加今年省名牌复评；组织 5 户企业申报吉林省十大服务业名牌；组织 15 户吉林省名牌企业参加农博会推介及成果展，提升经济发展的质量效应和水平。督促指导 2 户企业完成第 8 批国家级标准化示范区建设，已通过国家验收。组织 3 户企业申报国家第 9 批农业标准化示范区，指导 2 户企业完成省级服务标准化试点提升阶段性建设，组织 3 户企业报送吉林省技术标准提升工程试点实施方案，增加了企业话语权。指导 2 户企业完成 5 个产品采标工作，提高企业经济效益。组织 3 户企业申报第三届吉林省标准创新贡献奖，激发企业自主创新活力。

**【质量安全】** 抓好特种设备安全监管。印制宣传资料 25000 份，下发到公共场所和社区。加大日常巡查力度，2016 年排查企业 2072 家，设备 19629 台（套、件）。在公共场所组织开展应急救援演练 10 余次。制定《长春市电梯安全管理办法》在政府第 40 次常务会议通过。对长春市 448 台“三无、老旧”住宅电梯免费开展技术检查，报市、区两级政府进行综合整治。组织开展老旧特种设备办理使用登记服务，为 592 台特种设备办理使用登记证。做好产品质量安全监管。按照“关注民生、保障安全”的工作方针，重点对 10 类重点消费品质量进行监督抽查，抽检 258 批次产品，合格率 96.9%。落实省政府“禁塑令”要求，对辖区备案的 9 户聚乳酸制品生产企业开展监督抽查，合格率 100%。对吉林省质监局移送的 6 户抽检不合格企业依法进行处理。办理案件 52 起，罚没款 89.638 万元，无 1 起行政复议。实行投诉举报首问首接负责制，处置举报投诉咨询 1566 件，举办局长接待日 12 期。

**【惠民检测】** 组织开展公益性计量检测活动。举办免费鉴定珠宝首饰开放日活动，由原来的仅在“3·15”免费变为每季度 1 次；免费检测在用异议“三表”变为常态化检测；免费对 133 家社区医疗机构 1450 台（套）检验类设备进行检定，减免费用 119 万元；免费对 61 家集贸市场 2165 台电子计价秤进行检定，发放 1 公斤标准砝码 106 个，免收检定费 5 万余元。组织开展计量监督专项抽查。对重点领域的计量监管，对流通领域抽查 9 家超市 76 批次商品，合格率为 94.7%；在生产领域抽查 3 户企业 12 批次商品，合格率为 58.3%，保护消费者的合法权益。加大对企业的帮扶力度。对 372 家小微企业 8200 多台套计量器具进行优惠检测，减免 84 万元，以实际行动助力小微企业发展。主动上门帮扶长春众城连锁公司，为员工义务开展特种设备安全知识培训。

**【科技创新】** 加大科研项目投入力度。投资 160 万元加强检验检测业务管理系统开发，10 多项科研课题分获国家质检总局和长春市科技部门立项。与吉林大学等单位联合研究的课题《低剂量控制评价和应用规范研究》，在国家科技部重点研发计划项目立项。推进国家和省级质检中心建设。2016 年 6 月，建成投入使用国家汽车零部件产品质量监督检验中心，是东北地区唯一一家国家级专业检验机构。中汽认证中心吉林办事处在该中心正式揭牌，吸引 41 户省级以上汽车零部件企业研发中心参与合作。投资近 400 万元的吉林省硅藻泥检测中心，通过吉林省专家组验收，获得 A 类检验资质。吉林省金银宝石饰品质量监督检验中心，办公面积增加到 400 多平方米，设备资金投入 240 多万元，新增检测设备 29 台套。推进检验检测认证产业园建设。12 月 20 日，在长春高新区举行产业园核心区项目启动暨签约仪式，项目正式启动。

**【党建工作】** 坚持领导带头，多次召开党委会、中层干部会等，专题学习讨论，专题研究部署。坚持问题导向，查摆出 7 类 22 个具体问题进行全面整改。坚持载体创新，开辟网上专栏，开展“今天党课我来讲”微党课和“打先锋、站排头”等活动，引导党员干部“亮身份、亮标准、亮承诺、亮服务”。坚持典型引领，对 5 个先进单位和 22 名先进个人进行表彰；组织党员干部重温入党誓词，参观“大道雄魂，天地党性”主题展览，观看爱国故事记录片《导弹之父钱学森》和警示教育片《底线》，营造风清气正、人人争先的良好氛围。加强法治建设。组织开展依法行政学习暨“法治大讲堂”专题培训，就新修改的《行政诉讼法》进行专题讲座。对各分局开展面对面培训交流，为长春市内 5 城区分局和稽查分局进行依法行政培训。对 13 件行政执法案件，启动请局法律顾问共同把关的新工作程序，提高案件审理工作质量。推行党支部标准化建设，先行试点在宽城、朝阳分局已经全面展开，组织人力研究制定《党支部标准化建设实施细则》《党支部标准化建设工作手册》和《党支部工作台账》，促进各项工作的高标准落实。推进精准扶贫。

**【扶贫助困】** 帮助协调资金 187 万元实施村屯道路硬化工程、建桥和改造村部；投入 60 万元，帮助村集体建设蔬菜大棚和改造排水沟、文化大院等，推动岫岩村的经济发展。结合庆祝建党 95 周年，组织党员捐款 17031 元，帮助贫困户购置日常生活必须品、维修房屋等。

（李铭伟）

## 安全生产监督管理

【概况】 2016年,全市发生生产安全事故229起、遇难245人,没有发生重大及以上事故,发生2起较大事故(长春市金源新世纪建材市场有限公司"3·31"较大火灾事故、"9·13"农安县润泽同泰园三期起重伤害事故)。在全市绩效考核中,安监局被评为优秀等次,获"市委市政府通报表扬奖",局党组被市委评为优秀。

【创建国家安全发展示范试点城市】 全市将创建国家安全发展示范城市作为《长春市国民经济和社会发展第十三个五年规划纲要》的重要内容。为鼓励企业改进安全技术装备,市委市政府出台《关于加快推进工业转型升级的实施意见》,对进行安全生产关键技术装备换代升级的企业,按项目投入的10%给予最高不超过100万元的补贴。通过编制创城规划、制定实施方案、成立推进机构,保证创城工作顺利推进。

【落实安全生产责任】 在全面落实市、县、乡、村安全生产责任"四级五覆盖"的基础上,推进安全生产网格化管理,在全国率先将属地、行业、专业、综合等4个政府外部监管责任人的责任落到人头,落到每一户生产经营单位。在全市1886个三级网格里落实各级各类政府监管人员7456名、网格管理人员5746名,解决推诿问题。全市15个县(市)区、开发区招聘的安全生产信息专干增至691名。

【重点行业领域专项整治】 市建委组织全市建筑施工安全防护专项检查,市交通局严打非法营运车辆,市质监局开展特种设备检查,市消防支队对火灾隐患严重、久拖不改的单位进行曝光。市教育局加强换届期间安全生产工作,确保校园及校车的安全。市发改委牵头、相关县(市)区、开发区密切配合,按时完成43处油气输送管道隐患整改任务。

【安全隐患排查治理体系建设】 长春市网格化建设、信息化监管得到国务院安委会办公室的肯定。综合监管平台上有企业端管理人员106969人、政府端管理人员17089人,通过登录平台实施在线动态监管。长春市隐患排查治理体系暨"网格化"综合监管平台于2016年4月14日获得中华人民共和国国家版权局颁发的《计算机软件著作权登记证书》,5月,获首届"吉林省安全生产科学技术成果软科学类三等奖"。

【风险分级管控和隐患排查治理双重预防机制建设】 在煤矿、非煤矿山、危险化学品和烟花爆竹等重点领域开展风险分级管控和隐患排查治理双重预防机制建设试点工作。全市危险化学品和烟花爆竹企业中有31户完成风险辨识并建立风险台账,30户完成风险评估并制定防范措施,35户完成本单位岗位风险分级。羊草煤矿辨识出风险项2000余项。

【安全生产巡查督办】 以安监局内设处室为单位成立15个市安委会巡查组,在全市开展7轮安全生产巡查,巡查企业351户,发现问题和隐患446条。坚持专家查隐患,派遣专家218人次,检查企业209户,发现问题和隐患669处,提出整改意见建议693项。所有问题和隐患,全部交给属地及有关部门督促企业进行整改。对58起一般事故、5个重大隐患整改情况进行挂牌督办。

【应急管理】 制定全市安全生产应急演练计划,加强对属地和部门的督查指导。坚持对全市安全生产形势进行定量分析,及时发布风险预警预报和事故警示信息,报送应急信息专报58期,为领导决策提供参考。

【培训教育】 打造全方位、多渠道、复合式宣传教育平台。在国家、省、市媒体及网络媒体刊发各类稿件400余篇。开展安全生产月、安全生产"七进"安全警示教育、企业新安法培训等活动。对基层加强业务培训,对培训机构加强抽查指导,完成对577人"三项岗位"人员(主要负责人、安全管理人员和特种作业人员)的考核工作。

【制度建设】 市委市政府先后制定《安全生产基层基础建设责任落实年活动方案》《长春市安全生产"党政同责、一岗双责"规定》《长春市安全生产网格化管理办法(试行)》,完善责任体系。市安委会制定安全生产巡查、交叉互检、定期报告、交叉互检、安全生产述职评议等制度措施。

【监管执法】 组织开展煤矿精细化管理大讨论、百日安全专项整治,"一矿一策"重大安全隐患专项整治,加强水、火、瓦斯、冲击地压等煤矿隐蔽致灾因素治理,完善以班组为重点的煤矿企业安全监管体系和井下现场紧急救护措施。煤矿发生1起事故、遇难1人,比2015年下降80%。开展非煤矿山精细化管理大讨论、百日安全专项整治,以"两表一库三统一"安全管理方式为基础,突出培训教育、机电管理、应急演练等内容强化细节管理,严格规范企业安全生产行为。非煤矿山连续5年未发生生产安全亡人事故。危险化学品和烟花爆竹方面,突出重大危险源、危化品存储企业开展专项整治,对发现的隐患,通过约谈属地政府、挂牌督办、加强日常工作调度等方式,强化全过程闭环式管理,收到明显效果。国务院安委会督查出30项问题和烟花爆竹批发企业的196项隐患全部整改到位。14户重大危险源企业的197项隐患,已整改183项,整改率93%。日常抽查发现安全隐患140项,全部通报属地督促企业完成整改任务。职业病防治方面,开展职业危害评估、工业企业尘毒调查,摸清职业危害用人单位的底数。突出汽车4S店、木质家具制造、水泥生产、石材加工等职业危害严重的行业开展专项治理,检查企业390户。加强职业卫生宣传培训,发放各类宣传资料5000余份,举办各类培训班19次,培训40名监管人员、3000余名用人单位负责人和职业卫生管理人员。推进职业病危害治理"百千万工程",职业卫生基础建设。

【依法行政】 建立安监局权力清单,制

定长春市安全生产"十三五"规划、"四一一"(四个安全监管责任，设立一个生产经营单位主体安全生产责任制，联系一支专家和技术咨询队伍）社会监督公示制度和安监局行政执法公示制度、疑难问题审议委员会工作规则等制度措施。行政审批方面，完成行政审批 66 项，审核"三项岗位"人员1475 人。行政执法方面，对各县(市)区、开发区安监部门行政执法工作进行检查，市本级立案处罚 18 件，处罚 325 万元。

**【事故调查】** 完成 3 起较大事故调查工作，全市追究刑责、给予党政纪处分和行政处罚 89 人。对 58 起事故挂牌督办，3 次召开安全生产事故现场会，2 次约谈事故多发的属地政府。

（单鹏飞）

## 食品与医药监督

**【概况】** 2016 年，全市药品生产企业 74 户，65 户通过新修订药品 GMP 认证。医疗机构制剂室 22 户。药品流通企业 4081 户，药品零售企业新版认证 1702 户。保健食品生产企业 12 家，化妆品生产企业 9 户，保健食品化妆品经营使用单位 3000 余户。医疗器械生产企业 167 户，医疗器械经营企业 5121 户。全市有食品生产企业 808 户，食品经营单位 29749 户，持有许可证 27448 张。餐饮服务单位 19787 户，A 级 224 户，B 级 10092 户，C 级 6936 户。完成企事业单位及"一老一小"食堂"阳光厨房"建设、改造 839 户，新开办餐饮服务单位建设"阳光厨房"1625 户，新建"信息化阳光厨房"96 户。建设和升级改造便民服务站 202 个。完成行政审批事项 9740 件，其中承诺件 9088 件，换发《食品经营许可证》近 5 万户。即办件 652 件，承诺件提前办结率 90%以上。受理市民关于食品药品安全方面的咨询与投诉举报 3608 件，全部办结完毕，办结率、反馈率均 100%，满意率 85%以上。全年开展 70 余项专项整治行动，立案查处食品药品违法犯罪案件 2868 件，重大案件 65 件，移送公安机关 47 件，追究刑事责任 59 人，罚没金额 1618.8 万元。其中，责令整改食品生产经营单位 768 户，取缔无证经营 62 户，停业整顿 34 户；收回 6 家药品 GMP 证书；吊销 4 户药品经营许可证，撤销和收回 43 户药品 GSP 证书；注销 37 户医疗器械经营许可证，取消 15 个一类医疗器械产品备案凭证。办理协查函 351 件，其中涉及疫苗的协查函件 73 件。

**【机构设置】** 依据长春市机构编制委员会办公室文件《关于同意将长春市农产品质量安全与检测中心部分人员编制划归长春市食品药品检验中心有关事宜的批复》精神，将长春市农产品质量安全与检测中心从事蔬菜批发市场、果品批发市场检测职能及 20 名全额拨款事业编制及人员划入长春市食品药品检验中心。推进医药产业办划转交接工作，与市科技局对接，超前做好编制人员、档案信息核对确认等衔接工作，完成职能机构及 7 名行政编制、5 名人员划转。长春市食品药品监督管理局有市级行政机关 1 个、行政直属机构 1 个、直属事业单位 3 个、派出机构 12 个、所属事业单位 12 个、参公管理事业单位 3 个。长春市食品药品监督管理局市局机关 94 人，药品稽查分局 29 人，直属事业单位 138 人，派出机构 303 人，所属事业单位 338 人，参公管理事业单位 55 人，工勤人员 10 人。

**【国家食品安全示范城市创建】** 长春市制定《长春市创建国家食品安全城市实施方案》《长春市创建国家食品安全城市任务分解表》，统筹推进创建工作。2016 年 7 月至 8 月国务院食安办委托第三方机构开展第2 批城市创建试点中期绩效评估，长春市顺利通过国务院食安办中期绩效评估，把长春市的创建工作列为"一把手"工程。对财政投入比 2015 年增长超过 50%，行政立案比 2015 年增幅高于 20%。

**【食品安全示范区建设】** 绿园区和榆树市分别通过省级食品安全示范县(市)区示范园区验收和复核。长春市省级食品药品安全示范县(市)区有 6 个(朝阳、南关、绿园、榆树、农安、德惠)，食品安全示范园区 2 个(皓月食品工业园、华正食品工业园)。

**【食品生产监督管理】** 开展食品生产单位食品安全风险分级管理工作，根据《长春市食品生产单位食品安全风险分级管理工作方案(试行)》，对辖区 808 户食品生产企业完成风险分级，其中低风险企业 175 户，较低风险企业 315 户，中等风险企业 270 户，高风险企业 48 户。推进白酒、植物油生产企业建立质量安全追溯体系，选取 2 家白酒生产企业作为质量安全追溯体系建设试点单位，在达到要求并进行验收后，推进完成 93 户白酒生产企业、43 户食用植物油生产企业全部按照要求建立质量安全追溯体系。开展食品安全专项整治，组织白酒小作坊和散装白酒、肉制品兽药残留、复原乳标签标识、皮冻、配制酒、玛咖制品、蜂产品等专项整治和乳制品、肉制品、酒类、调味面制品、食用植物油、食品添加剂 6 类重点食品安全综合治理，全年检查食品生产企业 3528 户次，立案查处 108 件，罚没金额 269 万。创新工作方式，对 12 户食品生产企业进行飞行检查，2 户被要求立即停止生产经营活动，5 户被责令限期整改，将检查结果通报被检查企业所在辖区监管部门，并将检查结果记入企业食品安全信用档案，由辖区监管部门负责监督企业整改到位。制定下发《长春市食品药品监督管理局关于进一步明确食品小作坊监管有关事宜的通知》，明确要求小作坊禁止生产加工使用传统酿制工艺以外的其他方法生产酱油和醋，禁止接受委托生产加工或者分装食品，并将农村食品加工小作坊作为食品安全综合治理重点对象，开展集中整治。

**【食品销售监督管理】** 争取专项资金 60 万元，改造升级 27 个信息化便民服务站，完成市政府民生办"幸福长春建设"200 个便民服务站工作任务。对全市食品销售单位进行科学界定食品安全风险等级，完成等级评定 20432 户，其中，高风险食品销售单位847户、中风险8372户、低风险11213户，完成等级评定总量94.17%。食用农产品质量安全监管得到加强。制定《长春市食用农产品市场销售质量安全监督管理工作实施方案》，印制10000本《食用农产品市场销售质量安全监督管理规章、文件汇编》小册子，分发给全市监管人员以及市场、食用农产品销售者。针对食品销售者不落实进货查验及查验记录制度、销售过期和“三无”食品、常温下销售冷藏食品、销售无标识肉灌制品等问题开展“四个专项”执法检查，打击销售冷冻肉(病死畜禽肉)违法行为，针对农村食品安全隐患较为突出的问题，开展“扫雷”行动，对无中文标签或中文说明书的进口食品实施重拳打击，收缴和销毁无中文标签的越南酸奶474箱。

【餐饮服务监督管理】 开展餐饮服务食品安全监督量化分级管理工作，重新修订《长春市餐饮服务食品安全监督量化分级管理工作方案》，2016年全市282户餐饮服务单位被评定为A级，比2015年提升0.2百分点。开展“寻找笑脸就餐”活动，以打造中小型A级餐饮服务单位为重点，推进“寻找笑脸就餐”活动。组织指导9299户A、B级餐饮服务单位录入“吉林省寻找笑脸就餐APP软件”平台，为17956户餐饮服务单位印制量化分级管理A、B、C级卡通门帖，引导消费者“寻找笑脸就餐”。贯彻落实市食安办等6部门《关于进一步加强学校校园及周边食品安全工作的实施方案》，集中开展学校食堂及校园周边食品安全专项整治行动。制定并落实《长春市食品药品监督管理局餐饮服务单位“阳光厨房”建设工作方案》，坚持做到与行政许可、量化分级管理、专项整治工作的“三结合”，推进“阳光厨房”建设和改造工作。开展网络订送餐食品安全专项检查，制定《2016年开展网络订送餐食品安全专项检查工作方案》，与吉林省通信管理局、市工商局网络稽查分局协商、沟通了解掌握网络订送餐第三方平台提供者、入网餐饮服务经营者(含自行设立网站)在长春市从事网络订送餐服务的基本情况。抓好食品安全专项整治工作，开展扫雷行动及群体性聚餐、冷库冻肉、食品添加剂“一非两超”、露天烧烤、狗肉等一系列专项整治。加强重大活动和重要时节食品安全保障工作，开展“年夜饭”专项执法检查，严格执行报备制度和留样制度，有效预防群体性食物中毒事件的发生。制定完善《食品安全保障工作方案》和突发事件应急预案，建立联系人制度，加强事前监管，搞好预评估。

【药品注册和生产监管】 开展对未通过新修订GMP认证生产企业监督检查，对未通过新修订GMP认证生产企业进行停产检查确认，组织召开全市药品生产企业法人负责人约谈会，落实企业法人负责人药品质量安全主体责任。对全市6户疫苗生产企业疫苗销售流向进行案件协查和调查检查。强化特殊药品监管，对32户使用特殊药品生产企业、15户特殊药品经营企业进行检查，覆盖面100%。对胃康灵胶囊、胃康灵颗粒、妇科止带片、精制冠心片、安宫牛黄丸、大活络丸、宫炎康颗粒开展专项监督检查，对含牛黄中成药、含脑蛋白水解物口服制剂开展专项检查，对滴眼剂生产企业、中药饮片生产企业开展专项监督检查，对医疗机构制剂开展专项检查，对含细贵中药材中成药开展监督检查，组织胸腺肽药品生产企业开展全面自查，开展麻醉药品和精神药品管理监督检查，规范药品生产秩序。对吉林省华威药业、长春万德制药等15家企业进行飞行检查，收回3户企业药品GMP证书，规范企业的生产和质量管理行为。完成吉林万通制药、长春长生生物科技等9户企业的注册生产现场核查或再注册现场核查、抽样工作。组织开展药品GMP跟踪检查，完成对35户药品生产企业的跟踪检查任务。检查出不合格批次161批，其中片剂90批、胶囊剂40批、滴眼剂24批，其他剂型7批(占4.3%)，涉及23户企业。

【药品流通监管】 集中清查山东违法经营疫苗案件，对涉案的吉林尚元生物制品有限公司、吉林省吉鼎康生物科技有限公司和吉林省卫防生物药业有限公司3户经营企业，与吉林省食品药品监督管理局(下文简称“省局”)开展联合调查，依据违法情节，省局做出撤销涉案企业GSP认证证书、吊销《药品经营许可证》的处理决定。对全市疫苗、生物生化经营企业开展全面排查，监督检查疫苗经营企业22户(实现全覆盖)，生物生化经营企业85户，其他经营企业28户。对排查中发现问题的2户疫苗经营企业建议省局撤销药品GSP认证证书。截至2016年12月，22家疫苗经营企业全部

5月10日，长春市副市长白绪贵到长春百克生物医药检查安全生产情况

(张　博　提供)

核减或注销疫苗经营范围。集中开展对“挂靠”“走票”等违法违规行为专项整治，端掉非法经销药品窝点5个，涉案药品3000余件，货值138.4万元；对1家挂靠走票批发企业，建议省局撤销GSP认证证书、吊销《药品经营许可证》，对4家非法设库，无证经营企业，依法严肃查处。与长春市社保局部门联动，对有违法违规行为药品零售企业，实施终止医保协议的规定，取消49户零售药店的医保协议，对停止医保协议的药品零售企业药监局确定为重点监管企业，网上公示，加大监管频次。开展中药饮片集中整治行动，查处非法经销中药饮片窝点4处，300余品种，饮片货值金额约5万余元；对年内处理后又经营假药的1家零售企业，依法收回GSP认证证书。

**【药品认证管理】** 2016年，超额完成面向长春地区药品零售企业（包括连锁总部、连锁门店和单体门店）药品经营质量管理规范的认证工作和批发企业认证初审材料的受理工作，开展对已通过认证的连锁总部和零售企业的跟踪检查工作。督促已认证企业合规经营，贯彻落实国家新修订药品GSP认证管理规范，认证检查信息始终坚持采取企业和检查员“双盲原则”，跟踪飞检随机选择企业、随机抽选检查员，坚持按双随机制度飞检。全年新培养30余名区局药品监管人员加入认证检查员队伍，在药品零售企业认证检查员中培养20余名连锁总部认证级检查员。2016年，完成药品零售企业新版认证1702户，其中零售门店1689户，通过1405户，不通过25户，限期整改259户；完成药品零售连锁总部认证13户，通过9家，限期整改4户。完成药品零售企业飞行检查1户。完成药品零售企业跟踪飞行检查186户，飞检连锁总部16户，收回GSP证书2户，限期整改14户；飞检零售门店170户，撤销GSP证书9户，收回证书41户，限期整改116户。

**【保健食品化妆品监管】** 对全市12家保健食品生产企业、9家化妆品生产企业及3000余家保健食品化妆品经营使用单位进行全覆盖监督检查。完成1592家保健食品生产经营单位风险等级评定并进行公示，对保健食品生产企业的64个保健食品品种进行风险评定。推动化妆品生产企业换发许可证工作，对符合换证条件的9家化妆品生产企业换发许可证，对国家局通告的300多批次不合格化妆品进行专项核查。开展以“关爱健康，科学认识保健食品”为主题的保健食品科普宣传进社区活动，深入96个社区，对近万名老年人进行宣传。全年查处17件保健食品违法案件，罚款35万元。查处80件化妆品违法案件，罚款20.7万元。

**【医疗器械监督管理】** 执行《医疗器械使用质量监督管理办法》和《长春市医疗器械经营质量管理规范实施细则》，收到良好监管效果。对执法人员、生产经营企业和使用单位500余人次开展业务培训。聚焦产品风险，突出监管重点，对93个一类医疗器械产品进行了备案后续核查工作，取消15个存在真实性问题的一类产品资质，并进行网上公示。开展医疗器械流通领域违法行为管理、医用透明质酸钠质量管理、医疗器械经营企业冷链管理等9项专项整治工作，检查医疗器械生产企业、经营企业和使用单位5130家，对824家下达责令整改，对5家医疗器械生产企业下达停产通知，撤销医疗器械经营许可证37个，没收违法所得3.7万元，罚款37.6万元。

**【食品稽查】** 2016年，全年立案72起，结案67起。其中“6·18伊顺肉业违法经营国家明令禁止生产经营食品案”为公安部和国家食药监总局挂牌督办案件，处理投诉举报处转办案件18件，全部及时处理反馈。开展查扣不符合标准食品、保健食品、化妆品集中销毁，集中销毁20多个品种，约2000公斤，总价值80余万元。对老年保健食品、节日聚餐等开展各类专项稽查行动。全年对食品56批、保健食品44批、化妆品68批进行快速抽样检测。打假、打黑监督抽检27批，快速检测22批。在长春市内餐饮服务单位抽检80批火锅底料中的罂粟咸、20批熟肉制品中的亚硝酸盐，检测结果全部合格。农博会、汽博会、吉商大会等大型会议的食品安全保障期间，快速检测157批食品。

**【药品稽查】** 2016年，检查企业700余家，立案查处案件63件，结案38件，未结案25件，重大案件17件。接收市局投诉举报中心和应急处转办投诉案件6件，全部按时反馈，满意率100%。收市局转办的不合格药品检验报告书9份，立案查处3件；收市局转办不合格医疗器械检验报告书2份，全部立案查处。收外埠协查函137份，100%回函。针对山东非法疫苗事件，及北京市丰台区食药监局《关于协查长春长生生物科技股份有限公司销售疫苗相关情况的函》、昆明市食品药品稽查支队《关于协查标志为吉林省长中制药有限公司生产的安宫牛黄丸和大活络丸的函》等，配合省药品稽查总队对全市范围内的疫苗、中药制剂等生产经营企业开展清查治理，并对全市三甲医院冷链运输、冷藏贮存情况进行一次专项检查，华山皮肤病医院生产（配制）、销售“抗过敏2号”案、朝阳区妙手仁心美容美甲店涉嫌经营假药“A型肉毒毒素”案、长春鹏程胃肠医院涉嫌未经批准配制使用“平胃散”案等的查处，规范了药品生产经营秩序。立案查处的宝华医药有限公司以本企业名义为他人经营药品提供场所、资质证明文件、票据案，省局已撤销该企业GSP认证证书和药品批发许可证。破获张朋特大无证经营药品案件。完成省级基本药物、省抽检品种、辅料、内包材、医疗器械等255批的抽样任务。6月，荣获市委颁发的“先进基层党组织”荣誉称号；12月，荣获“全国食品药品监督管理系统先进集体”荣誉称号。

**【食品药品咨询举报】** 建成以“12331”食品药品投诉举报电话、“12345”市长公开电话2个平台为主，以局长信箱留言、信件投诉、走访投诉、局长接待日接访为辅的多位一体投诉举报受理体系，实行统一受理、统一编码、统一管理模式。2016年，受理市民关于食品药品安全方面的咨询与投诉举报3608件，比2015年增长1.58%。其中，食品投诉举报2839件，占投诉举报总数的78.67%，增长17.46%；药品投诉举报446件，占投诉举报总数的12.36%，增长8.52%；保健食品投诉举报107件，占投诉举报总数的2.97%，下降4.46%；化妆品投诉举报88件，占投诉举报总数的2.44%，增长6.02%；医疗器械投诉举报57件，占投诉举报总数的1.58%，增长9.62%；其他方面的咨询建议71件，占投诉举报总数的1.97%，下降85.18%。投诉举报数量与2015年同期相比呈小幅增长态势，3608件投诉全部办结完毕。办结率、反馈率均100%，满意率85%以上。

**【行政审批】** 长春市食品药品监督管理局有《药品经营许可证》(连锁总部)《食品经营许可证》《食品生产许可证》《医疗器械经营许可证》、麻醉药品和第一类精神药品运输证明核发、麻醉药品和精神药品邮寄证明的审批、医疗用毒性药品零售企业批准、第二类医疗器械经营备案、第一类医疗器械备案、第一类医疗器械生产备案10个审批及备案项目。承接省里下放的5项行政审批事项，即《药品经营许可证》(零售连锁)《医疗器械经营许可证》、麻醉药品和第一类精神药品运输证明核发、麻醉药品和精神药品邮寄证明的审批、第二类医疗器械经营备案。把《药品经营许可证》(零售)行政审批事项下放到各县(市、区)。将行政审批事项进行整合，审批事项由7大项53个小项整合为7大项43个小项。对企业申报材料进行精简，平均精简条目30%。同时，将市局承担的经营许可事项新办、换证由30个工作日压缩为22个工作日；将药品零售和医疗器械经营变更注册地址、仓库地址、经营范围，由30个工作日压缩为24个工作日。2016年完成行政审批事项9740件，其中承诺件9088件，即办件652件，承诺件提前办结率达90%以上。实现许可审批的按时办结率、审件正确率、结件归档率、群众满意率“四个”100%。

**【安全监测】** 2016年，全年收集上报ADR报告7136份，达956份/百万人口。其中新的、严重的ADR报告2162份，占报告总数的30.3%，医疗机构ADR报告6963份，占报告总数的97.6%；MDR报告3208份，达430份/百万人口，医疗机构MDR报告3079份，占报告总数的96%；药物滥用报告1157份；化妆品报告77份，超额完成年初制定的各项工作目标。

**【食品药品监督抽检】** 药品在原有基础上增加8个参数，达110个参数；食保化在原有基础上增加394个参数，达514个参数。制定《食用农产品监督抽检计划》和《餐饮环节食品抽检计划》《成品粮油质量抽样检验计划》，以及肉及肉制品、月饼、植物油等专项抽检计划。2016年制定食品抽检计划6534批次，实际完成5887批次，其中不合格样品409批次，合格率93.05%。对抽检中发现的不合格样品，交由属地各食药分局做好核查处置工作。制定《药品抽验计划》和《医疗器械抽验计划》。全年计划安排药品抽验2368批次(其中监督抽验1400批、基本药物抽验968批)，完成药品抽验1782批次(监督抽验1329批，基本药物抽验102批，委托检验181批，注册检验170批)。医疗器械抽验136批次，完成109批次。监督抽验中，不合格检体59批，不合格率4.5%。其中中药材不合格检体43批，不合格率15.6%。盲样不合格检体数7批，不合格率1.0%。监督抽验全检数:56批，全检率4.2%。基本药物全检数101批，全检率99.0%。配合公安机关打假完成检体9批，不合格2批，不合格率22.2%。

配合各分局完成办案和投诉检体127批，不合格6批，不合格率4.7%。完成外埠核查检体184批，不合格1批，不合格率0.54%。完成跟踪检体36批，不合格6批，不合格率16.7%。完成乡镇检体53批，不合格10批，不合格率18.9%。发布食品(含保健食品)安全监督抽检信息12期，完成抽检3926批次，合格产品3871批次，不合格产品55批次。其中，食品抽检信息7期，完成抽检2598批次，合格产品2544批次，不合格产品54批次；食用农产品抽检信息4期，完成抽检1209批次，全部合格；保健食品抽检信息1期，完成抽检119批次，合格产品118批次，不合格产品1批次。制定《2016年食品安全快速检测计划》，安排食品及食用农产品快速检测93480批次，其中食用农产品54560批次，非食用农产品38920批次。全年完成131720批次，不合格108批次，合格率99.92%。转办“国、省抽”不合格样品的核查处置任务271批，其中“国抽”任务190批，“省抽”任务81批，上报省局核查处置统计表98份。

**【法制工作】** 清理行政审批中介服务工作，审批事项由原来的9项调整为8项，减少审批要件64项，保留95件审批要件。开展重大行政处罚案件审查，完成食品药品重大案件审核47件，解答审查行政处罚案件30余件。开展案卷评查工作，对基层单位行政执法案卷进行2次案卷评查，评查案卷300余卷。办理行政复议案件13件，撰写行政诉讼诉状4件。起草《长春市食品药品监督管理局实施“双随机”抽查规范事中事后监管工作方案》，确定市局“双随机”抽查事项。制定《食品药品执法记录仪使用管理规定》，规范执法记录仪的使用和管理，记录行政执法全过程。制定食品药品行政执法公示制度，公布执法工作的依据、权限、程序、结果等相关信息。对系统科以上干部进行6次法制培训，提高执法人员法治能力和水平，培训人数650余人次，编印《食品药品行政处罚典型案例汇编》和《食品药品监管规章汇编》。严格执行《长春市食品药品行政执法人员管理制度(试行)》，实行资格考试、岗位聘任、在职培训和工作考核制度，为系统25名新调整执法人员办理执法证件。

**【应急管理】** 指导各县(市)局、派出机构和相关直属单位完成食品安全事故应急预案和药品安全突发事件应急预案的修订工作，制定下发《长春市食品药品安全事件信息报告管理办法》全年处置食品安全事件6起。组织食品安全事故应急处置“双盲”演练，全年编辑食品药品安全信息专报 14 期。

【新闻宣传】 修订完善《新闻宣传报道工作制度》,制定《便民服务站科普宣传平台管理制度》《便民服务站咨询服务工作管理制度》《食品药品从业人员教育培训制度》,打造队伍建设机制,建立新闻通讯员队伍和媒体记者团队,发挥宣传主力军作用。制定《2016 年全市食品药品安全科普宣传工作实施方案》和《2016 年全市食品药品便民服务站科普宣传计划》,设计编印食品药品安全知识系列宣传册、宣传单,在大型活动现场和便民服务站发放。编印的儿童饮食用药安全知识卡通书签,用于中小学校食品安全教育,提升自我防护意识。围绕“3·31 投诉举报宣传日”“食品安全宣传月”“安全用药月”,组织开展一系列宣传活动。创新科普宣传工作形式和内容,在长春恒客隆超市集团双阳店内建立“食品药品科普读书角”。发挥新闻媒体的主流作用,利用宣传工作 QQ 群,搭建与媒体快速沟通平台,20 个新闻单位的 30 名记者入群,营造良好的舆论环境。2016 年,市局官方网站发布政务信息 852 条,比 2015 年增长192%。邀请新闻媒体报道 47 次,媒体约访 62 次,在市级以上媒体刊发新闻稿件 546 篇次,被国家总局、省局、市政府网站采用 323 篇次。

【科技标准和信息化】 组织修定《长春市食品药品监督管理局信息化发展规划 2016-2017》(讨论稿),将市局整体建设项目分层次编报并纳入“智慧长春”建设规划(2016-2020)。推广安装电子追溯设备的市场主体 7472 户,累计达到 15897 户。全年监管人员使用监管设备远距离巡查频次人均 238 次,处于全省先进水平。根据政务公开需要和上级统一部署,全年按照不同许可类型建立市场主体名录库 70 余个(涵盖市场主体超过 3 万个),行政处罚信息表 15 个(处罚信息 4800 余条),录入企业信用信息公示系统信息逾 1.3 万条。调整、更新门户网站设计,升级、完善部分功能。视频会议系统完成对省局点对点施工建设并顺利投入运行。根据市政府“一门式、一张网”综合改革统一部署,完成行政审批电子证照库的归集、调整等技术对接工作。智慧监管平台建设围绕餐饮量化分级工作的数字化管理展开先期研发、测试工作。移动执法设备依托市药品稽查分局组织测试运行。

【教育培训】 结合食品药品法律法规、日常监管、检验检测、法规案例、分险分级管理等相关内容,进行 13 个专题授课,参加人员 7000 余人次。2016 年组织在职培训 400 余人次(其中,组织领导干部网络培训 27 人次、局级领导进修班 2 人次,正处长进修班4 人次、副处长进修班 2 人次、更新知识培训 360 余人次)。根据市人社局关于专业技术人员继续教育的相关要求,集中组织局系统事业单位人员继续教育培训 600 余人次。

(张　博)

## 财　政

【概况】 2016 年,长春市(含三县、市)一般公共预算收入完成 415.5 亿元,比 2015 年增长 7%。一般公共预算全口径收入完成 1150.5 亿元,增长 6.7%。长春市市本级一般公共预算收入完成 252.8 亿元,增长 8.3%。长春市(含三县、市)一般公共预算支出完成 770.6 亿元,增长 0.6%。长春市市本级一般公共预算支出完成 302.5 亿元,下降 0.9%。

【经济转型】 制定和完善 2016 年专项资金使用计划。加强与财政部和省财政厅的沟通与工作对接,开展“双创城市示范”申报工作,获得中小企业发展专项奖补资金。采取股权投资、贷款贴息、财政奖励等方式,重点支持汽车、轨道客车、装备制造业等项目建设,支持节能环保等产业转型。以长春市新兴产业股权投资基金有限公司为全市投资主体,参与吉林省航天信息创新创业投资基金设立和公司管理。加强审批程序和资金安排等工作研究,支持华为公司在长建设云计算中心及大数据实行战略合作。参与长春新能源公司重组长春北车电动项目,支持和落实市政府确定的扶持政策。支持推进深化公交体制改革。在全市范围内推开农业补贴改革,及时拨付农业支持保护补贴资金。落实玉米生产者补贴有关工作,及时拨付补贴资金。

【民生支出】 完成 2016 “幸福长春”行动计划和城乡居民增收资金测算和财政资金保障工作。安排城市基础设施建设资金、城维费维护建设资金,争取省新增债券,用于城建规划馆、地铁建设等城市项目建设。拨付城市低保资金、改制破产企业退休人员采暖费补贴、公交集团发展补贴,老年人乘车专项经费、特困户结对救助资金,保障全市重点民生项目实施。支出就业资金,满足公益性岗位补贴、社会保险补贴、就业见习补贴等各项就业支出需求。启动实施 2016 年棚户区改造建设项目、伊通河综合治理一期工程、全市黑臭水体治理和旧城改造一期工程的政府购买服务工作。下达 2016 年教育费附加项目资金,用于校舍新建和维修、体育监测设备配备、学校直饮水改造、中小学安全教育教室建设等教育项目。支持文化体育服务体系建设。支出彩票公益金支持养老综合 PPP 项目前期工作、市社会福利院建设前期筹建、长春市体育馆维修改造、全民健身工作等。投入市级水利建设基金推进河道整治工作、水源地保护、防洪治理等项目。

【财政改革】 做好预算信息主动公开,及时在门户网站上公开市本级公共财政收支预算以及市本级汇总的“三公”经费预算、政府性基金预算、国有资本经营预算和社会保险基金预算。新增本级财政转移支付安排、预算细化公开到项级科目等事项。除少数涉密部门外,市直 98 家部门(单位)在政府网站或部门网站上公布本部门(单位)的部门预算和“三公”经费预算。完成长春市一般公共预算 3 年财政规划编制工作和 2015 年权责发生制政府综合财务报告试编工作。落实“营改增”试点扩围工作,与国税部门、地税部门密切衔接,测算“营改增”对全市财政收入的影响,对“营改增”有关行业情况进行密切分析。争取置换债券和新增债券,平滑全市债务压力。推进财政部第二批示范项目建设工作,开展财政部第三批 PPP 示范项目和省级示范项目的征集工作。对全市行政事业单位国有资产进行全面清查,推动资产集中归集和接收工作。着手研究设立产业投资引导基金,综合运用股权投资、债券投资、购买服务等市场化手段。探索创新财政投资评审新机制。调整采购门槛价及公开招标数额标准,推进落实各项政府采购政策。研究制定定点物业服务等管理办法,规范定点服务采购活动,完善政府和社会资本合作(PPP)项目政府采购实施流程和政府购买服务流程。推进市级和区级行政事业单位内部控制建设,创新模式开展会计领军人才培养工作,加强市属高级会计师管理。

【管理监督】 开展财政资金安全检查工作,做好市本级及各区财政资金安全自查、核查工作。开展财政专户清理工作,启动市直预算单位银行账户清理和 2015 年度部门决算账表一致性核查工作。对 2013 年以来国家和省取消、停征以及降低标准的行政事业性收费政策落实情况进行督查,梳理长春市清费减负行动涉企收费事项。开展常规性财政监督检查工作,调整和向新增部门派驻了政府委派财务总监。严格控制"三公"经费等一般性支出,"三公"经费支出比 2015 年持续下降。强化绩效预算管理,开展整体支出绩效评价试点工作。出台调整长春市市直机关差旅住宿费标准、赴省外差旅住宿费标准,印发党政机关会议定点管理实施细则,加强和规范长春市市直机关公务支出管理。

(薄福元)

## 国 税

【概况】 1 月至 9 月,全市国税系统组织各项收入 521.8 亿元,比 2015 年增收 22.8 亿元,在东北三省四市中,税收总量排名第 1 位,分别高于大连、沈阳和哈尔滨 18.5 亿元、55 亿元和 249.4 亿元。地方级收入完成 151.3 亿元,增收 30.2 亿元,增长 24.9%,其中市级收入完成 53.6 亿元,增收 9.4 亿元,增长 21.2%。落实各类税收优惠政策,减免税款 210.4 亿元,促进大众创业、万众创新。

【营改增工作推进】 本轮营改增地税部门向国税部门移交户数 81079 户,占本轮试点前国税征管总户数的 38.57%,占全省移交总户数的 26.38%。长春市 4 个行业实现营业税收入 128.6 亿元,约占营业税总收入的 80%。6 月 1 日,营改增企业顺利实现申报。6 月至 9 月,国税部门征收建筑业、房地产业、金融业和生活服务业增值税 23.2 亿元。

【税收改革】 落实《深化国税、地税征管体制改革实施方案》,全市范围内开展合作项目 38 项,内容涵盖执法、服务、信息以及人事、教育等各个方面。实现服务深度融合,开通全省首个实现"一厅一窗通办"的国地税联合办税服务厅,采取互相进驻办税服务厅的方式,互设窗口 38 个,3 个单位采取共同进驻政务大厅方式,设立办税窗口 14 个,国地税互设自助办税终端 38 个,实现联合办税全覆盖。200 多项业务实现一厅通办,促进执法适度整合,与地税局联合签署《长春市国地税联合稽查工作备忘录》,联合公安等部门建立执法合作机制,加强打击发票违法犯罪活动联动性、覆盖面、威慑力。联合相关部门共同探索建立信息共享机制,共同开展税收风险识别分析、经济税收分析、协同监督管理,发挥信息管税支撑作用。建立税务干部联合培养、培训机制,开展国地税干部挂职交流,在基层党建工作、税务文化建设、党风廉政建设等多方面进行合作。

【依法治税】 落实好税务行政审批制度改革和税收执法权力清单制度要求,在落实执法责任制、执法督察和内部审计上强化执法监督,构建严格规范公正文明的执法机制。加大评估稽查工作力度,开展重点税源检查和税收专项检查,打击虚开增值税专用发票和骗取出口退税违法行为,推行实名制办税,加大欠税清缴力度,提高税务稽查打击的准确性和震慑力。

【税收信息及建设】 金税三期工程推广工作取得重大突破,1 月 8 日在全市范围内启动单轨运行。增值税发票管理系统升级版稳步推广,全市一般纳税人税控设备全部安装到位,在防范利用发票偷骗税和腐败问题等方面成效初现。开展"互联网+"行动计划,全年推出 5 个方面 13 项重点行动,使云计算、大数据成为转变管理方式、优化服务的有效载体,推动税收治理能力升级。

【纳税服务城市】 开展便民办税春风行动。围绕简政放权、服务发展、国际协作、提质增效推出 10 类 28 项便民措施,各项业务办理时限平均缩短 40%左右。加强税法宣传和咨询辅导,举办各类业务培训 400 余期,培训纳税人 12 万户次,印制宣传资料 60 余万份,供纳税人免费取阅。开展三轮"假如我是纳税人"活动,有针对性改进服务措施。参与在线访谈、政行风评议等活动,听取纳税人意见,主动接受社会监督。推出电子征管档案信息系统,以电子数据形式保存纳税人相关信息,一次采集重复利用,避免纳税人多次多头提供资料,减轻纳税人负担。研究开发"国税专+APP"项目,在纳税人端实现纳税申报、发票管理、政策咨询、预约服务等涉税功能,为纳税人提供智能化服务。试点出口退税"无纸化"管理,实现申报、审核、审批等出口退(免)税业务的网上办理。拓展网上办税,纳税人足不出户即可办理申报缴税等大多数涉税业务,全市纳税人有 8 万余户实现网上申报,占比 93%。做好流动办税和自助办税,实现全市办税服务全天候、无盲点覆盖。联合地税推进纳税信用等级评定工作,建立联合开展纳税信用等级评定长效机制。加强税企银三方互动,联合推出"税易贷""吉税贷"等服务产品,为 55 户企业提供 7084 万元贷款。

(任忻怡)

## 地　税

【概况】 2016年，完成全口径收入308.8亿元，增长6.9%，占全省地税收入的43.5%，比2015年高出1.4个百分点。在收入管控上，实行“一月三预测”和“未完否决”制度，及时掌握收入变化情况，传导压力。在收入质量上，消化38.7亿元一次性税收和政策性减收。

【征管质效】 开展层级培训，成立运维团队和数据管理团队，班子成员带队到基层局调研办公，解决问题2000余个。营改增顺利完成。交接营改增纳税人83550户，报请市政府对房屋出租实行5.03%综合征收率，代征增值税1.5亿元，代开增值税发票12477份。推进风险管理。开展风险扫描21次，推送风险点5351个；对一汽、欧亚、森工等大企业集团进行实地风险核查，查补税款9873万元。强化纳税评估，全年评估2834户，评估入库税款9.9亿元。加强欠税管理，开展欠税专项清理，清理营改增前集中代开发票形成的欠税，入库陈欠4.8亿元、新欠3.8亿元。开展国地税合作，2个单位被评为合作示范区，推进国地税联合办税，所有办税服务厅实现国地税业务全覆盖。

【纳税服务】 开展“三精”（以精心服务提升办税体验，以精细管理提高办税效率，以精通业务提高服务能力。）办税服务厅创建。落实首问责任制，在办税服务厅设置手机充电桩、纳税妈妈温馨室等服务设施。升级智能服务管理系统，实现即时联通、实时监控和动态预警。组织重点业务学习培训。高新、南关、二道、经开、直属局被评为全省地税系统“三精”办税服务厅。创新办税服务模式。开启全市通办，开发应用网上办税服务厅，将8大类41大项298小项业务拿到网上办理，让纳税人“不出门、不找人，办所有事”。深化税银协作，为54户小微企业发放贷款6430万元。落实税收优惠政策。梳理归纳4个方面16条优惠政策，强化税收优惠政策跟踪管理，完成5大类67项优惠政策的税式支出录入工作，减免税款11.87亿元，惠及13.6万户次纳税人。

【依法治税】 开展税收执法案卷评查工作，梳理各类问题613个。推进税务行政审批制度改革。取消14项行政审批，简化行政许可项目中的8个审批要件。加强内控机制建设。系统梳理岗责、流程和指标，双阳局、农安局得到省局领导的充分肯定。法治建设取得新进展。南关局获全国“法治税务示范基地”称号，稽查局、经开局、二道局获省局“法治税务示范基地”称号。加大稽查力度。推行一级稽查模式和集约检查方式，全年查补千万元以上18户、百万元以上31户。移送案件5件，批捕6人，税警联合办案入库税款1284万元。

4月19日，吉林省首个“一窗通办”国地税联合办税服务厅挂牌

（孙雪峰　提供）

【党风廉政建设】 开展“两学一做”学习教育和“抢抓机遇、创新发展”解放思想大讨论，明确9项落实措施和6个讨论主题，邀请省内专家学者集中上党课5次。落实“三会一课”，召开支部学习会近400次、专题组织生活会264次、领导班子民主生活会34次。非公党建取得重要进展，德惠7个乡镇全面铺开，城区局开展试点。通过“年初有清单、年末有述职、领导有点评、党员有评议”4项措施落实党组（支部）书记抓党建的主体责任。机关处长、基层单位负责人分别签订党风廉政建设责任书，对党风廉政建设做出明确承诺。制定《中共长春市地方税务局党组落实党风廉政建设主体责任实施办法（试行）》。利用纳税人之家党组织开展党建活动30余场，全市建立176个纳税人之家党组织，把分散在非公经济体的2045名党员组织起来，参加党支部活动、社会公益活动、企业间供求信息交流会等活动。非公党建的经验做法被列入长春市委组织部的组工要点，实行“双推荐、双培养、双教育、双考核”，发展非公党员45名。

（孙雪峰）

## 审　计

【概况】 2016年，长春市审计局开展审计及审计调查项目113项，查出主要问题金额40亿元。其中违规金额12亿元，管理不规范金额28亿元。已上交财政3930万元。通过固定资产投资审计，核减工程投资额1.1亿元，向纪检监察及有关部门移送事项21件。

【政策执行的跟踪审计】 组织、督导各县（市）、区审计机关跟踪检查地方政府

审计人员在政策措施落实情况跟踪审计中查阅相关资料 （杨冬玲 提供）

落实稳增长、促改革、调结构、惠民生、防风险等政策措施的具体部署、执行进度、实际效果等情况，汇总全市审计结果，定期汇报审计情况。工作中采取点面结合的方式，分期侧重不同政策、不同项目、不同资金进行跟踪落实。每季度及时汇报跟踪审计发现的问题，向相关单位发出审计整改函，限期落实整改，对查出问题的整改情况进行督查，将审计整改情况纳入审计结果报告。

**【预算执行审计】** 组织对市财政局组织市本级预算执行情况、市地税系统税收征管情况、市体育局等11个重点部门预算执行情况开展审计，以促进规范预算编报管理，规范财政财务收支行为，提高财政资金使用绩效。通过审计，查出主要问题金额9亿元。8月，汇总形成2015年度预算执行审计报告。

**【投资审计】** 对市工程及开发区部分重大投资项目等开展固定资产投资审计，在全面摸清工程建设和资金管理及使用情况的基础上，重点关注工程质量、征地拆迁和资金使用等方面的问题，重点查处转移、挤占挪用建设资金以及工程质量低劣、损失浪费等重大违法违纪问题，确保项目建设顺利和有关政策的落实。通过对14个项目开展审计，审计项目投资额74.6亿元，涉及单项工程299个，查出主要问题金额1.7亿元，核减项目投资额1.1亿元。

**【经济责任审计】** 对各县(市、区)审计局局长任职期间经济责任履行情况进行审计，对4县(市、区)检法系统领导干部等开展任期经济责任审计，审计结果报告按时上报省审计厅；对12名领导干部开展任期经济责任审计，对组织部临时委托的32名领导干部开展任前经济责任审计，查出主要问题6.1亿元，其中应负领导责任的违规金额2.3亿元，应负领导责任的管理不规范金额3.1亿元。

**【民生审计】** 保障性安居工程跟踪审计项目以资金筹集、管理和使用情况为主线，以棚户区改造拆迁安置项目和保障性住房分配、管理为重点，揭示住房保障工作中存在的6大类12个问题，向纪检部门移送案件线索4起，1人被给予党内严重警告处分，5人被给予党内警告处分，1人给予行政警告，3人被诫勉谈话，4人被提醒谈话，1人被调离原工作岗位。在就业专项资金、扶贫资金等民生专项资金的审计工作中，审计人员揭露相关资金在分配和使用中存在的问题。在中小企业和民营经济发展引导资金的审计调查中，审计人员明确审计目标，确定审计范围、审计对象、审计内容和审计重点，做到任务到组、责任到人。

**【信息宣传】** 报送审计信息64篇，被央广网、审计署及省厅网站、微信及报刊采用79篇(次)。对审计发现的问题，提炼意见和建议，以要情、专报等形式上报市委、市政府，为领导决策服务。

（杨冬玲）

## 综　述

【生态环境治理工程建设】 完成治水方案编制。聘请中科院等高端研究机构，对长春市3大水系的总体功能定位、污染源分析、水量平衡、水循环系统、河湖连通体系、整体内涝治理进行全面论证。《伊通河流域中段水环境改善与水生态修复工程方案》历经10余次市级、两次省级和3次国家级专家论证，通过专家评审，并经市规委会审议通过。百里生态长廊建设实现新的突破。南溪湿地防洪工程基本完工，游客服务中心基础完工，长白文化园锦川阁完工。7条道路除甲二路、丙一百四十路受征拆影响局部实施外，其余5条道路主体完工，年底前完成四环路以北部分建设。伊通河中段防洪、绿道年底前完工。正在施工的20个驿站，4个主体已完工。永安明沟生态改造工程基本完成。串湖流域的珍珠溪公园正在清淤，新月公园、雁鸣湖公园已进场施工。截污治污工程取得实质性进展。随着鲶鱼沟吐口改造工程完工，主河道28个污水吐口全部完成治理。飞跃路污水干管截流工程、南部新城污水二线干管工程、东新开河末端截流工程年底前完工。永春河污水干管截流工程正在建设。在建调蓄池9座，年底前完工3座，避免雨期污水直接进入河体。黑臭水体治理全面开展。对城区范围内100个水体进行检测，75个为黑臭水体。53个黑臭水体已形成治理方案，其中开工28个。围绕治“乱”，实施地下综合管廊建设攻坚。全年计划大中修道路153条，完工123条；计划小修街路700条，完工834条；计划改造巷道500条，全部完工。

【项目建设】 征拆住宅2431户，非住宅236户，拨付征收资金56.3亿元。起草《国有土地上房屋征收与补偿实施办法（草案）》，以适应发展需要。采取政府购买社会化服务模式，争取金融机构信贷资金支持。百里伊通河水系生态治理项目50亿元前期资金已筹集到位，10亿元搭桥贷款已发放。215亿元项目贷款已与其他政策性银行和商业银行对接。伊通河流域水环境治理项目8亿元短期搭桥贷款，正在推动项目政府采购和贷款评审流程。采取PPP模式，吸引社会资金进入。城区地下综合管廊PPP项目累计贷款57.7亿元，成为全省首个实现贷款发放的地下综合管廊PPP项目。南溪湿地综合治理PPP项目调整后的可研批复已获得，即将签署合同。到11月底，融资184.5亿元。推进城建投融资体制改革，《城建投融资体制改革思路》已形成并上报市政府。

【公用工程保障建设】 扶持企业加快发展。起草《关于加快推进建筑产业现代化发展的意见》，近期提交市政府审议。建立了市级重点扶持企业名录，向建筑企业推介“吉林省装备制造和国际产能合作重点项目库”，实施“一对一、点对点”帮扶，扶持本市企业参与城市综合管廊、海绵城市、轨道交通、超高层建筑等高端工程项目建设。全市建筑企业发展到1330户，新增135户。发展装配式建筑。长发集团产业化基地前期已完成，待企业改制后开工建设；亚泰建筑工业化制品产业园一期工程正在建设，预计2017年竣工投产。万科住宅产业化项目已开工建设。重要环节监管服务。围绕伊通河综合治理、旧城改造、地下综合管廊、农村改厕等重点工程，强化服务监管。全年办理施工图审查备案794项。编制发布市政补充定额47项。全年监督房屋建筑工程2551项，市政基础设施工程274项，监督地铁工程车站32个、区间33个，监督竣工验收工程1052项。建筑市场监管与诚信平台全面投入使用。绿色节能建筑。《长春市发展应用新型墙体材料管理规定》以市长令形式下发。城市限粘和县城禁实全面完成，市区开始禁粘，县城着手限粘。新型墙体材料使用量近180万立方米，使用率100%。《长春市农村民居抗震设计》图集编制完成初稿。

【民生工程建设】 农村厕所改造项目全部竣工，改造农村危房850户。围绕农民工工资及时足额兑付，推行建设领域实名制银行卡支付农民工工资制度，建立防拖欠工作长效机制。围绕保障性住房基础设施配套，实施保障性住房配套市政项目33项，开工18项，完工4项，部分完工3项。落实市容环境精细化管理各项规定，实现牌匾广告、临街门面、围挡栏杆、各类商亭“四统一”。采取联合执法、部门协同等模式,对露天烧烤、三轮车营运等顽疾问题进行整治,全年监督检查在建单体工程1743项,整改一般隐患1920项。修建快速路过街天桥7座,完工3座,在建4座。完成港湾式停靠站20个。自行车慢行系统一期工程建成投入使用。围绕解决"停车难",启动红楼立体停车场、净月潭门前立体停车场、南溪湿地公园停车场建设。快速路桥下建成停车场105个、提供停车泊位2618个。清理整治43条主要街路地桩、地锁6248个。起草《推进公共停车场投资建设实施办法》《机动车停车场管理实施细则》。委托市规划院编制停车场专项规划。围绕街路品质提升,完成龙嘉高速公路、亚泰大街南延长线等照明工程建设,安装路灯4391套、5297盏。

(张九高)

## 城市规划

**【编制体系构建】** 建立多规合一规划成果体系。确定城市增长空间规模,通过协调11个部门、融合30项规划、叠加765个图层、处理3.49万个差异图斑,落位538项重点项目。建立多规合一的技术标准。完成《长春市多规合一技术标准(初稿)》,主要包含工作基准、规划标准、成果构成3部分。确定综合信息平台的基本功能。搭建基本框架,实现规划、国土、发改、环保等部门的信息共享共用、互联互通,建立项目生成机制。确立多规合一法律法规体系。形成《长春市多规合一管理若干规定(草案)》,建立多规合一空间规划体系,确立战略规划的法定地位,将并联审批与一张图建立有效衔接,明确政府及各相关部门职责。健全多规合一的组织机构。成立长春市多规合一工作领导小组,指导全市多规合一工作的开展。再造审批流程。基于多规合一审批流程系统已升级到全流程3.0版本,实现基本建设项目的并联审批。确定127项全市规划编制任务。完成《伊通河流域产业发展规划及项目策划》《长春市文化设施专项规划》《长春市水污染防治行动计划暨实施方案》《哈长城市群空间发展战略规划》等77项编制任务,除8项暂未启动,其余42项跨年度编制任务正在有序推进。组织市规委会召开4次全委会、19次规划专委会、1次市政专委会、5次历史专委会和1次建环专委会。讨论审议一部分城乡规划项目,提出一系列具有建设性和指导性的意见建议,破解一大批工作中的矛盾问题。

**【项目建设】** 为支持全市重点项目尽快选址落位、开工建设,制定下发《关于进一步解放思想加快建设项目审批的通知》和《长春市规划局关于推进现代服务业发展的十项措施》。截至11月底,在抓项目"落位"方面,除需要控规调整的12个项目外,其余57个项目,全都依据控规草拟规划条件;在抓项目"开工"方面,未签订土地合同的15个项目、建设单位暂无建设计划的14个项目和建设单位未编制完成设计方案的17个项目外,其余58个项目全部对方案进行一次性告知。对于尚未彻底解决的问题,一方面想方设法继续推进;拟提请市政府召开联席会议进行高位统筹。全年受理《建设项目选址意见书》92件,核发82件;受理《建设用地规划许可证》221件,核发210件(含有2015年报件),用地面积1496万平方米;受理《建设工程规划许可证》437件,核发357件,建筑面积4679万平方米;受理《建设项目竣工规划核实通知书》287件,核发256件;核发《建设项目定位验线合格通知书》33件。

**【基础设施建设】** 2016年,长春市把能源系统、交通系统、给排水系统、通信系统、环境系统、防灾系统等城市基础设施规划编制研究列入年度工作的重中之重,并坚持高标准化、大区域化、高度集中化和高科技化组织推进实施。在综合交通规划研究方面,着眼建设功能合理的复合型运输网络,强化对外和对内的双向辐射,兼顾规模扩张和功能提升。在城市内部,力争通过多年的持续高强度投入和快节奏建设,增强以轨道交通为核心、以常规公交为主体的公共交通吸引力,有序协调机动车交通和慢行交通,实现各类设施结构完善,各种网络布局合理,各种方式衔接紧密,各种服务高质多样的畅达全市的集约型交通体系。组织力量开展《新能源汽车充电设施规划布局研究工作》《长春市百里伊通河水系生态治理工程项目的规划研究工作》,编制完成《长春市综合管廊规划设计指引》,优化城市功能和城市环境,提升交通通达能力和城市承载能力。

**【依法建设城市】** 采取"攻坚战"和"持久战"相结合的办法,实施违建整治。对那些存在安全隐患、严重影响城市环境以及群众反响特别强烈的违法建筑,力争在1年内先行拆除;形成良好氛围后,利用2年–3年的时间将其他违法建筑逐步拆除。建立违法建设网格化监管平台。初步建立起"一级监督、二级指挥、三级处理、四级网络"的拆违工作体系,通过发挥监管平台"发现及时、处置快速、解决有效、监督有力"的工作优势,确保新产生的违法建设能在最短的时间里发现得早、控制得住、拆除得掉。建立健全案件移送机制。依据《城乡规划法》和《城乡规划违法违纪行为处分办法》,严厉查处违法违纪和失职渎职行为,严肃追究违法建设当事人及未切实履行法定职责的单位和个人。建立起违法建设惩治联动机制,依纪依法将情节恶劣、问题严重的案件移交纪检部门、检察机关处理,实现执法手段穷尽,加大依法惩治力度。全年排查出存在重大安全隐患的违法建筑6800余处,面积46万平方米,全部建立执法档案,履行法律程序,并配合城区政府(开发区管委会)拆除108万平方米。

**【智慧城市建设】** 开展中心城区1:500基础地形图动态更新389平方公里,为旧城改造测绘并提供地理信息数据195.5平方公里,为建委、伊通河治理等测绘并提供地理信息数据248平方公里,接收处理长光卫星航测遥感影像数据913平方公里。面向政府、企业和公众3个层面以及城市规划、建设、管理和运营发展4条战线,为8个行业18家单位提供30余项地理信息空间定位、系统建设、数据支持和专题服务,通过服务前置及在线服务方式,加快推进"数字长春地理空间框架”的应用推广。研究编制“智慧城建云平台”建设方案。开展长春市智慧城市建设调研,研究编制“长春市智慧城建云平台”建设框架初稿;研究制定推动城市建设管理信息资源共享。“数字长春地理空间框架建设”示范城市项目已通过省测绘局的预验收。

【历史文化保护】 2016年围绕国家历史文化名城申报,重点开展北京大街东、西地块(满铁附属地)、新民胡同(商埠地)、东天街地块(老宽城子)、新民大街、一汽厂区5个历史文化街区以及长春拖拉机厂历史风貌区的保护更新工作。组织制定《长春市申报国家历史文化名城工作方案》,10月24至26日,接待国家考察组完成对申报国家历史文化名城的考察工作,专家组确定长春市具备申报国家历史文化名城条件。

【城市雕塑建设】 按照“推进规划展览馆室外公共空间建设20件(组)城市雕塑作品;举办第十七届国际雕塑作品邀请展,在城市广场建设30件雕塑作品;在重庆路商圈建设14组具有东北地域风情、市民喜闻乐见的雕塑小品;结合伊通河综合整治工程,在南溪湿地等城市公共空间建设一批高水平,大体量的城市雕塑作品”等10项雕塑建设行动计划,拟在城市公共空间永久建立200余件城市雕塑作品。在城市公共空间举办雕塑精品巡展,展出馆园藏品100余件。如期完成魏晓明雕塑专题博物馆建设,展出作品120余件。开展“万人看雕塑”大型公益活动等“十项惠民雕塑工程”,让市民共享城市雕塑建设成果。

【扶贫工程】 完成全长7.3公里村路修建工作,10月竣工通车,解决村民农产品运输难、交易难的问题;完成村内通信基站工程建设,全村4G网络开通使用,为村民长久创富致富搭建稳固信息交流平台。指导村委会成立种植养殖合作社,建设10栋近万米温室大棚,打通6眼水井。利用村小学操场,建设集篮球、足球、羽毛球功能于一体的文体活动广场,支持发展教育与公益事业。聘请专家教授,对村民进行种植、养殖知识及技术培训,帮助村民掌握脱贫技能和本领。推动村“养老院”建设,已完成项目选址等工作。

【“三馆”工程建设】 长春市“三馆”(规划展览馆、博物馆、美术馆)工程历时4年建设,即将全面竣工。规划馆、美术馆正在进行设备调试、展示内容上墙、卫生清理等收尾工作。规划展览馆的机构组建已报市委组织部、市编办批准,人员招聘工作在市人社局指导下正在组织实施。“三馆”处于预开馆试运行阶段,计划新年前夕将向市民正式开放。

(李开天)

## 城市建设

【伊通河综合治理】 南溪湿地公园四环路以北工程基本完工。中段防洪工程基本建成,驳岸、绿道实现贯通。驿站开工建设。永安明沟完成生态改造。伊通河主河段截污实现应截尽截。南部新城污水二线干管建设完工。东新开河、串湖流域截污治污和清淤工程全面展开。新建、改建、提标污水处理厂9座。实施生态净化工程,开工建设调蓄池9个。75处黑臭水体治理全面启动。

【旧城改造】 启动新一轮旧城改造工程,对三环内的39条示范街路、221条规范街路、6个商圈、155个老旧小区实施综合改造。整饰楼体2087栋,改造商家牌匾8212块。新植街路20条,新建大块绿地15处,全市具备对外开放功能的公园117个。改造“暖房子”262万平方米,疏通排水管网15万米,安装楼道灯19832盏,拆除违法建筑17836处、136万平方米,景观亮化楼体388栋。

【生态环境建设】 淘汰燃煤小锅炉1255台,治理超标锅炉631台。淘汰黄标车和老旧车辆4万辆。开展秸秆禁烧工作,秸秆综合利用率75%。全年空气优良天数291天,重度以上污染天数比2015年减少22天。

【道路交通基础设施建设】 地铁1号线实现热滑试车,地铁2号线完成7座车站的土建工程,北湖快轨、轻轨3号线延长线均按时序推进。亚泰大街与南四环路立交桥、长吉互通立交桥、吉林大路东延长线等一批重要路桥建成通车。大中修道路153条,小修街路834条,改造巷道500条。打通断头路、卡脖路32条,打开小区围墙253处。清理私设地桩、地锁、隔离墩18万个,施划公共停车泊位近34万个。

【要素保障】 新增集中供热能力855万平方米。城区3个热电厂实现热网联接。完成一、三净水厂提标改造,全年改造水、气、热老旧管网822.8公里,新建管网132.4公里,新建续建地下综合管廊17.6公里,完成架空线路改造83公里。

【惠民利民工程】 新建续建保障性住房8180套,8000户中等偏下收入住房困难家庭入住新居。出台房地产交易手续费减免措施,为百姓减免手续费1800余万元。全年发放公积金贷款98.49亿元,为缴存职工提取公积金73.09亿元。调整优化公交线路22条,新建港湾式停靠站16座,更新公交车辆400台,实现残疾人、65岁以上老年人刷卡免费乘坐公交车。

【城建保障】 完成征拆签约15375户,是2015年的4倍。全年获批征地1866公顷,供地2015公顷。发挥市属城建企业作用,运用PPP、政府购买服务等模式和PSL等开发性金融工具,多渠道筹措建设资金。

【获得荣誉】 长春市防震减灾工作蝉联“全国地市级防震减灾工作考核”第一名,长春市被评为“全国人民防空先进城市”,雕塑公园被国家评定为AAAAA级景区,长春市获“国家森林城市”称号。

【建筑业】 全市建筑业企业1330户,其中总承包企业560户,专业承包企业635户。新增企业135户,增项44户,变更286户。从业人员30万人。全年检查施工现场500余处，查处无施工许可证违法施工案件、无审批手续进行装饰装修案件97起，罚款金额194.8万元(比2015年处罚额度增加25%)，制作、归档行政处罚文书97卷，巡查率、立案率、结案率100%。

2016年，办理施工图审查备案794项。其中，房屋建筑办理施工图审查备案535项，总建筑面积523万平方米；市政基础设施工程办理施工图审查备案245项；装饰装修及加固工程办理施工图审查备案14项。完成施工招投标项目385个标段，中标金额405亿元，是2015年同期的3.35倍。完成监理项目招标342个标段中标金额2.92亿元。完成勘察、设计项目招标67个标段，中标金额3.08亿元。建筑业资质证书换证：面向全市建筑业企业换发新版建筑业资质证书，换发后长春市企业总户数1126户。长春地区有勘察设计企业276户，其中，部属企业13户，省直企业68户，市直企业116户，专项资质企业79户。长春地区勘察设计行业有工程技术人员13200人。其中，注册执业人员1700人。长春市有监理企业110户，注册监理工程师1390余人，省级监理人员10647余人。对监理企业进行信用评价，对监理业务继续实施监理合同备案制度。有988项房建工程通过竣工验收；组织代建项目14项，抗震设防烈度7度；抗震设防市政基础设施项目253项，执行7级抗震标准，开(复)工建设118项，其中完工38项。

长春市城市建设档案馆接收城建档案6844个单体工程，94323卷文字档案，除建设工程档案外，接受市质监站业务档案近万卷，各类城建档案馆藏量(入库上架的纸质档案)57.9万卷，馆藏照片9981张，录像4720分钟，工程电子档案1495项、4111张光盘。提供城建档案查询服务3400人次，调取档案1600次，调取档案1.6万余卷。

监督房建工程竣工验收1046项，总建筑面积785万平方米，其中988项工程通过竣工验收；监督道路、桥梁工程竣工验收4项、管道工程竣工验收3项，全部通过竣工验收。受理房屋建筑工程质量监督登记534项，面积468万平方米；市政工程245项，面积195万平方米；对具备备案条件的1480项工程发放《工程竣工验收备案证》，建筑面积1181万平方米。通过竣工验收的988项工程在建筑物明显部位设置由省住建厅统一规定格式的永久性标牌；建立五方责任主体和项目负责人质量终身责任信息档案925份。监督检查在建单体工程1743项，查处一般隐患1920条，已全部整改。开展专项督查5次、一次交叉互检活动，下达执法建议书97份，查处各类问题、隐患409条，全部整改，整改率100%。突出重点项目、危大工程管控，组织66项危险性较大分部分项工程施工方案论证，配合国务院安委会专家检查长春市部分地铁工程。

对16859名“安管人员”进行继续教育。在“哈、长、沈三市安全联检”活动中长春市有24个项目获“金牌”，10个项目获“银牌”。在建工程开展191次应急演练，参演人数近万人。2016年长春市建委评选出市级标准化管理示范工地40个，获省级标准化管理示范工地34个。

(张九高)

## 城市管理

**【《长春市市容和环境卫生管理条例》修订完成】** 2015年10月30日，《长春市市容和环境卫生管理条例》(以下简称《条例》)的修订工作列入《长春市人大常委会2016年立法计划》。2015年11月，长春市市容环境卫生管理局成立《条例》修订草案起草小组。本次《条例》修订涉及条款37条，其中文字等内容修改27条，增加8条，删除2条，增加一章“其他规定”作为第六章，力求在贯彻实施过程中更具针对性和可操作性。《条例》经长春市第十四届人大常委会第二十八次、第三十二次会议两次审议后通过；于2016年12月29日经吉林省第十二届人民代表大会常务委员会第三十二次会议批准，自2017年2月1日起施行。

**【政策制定】** 《长春市牌匾设置指导规范》制定完成，2016年，长春市市容环卫局采取文图并茂的形式，对不同街路如主、次街路、背街小巷和城乡结合部的牌匾设置做参考的标准和样式，对如房地产类、银行、汽车、饭店、商场、教育等不同行业和经营业态的牌匾设置标准作明确要求，列举国内城市优秀牌匾案例，为街路牌匾的设置和日常管理提供依据。

**【垃圾处理】** 长春市餐厨垃圾场项目位于长春市绿园区合心镇裴家村东侧，原长春市裴家生活垃圾卫生填埋场内，占地114776平方米，项目造价约3.6亿元，处理规模为200吨/天。项目建设单位为长春市固体废弃物管理处，施工单位为北京高能时代环境技术股份有限公司。该项目于2015年5月29日取得开工许可正式开工建设，2016年12月31日主体建设完工。

**【环卫资金安排】** 2016年，长春市市级财政部门下拨环卫打捆运行经费3.5亿元，用于全市日常环卫道路清扫、垃圾收运、公共厕所运行维护管理及冬季清雪等环卫日常维护管理工作。

**【三道垃圾场环保生态公园项目】** 项目位于长春市三道垃圾卫生填埋场院内(二道区英俊镇和平村，长吉南线222号)，总占地面积约36公顷，项目造价约3.1亿元。项目建设单位为长春市固体废弃物管理处，施工单位为北京高能时代环境技术股份有限公司。项目于2015年8月6日取得施工许可证开工建设，2016年12月31日主体工程完工。

**【城市生活垃圾焚烧发电项目】** 项目位于长春新区隆北村张家粉房屯西北方向，紧邻长春市医疗废弃物无害化处理厂东侧。建构筑物占地面积18888平方米，建筑规模26367平方米，占地面积7公顷，项目造价约5.9亿元。

**【废弃物处理】** 2016年，长春市有机废弃物处理中心处理粪便1359吨。处理生活垃圾141万吨，无害化处理率100%，处理垃圾渗滤液44万吨。

【卫生工作】 长春市新建水冲公厕36座,新建免水冲公厕49座,翻建旱厕15座维修公厕250余座,绿化彩化180余处,签订对外开放公厕129座。在2016年中国城市环境卫生协会举办的公厕评选活动中,长春市有3座公厕被评为全国"最美公厕"。加强日常环卫清扫保洁工作,使长春市快速路、主、次街路实现长效道路除尘降尘作业。利用雨水资源,开展雨中除尘作业,全年利用降雨20次,出动各类"滚刷"、高压冲洗车等环卫机械开展雨中除尘作业,有效降低道路含尘量。将5条城市快速路,以及人民大街等11条街路确定为"以克论净、深度保洁"试点街路。成立专门检测和考核队伍,对作业质量实施量化考评,抽样达标率100%。

市容环卫、公安、工商、环保、食药监、畜牧等部门,开展联合执法行动,开展集中整治263次,出动执法人员29803人次,出动执法车辆7166台次,收缴传统炉具1881套。设立58个疏导点和集中区,对露天烧烤进行有效疏导。通过宣传和高频次的清理、打击,露天烧烤数量与同期相比明显减少。市容管理部门在公安、交警的配合下,对道路两侧占用公共空间违规设置的地桩、地锁、隔离墩、铁链或其他一切障碍物、堆放物进行全面整治;对长期停放不使用失去功能的车辆进行清理;对占道经营等各类占道行为有效治理。

解决民康路车辆装饰一条街、大马路电动车销售一条街、重庆商圈、桂林商圈、永春商圈、光复路商圈等多年没有解决的商贩占道经营问题,全市清理各类占用停车位物品102762个,其中,地桩44238个、地锁13272个、隔着墩15668个、铁链2403条,其他地锥、堆放物27181个,纠正占道违法行为30811起,清理占道设施29221处、非机动车8044台、"僵尸车"1106台。

【清雪工作】 2016年,长春市降雪14场,降水量29.6毫米,长春市环卫主管部门确保全市1431条街路,56座桥梁、26个广场的积雪及时清除,市区道路畅通和市民安全出行得到保障。

【会展保障】 2016年,长春市市容环卫管理部门承担汽博会、东博会等5个大型会展的保障工作。出动执法人员5000人次、车辆1100台次,维护场馆周边市容环境秩序;提供拖挂式移动公厕24座次,保证参会人员的如厕需求;利用40块大型LED全彩大屏幕进行公益宣传。

【旧城改造提升】 长春市城市管理委员会办公室组织各相关部门和城区、开发区,完成39条示范街路,221条规范街路,6个商圈,155个老旧小区的功能环境改造提升工作。重点实施市政公用管线、街路环境、老旧小区、暖房子、主要商圈、绿化亮化美化、城市微循环和历史文化街区改造等8项工程。

【城市出入口改造】 长春市拆除违章建筑23处,清理构筑物、堆放物11000余处;新增绿化35.38万平方米,补植绿化4.48万平方米;拆除违法户外广告93块,规范商业牌匾1594块,新设商业牌匾1932块,设置围挡2.3万平方米,建设围墙7812米;新建维护方砖6.9万平方米,边石1567米,设置路灯170盏;新建移动式垃圾转运站18座、公厕19座,建立专业清扫保洁队伍,使长春市城市出入口整体环境得到提升,实现长春市政府的预定工作目标。

【环卫工人节】 2016年10月26日是长春市第8届环卫工人节。长春市开展4项活动。为全市一线环卫工人进行免费体检,为环卫一线在职职工和环卫合同工每人发放400元人民币节日慰问金,为全市环卫临时工人每人每月涨100元基础工资,开展环卫工人节系列宣传,宣传环卫工人的先进事迹。

【"以克论净"试点】 5月20日,长春市市容环境卫生管理局下发《长春市城区街路"以克论净,深度保洁"试点工作实施方案》,确定16条主要街路(路段)为"以克论净、深度保洁"试点街路。自6月1日启动"以克论净,深度保洁"试点工作以来,长春市快速路地面浮尘在每平方米0.7克~4.0克之间、车行道地面浮尘在每平方米0.8克~6.3克之间,慢行道地面浮尘在每平方米2.2克~7.2克之间,人行步道地面浮尘在每平方米1克~10克之间,抽样达标率为100%。

【垃圾分类试点】 长春市是吉林省5个生活垃圾分类试点城市之一。2016年,长春市继续在南关区鸿程国际社区、朝阳区万科柏翠园小区、朝阳区富豪花园封闭式物业小区开展生活垃圾分类试点工作。试点小区采用将生活垃圾分为干、湿两类的方式,通过智能化收集、清洁化运输、资源化利用和无害化处理等流程,使小区生活垃圾"基本实现零排放"。该项工作于2016年11月进行招投标,2017年将全面启动。

【非法广告清理】 为提高清刷非法广告水平,提升城市街路整体景观,长春市推进非法广告清刷政府购买服务项目,街路由30条增至35条,资金700万元,期限2年。

【拆除违法广告】 长春市市容环卫局按照市政府的要求,会同相关部门对长春东收费站至龙嘉机场收费站(含长春莲花山生态旅游度假区出口沿线、九台区出口沿线)高速公路两侧建筑控制区范围以外,以及长春龙嘉机场(龙嘉机场收费站至机场航站楼)外围违规设置的172块擎天柱广告进行拆除。

(姜晓峰)

## 城市公用事业

【城区供热保障】 2016年,全市开工建设5大热源项目,增加集中供热能力855万平方米,超年初计划71%。按照一汽集团"三供一业"移交工作安排,将汽开区和绿园区未改造建筑列入省厅2016年"暖房子"工程计划。完成全市热源建设规划,提出热源配置、并网改造具体措施,综合协调各城区、开发区采暖燃煤小锅炉淘汰工作,各城区、开发区完成淘汰采暖燃煤小锅炉578台。

【供热改造】 全年完成天燃气、电、生物质供热锅炉房改造35座。完成热电四厂、热电二厂在长庆街与东中华路交会处联网,热电二厂、热电五厂在南环城路联网,提高全市热网抵御和防范风险能力。

【城区供水保障】 按计划完成第一净水厂深度处理间及臭氧系统安装调试工程、南四环路管道工程;第三净水厂阀门更换、活性炭滤池运行调试工程、液氯汽化器安装等重要工程。谋划第六净水厂建设工程,建成后,可新增日供水能力25万立方米,城市日供水能力148万立方米。按照省政府下发的《关于开展二次供水改造工程实施意见》(吉政办〔2014〕13号)文件要求,完成省二次供水三年改造计划。

【创建节水型城市】 制定《创建省级节水型城市实施方案的通知》(长府办发〔2016〕22号),开展城市节水宣传、主题签名等系列宣传活动,查访312家用水单位,对节水器具、设施不符合要求的31家单位进行整改,评选出15家“创建节水型单位、企业和节水型小区”单位。

【城区燃气管理】 加强从业人员岗位培训和考核,组织开展“安全生产百日会战”和“燃气安全专项整治行动”,全年排除各类隐患575项,给予行政处罚案件1起,移送公安机关案件2起。完成万宝输气站至哈沈天然气干线长春分输站连接线工程,于10月21日正式投产,初期日供气10万立方米,最高达50万立方米。完成一汽集团生活区民用燃气设施接收改造工作。敷设中压、低压管网、架空管道78.1公里,完成2.9万户居民用户改造。5月份开始实施架空线路改造工作,完成通信架空线路改造83公里;上海路、大马路区域电力架空线路改造完成1公里。完成老旧供热管网改造212.8公里,超计划112.8%,新建供热管网60公里,总投资2.6亿元。完成危旧燃气管网改造215公里,新建燃气管网72.4公里。完成室外供水管网改造395公里。征求各城区、开发区,各部门意见,完成《长春市城市地下综合管廊工程规划(2015–2020)》的修改、完善工作。开展三环路综合管廊建设课题研究。2016年全市地下综合管廊新建、续建项目18项,除3项由于征地原因未开工外,其他项目全部开工,形成廊体15.7公里,其中,新建项目完成9.45公里,续建项目完成6.25公里。

(邢 涛)

## 房地产业

【住房保障】 出台《关于长春市公共租赁住房权属登记、管理等有关问题的规定》。推动8180套保障房续建项目实现主体封顶,8000户保障家庭入住新居,新增租赁补贴保障家庭1112户。在市本级公租房小区实行差别化租金,为实物配租家庭减少支出约175万元。经济适用住房小区产权办理工作全面启动。

【棚户区改造】 利用3个月时间筹集改造资金318.6亿元,建立资金使用监管制度,为推进工作提供资金保障。全年征收棚户区居民住宅1.1万户、85万平方米,其中,伊通河流域棚户区征收6707户,完成投资约114.78亿元,完成计划的110.37%;建设回迁房9626套,完成省计划的113.8%。

【房地产市场】 出台“长15条”调控政策,明确信贷和税收、鼓励农民工进城购房、完善配套设施等一系列政策。推出交易手续费减免措施,为百姓减免手续费1800余万元。开发房地产市场全链条监管系统。以房地产企业从事互联网金融业务为切入点,加强从业企业违法违规行为查处力度。2016年商品房销售10.3万套、1072.3万平方米,比2015年增长12.5%,其中,住宅销售8.6万套、901.5万平方米,增长11%。二手房交易6.6万套、593.5万平方米,增长40.2%。商品房销售和二手房交易均创历史新高。商品住宅均价6223.7元/平方米,增长3.2%,全年房屋均价上下波幅基本保持在3%以内。商品住宅可售面积降至913万平方米,比2015年底减少167万平方米,住宅吸纳周期由16个月降为12个月。

【物业管理】 强化《物业服务招标投标管理办法》等规章的执行。以“物业企业信息管理系统”为载体,加强物业服务企业的信息跟踪和诚信评定。对各街道社区工作人员,进行首次业主大会及业委委员会成立流程、全国物业管理示范住宅小区标准及评分细则、物业专项维修资金等业务知识的培训。制定应急维修资金使用办法,协调市财政局落实700万元物业应急维修资金,解决住宅区公共部位防水、电梯等重要设备险情处理问题。通过缩短物业维修资金核准时限、向开发企业开据代交证明等措施,确保新开发小区物业维修资金缴存率达100%。归集维修资金13.1亿元,完成计划的163.8%;使用维修资金1376.37万元,增长48.3%,受益业主8000余户。

【产权产籍管理】 通过推行“一站式”服务、延时服务等9项措施,打通为百姓和企业服务“最后一公里”通道,全年受理抵押、登记等业务约37万件。采取领导带班、压缩工作程序、调整工作流程等措施,根治“黑中介”顽疾。组织确权无籍房65.29万平方米,完成年初计划的130.58%。完成163个开发项目、810万平方米的商品房预测绘成果审核。建成个人住房信息系统、房产地理信息系统、统一楼盘表、房产数据异地备份中心、档案库房安全保护综合智能管理系统等重大工程。全年归集房屋权属档案31.6万卷,提供档案查询16万件,馆藏档案达到310万卷。在3个交易中心服务大厅设置不动产统一登记办公场所和服务窗口,对现有房屋权属交易网络办公平台进行升级改造,实行“121”不动产登记模式。

【老旧住宅区改造】 重新明确老旧住宅区界限范围,摸清三环内2000年前建成尚未改造的老旧住宅区底数。在原有整治标准的基础上提出“一平、两通、三化、四有”的新标准。建立目标责任制、定期调度、跟踪督察等工作推进机制。2016年整治老旧住宅区155个，综合改造2286栋、1164万平方米住宅楼，涉及居民约12万户，约36万人从中受益，其中，修补小区道路33万米，铺设方砖道路45.6万平方米，新增停车泊位1万余个，新增绿化面积34万平方米，配建健身设施496个，完成投资约17亿元。

**【提质增效】** 集中开展专业法律法规、不动产统一登记、礼仪等专题培训3次，组织全局工作人员100%通过依法行政考试，236执法人员持证上岗、亮证执法，受理各类投诉案件182件，反馈率100%，办理行政处罚大案12件。加快“一门式、一张网”政务综合改革工作建设步伐，核定入网上线事项25项。组织完成保障性住房、公有住房、物业管理、房地产市场管理、商品预售等13项行政审批事项的核定、梳理、确认，全年受理各项审批业务2931件，其中，商品房预售许可业务1411件，颁发商品房预售许可证301个，办理商品房预售许可核验1116件。通过解决遗留难题、设立政务窗口、现场办公等措施，加快推进房改。公房出售42.1万平方米，为市直单位3895名职工发放货币补贴1亿元。完善房屋安全排查整治常态化工作机制，召开专题会议，研究制定房屋安全专项排查、整治工作方案。排查老旧房屋23万户、3699万平方米，既有玻璃幕墙建筑29万平方米，无重大安全隐患。推进城市D级危房的鉴定工作，新增已鉴定D级危房31户、1280.14平方米。

（许文华）

## 环境保护

**【政务信息及环境信访】** 2016年报送政务信息316条次，其中报环保部50条次、报省环保厅88条次，报市委、市政府118条次、报市政府网站55条次。完成信息约稿5篇。在长春市环境保护网、微博实时发布环境信息，省环保厅采用率列全省第1位。长春市环保局被省环保厅评为2016年度信息工作先进单位，被市委评为全市党委系统信息工作标兵单位，被市政府评为上报国办、省办信息先进单位，作为部门代表在市委信息工作会议发言交流经验。加大信访诉求查办力度。办理面对面环境信访387件，其中环保部和省环保厅受理后转办投诉12人次9件，局长接待日诉求47人次21件，现场来访521人次问题331件，其他26件。畅通12345市长公开电话、12369环保举报热线、官方微博和微信举报平台等渠道，办理在线投诉9831件。其中电话投诉683人次683件，市长公开电话诉求7106件，局长信箱和环保官网诉求640件，人民网诉求49件，“12369”环保投诉举报热线和微信举报1353件，办结率100%，满意率95%以上。受理省政协提案2份，市政协提案3份，市人大议案4份，均按时办结并逐件面复，面复率、满意率100%。

**【项目储备库建设】** 编制完成《长春市“十三五”环境保护规划》，征集、筛选和推荐6大类144个项目纳入省级项目储备库。组织编制《长春市水污染防治行动计划项目储备库实施方案》，完成长春市水污染防治行动计划项目储备库建设。完成水污染防治项目“三库合一”工作，征集项目246个，其中纳入吉林省水污染防治行动计划项目储备库94个、吉林省清洁水行动计划项目储备库44个、吉林省“十三五”重点流域水污染防治项目库88个。完成“十三五”期间水污染防治项目动态储备，优选项目72个，总投资160亿元，通过省环保厅审核，上报环保部申请纳入国家项目储备库。

**【污染物减排】** 组织全市38家国控企业，完成2016年国家重点监控企业环境统计数据直报工作。完成36个建设项目的主要污染物排放总量指标核定、16家非国控重点排污企业排污权确权、35家申领排污许可证企业主要污染物排放量核算。

**【环境影响评价】** 服务经济社会发展大局，重点扶持政府投资重大项目。对尚未编制环境影响评价的市政基础设施建设项目，出具预审意见20项。筛查无环保手续的建设项目，对符合国家相关产业政策，基本符合“三同时”要求的，有条件备案、依法验收475项。全年审批建设项目863个，办理竣工验收215项，按时办结率100%，群众满意率98%以上。环保窗口在市政务中心率先全面落实“一站式”审批服务，在推进“一门式、一张网”综合行政审批改革活动中，走在全市前列，受到市政府书面表扬。

**【环境监测】** 国控重点企业每季度开展监督性监测1次，完成废水监测报告269份，废气监测报告120份，在线监控比对监测报告268份。现场勘查和布设土壤环境质量国控点位43个，完成功能区噪声、道路交通噪声和区域环境噪声常规监测，采集有效数据9000余个。全市200台（套）污染源自动监控设施，重点源自动监控传输有效率87.58%，达到环保部考核要求。监督性监测结果公布率100%，国控企业自行监测信息公布率98%以上。

**【污染防治】** 开展钢铁、水泥熟料、平板玻璃、科研院所、城镇污水处理厂等重点行业环保专项执法检查，重点打击偷排偷放、持续超标排污拒不改正、故意不正常使用污染防治设施、非法处置危险废物等违法行为。开展“汽修厂、油气站专项执法检查”和“挥发性有机物专项执法检查”，重点检查石化、化工、涂装、印刷、油气站等行业。检查工业园区27个、汽车涂装企业230家、加油站531家、其他企业150家。开展餐饮服务业油烟专项排查整治行动。检查大中型以上餐饮服务业956家，督促完成治理889家。市政府印发实施《长春市落实水污染防治行动计划工作方案》，与各县（市）区政府、开发区管委会及市直有关部门签订《水污染防治责任书》；印发实施《长春市清洁水体行动计划》，明确水污染综合治理“时间表”“路线图”。建立月调度工作制度，各县（市）区政府、开发区管委会及市直牵头部门，推进重点治污工程，伊通河城区段两岸污水截污工程、永春河飞跃路吐口截污工程基本完成,长德新区、经开北区、农安合隆镇3座污水处理厂通水试运行,英俊污水处理厂主体完工,双阳区双营乡鲁家村等6个村的人工湿地建设工程基本完成,高新北郊尾水塘湿地试运行。加强工业污染防治,全面排查装备水平低、环保设施差的小型工业企业,取缔不符合国家产业政策的“十小”企业12家,督促涉造纸、电镀等“十大”重点行业31家企业,完成清洁生产审核。推进地表水综合治理。督促伊通河综合治理工作涉及的工程项目单位开展环境影响评价,全程参与环保项目的方案审核、论证。市政府印发实施《长春市“河长制”实施方案》,在全市范围内试行开展“河长制”工作,成立长春市伊通河综合治理领导小组河长制工作办公室,负责全市“河长制”日常工作。加大饮用水源地保护力度。组织朝阳区、九台区和净月开发区、莲花山度假区,对水源一、二级保护区存在的环境问题进行全面排查整治。市政府组成联合督查组,对饮用水源保护区环境问题排查整治情况进行专项督查。环保、规划、国土、水利、卫生、水务等有关部门和专家,论证审查新立城水库生活饮用水水源保护区划调整方案。开展“清洁河道”专项整治行动。清理生活垃圾1.2万吨、畜禽粪便863.3吨、其他污染物232.7吨。

【雾霾治理】 发挥大气污染防治领导小组办公室综合协调作用,推进实施《大气污染防治行动计划实施方案》。市政府印发实施《省市联动“长吉平”三市共治大气污染长春市专项行动工作方案》《长春市清洁空气行动计划》。建立推行全市燃煤小锅炉工作“周调度、周通报”制度。环保、财政、公用部门组织实施《长春市燃煤小锅炉淘汰改造验收及补贴办法》,市财政支付2015年淘汰小锅炉补贴资金5.4亿元。全市淘汰燃煤小锅炉1255台(建成区967台),治理超标锅炉631台,搬迁关停污染企业8家,新增集中供热能力855万平方米。全面排查监测10吨以上锅炉和挥发性有机物排放企业,建立大气污染源排放清单,对超标排放的实施限期整改。开展燃煤电厂超低排放改造工作。督促1008台超标锅炉完成治理,国电吉林龙华长春热电一厂2号机组、大唐长春热电二厂3、4号机组完成超低排放改造。对城区28家环保检验机构的113条检测线实施全程视频监控,规范开展机动车环保检验业务。检测机动车38.87万台次,环保检测率80%,在线监控率100%。建立黄标车数据库,每月定时通报,落实限行措施。环保、公安、交通部门联合开展“冒黑烟”车辆查处专项行动,增加尾气排放路检频次。全市城市道路全时段禁行黄标车,淘汰黄标车及老旧车40379辆,累计发放补贴资金2900万元。严格施工现场标准化和道路清扫保洁精细化管理,加强扬尘污染控制。市城管委联合巡查建筑工地400个,查处违反扬尘污染防治要求的问题451条,全部完成整改。环保、农业、公安等部门联合督查秸秆禁烧工作,对包保的县(市)每周进行巡查,对包保的开发区每日巡查,适时开展夜查,督促落实属地责任。出台秸秆综合利用实施意见和补贴办法,新增综合利用量70万吨以上,还田利用率18%,综合利用率75%。市政府印发实施《长春市关于加强应急管控措施减缓重污染天气影响的实施意见》,完善重污染天气应急体系。环保、气象部门建立数据共享、预报预警、信息发布等工作机制。环保官网实时发布环境空气质量信息,长春电视台开展环境空气质量级别预报。开展“全市重污染天气应急演练”,提升应急响应能力。发布大气重污染应急预警1次。

【自然生态保护】 完成生态保护红线初步划定。开展重点区域生态环境综合整治专项行动,整改规范服务性行业42家,拆除违法违章建筑(构筑物)11处,关停工业企业、规模养殖户、违法放牧场和采沙(石)场29家。

【农村环境保护】 组织榆树、九台、双阳、净月等1个乡(镇)、26个行政村,开展生态示范创建规划编制、论证工作。1个省级生态镇、10个省级生态村、60个市级生态村完成考核命名。双阳区、九台区、莲花山度假区的2镇16村,获得省级财政资金补助100万元。

【辐射安全监管】 陆地γ辐射空气吸收剂量率,在天然辐射本底水平范围内。城市典型环境和典型污染源外环境的电磁辐射水平,均不超过国家限制标准。完成国家二级(橙色)应急预警响应2次,严格按照上级指令部署,进入应急待命状态。开展“放射源安全检查专项行动”,检查辐射技术应用单位177家次,排查放射源应用单位32家放射源552枚,检查覆盖率100%。安全收贮吉林交通建设集团等6家单位废旧放射源64枚,放射性废物收贮为100%。

【危险废物安全监管】 开展“打击涉危险废物环境违法犯罪行为专项执法检查”,检查原油加工及石油制品制造业、化学原料和化学制品制造业、有色金属冶炼业、医药等重点产废单位和危险废物经营、处置、储存等涉危险废物企业196家。开展医疗废物和医疗废水处理专项整治、城镇生活垃圾无害化处理专项整治。排查各类医疗机构4715家,责令112家单位限期改正231个环境问题;排查城镇生活垃圾无害化处理单位7个,责令整改环境问题。办理危险废物转移联单24897份,转移危险废物、医疗废物10余万吨,集中处置率100%。

【环境监察与排污收费】 实施环保网格化监管,加强基层生态环境监督员队伍建设,全市169个乡镇(街道)3280名基层生态监督员全部上岗。落实双随机抽查制度,随机抽调执法人员、随机选择被抽查企业。开展环境安全隐患专项整治行动6次,排查企事业单位环境安全隐患2408家次,取缔违法企业8家。督导长春市华强金属表面抗磨工艺有限公司等98家环境风险重点监管企业全部建立管理工作台账,吉林省天源粘合剂有限公司等68家较大、重大环境风险源企业编制环境应急预案。组织危险废液泄漏事故引发次生环境污染的实战演练。参与处理突发事件7起,全年无环境突发事件。强化环境行政执法与刑事司法衔接。全年征收排污费 11481 万元，实施行政处罚 374 件，处罚金额 1218 万元；对 2 家企业实施按日计罚，对 6 家企业实施查封扣押，对 3 家企业实施限产停产措施，移送行政拘留案件 9 件。

【环境宣传教育】 在省市 15 家主要新闻媒体刊发刊播环保宣传稿件 476 篇次，转发量 1900 余篇次。集中在 10 月份，开展应对重污染天气宣传，在长春日报开设“共建生态文明，造福春城百姓”专刊，对大气污染防治系列工作进行深度持续宣传。开通环保微信公众号，开展“世界环境日”活动。集中在 6 月份开展环保宣传月活动，在省市主要新闻媒体开设“生态环保进行时”专栏，对生态环保工作进行连日集中宣传。

【环保科研】 开展水体污染控制与治理科技重大专项研究，组织“十二五”伊通河子课题、组织饮马河水系水污染综合治理技术及工程示范课题研究。长春汽车经济技术开发区，在全省率先通过国家生态工业示范园区建设协调领导小组办公室创建“国家生态工业示范园区”验收。长春经济技术开发区，通过创建“省级生态工业示范园区”评估。

【环境质量】 城市空气环境，可吸入颗粒物、细颗粒物、二氧化硫、二氧化氮、臭氧和一氧化碳年均值分别为 78、46、28、40、141 微克/立方米和 1.6 毫克/立方米。可吸入颗粒物、细颗粒物浓度均值，比 2015 年分别下降 27.1%和 30.3%。全市空气质量优良天数 291 天，比 2015 年增加 54 天。重度以上污染天数 6 天，比 2015 年减少 22 天。地表水环境，松花江镇江口断面水质稳定达标，伊通河靠山大桥断面水质明显改善，化学需氧量和氨氮分别下降 40.8%和 32.3%。石头口门水库、新立城水库 2 处城市集中式饮用水水源地水质达标率保持 100%。声环境，噪声污染以商业、娱乐经营活动形成的生活噪声、交通运输形成的交通噪声为主。区域环境噪声昼间等效声级平均值 56.0dB(A)，比 2015 年下降 0.1dB(A)；道路交通噪声平均等效声级平均值 69.5dB(A)，与 2015 年持平。

（王占龙）

## 国土资源管理

【土地市场】 全年供地 2015 公顷，比 2015 年上升 20%，实现成交额 208.1 亿元，上升 67%；上缴财政 163.66 亿元。投入 21 亿元，收储土地 29 宗、面积 221 公顷。完成置换贷款近 90 亿元，贷款利率从 7.8%降到 3.5%，大幅降低融资成本和金融风险。

【用地保障】 2016 年 11 月 23 日，省国土资源厅下达土地利用总体规划（2016–2020）调整方案，调整后到 2020 年，长春市建设用地总规模为 28.84 万公顷，其中城乡建设用地规模为 24.2 万公顷，目前还剩余 1.9 万公顷。修改 7 个乡镇的土地总规，先行启动长春新区、双阳区 8 个乡级总规的调整完善，保障长春新区、城市管廊、交通道路等大项目的落位。通过采取简化征地报批程序、变“等批”为“协办”等措施，批次征地和单独选址征地报批材料简化率 47.5%。全年上报征地 2783 公顷，获批征地 1866 公顷，确保南溪湿地、机场大道、轻轨北湖线等全市 29 个重点项目的顺利开工。

【耕地保护】 按照国家的“占优补优，占水田补水田”要求，采取有效措施，确保补充耕地与占用耕地数量相等、质量相当。向省厅争取购买，购买补充耕地指标 593 公顷，保障长吉出口、长白铁路、轻轨北湖线等省市重点项目占补平衡，确保项目征地顺利报批。扎实推进基本农田划定工作。作为全国第一批划定永久基本农田的重点城市之一，划定方案已于 2016 年 12 月 16 日顺利通过国土部终审，市中心城区划入 8577 公顷，比例为 35.5%。5 个县（市）区划定工作顺利完成，划入 4778 公顷，占总任务 24.31%。

【土地集约节约利用】 推行工业用地先租后让试点、工业用地增容不增价、地下空间不收出让价款、实行分期验收等举措。全市处理预警闲置土地 178 宗、面积 978 公顷，处置历史闲置土地 72 宗、330 公顷，通过国家土地督察沈阳局验收。

【执法监察】 建设运行“国土资源执法监察监控系统”，整合国土资源批、供、用、补、查等核心数据，实现执法监察全程监管。建立强化资源保护、案件报备等 11 项联建机制，降低公益诉讼风险。在卫片执法监督检查中，整改违法占用耕地 73.6 公顷，违法比例降到 2.8%，整改率 87.8%，通过省政府的检查验收，全年查处国土违法案件 95 宗、面积 157.4 公顷。配合各级政府、开发区管委会组织拆违行动 212 次，拆除违建 39 万平方米。

【不动产统一登记】 召开督办会议 8 次，国土、房地、林业等相关部门通力配合，多次召开专题研讨或业务对接会。成立“长春市不动产统一登记实施工作领导小组”，制定印发《长春市不动产统一登记工作实施方案》，完成不动产登记中心职责整合和内设机构设置工作。确立“综合窗口受理，并联流程审批，不动产统一登记”的登记发证模式和不动产登记窗口设立地点，市城区设立 13 个服务大厅。整合业务流程，形成 10 大类 115 个登记类型，编制《长春市不动产登记业务须知》《长春市不动产登记操作指南》。制定下发《长春市不动产登记资料移交工作方案》等文件 31 份。16.2 万栋房屋数据信息已落宗完成，占总量 96.9%。不动产登记信息平台基本建成，在全市范围已经投入使用。举办 2 期全市范围内的不动产统一登记工作业务培训班。加强不动产登记宣传引导，印发宣传工作方案，制作不动产登记动漫宣传片，协调市委宣传部组织召开新闻发布会，通过不动产登记网站、报纸、电视等多种渠道进行正面宣传。实现“交易登记一个厅、受理业务一窗口、登记审批一张网、信息关联一张图、高效便民一常态”的“五个一”，组建 214 人的不动产登记机构。上半年，榆树市、农安县、德惠市、九台市 4 地相继发证。10 月底，城区和双阳区实现发证。全市不动产登记“零上访”“零炒

10月29日,德惠市五台乡浮家村粮食收购站揭牌仪式　　（孙福鑫　提供）

作”,实现“停旧发新”和“4个保证”的目标。

【农村集体经营性建设用地入市试点】九台区农村集体经营性建设用地入市和农村土地征收制度改革试点实施方案、推进方案均获国土部批准,完善17项制度,建立基准地价体系,杨树村老村舍、魏家砖厂等4个地块入市交易,向国土部报送试点工作中期评估报告。

【矿政管理】 投资237万元建设运行“地质矿产远程监管系统”,实现矿业权远程监控、年检复核、安全生产、地灾隐患点远程监控等10项功能,在全国率先实现矿产资源管理“互联网+”和“大数据”等科技信息有效利用。全年出让采矿权58宗,收取价款1188.4万元,收取矿产资源补偿费375.4万元,存储矿山地质环境恢复治理保证金6868万元。对全市57个地灾隐患点定期排查,完善市、县、乡3级地灾巡查网络,发放地灾防治“明白卡”1328件,发布地灾预报预警160次。

【保障民生】 推进扶贫攻坚10项工作,为包保点浮家村,投资141万元新建的粮食收购站投入使用,为每个扶贫对象发放1100元救助款;投资12万元,新建1000平方米的文化大院;开通电商平台、法律援助平台、扶贫微信群,发放“心愿联系卡”,定期组织慰问,免费筛查眼科疾病,为2名白内障患者免费做手术。全系统募捐4.1万元资助贫困学生,捐赠衣物2000多件,书籍2000多本。

（孙福鑫）

## 园林绿化

【概况】 2016年,长春市园林绿化总投资20亿元,其中市本级投入4亿元,城区绿化覆盖率41.5%,绿地率36.5%,人均公园绿地面积11.6平方米。经过国家林业局的检查验收及综合考评,9月19日,长春市获“国家森林城市”称号。

【街路绿化】 新植街路20条,新建大块绿地15宗,新建绿地面积46公顷。完成106个森林城近期建设项目,结合旧城改造提升、伊通河综合治理等重大承载能力提升工程,深化园林绿化建设成果。

【旧城改造】 推进长春市旧城改造园林绿化景观提升工作。补植街路331条、绿地140宗,完成32个交通渠化岛绿化提升。实施立体绿化27处,桥体绿化16处,历史文化街区1条。市属各公园结合景观提升改造,开展公园绿化补植和彩化工作。长春市园林绿化局组织相关专家赴吉林、哈尔滨等近邻城市学习考察,利用赴首尔、札幌、东京等地学习考察机会,研究、挖掘适宜本地的观干、观叶、观花、观果树种,学习先进国家街路绿化规划、小品摆放、树种选用、修剪养护等方面的理念。制定并下发《长春市园林绿化工作导则》《长春市街路景观提升设计及步点方案》《长春市雪雕冰雕实施方案》《长春市园林绿化工作标准及养护方案》,对各责任主体承担的工作任务、质量标准、完成时限等提出具体要求。完成冬季园林景观街路22条、广场5个、大块绿地15宗,新植树种44个。选取南湖

长东北城市生态湿地公园　　（张晓东　提供）

公园、长春公园等4个市属综合公园以及人民大街、南湖大路等6条市属街路8个节点，完成雪雕冰雕作品145组。

【公园建设】 结合2016年幸福长春行动计划，实施百园工程，加快公园建设改造步伐，谋划芳草、谢家、北海公园二期、安全主题、花溪、兴隆、八一7个公园新建项目，以“PPP”模式运作的光明公园成功签约，吸纳社会资本2.97亿元。挖掘可绿化空间，启动6个社区公园建设，解决市民身边有绿问题。长春市具备对外开放功能的公园117个，基本实现“300米见绿，500米见园”目标。

【庭院绿化】 2016年3月，长春市园林绿化局组织召开长春市各城区、开发区绿化委员会办公室主任会议，部署庭院、小区绿化任务，确定绿化庭院、小区25个。新建、改造绿化面积835686平方米，投入绿化资金约1.75亿元。

【义务植树】 全年组织全民义务植树活动16次，有5000余人参加植树活动。分别在16个地块栽植云杉等10个品种、3590株苗木，栽植面积9600平方米。九台区开展“绿满九台”活动，动员全区机关干部、社会人员共同参与。二道区组织机关干部500多人参加义务植树活动。

【园林植保】 开展预测预报工作，预测预报信息通过长春园林植保微信公众号同步发布。对于长春市常发的食叶害虫、蛀干害虫，组织全市联防联治，由技术人员到各城区进行督促检查。病虫害得到控制，做到有虫不成灾。全年复检苗木287批次60个品种，开展房地产绿化验收检疫544批次70个品种，开展防治食叶害虫街路193条，防治刺吸式害虫街路193条，专项防治光肩星天牛街路177条、855街次。全年有害生物的危害均控制在科学阈值范围内。

【古树名木养护】 长春市有单株古树120株，古树群7处，1050株古树名木，全部实行挂牌管理。2016年，工作重点放在古树的养护管理上。各(县)市区古树名木管理部门与养护单位完善管护手段，签订责任书，建立起每年两到三次的巡查古树生长势的制度。9月，长春市绿园区小学在长春市绿化委员会办公室和专家指导下，对校园内的5株古树采取复壮措施。对出现较大树洞的树体内部进行消毒，对树体表面采取仿生的封堵措施；对出现明显下垂的枝杈进行支护，防止因树杈掉落而发生意外事件，消除安全隐患。

【绿化监察】 2016年，长春市园林绿化局园林绿化监察大队出动执法车辆3200台次、执法人员9000人次，巡查长春市主要道路14000条次、绿地12000余次。立案60起，结案59起，上缴罚款30万元。针对市民在绿地内违法占绿种菜行为，制定解决方案，进行集中清理。全年清理小区25个，清理面积约15万平方米。对西安大路、迎宾路等20条街路两侧公共绿地上的种菜行为进行清理，清理面积约7000平方米。

【行政审批】 2016年，受理行政审批事项282件，所有审批件均按审批时限办结。按照长春市“一门式、一张网”行政审批制度改革的总体要求，清理中介组织、非中介行政审批条件，梳理行政审批事项申请要件，重新设定审批流程，编制行政职权信息数据采集表、目录和流程图，规范权力运行程序。

（张晓东）

## 伊通河管理

【概况】 伊通河管委会主要负责对伊通河长春市城区基本建成段（南三环路桥至四化拦河闸15.78公里）进行全面建设和管理，主要工作职能为工程建设、防汛排涝、设施维护、水体监测、执法监督、园林绿化养护、环境卫生保洁7方面。

【工程建设】 主要完成伊通河河道内旧有污水管线拆除工程；长春大桥至四化拦河闸底泥清淤工程；南绕城高速公路桥至南三环桥段防洪工程；南三环桥至长春大桥段护岸改造工程等8项工程。伊通河河道内旧有污水管线拆除工程南起自由大桥南侧北至东荣大桥北侧暗涵，于2015年12月15日开工，2016年4月20日完工。拆除河内污水主管线12.83公里；拆除河内支线长度11.32公里；拆除检查井98座；清理外运管道内淤泥20793立方米；膨胀混凝土封堵管道1512立方米。完成投资1120万元。伊通河长春大桥至四化拦河闸底泥清淤工程于2015年12月15日开工，于2016年3月30日完工。清淤长度7977米。清除河道内受污染底泥47万立方米。完成投资2170万元。南绕城高速公路桥至南三环桥段防洪工程占地面积170公顷。河道自然长度4.78公里，治理后河道长度3.55公里。工程于2015年8月18日开工，完成投资6985万元。伊通河中段南三环桥至长春大桥段护岸改造工程于5月30开工，工程基本完工。景石摆放、亲水平台主体工程已经完工。完成投资4884万元。挡墙拆除重建工程位于自由闸至长春大桥东岸，主体工程已经完工。完成毛石混凝土1426立方米，基础混凝土7218立方米，土方回填317467立方米。完成投资1918万元。永安沟防洪闸维修改造工程位于自由闸至长春大桥西岸，主体工程已经完工。完成毛石混凝土116立方米，混凝土554.6立方米，安装闸门3扇。完成投资151万元。中段驿站（含公厕）建设工程，除4个驿站由于地下管线问题正在调整设计外，其他18个全部开工建设。完成投资1061万元。伊通河中段绿道工程按照年度建设目标全部完成，实现从南溪公园到四化拦河闸两岸33公里绿道全线贯通，完成投资12234万元。伊通河中段景观绿化工程，已有5处开工。主要工程量完成铺装拆除20500立方米，路槽开挖1730米，混凝土2001立方米。完成大乔木栽植3965株。完成投资2942万元。

【防汛排涝】 按照《长春市城市防洪预案》具体安排，5月末前完成对堤防、护岸、闸、站、涵等防洪设施的汛前检查工作。对本年度防洪工程和沿岸工程众多

伊通河河东园 （国 徽 提供）

的复杂情况，存在的防洪安全问题提出整改时限要求。落实堤防、护岸巡视制度，强调雨天重点地点24小时有人看护，随时检查防洪设施运行情况。做好防汛物资储备，落实抢险队伍和抢险车辆及抢险工具，确保伊通河城区段安全度汛。

【设施维护】 组织队伍重点维修景区，油饰木质结构的亭台，楼阁等等。新修便民通道5条，摆放汀步石1300余块，沿线新铺方砖1000多平方米，安装休闲座椅100套，修建休闲广场1处。对园区文化石，大理石，彩砖，方砖步道，座椅等便民设施多次维护、维修。

【水质监测】 按照长春市河长办和管委会河长制工作方案的总体要求，做好管理范围内水质达标的各项工作，配合市建委完成湖塘黑臭水体治理的各项任务。及时向主管部门反应水质情况。全年发布《伊通河水体信息》24期。

【执法监督】 加强伊通河沿岸防洪设施、公益设施、园林小品的管理，实行执法人员及夜巡员24小时全天候、全方位立体管理措施，开展联合执法，综合整治力度，为市民创造一方安全整洁的休闲娱乐场所。全年处理各类违章违法行为467起。

【园林绿化】 春植工作栽植面积为15172平方米，行道树长度为4170米，在30个地块栽植树木10261株(丛)。栽植绿篱782米。栽植草花45000株，栽植花池面积1300平方米，栽植紫花玉簪1980平方米。伊通河中段综合治理工程移植树木11133株（丛），其中针叶树1037株，阔叶树7159株，花灌木2937丛。模纹4441平方米，绿篱297米。定期对园林植物进行调查，制定病虫害防治工作实施方案。有效地防治天牛、蚜虫、天幕毛虫、白粉病等10余种病虫害。做好树木秋冬季养护管理工作，提高树木的抗寒性和抗虫性，对所有树木开展涂白工作。并按季节及时为树木浇解冻水、防冻水等，进行科学的抚育管理工作。

【环卫保洁】 环境卫生实现清扫保洁常态化、垃圾清运标准化、环境管理规范化，达到水面无漂浮物，垃圾日产日清，果皮箱及时清掏。开展“春季环境卫生整治春风行动”及“秋季环境卫生整治行动”。4月组建水面保洁队伍，梳理清除河道内垃圾，春季保洁中心以清运枯枝、落叶、滩地杂物600余车，清理土方石块1800余立方米，清理游客遗弃及水面垃圾660余吨；人工及药物配合除草10万余平方米；喷药灭虫消杀面积约45万平方米；冬季做到落雪即清，7台清雪雪滚同时作业，管辖范围内不撒融雪剂，实现绿色清雪。

（国 徽）

## 招商引资

【概况】 2016年,全市实际利用内资完成1279.9亿元,比2015年增长15.3%;实际利用外资完成64.98亿美元,增长14.7%。全市进出口完成933.7亿元,增长7.6%。全市实际引进内资项目678个,金额1279.9亿元,增长15.3%。其中引进外省项目567个,金额1093.3亿元,占全年计划的105.8%,增长18.5%。全市实际利用外资64.98亿美元,增长14.7%,其中,直接利用外资12.94亿美元,增长8.0%。

【内资运行特点】 从资金来源情况看,在长春市引进省域外资金1093.3亿元中,北京、广东、辽宁、上海、江苏、浙江为主要资金来源地,引进资金724.3亿元。从投资规模情况看,到位资金10亿元以上的项目17个,资金额233.2亿元;到位资金5亿元以上的项目84个,资金额681.1亿元;到位资金3亿元以上的项目129个,资金额863.3亿元;到位资金1亿元以上的项目307个,资金额1159.9亿元。从产业投向情况看,内资投向主要集中在第二、三产业。实际利用内资在3个产业的分布情况,第一产业30.3亿元,占2.4%;第二产业636.3亿元,占49.7%;第三产业613.3亿元,占47.9%。实际利用内资在第一产业主要投在农业;第二产业主要以制造业为主,分布在交通运输设备制造业,医药制造业,农副食品加工业,电力、热力的生产供应领域;第三产业主要投在房地产业、交通运输、仓储业,批发零售、住宿餐饮业。有9户国内500强企业来长投资,金额67.7亿元;5户央企来长投资金额42亿元。有64户国内500强企业、33户央企落户长春市。

【外资运行特点】 从资金来源情况看,有德国、以色列、荷兰、开曼群岛等12个国家(地区)对长春市直接投资。其中德国、香港、以色列、美国、英属维尔京群岛为主要资金来源地,占全市直接利用外资的92.7%。从产业投向情况看,外资投向主要集中在第二产业。长春市直接利用外资在3个产业的分布情况,第一产业0.07亿美元,占0.5%;第二产业8.5亿美元,占65.4%;第三产业4.4亿美元,占34.0%。直接利用外资在第一产业主要投在农业;第二产业主要以制造业为主,分布在交通运输设备制造业,农副食品加工业、医药制造业、电子设备制造业等领域;第三产业主要投在房地产业。从项目审批情况看,全市新批外商投资企业28户,比2015年减少24.3%;合同外资金额10.89亿美元,增长47.6%。其中超千万美元的项目10个,投资总额13.87亿美元,合同外资9.14亿美元;在已投产外资企业中,增资企业27户,增加投资总额25303.7万美元,减少86.9%;增加合同外资15219.3万美元,减少62.4%。有71户世界500强企业落户长春市。从投资方式情况看,在新设立的28户外商投资企业中,合资企业11户,减少42.1%,合同外资52460.7万美元,增长61.4%;外商独资企业16户,合同外资55281.9万美元,增长72.1%;合作企业1户,合同外资86.8万美元,减少99.0%。

【强化招商基础】 出台《关于加强全市招商引资工作机制建设的意见》,推动招商引资工作良性发展。形成市、县两级招商项目储备机制。结合全市产业规划和生产力布局,加大对优势产业、战略新兴产业、现代服务业等项目的谋划,从全市260个项目中,筛选出200个经由专家进行重点包装,形成市、县两级招商项目储备库,并形成长效机制。编制《2016年长春市经济合作重点推介项目》。

【创新招商模式】 推动华为云数据中心项目,自签约到落位开工仅用31天;赴青岛进行产业对接,推动海尔、海信、澳柯玛等企业来长投资;赴东南亚和欧洲推动和洽谈17个项目。开展招商活动402次,其中"走出去"174次,"请进来"228次。围绕重点区域、重点产业和重点企业,启动精准招商模式。在重点区域上,对环渤海地区,重点对接中企联、中核建、中建材等央企、高校和科研机构,与青岛市签署《加强战略合作框架协议》,推动两市在科技、生态等领域深度合作;对长三角地区,重点引进上海新城、浙江传化、上海钻智等知名民营企业,推进政府和社会资本合作,促进民营经济发展;对珠三角地区,跟踪外向型产业转移新动向,对有实力、有技术、有品牌的加工贸易企业,研究承接政策和措施;对欧美、日韩、东南亚、港台等国家和地区,瞄准高端制造业和现代服务业,开展引进外资和技术合作。重点推进一汽集团与德国大众集团二期合作计划及投放新能源汽车等新项目落地;推动正大集团在长春设立正大集团饲料加工总部合作意向。在重点产业上,发挥产业园区平台作用,推动产业集群发展。在重点企业上,聚焦国内外500强和知名企业,引进战略投资者。推动海尔、海信等白色家电龙头企业来长投资建厂;推进浪潮、传化等企业在长项目建设。

【增强招商成效】 统筹招商资源,围绕"台企吉林行""首届全球吉商大会""世界500强(知名跨国公司)走进吉林""广博会""昆交会""津洽会""青洽会""中俄博览会""亚欧博览会"等活动平台,深挖客商资源。在"台企吉林行"活动中。接洽台商228人,签约项目10个,引资额9.11亿美元。在"首届全球吉商大会"活动中。组织43个考察团300多人次寻根考察活动,有14个项目成功签约,总投资额107.8亿元。在"世界500强企业(知名跨国公司)走进吉林"活动中。接待世界500强及知名企业高管91人,洽谈对接51个重点项目。推动落实重大项目审批业务"绿色通道",完善投资环境。

(赵兴华)

## 对外贸易

【概况】 2016年,全市进出口完成141.5亿美元,比2015年增长1.22%。其中,出口19.1亿美元,下降0.24%;进口122.5亿美元,增长1.45%。按人民币统计,全市进出口完成933.7亿元,增长7.6%。其中,出口完成125.7亿元,增长5.6%;进口完成808.1亿元,增长7.9%。长春市外贸依存度15.75%,出口依存度2.12%(吉林省外贸依存度8.2%,出口依存度1.94%;全国外贸依存度32.7%,出口依存度18.6%)。

### 2016年全国、吉林省及长春市进出口情况表

金额单位:亿美元

| | 进出口 | 比2015年±% | 出口 | 比2015年±% | 进口 | 比2015年±% | 贸易差额 |
|---|---|---|---|---|---|---|---|
| 全国 | 36849.25 | -6.8 | 20974.44 | -7.7 | 15874.81 | -5.5 | 5099.63 |
| 吉林省 | 184.4 | -2.3 | 42.1 | -8.8 | 142.4 | -0.2 | -100.3 |
| 长春市 | 141.5 | 1.22 | 19.1 | -0.24 | 122.5 | 1.45 | -103.4 |

### 2016年长春市进出口情况表

单位:万美元

| 月份 | 进出口额 | | 出口额 | | 进口额 | |
|---|---|---|---|---|---|---|
| | 金额 | 比2015年±% | 金额 | 比2015年±% | 金额 | 比2015年±% |
| 1 | 109334 | -31.82 | 14164 | -15.65 | 95170 | -33.71 |
| 2 | 98684 | -7.14 | 11165 | -30.26 | 87518 | -3.05 |
| 3 | 122360 | -19.39 | 15983 | -5.82 | 106378 | -21.1 |
| 4 | 124702 | -12.06 | 15790 | -1.85 | 108911 | -13.37 |
| 5 | 140803 | 28.47 | 17308 | -8.33 | 123497 | 35.98 |
| 6 | 123151 | 1.5 | 17051 | 7.83 | 106099 | 0.65 |
| 7 | 127461 | 23.23 | 16900 | 17.17 | 110561 | 24.21 |
| 8 | 118034 | 20.69 | 16572 | 28.39 | 101462 | 19.52 |
| 9 | 100696 | 10.62 | 19948 | -5.27 | 80748 | 15.4 |
| 10 | 106098 | 9.16 | 16786 | 11.36 | 89313 | 8.76 |
| 11 | 131620 | 27.72 | 14564 | 13.75 | 117054 | 29.7 |
| 12 | 112490 | -1.93 | 14498 | 0.86 | 97993 | -2.32 |

【出口(境)情况】 出口品种。出口商品1672种(其中,初级产品105种,工业制成品1567种)。机电产品出口9.23亿美元,比2015年下降10.03%;高新技术产品出口2.6亿美元,增长3.49%。10大类出口商品5升5降,实现出口10.6亿美元,下降5.77%,占出口总额的55.57%。增长的是,汽车零件出口1.28亿美元,增长12.59%;蛋白粉等饲料添加剂出口1.03亿美元,增长40.69%;实木复合地板出口9341万美元,增长7.56%;服装及衣着附件出口8381万美元,增长3.57%;赖氨酸出口4349万美元,增长573.77%。下降的是,轨道客车及零件出口2.25亿美元,下降6.92%;汽车和汽

车底盘出口 2.05 亿美元，下降 28.81%；抗菌素出口 7256 万美元，下降 13.38%；自动调节控制仪器及装置出口 6382 万美元，下降 5.33%；轮胎出口 4161 万美元，下降 49.63%。在出口商品中，本地货源为 14.4 亿美元，增加 0.5 亿美元，占出口总额的 75.4%。出口（境）商品销往 154 个国家和地区，比 2015 年减少 5 个，亚洲仍是长春市第一大出口市场，对亚洲出口占长春市出口总额的 53.28%，高于 2015 年 3.27 个百分点。出口（境）前 10 位分别为：日本 1.73 亿美元，下降 15.5%；泰国 1.52 亿美元，增长 206.09%；美国 1.48 亿美元，下降 14.4%；韩国 1.21 亿美元，增长 29.71%；德国 1.15 亿美元，增长 4.14%；新加坡 9293 万美元，下降 27.27%；印度 8264 万美元，增长 6.55%；爱沙尼亚 7648 万美元，增长 717 倍；伊朗 7039 万美元，下降 45.87%；香港 5340 万美元，增长 163.56%。以上出口额合计 10.84 亿美元，增长 9.92%，占出口总额的 56.84%。全市有出口实绩的企业 586 户（其中，国有企业 43 户、三资企业 121 户、民营及其他企业 422 户），比 2015 年增加 18 户。出口 100 万美元以上企业 136 户、300 万美元以上的企业 80 户、500 万美元以上的企业 58 户、千万美元以上的企业 32 户、出口过亿美元的企业 4 户，分别是一汽集团进出口公司 2.04 亿美元、大陆汽车电子 1.52 亿美元、长春轨道客车股份有限公司 1.39 亿美元、长春大合生物技术开发有限公司 1.12 亿美元。出口仍以一般贸易为主，一般贸易出口 13.17 亿美元，比 2015 年下降 3.16%，占出口总额的 69.07%；加工贸易出口 5.76 亿美元，增长 5.08%，占出口总额的 30.2%；其他贸易出口 1392 万美元，增长 316.17%，占出口总额的 0.73%。

**【进口情况】** 主要商品。进口商品 1963 种（其中，初级产品 109 种，工业制成品 1854 种）。机电产品进口 81.16 亿美元，比 2015 年增长 1.88%；高新技术产品进口 14.38 亿美元，增长 0.63%。10 大类进口商品 6 升 4 降，实现进口 103 亿美元，增长 3.29%，占进口总额的 84.1%。增长的是，汽车零件进口 37.29 亿美元，增长 1.5%；车用收录装置进口 18.84 亿美元，增长 12.68%；电器及电子产品进口 3.76 亿美元，增长 34.45%；通断保护电路装置及零件进口 3.72 亿美元，增长 25.71%；钢铁制品进口 3.17 亿美元，增长 7.48%；大豆进口 2.62 亿美元，增长 62.89%。下降的是：汽车和汽车底盘进口 21.68 亿美元，下降 9.34%；活塞式内燃机进口 4.8 亿美元，下降 1.25%；自动调节控制仪器及装置进口 3.59 亿美元，下降 0.72%；计量检测分析自控仪进口 3.53 亿美元，下降 0.73%。进口商品来自于 79 个国家和地区，进口市场主要格局变化不大，欧洲仍是长春市第一大进口市场，进口额为 97.26 亿美元，占全市进口额的 79.42%。进口前 10 位的国家分别为：德国 60.32 亿美元，下降 6.23%；日本 12.81 亿美元，增长 7.3%；斯洛伐克 9.23 亿美元，增长 2.38%；匈牙利 6.51 亿美元，增长 2.98%；捷克共和国 5.18 亿美元，增长 36.07%；比利时 3.06 亿美元，下降 23.02%；美国 2.96 亿美元，增长 41.48%；意大利 2.23 亿美元，增长 12.1%；泰国 2.07 亿美元，增长 87.16%；韩国 1.66 亿美元，增长 36.63%。以上 10 国进口额合计 106 亿美元，增长 0.23%，占进口总额的 86.58%。发生进口业务的企业 554 户（其中，国有企业 33 户、三资企业 154 户、民营及其他企业 367 户）。进口 100 万美元以上的企业 158 户、300 万美元以上 91 户、500 万美元以上的 70 户、千万美元以上的 41 户、过亿美元的企业 5 户，分别是一汽—大众 63.45 亿美元、一汽进出口公司 34.98 亿美元、大陆汽车电子 4.52 亿美元、九三集团长春大豆科技股份有限公司（金隆豆业）2.62 亿美元、长春轨道客车股份有限公司 2.18 亿美元。

**【外贸进出口运行特点】** 外贸进出口呈前低后高、缓慢回升，全年小幅增长态势。从月度进出口数据分析看，前 10 个月进出口均为负增长，从 11 月开始，进出口增速由负转正，由 1 月下降 31.82% 上升至全年的 1.22%。其中，出口降幅由 1 月份的 15.7%收窄至全年的 0.24%，进口由 1 月份的下降 33.71%上升为全年的 1.45%，实现小幅增长。进出口增速分别高于全省及全国 3.52 和 8.02 个百分点，在全国 15 个副省级城市中位列第 4 位。民营企业进出口形势明显好转，外资企业进出口实现小幅增长。全市民营企业进出口增势强劲，实现进出口 10.9 亿美元，增长 25.87%，拉动全市进出口增长 7.82 个百分点。其中，出口实现 4.87 亿美元，增长 16.23%，占全市出口的 25.54%；进口实现 6.07 亿美元，增长 34.85%。外资企业进出口实现 85 亿美元，增长 1.62%，占全市进出口总额的 60%，对全市进出口的小幅增长起到了关键作用。受一汽进出口公司出口大幅下降所累，国有企业出口持续低迷，全年实现出口 7 亿美元，下降 14.2%，下拉全市出口增幅 5.7 个百分点。国际市场更趋多元化，对部分“一带一路”沿线国家进出口快速增长。

2016 年，长春市同 160 多个国家有贸易往来，其中出口总值超过 5000 万美元的国家和地区 11 个，进口总值超 5000 万美元的国家和地区 21 个。对亚洲、欧洲及大洋洲出口保持增长，对东盟、俄罗斯、波兰、捷克等部分“一带一路”沿线国家进出口增势强劲，增幅分别达 31.4%、86%、57.8%和 35.02%，在长春兴隆保税区投资建设有限公司和丰之航物流有限公司的带动下，长春市对爱沙尼亚实现出口 7648 万美元，首次进入长春市出口市场前 10 位。优化出口商品结构，生物制药和光电信息产品出口增势良好。全市高新技术产品出口 2.6 亿美元，增长 3.49%，高于全市出口平均增幅 3.73 个百分点，占全市出口比重提升 0.49 个百分点。长生生物科技及百克生物科技的人用疫苗出口成倍增长；激光器、激光治疗仪、有机发光材料、光学晶体、高性能图像传感器、数码相机镜头、镜片、滤光片及光学镀膜等光电产品出口均有提升。长春长光辰芯光电技术有限公司生产的高性能图像传感器达到世界领先，成功打入日本、美国、德国、加拿大等发达国家，2016 年实现出口 184 万美元。全市各类光电产品出口企业达 60

多户，出口4800多万美元，增长5.5%。保税区企业进出口增长势头较好，成为新的增长点。2016年，长春兴隆保区实现进出口1.8亿美元，增长3.7倍。其中，出口实现1.2亿美元，增长52倍；进口实现6000万美元，增长67.1%。长春兴隆保税区投资建设有限公司出口5200万美元、长春市丰之航物流有限公司出口4869万美元、长春兴家地板有限公司出口1197万美元，3户企业拉动全市出口增长近6个百分点。长春新运仓储有限公司实现进口4741万美元，增长63.1%，成为长春市进口大户。

【开拓多元化国际市场】 拓展国际市场空间。利用国家、省、市政策和资金，为企业开展出口技改研发、信用保险、国际认证、境外展会、国际营销网点平台建设等提供有力支持。组织企业参加“华交会”“广交会”“高交会”以及境外的美国拉斯维加斯汽配展、德国杜塞尔多夫医疗器械展等各类展会，在巩固欧美日韩等传统市场的同时，开拓新兴市场。加强基地建设，培育新的出口增长点。支持4个国家级、15个省级、2个市级外贸出口基地建设，推动三级基地互补发展，三资和民营企业出口占出口总额比重分别比2015年同期增加5个百分点和2个百分点。通过“抓大扶中帮小”，引导企业加快发展。加快国际营销网络平台布局。重点支持光大工贸公司在美国纽约设立公共营销平台，为长春市服装企业开拓美国市场提供有效渠道。境外营销网络平台达12个。

【服务外包产业】 经国务院批准，新增沈阳、青岛、长春等10个城市为“中国服务外包示范城市”，这是长春市继长春新区获批后，获得的又一枚“国家级”城市金字招牌。编制《长春市“十三五”服务外包业发展规划》，为服务外包产业发展提供科学、可持续支撑。举办“2016年长春国际服务外包产业年会”。用好专项资金，支持企业发展。搭建境内外活动平台，引进高端企业，壮大服务外包主体。组织企业参加北京第四届国际服务贸易交易会、大连第十四届中国国际软件和信息服务交易会、2016中国吉林服务贸易交流洽谈会、南京“2016全球服务外包大会”、日本第十七届世界冬季城市物产展等展会及赴日本、越南、斯里兰卡等国家开展服务外包推介洽谈活动。促成日本株式会社CSC、M-NET、濑户内设计、横河电机和大连多奥科技、艾克威尔等企业来长意向。离岸服务外包企业达120户，从业人员近19000人。服务外包离岸业务执行额占全省的70%。

【对外经济技术合作】 帮助企业捕捉国际信息，支持和推动企业走出国门投资设企，开展国际经济技术合作。支持企业赴蒙古、俄罗斯、美国、日本等国家拓展业务，洽谈对外工程承包、外派劳务、货物贸易等国际合作项目。推动企业境外资源合作开发。支持天勤建设、华峰能源在俄罗斯、蒙古的能源项目；支持荣漫经贸、尤尼克经贸等企业在美国的木材采伐、加工项目；支持天壤农业、金凯农业等企业在蒙古、俄罗斯的农业种植、加工项目。推动国企“走出去”开展产能合作。支持一汽、长客等赴新加坡、泰国、德国等国家进行推介和对接。促成长客集团与泰国BTS签订96辆价值10亿元人民币的购车合同；促进长客集团参与新马铁路建设项目和正大集团城际高铁项目达成合作意向。引导拥有研发技能、技术和品牌优势的企业投资发达国家和地区，提升技术研发水平，创建国际知名品牌。支持吉通集团赴瑞士、德国开展合作，在欧洲设立的研发中心正式启用。全市境外投资办企51户，比2015年增加27户。中方协议投资总额实现24.3亿美元，增加近20亿美元。加强对外劳务合作市场的监督和管理，开展对外劳务合作市场经营秩序清理整治专项活动，依法打击违规违法黑中介，避免发生重大劳务纠纷及突发事件。

【打造对外开放新通道】 加强与航空口岸联检单位、机场、航空公司及相关部门之间的沟通联系，有效保障国际航班、公务机、货运包机飞行计划的顺利实施。新开通运行定期和旅行包机航线7条。依托“长满欧”国际货运班列，加快发展口岸经济。支持“长满欧”国际货运班列健康发展。依托“长满欧”铁路货运班列设立临时对外开放口岸的申请获国家口岸办批复。启动整车进口口岸的申报工作。

（赵兴华）

## 长春海关

【概况】 2016年，长春海关税收入库128.85亿元，比2015年增长3.58%，高

11月1日，中国共产党长春海关直属机关委员会第一次代表大会

（张怀容　提供）

于全国海关增幅1.64个百分点。全年实现各类补税1.57亿元。关区非高级认证企业查验率8.5%，查获率为11.1%。监管货运量499.6万吨，增长32%；进出境运输工具33.4万辆（艘），增长20.6%；进出境人员259.1万人次，增长22.1%。报关单11.8万份，增长22.3%。

**【海关改革】** 推进全国通关一体化改革，跨关区一体化报关单2.54万票。推进监控指挥中心实体化试运行。关检合作，企业符合条件的报关单“一次申报”“一次查验”率均达100%。辖区具备条件的业务现场基本实现“五统一”（监管设施共用、通道合一、标识统一、政务公开同步、共同查验作业）。在圈河口岸开展关检对进出境车辆一站式通关试点，2016年，关检联合查验放行进出境运输工具16.94万辆。各业务现场通关作业无纸化率98%。落实行政审批改革部署，编制完成《长春海关行政审批事项公开目录》。简化、优化70%的内部核批事项，全部审批事项实行“一个窗口”受理。开展“双随机、一公开”工作。关区随机布控查验报关单占布控报关单总数的87%。监管现场全部执行“随机派员查验”要求。

**【优化监管】** 优化监管查验工作机制，开展监管场所专项整治。构建口岸监管广域网监控体系，对口岸重点敏感商品和重点企业、主要业务领域重要信息综合分析，定期发布业务运行监控报告。深化HZ2011应用，加强风险参数管理，区域风险参数有效率11.38%。开展企业稽查、核查和企业管理，提高稽查作业有效性。2016年，稽查作业88家，办结稽查作业84家，审批调整和重新认证企业信用等级53家。

**【打击走私】** 开展“国门利剑2016”联合专项行动，查办行政违法案件337起，比2015年增长3.7%；侦办走私犯罪案件30起，增长25%。实施缉私部门“一警双权、一案到底”办案模式和海关业务现场行政“两简”案件办理模式。加强监管缉私双向互动、相互监督。推进行政处罚案件处置模式改革。主动适应缉私战区作战模式改革，强化跨区域执法联动。与俄远东缉私海关情报协作，加强国际执法合作。

8月11日，长春海关开展禁毒宣传活动　　（张怀容　提供）

**【法治建设】** 开展法治宣传教育，提高关警员运用法治思维和法治方式推动工作能力。加强与大连海关关际执法统一性建设。开展规章制度清理规范，完善海关制度规范体系，审核规范文件、内部制度892项，废止失效文件618项。加强知识产权海关保护。

**【落实稳增长措施】** 2016年，吉林省进出口1216.9亿元，比2015年增长3.8%。推动吉林省融入“一带一路”倡议，促进“长满欧”国际铁路班列每周2次稳定运行，实现欧洲段5国13个铁路中心站直通。监管“中欧”班列承运货物107批次，1494个集装箱，货值5381万欧元。支持重点产业、重点行业加快发展，对一汽—大众汽车有限公司采用“汇总征税”“自报自缴”征管模式。开展税政调研，两种帝王蟹降低进口关税和2种汽车配件提高出口退税率的税则调整方案被国务院税则委员会采用。支持特殊监管区域发展建设和口岸开放工作。推广上海自贸区的12项创新制度和优惠政策。吉林市保税物流中心（B型）通过验收并通关运作。协助省政府申报长春兴隆铁路口岸临时开放获批。推动通化内陆港务区启动运营。推进跨境电子商务等新兴业态发展，全年监管出口跨境电商包裹2786万件，货值1.08亿美元，增长3.1倍和1.9倍。推动建立“延吉空港国际快件监管中心”并启动试运行。珲春中俄互市贸易得到规范。对朝出境加工进出口值4.37亿元，增长2.83倍。促进内贸货物跨境运输顺利复航，货运量4261.31吨，货值875.64万元。加强政策研究和统计预警分析。组织“海关系统深化改革与长春海关业务管理优化”专题研讨，形成调研报告和框架方案。开展促进中韩自贸协定落地等4个关级课题研究。向吉林省委、省政府报送12期海关工作专报。

（张怀容）

# 农　业

## 综　述

【现代农业建设】 2016年,推进长春市5大实验区建设,核心区规划项目、物联网项目顺利实施。农业综合信息服务平台全面开通,农产品电子商务平台运营良好。粮食总产量实现98.835亿公斤,创历史新高。秸秆综合利用率提高10个百分点,为75%,秸秆禁烧成效显著。

【农业结构调整】 全市调减籽粒玉米面积1.49万公顷,增加大豆面积0.89万公顷、水稻0.23万公顷,增加两瓜、马铃薯、食用菌等特色经济作物面积0.57万公顷,全市园艺特产业实现产值201亿元,增长7.5%。产业融合迈出新步伐,环城现代都市农业圈显现雏形。

【农产品推广】 在北京、福建、海南、长春设立"长春名优农产品营销中心",在全国22个大中城市举办"长春大米"推介会,评选认定"长春名牌农产品"25个,在农博会期间进行集中宣传展示。加强农产品质量安全监测,蔬菜、水果和食用菌抽检合格率98%。

【农产品加工业】 2016年,开展3次大型招商引资项目推介会,引进大项目21个,引进资金93亿元。农产品加工业实现产值2080亿元,增长8%。

【农村改革】 全市农民合作社14083个,新增515个;家庭农场发展到3091个,新增971个。土地适度规模经营有序推进,流转土地40.15万公顷,占耕地总面积的32.5%,比2015年提高4个百分点。制定《关于深化供销合作社综合改革的实施意见》,榆树、双阳改革试点经验在全省推广。

【新农村建设】 建设省级重点村73个,落实建设项目114个,对贫困村新农村建设给予重点支持。18个市级"最美乡村"提升工程全部完工,新建省级绿化美化村屯10个,创建省级美丽乡村24个。

(米　雪)

## 种植业

【概况】 2016年,长春市粮食总产量98.84亿公斤,创历史新高。落实农作物播种面积133.5万公顷,其中粮食作物124.8万公顷。

【种植业结构调整】 全市调减籽粒玉米面积1.49万公顷,增加大豆面积0.87万公顷、水稻0.23万公顷,增加两瓜、马铃薯、食用菌等经济作物面积0.39万公顷,全市园艺特产业实现产值201亿元,增长7.5%。

【农业科技】 集成推广重大增粮技术,玉米保护性耕作覆盖全市所有旱田乡镇,面积发展到18万公顷。农业航化作业试点防治稻瘟病面积8.7万公顷。提升农作物耕种收全程机械化作业水平。开展大型机械深松整地16万公顷,综合农机水平提升至81%。

(米　雪)

## 林　业

【概况】 2016年,长春市林业系统有单位167个。按单位性质分:事业单位140个,机关27个。按单位类别分:国有林场26个,国有苗圃6个,林业工作站96个,木材检查站3个,病虫害防治站5个,其他31个。在册林业职工3028人,在岗林业职工2607人,其中专业技术人员521人;年末实有离退休人员1222人。

【造林绿化和营林生产】 2016年,长春市围绕"绿色宜居森林城市"建设,开展造林绿化活动,在广播电台、电视台、报纸、网站等媒体宣传造林绿化新闻稿件78篇,印制、发放植树造林宣传资料16万份,投入造林绿化资金1.45亿元,投入造林苗木2200万株,完成造林6246公顷(其中,农防林更新造林800公顷、"三北"五期工程造林2733公顷、防沙治沙造林1000公顷、中日合作造林100公顷、中幼林抚育400公顷、其他造林1213公顷),超年度计划任务的108.2%;清理病树、死树300多株,修枝、打杈200多公顷,清理防护边沟60

多公里，清理垃圾200多吨，有效地保证了整体景观效果。采取人工和机械相结合方式，播种波斯菊和黑心菊种子100公斤，面积约5公顷。

【绿化造林】 2016年初，制定村屯绿化美化规划，完成初步设计，筹集资金，落实绿化苗木，组织技术培训。4月20日至5月20日，集中组织“农防林更新造林攻坚战”。年内，全市完成农防林更新改造800公顷，更新农防林带1100条，栽植杨、柳大苗150万株。4月、5月组织、指导各县（市）、区，采取乔、灌结合和花草混交绿化模式进行村屯绿化美化，完成省级绿化美化示范村屯10个，占年度计划任务的100%。完成村屯绿化补植任务30个，开展“四旁”植树300万株。5月，在农安县杨树林林场、哈拉海苗圃实施中日合作造林项目——小渊基金造林项目，栽植樟子松、云杉等针叶树20万株，面积100公顷。

【湿地和野生动物保护】 以“爱护鸟类、关注自然、建设美好长春”为主题，制作保护鸟类、保护湿地、保护森林宣传片3部，在互联网新浪吉林、长春市电视台、省图书馆户外LED宣传屏循环播放。5月，开展“爱鸟周”宣传活动，放飞野生鸟类3000只。完善《长春市湿地保护规划》编制工作。

【森林防火】 年内召开全市春、秋森林防火工作会议2次，防火关键期派出5个督察组深入一线检查督导森林防火工作，督促落实领导责任和具体工作措施；3月份，长春市政府分别与各县（市、区）签订森林防火责任状，年终对森林防火责任目标完成情况进行综合考评。全年全市出动县级以上检查组97次，出动检查人员298人次，检查乡镇132次，检查林场25个，检查村屯860次，“清明”“五一”“十一”等重点防火时段，在林区主要路口增设临时森林防火检查站点798个，排除火险隐患234起，制止违章用火401次，制止上坟烧纸208起。利用电视、广播、公交车报站、横幅标语、手机短信等宣传渠道，宣传森林防火的重要意义，切实群众的防范意识。发送手机短信息21000条，发放森林防火命令32000份，发放宣传单15万份，张贴横幅标语2700余面，悬挂各类防火旗19800面，出动宣传车2126台次，计1780人次参加宣传。组织指导县（市）、区开展演练8次，出动指挥车6台、运兵车15台、消防车4台、摩托车30台，动用风力灭火机82台、水枪98支、2号工具180支、GPS卫星定位仪7部、对讲机147部、卫星电话9部，使用灭火弹420枚，出动森林消防队伍12支，498人参加。强化应急值守，防火期内，坚持24小时值班制度，电台员、瞭望员、护林员、扑火队员全部到岗到位，无脱岗、漏岗现象发生。各专业、半专业扑火队伍始终保持集结待命状态，确保发生火情能够快速出动、及时控制。

全年全市发生一般森林火灾10起，过火总面积18.41公顷，受害森林总面积11.23公顷，森林火灾受害率0.056‰（吉林省政府下达的森林火灾受害率指标为0.1‰），森林火灾控制率为1.84公顷/次（吉林省政府下达的森林火灾控制率指标为5公顷/次），森林火灾案件查处率100%（吉林省政府下达的森林火灾案件查处率指标为85%以上），实现连续36年无重大森林火灾目标。

【有害生物防控】 以防控美国白蛾和日本松干蚧为重点，开展调查监测和科学防治，保护长春市生态安全，巩固造林绿化成果。加强美国白蛾监测，增设监测点500个，诱捕美国白蛾成虫26头。组织双阳、九台、净月、莲花山等县（区）开展日本松干蚧防控工作。全市防治日本松干蚧708公顷（其中喷雾413公顷、喷烟294公顷）；防治青杨天牛、白杨透翅蛾、杨树烂皮病、杨树溃疡病等427公顷。组织各县（市）、区对全市104家种苗繁育单位和80余万株繁育苗木进行森林植物检疫，签发产地检疫合格证。

【案件查处】 加大执法力度，狠抓案件查处，全市侦破、查处涉林案件112起（其中，刑事案件28起，行政案件84起），移送起诉20起，处理违法犯罪人员75人，逮捕15人，刑事拘留11人，行政处罚90人，收缴罚款32万元；清理木材和野生动物交易非法场所12处，非法经营场所134处，检查野生动物活动区域27处。处理刑事案件55起，行政案件30起；打击处理人员61人，其中刑事处理33人，行政处理28人。行政处罚涉林单位7个。收缴林地163公顷。

【林业改革】 推进长春市国有林场主体改革工作。在做好九台区试点工作的基础上，深入各地方国有林场、苗圃进行专项调研，摸清长春市26个国有林场的设施设备、人员编制、经费保障、社保等情况，核实相关数据，为林场改革全面开展做好准备。

【林业产业】 开展全市林业产业现状调查和未来10年林业产业发展规划编制工作。组织参加省名牌企业参选与申报，双阳兄弟林业和二道具泰华林业被推荐为“2016年吉林门业十佳企业”。组织相关县（市、区）林业部门相关人员到甘肃、河南、山东等地，考察学习油用牡丹、文冠果的栽培、繁育及深加工项目。抓好樟子松嫁接红松、大果榛项目推广和木本油料作物试验性栽植，完成樟子松嫁接红松8万株、50公顷，完成榛子种植19万株、100公顷，引进、栽植油用牡丹8000株、文冠果500棵。

【林业科技】 依托长春市林科院，加强林业科学研究和科技推广。全年承担《优良彩色树抗逆性研究》《文冠果优良单株选择及繁育技术研究》等省、市级科研项目4项，推广《花楸优良类型扩繁技术推广示范》《红松坚果园营建技术示范与推广》等国家、市级项目3项，完成《彩色树优良品种繁育技术示范推广》《长白山区濒危木本观赏植物迁地保护技术研究》《花楸优良类型中试示范》项目（国家级科研项目2个、省级科研项目1个）验收、鉴定，达国内领先水平。撰写“光肩星天牛防治方案”“樟子松的遗传改良及二代种子园建立技术研究”“净月潭人工林健康评价及生态恢复模式研究”等科研材料，为政府决策、林业生产提供技术支撑。加强科技示范区建设,栽植樟子松400株、鸢尾4000株、萱草2200株、玉簪1800株、耐寒月季1800株,各类彩色植物4000株。

(何航凯)

## 畜牧业

**【概况】** 到2016年年末,全市生猪发展977.3万头,出栏600.8万头,比2015年下降2.7%和3.0%;牛发展307.7万头,增长2.0%;牛出栏110.0万头,上涨1.1%;羊发展98.1万只,下降0.7%;羊出栏40.3万只,上涨2.5%;鹿存栏23.3万只,下降2.1%;奶牛存栏4.2万头,下降23.9%;兔发展412.1万只,下降33.7%;家禽发展3.68亿只,增长0.7%;蛋鸡存栏3475.1万只,下降9.7%;肉鸡出栏2.21亿只,上涨1.8%。肉蛋奶产量分别达113.1万吨、34.7万吨和6.6万吨,分别增长0.4%、3.9%和下降12.0%。实现畜牧业产值311.8亿元,增长4.8%。牧业人均收入3114元,增长3.5%。出栏生猪价格高位运行,最低16元/公斤,最高20.5元/公斤,养猪效益很好。肉类总产量、人均肉类占有量、畜牧业产值占农业总产值的比重3项指标在全国15个副省级城市排序中位于第一。

**【全产业链建设】** 全年有7个项目陆续开工建设,固定资产到位资金17.7亿元。吉林正榆农业科技开发公司1亿只肉鸡产业化项目,总投资48.6亿元,计划投资14.9亿元,2016年续建4个养殖场、1个5000万只屠宰及食品加工厂、1个饲料厂,新建8个养殖场、10个种鸡场和1个孵化场。饲料厂、屠宰及食品加工厂基本建成。阳东鳌鹿产品科技开发有限公司的鹿产品综合开发项目,总投资1.98亿元,计划投资9800万元,已进行设备采购及安装。启动皓月年出栏100万头肉牛产业化项目,该项目到2017年计划总投资13.8亿元,包括固定资产投资4.2亿元,流动资金9.6亿元。其中,建设基础母牛养殖基地2个,优质肉牛养殖基地5个,建设地点分别为绿园区、德惠市、九台市、蛟河市和东丰县。

重点组织皓月公司抓好项目建设的前期准备,东风养殖基地已经开工,德惠、九台养殖场选址工作也在积极进行。长春市双阳区虹桥鹿业有限公司鹿酒、鹿产品深加工项目。总投资3000万元,前期投资1000万元,完成鹿舍续建、鹿产品加工设备购置和安装工作。吉林德翔牧业有限公司150万只肉鸡养殖小区改造扩建项目,总投资400万元,计划改扩建面积19000平方米,设备更新改造656台套,2016年已经完成2栋鸡舍改建。长春浩鑫新能源科技有限公司10万头肉牛养殖加工项目,总投资5亿元。建成牛舍30栋,引进肉牛500头,奶牛480头;肉牛屠宰加工厂项目正在前期准备。长春双阳长生鹿业年加工生产50万瓶鹿茸片项目,总投资3000万元。完成鹿业科技馆及综合楼建设,正在进行设备采购安装。通过上述项目建设,使产加销环节衔接更加紧密,畜牧产业结构得到完善。

**【标准化养殖基地建设】** 加快推进标准化规模养殖场(小区)建设。创建农业部标准化养殖示范场2个,省级示范场20个;争取省政府标准化小区奖补项目6个,粪污处理项目1个,梅花鹿扩繁项目和梅花鹿标准化小区项目2个,良种培育推广项目3个,共争取资金405万元。加快良种繁育体系基础设施建设。新牧科技公司国家肉种牛繁育场扩建工程启动。做好标准化养殖小区建设的培训和指导。根据《2016年吉林省畜牧业发展引导资金实施意见》要求,在全市组织标准化规模养殖场建设和管理方面培训,组织城区进行项目申报。

**【免疫无口蹄疫病区建设】** 推进全市动物疫病强制免疫、动物疫情监测预警、动物卫生监督监管和应急管理等“四大体系”建设。在硬件建设上,投入资金近2亿元,其中财政扶持资金6690万元。建设病死动物无害化处理场。农安县和九台区分别投资1690万元和350万元建设的病死动物无害化处理场主体工程基本完成。同时,农安县和九台区分别建设无害化处理收集点16个和13个。建设和完善兽医实验室。全市6个兽医实验室已建完5个,并投资500余万元用于兽医实验室改造,采购更新仪器设备170余台套。建设应急物资储备库。市本级和各县(市)区对应急物资储备库分别进行改造,投入120余万元购置必备应急物资和消毒药。建设疫苗冷库。全市建设县级疫苗冷冻库和冷藏库11座,总容积1650立方米;建设乡镇级疫苗冷藏库23座,总容积660立方米。

购置专用车辆。各县(市)区投入专项资金500余万元,购置动物疫病监测采样车、快速监测车、动物卫生监督执法车和疫苗冷藏运输车等27辆。全市投资170万元,配备动监e通536部。在软件建设上,根据无疫区管理技术规范、建设指南和评估释义6大类96项的具体要求,市本级、县(市)区、开发区均成立无疫区建设评估技术专家组,依据国家评估认证标准和规范,充实完善本级的相关标准、规范和制度,健全完善动物免疫、监测、检疫、监督、无害化处理、应急处置等各种技术措施和资料归档,实现无疫区的痕迹化管理。5月,完成县级自我评估,8月份完成市级评估,11月中旬,通过省级评估。在抓好无疫区建设的同时,搞好动物春秋两季防疫。全市五大疫病强制免疫率达100%,8种规定免疫项目免疫率达95%以上。开展口蹄疫、禽流感等14种疫病流行病学调查。全市调查规模饲养场4646个、散养户55377个,点调猪牛羊33.41万只、禽203.1万只。

**【家畜繁殖改良】** 全市黄牛冷配完成35万头;奶牛冷配完成3.9万头;改良母猪完成30万头;羊人工授精完成9.2万只;马人工授精完成4.7万匹。全市三元杂交猪比重达90%,西门塔尔牛比重达90%以上,肉鸡良种覆盖率100%,蛋鸡良种覆盖率95%。按照省畜牧总站的优质肉牛冻精良种补贴实施方案,真组织各县(市)区畜牧总站,对优质肉牛冻精进行申报、领取、发放和使用。引进弗莱维赫优质冻精,提高改良的西门塔尔牛产乳和产肉效果。建立种畜系谱档案,为选育长春西门塔尔牛品系做好前期工作。推广人工授精技术及三元杂交猪生产技术，在推广“土三元”杂交的基础上，全面推广“洋三元”(杜、大、长)杂交技术，培育独具特色的优质黑猪，形成完整的产业链，打造品牌，增加养殖户的经济效益。强化配种站点管理，加大配种站点的扶持力度(吉林省实施了猪、牛良种补贴项目:种公猪站每剂鲜精补助5元，肉牛、奶牛冻精免费提供);加强配种站内部管理;强化配种站点的标准化意识。全市完成省级标准化配种站点8个（全市现有350个站点，省级标准245个)。

【养殖档案管理】 印制《畜禽养殖档案》，在全市范围内进行发放，举办养殖档案填写专题培训班，为养殖场实施标准化养殖提供指导和服务。为畜禽生产的全过程(包括饲养品种、饲养过程、防疫灭病、产品加工、管理服务)追溯，实现科学化饲养、全程化监控、安全化生产的目标，提供基础材料。

【粗饲料加工】 全年制作粗饲料180万吨，秸秆利用率14%。抓好新型秸秆饲料开发利用项目申报，城区6个项目竣工投产，获省级补助资金17.8万元。落实市政府秸秆饲料化利用政策，争取补贴资金700万元，提高秸秆饲料化水平。

【瘦肉精专项整治】 开展规模饲养场户(小区)瘦肉精(盐酸克伦特罗、莱克多巴胺和沙丁胺醇）等非法添加物的抽检工作，用快速检测卡现场检测尿样，每个养殖场户抽检3头份，完成省级220个场户(小区)的抽检任务，其中生猪养殖场97个，肉牛养殖场89个，肉羊养殖场34个;完成市本级1200个场户(小区)的抽检任务，其中榆树市240个，农安县200个，德惠市220个，九台区200个，双阳区200个，绿园区20个，朝阳区20个，宽城区20个，二道区20个，净月旅游开发区20个，高新技术开发区40个，未发现疑似阳性病例。

【生鲜乳监管】 实施生鲜乳收购许可证制度，完善标准化收购站建设，加强鲜奶运输车辆的管理，实施准运证制度，配合国家农业部对长春市的奶站和运输车辆进行抽检，其中奶站20个，奶车20个;配合省药检所对长春市的奶站和运输车辆进行抽检，其中奶站21家，运输车辆25台。主要检测三聚氰胺、皮革水解物和碱类物质等，未发现超标违规现象。

【农产品标志监管】 3月1日至4月7日期间，长春市针对辖区内的21家批发市场、农贸市场、超市，开展无公害农产品标志使用专项检查，重点检查用标产品是否具备有效的无公害农产品证书，用标产品与无公害农产品标志信息是否相符，是否超范围使用无公害农产品标志，是否转让、买卖无公害农产品证书和标志，是否伪造、冒用无公害农产品标志等。开展无公害农产品宣传活动。未发现标识与实物、证书不符、擅自转让或买卖标识、不规范印制、伪造或冒用标识等行为，全部符合用标标准。

【无公害畜产品产地认定产品认证】 对全市已通过无公害畜产品认证的91个厂家进行证后监管。每个县(市)区都对辖区内的认定认证企业(厂家)指派专人负责监督指导，建立监管长效机制，规范填写养殖档案，严格遵照国家规定使用兽药和饲料添加剂，规范标识使用，提高标识的使用率，确保认定认证的无公害畜产品不出现安全事故，维护无公害畜产品的公信力。6月份，组织全市25名检查员和30名内检员参加国家畜牧总站和省畜牧总站联合组织的培训班，对检查员进行软件升级培训。完成国家农业部对长春市5个鸡肉认证企业、5个鸡蛋认证企业和3个生猪认证企业的抽检工作，完成1家企业复查换证工作。

【畜产品质量安全抽检】 配合农业部对长春市的农贸市场、大型超市和屠宰厂抽样检测，全年抽检16个农贸市场、12个超市、8个屠宰厂，抽检样品160个。其中猪肝32个，猪肉32个，牛肉16个，羊肉16个，鸡蛋32个，鸡肉32个。完成省里例行抽样检测任务，覆盖整个长春市辖区内的所有农贸市场和超市。抽检样品21个，其中猪肉8个，牛肉8个，羊肉2个，鸡肉2个，鸡蛋1个。市本级自行抽检样品15个，其中猪肉10个，牛肉3个，羊肉2个。猪肉检测盐酸克伦特罗、莱克多巴胺、沙丁胺醇、磺胺二甲嘧啶、磺胺甲噁唑、磺胺二甲氧嘧啶、碘胺喹噁啉，牛肉检测盐酸克伦特罗、莱克多巴胺、沙丁胺醇、特布他林、西马特罗、非诺特罗、氯丙那林、妥布特罗、喷布特罗，禽蛋检测三聚氰胺，禽肉检测恩诺沙星、环丙沙星、沙拉沙星和达氟沙星。检测的所有的样品全部合格。

【兽医药政管理】 按照《2016年长春市兽药质量安全监管工作方案》要求，加大对兽药生产、经营及使用环节监管力度。按照《全省2016年度动物及动物产品兽药残留监控计划》，全年抽取猪肉、猪肝、鸡肉27个批次。加强兽药企业监管，协助省局完成兽药生产企业及兽用生物制品经营企业的验收工作。完成《长春市动物诊疗机构管理条例》的修订工作。

【饲料行业管理】 完善企业日常监督管理制度，组织开展专项治理行动，全年抽检饲料200批次，严厉打击制售、使用假劣饲料和饲料添加剂行为，严查“无证、无号、无标签”饲料产品，规范饲料生产经营秩序。做好饲料示范企业达标工作，长春市金新农、博瑞2家企业获国家级饲料质量安全管理规范示范企业称号。

【屠宰企业监管】 在畜产品质量安全监管上，重点加强畜禽屠宰企业监管，建立并完善屠宰企业畜禽入场查验、肉品品质检验、畜禽无害化处理、台账管理、畜禽产品质量追溯、不合格畜禽产品召回等6项管理制度，规范企业在关键检验节点上设置岗位。严厉打击私杀滥宰等违法行为，检查屠宰场点157家次，出动执法人员1189人次，查处违法案件2起，涉及金额2000万元;责令整改35家，取缔无证照企业5家。

【畜牧生产安全】 在生产安全上，会同市安监局聘请专家制定《长春市畜牧企业安全生产标准化建设规范(试行)》和《长春市畜牧企业安全生产标准评定细则(试行)》,请专家对《规范》和《细则》进行解读。组织畜牧企业按照《规范》要求开展隐患排查、升级改造及安全生产三级标准创建活动,协调有关部门组织验收。

【畜牧科技创新和推广】 推进“畜禽健康养殖科技服务345行动计划”,围绕畜禽品种改良、疫病防治、粗饲料开发利用、粪污无害化处理及资源化利用等健康养殖技术开展专业培训，加大新技术和实用技术的推广力度。市县两级举办“新型农民养殖技术培训班”、现代畜牧业新技术及应用高级研修班等各类培训班15期,培训2490人次。重点推广应用节本增效科学饲养管理、生猪养殖工艺、标准化生产等新技术，提高生猪养殖户生产技能。

(张众人)

**2016年长春市畜牧业发展情况与副省级城市对比情况表**

| 项目 | 长春 | 哈尔滨 | 沈阳 | 大连 | 青岛 | 成都 | 济南 | 西安 | 南京 | 武汉 | 杭州 | 宁波 | 广州 | 厦门 | 深圳 | 名次 |
|---|---|---|---|---|---|---|---|---|---|---|---|---|---|---|---|---|
| 牧业产值(亿元) | 311.8 | 549.4 | 227.5 | 181 | 165.4 | 332.4 | 146.1 | 74.2 | 51.3 | 139.3 | 76.3 | 50 | 70 | 12.2 | 1 | 3 |
| 农林牧副渔总值(亿元) | 631.6 | 1296.5 | 534.2 | 835.1 | 627.2 | 841.3 | 492.2 | 394.5 | 451 | 669.7 | 422.5 | 480.3 | 410 | 43.7 | 6.3 | 5 |
| 占农业比重(%) | 49.4 | 42.4 | 42.6 | 21.7 | 26.4 | 39.5 | 29.7 | 18.8 | 11.4 | 20.8 | 18.0 | 10.4 | 17.1 | 27.9 | 15.9 | 1 |
| 肉类总产量(万吨) | 113.1 | 109.7 | 64.5 | 70.8 | 56.4 | 78.4 | 36 | 15.7 | 9.8 | 30.9 | 26.3 | 13.2 | 21.8 | 5 | 0.3 | 1 |
| 禽蛋产量(万吨) | 34.7 | 40.5 | 19.3 | 23.8 | 19.1 | 20.0 | 35.1 | 14.0 | 6.5 | 18.9 | 14.8 | 4.5 | 3.0 | 0.4 | 1.7 | 3 |
| 奶类产量(万吨) | 6.6 | 150 | 48.4 | 5.5 | 31.7 | 10.5 | 25.8 | 56.2 | 7.5 | 7.3 | 3.5 | 3 | 2.4 | 0.1 | 0.9 | 9 |
| 户籍人口(万人) | 753.4 | 962.1 | 734.4 | 596.6 | 781.2 | 1398.9 | 632.8 | 824.9 | 663.8 | 833.8 | 736 | 591 | 870.5 | 220.6 | 384.5 | 7 |
| 人均肉类占有量(公斤/人) | 150.1 | 114 | 87.8 | 118.7 | 72.2 | 56 | 56.9 | 19 | 14.8 | 37.1 | 35.7 | 22.3 | 25 | 22.7 | 0.8 | 1 |

注:以上数据来源于各城市2016年国民经济和社会发展统计公报。

## 蔬菜业

【概况】 2016年,长春市蔬菜播种面积82000公顷,总产量43.5亿公斤,其中设施蔬菜播种面积14400公顷,产量14亿公斤，分别占全市蔬菜总面积和总产量的17.6%和32.2%。建成德惠布海瓜菜、农安哈拉海三辣、榆树泗河圆葱、双阳奢岭采摘园等一大批特色种植区。

温室蔬菜生产 (宋家敏 提供)

【蔬菜生产指导服务】 组织专家开展技术指导服务,会同市农业技术推广总站,组织各县(市)区开展技术培训工作,组织各县(市)区农业干部、合作社负责人、蔬菜生产大户等120余人，赴四平市梨树县考察,学习棚膜蔬菜发展经验。与气象部门建立常态化工作联系，减少和避免极端天气给蔬菜生产造成重大损失。

【棚膜蔬菜产业建设】 长春市农委同省农委签订《2016年全省棚膜蔬菜产业发展目标责任书》，确定全市新建400公顷、改造666.7公顷棚室建设任务。同各县(市)区签订《长春市2016年棚膜蔬菜产业发展目标责任书》。全市新建棚室面积407公顷,改造棚室面积673公顷,超计划面积13.3公顷。

【标准园创建】 2016年,共有9个棚膜蔬菜建设资金项目通过项目验收，其中有1个国家级园艺作物标准园、7个省级棚膜园区、1个育苗点,获得各级专项补贴资金500余万元。截至2016年末,全市省级以上棚膜园区83个,其中国家级标准园19个。

【秋菜收贮供应】 2016年,全市秋菜播种面积50770公顷，比2015年的42460公顷增长19.57%，总产量29亿公斤。下发无公害秋菜生产技术规程，全市秋菜上市前进行质量抽检，合格率100%。3拟定《长春市人民政府办公厅关于做好2016年秋菜收贮供应工作的通知》文稿，及时向社会发布秋菜收贮相关信息。

（宋家敏）

## 水　利

【概况】 2016 年，长春市水利局开展全国水生态文明城市建设试点工作，6 大体系指标完成 53%，8 项重点示范工程中的城市供水、节水示范、生态农业、污染防治、河道治理等 5 项工程完成 59%。伊通河综合治理工程的 4 项防洪工程实现年内开工建设，新凯河（永春河、富裕河）水系综合治理项目可行性研究报告取得市发改委批复、永春河（八一水库至蔚山路段）综合治理工程于 10 月开工建设。石头口门水库、新立城水库综合保护治理，取得明显成效。全市平均降水量 757.8 毫米，比 2015 年增加 243.9 毫米，比多年平均增加 192.8 毫米。截至 2016 年末，全市有大中小型水库 196 座。其中，大型水库 3 座、中型水库 16 座、小型水库 177 座；全市大中型水库蓄水总量 9.79 亿立方米，比年末蓄水总量 6.11 亿立方米增加 3.68 亿立方米。长春市水利系统从业人员 5117 人，其中，高级职称 287 人、中级职称 599 人。

3 月 24 日，国家水利部副部长田学斌到长春市检查伊通河城市防洪工程

（王忠君　提供）

【水资源管理】 长春市多年平均水资源总量为 27.46 亿立方米，其中，地表水资源量 13.26 亿立方米、地下水资源量 16.36 亿立方米，重复计算量 2.16 亿立方米。长春市城区地下水资源量 2.23 亿立方米、可开采量 1.58 亿立方米。3 月 22 日至 28 日，在“世界水日”“中国水周”期间，开展水法规宣传活动。制定 2016 年市、县两级水资源管理“三条红线”控制指标，实行地下水压采措施，编制完成《长春市重要水功能区调查评价报告》。完成市、县两级水资源综合规划、水资源保护规划、节水型社会建设规划编制工作，编制《长春市城区地面沉降监测及分析》报告。建立健全“双随机”抽查制度，执法检查用水单位 98 户、封堵 60 眼井。

2016 年，全市用水总量 24.45 亿立方米，在年度完成目标 25.2 亿立方米以内；万元国内生产总值用水量（2015 年可比价）41.00 立方米，比 2015 年万元国内生产总值用水量 43.38 立方米下降 5.49%，实现年度控制指标比 2015 年下降率不低于 5%的目标要求；万元工业增加值用水量（2015 年可比价）12.59 立方米，比 2015 年万元工业增加值用水量 17.61 立方米下降 28.5%，实现年度控制指标比 2015 年下降率不低于 3%的目标要求；农田灌溉水有效利用系数平均值 0.588，实现年度控制目标不低于 0.561 的目标要求；重要江河湖泊水功能区水质达标率 23.81%，达到年度完成目标值 23.81%，污染物总量减排量比 2015 年减少 5%，高于 2%的目标要求。全市总供水量 24.45 亿立方米。供水以地表水为主，占总供水量 60.06%，地下水源供水占 39.70%，其他水源占 0.24%。其中，石头口门水库、新立城水库 2 大水源地向长春城区供水 3.78 亿立方米，其中，石头口门水库 28382 万立方米、新立城水库 9460 万立方米，日均供水 103.39 万立方米。居民生活用水占总用水量的 13.59%、第一产业用水占 65.33%、第二产业用水占 12.96%、第三产业用水占 6.69%、生态环境用水占 1.43%。

【水生态文明城市建设】 6 月 6 日，水利部批复《关于调整长春市水生态文明城市建设调整试点项目的报告》，同意调整项目 10 项。其中，重点示范项目 2 项、其他项目 8 项，调整示范工程项目 2 项，试点期总投资由 211.63 亿元调整为 157.61 亿元。7 月 1 日，《中国水利报》发表《母亲河的美丽嬗变》报道文章，8 月，组织拍摄纪实宣传片《水润春城》。9 月 9 日，向水利部报送《长春市水生态文明城市建设试点中期自评估报告》。长春市完成水土保持治理面积 23040 公顷。其中，水保林 16030 公顷、封育治理面积 7010 公顷。

【重点水利工程建设】 2016 年，全市开工建设水利工程 45 项，批复概算投资 18.15 亿元，完成投资约 7.9 亿元。其中，中央投资 4.88 亿元、地方投资 3.02 亿元。长春市南部新城防洪工程、小南河九台区秦家窝堡段、榆树邢家沟水库加固等 10 项工程基本建成。伊通河长春市中心城区南段、饮马河德惠市城市防洪工程、伊丹河朝阳区段等 35 项工程完成 3.4 亿元的年度建设任务。完成榆树长

11 月 27 日，长春市水产技术推广站张惠峰在中国技能大赛上获全国水产组个人一等奖（王忠君　提供）

山、双阳小龙、净月莫家沟、宽城镜水河治理等 24 项工程验收。8 月组建水利工程指挥部，负责伊通河南南段及北北段防洪工程、东新开河综合治理工程、串湖水系城市防洪工程的水利前期、建设管理、监督指导、竣工验收等工作，牵头组织实施新凯河流域（永春河、富裕河）城区段综合治理工程建设，估算投资 32.62 亿元。编制完成 2016 年农村饮水安全巩固提升项目计划，投资 7328 万元，解决建档立卡 29 个贫困村、5.78 万农村居民饮水问题。完成 67 个农村饮水安全工程项目的竣工验收工作。推进榆树松坡和德惠七间房 2 座中型灌区农业节水改造项目建设，松坡灌区节水配套改造工程完成投资 600 万元，完成渠道衬砌 5 公里，改造及新建泵站 8 座、节制闸 3 座、渠下涵 1 座；七间房灌区改造工程完成招投标工作。协调落实 2016-2017 年度冬春农田水利基本建设任务，计划投资 7.08 亿元、完成土方 929 万立方米，新增供水能力 4895 万立方米。

【防汛抗旱】 4 月 12 日至 5 月 6 日启动引松入长工程，引水 1152 万立方米。在《长春日报》公布 27 名防汛抗旱责任人名单，落实 471 名小型水库行政、技术和管理责任人。排查工程隐患 109 处、实施工程修险 125 项、河道堤防加固 11 公里。完善各类防汛预案 49 份，安排抢险队伍 13 万人、防汛专家 78 人。储备编织袋 884 万条、铁线 562 吨、木桩 3974 立方米、救生衣 17164 件、冲锋舟 236 艘。排涝沟道清淤 11 万立方米，山洪灾害防御系统和水利、气象、水文信息共享系统，传递预警信息，执行 24 小时值班值宿制度，水利工程的行政、技术、管护责任人坚守岗位。截至 2016 年 9 月末，19 座大中型水库总蓄水 9.55 亿立方米，比 2015 年同期 6.08 亿立方米多 57.1%，比汛末总蓄水 8.98 亿立方米多 6.3%，其中，石头口门水库蓄水 4.02 亿立方米、比汛末蓄水多 22.5%；新立城水库蓄水 3.39 亿立方米，比汛末蓄水多 0.1%。

【水污染防治】 编制《长春市水利局落实水污染防治行动计划工作方案》《长春市水利局饮用水水源地生态环境综合整治专项行动方案》，与市政府主要领导签订《环保目标责任书》，建立月调度机制。2016 年，在新立城水库实施洁水渔业项目，投入 300 万元，采购花、白鲢鱼苗 40 万公斤进行投放，发挥滤食鱼类在保护、改善水生态环境方面作用；石头口门水库总投资 2027 万元，治理塌岸 16 公里，拆除南关区锦鲤养殖场。

【渔业生产】 2016 年，水产养殖面积 38032 公顷。其中，大中型水库 24504 公顷、湖泊 7396 公顷、池塘 4133 公顷、小型水库及塘坝 1881 公顷、稻渔综合种养 118 公顷；全市水产品总产量 2.85 万吨，渔业总产值 11.42 亿元，比 2015 年分别增长 7% 和 11%。加强长春市地产水产品检测工作，抽检合格率 100%。新立城水库、石头口门水库等开展“放鱼养水”活动。

【脱贫攻坚】 按照《长春市脱贫攻坚方案》要求，榆树市邢家沟水库除险加固工程于 5 月份开工建设，11 月份完成除险加固任务。对德惠市菜园子镇套子里村 52 户贫困户、88 人进行调查摸底，掌握致贫原因，筹措扶贫资金 10 万元启动 28 户贫困户蛋鸭养殖项目，为村里贫困学生张宇帮扶助学资金 1 万元。

【安全生产】 在节假日、汛前、汛中等重点时段，开展安全生产大检查和隐患排查治理，排查各类隐患 23 项。开展“安全生产月”活动，在局网站开设“强化安全发展观念，提升全民安全素质”主题专栏。局属各单位开展消防应急演练、防汛抢险演练、水源地污染综合应急演练和水上突发事故应急演练等活动。

（王忠君）

# 工　业

## 综　述

【工业生产】 2016年,长春市规模以上工业(年销售收入2000万元以上工业企业。下同)完成产值9278亿元,比2015年增长8.6%。规模以上工业中,按类型划分:轻工业完成产值1596.4亿元,增长8.8%;重工业完成产值7681.6亿元,增长8.6%。按所有制划分:国有工业完成产值4044.5亿元,增长9.3%;集体工业完成产值6.9亿元,增长4.9%;股份制企业完成产值3832.3亿元,增长8.4%;外资企业完成产值1343.3亿元,增长6.4%。按隶属关系划分:中央工业完成产值4807.1亿元,增长8.2%;省属工业完成产值488.5亿元,下降10.6%;市及市以下工业完成产值3982.4亿元,增长12.1%。

【经济效益】 2016年,长春市规模以上工业企业实现销售收入9484.9亿元,比2015年增长8.3%;实现税金607.8亿元,增长10.7%;实现利润737.7亿元,增长1.3%。其中,国有企业实现销售收入4617.9亿元,增长9.1%;实现税金429亿元,增长6.9%;实现利润459.3亿元,下降7.5%。集体企业实现销售收入4.4亿元,下降1.5%;股份制企业实现销售收入3545.1亿元,增长7.9%;实现税金122.1亿元,增长19.6%;实现利润182.9亿元,增长26.7%。外资企业实现销售收入1281.7亿元,增长6.9%;实现税金55.9亿元,增长23.9%;实现利润92.9亿元,增长9.5%。国有控股企业实现销售收入6247.6亿元,增长6.8%;实现税金521.5亿元,增长9.7%;实现利润551亿元,下降4.1%。全市规模以上工业企业1329户。其中,盈利企业1197户,亏损企业132户。2016年,按月报口径计算,长春市规模以上工业实现增加值2332.2亿元,增长8.3%;工业产品产销率97.6%,下降1.3个百分点;总资产为8528.4亿元,增长11.5%;成本费用利润率8.8%,下降0.9个百分点;流动资金周转6.1次,下降0.2次;产成品资金占用420.9亿元,增长56.8%。

**2016年长春市30户盈利大户盈利额统计表**

| 企　业　名　称 | 实现利润(万元) | 比2015年±% |
|---|---|---|
| 中国第一汽车集团公司 | 4574110 | -7.9 |
| 长春轨道客车股份有限公司 | 383822 | 14.0 |
| 长春丰越公司 | 259524 | 13.0 |
| 大陆汽车电子(长春)有限公司 | 106037 | 24.5 |
| 富奥汽车零部件股份有限公司 | 70827 | 28.1 |
| 长春金赛药业有限责任公司 | 58506 | 32.4 |
| 长春长生生物科技股份有限公司 | 49352 | 39.2 |
| 吉林省长春皓月清真肉业股份有限公司 | 41093 | -4.4 |
| 天合汽车安全系统(长春)有限公司 | 40950 | 20.4 |
| 一汽丰田(长春)发动机有限公司 | 38636 | -32.8 |
| 长春博泽汽车部件有限公司 | 37133 | -16.9 |
| 长春市灯泡电线有限公司 | 35404 | 65.3 |
| 福耀集团长春有限公司 | 32671 | 20.7 |
| 吉林亚泰(集团)股份有限公司 | 32035 | 415.3 |

续表

| 企 业 名 称 | 实现利润(万元) | 比 2015 年±% |
| --- | --- | --- |
| 吉林达利食品有限公司 | 30434 | 218.4 |
| 长春佛吉亚排气系统有限公司 | 30418 | -6.5 |
| 吉林建华管桩有限公司 | 25950 | 44.8 |
| 吉林省电力有限公司 | 25168 | -53.2 |
| 吉林烟草工业有限责任公司长春卷烟厂 | 24905 | -45.0 |
| 长春华翔轿车消声器有限责任公司 | 23882 | 14.9 |
| 长春派格汽车塑料技术有限公司 | 22150 | -6.7 |
| 邦迪汽车系统(长春)有限公司 | 22082 | 22.4 |
| 吉林省吴太感康药业有限公司 | 21915 | 118.6 |
| 采埃孚富奥底盘技术(长春)有限公司 | 20568 | 2.5 |
| 长春天然气有限责任公司 | 20304 | 10.2 |
| 中机北方机械有限公司 | 20055 | 46.8 |
| 长春奥托立夫汽车安全系统有限公司 | 18955 | -30.6 |
| 艾仕得涂料系统(长春)有限公司 | 18613 | -10.7 |
| 吉林福钢金属制造有限公司 | 18451 | 39.8 |
| 伟巴斯特车顶系统(长春)有限公司 | 17018 | 5.5 |

## 2016 年长春市 30 户盈利大户利税额统计表

| 企 业 名 称 | 实现利税(万元) | 比 2015 年±% |
| --- | --- | --- |
| 中国第一汽车集团公司 | 8636267 | -0.9 |
| 长春轨道客车股份有限公司 | 639739 | 35.6 |
| 长春丰越公司 | 495705 | 6.9 |
| 大陆汽车电子(长春)有限公司 | 106037 | 24.5 |
| 富奥汽车零部件股份有限公司 | 78215 | 32.5 |
| 长春金赛药业有限责任公司 | 63535 | 31.1 |
| 长春长生生物科技股份有限公司 | 52862 | 38.4 |
| 吉林省长春皓月清真肉业股份有限公司 | 46257 | -2.2 |
| 天合汽车安全系统(长春)有限公司 | 45171 | 6.4 |
| 一汽丰田(长春)发动机有限公司 | 50347 | -30.6 |
| 长春博泽汽车部件有限公司 | 39933 | -26.0 |
| 长春市灯泡电线有限公司 | 45568 | 46.1 |
| 福耀集团长春有限公司 | 40734 | 16.9 |
| 吉林亚泰(集团)股份有限公司 | 125281 | 61.1 |
| 吉林达利食品有限公司 | 41429 | 96.9 |
| 长春佛吉亚排气系统有限公司 | 36178 | 6.3 |
| 吉林建华管桩有限公司 | 38637 | 39.1 |
| 吉林省电力有限公司 | 202389 | 4.8 |
| 吉林烟草工业有限责任公司长春卷烟厂 | 235639 | -17.9 |
| 长春华翔轿车消声器有限责任公司 | 27539 | 19.8 |
| 长春派格汽车塑料技术有限公司 | 29936 | -1.5 |
| 邦迪汽车系统(长春)有限公司 | 23054 | 22.7 |
| 吉林省吴太感康药业有限公司 | 28191 | 89.0 |
| 采埃孚富奥底盘技术(长春)有限公司 | 29505 | 7.2 |
| 长春天然气有限责任公司 | 24803 | 8.6 |

续表

| 企 业 名 称 | 实现利税(万元) | 比 2015 年±% |
|---|---|---|
| 中机北方机械有限公司 | 29859 | 41.0 |
| 长春奥托立夫汽车安全系统有限公司 | 27601 | -27.5 |
| 艾仕得涂料系统(长春)有限公司 | 31265 | -2.4 |
| 吉林福钢金属制造有限公司 | 27472 | 34.3 |
| 伟巴斯特车顶系统(长春)有限公司 | 18715 | 7.8 |

**【重点产业】** 2016 年,汽车、食品、装备制造业和生物医药、光电子信息、材料、能源等 7 个重点产业完成产值 8792.1 亿元,比 2015 年增长 8.5%。其中,汽车工业完成产值 5372.2 亿元,增长 10.1%;食品工业完成产值 1186.1 亿元,增长 8.2%;医药产业完成产值 153.7 亿元,增长 9.3%;光电子信息产业完成产值 507.8 亿元,增长 5.9%;材料工业完成产值 626.9 亿元,下降 1.9%;能源工业完成产值 546.2 亿元,增长 3.9%;装备制造业(不含汽车制造业)完成产值 775 亿元,增长 10.0%。

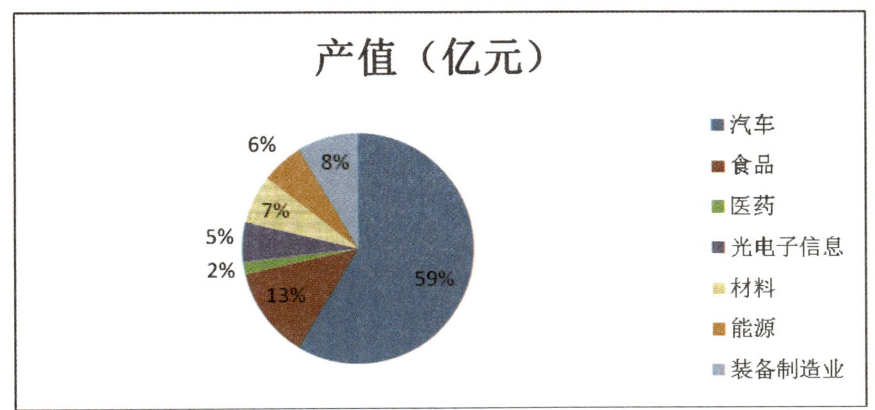


**【重点企业】** 2016 年,长春市规模以上工业企业 1329 户,比 2015 年增加 190 户。其中,全市产值超亿元的工业企业 758 户,增加 81 户,占全部规模以上工业企业总数的 57%,下降 2.4 个百分点;产值在 100 亿元以上的企业 6 户,与 2015 年持平;产值在 10 亿~100 亿元的企业 73 户,增加 10 户;产值在 1 亿~10 亿元的企业 679 户,增加 72 户。全市 60 户规模以上重点企业完成产值 6310.7 亿元,增长 6.7%,占全市工业总产值的 66.1%。全市除一汽集团之外的工业企业完成产值 5323.3 亿元,增长 7.5%,占全市规模以上工业总产值 57.4%。

**【重点产品】** 2016 年,长春市工业企业重点产品产销平稳,实现产销率 97.6%,比 2015 年下降 1.3 个百分点。全市 26 种工业重点产品中,有 11 种产品产量实现增长,其中,赖氨酸、中重型货车、饮料、汽车座椅、猪肉 5 种产品实现大幅增长,分别增长 99%、51%、36%、25%和 18%。有 14 种产品产量下降,大中型客车、拖拉机、卷烟、改装车、汽车油箱、煤炭产量下降较大,分别下降 68%、42%、28%、27%、22%和 21%。全市发电量与 2015 年持平。

## 2016 年长春市工业重点产品产量统计表

| 序号 | 产品名称 | 计量单位 | 年产量 | 比 2015 年% |
|---|---|---|---|---|
| 1 | 中重型货车 | 辆 | 196118 | 51 |
|  | 其中,重型货车 | 辆 | 157560 | 81 |
|  | 中型货车 | 辆 | 38558 | -10 |
| 2 | 轿　车 | 辆 | 2130609 | 13 |
|  | 其中,奔腾轿车 | 辆 | 85875 | -3 |
|  | 捷达轿车 | 辆 | 358018 | 24 |
|  | 奥迪轿车 | 辆 | 332478 | 6 |
|  | 睿翼轿车 | 辆 | 0 | -100 |
|  | 速腾轿车 | 辆 | 342774 | 26 |
|  | 迈腾轿车 | 辆 | 177531 | 14 |
|  | 新宝来轿车 | 辆 | 225628 | 13 |
|  | 马自达轿车 | 辆 | 43295 | -40 |
|  | 高尔夫轿车 | 辆 | 216799 | 10 |

续表

| 序号 | 产品名称 | 计量单位 | 年产量 | 比2015年% |
| --- | --- | --- | --- | --- |
| 2 | CC | 辆 | 28693 | -14 |
|  | 蔚领 | 辆 | 13107 | – |
| 3 | 大中型客车 | 辆 | 572 | -68 |
| 4 | 轻型货车 | 辆 | 35610 | 14 |
| 5 | 改装车 | 辆 | 9266 | -27 |
|  | 其中,汽车改装公司 | 辆 | 0 | – |
|  | 第一汽车集团公司 | 辆 | 9201 | -27 |
| 6 | 拖拉机 | 辆 | 283 | -42 |
| 7 | 全市铁路客车 | 辆 | 2491 | -3 |
|  | 其中,普通铁路客车 | 辆 | 115 | 188 |
|  | 动车组 | 辆 | 976 | 9 |
|  | 城轨客车 | 辆 | 1400 | -14 |
| 8 | 锦湖轮胎 | 万套 | 354 | 10 |
| 9 | 汽车油箱 | 只 | 278703 | -22 |
|  | 其中,考泰斯公司 | 只 | 278703 | -22 |
|  | 汽车油箱公司 | 只 | – | – |
| 10 | 汽车离合器 | 万套 | 79.9 | -4 |
| 11 | 汽车安全玻璃 | 万平方米 | 1087.8 | 3 |
|  | 其中,福耀集团 | 万平方米 | 1087.8 | 3 |
|  | 皮尔金顿 | 万平方米 | – | – |
| 12 | 汽车座椅 | 台份 | 67973.2 | 25 |
| 13 | 全市猪肉产品 | 吨 | 726368 | 18 |
|  | 其中,九台金锣 | 吨 | 179493 | 2 |
|  | 榆树四海 | 吨 | 6030 | -46 |
|  | 农安华正 | 吨 | 115443 | -11 |
| 14 | 牛肉(皓月) | 吨 | 119575 | -6 |
| 15 | 鸡肉及制品(德大) | 吨 |  |  |
|  | 其中,鸡肉 | 吨 | 65511 | 9 |
|  | 鸡肉制品 | 吨 | – | – |
| 16 | 饮　料 | 吨 | 596614 | 36 |
|  | 其中,百事可乐 | 吨 | 280163 | 68 |
|  | 可口可乐 | 吨 | 316451 | 17 |
| 17 | 全市啤酒 | 千升 | 262600 | -3 |
|  | 其中,农　安 | 千升 | 149667 | 4 |
|  | 双　阳 | 千升 | 139637 | 37 |
|  | 榆　树 | 千升 | 18184 | -25 |
| 18 | 淀粉及制品(大成) | 吨 |  |  |
|  | 其中,玉米淀粉 | 吨 | 337466 | -30 |
|  | 淀粉糖 | 吨 | 249710 | -53 |
|  | 变性淀粉 | 吨 | 3805 | -87 |
|  | 赖氨酸 | 吨 | 357599 | 99 |
|  | 蛋白粉 | 吨 | 403 | -98 |
|  | 玉米油 | 吨 | 16090 | -68 |
|  | 饲　料 | 吨 | 18485 | -92 |

续表

| 序号 | 产品名称 | 计量单位 | 年产量 | 比 2015 年% |
|---|---|---|---|---|
| 19 | 全市煤炭 | 吨 | 2708339 | -21 |
|  | 其中,羊草集团 | 吨 | 910345 | -10 |
|  | 双顶山 | 吨 | 99135 | 104 |
|  | 营城矿业 | 吨 | 556764 | 19 |
| 20 | 变压器 | 台 | 167 | -7 |
| 21 | 油　漆 | 吨 | 49565 | 14 |
| 22 | 卷　烟 | 万箱 | 28.6 | -28 |
| 23 | 棉　纱 | 吨 | 1417 | -1 |
| 24 | 亚泰水泥 | 万吨 | 1215.4 | -9 |
| 25 | 汽柴油 | 吨 | 277407 | -6 |
|  | 其中,汽　油 | 吨 | 131480 | -12 |
|  | 柴　油 | 吨 | 145927 | 0 |
| 26 | 全市发电量 | 万千瓦时 | 2212508 | 0 |
|  | 其中,二热电公司 | 万千瓦时 | 168505 | -6 |
|  | 长春热电发展 | 万千瓦时 | 228042 | -6 |
|  | 龙华热电公司 | 万千瓦时 | 758273 | 3 |

**【工业投资】** 2016 年,全市工业固定资产投资完成 2310 亿元，比 2015 增长 10%。全市工业投资占全社会固定资产投资 49.6%;占全省工业投资的 33%,高于全省工业投资增速 7.8 个百分点;高于全国工业投资增速 7 个百分点。技术改造投资完成 1390 亿元，增长 10.1%，占全市工业固定资产投资 60.2%。工业固定资产投资所涉及的 3 大门类中,制造业完成投资 2183.9 亿元,增长 8.6%，占工业固定资产投资比重 94.5%；采矿业完成投资 31.9 亿元,增长 208.1%;电力、燃气及水的生产和供应业完成投资 92.8 亿元,增长 18.4%。全市重点产业固定资产投资始终保持稳步增长态势。汽车工业、轨道客车和先进装备制造、农产品加工、光电子信息、医药工业、建材工业、石油化工和轻纺行业等 8 大产业完成投资 2014.2 亿元。其中,农产品加工、光电子信息、医药工业、轻纺行业固定资产投资增速分别为 25.4%、18.9%、43.3%和 13.2%，均高于全市工业固定资产投资增速。三大支柱产业完成投资 1273.4 亿元,占全市工业投资比重为 55.1%。其中,汽车工业完成投资 582.4 亿元,占比 25.2%;农产品加工业完成投资 338.9 亿元,占比 14.7%;轨道交通和装备制造业完成投资 352.1 亿元,占比 15.7%。全市民间工业固定资产投资完成 2067.1 亿元,增长 37.6%,增速高于工业固定资产投资 27.6 个百分点,民间工业固定资产投资占工业固定资产投资 89.5%。康宁杰瑞(吉林)生物医药项目、回头客糕点休闲食品加工建设项目、长春钻智生物科技生物制药项目、英利汽车年产 130 万件仪表板和 870 万件冲压件项目、长春合心机械制造有限公司中德机器人产业园项目等一批民间投资项目建设顺利。全市工业投资在全国 15 个副省级城市中完成投资额居第 2 位，投资增速居第 5 位。在东北 4 个副省级城市中,长春工业投资额和增速均居首位。

**【开发区建设】** 2016 年,全市开发区实现地区生产总值 4250 亿元，比 2015 年增长 8.5%,占全市的 71.7%;实现全口径财政收入 770 亿元,增长 6.6%,占全市的 67.5%;实现工业总产值 8270 亿元,增长 8.7%,占全市的 89.1%;完成固定资产投资 3650 亿元，增长 17.5%，占全市的 73%。2016 年开发区实际利用内资完成 1070 亿元,增长 16%,实际利用外资完成 58.5 亿美元,增长 15.1%。重点推进航天信息产业园、光电和智能装备产业园、新材料产业园、亚泰医药园、新能源汽车产业园、大数据产业园、生物化工产业园、跨境电子商务产业园、中德工业园、轨道交通装备产业园等 10 大新兴产业园建设。长春朝阳交通运输设备（汽车零部件)产业园、长春经济技术开发区装备制造业园区、吉林省梅花鹿产业园区晋级为“吉林省省级特色工业园区”,全市省级特色园区 19 个(其中省级特色工业园区 9 个,省规划管理园区 10 个),涉及汽车及零部件产业 6 个、农产品加工产业 5 个、装备制造产业 3 个、光电信息产业 2 个、生物化工产业 1 个、新材料产业 1 个、服装加工产业 1 个。全市开发区新开工基础设施项目 71 个,投资 70.32 亿元。新开工社会事业项目 12 个,投资 113 亿元。高新区基础设施、公用配套、环境提升、城市维护 4 大类、127 项工程全面推进。净月区与长春供电公司共同建设的净月区综合供电工程正式启动,33 条道路、3 座桥梁、1 座立体停车场、7 条排污管线、26 项燃气、供水、供热等工程开工建设。莲花山都市服务区路网一期工程完成，南湖大路东延长线工程建设启动实施。长春兴隆综合保税区保税业务实现报关单 10191 票,增长 91.2%。货运量 20.5万吨,增长 201.1%,货值 43.6 亿元，增长 161.6%，征收税款 1.6 亿元，增长 188.3%;一线进出口货值 13 亿元,增长 436%;“长满欧” 班列承运货物 1494 标箱,报关货值5380万欧元,进出港集装箱增长3倍,报关货值增长1.4倍;跨境电商出口包裹2786万件,增长3.1倍,货值1.09亿美元,货运量2345.8吨,增长2.3倍,离境航班135架次。在海关正规监管系统试点城市中,长春跨境电商出口业务量稳居全国前5名。

**【技术创新】** 2016年,重点培育长春一汽富晟李尔汽车电器电子有限公司、长春路通轨道车辆配套装备有限公司等100户企业。长春金阳高科技有限责任公司等12户市级技术中心企业晋升省级技术中心。全市市级以上企业技术中心166户。推进长春轨道客车装备有限责任公司、吉林天景食品有限公司等100户市级以上技术中心企业研发能力提升;一汽集团、长客股份等32户企业列入企业技术创新能力提升计划。重点推进建立以长光卫星科技公司为主体、高校院所及相关企业参与吉林航天信息产业创新联盟。推进长春合心机械制造有限公司工业机器人等重点新产品新技术指导性计划100项。其中,鸿达CS601台式居民身份证阅读机具系列产品、LED照明系列产品等39个产品列入《2016年吉林省新产品规模化推进计划》。推进长春百克生物科技股份公司与吉林大学合作人用狂犬病毒单链抗体的研究等100个产学研协同创新项目,投资7.6亿元,合同金额2亿元;其中,高端智能化自动汽车座椅生产线关键部件研发项目、无色透明聚酰亚胺薄膜专用树脂制备技术及应用等63个项目列入《2016年吉林省产学研协同创新计划》。推进长光卫星、美禾科技等100户创新型初创企业加快发展。落实“中国制造2025”,推进工业产品质量提升。吉林东光集团有限公司、长春轨道客车股份有限公司等14户企业列入工业企业质量品牌培育计划。“长春迪瑞医疗科技股份有限公司实施全员改善的管理经验”被工信部认定为全国质量标杆。

**【节能与资源综合利用】** 2016年,全市规模以上工业企业综合能源消费量986万吨标煤,比2015年增长2.6%,工业增加值增长幅度高于综合能耗,万元工业增加值综合能耗下降5.3%,完成年度节能工作目标。重点调度的用能大户企业单位产值综合能耗下降6.8%,实现节能量11万吨标煤。全市规上工业煤炭消费量2184万吨,下降1.1%;全市工业用电总量1107428万千瓦时,占全市工业综合能耗总量34.4%,消费量增长9.2%;工业天然气用量40586万立方米,占全市工业综合能耗总量5.5%,增长27.8%;全市工业用热23833289百万千焦,占全市工业综合能耗总量8.2%,工业汽、柴油消费量约占全市工业综合能耗总量2%,消费量比2015年略有增长。从14个县(市)、区、开发区规模以上工业企业综合能源消费趋势看,城区企业综合能源消费量下降6.5%,单位工业总产值综合能耗下降6.84%;开发区企业综合能源消费量增长5.6%,单位工业总产值综合能耗下降3.04%;县域企业综合能源消费量增长10.8%,单位工业总产值综合能耗下降4.36%。能源加工转换行业(发电、供热、燃气)综合能耗526万吨标煤,占全市能耗的53.3%;非金属矿物制品业综合能耗146万吨标煤,占全市的14.8%;汽车及装备制造业综合能耗140万吨标煤,占全市能耗的14.2%;农副食品加工业综合能耗64万吨标煤,占全市的6.5%。全市规模以上工业有124户企业综合能源消费量超过3000吨标准煤,综合能源消费量934万吨标煤,占全市94.7%。其中年综合能耗100万吨标煤以上的2户,分别是吉林亚泰(集团)股份公司和吉林龙华热电股份公司,这2户企业的综合能源消费总量约275万吨标煤,占全市的27.9%;年综合能耗10万吨~100万吨标煤企业11户,综合能耗总量476万吨标煤,占全市48.3%;年综合能耗1万吨~10万吨标煤企业41户,1万吨标煤以下的企业70户。加强全市工业资源综合利用,全年回收利用粉煤灰140多万吨、炉渣60多万立方米、煤矸石30多万吨,主要用于生产水泥、熟料、墙体材料等产品;年处理和利用生活垃圾50多万吨,秸秆利用100多万吨。

(赵海洋)

## 交通设备制造业

**【中国第一汽车集团公司】** 中国第一汽车集团公司(简称一汽集团),核心商号“一汽”,2016年《中国500最具价值品牌》分析报告评价中国一汽品牌价值1918.28亿元,位列第9,比2015年提升555.49亿元,是前10强中唯一入围的汽车企业,连续13年居汽车行业榜首。获“益轩奖——2016中国汽车企业社会责任最佳精准扶贫公益实践奖”;2016年度中国公益致敬奖;“2016中国年度最佳雇主最具社会责任雇主”“公众透明度典范奖”“2016中国年度最佳雇主”第11名。一汽集团设有发展规划、财务经济、审计、采购、军品管理、高级经理任免、质量、营销、科学技术8个委员会、24个职能部,集团企业管理层级5层。其中2层级分公司6家、子公司25家;3层级分公司45家、子公司65家;4层级分公司14家、子公司6家;5层级分公司5家。

截至2016年底,一汽集团公司在册职工114050人,其中技术职务高级6381人,中级10274人,初级14129人;博士研究生281人,硕士研究生8476人,本科28686人,专科38025人,中专4764人。2016年销售整车314.8万辆,比2015年增长11%;营业收入4303.8亿元,增长9%;利润410.4亿元,超额完成国资委确定利润指标;经济增加值目标达成率108%;成本费用占收入比重91.8%,优于目标值0.9个百分点;流动资产周转率为2.6次,优于目标值0.6次。

**经营管理** 2016年,解放公司、吉林汽车公司、一汽-大众、一汽丰田体系,销量比2015年分别增长54%、43%、14%和7%。解放公司盈利水平大幅提高,利润12.9亿元。吉林汽车公司、铸造公司、锻造公司等单位减亏成效明显,资本控股公司实现利润14亿元,增长14.8%;一汽物流公司利润5.5亿元,增长28.7%。集团公司减少6家亏损单位,推进8家“僵尸”及特困企业治理,取得阶段性成效,公司整车产能利用率78.5%,比2015年提高8个百分点。库存风险有效管控，整车库存42.8万辆，处于合理水平。压降“两金”占用，应收和存货存量分别压降7.3亿元和31.2亿元。去杠杆成效明显，资产负债率45.5%；有息负债规模下降14亿元。成本费用继续优化，采购降成本60亿元，期间费用占营收比重比预算降低1个百分点，“五项费用”下降8.4%。

安全节能环保工作稳步推进，较大以上事故数和工伤死亡事故率均为0，较大以上事故隐患整改率100%。万元工业增加值能耗下降3.8%。COD、$SO_2$和氨氮排放量分别下降12.4%、17.3%和19.6%，超额完成年度目标。产品结构调整取得实效，解放公司推出领航版、北方版等产品，销售21.4万辆，增长54%。森雅R7月销售超过8000辆。奥迪A4L、迈腾、CX-4等6款全新产品，销量达到预期。撤销佳宝、欧朗、夏利N5等产品。解放卡车西南市场份额提升4.5个百分点。一汽丰田南强北弱态势改善，西北市场份额提升0.1个百分点。探索电商营销新模式，借势巴西奥运、京东众筹、“双11”等，网上订单5.1万个，成交率67.6%。加快国际市场开拓步伐，海外市场实现销售1.7万辆。优化资产结构，成立红旗分公司，实现商用车、乘用车、红旗分品牌运营。推进一汽丰田体系整合，完成整体方案设计，并签订整合框架协议。完成技术中心“七部四院两中心一所”组织架构搭建。将轴齿中心乘用车业务划转至轿车公司发传中心。全年调减投资31亿元，处置低效无效资产37亿元。

**产品研发** 产品研发项目167个，技术研发项目163个。整车试制492台。整车试验总里程2232万公里，可靠性试验857万公里，用户使用试验5524.5万公里。全年发放生准数量190个，产品SOP数量153个。J6新领航版、新北方版、质惠版等年型产品和新品JH6销量领先，全年实现销售15.23万辆，重卡市场份额连续11个月行业第一；J7产品坚持高端定位、国内领先、国际先进目标全面达成，年底实现试装一次下线点火成功。轻型车产品细分市场，打造出丰收版、果蔬版等产品，实现销量突破。新能源产品针对“大客户集中采购”需求特点，全年基于解放JH6、J6P、J6L、J6F平台完成21款新能源商用车产品开发，初步完成解放重、中、轻全系列新能源商用车产品货架搭建，合计签订客户订单5500台。森雅R7成为集团自主首款月销能力过万明星车型。骏派A70销量稳步提升，奔腾B30得到用户认可，领销轿车公司自主车型。红旗H7改脸及同步开发4款SUV车型开展整车精细化设计，发出生准文件3款车型更改数量明显降低。HS7、红旗EV、A级SUV等车型全部按标准通过集团级成本门评审。国内首款P2构型红旗PHEV车型性能指标全部达成，11月底成功投放市场；发出红旗EV生准文件，为红旗品牌复兴奠定重要基础。2款A0EV车型具备投产条件，同步启动系列纯电动产品开发，为集团“双积分”达标提供产品支撑。

**改革发展** 2016年启动实施26项重点改革任务，均达成年度目标。自主全资和控股子公司均成立董事会，配齐董事，全部召开首次董事会。规范法人治理结构运行规则，发布《所属子公司董事会若干重大事项职权的指导意见》等4个配套文件。按照中央要求，确立领导体制以党委书记兼董事长、总经理兼党委副书记为主要模式。分类管理、分层授权改革逐步深入。根据战略定位和经营规模，29家二级子公司分3类进行管理，投资、人事、薪酬、担保和资产处置上，分别授予不同权限，打造真正市场主体、增强经营活力。严格控制公司管理层级。全年压减7家非主营业务子企业，完成4家低效无效参股企业股权退出。加快“三供一业”分离移交，完成燃气移交，供水、供电移交达成协议有序推进，供热移交正在确立接收主体。制定存续社会职能改革方案。建立高级经理任期考核机制，实施高级经理薪酬制度改革。开辟专业职位序列，将专业职位序列横向分为“技术”“职能”2类，纵向分为“总监级”“首席级”等6个层级，激发人才队伍成长动力。

**重大合作** 1月，与中国石油在北京签署战略合作协议。3月，与中国中车战略合作协议签约仪式在一汽行政事务中心举行。技术中心、客车公司与中车株洲电力机车研究所开展电驱动技术及新能源客车方面合作；一汽自主乘用车、商用车与中车旗下博戈橡胶塑料集团探讨在塑料件应用方面合作，4月，与宝钢集团战略合作框架协议签字仪式在宝钢大厦举行。4月，与中国大唐集团公司在京签署战略合作框架协议。9月，与中国工商银行在一汽行政事务中心签署战略合作协议。2月，与天津市人民政府签署战略合作协议。天津经济技术开发区与一汽-大众公司、一汽丰田公司分别签署《关于一汽-大众汽车有限公司天津工厂项目支持协议书》《一汽丰田汽车有限公司新一线项目投资合作协议》。西青区与天津一汽夏利公司签署全面战略合作协议。4月，与四川省人民政府战略合作框架协议签署仪式在成都市锦江宾馆举行。4月，与中国大连高级经理学院战略合作协议签署仪式在大连中大院举行。开展深化国企改革、转型发展相关课题研究。进行培训项目、师资资源、企业案例采编、培训体系建设等方面合作。4月，与大连海事大学战略合作协议签约仪式在一汽行政事务中心举行。9月，与宁德时代新能源科技股份有限公司在一汽行政事务中心举行战略合作协议签约仪式。

**技术创新** 申报专利742项(发明专利276项、实用新型379项、软件著作权87项)，获得行业科技进步二等奖5项、三等奖4项。实现解放轻卡降重125公斤，降成本2150元，解放中重型车降重超250公斤；创新设计“铸造铝合金底架和碳纤维乘员舱”乘用车车身结构开发，实现降重137公斤。突破发动机低摩擦关键技术，柴油机整机摩擦降低14%，汽油机整机摩擦降低40%，处于国际先进水平。“挚途2.0”项目手机叫车、自动泊车、拥堵跟车技术开发完成，在开发项目中应用。“挚途3.0”项目电动底盘、轮毂电机和智能网联技术方案策划完成。开发“自更新地图传感定位系统”原型机，国内首次实现动态高精度定位(定位精度≤1米)，已进行整车道路测试。高端远程(T-BOX)和近程通讯(D-BOX)方案设计及测试完成，满足智能车

V2X通信需求;攻克车控多核操作系统技术,完成原型开发;建立基于模型的车辆性能分析平台,掌握模型集成和综合性能仿真技术,开展人机交互平台开发,完成信息化服务产品平台与技术规划。突破汽车声音品质关键参量核心算法,掌握面向客户感知的NVH多元线性回归建模方法,整车IQS和APEAL模型精度为20%和3%。J7商用车B10寿命150万公里可靠耐久关键技术开发完成,突破NVH领域齿轮噪声控制难题,掌握全工况齿轮噪声量化控制技术,确保DCT350变速器按计划投产。商用车少片簧材料系列化及制造工艺应用研究完成,大幅度提升可靠性,实现降重降成本,达到国际先进水平。攻克457桥壳精整技术和摩擦焊技术,实现半壳尺寸合格率从10%提升到100%,减少生产线操作人员。

**数字化建设** 营销系统数字化一期建设完成。完成电商平台主体功能搭建,支撑4次关键线上活动;启动经销商呼叫中心管理系统建设,完成项目研发,在经销商试运行;完成轿车微信服务号项目上线,汽车之家、搜狐等11个外部网站源数据收集完成,结合试点单位经营数据,满足营销、物流、竞品等方面34项数据探索需求。夏利公司和吉林汽车7个核心业务系统数据抽取和整合管理完成;解放公司、一汽-大众等单位21个核心业务系统数据抽取项目策划完成。推进集团"三中心,六基地"建设。集团数据中心建设收尾工作和新旧数据中心400余套信息系统、800余台IT设备的整体迁移工作完成;利旧39台服务器、36台网络设备完成同城灾备中心建设,实现解放ERP等系统数据容灾工作;成都、天津、青岛3个基地数据中心规划及初步建设完成。建设集团IT基础设施云,提供敏捷、高效资源服务。一体机、小型机、X86资源池建设完成,集团云计算IAAS资源层初具规模(2000C,1TB的计算能力,469TB的存储能力),支撑集团423套业务系统提供。建设覆盖全国高速网络,保障集团业务数据互联互通。实现长春本地14家分子公司网络环路和双链路建设,全长374公里,网络速度提升20倍;完成3个基地机房网络节点建设,建设8条网络专线;完成集团IP地址整体规划;完成长春本地分子公司IP地址改造;启动外埠分子公司的IP地址改造。集团网络覆盖率100%(含慢速网络)。

集团运维监控项目一期建设完成。实现对集团数据中心417台核心服务器,167台核心网络设备监控;启动集团运维监控项目二期,扩大运维监控项目覆盖范围,强化应用系统监控颗粒度和深度,建立运维管理标准化操作流程。开展数据中心资源优化。100余套应用系统、50TB左右数据迁移优化完成,回收高速存储空间100TB左右,提高存储20%的利用率,应用系统性能提升20%以上。扫描和加固43套网站系统防护。重点网站加装防篡改系统,将业务主机操作系统安全风险从高风险值7.7降低到低风险值5.03,防护24万余次攻击。

**社会责任** 规范职代会运行,审议涉及职工利益的重大事项;畅通诉求表达渠道,抓好维稳促和,依法保障职工权益。发展职工文化,举办第23届职工运动会。开展暖心纾危解困工作,投入资金927万元。7月,第6批援藏干部赴昌都市、芒康县、左贡县挂职援藏3年。一汽总医院派人赴左贡县人民医院,开展专业技术援藏工作,为期1年零6个月。9月,一汽选派总医院儿科、妇科、消化内科等8个专业学科11名专家组成第3批一汽援藏医疗小分队,援助西藏左贡县和芒康县,开展联合义诊、会诊、技能培训、健康宣教、健康普查等内容。8月,中国一汽集团捐款370万元助力大安市精准扶贫奔小康,用于大安市同德村中国一汽包保扶贫项目,资助基础设施建设、养殖瓜苗暖棚建设等帮扶项目。其中,180万元用于6栋暖棚建设;30万元用于种植果蔬数字化跟踪及线上销售;160万元用于农村基础设施建设。中国一汽"'蓝途'公益行动——走进舒兰"志愿服务活动将60台电脑和800多份"微心愿礼物"送到学校和小朋友们手中。支持公益和环保事业,全年投入9119万元。

**国际经营** 2016年,一汽集团实现整车出口17329辆,出口销量居行业第11位。中重卡出口5817辆(含解放边贸出口394辆),轿车4825辆,微型车6239辆,轻型车353辆,客车95辆。零部件出口总金额5409.08万美元,整车及零部件出口总金额2.80亿美元。在南非利用体育及核心事件营销,在伊朗以赞助足球赛事、商圈静展及院线投放为切入点,促进品牌知名度和影响力提升;在俄罗斯参加CTT、MIAS等国际展会,通过专业展会平台,提升品牌知名度及认知度。一汽东欧公司组建一汽乘用车销售渠道,根据集团"统一品牌,统一形象,统一标准"实现终端一致要求,开展俄罗斯销售终端CI形象统一工程,完成10家网络店面升级,实现销售终端品牌形象统一及经销商营销能力提升。伊朗中重卡地产化建设。针对J6P驾驶室焊装及涂装线项目,成立专项技术团队,根据伊方实际需求调整技术方案,于6月完成焊装线及涂装线安装调试,进行小批量试装及验收,正式投入使用。巴基斯坦商用车地产化建设。组织一汽解放青岛汽车有限公司及一汽吉林汽车有限公司组建地产化技术团队,完成中重卡、微车共114个零部件地产化审核及认可,完成低成本电泳线安装、调试及试生产。伊拉克工厂建设。协调天津一汽夏利汽车股份有限公司及中国第一汽车集团进出口有限公司,考察国内资源,选定国内设备厂商,设备于12月完成发运。

(马富文)

**【中车长春轨道客车股份有限公司】** 2016年末,中车长客股份公司(下文简称"公司")员工总数18912人。其中具有高级专业技术职称831人,中级专业技术职称1234人;高级工人技师328人,技师945人;博士研究生学历36人,硕士研究生学历1007人,教授级高工97人,高级工程师734人,享受国务院政府特殊津贴的专家8人。公司按照研发设计、轨道客车新造、检修及运维服务3大主营业务,设立一级机构35个,二级机构140个,子公司15个(包括全资、控股和参股公司)。获得省、市、中央企业、中国中车先进基层党组织;中国质量奖提

7 月 18 日，中车长春轨道客车股份有限公司多个高速动车组项目展示

（王 阳 提供）

名奖；中国中车“四好”领导班子、“突出贡献奖”“特别贡献奖”和“中车国际市场协同开拓项目团队”等多项荣誉。

**改革改制** 公司完成规划、运营、业务、财务、审计法务、监察、检修、质量、物资、资产、生产及人力资源等 14 个系统的机构优化工作，构建项目管理的新模板，完成组织架构及系统管理的顶层设计，公司系统优化工作全面进入“系统建设及运行阶段”。针对对外投资及国内外战略布局，推进成都、西安、上海等国内布点工作；完成澳大利亚、巴西、以色列等项目的审批、注资工作，国内外战略布局初步形成；完成上海轨发公司股权收购项目，以及高新电动汽车公司股权转让，股权结构更加优化。

**经营管理** 编制《组织、系统、机构搭建工作准则》《流程制度管理规范》等体系文件。重新设计完善经营绩效考核体系，提高管理执行力。在强化项目管理方面，编制完成项目管理工作新模板，公司以重点建设“6 条管理主线、6 个管理平台、2 条模拟线、1 条生产线”的“6621 运营管理平台”为依托，促进精益理念与公司各项管理业务融合。搭建设计质量管理体系，重点对研发成本进行监督控制，减少设计成本。开发质量损失管理平台，建立质量损失管理体系，质量损失控制初见成效。在推进信息化建设方面，以 PDM（产品数据管理系统）、SAP（企业资源计划系统），以及 MES（敏捷制造执行系统）3 大系统的重构、建设与完善工作为重心，融入信息系统集成及智能技术，数字化企业服务平台建设取得进展。开展质量损失、技术开发费用、子公司审计等专项审计，以及内部控制评价、风险防控等工作，有效堵塞公司管理漏洞。

**科技创新** 开展时速 350 公里中国标准动车组、CRH3A 型动车组、CRH5E 卧铺动车组、波士顿地铁、武汉东湖有轨电车等项目的设计工作。通过美国波士顿地铁和纽约地铁项目，使公司车体碰撞吸能的结构设计、仿真分析、试验验证能力达到国际最高水平。在研发布局和能力建设上，数据中心大楼及国家工程实验室扩建项目全面开工建设，上海、重庆研发分中心挂牌成立，北京、美国、欧洲、澳大利亚、俄罗斯分研发中心进入规划和筹建阶段，以长春总部为中心的国内外研发网络体系渐成雏形。公司获得国家科技进步奖特等奖、铁道学会科学技术进步奖，以及吉林省和中车科技进步奖等多项大奖，公司的科技地位提升。

**生产运营** 实施新老厂区工艺布局调整，高速中心实现高铁、城铁 2 条生产线并行生产。推进工位制节拍化生产线、模拟生产线、模拟配送线 3 条线建设。通过搭建生产计划信息化共享运作、物料需求计划管理信息化、生产预警及异常反馈处理等 3 个平台，现场问题解决效率明显改善。采取物资配套平衡落实、采购供应风险识别、模拟配送线提前预警、供应商过程管理等措施，提高供应风险控制能力和物资供应保障能力。11 月 26 日，中车长客股份公司联合体与澳大利亚公共交通运输部签署澳大利亚维多利亚州政府高运量地铁车（HCMT）项目合同，合同总金额 20 亿澳元（约合 101 亿元人民币）。在此项目中，中车长客股份公司负责 65 列高运量地铁车辆的设计、制造、调试的全过程。

**人力资源管理** 构建“公司管总-系统管线-单位管面”的人才开发培养格局，推进国际化人才培育工作，开展海外人力资源管理实践培训以及英语、俄语等专业培训。输送 93 名国际化培养项目学员。获得中车“五星 HR”单位荣誉称号，罗昭强成为第 3 个荣获“中华技能大奖”的人才，常振臣被评为中车科学家，26 人获评中车首席技术专家或资深技术专家，公司高技能人才比例达 78.27%。

**质量管理** 调整质量工作定位，实现“四个转变”，即质量工作重心实现了由重检验向重管理转变、由重结果向重过程转变、由重实物质量检验向前期质量策划转变、由重厂内向重厂外转变。通过建立技术、采购、制造 3 个质量管理平台，实现产品质量全过程的管理，提升项目质量管理水平。

**企业文化建设** 2016 年，在国家、省市、平面及网络媒体上发布新闻 300 余篇，发布自媒体信息 230 余条，接待摄制组、媒体采访 40 余次。中央级媒体对公司的报道约 200 篇，中央电视台各档栏目报道 20 余次，微信点击率排名多次进入央企二级自媒体平台 20 强。对外宣传做到全媒体覆盖，提升企业的知名度与美誉度。公司获中国企业文化研究会“互联网+时代”管理文化建设标杆企业及“十二五”全国企业文化传播全媒体建设 30 强单位等荣誉称号。

**党群工作** 开展“万万千”党建品

牌活动,培育和弘扬“工匠精神”。推进新中车文化融合和长客特色文化建设,发挥企业文化的思想引领和导向作用。推进党风廉政建设,通过明确党风廉政责任制 38 项考核指标,加强监督、执纪、问责力度,为企业营造风清气正的发展环境。发挥工团组织优势,开展员工运动会、集体婚礼、第九届职工岗位技能竞赛、“长客大姐”爱心服务、青年志愿服务等系列活动,发挥工团组织联系职工、联系青年的桥梁纽带作用。5 月 1 日,中央电视台 1 套播出的《中国梦·劳动美》庆祝“五一”特别节目在中车长客股份公司高速动车组制造中心举行,公司劳模代表李万君、谢元立,列车网络控制系统研发团队、高铁之声合唱团等近 2000 名员工参与节目演出,突出展示高铁工人的良好形象和企业的创新发展实力。7 月 15 日,由中车长客股份公司自主研发的中国标准动车组在郑徐客运专线以时速 420 公里完成会车试验,刷新了轨道列车高速会车实验记录。8 月 28 日,中车长客股份公司为 162 对新人举办主题为“缘定长客 挚爱今生”的集体婚礼,162 对新人获赠刻有新人姓名的中国标准动车组模型。

**员工活动** 9 月 3 日,以“和谐长客、筑梦中国”为主题的中车长客股份公司员工运动会在长客体育馆拉开序幕。近万名员工参与活动。12 月 8 日,人力资源社会保障部在北京召开第十三届高技能人才表彰大会。公司员工罗昭强作为代表在大会上发言。12 月,中车长客股份公司首席操作师、全国优秀共产党员李万君入选“2016 年度感动中国十大人物”推荐名单。2016 年,李万君 4 次受到习近平总书记接见,并被中组部评为“两优一先”典型人物之一,荣登央视《榜样》栏目。

(王　阳)

## 农产品加工业

【概况】 2016 年,全市农产品加工业实现产值 2080 亿元,比 2015 年增长 8%;形成玉米、水稻、大豆、生猪、肉牛、禽类、乳制品、鹿业、酒业及蔬菜 10 大加工体系,粮食及畜产品加工能力和水平在全国处于领先地位;全市农产品加工企业 2500 多户,规模以上企业 368 户;全市拥有市级以上龙头企业 355 户,其中,国家级龙头企业 15 户,省级龙头企业 90 户。

【创新研究】 大成集团拥有 1 个设计研究院、4 个研究所,皓月、天景、广泽、德大、华正、平安种业等 9 家龙头企业分别建立大型研发中心,增加科技研发投入,开发具有自主知识产权的新产品,增强企业核心竞争力。

【产业结构调整】 德翔集团延长产业链条,成立种鸡场、孵化场、饲料公司、屠宰加工厂、物流公司等子公司,实施纵向一体化经营,实现全产业链竞争优势。荣发食品集团把农事体验、高效种养业、食品加工、休闲观光等融为一体,开发创建生态农业观光园、辽金时代“生态”旅游度假村等形式的休闲农业景点,成为新的消费热点。浩鑫农牧科技将肉牛标准化生态养殖与饲料加工、沼气发电、有机肥生产、有机蔬菜种植和观光旅游结为一体,形成新的生态农业发展循环经济模式。

【调整产业布局】 建成榆树五棵树农产品加工园区、农安食品加工园区、双阳梅花鹿产业园区、德惠绿色有机示范园区、皓月清真产业园区等多个农产品加工业集中区。榆树五棵树农产品加工园区引进中粮、吉粮、四海、帝斯曼、正大等一批国内外知名企业,开发区农产品加工企业 185 家,年产值 80 多亿元,推动和促进资源转化、产业集聚和规模发展。

【产品结构转型】 长春大成集团加速推广生物发酵技术、生物化工等玉米精深加工技术成果的应用,已发展为横跨玉米淀粉、淀粉糖、氨基酸和生物化工醇等多种产业的集团公司。九台吉科生物公司引进“国家大豆深加工技术研究推广中心”专利技术,生产高纯度大豆低聚肽、大豆低聚糖、大豆皂甙、蛋白质粉、大豆酶解蛋白等系列产品。

【营销导向转型】 2016 年,长春市政府通过“企业主建、政府扶持”的模式,在北京、吉林、福建和海南 4 省(市)各建 1 个长春名优农产品营销中心,拓展长春市绿色有机农产品市场。组织开展“长春市神农杯名优农产品”评比活动,提高长春农产品知名度和市场竞争力。长春市与省邮政公司共同组建“邮乐农品—长春馆”电商平台,上线电商企业超过 1000 户。天景公司采取“公司+合作社+农户”的紧密型联结模式,在省内 12 个市县建设生产基地,种植专用鲜糯玉米面积 1.13 万公顷,成立 15 家合作社,带动 18000 余农户,为农民或合作社贷款担保,农户种植天景玉米每公顷增收 3000 元~4000 元。松江百顺米业以创新经营模式为重点,探索出“粮食银行”水稻收购模式,农民可以随时支取售粮款并得到比银行更高的利息,采取股份分红、利润返还等形式,将加工、销售环节的部分收益让利给农户,和农民共享发展成果。

(于长志)

## 君子兰产业

【概况】 2016 年,全市君子兰占地面积近 125 公顷,拥有温室数量 1200 多栋,温室面积近 60 公顷,养兰 1.5 亿多株,规模以上养兰户 2500 多户,从事君子兰生产的专业人员 10 万人。拥有泓鑫、盛发、新月、雁鸣湖、农博园、红丹绮、宏大兰地、东郡等 15 个具有一定规模的生产基地。成功举办第十二届中国长春君子兰节。在福建省漳平市永福镇设立长春君子兰驻闽营销中心并启动运营。

【君子兰节】 2016 年 3 月 17 日至 21 日由长春市花卉协会君子兰专业委员会、吉林省春莲园艺工程(集团)有限公司及长春市君子兰产业发展办公室共同主办第十二届中国长春君子兰节。以“展

3月17日，第十二届中国长春君子兰节开幕式在春莲花卉城举行

（项 微 提供）

示交流、交易共赢”为主题，以“展示风采、筑牢品牌、共圆兰梦、再创辉煌”为理念，展示长春市君子兰的培养成果。设君子兰节展位700个，展示君子兰花卉5万多株，精品君子兰占70%以上。观展总人数25万余人次，日均观展人数5万人次。有来自辽宁、黑龙江、内蒙古、山西、沈阳、大连等26个省、市、自治区参展参会。销售额2600多万元，现场意向签约额5300多万元，君子兰展示数量、销售情况及参观人员均创历届新高。长春市市委副书记杨子明出席本届君子兰节开幕式并参观展会。

【设立长春市君子兰驻闽营销中心】 营销中心于2016年8月25日正式成立并举行启动仪式。启动仪式上，市花卉协会君子兰专业委员会分别与永福镇政府及闽台缘高山茶产销专业合作社签署战略合作框架协议。营销中心由长春市花卉协会君子兰专业委员会在当地租用0.67公顷棚室，展示君子兰种苗100万株。之后将设立长期的展示销售中心，计划租用土地2公顷建设大棚及相应的水电路配套设施。产销基地建成后，每年可带动长春市君子兰销量增加1千万株。

（项 微）

## 烟草业

【概况】 长春市烟草专卖局(公司)是政企合一单位，负责长春全地区卷烟市场管理、烟草制品销售和烟叶生产收购等任务，是全国烟草行业36家重点商业企业，吉林省最大的卷烟批发企业，是吉林省政府、长春市政府重点税源单位和纳税A级企业。2016年，全地区卷烟零售户28662户，卷烟零售户毛利率13.2%。

【卷烟营销】 全年销售卷烟270259.84箱，比2015年增加0.9个百分点；毛利15.74亿元，两烟税利16.39亿元。落实烤烟收购计划10万担，全年完成烟叶业务结算14.9万担，金额3.39亿元，利税1.32亿元。

【专营管理】 2016年，办理各类涉烟案件500起，收缴各类非法卷烟2214.58件，案值1155.78万元。其中办理非渠道卷烟案件280起，查获非渠道卷烟695.31件，办理假烟案件191起，查获假烟1233.07件，办理走私烟案件29起，查获走私烟286.20件。破获案值5万元以上案件72起，案值15万元以上案件15起，案值百万元以上网络案件4起，互联网涉烟案件1起。全年批捕犯罪嫌疑人13人，判刑6人。

（庄政学）

## 供电业

【概况】 国网长春供电公司是国网吉林省电力有限公司所属大型重点供电企业，主要负责长春地区电网规划、建设、运营和电力供应，供电面积2.0604万平方公里，电力客户371万。公司设置11个本部职能部门、8个业务支撑和实施机构、1家集体企业、6家县公司，拥有供电全民职工2380人，农电全民职工2946人。2016年，售电量完成178.13亿千瓦时，比2015年增长11.22%；日最大电力320.3万千瓦，增长6.9%；实现第10个安全年。打造“国家电网”品牌形象，特色亮点工作被中央主流媒体刊发、播放48次。

【电力安全生产】 印发《安全工作奖惩考核意见》，突出过程管理评价应用，严格安全目标“一票否决”。修编涵盖各级人员的《安全职责规范》，实现业务流程、关键环节全覆盖。故障处理时间压降66.7%。拓展无功电压控制系统接入范围，电压合格率得到提升。加强配电网缺陷隐患综合治理，依据“轻重缓急”编制近、远期集中检修排版。成功应对台风“狮子山”过境，完成“两会”、首届全球吉商大会等111项重大保电任务。

【电网发展建设】 发挥长春市电网建设与改造指挥部作用，落实属地单位管理责任，遗留工程全部竣工投产。严格依照政府控规性详细规划，编制长春新区等园区电网建设实施规划。深化可研、初设“一体”管理，前期工作高度融合。南城220千伏变电站、南关区北部网架加强等13项工程顺利投产，区域网架薄弱、负荷紧张局面有效缓解。落实国家新一轮农网改造升级要求，完成71个小城镇(中心村)电网改造升级任务。

【供电服务】 落实领导班子包保责任，实行巡访、暗访、走访、回访“四访联动”，

7月8日,国网长春供电公司为汽博会保证用电　（张　博　提供）

客户满意率99.6%。服务百姓民生,提前7天向市公用局发布重要电力客户停电信息，将计划检修全部安排至8:30以后。组建长春新区业扩报装办公室,提供业务受理、方案制定、图纸审核、工程验收"一站式"服务,核心业务平均办理时间压降20%。推进驻长春中央企业供电分离移交，与一汽集团签订正式实施协议。完成水、电、气、热"多表合一"2.7万只表计安装任务。

**【精益管控】** 与长春新区,经开、汽开、净月区签订电力工程建设及战略合作协议,为涉电项目提供全方位技术支持。落实国家《关于推进电能替代的指导意见》,推广电能替代项目927个,替代电量10.96亿千瓦时。开展"降损增效攻坚年"专项活动,18条重点督办线路平均线损率降低4%。研发"管家卡"收费应用系统,营销业务处理时间压降93%,电费回收效率提升18%。顺利通过审计署长春特派办农网工程专项审计、国网浙江电力经济责任审计。制定岗位等级序列规范实施方案，完成岗位归级及薪点工资调整。推行客户工程验收标准化作业,严把设备入网关。编制《撤旧物资管理操作手册》,明确5类职责界面,细化12项操作流程。

（张　博）

## 中小企业

**【概况】** 2016年，全市民营经济和中小企业主营业务收入12015亿元，比2015年增长8%。民营经济增加值占全市GDP的比重达47%,比2015年增长1个百分点。民营企业户数14.4万户,增长16.9%;个体工商户41.6万户,增长16.4%,大众创业万众创新各项举措初显成效。民营从业人员235.8万人,增长5.5%,占长春市全部就业人口一半以上；民营企业实缴税金355.5亿元,增长2.1%。

**【运行特点】** 市场主体持续增长。民营经济市场主体数量连续4年保持15%以上增长速度,2016年全市民营市场主体56万户,比2015年增长16.5%。全市新登记民营市场主体11.9万户，增长20.2%,其中新登记民营企业3.29万户,增长27.1%；全市民营新增就业人数近13万人。民间投资规模快速放大。全市完成固定资产投资4659亿元，比2015年增长10.5%,民间资本投资3465.8亿元，增长21.8%，占全市固定资产投资74.4%。其中民间工业固定资产投资完成2067.1亿元,增长37.6%,增速高于工业固定资产投资22.4个百分点,民间工业固定资产投资占工业固定资产投资89.5%。创新水平得到提升。全市市级以上企业技术中心达166家,其中,民营企业技术中心126家,占全市的75.9%。新增市级以上企业技术中心19家，其中,民营企业技术中心16家,占全市新增企业技术中心的84.2%。发展质量不断提升。全市每万人拥有民营企业数量达190户，比2015年底增长28户。民营"四上"企业增加1643户,比2015年提高近1倍。规模以上民营工业企业完成产值2124.3亿元,产值总量占全市工业比重23%,比2015年增长14.8%。

**【中小企业公共服务平台建设】** 2016年,长春市有融资服务、创业咨询、人才培训、事务代理、管理诊断、信息网络、法律维权、公共技术、电子商务、市场开拓10大类重点公共服务平台130个,其中新增20个省级以上公共服务平台,总数67个。

**【全民创业就业工程】** 开发就业岗位11.6万多个，城镇新增就业10.4万人，安置下岗失业人员4.6万人，大龄就业困难人员实现就业近万人，小额贷款发放3361万元,农村劳动力转移就业90.5万人次,引导性培训8万多人。

**【创业人才培训工程】** 开展创业者、小老板和中小(民营)企业经营管理者公益性人才培训,全年完成各类人才培训73期(次),培训4619人次;举办大型人才招聘会2次,参加6000人次;举办创业项目对接会8期,服务11600人次。

**【民营企业建立现代企业制度试点】** 在全市筛选确定160家建立现代企业制度试点企业(全省438户)。在全市14个县(市)区、开发区设立云端课堂教学服务站,对试点企业开展公司治理概述、公司治理结构剖析、公司治理控制权与激励机制等专题培训，有260人参加相关培训。组织110余户试点企业参加"全省第一批私企建制试点企业与中介服务机构对接会",与东北证券、华融证券、吉林功承律师事务所、吉林新三板投资基金公司等中介服务机构进行自由对接。

**【中小企业资金扶持】** 加大专项资金投

人。科技专项资金投入2亿元，比2015年增长1倍。市中小企业和民营经济发展专项资金、工业发展专项资金中近7000万元用于支持民营企业发展，争取省专项4000多万元用于支持民营企业加快发展。探索开展市级资金股权投资。市科技发展中心股权投资，投资企业43户，在投资金16680万元，吸引企业注册资本16.7亿元。市新兴产业股权投资项目18个、在投15个（其中，3家企业成功挂牌“新三板”），在投资金2.86亿元。获得国家小微企业创业创新基地城市示范一次性奖补资金支持2亿元。市双创办联合市财政局、市科技局、市商务局等7个部门完成国家2亿专项资金支持项目的组织申报和评审工作，对长春市双创空间升级工程和公共服务能力提升工程中的166个总投资71.6亿元的项目给予支持。

**【中小企业转型升级】** 开展中小企业入规升级专项行动。筛选出符合条件的164户中小企业纳入到入规升级培育库，给予重点培育。支持工业企业做大做强，对首次入统的企业给予企业经营者奖励，对全市227户新入统企业给予奖励，奖励金额1135万元。加大促进中小企业加快发展政策力度。《中共长春市委 长春市人民政府关于加快推进工业转型升级的实施意见》（长发〔2016〕26号）中提出对首次入选中国500强的企业；对工业总产值首次突破10亿元、50亿元、100亿元的企业经营者给予奖励。提升首次入规企业的奖励标准，对个体工商户升级为企业给予一定奖励。

**【落实税费减免政策】** 落实支持小微企业发展的税收政策，2016年减免营业税10200万元，减免企业所得税3437万元，惠及小微企业54408户（次）。支持民营企业生成。对新设立的服务企业，自办理税务登记起，2年内免征房产税和土地使用税。有734户纳税人享受免征房产税和土地使用税优惠政策，减免税款510万元。

**【孵化载体建设】** 全市创新创业孵化基地涵盖先进装备制造、光电信息、生物及医药健康、新材料、电子商务、文化创意、创客孵化、投资促进、培训辅导等行业领域，正在向服务功能的综合化，孵化的集成化和专业化方向发展，为中小企业的快速发展和转型升级积蓄力量。2016年，全市“创新创业”孵化基地208个（众创空间、科技孵化器、创业孵化基地），总面积710万平方米，在孵企业13853户，吸纳就业人员128437人。其中，华为公司入驻高新区，浪潮入住经开区，科大讯飞有限公司入驻朝阳区，猪八戒网络有限公司入驻绿园区，中关村中国投资人中心入驻高新区。全市建成众创空间55个（国家级10个，省级5个，市级6个，县区级34个），总面积51万平方米，聚集843个创业项目、在孵企业1184户，吸纳就业25366人。其中，新增众创空间5个，新增面积10万平方米，新增在孵企业105户，新增就业1711人。以产业化为主的众创空间数量26个，占空间总数的47.2%。设立众创空间建设专项，支持13家众创空间建设，支持经费410万元。全市有科技孵化器49个（国家级23个，省级12个，县区级14个），总面积147万平方米，在孵企业10149户，吸纳就业31577人。其中，新增科技孵化器4个，新增面积3万平方米，新增在孵企业37户，新增就业565人。全市有中小企业创业孵化基地104个（国家级3个，省级101个），总面积519万平方米，在孵企业2520户，吸纳就业71494人。其中，新增省级孵化基地24个，国家级基地1个。

全市建成大学生创业园（扶持基地）19个，总面积121万平方米，创业园内有582户大学生创业企业，合伙创业1271人，带动就业6886人。全市建有农民工返乡创业基地18个，总面积238万平方米，在孵企业2612户，吸纳就业10922人，其中，2016年新增大学生创业园4个，新增面积15万平方米，新增在孵企业1107户，新增就业1185人。全市商贸企业集聚区涵盖9个商圈、29条重点商业街以及14个商贸物流园，城区物流仓储库总面积315万平方米。建设商贸集聚区109个，总面积497.9万平方米，吸纳就业人员187931人，其中，2016年新增商贸集聚区13个，新增就业人员1030人。

**【行政审批制度改革】** 开展新一轮简政放权活动。下发《长春市人民政府关于2016年第一批取消行政审批项目的决定》（长府发〔2016〕12号），取消行政审批项目39项，行政审批项目由823项减少到249项。建立政府责任清单制度。市直50个部门和单位完成政府责任清单建立工作。开展清理行政审批中介服务工作。按12个“一律取消”清理标准，取消（调整）37项，保留127项。优化审批流程促进并联审批提速提效。研究制定《基本建设项目审批全流程管理的意见》，建立行政审批“快速通道”，启动行政审批网上中介超市，审批效率大幅提升。加快推进政务服务网建设。7月22日，全市政务服务“一门式、一张网”综合改革试点工作正式启动。11月4日，全市“一门式、一张网”政务服务平台启动上线运行。

**【商事制度改革】** 推进“五证合一”登记制度改革。2016年“五证合一”换照率达65%。12月1日，实施个体工商户“两证整合”登记制度改革，发出全省暨全市首张个体工商户“两证整合”营业执照，使“五证合一”登记制度改革得以在个体工商户登记进行延伸。推进工商登记全程电子化。选择在朝阳工商分局作为网上登记的试点单位，推进全程网上登记注册工作。推进企业简易注销登记试点。在宽城分局开展企业简易注销登记试点，公司申请注销登记办理时限由原来近2个月缩短为15个工作日，受理办结简易注销登记企业近200户。

**【区域性产权交易市场建设】** 文交所邮币卡交易中心正式挂牌交易，交易总额46.18亿元；研发影视创意孵化创新板。推进农村物权流转交易，协助涉农企业融资。开展金融资产交易业务，与46家金融机构建立合作关系，通过股权质押协助849户企业融资近450亿元，定向增发协助31户挂牌企业融资近7亿元。做好股权交易服务。新增股权托管企业

7月18日,长春市优秀科技成果展　　（王新明　提供）

140户,挂牌民营企业366户,协助企业通过股权质押、资产抵押等方式融资89.45亿元。

【省市科技大市场建设】 长春科技大市场于7月18日正式启动运行,"一网一厅一库"(平台网站、交易大厅、科技资源库)投入使用,与省内"五校两所"及北科建、中科院长春分院建立合作关系,拓宽科技成果来源渠道;为长春亚盛照明科技等20户企业对接风投机构提供融资服务;与中投长春创业投资基金管理有限公司合作,成立中投吉林科技成果转化投资基金,建立起多元化、多渠道的科技成果转化投融资体系。大市场汇聚1155户科技企业、2832名科技专家、612项科技成果、1070台套大型仪器设备等资源信息,加盟战略合作服务机构114家,技术合同交易额109亿元。吉林省科技大市场被科技部批准为国家技术转移东北中心和国家技术转移人才培养基地,市场入库专家近5000名、科技成果7600多项,与37家金融机构建立合作关系,审批67笔技术合同,金额突破5000万元。

【兴隆综合保税区开发开放平台建设】 2016年,兴隆综合保税区内注册企业116户,年保税业务额6亿美元,90多户企业开展进出口业务,全年实现报关单证9000票,是2015年的1.7倍,报关货值实现6亿美元,是2015年的2.2倍。在国内内陆综保区中发展速度位居前列。5月份开通长春至大连保税班列,"长满欧"国际铁路货运班列97批次,跨境电商出口货运包机84个班次,货值约6500万美元。

【创新体系建设】 推进产学研协同创新载体建设。推进21个示范点建设,启动实施"长春市产学研协同创新示范点建设专项"。推进吉林省技术产权交易中心建设。与37家金融机构建立合作关系。审批67笔技术合同,总金额超过5000万元。推进长春科技金融创新服务中心业务。中心入驻投融资及中介机构25家,与近百家机构建立合作关系,构建4重融资链,为800多户科技企业提供科技金融服务,投融资额超过35亿元。

【融资服务】 扩大融资担保规模。全市百家各类融资担保机构,融资担保行业注册资本金100多亿元,为中小企业提供新增贷款担保突破200亿元,在保余额300多亿元。推进企业上市融资。全市A股上市企业24户,H股上市企业4户,新三板挂牌企业36户,吉林股权交易所挂牌企业366户,企业通过IPO、增发、配股以及发债实现融资超过450亿元,比2015年增长17%以上,直接融资占比超过40%。

【营造民营经济发展氛围】 召开"长春市突出发展民营经济暨'双创'工作推进大会",将会议精神贯彻落实到市直相关部门及各县(市)区、开发区。开展政策汇编编制和宣传工作。编辑印发50余万字《突出发展民营经济政策汇编》(2013-2016),汇编包含58个政策文件,其中国家级文件18个、省级文件23个、市级文件17个。编制"双创"工作政策汇编,收集整理19个支持大众创业万众创新政策文件。在工信局官网设置飘窗,下发政策汇编,开展政策解读等活动,加大宣传力度。归纳出有关促进非公有制大发展、下放行政审批权限、财政、金融、税务、创业创新发展、提高市场化程度、加快新兴产业发展等8方面100条含金量较大的主要政策条款,按照"长春市突出发展民营经济综合配套改革示范区推进工作领导小组各成员单位"工作职责进行分解细化,其中涉及21个成员单位。为确保百项扶持民营经济发展政策落实到位,以长春市突出发展民营经济综合配套改革示范区推进工作领导小组办公室名义下发《关于落实好国家省市扶持民营经济发展主要政策的通知》,要求21个涉及到的成员单位结合本部门职能,对照百项政策条款逐项说明落实情况,每项扶持政策的落实情况都要有详实的数据信息,提出解决办法,制定整改措施,明确完成时限,使民营企业真正受益。

（王新明）

## 综　述

【生产经营】 2016年,长春地区铁路货物发送量完成501.7万吨；旅客发送量完成4561.2万人，其中春运完成521.7万人,暑运完成987.9万人,全年开行临客列车41对，新开列车3.5对。截至2016年年末,长春市有营运货车102208台,全年完成货运量10895万吨,货运周转量2902564万吨公里；全市有营运客车3993台，全年完成客运量7113万人次。城市公交方面调整优化公交线路22条,公交专用道增至36条、单向147公里,完成4.8公里彩化,更新、新增公交车辆400台。吉林机场集团完成运输航班9.3万架次、旅客吞吐量1158万人次,货邮吞吐量9.39万吨,比2015年分别增长8.63%、9.36%和11.06%。其中,长春机场完成运输航班7.28万架次、旅客吞吐量949万人次、货邮吞吐量8.65万吨，分别增长8.07%、10.95%和11.26%,净增12家航空公司,新增6个航点,通航城市78个,开通航线168条。南航吉林分公司完成运输总周转量5.48亿吨公里，增加3.16%；飞机日利用率9.4小时,与2015年持平;客座率、载运率分别为80.77%和73.14%；实现利润4.07亿元。全市社会物流总额实现19532.0亿元,增长7.4%,呈现小幅回升态势，全市社会物流总费用1038.2亿元,增长2.5%,社会物流总费用与GDP的比率为17.5%,下降0.8个百分点,全市物流业增加值完成423.4亿元，增长7.8%,占GDP的7.1%,上升0.04个百分点。

【基础设施建设】 长春铁路综合货场工程、新建辽源至长春铁路工程、长春至白城铁路扩能工程、长春至西巴彦花铁路工程,2016年完成投资118.7亿元。农村公路建设实际投入资金5.16亿元,新建改建农村公路928公里,改造危险桥44座,长春市农村公路通屯率77.8%。“公交都市”500公里农村公路项目完成全部13项前期要件，落实建设资金2亿元。长春机场二期扩建工程T2航站楼完成主体结构；飞行区完成新建2条快速滑行道、1条垂直联络道的场道、灯光及部分消防工程；长春机场飞行区道肩维修和地服特种车库改造工程全面投入使用。物流方面,谋划包装亿元以上重大物流基础设施项目20余个,项目总投资300亿元左右，在年内启动长春铁路综合货场、香江物流园区二期、顺丰电商产业园等物流项目10余个,年度完成投资近100亿元。

【安全运行】 截至2016年末,长春站实现无较大责任及以上事故12352天,无一般B类及以上事故4297天，无责任人身重伤及以上事故4016天,连续实现9个安全年；车务段实现实现无责任重大、大事故4870天，无责任一般事故1848天,无责任死亡事故4870天,无责任重伤事故4870天,无责任轻伤事故5天,无责任火灾事故4879天。航空方面,全年未发生人为原因一般事件以上问题，在民航东北地区企事业单位安全责任考核连续3年蝉联第一，长春机场通过航空安保审计,“平安民航”建设通过阶段性审核。南航吉林分公司2016年安全飞行71869小时/29319架次,比2015年增长2.3%和3.2%;未发生飞行、空防和航空地面事故,实现安全年。

【服务质量】 城市交通“一卡通”实现轨道交通、常规公交互联互通;实现65岁以上老年人、残疾人持卡免费乘坐市内公交车。吉林机场集团239项服务举措全面落地;制定航班运行保障标准,限定保障节点和保障时限,严格执行信息、标准、指挥、行动“四个统一”应对机制,提升航班延误处置能力。春运期间,吉林机场集团保障航班10831架次,比2015年增长9.03%，完成旅客吞吐量136.3万人次,增长6.37%。南航吉林分公司开展特色服务,为吉林省委、省政府多个代表团及新兵运输等重要任务提供优质服务,圆满完成两会、援疆、G20峰会、维和部队等重要保障任务，旅客平均满意度95.01%。

（徐　航）

## 铁　路

【概况】 2016年,沈阳铁路局在长春经济吸引区内以运输汽车、铁路客车、粮食、煤炭、石油、医药、焦炭、化肥农药、建材等为主要货运服务项目,以日常旅客、出境、国内旅游、会展、节日旅游旅客运输为主要客运服务项目,为吉林省和长春地方经济发展做出贡献。2016年,长春境内铁路运输生产单位有9个,分别是长春站、长春北站、长春车务段、长春货运中心、长春客运段、长春车辆段、长春供电段、长春电务段和长春工务段。

【主要运输指标完成情况】 2016年,长春地区铁路货物发送量完成501.7万吨,其中,发送粮食126.3万吨、煤炭79.8万吨、石油34.8万吨、化肥农药5.4万吨、医药9.2万吨,其他品类14.2万吨。

【铁路重点建设项目】 长春铁路综合货场工程,2016年完成投资3.7亿元;新建辽源至长春铁路工程,2016年完成投资1亿元;长春至白城铁路扩能工程,2016年完成投资90亿元;长春至西巴彦花铁路工程,2016年完成投资24亿元。

【长春站】 长春站位于吉林省长春市宽城区长白路5号,邮编130051。站内主要设备包括普速场和高速场上下行正线各1条,普速场与高速场间联络线1条,到发线22条,牵出线5条,集中联锁道岔200组。车站设行车指挥中心1个,客运综控室1个,高架候车室1座,高站台9座,无站台柱风雨棚9个,售票厅3个。长春西站主要设备包括上、下行正线各1条,到发线9条,集中联锁道岔43组,行车室1个,客运综控室1个,高架候车室1座,高站台5座,无站台柱风雨棚5个,售票厅1个。龙嘉站主要设备包括上、下行正线2条,到发线2条,集中联锁道岔12组,行车室1个,候车室1座,站台2座,售票厅1个。车站在沈阳动车段长春动车所设行车室1个,在崔家营子设线路所1个。车站固定资产主要包括,长春站、长春西站、龙嘉站共设扶梯83部,直梯27部,自动检票闸机114个,自动售、取票机85台,安检查危仪16台,中央空调系统7套,消防系统7套,职工食堂5处,综合公寓1处(内部设置浴池、健身房),净水设备和洗衣设备各1处,客运监控、引导、到发、广播、自动查询系统各1套,公务用车4辆,生产用汽车7辆,站台除雪车2辆。车站在岗职工1378人。其中,干部151人;工人1227人。全年客运收入完成283758万元,较年度计划292510万元少8752万元,降低3%,比2015年多完成28187万元,增长11%;发送快货5.4万吨,增加3.2万吨,增长145.4%,实现收入597万元,增加403.7万元,增长208.8%。全年旅客发送量完成3024万人,比计划3162万人少138万人,降低4.4%,比2015年多完成124万人,增长4.3%。全年加开旅客列车695列,加挂1790辆,增加收入4456万元,流动售票车增收213万元,堵漏创收679万元。其他业务收入完成485万元,比计划超30万元;扶持集体企业经营,承揽龙嘉站职场保洁项目,全年实现产值2000万元。截至2016年末,实现无责任较大及以上事故12352天,无一般B类及以上事故4297天,无责任人身重伤及以上事故4016天,连续实现9个安全年。

【长春北站】 长春北站位于吉林省长春市东三环路宽城区奋进乡,邮编130052。车站中心位于长春枢纽京哈线1011.922公里处,位于龙北联络线自龙泉站起8.886公里处,位于长白线自长春北站起0公里处,衔接长图、长白线,为单向混合式二级四场,站场全长5.8公里,隶属于沈阳铁路局。长春北站始建于1988年,成立于1992年12月28日,全部开通使用于1999年8月9日。按业务量为一等站,按技术作业性质为编组站,主要承担哈尔滨、棋盘、四平、大安北、烟筒山方向货物列车改编作业和中转技术作业;办理专用线取送作业,是区域性主要编组站。车站有正线3条,到发线24条,编发线6条,分类线13条,西部线群联络线1条,专用线36条,货物线4条,换装线2条,禁溜线2条,迂回线1条,安全线2条,机待线7条,机车走行线1条,机车出入库线5条,牵出线2条,站内道岔354组,减速器23组,可控停车器54台,综合调度楼1个、半自动化驼峰1座,调车机7台。固定资产原值2088万元,净值916万元。全站职工642人。其中,干部67人;工人575人。全年车站日均接发货车258列,日均办理11489辆,其中有调2882辆,中转时间3.7小时,一次作业时间完成33.1小时。12月29日超历史日办理19367辆(到196列,开190列)。发送快运货物89586吨,收入911.4万元。截至2016年末,实现安全生产3964天。

【长春车务段】 长春车务段位于吉林省长春市宽城区人民大街161号,邮编130051。管辖京哈干线里程269.6公里,其区间包括十家堡、郭家店、蔡家、大榆树、公主岭、陶家屯、范家屯、大屯、长春南、米沙子、沃皮、布海、德惠、达家沟、姚家、陶赖昭、团山、扶余、蔡家沟站,闭塞方式为双线双向自动闭塞,日均办理接发列车259列,其中旅客列车124列;长白线里程128.8公里,其区间包括小合隆、开安、华家、农安、柴岗、哈拉海、王府、七家子站,闭塞方式为单线半自动闭塞,日均办理接发列车36列,其中旅客列车18列;长图线里程4.1公里,其区间包括长春东、龙泉、兴隆山、龙泉北站闭塞方式为单线半自动闭塞,日均办理接发列车45列;哈大客运专线车站3个,德惠西、扶余北、公主岭南站,闭塞方式为分散自律调度集中,日均办理旅客列车75列;陶舒线(合资铁路)里程92.2公里,其区间包括五棵树、刘家店、榆树、新立镇、谢家镇站闭塞方式为单线半自动闭塞,日均办理接发列车12列,其中旅客列车4列;长双烟线(合资铁路)里程91.8公里,其区间包括泉眼、奢岭、双阳、山河镇、五家子站,闭塞方式为单线半自动闭塞,日均办理接发列车2列;松团线(合资铁路)109.6公里,其区间包括松原北、三井子、弓棚子、扶余西站,闭塞方式为自动站间闭塞,日均办理接发列车6列,其中旅客列车2列。段管内有车站48个,办理客运业务车站有33个,总营业里程696.1公里。行车设备有到发线124条、牵出线31条、专用线251条、专用铁道4条、合资铁路3家、候车室33个、旅客站台57座(其中有风雨棚站台23座)、天桥6座、地道7座。固定资产净值2192.61万元。全段人员1774人。其中,干部197人;工人1577人。全年旅客发送量计划完成702万人，实际完成651.6万人；客运收入计划完成33730万元,实际完成34179万元,超计划完成450万元，比2015年增长1.33%；一次作业时间计划完成22.2小时,实际完成21.3小时;中转时间计划完成7.2小时,实际完成7.2小时。截至2016年末，实现无责任重大、大事故4870天,无责任一般事故1848天,无责任死亡事故4870天，无责任重伤事故4870天,无责任轻伤事故5天,无责任火灾事故4879天。

**【长春货运中心】** 长春货运中心位于吉林省长春市宽城区人民大街81号,邮编130051。管辖京哈线四平至蔡家沟段,长白线长春至七家子段，陶舒铁路陶赖昭至榆树段,长双烟铁路长春至五家子段,松陶铁路扶余至弓棚子段。总计8个货运营业部,37个货运营业室、210家企业专用线，总计营业里程677公里。中心(含陶舒、长双烟、松陶合资铁路)有货物线69条、专用线202条、专用铁道8条、货场38个、货物仓库38座、货场雨棚11个、货运营业厅38座、货物站台32座。有生产运输设备213台,其中,汽车40台(包括11台大型货车、29台厢式货车)、门吊6台、抓料机21台、装载机32台、叉车33台、正面吊4台、汽车吊1台、输送机76台。中心有职工1194人。其中,干部136人;工人1058人。全年货物发送量完成759万吨，日均装车484车,运输收入完成100725万元,吨均收入率完成137.59元/吨。东北快运货物运输实现收货发运943万件,重量51.79万吨,完成收入5755.7万元。截至2016年末,实现无责任重大、大事故1294天,无责任一般事故1294天,无责任死亡事故1294天,无责任重伤1294天,无责任轻伤事故929天，无责任火灾事故929天。

**【长春客运段】** 长春客运段位于吉林省长春市宽城区丹东路97号，邮编130051。主要负责担当长春至齐齐哈尔、阿尔山、哈尔滨西、白城、呼和浩特、大连(北)、延吉西(敦化)、丹东、绥芬河、昆明、乌鲁木齐、南宁、北京、西安、广州、上海虹桥、蚌埠南、青岛北、东营南、重庆北、厦门、拉萨旅客列车的乘务工作。其中动车组列车25对,普速列车34对(直达4.5对、特快3对、快速20.5对、普快4对、普客2对)。2016年新开行3.5对列车,其中2月26日开行重庆北~拉萨Z223/2/3Z224/1/4次,2月27日开行长春—北京西Z722/1次，北京西—拉萨Z21/2次;5月15日开行长春—敦化C1029/30次（套用D20/19车体);5月15日开行上海虹桥—蚌埠南G7168/7次（套用G1212/1车体);1月5日开行大连—绥芬河2727/8次(原沈阳客运段担当,与K7306/5次车体套用)。固定资产原值1496.21万元,折旧639.86万元,净值856.35万元。段有干部职工5186人。其中，干部254人;工人4932人。全年收入计划完成15090万元，实际完成16323万元,完成年计划的108%,超收1233万元。2016年春运完成收入2347万元,日均完成59万元;暑运完成收入4424万元,日均完成71万元。旅客发送量完成4561.2万人，其中春运完成521.7万人,暑运完成987.9万人。全年开行临客列车41对，新开列车3.5对。截至2016年末，实现无一般B类及以上事故2104天。

**【长春车辆段】** 长春车辆段位于吉林省长春市辽宁路939号，邮编130051,段地处哈大干线700公里处，管理跨度以长春为中心东至图们529公里，北至白城333公里,南至通化401公里。主要承担配属客车的段修、日常检修、A1修、临客整备、客车加装改造,车电机具的中修等检修任务。下设长春、图们、通化、白城、吉林5个客整所,长春1个客车列检所。担当长春至北京、上海、广州(东)、三亚、重庆北、西安、乌鲁木齐、厦门、拉萨、南宁、宁波、昆明、牡丹江;图们至北京、青岛北、哈尔滨;通化至北京、青岛北;白城(乌兰浩特)至北京、东营南、青岛北、呼和浩特等直达特快、特快、快速旅客列车和沈局管内多地快速、普速旅客列车的车辆乘务工作。长春客列检担负着京哈线、哈大线、长白线、长图线在长春站始发、终到、通过旅客列车的检修任务。段现有机械动力设备保有333台,其中,金属切削设备25台、锻压剪冲设备15台、动力设备31台、电气设备73台、工作炉金属处理设备1台、木工铸工设备5台、试验设备78台、其他杂项设备36台、运输设备58台、起重设备11台。有生产房屋43栋,总面积150014平方米;办公房屋6栋,总面积12692平方米。有客车整备线51股，总有效长24419米。客车停留线13股,总有效长6181米。客车整备线与停留线总计30600米。有临修线10股,总有效长1109米。固定资产总值572842万元。段配属客车2259辆，开行图定列车54.5对115组。全段有职工3063人。其中干部182人;工人2881人。全年完成客车厂修212辆、段修296辆、A1修2065辆、临修2031辆。开行临客82组1061辆、旅游列车20组301辆、军运客车360辆、客车加挂801辆次、支南临客3组57辆。运输总支出有权74226万元,实际支出74192万元,节支34万元。截至2016年末,实现无行车一般D类及以上事故224天，无职工责任轻伤以上事故3941天,无路风问题、无火灾爆炸事故、无特种设备事故3941天。

**【长春供电段】** 长春供电段位于吉林省长春市宽城区小南街10号，邮编130051。担负着哈大客专、长珲城际、京哈、平齐、长白、长图、四梅、陶舒(委管)、长双烟(委管)、松团(委管)、长辽(委管)、辽开线12条线路,71个站1500运营公里线路的生产、生活供电维修管理任务。全段人员945人。其中,干部145人；工人800人。全年全面检修接触网656.11条公里、隔离开关469台、分段绝缘器119台。全年利用检修列车对哈大、长珲、四双线设备进行平推检修624.5公里。更换腕臂绝缘子375套、更换硅橡胶绝缘子869个,擦拭重污绝缘子1046个,处理树木侵界10285株;开展高铁安全专项整治：将四平东至公主岭南间4个锚段的PW线上翻杆顶增加防雷功能;对长珲城际龙嘉隧道内45根倒立柱失效的化学锚栓进行整治加固;更换动车检修库4台分段绝缘器;长白线214供电线排迁施工新立G350/15钢塔100根,架设供电线、回流线21.8条公里,敷设电缆11公里,制作电缆头18处。拆除G350/15钢塔86根、线索20条公里;长客高速动车组检修建设(一期)牵引试验线延长线工程新立支柱50根,架设承力索接触线3.8条公里,附加导线1.358条公里;消除换挂机车侵正电化挂网工程新立支柱16根,架设承力索接触线8.588条公里,附加导线1.5条公里;四平至齐齐哈尔铁路郑家屯至榆树屯站电气化改造工程(沈阳局管内)PQSG-2标段PQK294+000-PQK348+735接触网施工新立支柱1503根;长春综合货场工程接触网施工(含配合施工)新立支柱8根,敷设电缆300米,制作电缆头4处,线索调整400米。拆除支柱8根;长春车辆段客车段修及整备设施改造过渡工程新立支柱4根,架设承力索接触线0.8条公里;长春动车存车场供电臂变更施工架设附加线200米,改造隔离开关引线2处,安装上网电联接2处。完成与白城供电段的交接工作,并顺利接管四平至金宝屯、四平至昌图、四平至渭津、龙嘉至鸭通河等线路新增加设备。检修普速架空线路1240.6公里,电缆线路715.5公里,高铁配电所受电线路74.38公里,其中电力架空线路6.52公里,电缆线路67.86公里,调试变配电所14座、10/0.4千伏变电所21座,箱变100座,调试高压开关1346个,低压开关2050个。

组织电缆整治工作,排查电力高低压电缆5879条2878.63公里,其中高压电缆2535条2354.29公里,低压电缆3344条501.793公里;完成四平北、曲家店、郑家屯、农安、德惠西配电所出口电缆改造;重新敷设长春北南环线高压电缆2.3公里,重新敷设四平站一站台西干线、站信线高压电缆1.8公里;修建四平南变电所电缆隧道160米,电缆通道200米;更换长春、长春北站区电力线路、德惠电气化线、四郑既有贯通线、龙嘉受电线路、四平东受、北受线路、郑家屯至太平川自闭线共365195米绝缘线;更换京哈线隔离开关111组;补强接地极109处;绝缘线地段安装驱雷针496处,防雷绝缘子160处;对水害地段和易撞地段电杆护砌152处;对119处电缆终端头封堵处理;清理树木13088棵。完成长春东站、南站货场地上建筑物腾空及还建供电设备排迁工程;配合完成管内通讯G网改造施工21处;配合完成长白线电力迁改施工135.23公里;完成通让线8处平改立施工,平齐线14处平改立施工,平行迁改25.4公里;配合陶舒线平改立施工22处;配合完成白阿线站区生产生活设施补齐施工;配合完成四郑间新建自闭线送电及区间各站信号、通信、开关电源、G网电源、动力电源转线施工;组织完成四平站区资源整合施工;长白、白阿、平齐、四郑线电化改造介入配合、监控工作。

全年运输总支出有权53280万元,实际支出53107万元,节支173万元。其他业务收入预算3437万元,实际完成4848万元,比预算多完成1410万元。其他业务利润完成168万元。总盈余341万元,比预算133万元多完成208万元。截至2016年末,实现无责任重大、大事故3939天,无责任一般事故253天,无责任人身重伤及以上事故2307天,无责任火灾3939天,无轨道车运行事故3939天。

**【长春电务段】** 长春电务段位于吉林省长春市汉口大街793号,邮编130051。全段管辖2633.502公里。其中,普速既有线2283.78公里;高速线349.72公里。自动闭塞1202.35公里、半自动闭塞1173.609公里、自动站间闭塞257.535公里。承担京哈、通让、长白、大郑、平齐、白阿、陶舒、四梅、长双烟、松团、锡乌、长吉城际和京哈高速13条运输线路电务设备的维护工作,管辖128个站、20个场。信号设备有91个微机联锁站,11个微机联锁场,125个微机监测站,站内信号机6505架,区间信号机1074架,标示牌342个,道口63个(15个有人监护道口、48个监护道口),自动化驼峰站3个,非自动化驼峰站2个,轨道车112台,机车164台,动车42组,全段信号设备换算道岔组数49160.302组。通信设备有长途光缆3039.268公里,长途电缆675.818公里,地区电缆518.319公里,地区光缆603.379公里,架空明线路888.623公里,传输设备412套,接入DLT设备21套,ONU设备201套,数据网设备91套,车站高度交换机151套,前台242台,声控记录仪179台,MCV会议设备3套,标清视频设备50套,高清会议设备23套,音频会议设备158套,广播设备116套,现场视频设备2350套,视频光端机1637台,视频杆618根,服务器54台,以太网交换机443台,电报交换机1套,电报终端3台,高频开关电源320套,蓄电池469组,无线列调车站台165套,无线车次号车站数据接收解码器108台,道口预警设备94台,无线铁塔310座,无线机车电台158套,列尾机车台112台,列尾机车控制盒224台,无线列调便携台1193台,BTS设备103套,全段通信设备换算113056.7皮长公里。全段固定资产20.24亿元。全段有职工2067人。其中,干部426人;工人1641人。

全年先后完成了通四、通让线电气化,长白、白乌线扩能,通信骨干网等各项改造等多项施工。完成信号、通信、车载等重点整治任务196项:成套更换磨耗杆件445个牵引点、加装绝缘扣帽495套、更换不良接点环1004个、更换信号机灯泡3893个、整治信号设备箱盒104个、整治高铁井内电缆交叉346处、克服高铁电缆磨卡问题240处、加装融雪设备163组、整治防击打设备663组、S700K转辙机沙特堡接点更换为TS-1接点594台、轨道红光带整治中更换软等阻线3316根。完成白城、通辽、长春车务段相关车站无线便携台电池2000块的更新整治工作;完成骨干网设备安装、调试、开通9个点;配合通信网完成1080.48公里16、32芯光缆敷设工作;完成通信网72处设备安装、调试、开通工作,同时整治通信机房36处;完成通让、长白、白阿线共52个站8个环的半自动闭塞区段光闭塞110端安装、调试开通工作;京哈线大屯至一间堡、长春至兴隆山直埋线路整治50公里;架空明线路改下穿完成7处6公里光缆割接;完成陶舒线陶赖昭至五棵树10公里架空线路改电缆;区话柱拆除212个;完成白阿、平齐、长白、京哈、通让、长双烟、长图、长吉和松团线光缆割接128次;完成运输视频整治1376个点;完成长春、公主岭、四平站STP设备安装、调试、开通工作。全年机车LKJ数据换装67版,换装10363台,设置货车临时换装点184个,换装机车1068台;设置客车应急换装点14次27个,换装机车43台;完成新版数据换装首趟添乘107人次;完成新版数据计算机复核、模拟检验70次。完成动车组LKJ数据换装18版316组;更换超期LKJ速传14台、ATP速传24台、ATP显示器9台;改造、升级95台机车DMIS板;完成124台机车丹大、同金线、双白线修改后的GIS数据升级工作;加装机车CIR设备进行G网语音、数据、SIM卡93台。信号设备综合合格率100%;信号合格显示率100%;信号机优质率100%;道岔优质率100%;轨道电路合格率99.75%;电源屏合格率100%;通信设备合格率99.6%;无线列调电台运用良好率98.5%;机车电台出库合格率100%;机车电台入库合格率99.95%;全年培训工人4126人次,培训率100%。其中脱产培训班31期,培训856人次,脱产培训率56%。组织行车主要工种持证上岗培训1671人,上岗合格率100%。

年总产值完成35488.8万元,全年直接支出3787.2万元,间接费用支出1092.7万元。截至2016年末,实现无行车重大、大事故24889天,无责任人身死亡事故24889天,无责任重伤事故20266天,无火灾事故24889天。

**【长春工务段】** 长春工务段位于吉林省长春市人民大街81号,邮编130052。主要负责线路的线桥养护维修任务。线路设备正站段岔特线1428.683公里。其中,站段岔特线382.505公里,道岔1225组。非路产专用线164.346公里,道岔106组。桥涵设备44285换算米,其中桥梁411座/71963米/32329换算米,涵渠918座/19591米/3918换算米,河调500处/84168立米/2105换算米,灰坑48座/3100米/930换算米,隧道6座/5510米/3863换算米,限界架及其他1140换算米。全段有机械设备1274台。其中,机械动力设备1205台,各种机床9台,锻压、剪切设备1台,动力设备55台,木工、锻工设备2台,汽车维修设备2台。固定资产净值210173.5万元。全段有职工2198人。其中,干部180人;工人2018人。

全年完成维修线路机捣1074延长公里,完成道岔机捣167组,完成线路打磨698公里;重点对长春站68干、长春东站60干、60干-2及电厂走行线、农安油专走行线、油库线等设备全面进行提强,完成拆除道岔3组、翻修道口2处、更换轨枕2856根、更换曲线侧磨轨300米、更换弹性扣件33180套、整正更换胶垫5800块、清理弃土2670立方米、补充石砟2880立方米、线路机捣13公里、整理外形13.85公里;全年补充维修石砟4.1万立方米;完成老式SC330道岔改造52组,整治SC350道岔爬行12组,工电结合部道岔整治112组;无缝线路开展“换、切、胶”整治,采用切除焊复、更换钢轨等办法实现重伤焊缝下道776处,使用专用焊缝胶接夹板加固97处,长轨放散44.8公里。线上更换新轨25.56公里,更换再用长轨14.17公里。道岔大修完成90组,换轨大修完成6.5公里。线路中修完成45.2公里。道岔破底清筛完成53组。完成整孔更换新桥枕桥梁1座/20根,立交桥渗水整治6座,人行道栏杆涂装7座,涵洞错位漏土整治4座,桥梁护轨改造6座。综合维修桥梁16.4座/518.4米,综合维修涵渠31座/632.4米。其中,更换桥枕20根,更换高强螺栓28个,修补圬工梁15孔,整修支座13座/80个,整治河调建筑物4处80立方米,整治损坏涵渠6座/43.5米,更换桥上分开式扣件25个,圬工梁泄水管接长5座17个,圬工梁泄水管整修4座98个,整治裂损墩台7座13个,钢梁上盖板防锈3孔/70米,钢梁死角油漆3孔,人行道吊围栏涂装23座1125.8米,更换人行道板500块。截至2016年末,实现无一般D类事故565天,一般C类事故12238天,一般B类事故1705天,一般A类事故24894天。

(李英奇)

## 公路运输

**【概况】** 截至2016年末,长春市公路总里程23226.803公里。其中,国道743.971公里、省道560.789公里、县道1530.276公里;乡道4398.14公里、村屯道15993.627公里。全市公路网密度达114.79公里/百平方公里。长春市有营运货车102208台,全年完成货运量10895万吨、货运周转量2902564万吨公里;长春市有公路客运站86个、招呼站213个。全市有公路客运线路1242条,其中,跨省线路65条、跨地市州线路135条、跨县线路174条,县内线路868条。全市有营运客车3993台,全年完成客运量7113万人次;全市有机动车维修企业达2038户,有驾校163所,年培训能力20.6万人。

**【路网建设】** “公交都市”500公里农村公路项目完成全部13项前期要件,落实建设资金2亿元。长春一小时经济圈环线高速公路(东半环)已确定按PPP模式融资建设,制定PPP模式工作方案。机场大道西营城至卡伦段17项前期工作完成9项,正在落实融资建设模式。珲阿公路绕越石头口门水源地长春段正在编制可研报告。长伊公路23项前期要件完成19项,论证较为合适的融资建设模式。长春至双阳公路正在编制可研报告。

**【枢纽场站项目】** 长春西站综合换乘中心北广场工程已完成项目立项,设计单位正修改完善项目方案。长春南综合客运枢纽项目完成项目策划咨询和方案论证,正在研究融资方案。长春东综合交通枢纽已完成项目立项,正在开展项目方案编制。

**【农村公路建设】** 2016年,计划建设农村公路307公里,实际投入资金5.16亿元,新建改建农村公路928公里,改造危险桥 44 座,使长春市农村公路通屯率达77.8%。

【国省干线养护】 投入 1.47 亿元,完成五通线(五常至通榆)19 公里大修工程、珲乌线(珲春至乌兰图嘎)34 公里和经济圈环线九双辅道 9 公里预防性养护,维修改造干线危险桥 12 座。完成县道养护工程 15 公里,农村公路安全生命防护工程 93 公里,改造县道危险桥 2 座。

【交通运输行业执法监管】 检查车辆 14.5 万台,查扣各类非法营运车辆 418 台,其中,黑车 147 台、套牌车 239 台,暂扣违法违规证件为 1170 件。查处路政案件 25 件,查处超限车辆 2400 台次、卸货 1160 吨。受理检验船舶 117 艘,完成 352 公里公路、22 座桥梁质量监督任务。办结审批服务事项 10.2 万件。

【廉政建设】 从严落实领导干部因私出境审批,完成 86 名处级干部个人有关事项报告。开展党员组织关系集中排查、党费收缴自查等排查工作。学习《准则》《条例》,对局属单位三公经费、食堂管理、公务用车、福利发放等开展专项检查,对 1 名被判刑人员执行双开处分。

【扶贫帮扶】 投资 112 万元新建住房 22 座、维修 3 座,投资 600 万元修建 13.6 公里水泥路,投资 48 万元启动养牛专业合作社项目。计划投资 80 万元解决 200 户、710 人的饮水安全问题,投资 100 万元实施文化活动广场项目,推动桦树村尽快实现贫困村摘帽。

(郭　昊)

## 民用航空

【概况】 吉林省民航机场集团公司(以下简称"吉林机场集团")是首都机场集团的全资子公司。2016 年,完成运输航班 9.3 万架次、旅客吞吐量 1158 万人次、货邮吞吐量 9.39 万吨,比 2015 年分别增长 8.63%、9.36%和 11.06%,高于首都机场集团平均增速。其中,长春机场完成运输航班 7.28 万架次、旅客吞吐量 949 万人次、货邮吞吐量 8.65 万吨,比 2015 年分别增长 8.07%、10.95%和 11.26%。

【安全服务】 全年未发生人为原因一般事件以上问题,在民航东北地区企事业单位安全责任考核连续 3 年蝉联第一。系统整合质量管理体系、安全管理体系、航空安保管理体系管理要素,"三册合一"工作全面完成。《航班备降工作细则》被列为民航东北地区"四大范本"之一。安全风险数据库、设施设备病例库和安全隐患库的"三库建设"确立,形成排查常态化、治理制度化、整改责任化、防控标准化的隐患排查治理的"四化模式"。重点强化不停航施工监管,动态培训、多层级监管、运行建设协调和定期评估的"四位一体"安全管理模式充分显效。应急救援演练实现"周周有拉动、月月有演练"的新常态。长春机场通过航空安保审计,"平安民航"建设通过阶段性审核。

【真情服务标准化】 明确领导真重视、企业真投入、旅客真满意、员工真认同的"四真四情"服务标准,239 项服务举措全面落地。实施提前 40 分钟结载、提前 10 分钟关舱门等新规提高航班正常率;制定航班运行保障标准,限定保障节点和保障时限。严格执行信息、标准、指挥、行动"四个统一"应对机制,有效提升航班延误处置能力。长春机场平均航班放行正常率为 82.54%,比 2015 年上升近 10 个百分点,高于行业和首都机场集团成员机场平均水平。制定《降雪天气条件下大量航班快速运行保障方案》,航班放行效率大幅提升。运行指挥中心等 4 个单位荣获 2016 年省质量信得过单位称号。长春机场在国际机场协会 ACI (Airports Council International)2016 年度机场服务质量奖 ASQ(Airports Service Quality)评选中,获得 500 万~1500 万旅客吞吐量机场第二名。春运期间,吉林机场集团保障航班 10831 架次,比 2015 年增长 9.03%,完成旅客吞吐量 136.3 万人次,增长 6.37%。

【市场开发】 与天津机场合作开发"春天快线";开通省内首条洲际航线长春-伊尔库茨克-莫斯科航线;打造长春至昆明两地航空旅游快线。延吉机场在实现环日本海国家全部通航的基础上,开通首条地区航线,与台湾实现通航。比 2015 年净增 12 家航空公司,新增 6 个航点,通航城市 78 个,开通航线 168 条,初步形成以长春为中心,辐射国内、布局东北亚、连接东南亚主要国家和俄罗斯地区重点城市的空中交通网络。

【机场基本建设】 长春机场二期扩建工程 T2 航站楼完成主体结构;飞行区完成新建 2 条快速滑行道、1 条垂直联络道的场道、灯光及部分消防工程;长春机场飞行区道肩维修和地服特种车库改造工程全面投入使用。

(杨振宇)

【南航吉林分公司】 南航吉林分公司是中国南方航空股份有限公司所属分公司之一,成立于 1992 年 8 月 8 日,是吉林地区唯一的中央直属国有民用航空运输企业,也是吉林省唯一的基地航空公司。在吉林省内形成以长春为区域枢纽、以延吉和长白山两地为侧翼的基地布局。分公司驻地吉林省长春市,机关设在长春市吉林大路 5038 号办公大楼,飞行基地设在长春龙嘉国际机场,老生活区分设在长春市二道区的航空家园、开发区的南航新苑以及绿园区(大房身机场附近)的北航新村 3 地。分公司下设飞行部、飞机维修厂、市场销售部、货运部、运行指挥部、客舱部、保卫部、地面服务保障部、信息工程部、后勤保障部和延吉营业处(外设分支机构)11 个安全生产保障单位,以及办公室、财务部、人力资源部、运行安全技术部、企管部、党委工作部、纪委(监察)办公室和工会办公室 8 个机关职能部门。除延吉营业处外,还外设吉林营业处、白山营业处 2 个驻外分支机构(隶属市场部)。执管 21 架飞机,其中空客 A321 飞机 8 架,空客 A319 飞机 8 架,空客 A320 飞机 5 架。现经营国内航线27 条,国际、地区航线 10 条;通航城市33 个,其中国内城市 24 个、地区城市 3 个、国际城市 5 个。

5月10日，吉林分公司阳光南航公众开放日　　（李超森　提供）

南航在吉林市场投入飞机32架，执行航线39条（吉林始发单程）每周执行航班337班（吉林始发单程）。航线网络基本覆盖国内一、二线城市，占有38%左右的市场份额，发挥着民航运输的主力作用。依托南航发达的国内、国际网络，每天有2000多个航班飞至全球40多个国家和地区、208个目的地，每日提供座位数30万个。吉林分公司度拥有员工2477人，空客机型飞行教员/机长111人，副驾驶103人。乘务员432名，空警、安全员84人。持有机务维修基础执照人员232人，空客整机放行人员67人。获批准的维修项目包括A321机型C4检和5年检、A319/320机型C3检（含）以下，以及A320系列换发、结构修理、探伤等工作。成立以来，南航吉林分公司连续保证209个月的飞行安全和274个月的空防安全。

【安全管理】 2016年，该公司安全飞行71869小时/29319架次，比2015年增长2.3%和3.2%；杜绝飞行、空防和航空地面事故，实现安全年。引进地面视频监控，形成"地面QAR"系统，现场违规得到有效控制；风险管理，巩固安全可靠性，安全掌控力逐步提升；教育培训，强化资质能力和作风建设，全年转升机长19名，实现"机长过百"目标，机长人数111名。

【生产经营】 2016年，运输总周转量5.48亿吨公里，比2015年增加3.16%；飞机日利用率9.4小时，与2015年比持平；客座率、载运率分别为80.77%和73.14%，比2015年提高0.64和1.38个百分点；实现利润总额4.07亿元。抓住部分机场时刻放量的有利时机，加密北京、广州、上海、深圳、昆明、三亚的航班，新开天津、威海、银川等航点，提升主干航线集中度，弥补空白航点，保持在吉林地区主导地位。制定38项具体管控措施，成本费用总额较预算节支2，569万元。成本费用收入比、休息室每平方米每天服务人数等多项指标排名靠前。

【运行服务】 2016年，执管航班28388班，航班正常率81.98%，比2015年提高6.03个百分点；关门正常率94.70%，提高7.16个百分点；保障VIP航班2610班、2817人次。改进现场运行管理，新建运行现场保障中心，提高运行保障效率和应急处置能力。处理大面积航班延误17次，启动应急预案5次，处理不正常运行事件56起，对488个晚到航班启动快速过站保障，成功率93.4%。加强运力管控。全年调整、合并取消航班366班，在长春和延吉机场夜间停航施工的情况下，协调凌晨回长航班127班，缓解运行压力。完成两会、援疆、G20峰会、维和部队等。及时救助伤病旅客29人次，冬季为客梯车加装防滑垫、扶手防寒套。旅客平均满意度95.01%；"常青藤"班组获全国质量信得过班组等多项荣誉称号，"木棉情"高端服务班组获吉林省质量信得过班组。

（李超森）

## 城市公共交通

【公交线网建设】 全年调整优化公交线路22条，2016年9月，在征求人大、政协和相关城区、开发区意见的基础上，通过召开新闻发布会，一次性开辟调整公交线路16条。编制《地铁1、2号线周边线路调整计划》，修订《公共交通专项规划》，制定《公交线网设置与优化导则》。

【场站设施建设】 完成交通基础设施形象识别系统设计，开展公交规划用地实地踏查。以城区、开发区为主体，落实20处公交首末站建设，完成落位选址。

【公交路权保障】 公交专用道增至36条、单向147公里，完成4.8公里彩化任务；新增公交专用道固定抓拍装置50件，设置公交左转专用信号4处，解除公交禁左标志10处；新建港湾式停靠站16座。将港湾式停靠站、公交站务设施更新纳入旧城改造工程同步实施。

【公交服务】 完成公交车辆更新、新增400台，其中85台为新能源车辆，进一步改善公交车辆破旧现状；信息中心改扩建工程正在施工，城市交通"一卡通"实现轨道交通、常规公交互联互通；实现65岁以上老年人、残疾人持卡免费乘坐市内公交车；开展"争创树"文明服务创建活动，在行业内评选10名"长春最美交通人"。

【公交行业体制改革】 开展学习调研，实地考察18个城市、函调22个城市的公交行业体制改革情况，总结各地经验和做法。开展行业摸底，组织民营企业座谈会4次，听取民营企业对行业改革的意见和建议。市政府先后11次组织召开公交改革专题会，吸纳相关部门的意见建议。组织法律咨询、风险评估，咨询政府法律顾问团意见2次，对改革可能遇到的风险进行评估和预判。形成《长春市深化公交行业体制改革工作方案》。

【出租汽车行业改革】 赴深圳、福州、郑州等地学习考察，全面解各地出租汽车行业改革的总体方向和经验做法。召开出租企业和在网约车平台公司两个层面的座谈会，采取措施防止网约车、巡游车竞争矛盾激化。市政府成立出租汽车行业改革领导小组，对改革工作进行统筹。征求发改、工信、公安、质监、工商等14个部门的意见，征求政府法律顾问团意见2次，向社会公开征求意见392条。形成《长春市深化出租汽车行业改革实施方案》《长春市网络预约出租汽车经营服务管理实施细则》《长春市私人小客车合乘出行指导意见》。

（郭　昊）

## 物　流

【概况】 2016年，全市社会物流总额实现19532亿元，比2015年增长7.4%，呈现小幅回升态势。社会物流总费用1038.2亿元，增长2.5%。社会物流总费用与GDP的比率为17.5%，下降0.8个百分点。全市物流业增加值完成423.4亿元，增长7.8%，占GDP的7.1%，上升0.04个百分点。从行业看，工业品物流总额占比较大，全年实现11185.5亿元，占社会物流总额的57.2%；汽车物流行业实现企稳回升，增速15%左右；快递服务业增速较快，全市快递服务企业业务收入完成15.70亿元，比2015年增长58.81%；业务量完成7866.33万件，增长50.31%，快递服务业发展势头强劲。

【编制《长春市物流产业“十三五”发展规划纲要》】 编制完成《长春市物流产业“十三五”发展规划纲要》。《纲要》从基础现状面临的形势和发展优势、功能定位发展思路和空间布局、主要任务、重点工程等7个方面对“十三五”期间长春市物流产业发展进行谋篇布局。

【政策扶持】 通过《中共长春市委 长春市人民政府关于促进服务业加快发展的若干实施意见》(长发〔2016〕7号)，制定出台现代物流业发展支持专项，主要从支持新建物流园区项目、多式联运试点、甩挂运输试点、物流企业采购新能源汽车、A级物流企业评选、城市物流共同配送试点、大型商贸企业将本市城区范围内的物流业务外包给本市第三方物流企业使用标准化共同配送车辆进行配送7个方面加大对物流企业的扶持支持力度。为抓好政策落实，通过长办发〔2016〕43号文制定出台《实施细则》，抓好国家AAA级以上物流企业奖励及省级以上公路甩挂运输试点相关支持政策兑现工作，20户国家AAA级以上物流企业得到资金奖励，5户甩挂试点企业得到购车补助。

【重大物流项目建设】 2016年，长春市谋划包装亿元以上重大物流基础设施项目20余个，项目总投资300亿元左右。启动长春铁路综合货场、香江物流园区二期、顺丰电商产业园等物流项目10余个，完成投资近100亿元。帮助华航汽车区物流园项目和东北亚综合物流园项目加快推进项目前期工作，力争早日开工。

【物流通道建设】 加快推进长春市与公主岭市、伊通县的互联互通，2016年，长春市与公主岭方面进行3次通道建设对接座谈会，互相通报建设进展情况，并就相互合作，共同推进通道建设任务达成一致意见，并以公主岭为主体向省委、省政府作专题汇报。向省里争取腾飞大路和硅谷大街延长线省政府预算内投资补助资金5亿元。

【发挥长春物流协会引领作用】 利用长春物流协会这个平台，成立物流金融分会、多式联运分会、冷链物流分会、专线运输分会。启动多式联运分会前期调研工作。赴长春铁路货运中心、机场货运中心、兴隆综合保税区、交通运输协会等多式联运相关主体进行调研，掌握第一手调查研究资料。搭建物流业行业人才培训就业平台，创建校企合作基地。由协会牵头组织长春市国峰职业技术培训学校与香江物流园区搭建校企合作，运用国峰学校培训能力，借助香江物流园区场地及品牌物流企业入驻优势，为学员建立物流实训实操基地，搭建物流实训就业平台基地，实现校企对接。面向企业开展行业特色服务。市政府物流产业办联合长春物流协会为企业提供多方面特色服务，针对中小企业融资难问题，研究成立中小企业互助基金池；针对行业资信问题，开展国家A级和市级诚信企业评定评选工作；针对企业经营风险问题，与人力资源公司合作研发物流企业用工短期意外险保障服务；针对企业法律维权问题，与律师事务所合作开展法律咨询服务；针对行业宣传工作，与会展办、贸促会等单位联合举办物流科技博览会和物流信息化推进大会。

（郑德红）

## 综　述

【智慧长春建设】“互联网+政务”应用成效显著。全市互联网+政务综合支撑平台——长春信息港，已建成以光纤城域网为主，覆盖全市各县（市）区、开发区、市直机关、主要公益部门、财政拨款事业单位及各社区的内外网物理隔离、平行的两套城域网络；“一门式、一张网”综合服务平台上线运行，方便企业和自然人办理各种事项；建设公务员驾驶舱系统、电子档案远程利用系统、社区信息化服务平台、移动政务平台、医疗救助平台等一批重点应用项目，优化机关办公流程，提升机关办公效率，促进政府职能；推动建设全市统一的政务信息资源信息交换平台，启动国家政务信息资源目录体系试点城市建设，初步构建起全市统一的政务信息资源目录体系平台和交换体系平台。

【社会信息化】社会信息化水平大幅提升。全市政府网站集群已形成，城市管理及政府公共服务领域信息化水平大幅提升，建立涵盖城市管理及社会服务领域的业务应用系统68个，主要业务信息化覆盖率80%。在城市管理领域，数字长春地理空间框架建设形成规模，城市规划空间信息覆盖20604平方公里；城区350.9平方公里实现三维地籍数据信息管理，建立三维立体模型13万个，形成楼面纹理信息1040万个；市政公用综合监管信息系统涵盖8大专业14个子系统；公安视频监控系统探头总数24万个，实现重点单位和要害部位全覆盖，市级平台和县（市）区平台之间的千兆视频专网打通，1个市级平台、15个县（市）区级平台、171个派出所平台实现三级联网，初步满足控制城市道路节点、主要公共区域、农村主要出入口等关键位置的需求；长春市社会服务管理综合信息平台对全市12000多个网格实施精细管理。社会公共服务领域，建立劳动和社会保障信息系统、医疗保险管理信息系统；全市县及县级以上医院100%建立医院管理信息系统，为515万居民建立健康档案信息。实现全员人口信息、流动人口及人口健康的信息化管理；城区中心校以上小学及初高中100%实现“校校通”；市档案馆馆藏档案100%实现文件级目录计算机检索。初步构建市、区、社区3级网络的社区信息化服务体系。

【信息化和工业化融合】增强两化深度融合作用。长春市成为吉林省信息化和工业化融合试验区，一汽集团成为国家级两化融合示范企业，长春轨道客车股份有限公司等9户企业入选吉林省两化融合示范企业；一汽轿车股份有限公司等6户企业成为国家级两化融合管理体系贯标试点企业，吉林省通用机械有限责任公司等9户企业成为省级两化融合管理体系贯标试点企业；全市大型企业均使用计算机辅助设计，40%以上企业使用计算机辅助制造技术，75%以上中小企业应用财务管理系统。

【大数据应用和产业发展】大数据应用和产业初步发展。贯彻《国务院关于印发促进大数据发展行动纲要的通知》（国发〔2015〕50号）《工业和信息化部关于印发大数据产业发展规划（2016-2020年）的通知》（工信部规〔2016〕412号），落实市十三次党代会精神，结合大数据应用与产业发展实际，编制印发《长春市大数据应用与产业发展规划（2016—2020）》，力争十三五末，将大数据产业打造成6个千亿级战略性新兴产业之一；引进华为、浪潮等大数据龙头企业，引领大数据应用与产业发展。

（刘钦磊）

## 中国邮政集团公司长春市分公司

【概况】践行“一体两翼”经营发展战略，以“做主人、创一流”的企业文化为引领，企业发展规模和经营效益实现双提升，企业发展取得新的突破。2016年，实现业务收入6.91亿元，完成计划的101.32%（剔除国际小包），比2015年增长7.25%。

【邮政业务发展】发挥专业团队指导支撑作用，促进全区储蓄余额发展。全年新增金融资产53.47亿元，金融资产总量突破270亿元。代理保费实现18.43亿元。包裹快递业务创新运营机制,组建同城业务揽投团队,提升协议客户增量,全年新开发协议客户362户,成功开发医药寄递、移动省内物资发票配送、鲜花寄递、中药配送等同城配送项目。全年包裹快递收入占全省收入比重28.84%。文化传媒转型发展显实效。函件业务通过创新产品,项目开发,市县联动,完成计划的90.26%,占全省收入比重37.2%。报刊发行业务实现收入3029万元,比2015年增幅9.88%,报刊一次性大收订实现报刊流转额1.15亿元,完成计划的104.94%。电商分销实现稳步发展。分销业务比2015年增幅64.7%,收入与增幅均排名全省第1位。2016年全区化肥销售突破1万吨,比2015年增幅146.52%。

【能力建设】 全年投入建设资金改造、修缮项目69项,开展零星维修2452频次,更新各类终端机具2414台。全区建设便民服务站3100处,农村覆盖率116%,发展邮掌柜2090家,邮乐购示范店(电商运营中心)20处。线上平台,邮乐农品馆、长春馆入驻商家15家,开通邮乐小店1058个,着力推进"长春邮政""长春集邮"等微平台建设推广工作,线上平台各项业务实现平稳发展。推进投递网改革,在北海路投递部试点运行普网、专网结合的模式,加强投递能力建设。发展社会代投点337个,建设8个智能包裹柜,在"双十一""双十二"旺季,首次妥投率91%。投递服务能力和服务品质得到提升。11185对全省1.6万个便民服务站、全省机票业务发挥重要支撑作用。全年受理客户咨询、查询、投诉7万余人次,处理协查工单1.67万件,用户满意度99.35%。

【经营管理】 整合原集邮、报刊、函件专业公司,组建文化传媒部;整合原电商、分销专业,组建渠道平台部;整合原包裹业务局、国际小包处理中心,组建包裹快递部;新组建服务质量部。原市场经营部、代理业务局变更为市场营销部和代理金融部,在全省率先完成以客户为中心的新经营组织架构改革工作。加强财务预算管理,严控预算外项目支出,深化财务对标管理。通过压缩非生产性支出和管理费用支出,加大对车辆、油料等费用支出管控力度,全员节支意识整体增强,企业降本增效效果显著,运输费、维修费、行政管理费用比2015年分别下降19.44%、52.33%和13.86%。通过业务外包、劳务承揽等方式,调整食堂、11185、投递等人员用工结构,持续优化人力资源配置。完善用工择优招用激励机制,打通B类合同用工及劳务用工晋升通道,增强企业凝聚力和员工归属感。全区分层分类举办培训13690人次,开展金融从业人员全覆盖无死角的专项培训,金融持证率达39.01%,比2015年提高22个百分点。落实安全生产责任制,加大安全监督检查力度和隐患整改力度,定期开展资金安全、防火安全、交通安全、车辆安全及安保队伍等专项检查,开展安全培训及消防演练活动,强化员工安全教育,为企业安全生产保驾护航。

(江　琳)

## 中国联合网络通信有限公司长春分公司

【重点业务】 2016年,长春分公司完成主营业务收入26.25亿元,完成预算的99.19%;比2015年提升8.9%;移动网用户市场份额56.3%;宽带用户市场份额71.6%。移动业务,聚焦4G;在收入和发展方面均有显著提升。在渠道方面,基本实现市内自有渠道的无空白区域覆盖。宽带业务,聚焦IPTV;聚力发展和提升宽带及50兆以上占比。集客业务,聚焦互联网+;在重大项目落地方面,实施长春市"一门式"等一批有规模的项目。在"政务云"推进方面,农安政务云项目成为全省县域互联网+标杆。在高校迎新方面,市场份额得到提升。在运营模式转型方面,B2C运营模式基本到位,"沃战政企""沃赢校园"指标完成情况可观。公司实现TV电视风暴战役的成功推进;坐商到行商运营模式思路转型基本到位;5大战役18个战区有序推进;聚焦城市4G网络建设全省领先;城市驻地网小区空白点覆盖,农村区域宽带空白点覆盖,城市底商宽带和无线的全面覆盖。

【网络建设】 在4G网络建设上,建设宏站2960站,市区整体覆盖率99%,县城整体覆盖率98%,人口覆盖率97%,提升市区、县城、行政村的整体覆盖率,4G感知指标提升。在宽带网络上,一日通率和修障及时率均有提升,视频感知指标IPTV质差比例下降,宽带NPS客户满意度装机得分本地运营商最高。在动资源存量上,机房整合、网络瘦身、移动网资源调整、自主优化、资源整合再利用、电费管控、线路赔补、反包代维、自营

9月4日,中国联通长春分公司到长春高校开展迎新活动　(初继锋　提供)

工程等一系列动存量措施，已经开始启动。

【机制体制改革】 增加“小区入场费”等支撑坐商到行商的项目。强化超毛利激励。以增收为导向对营销网格进行激励；以节支为导向对装维网格进行激励。落实职级薪档的调整。建立专家及骨干人才管理体系。完善专家及骨干人才管理办法，搭建起从普通员工到骨干，再到专家的阶梯式发展通道，为员工发展提供平台。推动薪酬上线。网运线实现线上薪酬直发、资源直配、任务直派。

（初继锋）

## 中国移动通信集团吉林有限公司长春分公司

【概况】 全年实现运营收入超过30亿元，实现净利润超过5亿元。公司获得长春市委先进基层党组织、长春市五一劳动奖章、集团公司劳动模范等20余项。完善流量赠送激活手段，加快存量4G终端向4G用户转化；销售4G终端132万部，4G用户总量298.56万户，通信用户4G渗透率53.12%。4G运营健康度全省第一，手机上网收入占比48.2%，比2015年提升11.5PP。开展引商入店工作，自有渠道终端销量比2015年提升32%；推进社会渠道分等分级建设，签约渠道976家，强化电子渠道业务分流，官方微信平台关注用户60万户，手机营业厅月活跃用户达到44.8万户，互联网4G业务办理量达到6.9万笔，一级自有互联网4G统一业务办理量占比5.38%，全省排名第一。满足家庭用户个性化业务需求。全年发展有线宽带用户3707户。集团V网成员4G用户数37.78万户，4G渗透率59.1%，全省排名第四 。优化信息化产品收入结构，达成通信及信息化收入3.57亿元，5项产品达成收入1.27亿元，占信息化收入比例35.46%，比2015年提升5.75%。做好4G网络服务保障，完成34所高校、48个校区、893座楼宇的4G网络监测；开展家庭宽带品质众测工作，有效推动关键环节服务质量提升；加大投诉管控力度，月均万客户投诉率211.45件，比2015年下降25%，高于全省平均降幅。

【网络提升】 抓4G网络规模化建设窗口，通过份额管控和摘牌管理加强施工力量的优化选择，加强建设进度和施工质量管控，攻坚拓展网络规模。全年开通4G基站3770个，完成年度计划的107%，4G基站总量10838个；新增主干街路管道170.6公里，市政道路覆盖率提升至90.1%；完成PTN环网演进项目609段；安装完成一、二级光交1554个，具备承载能力总量1418个，根据全生命周期评估，具备业务接入能力区域90个。优化网络绩效考评体系，网络健康度较年初提升68.2%，改善度全省第一。聚焦感知提升，加强规划引领，感知区域解决率和深度覆盖解决率分别提升49.68PP和52.24PP，LTE驻留比由年初94.06%提升至96.46%。智慧开展精品区域建设，区域内测试指标全面超越竞对。在年末ATU测试中，VoLTE语音质量、4G下载速率和4G综合覆盖率均列全国省会城市前10名以内。重大故障数量环比下降35%。持续优化传输网络结构，核心层整体容量较2015年提升10倍，城域OTN全部完成OLP部署，累计消除PTN超大汇聚节点23个，加强资管数据采集录入，传输网络稳定性和资源管理能力显著提升；参与“传输网专项整治会战”，传输网规划方案入围全省4强。完善7项集客流程制度，建成1410条专线。探索有线宽带建设模式，提升家宽建设全流程管控水平。交付市场运营小区305个，覆盖用户30.47万户，结合铁通原有网络，家客用户覆盖率由年初34.48%提升至44.99%。

【运营管理】 以原长春城区分公司和长春郊县分公司合并为契机，梳理组织架构和人员设置，成立朝阳、南关、宽城、二道、绿园5个城区分公司，完善属地化管理模式，充实一线人员力量，提高区域化营销拓展竞争力。丰富多元激励机制，强化考核激励与公司发展重点、员工业绩贡献的正相关性，开展工程建设攻坚、校园迎新、网络质量提升等多项会战，匹配激励资源，突出贡献评价，确保薪酬收入与公司发展、岗位价值、员工业绩水平相适应。利用省公司砍块资金加快网络能力形成，提高资源产出效益；实施预算项目季度管控，适时调配资源支撑重点项目达成；完善折扣折让资源管理，强化营销活动的过程把控，确保资源投入的效益产出。

【建设与管理】 成立公司党风廉政建设和反腐败工作领导小组和协调小组，推动“一岗双责”要求具体化、规范化。重要岗位18个；围绕5大重点领域开展嵌入式廉洁风险防控自查工作，梳理风险点92个。做好中央巡视整改“回头看”及问题再整改工作，查找各类问题39个，整改完成37个，建立完善各类管理办法23项，全年召开47次“三重一大”决策会议，完成475项决策；开展普法教育，提升全员法律意识，完成3500份合同审核；加强信息安全管理，重新梳理并下发8项信息安全管理类制度；配合公安机关开展“打击伪基站”专项行动，查处伪基站设备13套，抓获犯罪嫌疑人20余人。公司党委和纪委分别签订责任书，落实“两个责任”，履行“一岗双责”，开展2次主体责任集体约谈和监督责任集体约谈，组织党支部书记述职工作，引导和督促各级领导干部自觉担当起抓好党建、管党治党这个首要责任。落实“两学一做”学习教育活动要求，增强党员理想信念教育；发挥基层党组织战斗堡垒和党员先锋模范作用，开展“树创新创优旗帜，展青年榜样风采”活动，鼓励青年员工在公司改革发展中建功立业。常态化开展“八项规定”和“四风”问题监督检查，坚决防止问题反弹。用好廉政约谈、诫勉谈话和提醒谈话等手段，加强选人用人监督，增强干部队伍廉洁从业意识。制定《2016年度党委党建工作要点》《基层党支部星级管理办法》等制度，增强公司党建工作科学化、规范化、制度化管理水平。强化团队建设，创造和谐发展环境。紧扣生产经营核心，开展多项劳动竞赛活动，促进专业协同，推动公司发展重

5 月 17 日,电信日红旗街万达广场活动现场　　（王丽梅　提供）

点目标达成。深化“六型”班组建设,打造卓越团队。完善员工关爱举措,做好员工体检、女工关爱、生日蛋糕卡赠送等活动,围绕“幸福 1+1”主题,开展各类文体活动,号召公司全员为患病员工捐款合计 15.25 万元,提升员工企业归属感。

（刘学锴）

## 中国电信股份有限公司长春分公司

【概况】 2016 年,公司实现主营收入 13.47 亿元,比 2015 年增长 6.73%。公司获中国电信集团公司授予的“青年文明号”“三星级模范职工之家”以及中国电信吉林公司授予的 2016 年“天翼先锋奖”等多项荣誉。在长春市消费者协会举办的长春市首届电信业消费维权“以案说法”暨岗位服务技能大赛中取得总分第一名的好成绩。

【市场营销】 2016 年,公司移动电话用户数比 2015 年增幅 15.89%;流量收入增幅 47.79%;4G 终端用户户均流量过 G。互联网宽带接入用户增幅 16.46%;光宽计费用户增幅 170.05%;终端销量增幅 39.84%。IPTV 天翼高清作为公司新兴业务,自 5 月份推出,得到用户认可,具备一定用户规模。拓展翼支付合作商圈,与益和大药房、吉林大药房、1 号店、永辉超市、欧亚超市等多家大型连锁商户达成合作,经常开展惠民活动,如翼支付日线下消费 5 折立减、翼支付日水电煤随机立减、525 主题活动、惠购物满 50 返 15 代金券、相约星期三翼支付校园品牌日等。

【网络提升】 2016 年,公司加大光宽带新建及改造力度,光宽网络覆盖率增幅 23%,光端口数增幅 120%,平移完成后基本实现全光网目标。光宽建设综合覆盖率 95%,光端口占比 82%。加强 4G 网络建设,城区覆盖率 97.38%。数据网方面新建 IDC 机房一处,完成 IP 城域网扩容,出口带宽 800G。扩容后 IP 城域网出口利用率降至 30%以下,为未来宽带提速和 IPTV 提供有力的出口带宽保障。8 月,中国电信集团公司“集团级客户服务保障长春中心”揭牌成立,为长春市的众多集团级、省级重点政企客户提供专属客户服务。牵头进行维护服务保障工作,开展跨域业务的扁平化作业,已形成“一点接应,全网协同”的机制。12 月,公司移动核心局端口实占率为82.88%;固网端口实占率为 77.05%,呈稳步增长,市区渗透率 30.10%,县域渗透率 18.36%,端口实占率 39.34%。长春地区无线网络覆盖率稳步提高,其中 2G 网络覆盖率 95.63%;3G 网络覆盖率93.74%;4G 网络覆盖率 97.38%。

【服务提升】 打造星级服务体系,体现星级客户价值。星级用户占全网用户比 60%以上,通过积分倍增、万号优先接入、免费换卡及星级客户经理等 9 项固定权益和 3 项非固定权益,为星级客户提供差异化服务,提升客户在网满意度,收入保有率全省排名第一。以 5 大服务体系推进质量管控,即通过投诉预防体系、集中服务工单管控体系、投诉处理定责评估体系、客户服务分析管控体系、客户体验及感知管控体系,做好服务事前防范、事中监督和事后管控。

（王丽梅）

## 商贸流通

【概况】 2016年，全市社会消费品零售总额实现2650.3亿元，比2015年增长9.8%。在15个副省级城市中排第10位，上升2位。按地域分：城镇市场实现零售额2409.1亿元，比2015年增长9.3%；乡村市场实现零售额241.2亿元，增长14.1%。按业态分：批发和零售业实现零售额2374.7亿元，增长9.1%，其中，零售业实现2193.1亿元，增长9.3%；批发业实现181.6亿元，增长5.9%。住宿和餐饮业实现零售额275.6亿元，增长16.2%。其中，住宿业实现23.4亿元，增长12.2%；餐饮业实现252.2亿元，增长16.6%。按规模分：限额以上实现零售额1085.4亿元，增长6.9%，其中，批发业实现96.7亿元，增长5.5%；零售业实现961亿元，增长7%；住宿业实现6.1亿元，下降1.4%；餐饮业实现21.5亿元，增长14.5%。限额以下实现零售额1564.9亿元，增长11.6%，其中，批发实现84.8亿元，增长10.6%；零售业实现1232.1亿元，增长10.6%；住宿业实现17.3亿元，增长17.7%；餐饮业实现230.7亿元，增长16.9%。

【市场运行特点】 城乡同步增长，乡村好于城镇。2016年，乡村市场社会消费品零售额比2015年增长14.1%，高于城镇4.8个百分点，占全市社零总额9.1%，比2015年同期增加0.7个百分点，乡村市场所占比重加大。各区共同发展，县、城好于开发区。3县（农安、榆树、德惠）区社零额增速高于全市社零总额增速0.1个百分点，7城区社零额增速与全市持平，5开发区社零额增速低于全市0.2个百分点，其中德惠、农安社零额增速最高，达10.1%和10%。虽然5开发区增速低于全市社零总额增速，比2015年同期增速提高3.6个百分点。限额以上企业发展提速，限额以上零售额比2015年增长6.9%，占全市社会零售总额比重41%，提高1.5个百分点。新增入库企业带动作用明显。

2016年，新增入库的321户限额以上企业及个体户实现零售额83.1亿元，占全市限额以上零售额的7.7%，增长28.3%，拉动全市限额以上零售额增长1.8个点。餐饮逐步回暖，餐饮业实现社零额252.2亿元，增长16.6%，比2015年同期提高4.2个百分点。限额以下餐饮业实现230.7亿元，增长16.9%，占全市餐饮业社零额的91.5%。汽车市场有所复苏，消费贡献明显提升。全年汽车类商品零售额实现293.7亿元，比2015年增长4.4%，增幅比2015年同期提高10.8个百分点，拉动限额以上社会零售额增长1.46个百分点。汽车销售占限额以上零售额的比重27.1%，与2015年同期相比增加2.8个百分点。石油增速明显，价格屡创新高。2016年国内成品油经历25个调价周期。涨跌互抵后，汽油价格上涨1015元/吨，柴油价格上涨975元/吨，汽、柴油单价在2016年末创全年新高，以93号（新92号）汽油为例，2016年12月31日的零售价格比2015年上涨17.1%。受此影响，石油市场涨势上行，全年石油类商品零售额实现140.4亿元，增长8.8%，比2015年同期提高16.9个百分点。

2016年石油类商品拉动限额以上商品零售额增长1.2个百分点。刚性需求增长平稳，热点消费持续。生活必需品类实现零售额289.2亿元，拉动限额以上社会零售额增长2.2个百分点，比2015年增长8.2%。特别是以刚性需求为主的粮油食品类、服装鞋帽针纺织品类增速稳定，实现零售额106.3亿元和158.9亿元，分别增长9.9%和6.3%。建筑装潢材料、家具类、通讯器材类和中西药品类商品增势良好，分别增长17.6%、16%、9.9%和12.7%。金银珠宝、家用电器类商品销量有所放缓，仅增长2.2%和0.7%。价格指数攀升，居住、交通有所下滑。2016年，居民消费价格总指数上涨1.4%。其中医疗保健类、食品烟酒类、其他用品和服务类价格指数上涨较多，涨幅分别为8.1%、3.3%和1.1%；衣着类、生活用品及服务类、教育文化和娱乐类价格指数涨幅不大，分别为0.8%、0.2%和0.2%；居住类、交通和通信类价格指数有所下降，分别下降1.1%和1.3%。

【商贸流通体系建设】 推进商贸物流建设。全市共同配送网络初步形成，7个配送中心规模不断扩大，20户企业铺设网点2万多个，物流成本降低。旷骅医药物流等3家企业被确定为商贸物流标准化重点推进企业。加快商贸流通平台建设。推进“万村千乡市场工程”建设,支持欧亚集团、新天地、远方集团等企业完善“农家店管理系统”平台,提高商品配送率,加强对所建“农家店”的经营管理,提升乡村消费质量。肉菜流通追溯体系建设顺利推进,完成8家屠宰场、4家批发市场、127家农贸市场、44家超市、100家团体消费单位的建设,计283家,完成项目的90.9%。城市平台(中心机房)建成,已向中央平台传送数据。加快区域智慧商圈平台与传统商业的融合,推动重庆路智慧商圈建设。收集名优地产品企业信息,建立全市商贸企业信息数据库。支持家政服务体系建设,提升家政服务人员从业素质。举办全市家政服务技能大赛,为全市600名家政服务人员提供专业培训。支持餐饮企业升档晋级,成立长春市餐饮行业协会。有6户企业被评为国家四钻级酒家。鼓励企业申报省级老字号,支持并推荐东发合茶叶等8户企业为吉林省老字号企业。

【商贸流通市场】 全市限额以上商贸企业数量实现快速增长,由2015年的758户增加到1017户。围绕春节、情人节、元宵节等时间节点,组织全市百余户大型商场、超市、家居卖场、4S名车店、餐饮店等,开展“百店联展惠春城”等百余项节日促销活动。利用展会平台,组织企业参加“国际食品和饮料展览会”“中国国际投资暨全球采购会”“中国食品餐饮博览会”等国内外知名展会,帮助本地企业拓宽销售渠道。做好老旧汽车和“黄标车”报废补贴工作,促进新车消费。完成老旧报废汽车补贴和“黄标车”报废补贴412万元和2700万元的发放。强化市场运行监测和分析。到10月末,发布信息800篇,原创信息200篇,其中动态分析190篇,专题分析3篇,综合分析7篇。做好肉菜等必需品市场应急管理,开展肉菜储备调控。组织15户承储企业储备土豆、白菜等蔬菜1万吨。春节期间,通过8家承储企业,向全市各大市场、超市投放生猪1万头。

【电商项目建设】 依托吉林豪玛等“淘宝大学”专业授权培训机构开展多层次电商培训,全年培养电商人才1万余人。新增7个省级电子商务双创示范基地、3个省级县域电子商务试点县和5个省级电商村。组织电商专项活动推介长春品牌。举办第三届中国(长春)电子商务博览会和2016第二届长春电子商务产业峰会。组织企业参加中国(义乌)国际电子商务博览会、中国(北京)电子商务大会、中国(杭州)国际电子商务博览会等重大电商活动,对长春市电商品牌进行推广。促进电商与实体经济融合发展。依托“汽车产业电子商务综合交易及服务平台”等汽车行业电商平台,促进电子商务与汽车零部件产业等制造业深度融合;依托“开犁网”等农村电商项目,促进电子商务与传统农业相融合;推进欧亚“全渠道电子商务平台”项目和“亚泰e家电商平台”项目,加速传统商贸流通业转型升级;推进“正云社区商业信息服务平台”等社区服务类电商项目建设,拓展电子商务应用范围,促进“互联网+便民服务业”发展。加快推进农村电子商务发展。打造九台区等4个“吉林省与阿里巴巴合作示范县”,并在九台、农安正式落位运营“村淘项目”。推进跨境电子商务发展。申报跨境电商综合试验区试点。推进新区、综保区跨境电商产业园区建设,提升跨境电商综合服务平台服务功能。

(赵兴华)

## 供销合作社

【概况】 2016年,长春市供销合作社联合社(以下简称市供销社)系统由1个地(市)级供销社、5个县级供销社和114个乡镇基层社组成。其中市供销社有1户资产经营公司、7户股权占90%以上的绝对控股企业和15户参股企业,主要分布在农业生产资料、棉麻土特产品、再生资源、干鲜果品、日用消费品、农副产品、烟花爆竹、商品批发(集贸)市场等经营领域。按照国家总社开放办社全口径统计,长春市供销社系统商品购进总额完成772000万元,比2015年增长40.9%。从生产者购进的农产品购进总额实现152980万元,增长50.9%。再生资源收购额完成17006万元,增长19.3%。商品销售总额完成887000万元,增长47.3%。消费品零售总额实现84491万元,增长14.3%。售给农民的农业生产资料实现230286万元,增长5%。连锁销售总额实现125043万元,增长24.8%。商品批发(集贸)市场交易总额实现190055万元,增长4.4%。盈亏相抵后利润总额实现7113万元,增长105%。市供销社在全国计划单列市和副省级省会城市供销社综合业绩考核评比中,排名第6位,被全国总社评为一等奖;在全省供销社系统综合业绩考核评比中,排名第一位,获得特等奖,均创造历史最好成绩。

【综合改革工作】 6月,长春市出台《中共长春市委、长春市人民政府关于深化供销合作社综合改革的实施意见》。榆树市供销社、双阳区供销社被列入全省供销社综合改革试点后,市供销社组织人员到基层调研,指导两地区制定综合改革试点实施方案,自筹资金,投入993万元支持两地区供销社发展。榆树市供销社、双阳区供销社在组织体制、农村现代流通、农业社会化服务、基层组织建设等方面取得阶段性成果。

【农业社会化服务体系建设】 开展土地托管服务,长春供销兴合资产经营有限公司出资283万元,联合双阳区供销社,组建长春新供销农民专业合作社联合社,开展土地托管、农资供应等服务。市供销社参股的吉林省田丰机械种植专业合作联合社全年托管土地685公顷,销售总额实现485.6万元,创新为农服务方式和手段,购进3台无人机,组建机防队,为农民专业合作社和种植大户开展植保服务,在玉米价格大幅下降的大环境下,入社农户每公顷土地纯收益达10500元。双阳区供销社成立4个土地托管中心,组建3个农机专业合作社,建成5个综合性服务大院,整合500台(套)各类农机设备,与4000多户农民签订土地托管服务协议,托管土地面积

667公顷，为各类新型农业经营主体和广大农户提供农机租赁、农资直供等综合性服务。农安县供销社、德惠市供销社、九台区供销社依托基层社或专业合作社，开展土地托管服务，全系统托管土地8267公顷。做好化肥供应工作，2016农业年度，市供销社系统供应化肥41.7万吨。开展农村金融服务，2016年，市供销社系统资金互助部发展到2家。其中，田丰资金互助部吸收互助金342万元，发放332万元；市供销社指导双阳区供销社新成立的兆基农民专业合作社联合社资金互助部，吸收互助金320万元，发放130万元。市供销社系统有庄稼医院81个，进行测土配方施肥17400公顷，培训农村实用人才1021人。

【基层组织建设】 加大基层社恢复改造力度，恢复发展8个基层社，总数114个，基层社覆盖率91.95%。除德惠市外，榆树市、农安县、九台区、双阳区基层社实现全覆盖。领办、创办农民专业合作社，市供销社系统采取经营场地、设施、专项资金投入等多种方式，新发展23个农民专业合作社，总数达183个。市供销社推动县级农民专业合作社联合社与供销合作社联合社实行“一套机构、两块牌子”，榆树市农村合作经济组织联合会发展成员77个，双阳区农民专业合作社联合社发展成员133个，开展综合协调、内外交流、联合合作等服务，提升农业生产专业化、组织化程度。加快农村综合服务社(中心)建设，市供销社系统采取与乡(镇)政府、村委会、农村能人合作等方式，新发展86个农村综合服务社，总数510个；社区综合服务中心55个。加强社团建设，新发展各类协会9个，总数达258个，会员15963人。

【“新网工程”建设】 推进“新网工程”建设，市供销社系统采取新建、改建等措施，年内新发展2个配送中心、97个连锁经营网点，总数分别为22个、1824个，农产品批发(集贸)市场发展23处。发展农村电子商务，双阳区供销社与深圳深红食品有限公司合作，成立吉林省深红汇港互联网科技有限公司，网络销售各类坚果、鹿产品。农安县供销社参股的龙都专业合作社入股开犁网，并加入省供销社农资电商联盟，在网上销售化肥、种子、农药。2016年，全系统电子商务销售额实现10万元。榆树市供销社正在建设田丰特色品牌馆，九台区供销社被区委、区政府赋予发展农村电子商务职能，市供销社作为发起单位之一参与组建全国供销电商合作联盟，与34家成员单位建立联系。

【社有企业改革发展】 长春果品批发市场有限公司引进寿光地利农产品集团等2家民营企业进行重组，合作组建长春地利农副产品有限公司(股份占35%)，结束企业因改制承包给个人，没有实际收益的局面。长春市润邦农业生产资料有限公司打造农资物联网，投资170万元，建成1500平方米物联网销售展示营业厅和全省第一家农药商品可追溯系统，全年公司农药销售额近2000万元。长春果品批发市场有限公司以实物出资1050万元，与长春皓翔投资有限公司合作，共同成立长春畅运共配物流有限公司(股份占35%)，开展货物运输、仓储等业务。长春市鸿兴再生资源开发有限公司投资670万元，对旧货市场基础设施进行完善，新建2栋物流仓储配送中心，占地面积6000平方米，出资4100万元购置2处资产，开展宾馆服务和儿童教育。长春供销兴合资产经营有限公司投资150万元入股吉林省合旺股权投资管理有限公司(股份占15%)，开展投资业务；又投资入股长春市鹿乡华泰生物科技有限公司(市供销社占27%，双阳区供销社占8%)，实施鹿产品开发项目。长春市环城供销有限公司出资260万元入股建设双阳奢岭供销社农贸市场投入运营。

【信访维稳】 2016年，市供销社接待群众上访41批、71人次，其中参加局长接待日12次；处置市长公开电话9件，为系统改革发展营造良好氛围。

【安全生产】 制定下发《长春市供销社突发公共事件应急预案》和《长春市供销社防范和遏制重特大事故工作实施方案》，与企业签订8份安全生产责任书，开展安全生产大检查28次，聘请安全生产专家加强系统安全生产检查，强化隐患整改，预防安全事故发生。

【“精准扶贫”】 市供销社制定《长春市供销社落实脱贫攻坚任务分工的具体实施意见》，在基层组织、流通网络和产业项目建设方面重点向贫困村屯倾斜。市供销社多次到包保的德惠市边岗乡卧虎村，对174户贫困户逐户走访，摸清贫困村情况。市供销社引导卧虎村成立卧虎宏泰种植专业合作社，发展苗木种植、畜禽养殖等项目，并出资20万元作为贫困户股本金入股，通过股本分红、提供劳务和贫困户动态管理等方式，建立脱贫致富长效机制。市供销社还出资5万元，帮助卧虎村建设新村部和完善办公室设施；邀请市农科院专家为卧虎村进行测土配方并开展科学种田知识讲座；联合文广新局为贫困村送书700余册；配合慈善总会为80余名贫困村民眼睛进行免费检查和诊断，增强“精准扶贫”的有效性和针对性。

【机构设置】 监事会机构设立取得重大突破，经市编委批准，在市供销社领导职数不变的前提下，设立1名监事会主任(正职)。市供销社参考国家总社、省供销社内设机构和职能配置，对机关内设机构、职能和人员进行调整。经长春市编办批准，增设社团发展处(加挂产业金融服务处牌子)，将综合业务处、农村工作处、计划统计处分别更名为市场流通处、合作指导处、信息服务处，将党委工作部与人事处合并设置为党委办公室（加挂劳动人事处牌子），保留办公室、监事会办公室、审计处、财务会计处、机关党总支和纪律检查委员会6个处室。

(丁明粉)

## 粮食流通

【长春大米品牌】 举办8场长春大米推介会。1月至10月，组织大米加工骨干企业赴深圳、济南、成都、青岛、郑州、贵阳、南京、重庆等8城市举办长春大米推介会,现场品鉴试吃活动,吸引千余名粮食经销企业代表参加,国内多家知名媒体进行宣传报道。利用展会宣传推介长春大米。4月和8月,组织企业参加第94届全国(春季)糖酒商品交易会和第十五届长春农博会。长春大米骨干企业组团进行特装展示,介绍长春大米生产环境、历史文化和优良品质。参加吉林大米成都推介会、昆明南博会、吉林大米上海推介会,长春大米赢得参会者好评。举办全国部分大中城市粮食产销协作长春洽谈会。8月13日,举办"2016全国部分大中城市粮食产销协作长春洽谈会",签署粮食贸易合作协议52个,销售粮食268万吨,其中玉米243万吨,水稻25万吨。长春大米部分产品远销国内20多个中心城市及美国、欧盟、日本、韩国等国家,全市稻米综合收益增加近20亿元。市粮食局在长春大米骨干企业中建立质量可追溯体系,有55户大米加工企业安装质量可追溯体系终端设备。

**【粮食收购】** 9月27日召开全市秋粮收购座谈会,做工作部署。10月下旬召开全市粮食购销形势分析会,传递粮食市场信息。指导县(市)、区粮食部门和涉粮企业开展腾倒仓容、货位整理、机械维修和人员培训等工作,确保企业开秤收粮。通过新闻媒体宣传国家粮食价格政策、质量标准、库点布设等,传递市场信息,方便农户售粮,粮食收购数量创历史新高。截至6月21日,全市入库新粮1772万吨。其中,玉米1708万吨,水稻64万吨;国有粮食购销企业1544万吨,非国有经营企业88万吨,加工转化企业140万吨。粮食收购数量比2015年同期增加635万吨,增长56%。

**【宏观调控】** 完成社会粮食统计工作,全市完成城镇户300个,农户400个调查任务。年初与应急承储企业签订2016年粮油应急储备预购合同,明确责任和义务。加强对应急成品粮油承储企业管理,掌握承储企业的库存情况和经营现状,发现问题及时处理。

**【库存检查】** 市粮食局会同发改委、市财政局、农发行吉林省分行营业部制定《长春市2016年粮食库存检查工作实施方案》,成立库存检查工作领导小组,对企业自查、抽查等工作进行部署。全市出动人员360人次,检查粮食2930万吨,通过检查确认库存粮食账实相符。

**【粮油检测】** 市粮食局把粮油批发市场、农贸市场、连锁超市作为重点监管和抽检对象,杜绝不合格粮油产品流入市场。全年抽检成品粮油样品1000余个批次,抽检合格率97%以上。

**【临储粮监管】** 成立长春市国家临储粮验收监管领导工作小组,开展验收监管工作。市粮食局牵头负责验收2家企业,验收合格临储玉米57994吨。重点对竞拍出库的2013年临储玉米出库情况进行监管,涉及3家企业,竞拍出库42923吨。

**【安全储粮】** 加强对新粮入库和农户科学储粮指导,规范农户科学储粮仓的安装使用、玉米楼子搭建,确保粮食储存安全。推进储粮罩棚、平房仓和收纳仓等仓储设施项目建设,增加收储能力7亿公斤。做好项目调研,指导企业做好项目储备。

**【安全生产】** 指导各县(市)、区粮食部门和涉粮企业做好安全生产工作。逐户与企业签订责任书,落实企业安全生产主体责任。开展安全生产专项行动。市粮食局开展安全生产"夏季攻坚"、春季防火、安全生产月、秋冬会战等专项活动。7月开展安全生产业务培训,各县(市)区粮食局及城区涉粮企业80余人参加培训。

**【脱贫攻坚】** 市粮食局负责包保德惠市松花江镇茶条村,局机关28名干部与该村55户贫困家庭建立结对帮扶,建立帮扶档案。对7户特别困难的危房改造户投资10万元,投入饮水安全工程2万元,投资20万元筹建稻米加工企业合作社。茶条村4户大米加工企业被长春市大米协会吸收为会员,接收贫困人口就业20人。

(郭峻石)

## 旅游业

**【概况】** 2016年,市旅游局以市委、市政府名义下发《关于进一步做大做强冰雪和避暑产业的实施意见》,增强全市"齐抓旅游大产业,共谋旅游大发展"整体合力。全年实现旅游业总收入1340.80亿元人民币,比2015年增长25%;接待国内外游客6699.99万人次,增长17.01%。

1月4日,2016中国长春冰雪旅游节暨净月潭瓦萨滑雪节 (刘 斌 摄影)

【项目建设及产品开发】 编制完成《长春市旅游业"十三五"发展规划》,指导推进《长春市汽车文化全域旅游规划》编制;全年开工建设旅游项目114项,完成投资150.77亿元。加快推进"全域旅游"建设,评选出首批12家全市全域旅游示范乡村示范点创建单位。加快休闲农业与乡村旅游发展。辽金时代观光园等20家单位被认定为全市休闲农业与乡村旅游示范点。做好旅游精准扶贫,全市26个村被列为全国乡村旅游扶贫重点村,3家旅游企业入选全国旅游扶贫示范项目。举办"2016中国避暑旅游产业峰会",长春市与贵阳、昆明市被评为"最佳避暑旅游城市"。

长春世界雕塑公园 (邹 健 提供)

【公共服务功能提升】 推进旅游集散服务体系建设。市农博园的长春旅游集散中心建成并投入使用。长春站、长春西客站游客服务中心正式运营。在全市10处吉林银行服务网点设立旅游咨询服务点。全年新建旅游、改建旅游厕所187座,旅游交通引导标识牌8块。启动"暖手暖心"工程,有效提升旅游服务质量和游客满意度;与国家旅游研究院对接,推进长春市"国家旅游数据中心"建设,与中国移动、中国联通公司合作,共同开发长春市旅游"大数据"统计平台建设;加强航线开发。推进香港航线在市场困境情况下的宣传工作,调动航线运营企业积极性。长春—伊尔库茨克—莫斯科航线正式通航。

【旅游市场宣传促销】 强化城市旅游形象宣传。举办冰雪旅游交流大会,提升长春市冰雪旅游影响力。邀请国内新媒体团队到长春市采风,对长春市避暑旅游资源进行深入宣传报道;强化广州、南京、厦门、台湾、香港旅游营销中心建设,面向当地游客展示长春旅游资源和线路,销售长春旅游线路产品。组织旅游企业参加2016广州国际旅游展览会、厦门海峡旅游博览会和2016上海国际旅游交易会等旅游展会。随同省旅游局赴广东开展"冬季到吉林来玩雪"专题推介活动;举办2016长春冰雪旅游节,展示长春冰雪旅游产品特色和活动亮点。以森林马拉松赛、消夏啤酒节、消夏灯会、乡村旅游节为主体活动的第十届中国长春消夏节受到广大市民和游客喜爱。2016中国·吉林国际冰雪旅游博览会于12月9日在长春市召开。

【旅游行业质量提升】 加强标准化建设,配合国家和省旅游局完成全市AAAA级旅游景区复核工作。加速推进世界雕塑公园AAAAA景区创建进程;规范行政审批,制定审批告知、服务承诺和限时办结等服务制度,缩短旅行社服务网点备案和导游证年审办理时限;加强行业培训。开展导游资格考试网上培训和伪满皇宫景区规范讲解培训,提升全市导游和领队人员整体素质;协同省、市相关部门举办"为中国加分"吉林省暨长春市文明旅游公益活动。

【旅游市场监督管理】 以市政府办公厅名义下发《长春市旅游市场综合监管实施方案》,联合相关部门开展旅游市场秩序专项整治,开展旅游检查46次,出动执法人员146人次,检查旅游企业135家、导游人员147人次,规范全市旅游市场秩序;落实行业安全监管职责。会同省旅游局、市安委会等相关部门对旅游市场开展了联合安全检查,确保旅游市场健康安全发展。

(邹 健)

## 会展经济

【概况】 全市举办规模以上展会135个,比2015年增长11%,其中,新开发的项目12个;展览总面积248万平方米,增长13%;展会直接收入55亿元,带动其他相关产业收入480亿元,分别增长17%和15%;实现税收2.9亿元,增长12%;安排直接就业2.5万人;有38600家参展商来长春参展,参展参会人数1900万人次,其中域外220万人次。2016年,全市会展企业86家,长春百瑞国际会展集团、长春国际会展中心有限责任公司、长春市农博园成为能够承办大型会展活动的会展龙头企业,为全市会展业健康快速发展发挥重要带动作用;会展人才培养取得突破性进展,长春职业技术学院、吉林省艺术学院、长春大学旅游学院、吉林经济技术管理学院开设会展专业,培养大批会展业专门人才。长春国际会展中心9号馆顺利交付使用,室内展览面积10万平方米。农博园新建客服中心和主题生态餐厅,功能得到完善。东北亚文化城、中机(长春)物流园、都得到完善和发展。全市拥有展览场馆5处,室内外展览总面积近140万平方米,其中室内展览面积28万平方米。为加快会展基础设施建设,长春新区积极在空港开发区建设会展中心,规

7月15日,第十三届长春汽博会现场　　（宋　丹　提供）

划总占地面积75万平方米,建筑面积50万平方米,计划总投资20个亿。第一期建设20万平方米已经开工,2018年交付使用。

**【首届中国(长春)农业生产资料产品交易博览会暨第十一届中国·吉林现代农业装备展览会】** 由吉林省农业委员会主办、吉林省东博会展商务有限公司承办的"首届中国(长春)农业生产资料产品交易博览会暨第十一届中国·吉林现代农业装备展览会"于3月27日至29日在长春国际会展中心召开。吸引全国230家企业参展,其中来自国内外优秀生产企业110家,省内外普通企业120家。参展商品涵盖进入国家、吉林省支持推广农机产品目录的产品和其他农业机械设备,包括拖拉机、农用运输车、内燃机及动力机械设备、耕整地机械、种植施肥机械、收货机械、收货后处理机械、排灌机械、设施农业机械、农用工程机械、农副产品加工机械、畜牧水产养殖机械、食品加工和包装机械、园林机械等及各种农机配件等1600多种型号的机械设备。中国一拖、福田雷沃、奇瑞重工、约翰迪尔、洛阳中收、奥瑞海山、五征、时风等多个著名农机产品企业的产品在展会上参展。来自国内外专业观众3.5万人次;来自省内外农村农业合作社领导、农民用户15.6万人次,观众20多万人次。交易额7.45亿元。

**【第二十一届长春国际建筑装饰及材料博览会】** 由吉林省建筑装饰业协会主办、长春维达展览服务有限公司承办的"第二十一届长春国际建筑装饰及材料博览会"于4月8日至10日在长春国际会展中心举办。本届展会规模6万平方米,有来自省内及沈阳、哈尔滨、佛山、北京、广州等近1200家品牌企业参展,吸引近6万名专业观众到场洽谈合作。展会设建筑装饰材料展区;厨房卫浴产品展区;建筑节能产品、新型墙材展区;门窗幕墙、屋顶技术及加工设备展区;供热供暖、空调、新能源设备展区;给排水、水处理技术设备及泵、阀、管道展区;太阳能及新能源展区;社会公共安全产品设8个展区。展会期间,协议成交额5.6亿元人民币。

**【长春第六届连锁加盟展览会】** 由吉林省会展业协会主办,长春维达展览服务有限公司承办的第六届连锁加盟展览会于2016年5月21日至23日在会展中心举办。展览面积12000平方米,特装面积3000平方米,设餐饮食品、教育培训、加盟服务、品牌加盟、美容健身、医疗保健、创业致富等展区,30多家纸面媒体、40多家杂志、50家网站覆盖性宣传,行业领军企业54家参展,展会期间参展企业意向签单额2.915亿元人民币。涵盖餐饮、房产、零售、旅游、健体美容等近30个行业,是东北三省规模最大、覆盖行业最广的专业性展会。

**【第十三届中国(长春)国际汽车博览会】** 由中国国际贸易促进委员会、中国汽车工程学会、中国汽车工业协会、中国汽车流通协会共同主办,中国国际贸易促进委员会长春市委员会承办,长春百瑞国际会展集团有限公司执行的第十三届中国(长春)国际汽车博览会,于7月15日至24日在长春国际会展中心举行。本届汽博会设车展、论坛、节庆三大板块,展出面积21万平方米,参展企业137家,参展车辆1300台,观众68.4万人次,销售车辆29432台,成交额58.86亿元,新车及信息发布会近百场,新能源、新智能汽车占12%,整体实现历史性突破。汽博会的主办单位由业界权威的3个部门组成,即中国汽车工程学会、中国汽车工业协会、中国汽车流通协会,覆盖由技术研发到生产再到流通销售的全产业链,中直、境外、港澳及省外、省内等媒体5000余位记者,对本届展会进行宣传报道。

**【第十五届中国长春国际农业·食品博览(交易)会】** 由国家农业部、吉林省政府和长春市政府共同主办,长春市人民政府承办的第十五届中国长春国际农业食品博览会于8月12日在农博园举办,会期10天,吸引171万人次参展参会,现场交易额18亿元。展会期间,来自26个国家的政府代表团和商团,以及国内外3000多位知名企业代表、采购商代表、农业权威专家参会;国内外1800多家参展商、840多家重点龙头企业,展示展销1300多个系列、2万余种名优新特绿农产品、食品、农资产品、畜禽良种、农村新型能源设备和农机具等。组织和举办20余场推介、洽谈和对接活动,开设采购商和专业观众专场,吉林省长春市与各地客商达成各类经贸项目202项,签约金额220亿元,现场交易额18亿元。召开吉林品牌农业高峰论坛、互联网+现代农业发展论坛、现代农业成果推介会及特色农产品展销等活动。参与采访报道的境内外媒体有150余家、390多个栏目、记者1600多人次,采访农博会刊发报道5000余篇(件)、专版专题150个。

8月5日,2016吉林(长春)台湾名品博览会 (宋 丹 提供)

【2016中国(长春)国际智能物流科技博览会】 由中国物流与采购联合会为指导单位,长春市贸促会、长吉产业创新发展示范区主办,长春市会展业协会、长春市物流协会承办,长春市海州展览服务有限公司执行。展会于7月1日至3日在长春国际会展中心举行。总展览面积5万平方米,其中室内2.6万平方米,室外2.4万平方米,展位数2145个;参展企业612家,其中,外地参展企业343家,占56%;前沿智能科技类企业127家,国外展商6家,涵盖北京、上海、天津、广东、福建、浙江、江苏、山东、河北、辽宁、黑龙江、吉林等10几个省市,特别是俄国、韩国、法国、德国、意大利等国际展商参展,使展会国际化程度取得突破。展会现场实际成交金额2.58亿元;签订意向合作28项,总金额13.27亿元。带动相关餐饮、住宿、旅游、装修、交通、广告、通讯等8.4亿元。展会期间国内外观众总数6.2万人次。

【第八届中国物流信息化大会】 由中国物流与采购联合会主办,中国物流与采购网、长春市贸促会、长春市物流协会承办的"第八届中国物流信息化大会"于7月2日至3日在宴都酒店举办。省委常委、市委书记王君正等领导会见中国物流与采购联合会会长何黎明,国家发改委经贸司副司长耿书海、工信部运行监测局副局长景晓波、中国物流与采购联合会副会长兼秘书长崔忠付,中国物流专家委员会副主任戴定一以及京东商城、美的集团、外运集团、广东龙浩集团等与会领导、嘉宾及企业家代表。邀请全国相关物流企业总经理、首席信息官和首席运营官;制造、电商和商贸企业的物流采购及信息部门负责人、为物流产业链提供各项服务的企业管理者、关注物流信息化发展的专业投资机构负责人、行业协会、院校、咨询、培训机构及研究机构的专家、政府物流和信息化主管部门有关负责人等1200多人出席大会和参观展览。会议以"平台经济下,物流产业的智慧联接与融合"这主题,为物流产业链上有关各方搭建交流合作平台。会议期间,长春市人民政府同中国物流与采购联合会签订"战略合作框架协议",中物联每年都将在长春举办一次物流领域的全国性活动,帮助长春招商引资。

【2016吉林(长春)台湾名品博览会】 由中国国际贸易促进委员会长春市委员会、台湾贸易中心主办,长春市人民政府台湾事务办公室、长春市商务局协办的"2016吉林(长春)台湾名品博览会"于2016年8月5日至8日在长春国际会展中心1–5号馆举办。长春市作为在大陆地区举办的第46场台湾名品博览会,台湾贸易中心组织350家台湾企业参展,采用600个标准展位。组委会精心规划台湾精品馆、台湾农业精品馆、台湾文创主题馆、健康医美形象馆、台湾绿色环保生活馆和MIT台湾机械产业主题馆6大产业形象馆,呈现台湾产业多元发展成果。展会设服饰及配件区、家居生活区、亲子产业区、运动休闲区、健康生技区、文创礼品区、美妆美容区、宝岛名茶名酒区和农产食品区九大产业专区。

【首届中国国际秸秆产业博览会】 由国家秸秆产业技术创新战略联盟主办,长春市农业博览示范园承办的"首届中国国际秸秆产业博览会"于2016年9月2日至5日在长春农博园举办。来自国家相关部委、吉林省、长春市及有关省市的领导专家及参展商、专业观众3万余人参加开幕式。展览面积4万平方米,有参展商千余家,设秸秆科研成果展示、炭产业、秸秆设备、秸秆文化及工艺品、秸秆建材及集成房屋、异业联盟、生态种植养殖农资系列产品、政府社团联展和国际展团9个展区。每日观展人数10万余人次;现场成交额3.6亿人民币,意向签约近70亿元人民币。举办"中国秸秆产业技术峰会暨《中国秸秆产业蓝皮书》发行仪式""第二届中国秸秆产业化发展高峰论坛暨重点项目融洽会"。

【2016中国长春冰雪旅游节暨净月潭瓦萨国际滑雪节】 由长春市人民政府、中国滑雪协会、吉林省旅游局和瑞典诺迪维国际发展公司主办的"2016中国长春冰雪旅游节暨净月潭瓦萨国际滑雪节"于2015年12月4日至2016年2月22日举行,围绕着冰雪体验、冰雪赛事、冰雪文化、冰雪商贸四大板块,策划161项活动。来自30多个国家和地区的2000

余名专业运动员及5000多名滑雪爱好者参与。期间举办“冰雪天使”评选、“书画笔会”“瓦萨之夜”“瓦萨颁奖晚会”等一系列文化活动。雪世界总占地面积56万平方米,用雪量增至15万立方米。活动期间,报纸、广播、电视、网络及手机客户端累计刊(播)发动态消息500余条,广播、电视报道150余个。

**【第十二届中国长春君子兰节】** 由长春市花卉协会君子兰专业委员会、吉林省春莲园艺工程(集团)有限公司、长春市君子兰产业发展办公室共同主办,历时5天的“第十二届中国长春君子兰节”于3月17日在春莲花卉城举办。本届君子兰节展区面积12000平方米,设展台700个,其中君子兰展台500个,其他花卉展台200个,主展区划分为君子兰展区、文化展区、评选区及服务区4个展区,参会人员25万人次,日均参会人员5万人次,辽宁、黑龙江、内蒙古、山西、沈阳、大连等省、市、自治区参展单位26个,实现销售额2600万元,意向交易额5300万元。

**【2016中国(长春)高端文化艺术产品展暨国际佛事文化用品博览会】** 由吉林省会展业协会、长春市海州展览服务有限公司共同举办的“2016中国(长春)高端文化艺术品展暨国际佛事文化用品博览会”于2016年5月27日至30日在长春国际会展中心举办。展会规模32000多平方米,展位数1287个,设10个展区,展出12类近万种展品。900多家国内外企业参展,展会现场实现订货3328万元,78家企业达成合作意向,签约金额1082万元,实现现场销售8800多万元。

**【第十二届中国(长春)国际动漫艺术博览会】** 由长春市人民政府、中共吉林省委宣传部、吉林省文化厅、ChinaJoy组委会主办,中共长春市委宣传部、长春市文学艺术界联合会、长春市会展业协会承办的第十二届中国(长春)国际动漫艺术博览会,于2016年6月9日至13日在长春国际会展中心举办。2000余名动漫周边、游戏厂商云集本届动博会。开展“2016ChinaJoy Cosplay嘉年华东北赛区总决赛、动漫原创展示、动漫展览交易、相关体验活动”四大板块构成的20多项活动内容,近5万余人次进馆参观参展购物,促成现场交易额近百万元。作为展会重要活动之一,有200余支动漫团队、近万名Cosplay选手参加2016ChinaJoy Cosplay嘉年华东北赛区预选赛,成功选拔出4支优秀团体,1支双人队伍代表东北赛区晋级7月份上海总决赛。有200余名选手参加“第七届桌游争霸赛”,100多个团队参加“英雄联盟挑战赛”,同时举行动漫明星、著名漫画家见面会、淘气堡体验区、现场涂鸦等娱乐互动活动。

10月15日,第13届中国长春电影节在长春市体育馆落幕　　(宋　丹　提供)

**【第三届中国双阳梅花鹿节】** 由双阳区人民政府、长春市旅游局及长春市会展业协会共同举办的第三届中国双阳梅花鹿节于2016年7月8日至7月22日在双阳举办。设鹿乡大集、开幕仪式、吉祥鹿鸣宴品鉴会、乡村旅游高峰论坛、鹿业发展国际高峰论坛、鹿王评选等10大板块。其中开幕式包括花车巡游、文艺演出、满族大秧歌表演、神鹿点睛、神鹿祈福、包鹿肉馅饺子比赛、切九色鹿蛋糕等活动。

**【第十三届中国长春电影节】** 由中国长春电影节组委会办公室、长春市文化广电新闻出版局主办,第十三届中国长春电影节群众文化活动部、长春市群众艺术馆承办的“第十三届中国长春电影节”颁奖典礼于2016年10月15日举行。黄晓明、白百何分获最佳男、女主角奖;尔冬升获最佳导演奖;《大唐玄奘》获最佳华语故事片奖、最佳摄影奖;《智取威虎山》获最佳视觉效果奖;《破风》黎允文获最佳音乐奖;井柏然、王珞丹分获最佳男、女配角奖;《失孤》彭三源获最佳编剧奖;《老阿姨》《百团大战》获评委会特别奖;《大唐玄奘》获最佳华语故事片奖。

(宋　丹)

# 金　　融

## 综　述

【发展中小金融机构】 加大民营银行试点工作力度。吉林亿联银行股份有限公司于12月19日获得银监会审批通过，成为东北第一家民营银行。配合农信社改革及新型农村金融机构设立。为符合资质的中小银行和村镇银行空白区域行政部门牵线搭桥。农安农信社改制设立的吉林农安农商银行4月开业运营；德惠敦银村镇银行、朝阳和润村镇银行获准筹建，汽开区设村镇银行的相关进程在推进中。全域原有7家农村信用社均成功改制设立农村商业银行；全域设立村镇银行数量13家。推动金融租赁公司等新兴业态发展，推进农村金融控股和融资租赁公司筹建进程，拟定《农村金融控股公司筹建方案》。与榆树农商行、吉粮集团等单位沟通，成立全国首家“粮食银行”达成合作意向。完成《长春市融资租赁公司筹建方案》，上报政府常务会议审定。

【拓宽融资渠道】 起草《关于加快多层次资本市场建设发展的若干意见（代拟稿）》，于8月上报市政府待审。对上市企业和拟挂牌企业进行跟踪、培训服务。推动3户企业上市。其中，中通国脉成为吉林省首家在主板IPO企业，融资2.27亿元；金冠电气实现创业板IPO，融资2.28亿元；九台农商银行获准赴港上市。全年推动新增16户企业在新三板挂牌。全市有上市企业30户，其中A股25户，港股4户，新加坡股1户；在新三板挂牌企业38户。重点就五环公司上市重组事项与市法院进行沟通衔接，帮助企业解决恢复上市重组问题。发挥城区、开发区金融工作部门作用，重建全市上市（挂牌）企业资源库，多次举办企业上市、“新三板”知识培训班。推动区域股权（要素）市场加快建设发展。在省市金融办配合下，吉林股权交易所运营顺利。截至12月末，吉林股权交易所新增企业78户（其中初创板13户，展示板65户）。挂牌企业403户（其中精选板11户，初创板14户，展示板378户）。摘牌8户（其中精选板4户，展示板4户）。挂牌企业融资43.08亿元。其中，增资融资6.9亿元；股权质押融资36.18亿元。推动企业利用债券融资。全市非金融企业发行债券39只；发行总额438.5亿元，比2015年同期减少63.5亿元。包括中期票据123亿元，短期融资券143亿元，公司债78.5亿元；其他债券94亿元。

【中小企业融资】 开展中小企业融资难问题实地调研。深入兴业银行、交通银行等机构，开展关于长春市中小企业融资问题实地调研，形成调研报告。推进银企对接工作。6月，召开长春市支持中小微企业融资对接会，部分驻长金融机构、重点项目单位、新三板挂牌企业及中小微企业参会。与会单位推出行业融资项目30余个，18家企业与金融机构现场签订贷款协议或贷款意向，融资25.8亿元。10月，联合市科技局共同主办“双创微贷”项目推介会，重点向高新区相关企业推介由长春科技金融创新服务中心和捷成小额贷款公司开发的“双创微贷”项目。11月，组织交通银行吉林省分行、市担保公司，以及在新三板挂牌的23户企业召开融资对接洽谈会，达成近10亿元融资意向，其中放款超过1亿元。探索建立长春市中小微企业贷款补偿机制。研究中小微企业贷款风险补偿有关办法，制定《长春市中小微企业贷款风险补偿办法》。联合市扶贫办拟定《长春市脱贫攻坚“风险补偿基金+贴息+贫困户”模式实施方案》，下发至各县（市）区。调度征集融资项目。与市建委、大项目办等多部门建立联系，征集调度长春市大项目融资需求。调度征集城市建设、环境保护等21个融资项目，其中亿元以上项目7个，总投资额107.9亿元。

【发展东北亚区域性金融服务中心】 拟定推动东北亚国际金融中心建设的相关政策。起草《长春市人民政府关于支持东北亚国际金融中心建设有关事项的通知》的补充通知于9月13日正式下发，加大对东北亚国际金融中心二期工程政策支持力度，拟定具体实施细则，上报市政府审定。加大金融招商力度。会同市外办筹办“外资银行长春行”活动，吸引外资银行到长设立分支机构；组织长春市代表团参加“中国（广州）国际金融交易博览会”，推动东北亚区域性金融服务中心招商工作。促成渤海银行长春分行获准筹建,推动中绿信托在长春注册,协助广州证券吉林分公司落户南关区,广发银行在长设立分支机构的相关材料由吉林银监局上报银监会。定期调度南关区政府和净月管委会调度东北亚区域性金融服务中心的建设招商进展情况。净月区引进人寿财险省分公司、省金融资产管理公司、省金融服务有限公司等金融、类金融机构14家。南关区落位项目有东北亚国际金融中心、钜城国际、冠城国际等10个。

【服务地方经济】 会同市财政局,对新设立、新迁入的达到一定规模的金融机构、类金融机构和对长春市经济发展具有积极贡献的机构进行奖励。联合财政局共同拟定下发《2016年长春市金融业发展专项资金管理暂行办法》(长财金〔2016〕1152号),已进入企业申报阶段。

【农村金融改革】 《长春市农村金融综合改革实验实施方案》(长发〔2016〕25号)于10月10日印发。按照方案对工作任务进行分解,落实到各县(市)、区和机关部门。要求各地牵头试点任务,形成完整试验体系。经过赴榆树、农安等5个实验区实地调研,改革试验进展顺利。开展组建长春市"农村金融综合改革工作领导小组"及推动"粮食银行"组建相关工作。

【民间借贷登记中心试点】 鼓励推动有条件的区、开发区成立民间借贷中心,规范引导民间借贷行为,拟定《长春市民间借贷登记服务中心试点实施方案》。朝阳区政府提出在区内设立试点的意向,向市政府递交《关于成立民间借贷登记服务中心的报告》,提出具体工作建议。

【互联网金融专项整治】 成立互联网金融风险专项整治工作领导小组,领导小组办公室设在市金融办。制定《长春市互联网金融风险专项整治工作方案》和相关分领域工作方案,成立7个分领域的专项整治联合办公室,具体负责组织各分领域专项整治工作。开展摸底排查工作,对各类互联网金融平台、股权众筹、互联网保险、民间投融资机构、各类交易场所及其会员等进行排查,建立档案,形成定期汇总、研判分析及重大情况及时报告等工作机制,防范和处置各类风险。

【社会信用体系建设】 起草《长春市政府办公厅关于推进行政许可和行政处罚等信用信息公示工作实施方案的通知》(长府办发〔2016〕44号)于11月对外发布。起草《关于成立长春市社会信用体系建设工作领导小组的通知》《长春市创建信用体系建设示范城市工作方案》《长春市社会信用体系建设实施方案》《长春市企业信用联合奖惩实施细则(试行)》等文件,待上会审定。长春市公共信用信息平台按程序完成招标工作。

(王　爽)

## 中国人民银行长春中心支行

【货币政策】 2016年,根据经济形势和流动性变化,灵活运用货币政策工具,发放再贷款66.2亿元、办理再贴现51.3亿元、发放常备借贷便利231.6亿元。落实差别存款准备金政策,释放可用资金43.5亿元。成立吉林省地方法人金融机构宏观审慎评估委员会,按季对省内85家法人机构开展评估,促进法人金融机构稳健经营。实施"货币政策+宏观审慎"为双支柱的宏观调控,对全省经济稳增长起到支撑作用。2016年末,全省金融机构本外币贷款比2015年增长12.4%,分别比辽宁省和黑龙江省高5.8个和3.7个百分点。吉林省GDP增长7%,居东三省第一位。

【支持供给侧结构性改革】 在全国率先建立去产能重点行业融资情况监测制度。发挥市场利率定价自律机制作用,引导贷款利率下行,全年企业贷款加权平均利率比2015年下降0.7个百分点。制定出台《创业担保贷款实施办法》和金融支持养老服务业、金融支持消费领域指导意见,加大对补短板领域的金融支持。推进"两权"抵押贷款试点工作,全省15个试点县(市)农村承包土地经营权抵押贷款余额达10亿元,位居全国第5位,农民住房财产权抵押贷款试点经验被总行农村"两权"抵押贷款试点工作简报推广。推进金融精准扶贫工作,构建多层次金融精准扶贫体系。发挥扶贫再贷款引导作用,发放扶贫再贷款12.3亿元,惠及贫困家庭1.1万户,相关工作经验被人民银行金融简报刊载。推动企业利用金融市场融资,全省发行企业债务融资工具30期,融资额273亿元。做好新形势下跨境人民币工作,办理跨境人民币业务330亿元。推动建立珲春中俄互市贸易区人民币结算中心,相关经验在全国边境省份跨境人民币业务会议上交流。

【金融改革】 推进农村金融综合改革试验工作。成立推进农村金改领导机构,协助省政府制定农村金改实施方案,协调相关部门推动改革各项措施有效落实。做好存款保险制度实施各项工作,全省109家投保机构全部按时办理投保手续。开展存款保险评级,配合总行完成对建设银行和邮政储蓄银行总行的存款保险评级工作。开展对房地产、产能过剩、政府融资平台等重点领域的金融风险排查,防范化解风险。完善金融风险应对和处置机制,开展大额存款集中转存事件和存款保险风险处置事件应急演练。做好央行债权的清收与维护工作,全部收回地方政府专项贷款本金。泛亚信托破产重组工作稳步推进。

【外汇服务管理】 加大"控流出"工作力度,严格对重点流出企业开展现场核查,引导企业合理购汇。督促指导银行加强对资本项下外汇业务审核,有效控制跨境资金流出速度。做好"扩流入"工作,加强监管合作,对出口不收汇企业进行严格核查。组织实施全口径跨境融资宏观审慎管理,拓宽企业境外融资渠道。引导涉外企业创新资金管理运用方式，推动跨国公司外汇资金集中运营。全省立案查处各类外汇违规案件36起，实施行政处罚103万元人民币。

【金融服务】 优化助农取款服务点布局，发挥农村支付在农村电子商务发展中作用。开展互联网金融专项整治工作，相关做法在全国互联网金融风险专项整治工作会议中作经验介绍。推进防范打击电信网络新型违法犯罪工作，组织法人银行机构接入电信诈骗交易风险事件管理平台。开展支付机构的监管和评估工作。完成各项重要应用系统的升级及上线工作。加大金融IC卡推广力度。推动国库支出电子化，完成42个市县国库支出电子化上线工作。推进省级国库现金管理工作，开展3期国库现金管理，金额248亿元。安排发行基金调拨进度，全省净投放现金210.2亿元，比2015年上升0.6个百分点。组织普通纪念币发行工作。推进全省金融业综合统计体系建设，探索地区社会融资规模存量统计方法，编制并发布社会融资规模存量统计数据。贯彻实施“两权”抵押贷款统计和金融精准扶贫专项统计制度。开展金融研究工作，长春中心支行2项青年课题分别荣获总行优秀青年课题组一、二等奖。发挥政务信息的决策支持作用，有1篇信息被国务院领导签批，2篇信息被总行领导签批，6篇信息被中办、国办采用。加强对接入机构的监管，处理10家违规机构。完成总行征信监测系统开发需求书撰写工作。开展反洗钱检查和线索调查工作，对29家金融机构开展现场检查，完成反洗钱线索调查17起，案件协查12件。配合吉林省经侦总队破获吉林省首起涉朝地下钱庄案，涉案金额超300亿元人民币。处理金融消费者咨询和投诉，投诉办结率和群众满意度均100%。创立惠农电商金融消费维权微信群，畅通农村金融维权渠道。开展综合评价办法修订工作，完成对100家机构综合评价、对49家新设机构开业审核以及对5家机构综合执法检查工作，妥善处置各类重大事项报告1000余件。

12月8日，工商银行吉林省分行营业部举办公司信贷业务大练兵大比武活动并召开总结表彰大会　（张祎男　提供）

【存贷款分析】 存贷款稳步增长，信贷投向优化。截至2016年末，吉林省银行业金融机构资产总额32130.34亿元，比2015年增长18.33%；负债总额31155.28亿元，增长18.48%。本外币存款余额21154.72亿元，增长13.2%，本外币贷款余额17210.47亿元，增长12.4%。其中，各类企业贷款余额10846.9亿元，增长18.6%；高新技术和新兴产业贷款呈现较快增长，信息传输、软件和信息技术服务业贷款余额20.5亿元，增长27.4%；小微企业和涉农贷款余额分别为2985.5亿元和6110亿元，增长14.3%和14.6，高于全部贷款平均增速1.9个百分点和2.2个百分点。推进涉农金融机构改革。农业银行涉农贷款333.6亿元，吉林省邮储银行组建“三农金融事业部”，涉农贷款余额140.8亿元。2016年吉林省有7家农村信用联社改制成为农商行，全省农商行数量达35家，资本充足率14.11%。全年新设6家村镇银行，全省村镇银行数量达61家，存款余额525.58亿元，贷款余额300.01亿元。九银金融租赁公司、民营银行获得监管部门批准。资产质量和经营效益有所下降。截至2016年末，吉林省银行业金融机构不良贷款余额增长17.77%；不良贷款率3.85%，比年初上升0.18个百分点。吉林省银行业金融机构实现净利润212.2亿元，下降23.19%。

（杨胜利）

## 中国工商银行吉林省分行营业部

【概况】 2016年，中国工商银行股份有限公司吉林省分行营业部（以下简称工行吉林省分行营业部）本部16个部室，6个直属机构，下辖22个一级支行，130个营业网点，从业人员4072人。实现净利润16.3亿元，在同业4行继续保持首位。获评中国金融工会全国委员会、中国金融工会吉林工作委员会颁发的全国金融五一劳动奖状和吉林金融五一劳动奖状。

【核心业务】 截至2016年末，工行吉林省分行营业部全部存款时点余额1304亿元，比年初增加95亿元，增量列同业首位。一般性存款时点余额1263亿元，增加96亿元，其中储蓄存款增加47亿元，公司存款增加20亿元，机构存款增加29亿元。各项贷款时点余额907亿元，增加58亿元。实现中间业务收入7.4亿元，增加2400万元，增量、增幅列同业

9月24日,工商银行吉林省分行营业部开展"满城尽扫二维码"主题活动

(张祎男　提供)

首位。

【支持地方经济】 2016年,工行吉林省分行营业部与长春市政府签署全面战略合作协议,支持长春地方经济发展。在高速公路、铁路、轨道交通、城市基础建设等领域加大融资支持，尤其是重点支持伊通河综合生态治理、轻轨地铁、长春新区等工程项目，健康产业、文化旅游产业、现代服务业、战略性新兴产业、先进制造业等实体板块优质客户，全年投放大中型公司贷款634亿元。

【助力供给侧改革】 抓好"三去一降一补"工作落实。在去产能方面,本着"扶优限劣"的总体原则,对"三去"客户实施差异化信贷策略,帮助企业渡过难关。在去库存方面,通过降低贷款利率、放宽贷款条件等措施,2016年投放个人住房贷款35.5亿元,余额保持同业首位。在去杠杆方面,做好地方政府债置换工作,作为吉林省政府债唯一簿记管理人和主承销商,2016年投资政府债务75亿元,在公开发行市场占比同业排名首位。在降成本方面，帮助企业特别是小企业降低成本,为潜力、优质小企业提供域内最低的融资利率,减轻小企业融资成本。在补短板方面,探索小微信贷新路径,投放全省首笔"银政通"贷款;培育农业农村发展新动能,在全市金融同业中率先推出"土地贷""农机贷""担保贷"3项惠农业务。

【服务百姓民生】 工行吉林省分行营业部加大对百姓在教育、医疗、保险、交通等领域的金融服务力度，支持省市直机关社保卡、交通卡、银医卡、校园一卡通等一系列民生项目。改善金融服务渠道,加快自助渠道及网点智能化网点建设,全年新增自助银行13个,完成智能化服务网点改造42个,实现网上银行、手机银行、自助渠道等服务网络24小时、全球服务;持续加强线上线下一体化服务,加快金融科技创新步伐,搭建融e行、融e联、融e购互联网平台，以工银e支付、工银二维码等产品,无缝嵌入消费者购物、打车、用餐、娱乐等各种生活场景,为春城百姓带来全新生活体验。提升金融服务水平,加强客户经理团队、金融理财师、私人银行财富顾问专业化培养,为百姓提供全方位金融服务。

【风险管理】 信贷资产质量持续优化,不良贷款连续11年保持"双降",不良贷款余额降至4.8亿元,比年初下降1.5亿元，不良贷款率降至0.53%，下降0.21个百分点。提升内控案防能力,开展内控合规"基础强化年"工作;开展"两个加强、两个遏制"回头看,强化对"十大重点领域和关键环节"的风险治理,内控评价等级在系统内东北地区分行最优。强化运营风险核查职能,开展建设"最安全银行"活动，防范堵截各类外部欺诈147起,实现全年无案件和生产零事故。

(张祎男)

## 中国农业银行股份有限公司吉林省分行营业部

【概况】 中国农业银行股份有限公司吉林省分行营业部前身是中国农业银行长春市分行，成立于1979年7月1日。2016年全行辖17个一级支行、1个本级营业室,168个分支机构。全行各项存款余额650.5亿元,增量72.97亿元,增量全省农行排名第一。其中个人存款余额461.49亿元,增量32.7亿元,增量全省农行排名第一;对公存款余额189亿元,增量40.27亿元，增量全省农行排名第一。重点支持长春地铁、省高等级公路、吉林高速、一汽金融、一汽租赁、一汽保理等重点客户和城市管廊、棚改、基础设施和龙嘉国际机场等重点项目。12月末，全行各项贷款余额478.87亿元,增量73.13亿元。其中对公贷款余额396.17亿元,增量72.54亿元,个人贷款余额82.7亿元,增量0.59亿元。

【综合绩效】 中国农业银行股份有限公司吉林省分行营业部在全国重点城市行综合绩效考核排名第18位,东北三省排名第一。提升定价水平,加强费用管控,在利差持续收窄、减少企业经营成本的情况下,全年实现拨备后利润8.86亿元;营业支出8.93亿元,比2015年减少0.86亿元;实现中间业务收入3.69亿元。

【服务"三农"】 做强"三农"业务,特别是围绕城镇化建设，加大对政府购买服务项目支持力度,在农安、九台、德惠棚户区改造项目上取得突破，仅农安支行投放贷款就达12亿元。中央电视台乡村频道、《长春晚报》《新文化报》等媒体对榆树、九台支行企业文化、防范金融诈骗、履行社会责任等进行报道。到12月末，县域对公存款增量26.98亿元，法人贷款增量9.76亿元，农户贷款增量1.17亿元。“惠农通”工程有效服务点1217个，点均月均交易笔数完成计划的102%。

【基础管理】 推进信贷精细化管理，连续2年风险考核评价在全国农行排名前两位。全行不良贷款不良率0.16%，低于全省0.91个百分点，到期贷款现金收回率99.91%。开展柜员岗位练兵和技术大比武活动，吉林分行在东北地区“三省一市”柜面业务比赛中获团体第一名。加强成本管理，业务管理费用比2015年下降1200万元。加强安全保卫工作，成功防范金融诈骗6起，涉案金额86万元；成功防范破坏ATM机1起；防范火灾事故1起，实现全年安全无事故的工作目标。

【调整优化客户结构】 在个人客户上，实施“熟客优先、分户落责、分层管理、分群营销”的客户精细化管理模式，发展梯次有度、质量优良的客户群体。12月末，全行个人贵宾客户比年初增加1万户，金融资产比年初增长50亿元，个人贵宾客户产品覆盖率98%，比年初提升10%。在法人客户上，实行首席客户经理负责制，加强与地方党委政府、相关部门联系。走访一汽集团、长发集团、轨道交通、安华保险、城开集团、龙翔集团、润德集团等大型客户，及时解决问题。在一汽核心分子公司、综合管廊、棚户区改造、高速公路、龙嘉机场等重点项目上均进展良好。

【自助银行建设】 推进自助银行建设，全年替换自助设备156台。强化线上交易，引导客户将柜面交易向电子渠道迁移，提高分流率，扩大电子渠道销售份额。全年净增掌银活跃客户5.6万户，完成计划的118.36%。电子渠道开通代缴电费、电话费、热力费、有线电视费4大类10项代理缴费业务，缴费金额比2015年增长122.43%。

【网点转型】 加快网点转型，实现高柜业务简单化、复杂业务专业化、大堂经理角色化，提高网点综合营销能力，推动网点从“坐商”向“行商”转变。推广网点6S管理，实施服务品质提升工程，全年标准化管理实现60家，6S管理覆盖率100%。

（曲洪生）

## 中国建设银行股份有限公司吉林省分行

【概况】 2016年，全省有营业网点323个。其中，一级分行1个；二级分行8个；综合型支行17个；支行294个。全行员工总量9154人。2016年，建设银行总行与吉林省人民政府签署战略合作协议。分行与省住建厅、省经济技术合作局签署全面战略合作协议，与省商务厅联合举办支持企业“走出去”暨中国建设银行全面金融解决方案推介会，标志着全省在服务实体经济发展、支持企业“走出去”方面，实现政府搭台引领、企业主导需求、金融跟进服务等3个方面实质性对接合作。建设银行股份有限公司吉林省分行一汽支行获得中国银行业文明规范服务“百佳示范单位”。

【主要业务指标】 存款日均余额2385亿元，日均新增117亿元，增长5.2%。一般性存款日均余额2318亿元，日均新增204亿元，增长9.6%。其中，对公存款日均新增97亿元，个人存款日均新增106亿元。各项贷款余额1625.9亿元，新增66.7亿元，增长4.3%。其中，对公贷款余额1110.4亿元，新增28.6亿元，增长2.6%；个人贷款余额515.5亿元，新增38.1亿元，增长8%，各项表外理财融资341.7亿元，增加99.1亿元。全行不良贷款余额43.72亿元，增加4.35亿元，不良贷款率2.69%，上升0.16个百分点。均控制在总行计划之内。税前利润39.8亿元，比2015年增加18.1亿元。EVA（经济增加值）15.2亿元，多增13.4亿元。中间业务毛收入21.7亿元，市场占比42.2%。单位人民币结算账户10.6万户，增长9.9%。其中，基本户7.9万户，增长13.6%。

【公司业务】 为城镇化、基础设施建设和PPP项目、政府购买等优质项目提供综合金融服务方案。加大对汽车、医药、涉农、装备制造、电力等支柱产业和优势行业的支持力度，营销伊通河流域综合治理、鲁能漫江旅游开发等优质项目，作为牵头行和代理行组建吉林省最大规模的伊通河综合治理银团贷款项目。全年投放人民币对公贷款1286亿元。

【个人金融业务】 结合客户需求搭建结算生态圈25个，拓展IC卡行业应用，金融IC卡发出量比2015年增长33%，金融社保卡增长105%，推广龙支付、龙卡“云闪付”等移动支付产品，建立“一卡通”农民工代发工资平台和代发工资监管平台。推进基金、保险、贵金属等投资理财产品销售，实现中间业务收入5.4亿元。私人银行以“金管家”现金管理为切入点，整合“私享联联+跨境服务”体系，私人银行客户、金融资产新增均居同业第一，实现10亿元的系统内最大家族信托签约额。

【房地产业务】 在保持一手房贷款优势基础上，加大二手房贷款市场拓展，通过产品创新、流程梳理、加强与优质中介合作等方式，提升二手房贷款业务的社会认可度和市场竞争力。提升优质楼盘、优质客户在整体业务投放中的占比，加大与大型优质开发商的合作力度。以长春、吉林两市为重点，增加中心城市及重点县域的房贷投放。

【国际业务】 发挥本外币、境内外、母子公司联动服务优势，举办支持企业“走出去”推介会，向140余家重点企业推介综合服务方案，办理省内同业首笔跨境融资风险参与业务，实现出口代付、网银外汇汇款、黄金租借配套远期套保等业务零的突破，成功为长客股份等3个重大海外项目办理境外保函5000万美元。

【经营管理】 突出大资产、大负债导向和价值创造导向，强化经济资本和转型重点业务指标考核，将RAROC(资本收益率)纳入贷款绩效考核系统。提升中后台保障支持能力，完成“新一代”各期上线和分行推广工作，完成33个分行特色业务和20个大数据项目开发上线，为产品创新和客户营销提供技术支持。开展柜面业务集中处理系统应急演练，细化现金、贵金属和重要空白凭证的配送管理。优化“行务直通车”系统功能，受理请办事项1196件，时限内办结率100%。加强网点防护设施和消防配套工程建设，全年无外部侵害和安全责任事故发生。

（任天威）

## 中国交通银行股份有限公司吉林省分行

【概况】 交通银行吉林省分行在吉林省内长春、吉林、延边、通化、辽源、四平、松原等市(州)设有机构网点84个，员工1959人。其中，长春市网点33个，员工995人；吉林市网点30个，员工520人；延边州网点12个，员工300人；松原市网点3个，员工40人；通化市网点3个，员工46人；辽源市网点2个，员工26人；四平市网点1个，员工32人。省分行本部机关部门27个。

至年末，分行资产规模851亿元。人民币各项存款余额746.76亿元，增长15.39亿元、增幅2.1%；日均余额737.74亿元，增长76.26亿元、增幅11.53%，计划完成率146.65%。其中，对公存款445.51亿元，增长2.81亿元，增幅0.63%；储蓄存款301.26亿元，增长12.58亿元，增幅4.36%。人民币贷款余额508.63亿元，增长32.23亿元，增幅6.77%。2016年，分行在中国银行业文明规范服务“千佳”评选活动中，长春友谊支行、长春德惠路支行、吉林铁东支行、延边分行营业部获评2016年中国银行业文明规范服务“千佳”示范单位。全年实现经营利润13.77亿元，比2015年增加0.22亿元、增幅1.62%。

【公司业务】 全年决策重点项目54项。在总行项目储备专题对接会上汇报项目17个、金额408.3亿元。至年末，完成储备2017年全融资项目130个，金额近千亿元。以吉林地下管廊建设、棚改贷款、交通运输厅私募型企业资产证券化直投、长久集团股票质押式回购等项目为重点支持地方重点工程和重大项目建设。至年末，对公实质性贷款余额350.24亿元，比2015年净增投放46亿元；类信贷业务投放67.9亿元，余额111.6亿元。加大小微项目制推广拓展储备力度，小微贷款余额30.38亿元，增长2.19亿元。

【零售业务】 全年完成零售板块非息净收入2.39亿元，完成计划118.2%。交银理财客户净增14222户，私人银行客户净增127户。托管收入完成2681万元，净增规模完成810亿元。与吉林省国地税签署税融通合作协议。推动与省政府全面合作签约。总、分行联动与吉林银行、九台农商行开展同业合作交流，助港交行成为农商行在港上市惟一承销商。

【存款业务】 对公存款方面，中标“吉林大学遴选金融服务合作银行”3个标段项目、地方国库定期存款15亿元、以第一名获得省级首支PPP引导基金托管银行资格；参与4次、44.29亿元地方债发行。加强理财产品及大额存单营销带动存款38.65亿元；成功营销股权基金18亿元、产业基金续存15.3亿元、长生生物定向增发资金9亿元。调整同业客户拓展策略，完成从“重机构覆盖广度”到“广度与深度并重”转变，新增省联社、省农行两大客户，全年吸收存款33亿元，日均近20亿元；“彩虹桥”业务带动日均存款5.9亿元，增加4.9亿元；同业存款、同业理财、同业优质机构客户、对公代理保险、票据交易量等各项指标超额完成总行下达的考核任务。至年末，储蓄存款平均余额增量52.95亿元，活期存款增量13.25亿元；高成本存款余额147.06亿元。

【国际业务】 加大与系统内海外分行、总行离岸中心合作办理境内外联动贸易融资业务的力度，提高国际中间业务收入水平。对接省内参与境外投资和工程承包项目、大型成套设备进出口业务的企业，储备重点客户项目。推动省内有资质和实际业务需求的企业开展跨境租赁、海外并购、债券投资、资金产品交易等业务。实现境内外联动收入36万元人民币，带动人民币结构性存款22.4亿元人民币。

【渠道拓展】 至年末，吉林省分行电子银行分流率87.65%，比2015年提升3.17%；柜面业务替代率73.34%，提升3.22%；自助设备开机率98.49%；个人网银131.53万户，增加16.04万户，增幅13.89%；手机银行90.11万户，增加22.63万户，增幅33.54%。全辖自助银行59个，其中新建6个。推进普惠型特色网点建设，新建普惠型特色网点13个。

【信贷支持】 重点支持水利工程、文化、教育等领域，信贷投放264亿元。其中，向吉林市交通投资建设有限公司发放47亿元授信额度用于国道黑大公路项目建设；向吉林市城市建设控股集团有限公司投放52.5亿元用于吉林市地下管廊项目；向松原鑫祥新能源有限公司投放2.05亿元用于松原市生活垃圾焚烧处理项目；向四平市城市发展投资控股有限公司投放10亿元用于四平市棚改及公租房东南生态新城建设项目；向长春城投伊通河改造房地产开发建设有限公司投放1.47亿元银团贷款用于长春市伊通河流域棚户区改造及土地综合整治项目；投放3.36亿元支持科技文化、教育等保障领域；投放16.17亿元支持汽车制造、石化、医药等区域优势产业。

【服务“三农”和小微企业】 投资133亿元贷款服务“三农”、扶持小微企业。至年末，投向涉农贷款余额60.63亿元。优选核心农业企业，在季节性农耕期间，向其上游有定单作业需求的农户发放用于购买种子、化肥及支付人工成本的个人经营性贷款。为农户贷款申请2%的政府贴息。优选成熟试点地区，推广土地收益保证贷款。投放72.75亿元，加强小微企业金融服务。至年末，全辖小微企业贷款余额增加4.2亿元，增速6.21%，超过各项贷款增速5.89个百分点。重点挑选省内核心企业，借助核心企业优势地位，围绕上、下游小微企业开展批量授信，重点利用应收账款融资、商票保贴、保兑仓等模式拓展业务。推进沃易贷、税融通等小微产品落地，与联通分公司对接"沃易贷"产品项目，进入线上设备调试阶段。强化小微客户经理队伍管理、独立小微企业信贷审批机制及独立信贷规模和优惠定价。

【风险管理】 出台信贷风险管理奖惩办法、新发生信用违约客户经管人员处罚管理办法。坚持"一户一策"，加强督促约束、专岗清收等强化临期贷款和逾期贷款管理力度，收回不良贷款1.46亿元，逾期贷款2.8亿元。开展"全员讲、全线查、全程追"的风险防控专项行动及"长剑行动"，2016年全行实现平稳运营。

【履行社会责任】 分行与吉林省国家税务局、吉林省地方税务局签订"税融通"融资服务合作协议，在取得客户授权并保密的前提下，利用国税、地税提供的信贷信用数据，通过"税融通"融资服务，为诚信纳税小微企业提供包括小额信用贷款或纳税增信贷款、资金回笼、代缴税款等集贷款融资、企业结算、缴税办税为一体的金融服务。开展"反假货币宣传月"和"反假知识大比拼，精彩好礼送不停"反假货币知识有奖答题竞赛活动，在营业大厅张贴二维码，动员客户参与。在公交车、社区等人流密集场所开展宣传。开展户外工作者关爱活动。夏季，分行全辖各营业网点为走进网点的交警、清洁工人和城市建设者等户外工作人员提供饮用凉开水；冬季，各网点LED显示屏上打出"严冬已到，欢迎广大户外工作者走进交行歇脚取暖，感受温馨！"宣传语，为户外工作者设置爱心座椅或爱心驿站，提供饮用开水。部分网点工作人员走上街头为环卫工人送上热水，提供暖心服务。开展经常性帮扶、慰问活动，投入慰问资金54.4万元，慰问员工6101人次。

（柳世炎）

## 吉林银行股份有限公司

【概况】 吉林银行股份有限公司（简称吉林银行）成立于2007年10月。至年末，在吉林省内9个市（州）和大连、沈阳拥有分行11家、小企业专营机构1家、营业网点378个，发起设立村镇银行10家、贷款公司1家，参股一汽汽车金融公司。至年末，吉林银行总资产突破4200亿元，实现4217.47亿元，跻身"城商行4000亿俱乐部"，各项贷款余额1692.99亿元，存款余额2878.09亿元，吉林省内存款增量排名第一位。全年清收化降各类不良资产18.64亿元，处置抵债资产7.96亿元，逾期贷款降幅13.64%。实现净利润28.55亿元，增长12.14%，是商业银行平均增速的3.43倍。全年上缴税收20.08亿元。

在中国区域协调发展与投融资创新论坛暨"中国区域投资营商环境榜"发布典礼上，吉林银行获评"2016中国服务区域发展最佳金融机构"，吉林银行董事长、党委书记张宝祥获"2016服务区域发展杰出贡献人物"。在"2016第十一届中国中小企业家年会暨第七届中小企业与金融机构高峰论坛"上，吉林银行获"2016全国支持中小企业发展十佳商业银行"。2016年，吉林银行获"中国银行业文明规范服务星级营业网点""全省文明单位""3·15诚信体系示范单位""3·15放心消费满意品牌""中国债券市场优秀成员""2015-2016年全国金融系统企业文化建设标兵""2016年度吉林省青年文明号""全国金融五四红旗团委"在2016年吉林银行获得多项荣誉。在英国《银行家》杂志"2016年全球银行1000强"评比中，吉林银行跃升至第298位，首次跻身300强。在2016年度中国城市商业银行综合竞争力排行榜中列第13位。

【业务拓展】 "凭证无纸化、印章电子化"系统在全行推广应用，实现柜台传统方式向现代银行智能化的转变。获批中国外汇交易中心外币拆借会员。加入吉林省银行外汇和跨境人民币业务展业自律机制，成为7家核心成员之一。获批意向承销类会员资质，跻身债券承销一级市场。成功投资国内首单互联网保理业务资产证券化产品和首单以电影票房收入支撑的资产证券化产品。与进出口银行开展全面战略合作，与行业龙头企业恒大集团、万达集团分别签署战略合作协议。

【服务地方实体经济】 吉林银行将交通

7月5日，吉林银行工作人员向客户介绍银行产品　　（王雅晶　提供）

运输设备制造、石化、现代农业、电力、新能源、新材料等11个重点产业和特色行业作为重点支持对象，纳入行业金融发展规划。至年末,吉林银行在11个行业金融贷款客户578户，贷款余额845.66亿元，占全行公司类贷款余额的82.63%。为一汽集团旗下经销商新增票据超过20亿元。为省内农资行业龙头企业吉林隆源、云天化等企业增加授信额度。分析吉林化纤集团资金需求,为其旗下3家子公司提供信贷支持2.2亿元,为康乃尔化学工业股份有限公司提供贷款6.6亿元。人参特色资源产业贷款余额35.74亿元。保障性住房贷款余额13.06亿元，其中户区改建贷款余额12.66亿元,支持居民住房近万户。

**【支持小微企业】** 作为地方性商业银行，吉林银行加大对省内小微企业的金融支持力度，帮助小微企业走出困境战胜难关。创新推出“两日贷”、无抵押“微商贷”“接续贷”“吉税贷”等特色产品。搭建“万民创业”“下岗再就业”“吉青时贷”“土地收益权保证贷款”“直补资金贷款”等金融服务平台。打造集业务咨询、业务办理、授信审批、贷款发放、客户体验、创业大讲堂等功能为一体的一站式金融服务模式。吉林银行成立8年,为5万户小微企业提供2670亿元贷款支持。2015年、2016年连续2年吉林银行小微贷款增量超过百亿元，投放贷款总额超过740亿元。支持近万户小微企业,贷款余额全省占比近20%,增量占比超过30%。至年末，小微贷款余额708.56亿元,比2015年增加158.50亿元，增长29%,增幅、增量均列全省第一位。小微贷款余额占各项贷款余额的比例为41.98%。

**【服务民生】** 吉林银行承担全省社保及低保业务的发放及各项代收、代缴费业务等民生工程项目。为老、弱、病、残、孕等特殊客户群体设置残障人士专用通道、有盲人定位键的普通密码器、老花镜、婴儿车、轮椅等便民设备。零售产品种类丰富,包括理财产品、基金、贵金属、大额存单等。至年末,吉林银行包含储蓄存款、个人理财产品、基金保有量、保险销售额、贵金属销售额在内的个人资产管理规模(AUM)1251亿元。加快移动金融平台、自助银行建设,智慧银行建设提速,直销银行建设取得进展。全行网银开户数57万户,ATM等自助机具数量突破1000台,实现1061台。手机银行开户数43.6万户，全年转账数量近755万笔,交易金额超过557亿元。手机银行转账交易额和转账笔数增幅双双超过500%。手机银行第三方支付开通京东、苏宁等6家电商,加快移动金融、电商金融融合。

（王雅晶）

## 中国光大银行股份有限公司长春分行

**【概况】** 中国光大银行股份有限公司长春分行（以下简称长春分行）成立于1995年8月,是入驻吉林省的第一家国有控股全国性股份制商业银行。全行经营机构27个,其中一级分行1个、二级分行2个、支行24个。社区银行5个,离行式自助银行9个。员工777人。至年末，一般存款余额361.05亿元，增加34.53亿元,增幅10.57%;各项贷款余额299亿元，增加84.11亿元，增幅39.14%。资产质量保持稳定,在系统内排名第四。2016年,长春分行获光大集团、总行和金融监管部门等荣誉24项，22人获先进个人称号。长春分行获光大银行总行2016年度电子银行业务发展贡献奖、光大银行总行2016年度技能及业务知识全能竞赛团体三等奖；被中国人民银行长春中心支行授予2016年度吉林省金融系统反洗钱宣传先进集体。汽车厂支行获“2016年度中国银行业文明规范服务千佳示范单位”称号;生态广场支行被吉林省创建青年文明号活动组委会授予“2016年吉林省青年文明号”称号。

**【业务发展】** 2016年,长春分行以省内重大民生项目为营销重点,推进投放,资产业务规模创历史新高。年内营销大资产项目55个,金额498.23亿元。支持中小企业发展，小微企业贷款增速33.58%；小微企业客户数量增加1694家；小微企业客户申请贷获得率94.56%。发展投行、同业、信用卡、电子银行业务,实现业务发展多元化。年内成功托管首单私募股权基金，分行资产证券化产品托管规模突破20亿元。成功开办光大系统内第一笔跨境融资结算NRA账户项下国际信用证结算业务。投放建行以来手笔牵头行银团贷款。

**【创新管理】** 优化大资产委员会规则、流程,优化零售授信业务审批流程,组建个贷中心“信贷工厂”。改进资源匹配方法,完善考核激励机制。制定《中国光大银行长春分行授信资产管控办法》。至年末,分行关注类贷款比年初下降3.56亿元，逾期欠息贷款余额比年初下降2.14亿元。

（孙　辉）

## 上海浦东发展银行长春分行

**【浦发银行长春分行】** 该行是浦发银行在全国设立的第28家省级分支机构。长春分行连续2年被银监局评为监管评级一级单位,保持监管评级的最高水平,是省内唯一被评为一级单位的股份制银行。2016年,该行被人民银行评为综合评价A级单位;长春分行连续2年获得浦发银行系统“十佳分行”荣誉称号。被国家外汇管理局吉林省分局评为2016年度银行执行外汇管理规定情况考核结果综合评价A级;被中国金融工会吉林工作委员会评为“2016年吉林省金融系统银行证券保险综合业务技能竞赛银行类综合团体奖”;长春湖西路支行与长春高新支行被中国银行业协会评选为“文明规范服务千佳网点”。至年末,分行总资产571.56亿元,一般性存款日均余额263.27亿元，各项贷款余额307.09亿元，营业收入24亿元，净利润9.66亿元,省内股份制银行排名第一。2016年，浦发银行长春分行推进网点建设，新建3家同城支行和1家异地支行。浦发银行长春分行在吉林省内营业网点20家，离行式自助银行10家。

【品牌影响】 2016年，浦发银行长春分行获各类媒体评选的“2016年年度吉林省百姓最认可银行”“年度用户满意银行”“年度用户年度吉林省最值得信赖银行”“年度用户年度百姓最欢迎的金融(互联网)产品”“年度受青睐银行理财产品”“年度受青年度吉林省投资者最满意理财产品”等荣誉称号。

（孙凤一）

## 招商银行长春分行

【概况】 招商银行长春分行于2008年12月16日开业。服务省内支柱性产业，扶持小微企业，为省内外企事业单位提供金融服务。至年末，长春分行信贷业务涵盖交通、电力、教育、汽车、医药、能源等诸多行业领域，各类贷款投放总额1665.13亿元。上缴税金6.8亿元，成为省内人均纳税贡献最高的企业之一。在长春市设有营业网点18家，在通化、吉林等城市设有分支机构。获《亚洲银行家》《环球金融》《金融时报》《私人银行家》《欧洲货币》等权威媒体评选为“中国最佳零售银行”“中国最佳私人银行”称号；获国内权威媒体授予的“中国最受尊敬企业”“中国最佳财富管理机构”“中国最佳银行理财品牌”“中国最佳小微企业银行”“最佳信用卡品牌”等荣誉。

【产品创新】 新一代网银专业版和手机银行上线，推出“云按揭”“一闪通”“闪电贷”等客户应用。“C+账户”“公司一卡通”“跨境智汇”“综合服务平台”“智慧供应链金融平台”“资本通”“全功能网上托管银行”等新产品推出，“小企业E家”交易放量发展。为小企业提供金融服务，“增值贷”“订单贷”“订单贷”“诚信纳税贷”“千鹰展翼”“收款卡”“POS商户贷”“1+N款供应链业务等产品应用量较大，实现小企业信贷批量化营销。2015年、2016年，长春招行为1747家企业及小微业主发放各类融资51.52亿元。

【风险管理】 推广新型操作风险管理体系构建，开展风险与控制(管理角度)、控制落实度（操作角度）初评及复评的评估。重新识别流程中的操作风险与控制措施，按时完成十级分类审核。完善银行层级及流程层级两级指标体系，从人员、流程、系统和外部事件4个维度丰富监测角度，完全实现三大工具对主要业务条线、流程和机构的覆盖。2016年，保持连续6年无风险案件。

（刘 畅）

## 中国民生银行股份有限公司长春分行

【概况】 中国民生银行长春分行成立于2009年，是民生银行在全国设立的第26家一级分行。有营业网点32家，员工600余人，发放贷款600余亿元，融资2000余亿元。

【服务社会】 推广服务于民营及小微企业的专属金融产品“商贷通”并丰富产品线。至年末，投放小微贷款300余亿元，投放量位于区域股份制银行首位，为近万户小微企业主、个体工商户等小微客户提供信贷支持，为约5.2万户小微客户提供小微综合金融服务。运用综合信用工具，加大融资新业务、新产品的推广运用力度，为企业提供“一揽子”金融服务，运用贷款、承兑汇票、贴现等信用工具解决客户融资需求。形成近百家物理网点和数以万计网银客户的服务能力。

【事业发展】 2016年，民生银行长春分行在人民银行政策及法律法规综合评价中连续第4年保持A级，为股份制银行最高级。12个分支机构获评中国银行业文明规范服务百佳、千佳、星级网点。在2016年吉林省金融系统银行证券保险综合业务技能竞赛中，获银行类综合团体第四名，是唯一获奖的股份制银行。在吉林省主流媒体评选活动中获评“最受信赖银行”“年度卓越财富管理银行”“年度卓越服务理财团队”等奖项。

（李 洋）

## 中信银行股份有限公司长春分行

【概况】 中信银行股份有限公司长春分行成立于2009年9月26日，是中信银行在吉林地区的省级分行。分行下设长春市同城支行14家，二级分行1家(吉林分行)，吉林市同城支行3家。员工495人。至年末，分行综合融资总额321亿元，自营存款余额182.53亿元，各项贷款余额220.37亿元。全年实现营业净收入9.29亿元，实现拨备前利润5.76亿元，净利润2216万元。

【服务地方经济发展】 2016年，中信银行长春分行对吉林省三大支柱产业（石化、汽车、农业）及四大优势产业(医药、装备、建筑、旅游)投入128.02亿元，在城市基础设施建设及项目改造方面投入116.64亿元，其中高速公路建设投入64.75亿元，棚改项目投入26.7亿元，轨道交通建设投入25.19亿元。9月，与省政府签署“一带一路”项目战略合作协议，把吉林省作为重要服务对象，利用服务资源和产品优势，支持吉林省“一带一路”项目建设及基础设施互联互通、陆海联运航线开发、合作平台建设、能源资源合作、产业开发合作、科技人文交流合作六大工程，提供全方位、便捷优惠的金融服务。2月，与松原市政府签订战略合作协议，支持松原将城市发展建设、现代农业、文化旅游等产业做大、做强。

【融资模式创新】 强化与中信集团金融和实业板块联动，运用“大资管+大交易”产品服务体系，为客户提供综合性金融服务方案，对吉林省亚泰集团有限公司、吉林省欧亚集团有限公司投放贷款35亿元。

【参与地方政府债券承销】 在“定价不能市场化”的情况下,中信银行长春分行参与地方政府债券承销与投资业务,择优支持符合条件、具备兑付能力的政府和社会资本合作项目运营主体通过发行中期票据、定向票据等市场化方式进行融资,承销政府债券40.02亿元。

【拓宽小微企业融资渠道】 分行选择优质小微企业法人客户,构建小企业客户的全产业链经营模式,以大客户为依托,围绕其产业链、资金链、股权链、交易链等,实施“链条式”开发,实行“专业化运营”和“批量开发”。对吉林市政府背景的国有种子基金投放贷款2.4亿元。

【支持公共医疗事业】 分行为符合医改政策方向、财政拨款到位充足、事业收入稳步增长、综合排名靠前的公立医院提供授信支持。为非营利性医院公益性资产无法办理抵押担保的争取落实其他合法担保措施以及收费账户监管等保障措施。对吉林省医院、吉林市医院、前卫医院等医院类客户投放贷款17亿元。

(孟宣宇)

## 证券期货

【上市公司及后备资源】 至年末,辖区A股上市公司数量为41家,占全国上市公司总数的1.34%,在31个省区中位列第19位。其中,沪市18家;深市23家。按行业划分,制造业25家;电力、热力、燃气及水生产和供应业4家;房地产业3家;信息传输、软件和信息技术服务业3家;批发和零售业2家;金融业1家;建筑业1家;交通运输、仓储和邮政业1家;水利、环境和公共设施管理业1家。按区域划分,长春23家;吉林9家;通化6家;延边2家;辽源1家。2016年,石岘纸业迁址并更名为九有股份,金冠电气、中通国脉2家公司首发并上市,尚有1家*ST公司(吉恩镍业)、1家ST公司(成城股份)。至年末,辖区A股上市公司总股本399.44亿股(其中,流通A股319.02亿股),总市值4347.16亿元,其中总市值在250亿元以上的有4家(通化东宝、东北证券、吉林敖东、苏宁环球)。2016年,辖区上市公司募集资金206.61亿元,比2015年增长66.66%。其中,2家公司首发募集资金4.96亿元,8家公司定向增发募集资金124.63亿元,2家公司配股募集资金52.52亿元,3家公司发行公司债券募集资金24.50亿元。辖区41家上市公司总资产4252.14亿元,净资产1549.83亿元,分别增长8.78%和15.25%。41家上市公司共实现营业收入1360.46亿元,净利润76.40亿元,分别增长2.09%和-12.21%。其中,3家公司亏损,亏损额33.55亿元。净利润减少12.21%。辖区拟上市企业6家,其中在审企业2家(吉林吉大通信设计院股份有限公司、长春普华制药股份有限公司),在辅导企业4家。

【新三板公司】 至年末,辖区新三板挂牌公司78家,占全国挂牌公司总数的0.77%,在31个省区中位列第22位,在审申请挂牌企业9家。2016年,辖区22家新三板挂牌公司定向增发募集资金4.46亿元,比2015年增长37.23%。其中,2家地方国有企业募集资金0.46亿元;20家民营企业募集资金4亿元。

【证券经营机构】 新增证券公司分公司2家、证券营业部9家。至年末,辖区证券公司2家,证券公司分公司21家,证券营业部136家。辖区证券营业部数量占全国的1.52%,全国排名第23位。136家证券营业部分属42家证券公司。其中,辖内1家证券公司东北证券所属营业部41家;辖外41家证券公司所属营业部95家。营业部地区分布:长春市66家、吉林市24家、通化市11家、松原市8家、延边州7家、四平市6家、白山市6家、辽源市4家、白城市4家。2016年,辖区证券交易额39509.57亿元,占全国交易总额的0.53%,其中股票交易额19376.37亿元。至年末,辖区证券营业部资金账户246.95万户,占全国的1.39%;A股证券账户398.57万户,占全国的1.32%。客户总资产3030.85亿元,占全国的1.07%。其中,客户交易结算资金155.99亿元、指定与托管证券市值(不含限售流通证券市值)2344.01亿元。至年末,辖区有109家营业部开展融资融券业务,开立融资融券信用资金账户5.1万户,比2015年减少7.27%,获批可使用授信额度2216.68亿元,增长0.99%。

【期货经营机构】 至年末,辖区有期货公司2家、境外期货业务持证企业1家和营业部9家,其中辖内公司开设1家,异地公司开设8家,主要分布在长春、延边地区。辖区营业部有期货投资者1.34万户,比2015年增长8.99%,个人客户和单位客户分别占97.44%和2.56%,增长比例分别为8.97%和9.94%。期货保证金余额为8.74亿元,增长52.99%,9家期货营业部中,2家盈利,7家亏损。

【私募投资机构】 至年末,辖区在证券投资基金业协会登记的私募基金管理人64家,备案私募基金98只,实缴规模255亿元,分别占全国的0.37%、0.21%和0.32%,私募基金从业人员800余人。

(田海彬)

## 基础教育

【教育综合改革】 组织各县(市)、区中小学校开展特色成果展示活动，评选中小学“十佳教师”553人，推介77个课改典型教师、26个课改典型集体。完善中小学教育质量综合评价与监测体系，监测运行机制实现整体升级。举办14次各级各类现场会、引路会，推出一大批具有长春特色、在全省乃至国家有一定影响的区域品牌、学校品牌及教师品牌。起草《长春市关于深化大学区管理改革，提升学校办学品质的行动方案》，对大学区及学区新优质学校进行资金扶持。召开“大学区”线上互动、异地共享现场推进会，提升大学区资源共享水平。创建“中心校+村小”农村大学区管理模式，新华社及多家主流媒体报道了长春市“温馨村小建设”的成果和经验。首次将体育纳入中考科目，完成统一测试。首次完成全市所有初中学生综合素质评价，将评定结果与招生录取工作挂钩。改进推荐生工作，城区普通高中录取推荐生8000人。在第1批立项的9所院校、20个现代学徒制试点项目实施基础上，启动第2批20个试点项目，联合开发人才培养方案、课程、教材等，组建“双导师”队伍，促进行业、企业参与职业教育人才培养全过程。立项汽车高专、机械工业学校、长职院、长职校4所院校为省级示范校，立项二中专护理类专业群实习实训基地为省级示范性实训基地，启动6个市级示范性实训基地建设。

【基本建设】 加强义务教育学校网点配套建设，新增12个义务教育网点学校，建筑面积24万平方米。启动市属学校10个新建、改扩建项目和33个大型维修项目建设。推进“全面改薄”工作，开工学校206所，新增校舍建筑面积11.6万平方米、室外运动场17.5万平方米。投入4155万元为全市270所初中学校配备11种体质监测及体育中考测试设备。建成朝阳区、二道区“中小学安全教育教室及体验中心”，为城区100所小学建设安全教育教室。完成100所中小学特色装备建设任务和60所科技教育园地升级工作。推进数字校园建设与应用工作，启动“智慧教育服务平台”建设，建成覆盖全市138个标准化考点学校的教育专网。启动“微课”资源建设工作，4667件微课通过初审。在“第十四届全国中小学信息技术创新与实践活动”中4人获特等奖，23人获一等奖。开展生命与安全教育、实践体验活动，学生参演率100%。建成市本级校车校园监控平台，建立快速通联系统和应急信息平台，形成反应迅速、运转高效的应急机制。

【优化幼小衔接】 指导中心城区严格执行幼儿园网点布局规划，重新确定全市公办园改扩建项目，扩大学前教育资源，满足百姓需求。扶持普惠性民办幼儿园发展，依据在园幼儿数量拨付补助资金1320万元，优化学前教育结构。在德惠市召开农村中心园建设推进会，推进农村学前教育发展。推进幼小衔接研究和0岁~3岁国家级早教试点工作，提高保教质量。

【义务教育】 完善学区制入学制度，实行公办优质空余学位电脑派位和民办初中部分学位电脑派位，义务教育招生顺利，实现招生入学“零群访”。启动中小学教学开放月活动，百余所学校向社会全面开放，推进优质教育资源共享。实施中小学教学常规管理达标示范校升级项目，各县(市)、区初评推荐首批“国标示范校”50所。发展优质教育，城区义务教育优质学校覆盖面85%以上，农村60%。德惠市顺利通过国家义务教育基本均衡发展评估验收。

【普通高中教育】 构建普通高中多样化发展格局，推进学校联盟、学科联盟建设，开展联盟教学教研“巡礼”等活动，推动全市高中提高教学质量。总结“高阶思维”课堂教学研究新成果，首次召开全方位综合学科课程建设现场会。开展素质教育特色学校创建活动，促进高中多样化发展。

【特殊教育保障】 提高特殊教育保障水平。支持经济技术开发区建设特教班，完善“1+X”特教发展格局。设立特殊教师培训专项经费，开展多种培训活动，提高教师队伍教育康复水平。召开医教结合工作推进会，构建医疗、教育、社会三位一体工作体系。

【民族骨干教师培训】 开展双语教育教学研究，进行民族中小学校长、双语骨干教师培训，提高民族教育质量。加强内地新疆班的教育管理，在全省民族教育工作会上介绍先进经验。

【民办教育】 创新办学体制，按民办机制推进二中分部、十一中分部建设。规范民办学校招生宣传，维护正常招生秩序。加强全市民办学校办学许可证年审工作，下达27份限期整改通知书。规范高中国际班教育，规范中小学招收国际学生工作，分类解决外籍学生入学。引入国外优质教育资源力度，推进国际交流。

【教师队伍建设】 通过“强师计划”构建引进优秀人才新机制，首批引进135名优秀人才。面向北京师范大学、华东师范大学等6所部属师范大学引进优秀毕业生，充实到长春市基础教育领域，提高基础教育师资水平。首次实现合并岗位招聘，局直属事业单位选拔151名优秀教师，各县(市)、区招聘606名优秀教师。通过农村“特岗计划”、免费师范生安置、实施“633”计划，引进466名优秀人才。在南关区、汽车区、榆树市开展“县管校聘”试点，多渠道加强优质教师资源的合理配置。开展第2批长白山教学名师推选，遴选200名长春市明星教师培养对象，打造“教育家型教师”。开展典型教师“我的教学主张”案例分享，推广优秀教学成果。

【教师培训】 实行选课制，对5万余名中小学教师进行全员培训。利用名师工作室和教师专业发展型学校，遴选640名骨干教师开展在线教师培训。对农村1000多名基层教师进行订单式培训。对1300多名中职学校校长、专业带头人、骨干教师进行专题培训。通过多形式、分类别、有针对性的培训，提高教师继续教育质量和专业化水平。

（杨　柳　李大伟　王立岩）

## 技工教育

【概况】 2016年，长春市有技工院校15所。其中，国家技师学院(高级技工学校)2所，省部级技工学校5所，合格技工学校8所。在校学生14378人。其中，城镇生1003人，农村生13375人；有高级技工班学生696人；毕业生4361，就业率98%。技工学校有教职员工691人，教师463人，其中高级讲师116人，讲师101人；实习指导教师167人(高级实习指导教师29人)，“一体化”教师236人。

11月5日，长春首届国际创客节　（杜　充　提供）

【教学方式创新】 在技工教学中，建立模块式教学新模式，发挥技工教育办学作用。专业活，学校建立一个职业群，围绕市场需求变化推出新专业，组成新模块。课程活，技工学校注重将新课程充实到教学模块中，使学生掌握的技能与社会需求相适应。组织省部级以上重点技工院校开展“一体化教学”试点工作，创建与长春市经济社会发展相适应，与企业用工能力标准相适应的人才培养模式和教学模式。

【实训基地建设】 技工学校理论教学和实践教学相结合，其课时比例为1:1，有的专业达4:6，注重学生专业基本技能训练和与生产实际结合。加强校内基本功训练基地建设，利用与企业紧密协作关系，在企业建立稳定的生产实习基地，实行前校后厂、产教一体化的教学模式，保证学生有足够时间进行实训，加快由学生向技术工人角色转变，更快适应工作岗位需要。

【专业建设】 各技工学校打造精品专业，建立以数控机械、机电一体化、汽车检测与维修、生物制药等专业为龙头的名牌专业，开发新专业，构建专业品牌课程体系框架，专业设置跟着需求变，为社会培养输送“产销”对路的学生，全年安置毕业生4509人，就业率98%。

【助学资金管理】 加强对长春市技工院校助学金、免学费补助资金管理工作，建立资金管理月调度制度，掌握全市受助人数变化情况，按学期检查资金管理工作，做好上报核销工作，严防虚报学生人数骗取国家助学金、免学费补助资金等问题发生，对助学资金管理进行审核，确保财政资金安全。

【技师学院建设】 整合政府办技工学校，组建长春市技师学院。技师学院建设进入实施阶段，基础设施建设进入项目立项阶段，开展技师学院内涵建设工作，专业建设体现部门特色。

（杜　充）

## 职业教育

**【形成衔接互通职教格局】** 打通职业教育产教、校企、工学、中高职、职普、公办与民办、学历教育与培训、校际、省市县、中外之间通道，构建职业教育改革发展新格局。制定加快发展现代职业教育的实施意见，推进重点建设项目。长春市成为首批技术技能人才双元培育改革试点城市。

**【优化布局结构】** 完成合隆职教园区搬迁，首批3所中职学校入驻职教园区。整合长春幼儿师范学校和长春特殊教育师范学校资源，组建升格为长春师范高等专科学校。深化办学模式改革，依托长春职业技术学院对长春市城建工程学校、长春艺术设计学校实行整体托管。

**【改革人才培养模式】** 围绕长春市优势产业和战略性新兴产业，打造15个品牌专业群。推进集团化办学，新建汽车、文化创意、现代物流3个职教集团。推进技术技能人才系统培养，20所中职学校的30多个专业与高职、本科院校联合开展衔接培养，中高职衔接试点项目招生2757人。突出实践教学环节，市级技能大赛设立15大类40个专业103个赛项，参与企业120余家、学生2万余人，占学生总数50%。长春市在全国技能大赛中获得奖牌41枚，奖牌数占全省奖牌总数68%。

**【提高社会服务能力】** 开展职业教育宣传月、职业技能开放日系列宣传活动，提高全社会对职业教育的关注度和参与度。中高职年度招生3.1万人，为社会输送中职技能人才2.9万人，满足社会用人需求。面向全民开展职业技能培训6万人次。

（杨 柳 李大伟 王立岩）

## 德育教育

**【构建大德育体系】** 制定完善《中小学社会主义核心价值观载体建设的实施意见》，制作101期（303集）中小学“时事新闻课”，探索具有地方特色的社会主义核心价值观教育模式。与省妇联开展战略合作，在家庭教育、家长学校建设方面共同推进；与食药局联合开展食品安全进校园活动；与市红十字会联合开展体育教师应急救护培训，增强防范突发运动伤害事件能力。举办2016年长春市高一新生军训成果汇报表演，展示高中生拼搏进取风貌。

**【校外活动体系建设】** 对全地区少年宫、教属其他活动阵地、职教资源、爱国主义教育基地等社会资源进行共享整合。将可利用的社会资源，如长春文庙、长春德苑、吉林省科技馆等建设成为中小学生校外教育基地。长春市青少年校外活动中心新建项目正在落实选址。

**【传统文化艺术进校园活动】** 推进中华优秀传统文化进校园，开展“少年传承中华传统美德”系列活动，通过“中华优秀传统文化教育”试点校、高端论坛、系列讲座等活动，弘扬传统美德。与市文联联合开展艺术家进校园活动，与国内高端艺术团体合作开展高雅艺术进校园活动，引导中小学生接受优秀艺术文化的熏陶。与市司法局、法制日报社开展“法律知识进校园”活动，教育系统法治实事建设被评为全市先进典型。开展廉洁文化等进校园系列活动，提升学校育人水平。

**【体育艺术文化教育】** 18所学校被评为“全国青少年校园足球特色学校”，净月区成为国家校园足球试点区。开展艺术教育系列活动，举办“唱响中国梦”为主题的“千童之声”“器乐大赛”展示活动和中小学舞蹈大赛。组建教师艺术团，在全国教师合唱比赛中获得银奖。组织召开全市农村艺术教育工作现场会，树立农村艺术教育典范。九台区沐石河中心校学生艺术实践工作坊参加全国展演。强化学校文化建设，通过“校训是什么”展播、学校文化建设示范校暨“书香校园”创建活动，展示学校教育理念、办学特色。

（杨 柳 李大伟 王立岩）

## 教育保障

**【谋划教育事业发展】** 组织系统内各单位科学制定发展规划，将重点工作细分为6大类74个子项目，每个项目制定工作实施方案，对其中青少年校外活动体系构建等涉及面广、任务艰巨的5个重大项目，单独成立工作推进组，推动工作落实。

**【建言献策】** 注重发挥人大代表、政协委员参政议政作用，在涉及改革发展、教育民生等重大问题决策前广泛征集意见，收集有价值建议100多条。注重发挥老干部经验优势，通过召开座谈会和走访慰问，征集老干部意见和建议57条。汇集一线教师智慧，在全市教育系统征集“金点子”200多条。筹建“长春教育智库”，聘请知名教育专家、学者，为全市教育把脉问诊。

**【科研支撑】** 与中国教育科学研究院开展战略合作，拟定《关于长春市建设东北亚区域性教育中心的实施意见》，为下一步教育改革发展提供行动纲领。与东北师范大学开展战略合作，探索政府、大学共建基础教育模式。将涉教重点、热点、难点问题，确定为8大类总课题206个子课题，组织全系统深入研究。

**【教育督导评估】** 拓展督导项目，将职业教育综合评价、义务教育管理标准、脱贫攻坚教育支持计划及高中试点教育质量发展年报制度纳入督导体系。活化督导方式，组织专家和责任督学，采取随机和经常的方式对近百所学校进行抽查。创新反馈形式，形成对县（市）区、直属高中38个一对一的分析报告。

（杨 柳 李大伟 王立岩）

## 教育行政

**【校长队伍建设】** 成立全国基础教育战

线第一家党校—长春教育党校，加强干部队伍思想建设。组织2期全员校长培训班，1期中小学校长任职资格班，完成骨干校长高级研修项目和分岗校长研修项目，开展教育家型校长座谈会、“校长论坛”“专家高端论坛”等系列论坛活动，提高校长队伍整体素质。局党委开展对局管230多名干部约谈活动，激发每个领导干部干事创业热情。

【教育治理】 依法规范办学行为、招生行为、教育教学行为和教师从教行为。建立健全安全稳定评估机制、廉洁风险评估机制、重大事项请示报告制度、紧急事件快速反应和联动处理制度等10项机制，狠抓工作运行系统中存在的“二十个不”，完善教育治理体系。

【规范考试秩序】 建成可容纳600人的评卷中心，完成标准化考点升级改造和续建工作。强化人防、技防、联防和部门联动、问责机制，防范和打击考试作弊，加强考生和涉考人员诚信教育，整肃考风考纪。

【规范资金和基本建设管理】 实施教育附加资金分配及管理方式改革，加大教育附加对城区转移支付力度。开展教育资产清查及“公参民”学校清产核资，规范国有资产使用及管理行为。启动“内控”机制建设，规范基本建设程序，严格执行基本建设相关制度，加强对重点工作、重点岗位监督和权力制约。

【师德师风建设】 修改完善师德考核评估办法。选树51名市级“我身边的好老师”师德典型，走进县区和学校进行宣讲。推进师德“承诺践诺制”，开展规范从教行为专项治理。引导名师建立网络工作室，开展网上师生互动，有效治理中小学乱办班等问题。

【所获荣誉】 “时事新闻课”首开全国先河，在中宣部全国社会主义核心价值观现场会上推出，中央电视台“新闻联播”进行报道，并写入省委十届八次全会报告。《中国教育报》报道长春市中考改革、温馨村小建设、规范教师从教行为、率先成立教育党校，在全国推广经验。“强师计划”实现教师引进的历史性突破，引领优秀人才引进方向。市委《督查通报》以《强化执行力　打出组合拳　确保决策部署落地生根》为题，报道市教育局做法和经验，引起中央办公厅调研组高度关注。市教育局被省军区、省教育厅授予“吉林省学生军训工作先进单位”，被省教育厅评为“全省中小学艺术展演优秀组织单位”。宽城区、汽车区、净月区成为国家级教育改革实验区。

（杨　柳　李大伟　王立岩）

## 高等教育

【概况】 截至2016年年末，长春市有高等院校42所。其中，教育部直属全国综合性重点大学2所，普通高等院校13所，专科5所，军事院校2所，警察院校1所，司法院校1所，成人院校3所，民办本科院校11所（含民办独立学院7所），全日制民办专科院校3所，非全日制民办专科学校1所；有国家级重点学科26个，省级重点学科183个；国家级重点实验室22个，省部（委）级重点实验室253个；享受国家级政府特殊津贴691人，享受省级政府特殊津贴1138人，享受市级政府特殊津贴47人；硕士学位授权点614个，博士学位授权点674个，博士后科研流动站78个。全市高校有专任教师28350人。其中，教员1641人，助教2843人，讲师10623人，副教授9120人和教授5478人；有中国科学院院士31人，中国工程院院士18人；国家级学科带头人1人，省级学科带头人69人；国家级突出贡献的专家学者13人，省级突出贡献的专家学者308人，市级突出贡献的专家学者35人；全市在校学生478263人，其中专科生96961人，本科生332728人，硕士生44405人，博士生12270人；全市普通高校招收学生135158人，毕业生人数117825人。

【教学改革】 吉林大学完成本科教学审核评估工作。启动“十项本科教学改革与建设计划”。制定《吉林大学统筹推进一流大学和一流学科建设实施方案（2017–2020年）》。投入5600万元用于高峰、高原和新兴交叉等51个学科项目建设。推进学科专业结构布局优化调整工作。撤并光学工程等9个一级学科。成立新兴交叉学科学部，推动新兴交叉学科建设。组织制定《吉林大学学术道德与学风建设委员会章程》。优化创新创业教育体系和环境，设立2000余个大创项目、515个开放性创新实验项目，1.2万学生进入各类实验室进行自主实验。立项建设精品在线课程70余门，创新创业课程27门；创设国际课程周系列活动，引进海外优质课程26门。

长春工业大学实施“本科教学质量提升工程”，改革人才培养模式，启动2018版本科教学培养方案修订工作；8个学院16个专业与18所中高职院校联合进行人才培养，招生人数1250人；5项课题批准立项省教育厅职业教育教学研究课题；学校被确定为“国家国防教育试点单位”。

吉林财经大学立项校级教学团队3个，省级教学团队2个；申报9门省级在线开放课程；组织第一批教学范式改革课程结项、经验交流、教学观摩活动。申报立项吉林省高等教育学会2016年度高教科研课题5项；立项省教育科学规划办公室“十二五”2016年度课题17项；立项吉林省教育厅教育教学改革课题8项。修订《吉林财经大学研究生学籍管理规定》《吉林财经大学硕士学位授予工作细则》和《吉林财经大学优秀硕士学位论文评选及奖励暂行办法》等规章制度；制定《吉林财经大学研究生课程教学管理规定》《吉林财经大学研究生科学研究项目管理办法（修订）》等。

吉林工程技术师范学院出台有关理论教学、实践教学、校企合作、中高职衔接及招生工作等方面规章制度近20余项；围绕吉林省地方产业升级和布局调整，取消公共事业管理专业，增设物流管理、生物与化学工业工程、表演及轨道信号控制4个本科专业；加强课程建设，开发《茶艺》《陶艺制作》《编辑实务》等一系列网络课程和理实一体化课程资源，申报12门省级在线开放课程;《电气信息类学科教学法》《就业指导》《职业生涯规划》《职业教育课程开发》全部通过教育部终期验收，并在“爱课程网”正式上线面向全国开放。

**【教学成果】** 吉林大学学生在相关学科竞赛中获国家级奖项164项，在“创青春”全国总决赛中获得2金、4银、1铜，再次捧得“优胜杯”。2支本科生团队获得由哈佛大学主办的BIOMOD竞赛和由麻省理工学院主办的iGEM竞赛金奖。何崇崇、王志伟等本科生在国际高水平期刊上以第一作者兼通讯作者身份接连发表高水平论文。博士后陈芳芳的科研成果在Nature子刊上发表。10月24日，吉林省人民政府与吉林大学签署《吉林省人民政府、吉林大学深入实施创新驱动发展战略、建设世界一流大学合作协议书》。吉林省政府、吉林大学与乌克兰国家科学院签署三方共建协议，正式启动官方性质的乌克兰顶尖科学家引进工作。

东北师范大学完成700多门学术学位专业主干课和164门专业学位基础课课程大纲撰写工作，立项培育研究生教材22部，强化课程教学过程管理与监控，与哈尔滨、包头、营口等地教育局签署共建教师教育创新实验区协议，与长春市30所优质中学签订基础实习基地共建协议，完善“基础实践+应用实践”的卓越教师实践教学体系，拓展U-G-S教师教育模式，连续2年入选“国家教育硕士联合培养示范基地”，成为全国12所连续2年入选“示范基地”的高校之一。

长春理工大学新增1个国家级教学平台、6个省级平台，学校被评为吉林省深化创新创业教育改革示范高校。获评2个省级优秀教学团队、5名省级教学名师，16人入选吉林省普通高等学校教学指导委员会委员。学生在各类竞赛中获得国家级奖258项、省级奖382项，34篇论文获评省优秀博士、硕士学位论文。全国一批次招生人数比2015年提升3.2个百分点;2016届本科生就业率91.8%，研究生93%。

吉林农业大学通过教育部本科教学审核评估。6部教材获批国家林业局普通高等教育“十三五”规划教材。本科生科技创新基金产出成果125项。学生在国际、国内各级各类创新创业大赛中获奖数量创历史新高，获得大学生科技创新省级赛事最高荣誉“创青春杯”和全国优胜奖。各类研究生发表论文973篇，有86篇被SCI收录，35篇被EI收录；有19篇论文获得省级优秀博士、硕士学位论文。学校成为首批全国50所创新创业典型经验高校、吉林省深化创新创业教育改革示范高校。

长春中医药大学获批2016年国家级大创计划项目60项、省级171项。获得全国“创青春”创业大赛铜奖2项、第二届吉林省“互联网+”大学生创新创业大赛获金奖1项、吉林省十大创业先锋提名奖1人、吉林省高校优秀科技创新类学生组织2个，1名学生在第九届全国大学生创新创业年会进行交流。

吉林华桥外国语学院学生在各类竞赛评比中成绩骄人。在河南郑州举行的由中国联合国协会主办、解放军信息工程大学承办的第十三届中国模拟联合国大会上，该校学生蒋力获大会最高奖项——“橄榄绿特殊和平奖”。在第三届中国青年志愿服务项目大赛暨志愿服务交流会上，“四叶草医疗志愿服务工程”项目获全国“金奖”。2016年吉林省大学生足球、篮球、排球联赛中，学校女排、女篮勇夺冠军；获得吉林省第四届高校羽毛球联赛女单、女双冠军，长春市瑜伽邀请赛单人第一名和团体第一名。

东北师范大学人文学院获得中国民办教育协会高等教育专业委员会授予的“创新创业教育课程建设奖”，成为东北三省唯一入选此奖项的高校。获批省级创新创业训练项目100个，国家级项目40个。第二届互联网+大学生创新创业大赛获得省级金奖和国家铜奖。

**【研究生培养机制改革】** 吉林农业大学扩大研究生招生规模，招收博士研究生71人，比2015年增加7人，硕士研究生995人，增加39人。建立导师动态考核与淘汰机制，严格实施硕士研究生指导教师招生资格审核。改革专业学位研究生培养模式，启动专业学位研究生教学案例建设项目。增设研究生“实践英语网络课程”，完善学位论文监督管理机制和导师责任追究制度，加强和规范学位申请、论文检测、论文评审及论文答辩等环节管理。

长春中医药大学实施研究生教育校院两级管理，启用新版“研究生教育信息管理系统”，制定《境外研究生两级管理实施细则》。新增临床医学专业学位类别，撤销药学硕士专业学位授权点，增列临床医学硕士专业学位授权点，推进学位点合格评估。新增硕士研究生导师222人，其中校外兼职导师89人。与通化师范学院、长春大学、东北师范大学人文学院联合培养硕士研究生。

**【人才队伍建设】** 吉林大学有各类“国字号”人才249人次。新增“国字号”人才50人次。11位专家入选“长江学者奖励计划”，入选总数位列全国第9。入选“长白山学者”特聘教授20人，“长白山学者”讲座教授8人，入选人数占吉林省总数近一半。对教师实行Tenure-Track终身教职制度，对教师以外其他系列人员实行人事代理制度。出台《关于吉林大学人才与学术特区建设中人事管理制度改革与创新的指导意见》。完成《吉林大学教职工年度考核办法》初稿。改革博士后招收管理制度，在职博士后比例下调10%。

长春理工大学推进“兴光人才”工程，引进“长白学者”讲座教授2名、学科领军人才4名。1人受聘为“长白学者”特聘教授，2人被评为吉林省有突出贡献的中青年专业技术人才，7人被评为吉林省拔尖创新人才，63人次获得国家、省级资金资助1387万元。公开招聘119人。

吉林农业大学新增国家“万人计划”人选1人、科技部中青年科技创新领军人才1人，新增“长白山学者”特聘教授2人、讲座教授2人。荣获省第八届高等学校教学名师奖3人，获得省首届教学新秀奖2人，有2个团队获批省高等学校本科优秀教学团队,3个团队成为吉林省重大科技项目研发人才团队。学校13名专家获批为吉林省普通高等学校教学指导委员会委员。评聘正高级专业技术职务19人,副高级专业技术职务69人。聘任专业技术二级7人,三级10人,五级8人,六级30人。

长春工业大学公开招聘引进优秀教师、管理人员、辅导员等各类人才36人,参加东北5校双选会,收回博士、硕士简历325份,组织引进人才面试考核会2场。1人获国务院特殊津贴,3人被评为吉林省有突出贡献中青年专家,1个项目获批“吉林省人才开发资金资助项目”,1个人才团队入选“第一批吉林省重大科技项目研发人才团队”。组织50位新入职教师参加岗前培训,进行教师资格认定。鼓励教师提高学历层次,教师在职攻读博士6人。全校晋升正高级职称26人,副高级职称49人,中级职称49人。

长春大学人事制度改革。实现专业技术职务评审从采用量化打分到注重参评人员业绩质量的转变。进行绩效工资改革,组织实施《长春大学绩效工资分配办法》,明确对高层次人才的奖励,规范奖励性绩效的项目类别和发放形式,清理规定以外的津贴补贴项目,实行专任教师绩效部分院部二次分配办法。

**【国际交流与合作】** 吉林大学完善全球合作网络布局,与39个国家和地区的270所高校和科研机构建立合作关系,比2015年增加25所。其中,排名世界前100名的36所,前200名的54所。邀请美国哥伦比亚大学、英国爱丁堡大学等8所世界名校来校举办交流周。与11个国家的高校和科研机构合作共建32个中外合作平台。与以色列本·古里安大学签约共建中以创新创业中心,与莫斯科国立大学签约共建历史学研究中心。获得国家外国专家局引智经费1449万元,40个国家和地区的各类专家802人次来校工作,聘请专家总人数1102人次。招收108个国家的长短期留学生1873人,分布在全校38个学院。派出教职工1285人次,在校学生1703人次赴国(境)外学习交流。

东北师范大学新增长期外国专家12人,聘请高层次、重点短期外国专家74人。以优异成绩顺利通过国家首批来华留学质量认证,扩大来校外国留学生规模,接收来自108个国家1191名留学生来校学习。扩大东北师范大学罗格斯大学·纽瓦克学院开设的物流管理、金融学以及公共事业管理等3个专业招生规模。5所孔子学院招收学员8000余人,举办各类文化活动近200场次,有10余万人次参与,东北师范大学承办的韩国东亚大学孔子学院获“全球先进孔院”称号。

吉林农业大学与30余个境外高校及科研机构开展合作,签订校际间合作协议9个。推进中意合作办学项目。参加由西班牙拉斯帕尔梅斯大学发起的兽医学科领域欧盟框架计划伊拉莫斯项目。5个引进国外智力培训项目获得吉林省外专局批准。承办3期商务部、科技部援外培训项目。赞比亚农业技术示范中心建设实现新发展。中国、赞比亚、美国盖茨基金会3方合作项目,与赞比亚大学共建“现代农业技术国际合作联合实验室”项目实现突破。

长春工业大学与56所国(境)外大学签订校际合作协议。全年接待来自8个国家和地区的来访团组15个,64人。“春晖计划”项目结题15项,新增立项17项。赴国(境)外学生(不含国际教育学院学生派出)20人。4名学生获批中俄政府奖学金项目,邀请外籍教师20人,聘请外籍语言教师7人。英籍外教LARYSA获吉林省优秀外国专家称号。与美国奥克兰大学合作举办的工业工程专业本科教育项目获教育部批准,电气工程及其自动化项目延期申请顺利通过教育部审批,学校中外合作办学项目4项。成立留学生院,加大来华留学生招生宣传及培养管理服务力度,完成学校英文网站和来华留学招生网站建设。学校长期留学生35名,涉及13个国家。

吉林财经大学新增美国阿拉斯加安克雷奇大学、澳大利亚麦考瑞大学、法国雷恩商学院、新西兰怀卡托理工大学和韩国南首尔大学5所合作院校。学校与国境外合作院校45所。接收来自7个国家的语言生、本科生和研究生80人次。首次招收到来自德国、塔吉克斯坦和蒙古的学生。新增与美国华盛顿大学、阿拉斯加安克雷奇大学、澳大利亚麦考瑞大学、法国雷恩商学院、新西兰怀卡托理工大学和韩国南首尔大学学生交流和联合培养项目7个;联合外方院校为学生做合作项目宣讲12场;有近70名本科生和研究生参加国、境外交流学习。学校首次聘任到长期专业外教,实现外籍教师结构由单一的语言外教向语言加专业外教相结合的转变。有4名教师喜获国家留学基金委全额资助;3名教师获得教育部“春晖计划”项目立项资助;配合学校人事处、教师教学发展中心顺利派出11名教师赴美国、英国、瑞士、日本、俄罗斯、澳大利亚、新加坡访学进修或参加国际会议;协同亚泰工商管理学院报批,举办“2016年全球商务、营销和旅游”国际会议。

吉林建筑大学首次招收来华留学生40余名。学校与美国杨斯顿州立大学电气工程及其自动化专业本科合作项目获得教育部批准立项。申报“国家留学基金委青年骨干教师赴国外研修项目”,教育部每年将定向资助10名教师赴海外访学。学校接待商务部国际商务学院研修考察团组、友好院校访问团组等24个团组,150余人次考察。学校选派优秀青年教师和学术带头人开展访学交流。派遣6个团组,13人次教师赴美国、加拿大、新加坡及澳大利亚等国家进行交流、访学和培训。

吉林华桥外国语学院与14个国家新增合作院校23所,签署协议32项。招收留学生183人,首次招收墨西哥、亚美尼亚、罗马尼亚、土耳其、也门国家留学生。9月20日,孔子学院总部(国家汉办)正式批准学校为“孔子学院奖学金”招生资格院校,吉林华桥外国语学院是东北三省第1所、全国第2所获此资格的民办高校。有59名外籍教师任教,其中具有硕士以上学历外籍教师38人,邀请4名短期外国专家。学校俄罗斯外籍教师在“国际普希金俄语教师竞赛”中获奖。

【高校科研】 吉林大学科研经费13.5亿元，比2015年增加1.35亿元。其中自然科学经费12.6亿元，哲学社会科学到校经费9097万元，均创历史新高。获国家科学技术奖3项，其中作为第一完成单位获得自然科学二等奖1项、技术发明二等奖1项，作为参加单位获得科技进步二等奖1项。获得省部级科学技术奖65项，其中一等奖14项。自然科学全年新立项科技项目近2000项。新增千万级重大项目7项。哲学社会科学获立各级各类项目521项，其中获立国家社科基金重大项目5项，教育部重大课题攻关项目2项，教育部哲学社会科学重大委托项目3项。申请专利2072件，其中发明专利申请1467件。授权专利1405件，其中发明专利660件。2部书稿入选“国家哲学社会科学优秀成果文库”，自2010年以来，有15项成果入选，位居全国高校第4位。

东北师范大学化学、材料科学、工程学、植物与动物科学4个学科的ESI排名进入全球前1%。学校首次跻身世界大学学术排名500强，理科跻身世界200强，首次进入泰晤士报及US News世界大学排行榜。“国外价值观教育现状调查与可借鉴性研究”获立国家社科基金重大项目；“马克思主义意识形态理论研究”“我国高素质幼儿园园长队伍建设研究”等5个项目获得教育部哲学社会科学研究重大课题攻关项目立项资助。立项数位列全国第4位。1部专著入选《国家哲学社会科学成果文库》，8项成果获得全国教育科学优秀成果奖。作为第一单位发表SCIE论文581篇，1篇论文入选“中国百篇最具影响国际学术论文”。10位教师入选爱思唯尔2016年中国高被引学者榜单，入选教师人数在全国科研机构中排名第33位，在师范高校中排名第2位。

长春理工大学新增2个国家级科研平台、3个省级平台，获评1个吉林省科技创新团队、4个吉林省重大科技项目研发人才团队。新增科研立项280项，获省部级以上奖励19项，实现科研经费到款1.18亿元，发表SCI、EI检索论文403篇，获授权专利127项。校属企业签订科技成果转化及技术转移项目13项，校办产业销售收入877.5万元。

吉林农业大学申报各级各类项目816项，获准资助科研项目348项，获立国家自然科学基金项目20项。资助学校科研启动基金53项。1个部级科研平台获批建设，3个部级科研平台顺利通过评估和复核评审。到位科研经费1.68亿元，首次作为牵头单位承担国家重点研发计划重点专项项目，经费2500万元。组织结题验收上级各类项目104项，3项鉴定成果达到国际先进水平、16项鉴定成果达到国内领先水平。获得授权发明专利43项。首次获得教育部高等学校科学研究优秀成果奖(科学技术)一等奖1项，获国土资源部国土资源科学技术奖一等奖1项，获省科学技术奖项目15项；首次获得吉林省专利奖金奖1项。学校奖励15年科研成果959项，奖励金额498.863万元。

长春工业大学获国家自然科学基金21项、国家社会科学基金2项、国家科技部重点研发计划项目1项，国家级课题经费1146万元，获“吉林省重大科技项目研发人才团队项目”等省市级政府科研项目经费1622万元，获企业横向课题到款经费381万元。全年获科研经费3149万元，科技经费总计4049万元。获吉林省科技进步一等奖2项、二等奖1项、三等奖3项，吉林省专利金奖1项，长春市科技进步一等奖1项，中国机械工业联合会等行业协会科技进步二等奖、三等奖各1项，中国技术市场金桥奖2项。申请专利277项，其中发明专利132项；获得授权专利134项，其中发明专利41项；发表SCI、CSSCI、EI等检索论文202篇，其中以长春工业大学为第一单位的SCI检索论文145篇。出版学报6期。

长春中医药大学全年科技项目立项270项，获批纵向科研项目合同经费1.22亿元。服务国家中药标准化能力建设取得标志性成果，学校成为中药质量检测技术平台(北方)支撑单位。与解放军军事医学科学院金宁一院士科研团队合作，成立院士工作站。中医文化与思想政治“双融”教育研究中心成为吉林省高校人文社会科学研究基地。与江阴药业、敖东药业、金马药业签署协议，拟引入1500万元设立科研基金。教师发表SCI论文93篇，接受企业技术委托项目30项，获项目资助660.38万元。完成国家第4轮学科评估，中医学、中药学、中西医结合、药学和护理学5个一级学科硕士授权点参评。中医学、中药学和中西医结合3个学科，完成吉林省“十二五”特色重点学科验收。遴选12名博士后进站从事研究工作。

吉林财经大学获国家社会科学基金项目立项4项、国家自然科学基金项目立项2项。中宣部理论局将经济学院确定为“全国中国特色社会主义政治经济学研究中心”单位。学校承办的中国资本论研究会会刊《当代经济研究》被确定为中宣部重点支持的政治经济学专业期刊。学校“吉林农村金融研究中心”和“吉林大企业税收研究所”同时获批2016年度吉林省教育厅人文社科重点研究基地。组织各级各类项目申报，获长春市社科评奖10项；获省社科项目立项37项；获科技厅项目立项12项；获科研经费500余万元。申报吉林省财政专项“吉林财经大学科研成果转化综合服务平台”，获批立项经费204万元。申报重点项目、博士基金项目、青年项目、省级平台共建项目101项，最终立项47项，立项经费50万元。申报吉林省财政专项“吉林财经大学科研成果转化综合服务平台”，获批立项经费204万元。

【学生工作】 吉林大学生源质量持续提升，本科生高考成绩高出一本线50分的学生比例达93.5%，高出一本线100分的学生比例达37.1%。2016年录取线差高于100分的省份批次增加到9个。2016届16887名全日制毕业生就业率达96.13%。举办2016年全国高校实践育人暨创新创业现场推进会。学校被教育部评为首批“全国创新创业典型经验高校”。

长春工业大学关注少数民族学生，制定《长春工业大学关于加强少数民族学生教育管理服务工作的实施意见》，为新疆、西藏籍少数民族学生发放伙食补贴。完善“奖、贷、助、补、减、帮”六位一体的经济资助体系,获国家奖学金、助学金4512人次,890.3万元,申请高校及生源地助学贷款1907人,1123.8万元，设置校内勤工助学岗位近300个，发放勤工助学工资244560元。

6月8日,长春高校大学生纪念建党95周年、长征胜利80周年文艺演出

（崔 静 提供）

**【创业活动】** 在大学生中开展“创新、创业、创造”主题实践活动。市高校工委制定下发《2016年长春高校大学生“创新、创业、创造”主题实践活动方案》《关于完善“长春高校大学生创业联盟”组织架构的通知》;6月22日召开长春大学生创业联盟成立大会，请国内知名创业培训专家举办知识高端培训；依托科技文化艺术节举办“互联网+创新创业大赛”“职业生涯设计大赛”等活动;在高校建设一批具备现代创业意识和能力的创业培训基地,选树一批大学生创业典型;编辑出版以大学生创业优惠政策为内容的《长春高校工作研究》专刊。

长春工业大学成立学校创新创业教育工作委员会，成为吉林省高校首批大学生创新创业基地、长春市创业就业工作站，大学生创新创业园孵化学生企业29家。

吉林财经大学申报2016年“大学生创新创业训练计划”，省级立项100项,国家级立项40项。立足“大创训练计划”,各类竞赛取得较好成绩,在第二届吉林省“互联网+”大学生创新创业大赛中,获1金、3银、6铜优异成绩;在吉林省“摆渡杯”创新创业大赛中取得2等奖1个(奖金8万),三等奖1个(奖金1万)。

长春建筑学院建立创新创业教育理论模块,开设创新创业必修课,通过第二课堂推进大学生创新创业训练计划，设立创新创业学分及奖励学分，建立学分累积与转换制度,纳入学分管理。截至2016年,学校获批“国家级东北亚文化创意科技园”“吉林省东北亚文化创意科技园创业创新实训基地”“吉林省大学生创新创业基地”。联合行业企业建立“创业双导师制”,3人入选国家级创新创业导师人才库,7人入选省级创新创业导师人才库。获批吉林省大学生创新创业训练计划119项；获得各级各类学科竞赛奖项300余项；林海滨等同学共同创建的“新视野智能科技有限公司”获董事长“天使创业基金”资助5万元,资助学生团队初创企业;3项展出项目获得吉林省高校大学生创新创业教育成果展肯定。

**【精神文明建设】** 开展“高校文明杯”竞赛活动，使高校成为良好社会风尚的引领力量。4月8日,在吉林工程技术师范学院启动长春市第七届大学生科技方术化艺术节,6月8日,在吉林动画学院举办“传承红色基因,共筑中国梦想”——长春高校大学生庆祝建党95周年暨长征胜利80周年专场文艺演出。4月份，市高校工委组织开展2015年度“十佳大学生思想政治教育工作者”“十佳大学生”评选工作,7月8日在长春广播电视台演播大厅举办2015年度“高校文明杯”竞赛总结表彰及“十佳大学生”颁奖典礼。7月11日至7月13日组织2015年度长春市“十佳大学生思想政治教育工作者”“十佳大学生思想政治教育工作者提名奖”“十佳大学生”20余人赴天津开展“学党史、知党情、跟党走——红色之旅”爱国主义教育活动。

（崔 静）

## 2016年在长部分高校概况一览表

| 学校名称 | 现职校级领导数 | | | | | 在校学生数 | | | | | 招生数 | | | | | 毕业生数 | | | | | 专业教师数 | | | | | |
|---|---|---|---|---|---|---|---|---|---|---|---|---|---|---|---|---|---|---|---|---|---|---|---|---|---|---|
| | 均龄 | 男 | 女 | 党员 | 其他 | 计 | 专科 | 本科 | 硕士 | 博士 | 计 | 专科 | 本科 | 硕士 | 博士 | 计 | 专科 | 本科 | 硕士 | 博士 | 计 | 教员 | 助教 | 讲师 | 副教授 | 教授 |
| 吉林大学 | 55 | 12 | 2 | 14 | – | 68666 | 1632 | 41950 | 17301 | 7783 | 18726 | 600 | 10277 | 6289 | 1560 | 16897 | 558 | 10039 | 5356 | 934 | 6628 | – | 52 | 1984 | 2321 | 2271 |
| 东北师范大学 | 53.6 | 6 | 1 | 7 | 0 | 25325 | 0 | 14380 | 9750 | 1195 | 6975 | 0 | 3693 | 2878 | 404 | 7066 | 0 | 3665 | 2974 | 427 | 1535 | 30 | 18 | 460 | 550 | 477 |
| 长春理工大学 | 53.5 | 8 | 2 | 10 | 0 | 19698 | 0 | 15935 | 3309 | 454 | 5172 | 0 | 3933 | 1148 | 91 | 5032 | 0 | 3965 | 1020 | 47 | 1181 | 0 | 80 | 401 | 477 | 223 |
| 吉林农业大学 | 51 | 8 | 1 | 8 | 1 | 18723 | 0 | 15400 | 3021 | 302 | 5036 | 0 | 3970 | 995 | 71 | 4885 | 0 | 3879 | 946 | 60 | 1179 | 2 | 76 | 459 | 437 | 205 |
| 长春工业大学 | 53 | 9 | 0 | 9 | 0 | 20658 | 3310 | 15447 | 1868 | 33 | 5586 | 1010 | 3883 | 680 | 13 | 4785 | 133 | 4021 | 631 | 0 | 1200 | 0 | 86 | 575 | 370 | 169 |
| 长春中医药大学 | 52.44 | 9 | 0 | 8 | 1 | 11552 | 1267 | 8547 | 1422 | 85 | 3024 | 471 | 2026 | 503 | 24 | 2520 | 361 | 1742 | 406 | 11 | 662 | 3 | 64 | 253 | 206 | 136 |
| 吉林财经大学 | 55 | 7 | 2 | 9 | 0 | 12782 | 0 | 10956 | 1826 | 0 | 3464 | 0 | 2818 | 646 | 0 | 3322 | 0 | 2808 | 514 | 0 | 590 | 0 | 36 | 220 | 234 | 100 |
| 吉林建筑大学 | 53 | 8 | 1 | 8 | 1 | 15504 | 43 | 14611 | 850 | 0 | 4076 | 0 | 3784 | 292 | 0 | 3888 | 128 | 3523 | 237 | 0 | 818 | 0 | 19 | 376 | 312 | 111 |
| 吉林华桥外国语学院 | 56 | 6 | 3 | 8 | 1 | 9922 | 0 | 9753 | 169 | 0 | 2525 | 0 | 2423 | 102 | 0 | 1986 | 0 | 1921 | 65 | 0 | 526 | 5 | 90 | 167 | 158 | 106 |
| 长春大学 | 50 | 4 | 2 | 6 | 0 | 15878 | 1094 | 14580 | 130 | 0 | 4327 | 455 | 3818 | 54 | 0 | 3963 | 330 | 3633 | 0 | 0 | 819 | 819 | 68 | 391 | 253 | 107 |
| 长春工程学院 | 54 | 8 | 1 | 9 | – | 14648 | 1297 | 13188 | 163 | 0 | 4355 | 738 | 3545 | 72 | 0 | 3449 | 275 | 3119 | 55 | 0 | 750 | 0 | 12 | 339 | 293 | 106 |
| 长春师范大学 | 53 | 5 | 1 | 5 | 1 | 21078 | 3456 | 17186 | 424 | 12 | 5846 | 1231 | 4448 | 162 | 5 | 6207 | 1735 | 4417 | 55 | 0 | 971 | – | 100 | 462 | 302 | 107 |
| 吉林工程技术师范学院 | 53 | 5 | 1 | 6 | – | 10728 | 1498 | 9230 | – | – | 3055 | 534 | 2521 | – | – | 1844 | 53 | 1791 | – | – | 542 | – | 27 | 266 | 171 | 78 |
| 吉林艺术学院 | 52.7 | 7 | 0 | 7 | 0 | 8216 | 1 | 7353 | 862 | 0 | 2196 | 0 | 1907 | 289 | 0 | 2125 | 53 | 1813 | 259 | 0 | 562 | 0 | 138 | 197 | 174 | 53 |
| 吉林体育学院 | 53 | 6 | 11 | 6 | 1 | 6614 | 17 | 6293 | 304 | 0 | 1753 | 0 | 1625 | 128 | 0 | 1705 | 11 | 1559 | 135 | 0 | 606 | 0 | 165 | 258 | 126 | 57 |
| 吉林工商学院 | 54 | 7 | 2 | 8 | – | 14421 | 3926 | 10495 | – | – | 4233 | 1167 | 3066 | – | – | 3783 | 1302 | 2481 | – | – | 675 | 2 | 84 | 263 | 224 | 102 |
| 吉林警察学院 | – | 6 | 1 | 7 | 0 | 7124 | 2616 | 4508 | 0 | 0 | 2286 | 861 | 1425 | 0 | 0 | 1681 | 900 | 781 | 0 | 0 | 271 | 0 | 88 | 90 | 69 | 24 |
| 吉林省教育学院 | 53.3 | 8 | 1 | 9 | – | 285 | 285 | – | – | – | – | 227 | – | – | – | – | 199 | – | – | – | 45 | 3 | 4 | 17 | 19 | 2 |
| 吉林动画学院 | 53 | 6 | 3 | 4 | 5 | 12192 | – | 12186 | 6 | – | 2988 | – | 2982 | 6(联合培养) | – | 2862 | – | 2862 | – | – | 449 | 9 | 162 | 172 | 73 | 33 |
| 长春建筑学院 | 54 | 4 | 3 | 5 | – | 13273 | – | 13273 | – | – | 3477 | – | 3477 | – | – | 2452 | – | 2452 | – | – | 785 | – | 139 | 380 | 194 | 72 |
| 长春科技学院 | 56 | 6 | 1 | 6 | 1 | 14110 | 3197 | 10913 | 0 | 0 | 3812 | 1100 | 2712 | 0 | 0 | 3285 | 577 | 2708 | 0 | 0 | 744 | 12 | 86 | 268 | 260 | 118 |
| 长春光华学院 | 55 | 7 | 0 | 7 | 0 | 11727 | 512 | 11215 | – | – | 2967 | 104 | 2863 | – | – | 2689 | 86 | 2603 | – | – | 623 | 34 | 64 | 262 | 171 | 92 |
| 东北师范大学人文学院 | 63 | 7 | 0 | 7 | – | 11302 | – | 11302 | – | – | 2916 | – | 2916 | – | – | 2863 | – | 2863 | – | – | 622 | – | 79 | 245 | 162 | 136 |
| 长春理工大学光电信息学院 | 54 | 3 | 2 | 5 | 0 | 9552 | 0 | 9552 | 0 | 0 | 2463 | 0 | 2463 | 0 | 0 | 2418 | 0 | 2418 | 0 | 0 | 536 | 536 | 47 | 245 | 163 | 81 |
| 长春工大人文信息学院 | 59 | 9 | 3 | 12 | 0 | 10160 | 0 | 10160 | 0 | 0 | 2499 | 0 | 2499 | 0 | 0 | 2490 | 0 | 2490 | 0 | 0 | 551 | 9 | 45 | 204 | 224 | 69 |
| 长春财经学院 | 56 | 7 | 1 | 8 | – | 10609 | 10609 | 3000 | 3000 | 2406 | 2406 | 545 | 545 | 52 | 258 | 148 | 87 | 1921 | 0 | 0 | 545 | 31 | 64 | 235 | 122 | 93 |
| 吉林建筑大学城建学院 | 55.3 | 8 | 2 | 10 | – | 9849 | – | 9849 | – | – | 2463 | – | 2463 | – | – | 2460 | – | 2460 | – | – | 568 | 2 | 157 | 152 | 180 | 77 |
| 长春大学旅游学院 | 58 | 3 | 1 | 4 | 0 | 9142 | 322 | 8820 | – | – | 2249 | 47 | 2202 | – | – | 2458 | 12 | 2446 | – | – | 184 | 0 | 73 | 56 | 28 | 27 |
| 长春金融高等专科学校 | 50 | 6 | 1 | 7 | 0 | 6360 | 6360 | – | – | – | 2538 | 2538 | – | – | – | 1583 | 1583 | – | – | – | 224 | – | 60 | 71 | 67 | 26 |
| 长春医学高等专科学校 | 48 | 2 | 1 | 3 | – | 6031 | 6031 | – | – | – | 2057 | 2057 | – | – | – | 2032 | 2032 | – | – | – | 500 | 37 | 162 | 141 | 118 | 42 |
| 吉林交通职业技术学院 | 49.6 | 5 | 0 | 5 | 0 | 7136 | 7136 | – | – | – | 2543 | 2543 | – | – | – | 2118 | 2118 | – | – | – | 334 | – | 44 | 138 | 118 | 34 |
| 长春汽车高等专科学校 | 51 | 4 | – | 4 | – | 9248 | 9248 | – | – | – | 3058 | 3058 | – | – | – | 3912 | 3912 | – | – | – | 358 | – | 100 | 127 | 109 | 22 |
| 长春职业技术学院 | 52.5 | 3 | 1 | 4 | – | 10403 | 10403 | – | – | – | 4332 | 4332 | – | – | – | 3443 | 3443 | – | – | – | 543 | 20 | 96 | 200 | 193 | 34 |
| 吉林司法警官职业学院 | 50 | 6 | 1 | 7 | – | 6194 | 3669 | 2525 | – | – | 2380 | 1365 | 1015 | – | – | 1657 | 977 | 680 | – | – | 178 | – | 39 | 65 | 48 | 26 |
| 长春东方职业学院 | 59 | 3 | 1 | 3 | 1 | 3708 | 3708 | 0 | 0 | 0 | 1769 | 1769 | 0 | 0 | 0 | 117 | 117 | 0 | 0 | 0 | 160 | 71 | 9 | 18 | 34 | 28 |
| 吉林俄语专修学院 | 51 | 4 | 2 | 6 | – | 403 | 282 | 121 | – | – | 380 | 300 | 80 | – | – | 178 | 132 | 46 | – | – | 41 | 3 | 6 | 26 | 4 | 2 |
| 长春信息技术职业学院 | 55.3 | 6 | 0 | 5 | – | 7216 | 7216 | 0 | 0 | 0 | 2358 | 2358 | 0 | 0 | 0 | 1284 | 1284 | 0 | 0 | 0 | 314 | 11 | 146 | 76 | 67 | 14 |
| 吉林科技职业技术学院 | 52 | 5 | – | 5 | – | 7826 | 7826 | – | – | – | 2868 | 2868 | – | – | – | 2238 | 2238 | – | – | – | 531 | 2 | 58 | 364 | 89 | 18 |
| 总计 | 53.7 | 233 | 55 | 261 | 13 | 478263 | 96961 | 332728 | 44405 | 12270 | 135158 | 32278 | 85379 | 14001 | 2426 | 117825 | 24636 | 81106 | 12394 | 1479 | 28350 | 1641 | 2843 | 10623 | 9120 | 5478 |

## 2015 年在长部分高校教学、科研队伍情况一览表

| 学校名称 | 享受政府特殊津贴 | | | 突出贡献的专家学者 | | | 硕士学位 | 硕士生指 | 博士学位 | 博士生指 | 博士后 | 院士数 | | 重点学科 | | 重点实验室 | |
|---|---|---|---|---|---|---|---|---|---|---|---|---|---|---|---|---|---|
| | 国家级 | 省级 | 市级 | 国家级 | 省级 | 市级 | 授权点 | 导教师 | 授权点 | 导教师 | 流动站 | 科学院 | 工程院 | 国家级 | 省级 | 国家级 | 省部委级 |
| 吉林大学 | 438 | 1071 | 23 | – | 20 | – | 291 | 3128 | 244 | 1062 | 42 | 23 | 14 | 23 | 51 | 5 | 60 |
| 东北师范大学 | 47 | 0 | 0 | 2 | 69 | 0 | 61 | 805 | 26 | 370 | 20 | 0 | 0 | 5 | 32 | 3 | 18 |
| 长春理工大学 | 45 | 66 | 9 | 1 | 38 | 8 | 88 | 658 | 25 | 131 | 7 | 6 | 2 | 1 | 13 | 1 | 19 |
| 吉林农业大学 | 49 | 0 | 0 | 4 | 33 | 0 | 96 | 669 | 26 | 85 | 7 | 0 | 1 | 1 | 10 | 1 | 12 |
| 长春工业大学 | 34 | 0 | 4 | 2 | 27 | 1 | 20 | 543 | 3 | 67 | 0 | 1 | 1 | 0 | 8 | 3 | 28 |
| 长春中医药大学 | 25 | 0 | 2 | 0 | 28 | 6 | 68 | 427 | 12 | 51 | 2 | 0 | 0 | 0 | 22 | 5 | 48 |
| 吉林财经大学 | 3 | 0 | 2 | 0 | 7 | 4 | 18 | – | 0 | – | 0 | 0 | 0 | – | 7 | – | – |
| 吉林建筑大学 | 9 | 0 | 0 | 1 | 8 | 5 | 10 | 266 | 0 | 13 | 0 | 0 | 0 | 0 | 5 | 0 | 27 |
| 吉林华桥外国语学院 | 8 | 0 | 0 | 0 | 3 | 1 | 4 | 57 | 0 | 0 | 0 | 0 | 0 | 0 | 2 | 1 | 5 |
| 长春大学 | 2 | 0 | 0 | 2 | 10 | 2 | 5 | 106 | 0 | 2 | 0 | 0 | 0 | 0 | 2 | 2 | 5 |
| 长春工程学院 | 2 | 0 | 0 | 0 | 8 | 0 | 3 | 62 | 0 | 0 | 0 | 0 | 0 | 0 | 6 | 0 | 5 |
| 长春师范大学 | 5 | 0 | 2 | 0 | 11 | 4 | 10 | 226 | 1 | 9 | 0 | 0 | 0 | 0 | 3 | 1 | 5 |
| 吉林工程技术师范学院 | 1 | – | – | – | 4 | – | – | – | – | – | – | – | – | – | 3 | – | 2 |
| 吉林艺术学院 | 3 | 0 | 0 | 0 | 10 | 2 | 7 | 213 | 0 | 5 | 0 | 0 | 0 | 0 | 4 | 0 | 1 |
| 吉林体育学院 | 3 | 0 | 0 | 0 | 3 | 1 | 11 | 44 | 0 | 0 | 0 | 0 | 0 | 0 | 2 | 0 | 10 |
| 吉林工商学院 | 2 | – | 2 | – | 6 | – | – | 16 | – | – | – | – | – | – | 4 | – | 1 |
| 吉林警察学院 | 0 | 0 | 0 | 0 | 1 | 0 | 0 | 8 | 0 | 1 | 0 | 0 | 0 | 0 | 2 | 0 | 0 |
| 吉林省教育学院 | 1 | – | – | – | 5 | – | – | 56 | – | 2 | – | – | – | – | – | – | – |
| 吉林动画学院 | 2 | – | – | – | 2 | – | – | 3 | – | – | – | – | – | – | 1 | – | 1 |
| 长春科技学院 | 5 | 0 | 0 | 1 | 5 | 0 | 0 | 0 | 0 | 0 | 0 | 0 | 0 | 0 | 1 | 0 | 0 |
| 长春光华学院 | 1 | – | – | – | – | – | 2 | 6 | – | – | – | – | – | – | 1 | 0 | 1 |
| 长春财经学院 | 2 | – | 3 | – | 1 | – | – | 4 | – | – | – | – | – | – | 1 | – | – |
| 长春建筑学院 | – | – | – | – | – | – | – | 24 | – | 2 | – | – | – | – | 1 | – | 2 |
| 东北师范大学人文学院 | 3 | – | – | – | 3 | 1 | – | 41 | – | – | – | – | – | – | – | – | – |
| 长春理工大学光电信息学院 | 0 | 0 | 0 | 0 | 0 | 0 | 0 | 15 | 0 | 3 | 0 | 1 | 0 | 0 | 0 | 0 | 1 |
| 长春工大人文信息学院 | 0 | 0 | 0 | 0 | 0 | 0 | 0 | 6 | 0 | 0 | 0 | 0 | 0 | 0 | 1 | 0 | 0 |
| 吉林建筑大学城建学院 | 0 | 0 | 0 | 0 | 0 | 0 | 0 | 0 | 0 | 0 | 0 | 0 | 0 | 0 | 0 | 0 | 1 |
| 长春大学旅游学院 | – | – | – | – | – | – | – | – | – | – | – | – | – | – | 1 | – | – |
| 长春金融高等专科学校 | 1 | – | – | – | 3 | – | – | – | – | – | – | – | – | – | – | – | – |
| 吉林交通职业技术学院 | – | 1 | – | – | 3 | – | – | – | – | – | – | – | – | – | – | – | 1 |
| 吉林司法警官职业学院 | – | – | – | – | – | – | – | – | – | – | – | – | – | – | – | – | – |
| 长春医学高等专科学校 | – | – | – | – | – | – | – | – | – | – | – | – | – | – | – | – | – |
| 长春汽车工业高等专科学校 | – | – | 1 | – | 1 | – | – | – | – | – | – | – | – | – | – | – | – |
| 长春职业技术学院 | – | – | 3 | – | 1 | 2 | – | – | – | – | – | – | – | – | – | – | – |
| 长春东方职业学院 | – | – | – | – | – | – | – | – | – | – | – | – | – | – | – | – | – |
| 长春信息技术职业学院 | – | – | – | – | – | – | – | – | – | – | – | – | – | – | – | – | – |
| 吉林科技职业学院 | – | – | – | – | – | – | – | – | – | – | – | – | – | – | – | – | 1 |
| 吉林俄语专修学院 | – | – | – | – | – | – | – | – | – | – | – | – | – | – | – | – | – |
| 共计 | 691 | 1138 | 47 | 13 | 308 | 35 | 674 | 7383 | 337 | 1803 | 78 | 31 | 18 | 26 | 183 | 22 | 253 |

## 科技创新

【概况】 2016年，长春市科技创新认定高新技术企业73户，总数285户；认定科技型"小巨人"企业66户，总数453户；新增"新三板"挂牌科技企业17户，达36户；专利申请量13327件，比2015年增长30.9%，发明专利申请量5801件，增长24.4%；全市技术交易合同成交额108.2亿元，是2015年的4.4倍，在全国15个副省级城市中由第14位上升到第8位。长春市被国家知识产权局批准为"国家专利质押融资试点城市"，市知识产权局被评选为"全国知识产权人才工作先进集体"。科技信息研究所获得吉林省巾帼建功先进集体称号。市科技局机关党委获得市直机关先进直属党组织称号。

【长春科技大市场建设】 市科技局和长春高新区管委会合作，共同建设长春科技大市场，7月18日启动运行。注重搭建服务平台，线下打造实体服务平台，设立8个服务功能区，线上打造云网服务平台，在更大范围内链接引进创新资源；注重汇聚服务资源，汇聚1155户科技企业、2832名科技专家、612项科技成果、1409台套大型仪器设备等资源信息，整合全球103个国家超过1亿条专利数据及6.8亿条科技文献资源，加盟战略合作服务机构114家；注重拓展服务项目，提供科技政策、技术交易、仪器共享、科技金融、科技合作、知识产权、科技人才、科技培训等8个方面60余项创新创业服务。

【科技计划项目建设】 支持重点向产业化转变。突出企业项目和产学研项目，多数科技计划由企业作为项目申报单位或协作单位，优先支持产学研联合申报项目。突出重大项目，启动实施"双十工程"，集中支持28个重大科技攻关和重大科技成果转化项目。项目评审向规范化转变。项目指南通过网上发布，项目申报实行网上申报、网上受理，项目评估论证实行评估专家与项目申报单位"背对背"评审，答辩评审全程录音录像、邀请纪委监督，各阶段项目名单均向社会公开公示，科技计划实施的全过程对社会公开透明。支持方式向多样化转变。股权、债权、贴息、后补助等支持方式在科技投入中占较大比重，2016年为13959万元（占市本级科技投入2亿元的70%）。

【科技体制机制改革】 贯彻落实省政府《关于在长春市建立产学研协同创新机制试点的实施方案》、市委市政府《关于建立产学研协同创新机制试点的工作方案》，抓好21个示范点建设。申报创建长春国家自主创新示范区，已列入国家支持东北振兴的政策文件。启动运行协同创新云平台，推动科技人才、科技成果与企业创新需求互动对接。组织实施"产学研协同创新示范点建设专项"，重点支持

5月3日，市科技局邀请吉林大学商学院教授、博士生导师丁志国作专题报告会 （王立章　提供）

“三类中心”、产业技术创新联盟、新型研发机构建设。制定实施长春市《市级事业单位科技成果使用、处置、收益管理改革办法》《大型科研仪器开放共享管理暂行办法》,建立科技人才服务地方经济发展的激励机制、科技成果转化“舟桥”机制、大型科研仪器开放共享的市场化机制。

【科技创新主体培育】 扶持科技型企业发展,培育更多的“希望之星”“潜力之星”。在创建创新型企业上给予奖励、在科技计划项目上给予倾斜、在转化科技成果上给予贷款贴息补助、在“新三板”挂牌上给予后补助、在搬迁改造上给予支持。通过持续培育,希达电子、科英激光、正大博凯、金沙数控、博立电子、永利激光等一批科技型企业成长为国内同行业排头兵。

【科技金融服务】 市科技局、长春高新区管委会和社会资本共同建设长春科技金融创新服务中心,创建全省第一家科技金融综合服务平台、第一家专业科技支行、第一家科技小额贷款机构、第一家科技信用担保机构、第一家互联网+科技金融众筹平台、第一家人才科技金融服务平台,打造科技金融红娘专业服务团队。中心入驻投融资及中介机构25家,与近百家建立合作关系,构建4重融资链,开展科技信贷、小贷、担保、保险、知识产权质押融资、互联网+科技金融众筹、科技企业“新三板”上市辅导及后补助等业务。全年为600余户科技企业提供科技金融服务,投融资超过22亿元。

【众创空间建设】 制定出台《关于发展众创空间推进大众创新创业的实施意见》,设立众创空间建设专项,打造主体大众化、空间多样化、服务专业化的创业孵化生态体系。全市众创空间达55个,其中国家级众创空间9个,以专业服务为主的众创空间26个,专业服务领域涵盖文化创意、光电信息、高端装备制造等多个产业。全市科技企业孵化器49个,其中国家级科技企业孵化器14个。

【国际和区域科技合作】 深化院地科技合作。与中科院长春分院共同组织科技企业赴中科院所属研究所进行项目对接、引入关键技术、促进成果落地转化。举办为期1个月的中科院科技创新年度巡展,举行高端装备制造和化工新材料项目推介交流会,促进中科院科技成果与长春市产业需求进行对接。加强国际和区域科技合作。组织科技企业赴智利、巴西和墨西哥洽谈项目合作,帮助科技企业拓展拉美国际市场。组织科技企业和科研单位参加重庆高交会,长春市44家高新技术企业、科研单位参展推介,展出53个高新技术成果,30余项科技成果达成合作意向。会同县(市)区、开发区,加快建设长春中白科技园、中德汽车产业园、中古(长春)生物技术国际合作区等国际科技合作园区。

9月12日,2016年长吉图区域创新创业大赛决赛在长春摆渡新工场举行

(王立章　提供)

【国家知识产权示范城市建设】 实施知识产权创新能力提升工程,实施专利扶持专项,调整知识产权优势企业培育专项,支持8家科技企业以专利质押方式融资3050万元,资助22家科技企业102个专利投保专利执行险。实施新兴产业专利导航工程,建成长春市3大支柱产业、6大战略新兴产业专利导航数据库和3个专利预警数据库,为政府和企业提供产业发展导航服务。实施知识产权服务能力提升工程,设立知识产权服务业培育专项,评选长春市知识产权品牌服务机构5家,与知识产权出版社、长吉图科技合作组织共同发起成立“东北亚知识产权战略服务联盟”。实施知识产权宣传教育工程,开展知识产权宣传周和中国专利周活动,组织开展中小学知识产权教育试点工作,举办知识产权培训班、辅导班20余班次、专利技能培训班3期,培训2000余人次。

【科技政策支撑体系】 在起支撑作用的创新主体、创新环节上加大引导支持力度,制定出台《关于大力推进科技创新的实施意见》《实施意见》,包括10个方面、30条,在强化企业创新主体作用、促进高校院所科技成果转化、推进协同创新、打造多元化科技创新投融资体系、构建综合化科技创新服务体系、推进大众创业万众创新、推动形成深度融合的开放创新局面、发挥人才关键作用等方面,提供支持。制定9个实施办法,连同近2年制定的10个政策文件,构成科技创新政策支撑体系。

(王立章)

## 科技活动

【长春市科学技术协会第八次代表大会】 6月,市科协召开第八次代表大会,省委常委、市委书记王君正向全市科技界人士发出“努力争做创新发展的时代先锋”的号召，做出深入实施创新驱动发展战略的重要部署。市委、市人大、市政府、市政协的主要领导，部分在长工作院士，市直有关部门主要领导出席开幕式。大会期间，全体代表听取并审议市科协七届委员会的工作报告，选举产生市科协新一届领导机构，做出《长春市科学技术协会第八届代表大会关于第七届委员会工作报告的决议》，向全市广大科技工作者发出《团结起来抢抓机遇以无愧的业绩迎接新时代的挑战》的倡议书。

**【审议通过《科协系统深化改革实施方案》】** 按照中国科协、吉林省科协系统深化改革方案和市委群团组织改革具体要求，结合长春市实际情况，围绕科协系统基层组织建设、服务科技工作者、服务党委政府科学决策、学会治理结构与方式、科普工作开拓创新、服务创新驱动发展等6个主要方面存在的问题，提出4个方面19项改革措施。12月，市委深改领导小组审议通过《长春市科协系统深化改革实施方案》。

**【精准扶贫】** 脱贫攻坚战中突出科技引领、深度谋划的“三扶”特色（扶志、扶智、扶产业）。邀请吉林农大、省林科院、中国藜麦协会等大批专家为扶贫工作献智出力。市科协与镇、村共同研究形成《扶贫项目发展规划》，根据专家建议，启动棚膜经济和黄牛养殖2个项目。建造采用土墙保温、专利保暖被、LED植物补光灯、中草药生物灭菌和生物肥先进技术的3栋温室，引领“赤松茸”产业发展。依托吉林农大良种牛繁育技术开展黄牛养殖。项目2016年收益13万元，解决10余人就业，为每名贫困人口分红800元。33户80人完成脱贫，脱贫率80%。

**【服务“三农”】** 与县（市）区科协联动，组织农业专家团队到九台、农安、双阳、榆树等地开展“送技术、送信息、解难题”活动；与双阳区科协携手促成太平镇政府、吉林博大东方藜麦发展有限公司合作，续签500公顷藜麦种植订单，在推动传统农业转型升级、调整农业产业结构、带动农民增收，建设专家、农户、企业一体化的服务平台方面收获宝贵实践成果。与市委组织部、市农委联合对县（市）区申报的“农业工程”“农经管理”“种植业”“养殖业”等类别人员开展新型职业农民培训和专业技术能力评定，最终由市本级评定105人为中级农技师，推荐21人由吉林省科协评为高级农艺师。

**【高端学术会议】** 与中科院长春应化所联合举办第四届国际稀土资源利用暨第七届国际功能材料研讨会，围绕稀土资源利用及功能材料领域的最新研究情况开展交流合作，14个国家和地区的300多位代表参加会议，李玉良等6位院士及60余位杰青长江学者出席会议。与中科院东北地理与农业生态研究所、水利部松辽委等多家单位联合举办第十四届中国水论坛，国内外100余所科研机构、大专院校、水利管理机构、企业的700名代表参加，中国科学院刘昌明、林学钰、夏军院士，中国工程院王浩院士，国家千人学者洪阳和段青云教授等13位知名学者做大会特邀报告，发表22篇高质量的学术论文。

**【学术交流与决策咨询】** 组织广大科技工作者、学会、研究会，开展学术研讨和调查研究，提出建议和意见。举办、联办长春光学产业发展座谈会，中国网络空间安全报告会，网络空间安全及中华未来公网论坛，低碳技术创新发展论坛，建筑信息化高峰论坛，国产数据库、电子印章系统在IPV9上的示范应用等10场报告会。城市科学研究会完成市政府委托的3个重点课题研究。市博联会理事长李北伟教授提交的《谨防我省汽车产业空心化》决策咨询专报，引起省委书记巴音朝鲁重视，做出专门批示。

**【“基层科普行动计划”】** 组织实施“基层科普行动计划”，抓好项目培育、申报、推荐，全市有1个农技协、1个科普示范基地、2个科普示范社区、2个科普带头人获得国家级荣誉称号。2个农技协，2个科普示范基地、6个科普示范社区、4个科普带头人获得省级荣誉称号，获得“以奖代补”资金102万元。九台区被中国科协命名为全国科普示范县。

**【科普基础设施和示范体系建设】** 全市各级科协组织多方筹措资金，加大投入力度，新建科普画廊100余处、科普宣传墙30余面，科普展板200余块，整修科普宣传栏300余处，1300余米，发放各类科技书籍15万余册、养殖技术光盘2300余张、科普宣传资料11万余份。市科协邀请吉林农大8名农业专家，在其塔木镇建立专家工作站，为农民提供科技服务。二道区科协在社区建设了科普体验馆、鲁班工作室、机器人工厂、科普研究小组。绿园区加强社区科普大学、科普活动站、科普楼道、农家书屋等设施建设。南关区科协为12个街道、57个社区统一制作科普展板。九台区科协与吉林省电视台合作拍摄4部基层农技协专题片。农安县新建保护性耕作、日光温室栽培、水稻集约化经营、胡萝卜高产栽培等5个试验示范基地，普及推广新品种、新技术。

**【科普信息化建设】** 市科协为获得过省级以上表彰的科普基地配发44台科普终端机。朝阳、九台、榆树、农安科协协调上级部门，争取地方财政补贴配套资金，为所属行政村增配251台科普网络终端电脑。宽城区科协开展网络科普剧大赛和网络科普小达人比赛活动，通过网络展示交流、线上线下互动，以信息化手段浸润百姓生活，参与活动人数18万余人。二道区科协邀请农业专家开展示范讲座，引导农民使用互联网销售农产品，查用科普信息。绿园区科协利用镇村远程教育基地平台，组织农村党员干部、规模种养殖户2000余人次学习。

**【群众性科普活动】** 市县两级科协组织开展各类科普活动600余场次。市科协与长春电视台联合举办29场“科普大舞台”和10期“科普大讲堂”活动。市县两级科协共同举办首届“长春市公民科学素质大赛”、首届“长春市小学生科技知识竞赛”。在双阳区、九台区举办流动科技馆巡展活动，学生、居民、干部8万余人参展受益。举办海峡两岸大学生科普创意设计巡回展，参赛作品2801件，巡

9月17日，在长春广播电视台举办的2016年长春市第一届"公民科学素质大赛"获奖者合影 （孙瑞繁　提供）

展作品730件，涌现出一大批科技含量高的新作品。联合市科技传媒学会、市反邪教协会举办首届"崇尚科学，反对邪教"主题科技文化艺术展。

【青少年科技竞赛】 在吉林省第31届科技创新大赛中，市科协组织代表队参赛，35项作品获一等奖、11项作品获得二等奖，3项作品获三等奖，获得金牌54块、银牌16块，铜牌5块。吉林省科协和长春市科协联合举办的机器人大赛中，长春市组织132个代表队，350人参赛，33个队获得竞赛一等奖。

【科技工作者之家建设】 加强与科技工作者联系，定期看望院士专家。春节前夕，市科协班子看望部分在长院士、知名专家。鼓励引导学会通过组织学术沙龙等活动加强为会员服务，探索为会员服务的新方式新机制。开展科协干部与科技工作者换位体验和结对帮扶等活动，定期联系科技工作者，听取他们意见诉求，帮助解决生活困难。推荐林青远、李国栋当选为市政协委员。推荐李桂英、郑岩、周光远3人作为"第七届全国优秀科技工作者"候选人参加评选。与媒体联合开展征集、报道长春老科技工作者事迹工作，在《城市晚报》《大吉林网》等媒体开设专栏，展示45位长春老一辈科技工作者成长纪实。

（孙瑞繁）

## 防震减灾

【概况】 2016年，长春市防震减灾工作以创建国家防震减灾示范城市为重点，加强防震减灾体系建设，提升防震减灾综合能力。在2016年度全国市级防震减灾综合考核中，长春市位居第一名。在2016年度全国县级防震减灾综合考核中，宽城区、二道区获得先进单位称号。

【监测预报】 完成长春市地震台网能力提升一期计划，完成"两建三改"项目(新建富锋山地震台、石头口门地震台，升级改造双阳地震台、榆树地震台、地震速测速报中心)设备联调和运行测试，与国家局和省局实现并网运行；加快推进长春市地震台网能力提升二期计划。启动实施"两台一馆"项目(德惠地震台、农安地震台和长春市地震科技馆)，"两台"项目年内完成前期立项、围栏遮挡和基础施工，"一馆"启动前期设计。启动首批前兆观测台站的选址、立项、设计和施工工作，建设完成5个GNSS地壳运动观测基站、13个强震动观测基站。长春市域全面建成"一县(市)一台，有人值守"监测格局，伊舒和四长两大断裂基本实现"抵近观测、综合会诊"预定目标。在副省级城市中，率先实现地壳运动观测网络、相对重力观测网络、强震动观测网络、地下流体观测网络、地震速测速报网络"五位一体"。全市形成"一心七台、两带多元"(一心：地震速测速报中心，七台：双阳地震台、榆树地震台、富锋山地震台、石头口门地震台、德惠地震台、农安地震台、流动测震台，两带：伊舒断裂带、四长断裂带，多元：测震、地电、地形变、地下流体、GNSS、动植物宏观观测等多种观测手段)的综合观测模式。

【震害防御】 开展以创建国家防震减灾示范城市为载体的"大纵深、大联防工程"。召开全市防震减灾工作会议，部署当期工作，市委常委、副市长王路到会作重要讲话。制定"化整为零，各个突破"的主导思想，将创城指标分解到县(市)区。主城区内，朝阳、南关、绿园、宽城、二道、双阳等6个区先行争创国家防震减灾示范县(市)区，创建比例占全市60%。依法督导龙嘉机场二期扩建和长春市地下管廊等重大生命线工程进行地震安全性评价，推进建设工程抗震设防管理纳入基本建设并联审批程序。继续修编《长春市农村民居建设图集》《长春市农村民居建筑抗震施工指南》和《长春市农村民居建筑抗震技术指导》。

【应急救援】 监督指导市抗震救灾指挥部54个成员单位和15个县(市)区、开发区，结合行业和地域特色完成地震应急预案修订和备案登记。制定印发《长春市突发重特大地震灾害应对方案》和《防震减灾工作法定职责分解》。制定《长春市应急避难场所建设标准》，科学划定地震应急避难场所78处。整合既有优势资源，明确备案各类专业应急队伍50支，落实应急物资储备库37个。接轨智慧城市建设，启动建设地震应急基础数据库。内容涵盖地上建筑、地下管网、地球物理、易发生次生灾害的重点危险源、应急救援、科研项目等6大版块。在副省级城市中，率先实现地震应急预案体系、地震应急通讯系统、地震应急避险网络和军地应急合作机制4个全覆盖。

【社会动员】 建立健全防震减灾公共服务产品供给体系。打造震情速报、烈度速报、矿震监测、宣传专版、专家讲堂、地震应急辅助决策等一批特色服务品牌。举办防震减灾"大讲堂",开通直面公众的"微课堂"。利用社区、公园、广场、绿地等公共空间,构建防震减灾"半小时文化圈"。长春市宽城区凯旋街道永盛街社区、长春市宽城区欣园街道五星村委员会、长春市南关区自强街道庆利社区被评为国家地震安全示范社区,宽城区、二道区、朝阳区、南关区、双阳区、汽车经济技术开发区被认定为省级防震减灾示范县(区),长春汽车经济技术开发区东风街道越野社区、宽城区凯旋街道永盛街社区、绿园区春城街道海迎社区、二道区荣光街道福安社区、二道区东盛街道公平社区、长春市宽城区欣园街道五星村委员会、长春市南关区自强街道庆利社区、双阳区云山街道柏山社区被认定为省级防震减灾示范社区。主办纪念唐山抗震 40 周年全国 6 城市防震减灾知识家庭电视竞赛。来自长春、大连、济南、西安、唐山、包头等 6 城市的 6 组参赛家庭和领队人员 30 余人参加赛会,中国地震局震害防御司司长孙福梁莅临赛会并致辞,市委常委、副市长王路到场为选手们加油,来自全市各行业代表 500 余人观摩比赛。竞赛在长春广播电视台 1 号演播厅举行。吉林大学地球探测科学与技术学院院长刘财和东北师范大学地理科学学院院长吴正方对有关知识进行现场点评。

(王春光)

## 社会科学

**【科研立项】** 在科研课题立项上,深入化课题招标和课题自主申报制,确定 10 项资助课题。立项方向涉及到长春农村土地制度改革、城市公共文化服务建设、工业企业经济发展、中小学教育等方面,收到在长大专院校、科研院所 40 余份申报书,确定项目承担人。全部按时结项,通过要报、长春社科等阵地报送市委领导。召开《盛京时报长春资料选编伪满卷》编辑工作研讨会,邀请长春市著名史学家和相关单位负责人,就此书的材料选取、编辑工作等进行研究。此书与长春师大合作,前期编辑工作已启动。

**【社团管理】** 深入基层调查研究,到长春市会计学会、教育学会、法学会、消费者协会等 30 多家社团开展调研活动,了解掌握社团动态。探索社团健康发展新模式、新途径,组织社团骨干学习考察,拓宽思路。开展党性教育,举办"迎十一、促学风"主题征文,提高社团人员理论研究水平。组织参与"传统文化进社区"、专家讲座等省市科普系列活动。鼓励社团工作者积极申报社科优秀成果奖,培养、发现优秀人才。开展"创建"活动、"争当"活动,实行"社团联谊(席)活动组"制度,强化服务管理。完善社团文字、电子档案,帮助、指导社团完成年检,推介优秀社团参加全国大中城市先进社团评选和市级先进社团评选。加强对直属社团服务、监督和管理,严格执行按季度申报活动项目管理制度。在工作中注意收集、宣传各社团活动信息,宣传、报道各社团成绩。2016 年,市社科联被评为全国大中城市先进社科联,所属长春市珠算协会、长春市城市科学研究会、长春市档案学会、长春市财政学会、长春市消费者协会等 5 家社团,被评为全国先进社团,有 2 名社团骨干被评为全国先进个人。

**【科普工作】** 在飞跃社区、万嘉社区和远达街道,以民族文艺表演、传统文化展示、现场咨询服务、免费发放科普读物等形式,向社区居民宣传普及社会科学知识;到"一汽大众"参观学习考察,使党员干部和社团骨干近距离感受、了解企业生产经营和管理状况,拓宽视野;走进长沈路学校开展公益讲座,以优秀传统文化陶冶青少年情操;走进宽城区委、二道区委机关和部分社区,巡回举办"回顾历史、展望未来"展览;开设讲坛,邀请专家做专题报告会,营造勇于担当、干事创业氛围;编写手册,组织编写《百姓身边的经济学》《长春区县街路地名来源》等 10 本科普手册。针对社区居民,组织"展示国学传统,弘扬民族文化"专场演出,倡导科学生活方式;面向中小学生,举办"与经典同行,和圣贤为友"古诗词赏析,引导学生提升思想境界;针对机关干部和普通市民,制作"中国共产党党旗史话""察往知来—长春年轮"图片展板,宣传普及党旗、党徽的诞生和演变,展示长春城市的变迁和发展。长春市社科联(社科院)的 3 处科普基地发挥平台和阵地作用,举办 10 多场讲座、报告会。市社科联被省社科联评为科普先进单位。

**【刊物编辑】** 《长春社会科学》聚焦长春市转型发展和所属社团组织建设、理论研究、科普咨询成果、动态消息,刊发辅导讨论、专题论文、调查报告、图片报道等文章,每期突出 1 至 2 个重点专题组织稿件,为长春市经济社会发展凝聚创新发展动力。全年出刊 6 期,刊发各类稿件 90 余篇、45 万字。长春社科院《要报》围绕长春市大局和中心工作,组织专稿、特稿,就经济建设、社会发展重点、热点、难点开展讨论,已编发 12 期,近 15 万字。

**【优秀成果评奖】** 第七届长春市社科优秀成果奖评审工作于 3 月启动,在 1700 余项申请成果中,有 255 项成果获奖。

**【课题研究】** 确定 11 项市级课题,分别是《当前长春城市形象定位与宣传推广研究:城市外交视角》《长春市农村经营体系建设研究》《十三五期间如何加强长春农村文化服务》《绿色发展理念下的长春生态环境建设》《十三五期间如何打造长春对外开发新格局和开放通道》《以创新为引领和支撑的长春经济体系和发展模式研究》《东北振兴形势下长春后发优势及利用途径》《科研不端表现形式与处理方法研究》《长春市大型公共项目 PPP 模式法律保障制度研究》《长春市农村电子商务与物流互动发展研究》《长春市中小学音乐老师胜任力研究》,全部结项。市社科联(社科院)承担《东北振兴形势下吉林省后发优势及利用途径——以长春为例》等 2 项省级课题。启动《盛京时报长春资料选编伪满卷》前期编辑工作;10 月份,作为主办单位之一,长春市社科联(社科院)参加在哈尔滨举行的首届"哈长城市群发展论坛",在长春市未来建设发展方面,提出对策建议。

(刘 薇)

## 文化产业

【概况】 2016年,长春市文化产业平稳发展,推进文化产业项目建设,加大文化产业专项资金扶持力度,文化交流活动日益增多,有3家文化企业成功上市,实现长春市文化类企业上市融资历史性突破。

【编制规划】 从2016年1月开始,开展全市"十三五"文化产业发展规划的编制工作。市文化产业办公室于年初制定长春市"十三五"文化产业发展规划编制工作方案,搜集文化产业规划编制单位信息,与5家文化产业规划编制单位进行沟通,掌握规划编制单位基本情况。经市委宣传部部务会议集体研究,确定由北京大学文化产业研究院作为长春市"十三五"文化产业发展规划编制单位。规划编制单位确定后,市文化产业办公室分别组织规划编制团队到各城区、开发区调研,组织市直相关部门、县(市)区委宣传部,重点文化企业开展座谈,召开各类座谈会13个,深入了解相关情况,取得规划编制的第一手材料。6月29日、8月12日,分别召开由省市及域外专家学者、省市重点文化企事业单位负责人、市直相关部门主管领导、各县(市)区委宣传部、各开发区主管文化产业工作负责人参加的长春市"十三五"文化产业发展规划论证会。12月中旬,长春市"十三五"文化产业发展规划论证和征求意见工作基本完成。

【项目建设】 对红旗街电影文化主题街区、力旺繁荣中心餐饮文化产业孵化器、巴蜀映巷文化主题街区、北海公园商业文化街区进行实地踏查和重点调研,协调解决林田创客公园、吉广国家广告园等重点文化企业发展中遇到的问题,努力实现文化产业项目与资金、市场的有效对接。完善全市文化产业项目库,增加后续项目储备,加快推进长春电影职业学院、三元国粹文化园等重点文化产业项目和园区建设,推动骨干文化企业做大做强。3家有影响的文化企业和文化产业项目上市。4月27日,吉林省广通有线网络股份有限公司在"新三板"挂牌上市;5月7日,吉林省八吉工艺美术集团松花石系列产品在华夏文交所鸣锣上市;7月20日,吉林省装库创意科技股份有限公司在"新三板"挂牌上市。

【资金扶持】 年初,市委宣传部会同市财政局、市文广新局,聘请审计领域专家组成联合检查组,对获得2015年度和2016年度省级文化产业发展引导资金扶持项目的文化企业进行专项检查。对长春海和信息技术有限公司、长春出版传媒集团有限责任公司等19家文化企业的24个产业项目进行检查,对项目的实施进度、专项资金到位及使用等相关情况进行实地踏查和资金审验。此项工作于1月中旬完成,并上报省委宣传部。7月,按照省委宣传部、省财政厅《关于印发2017年度省级文化产业发展引导资金申报指南的通知(吉宣通[2016]14号)》文件要求,市委宣传部会同市财政局、市文广新局、市体育局对拟申报2017年省级文化产业发展引导资金的项目进行实地踏查;项目检查结束后,召开专家评审论证会,各部门负责人、部分文化领域专家、项目申报单位的负责人参加论证会。评审专家组一致同意装库科技、炫通网络、汇雅合文化传媒等15家文化企业申报2017年度省级文化产业发展引导资金。

【文化交流】 5月12日至16日,第十二届中国(深圳)国际文化产业博览交易会在深圳举办,市委宣传部组织专人代表长春市参加深圳文博会的开幕式及相关考察展览活动。5月28日至6月19日,长春牡丹街青年双创文化周暨2016幸福都市创意市集在长春举行。活动分为3个阶段:即前导区域小型幸福市集、长春青年双创文化活动周和长春青年双创成果汇聚展示。众多在长高校大学生和社会创业青年带着自己的创意产品参加市集。6月9日至13日,第十二届中国(长春)国际动漫艺术博览会在长春国际会展中心举行。国内动漫领域内最专业、层次最高的院校、社团及知名品牌企业在"动博会"上亮相。展区聚集来自广州、南京、上海、杭州等地时尚、炫丽的动漫衍生品;VR体验作为新鲜元素加入到本届"动博会"中。期间举办国产动画精品展、电子竞技大赛、桌游争霸赛等多项活动。7月7日至11日，第九届中国长春华夏文化艺术节暨2016中国长春国际文化产业博览会（简称“长春文博会”）在长春华联古玩城启幕，第五届东北地区珠宝书画古玩交易大会同时举行。

**【人才培训】** 为支持长春市文化企业发展，利用新媒体技术，在微信上创办“文化百脑汇”微信公众平台；每天早上在此微信公众平台上进行1分钟与文化创意相关的、启迪心智的语音播报，提供内容丰富的相关信息，引导和推进全市文化产业发展。截至年底，“文化百脑汇”微信公众平台推出900余期，受众群体不断扩大，受到长春市、省外，乃至海外的广泛关注和普遍好评。4月，在蚁族创客·碳索空间举办“文化百脑汇”开播2周年庆典，对参加庆典的长春市文化产业各界人士进行培训。

**【创客大赛】** 为提升城市文化软实力，市委宣传部与市妇联、市人力资源和社会保障局、中国手工艺发展促进会共同主办“长春印象”巾帼手工艺创客大赛；10月17日，组织召开“长春印象”巾帼手工艺创客大赛新闻发布会。立足挖掘长春文化，打造具有长春特色的手工艺产品，激发广大手工艺术爱好者的“工匠精神+创客精神”，实现产品、技术、资本和市场有效对接，以创新引领创业、创业带动就业。截至年底，收到全国各地报名投稿作品630余件，评选出96件作品进入复赛。

**【文化产业联合会】** 长春市文化产业联合会于2016年1月29日召开换届大会。会议由常务副主席兼秘书长赵建华主持，并代表第一届主席团做工作报告；会议重新选举文化产业联合会第二届主席团组成人员。会上选举王启民为主席团主席、赵建华任常务副主席兼秘书长、王欢等17人为副主席；聘请赵国华等11人为文化产业联合会顾问。

（刘维科）

## 2016年长春市投资超亿元的重点文化产业项目汇总表

| 序号 | 项目名称 | 总投资(亿元) | 投资主体 | 项目内容 |
| --- | --- | --- | --- | --- |
| 1 | 长春复华未来世界 | 80 | 复华控股有限公司、北京恒银中嘉投资基金管理有限公司 | 项目包括美高梅酒店、甲级办公楼、海洋乐园、室内乐园、电影乐园及大型购物中心组成的文化旅游综合体。 |
| 2 | 电商产业园 | 15 | 吉林青旅五行电子商务有限公司 | 项目包括长春国际电商产业园、东北亚艺术中心电商创业基地、凯利青年电商创客基地，即“一园两基地”；每年举办一次“电商微商互联网+传统行业企业”对接会和电商产业峰会。 |
| 3 | 长春力旺广场——原生态文化创新创意产业示范基地 | 12 | 力旺集团、吉林省宏佳羿房地产开发有限公司 | 项目包括CCTV—发现之旅舌尖上的中国文化产业项目、万达影院、科大讯飞创客空间等。 |
| 4 | 庙香山度假区项目 | 12 | 长春香山实业集团 | 项目包括林业产业园区、冰雪运动度假区、体育公园游乐区、佛教文化区、森林别墅度假区、房车宿营区、国际品牌五星级温泉度假酒店、萨满文化乡村游等八大板块；其中一期以冰雪运动、山地运动、庙香山戏水乐园、东北民俗文化园为主题。 |
| 5 | 巴蜀映巷特色文化旅游商街 | 8 | 长春市诺睿德创新产业投资管理有限公司 | 项目包括一区、三个平台，其中一区为巴蜀文化展示街区，三个平台为文化交流平台、小微型孵化平台、创业服务平台；通过打造川渝特色美食、名优特产、旅游文化、茶艺和民俗表演、蜀锦蜀绣、养生休闲中心、四星级主题商务酒店、国际酒吧、咖啡厅等各种业态项目，建成集吃、住、行、游、购、娱为一体的特色商业文化街。 |

## 文学艺术

**【创作出版】** 2016年,长春市出版小说集《熬鹰》《心藏黑白》、散文集《春光无限》、长篇纪实文学《贡米》《转乡情》等文学专著30余部;发表中、短篇小说、诗歌、散文、报告文学、评论等各类文艺作品2000余篇。其中多部小说在《小说月报》《小说选刊》等国内有影响的刊物上发表并转载。有多位作家作品获国家及省、市级文学奖项。其中杨俊文散文集《黎明》获第四届冰心散文奖,金仁顺小说获人民文学奖。在2016年"中国精神中国百家金陵画展"中,长春市2人入选,1人获奖。在"万年浦江全国中国画花鸟作品展"中,长春市2人入选。在"七彩云南全国中国画展"中,长春市1人入选。在"第二届中国民族美术双年展"中,长春市2人入选。在"第十届中国工笔画作品展"中,长春市2人入选。在"第五届全国画院美术作品展"中,长春市2人入选。2016年,《意林》杂志由每月3期改为4期,全年出版杂志48期。出版《春风文艺》6期,《汉俳诗刊》2期。

**【文艺助残志愿服务活动】** 响应中国文联、中国残联《关于实施"共享芬芳"文艺助残志愿服务行动的通知》,市文联与市残联联合动员广大文艺家、文艺工作者参与到助残志愿服务中。1月27日,举办"共享芬芳 共圆梦想"长春文艺助残志愿服务活动启动仪式,书法家现场为残疾人代表和残联工作人员创作书法作品20余件,书写春联和"福"字200余副。接受残疾人代表颁发的"文化助残志愿者"证书。以这次签约和送福活动为起点,市文联延伸文艺助残活动触角,集中开展多种文艺助残主题活动。

**【文艺志愿系列服务活动】** 年初以来,市文联组织文艺志愿者,通过文学、书法、绘画、音乐、舞蹈、摄影、民间艺术等多种艺术形式,以及送福字、写对联、剪窗花等方式,开展文艺志愿和文艺惠民活动。活动由长春市文联领导带队组成小分队,每队成员不少于10人,分别走进朝阳、双阳、九台等6个县区基层。在基层期间,市文联对长春市各县区符合条件的地区进行审定,选择一批文化积淀悠久、艺术氛围浓厚的有特色、有活力的乡镇、村、屯作为创作基地,进行挂牌,不定期组织重点作家、艺术家到基地进行采风创作、艺术交流。

**【中国民间文艺家协会手工艺发展促进会揭牌仪式】** 1月6日,中国民间文艺家协会手工艺发展促进会揭牌仪式在长春金安大饭店举行。长春市委副书记杨子明,中国民协分党组成员、副秘书长、中国民协手工艺发展促进会主任周燕屏以及省、市文联领导、艺术家代表出席揭牌仪式。

**【成立长春市企业文学艺术工作者联合会】** 9月6日,长春市企业文学艺术工作者联合会成立大会在长春国际会展中心大饭店举行。会议通过《吉林省企业书法家协会章程》,选举产生理事、主席、副主席单位,对近几年的协会工作,做出部署和安排。本次大会选举东北水利电力设计院党委书记李若平为长春市企业文学艺术工作者联合会主席。包括国有企业、股份制企业以及众多民营企业在内的超过180家单位加入长春市企业文学艺术工作者联合会。参会代表230余人,参会的单位不仅有国有企业、股份制企业,还有很多民营企业参与,会员不仅有个人代表,更有企业里的文艺工作骨干代表和企业中的文学艺术爱好者。

**【第十二届长春国际动漫艺术博览会】** 本届动博会于2016年6月9日至6月13日在长春国际会展中心举办。来自全国各地的1500余名动漫周边、游戏厂商云集本届动博会。动博会组织"嘉年华东北赛区预选赛、动漫原创展示、动漫展览交易、体验活动"4大板块构成的20多项活动内容,有20余万人次在展馆内参观购物。有200余支动漫团队、近万名选手参加2016China-JoyCosplay嘉年华东北赛区预选赛,参赛社团和演员创历届之最。

**【"长春德苑"社会主义核心价值观楹联征集发布会暨全国名家书法笔会】** 3月20日,长春市委宣传部、长春市文联在北京知音堂举办"长春德苑社会主义核心价值观楹联征集发布会暨全国名家书法笔会",15名著名书法家参加笔会,现场挥毫泼墨书写获奖楹联,作品将被镌刻在"长春德苑"的景观建筑上。长春市文联副主席王长元代表活动主办方现场接受楹联征集活动评委会评选结果。"长春德苑"社会主义核心价值观主题公园景观楹联全国征集活动由中国楹联学会、长春市委宣传部、长春市文联、长春市园林局、长春市朝阳区委、朝阳区政府等单位共同主办,于2015年12月15日启动,至2016年1月15日结束,征集到来自全国28个省(市、区)以及澳大利亚、香港等国家和地区的楹联爱好者创作的楹联作品9000余件。这些作品以弘扬社会主义核心价值观、传承中华优秀传统文化为主线,围绕"长春德苑"社会主义核心价值观主题公园正门、次门、忠贤亭、聚孝亭、仁爱亭、重义亭、明礼亭等13处主要景观进行创作。最终评选出一等奖13名、二等奖13名、优秀奖26名。

**【"我们爱长春"——书画名家公益慈善笔会】** 4月7日,由长春市委宣传部、长春市精神文明办主办、由长春广播电视台、长春市文联承办的"我们爱长春"——书画名家公益慈善笔会在长春广电中心举行。20余位长春市知名书画家围绕"我们爱长春"这一主题展开创作,笔会共创作并捐赠书画作品41幅。这些作品巡展后进行拍卖,所得善款在扣除部分活动成本后全部汇入"我们爱长春"公益慈善基金。

**【"易视顿·童心梦"杯少儿舞蹈大赛】** 4月23日,首届中国(长春)"易视顿·童心梦"杯少儿舞蹈大赛在长春市少年宫举行。大赛由市文联、市文广新局、市体育局、市舞蹈家协会联合主办,来自省内8座城市的36支少儿舞队参加比赛,参与儿童230人。幼儿组、儿童组、少年组、亲子组4个组别分别进行印度舞、现代舞、拉丁舞、民族舞、街舞等舞蹈比赛和表

11 月 27 日，长春青年书法篆刻作品展开幕式暨颁奖仪式　　（于柏秋　提供）

演。

【“寻访基层典型、讲好调解故事”活动】 4 月 26 日，长春作协和长春市司法局联合主办的“寻访基层典型、讲好调解故事”活动启动仪式在长春市南关区鸿城街道东风社区举行。来自长春市各县、市（区）基层司法局的工作人员、基层优秀人民调解员以及部分作家代表 60 余人参加启动仪式。活动历时 7 个月，长春作协组织作家挖掘和宣传优秀人民调解组织和优秀人民调解员的典型事迹，以纪实文学、散文、诗歌等形式进行宣传。优秀作品在报刊、杂志刊登，并结集出版发行。

【“服务走基层，惠民进社区”活动】 1 月 15 日，长春市文联、长春作家协会“服务走基层，惠民进社区”活动走进南关区新春街道永春社区。活动现场，长春市文联为永春社区挂牌—“长春市文联创作采风基地”，赠送文学书籍，与社区文学爱好者开展文学创作交流。

【长春市第十届摄影展】 12 月 25 日，由长春市文联、长春市文广新局、长春摄影家协会等共同举办的市第十届摄影展在长春图书馆开幕。本次展出的 150 幅作品是从 370 名作者的近 2400 幅作品中甄选出来的。展览将展至 2017 年 1 月 5 日。

【“中国梦·劳动美”长春市职工摄影优秀作品展】 长春摄影家协会、长春市职工文化体育协会举办的 2016 年“中国梦·劳动美”长春市职工摄影优秀作品展，于 7 月 7 日在长春市工人文化宫举行。本次活动 5 月 25 日至 6 月 24 日在全市进行征稿。由省市摄影界知名专家组成评审委员会对作品进行评选，评选出一等奖 10 名，二等奖 30 名，三等奖 60 名，优秀作品奖 200 名，对优秀作品给予奖励并展出。

【“清风和畅”中国画册页展】 7 月 2 日至 7 月 20 日，由吉林省文联、长春市文联、北京明怀文化艺术有限公司、长春今月轩画廊联合举办的“清风和畅”中国画册页展在长春今月轩画廊开展。集中展示中国当代美术界 20 位著名艺术家的 224 件精品册页新作，是中国当代实力派代表画家的集中展示。本次展览是全国巡展的首站，是近年来长春文艺界举行档次最高的中国画册页展，本次册页展全程免费向艺术爱好者开放，全国各地众多知名艺术家、专家亲临观展。

【东北亚微电影节】 长春电视艺术家协会参加东北亚微电影节的运作、组织工作。长春电视艺术家协会全程参与，负责整个电影节运作及评审工作。长春电视艺术家协会联合沈阳、哈尔滨、福建、贵阳、四川等地影视协会，进行作品征集，负责作品展播活动组织工作。组织微电影进校园活动，使优秀作品在吉林大学、东北师范大学、吉林师范大学、吉林艺术学院、吉林动画学院电影学院进行展播。组织微电影进社区、进乡村等系列活动。

【放飞梦想——长春市首届中青年小幅美术作品展】 10 月 23 日至 11 月 10 日，在长春图书馆举办“放飞梦想—长春市首届中青年小幅美术作品展”。由长春市文联和长春美术家协会主办，长春日报社、长春图书馆以及在长相关艺术院校协办。本次展览征集到作品 450 余幅。由省内著名艺术家组成的评委会评选，评选出一等奖 6 名、二等奖 12 名、三等奖 25 名、优秀奖 120 名。

【长春青年书法篆刻作品展】 11 月 27 日至 12 月 10 日，长春青年书法篆刻作品展在长春图书馆开幕，展出作品 127 件，真、草、隶、篆、行诸体皆备，碑、帖兼容，吸引众多市民观看。展览由长春市文学艺术界联合会、共青团长春市委、长春市文化广电新闻出版局、长春书法家协会、长春市青年书法家协会、长春图书馆等单位共同举办。这次展览是长春市文联和市书法家协会第一次举办的、面向全市 1970 年以后出生的青年书法家为主体的专业性展览，评出一等奖 10 名、二等奖 21 名、三等奖 32 名、优秀奖 64 名。

【第五届中国（长春）当代名家书画展】 4 月 29 日，由吉林省委宣传部、吉林省文化厅、吉林省文联、长春市文联共同主办的第五届中国（长春）当代名家书画展在欧亚卖场 9 号门展览中心隆重开幕，本届书画展为期 5 天，为第三届吉林省市民文化节重点活动之一。长春书法家协会、长春美术家协会组织 100 余件书画名家作品参展。

【长春·成都书画作品交流展】 长春市文学艺术界联合会与成都市文学艺术界联合会共同主办的长春·成都书画作品交流展于 12 月 3 日在乾元艺术中心开幕。此次交流展集结两地优秀书画艺术家的100幅书画作品。12月2日,举行长春·成都书画摄影交流座谈会。双方在文艺队伍建设、人才培养、精品创作、阵地建设等方面进行交流。会后,长春、成都两地书画家举行书画笔会。

**【长春·南宁书法篆刻作品交流展】** 12月6日,长春市文学艺术界联合会与南宁市文学艺术界联合会共同主办的长春·南宁书法篆刻作品交流展在长春国际会展中心大饭店乾元艺术中心开幕,展出长春书法名家作品50件,南宁书法篆刻名家作品64件。12月5日,来自长春、南宁两地的书画家在长春国际会展中心大饭店乾元艺术中心,举办长春·南宁书画交流笔会。

**【"歌唱祖国"大型多媒体诗歌朗诵会暨吉林省诗歌朗诵学会启动仪式】** 5月31日,由吉林省文学艺术界联合会、长春市文学艺术界联合会、中共长春市朝阳区委员会、长春市朝阳区人民政府主办的"歌唱祖国"大型多媒体诗歌朗诵会暨吉林省诗歌朗诵学会启动仪式在长春市朝阳区人民政府3楼礼堂举行,这次演出活动是第三届吉林省市民文化节的重要活动之一。省内专业演员和来自朝阳区社区、单位的业余演员奉献一场精彩演出。

**【"文化惠民直通车"】** 以"送春联,添年味;送万福,进万家"活动、"服务走基层,惠民进社区活动""文艺走基层"活动等为载体,长春市文联各文艺家协会组织广大文艺工作者到双阳区齐家镇关家村、绿园区合心镇新农家村、中科院长春应化所、长发集团、南关区新春街道永春社区、幸福街道明珠社区、长春汽开区兴顺社区、九台区沐石河镇等地送春联、送窗花和剪纸、送歌舞戏剧、送书画作品、送文艺书籍、拍摄照片和全家福,同时进行各类文艺创作辅导。长春书法家协会被中国书协评为2016年"万名书法家送万福进万家"下基层公益活动"先进集体",长春书法家协会副主席、秘书长汪鹏辉被评为该活动"先进个人"。

**【"文艺走基层"惠民演出】** 6月22日,长春民间文艺家协会、长春戏剧家协会组织会员和文艺爱好者,联合长春汽车经济开发区兴顺社区举办纪念建党95周年暨"两学一做"学习教育"文艺走基层"惠民演出。本次活动着眼基层群众,以歌舞、二人转、评剧等形式,将"两学一做"学习教育内容融入到节目中,以群众喜闻乐见的形式宣传党的理论政策,借艺术形式解读"两学一做",营造纪念建党95周年浓厚氛围。

**【送文化进军(警)营】** 在长春市文联组织书画家、摄影家开展的"送春联、添年味、送万福、进万家"活动中,1月26日,走进长春消防支队经开消防大队;1月28日,走进珠海路派出所;2月4日,走进长春市公安局特警支队。为军警书写春联、福字和书画作品,拍摄照片,并进行交流联谊活动。7月29日,为迎接"八一"建军节,长春市文联组织部分书画家赴长春武警支队二大队五中队开展"丹心保疆土·翰墨颂军魂"慰问活动。书画家现场为部队英模、立功受奖官兵代表创作和赠送几十幅书画作品,与部队书画爱好者和新华小记者们交流书画创作心得,对作品进行点评指导。

**【书法作品专版】** 2016年,长春市文联与《书法报》合作,推出刊发长春市具有代表性的书法家作品专版。全年出版51期。这是长春市第一次通过专业媒体平台面向全国大规模集中展示长春市代表性书法家作品。

**【《长春书画界》专版】** 市文联与长春日报社联合在《长春日报》开办《长春书画界》专版,每月1个整版,每期分别刊发著名书画家、书画新秀作品及书画小常识,2016年出版10期。

**【《春风文艺》办刊研讨会】** 8月24日,长春市文联在省宾馆举行《春风文艺》办刊研讨会。省、市文联领导和吉林省著名作家、评论家、编辑家30多人参会。为提高《春风文艺》的办刊质量,提供良好建议和构想。

**【发挥新媒体作用】** 2016年,长春文艺网刊登报道230条,微信刊登报道224条,浏览量近万次,宣传、展示长春文艺,构建具有广泛传播力和影响力的文艺新传媒阵地。

**【第四届长春文学奖颁奖大会】** 5月20日,长春市文艺界纪念毛泽东《在延安文艺座谈会上的讲话》发表74周年暨第四届长春文学奖颁奖大会在吉林省宾馆召开。长春市委常委、宣传部长王庭凯出席会议作重要讲话。省市文联领导、第四届长春文学奖评委代表、获奖作者、长春市文联全委会委员、各文艺家协会主席团

1月26日,长春市文联送文化进军营活动 (于柏秋 提供)

成员、会员代表等130余人参加会议。会上对32位获得第四届长春文学奖的优秀作家给予表彰奖励，文艺界代表结合毛泽东《讲话》，从文学创作、书法创作及基层文联建设等方面进行发言。

（于柏秋）

## 群众文化

**【概况】** 2016年，长春市群众艺术馆开展公益培训、文化庙会、千家万福公益拍摄、艺术团大赛、文化活动启动季、电影节群众文化活动等惠民乐民群众文化活动，开展各类演出活动230场次；举办各类展览1100场次；市民公益培训46万人次。长春市群众艺术馆在文化部第四次全国文化馆评估定级中被定为一级馆；被吉林省委、吉林省人民政府命名为2013—2015年度全省文明单位；获长春市先进基层党组织；长春市群众艺术馆驻馆艺术团“老山参”合唱团、“雪绒花”女子合唱团分别获得第三届吉林省市民文化节暨第九届“长白之声”合唱节的最高奖项—“参花奖”，长春市群众艺术馆获最佳组织奖。

**【基础设施建设】** 长春市群众艺术馆新馆逐步投入使用，协同相关部门、单位进行各项验收工作，加快设备采购、安装、调试工作。具备使用条件的业务用房，即对市民开放，发挥功能作用。培训教室、展厅、剧场、休息区已投入使用。完成网络机房与电子阅览室建设，实现网站的本地运行与维护，公共文化资源存储空间达36TB。具备培训辅导在线报名，剧场演出活动在线订座，培训教师预约及场地预约，活动影音资源在线观看等功能。

**【法人治理】** 长春市群众艺术馆馆作为吉林省法人治理结构建设试点单位，继续推进法人治理结构建设，坚持“放权、吸纳、规范”原则，突出“扩大有序参与、推进信息公开、加强议事协商、强化服务监督”4个重点，发挥理事会决策、监督职能，实行理事会季审议制度，筹备召开第一届理事会第二次全体会议。法人治理结构经验材料被省文化厅推荐全国交流。

**【标准化建设】** 2016年，长春市群众艺术馆作为吉林省文化厅确定的标准化试点单位，落实《长春市群众艺术馆服务规范》，制定《常规项目评价标准》，出台《长春市群众艺术馆岗位设置及岗位基本标准》（试行稿），规范岗位设置，明确岗位工作基本标准，包括岗位基本要求、岗位基本工作量、岗位基本职责等。由长春市群众艺术馆组织撰写的长春市乡镇综合文化站建设经验材料在文化部组织召开的全国会议上进行交流。

**【区域联动】** 5月27日，东北三省省会城市区域文化联动工作研讨会在长春市群众艺术馆召开。在研讨会上，长春、沈阳、哈尔滨3市群众艺术馆同仁共同商讨研究2016年3市文化联动方式及开展项目，签订2016东北三省省会城市区域文化联动工作协议。8月，长春市群众艺术馆带领“雪绒花”女子合唱团、“老山参”合唱团、吉林省民族文化交流协会合唱团、“欢乐之声”男声合唱团和吉林艺术学院流行音乐学院的师生参加2016沈阳国际合唱节展演和第33届中国·哈尔滨之夏音乐会“激情飞扬”国际现代音乐展演。长春市群众艺术馆区域一体化工作经验在全国工作会上交流。

**【演出活动】** 长春市群众艺术馆联合绿园区文化馆、朝阳区文化馆带领文化志愿者，分别赴绿园区合心镇新立村、新农家村、西新镇开元村、至善安养院、至爱老年医疗护理院以及65304部队开展“两节”期间慰问演出活动。举行6场演出，得到村民、护理院老人以及官兵们欢迎。文化庙会以长春市地域传统文化为主要内容开展节庆群众文化活动。设立展览、展示、表演、全家福体验拍摄等系列群众文化活动。活动包括非物质文化遗产展览；“迎春送福”书法家现场创作春联赠送活动；东北大鼓、二人转、古琴、古筝、杂技等优秀民族传统文化展演活动等。秧歌大赛是文化庙会的一项重要内容，有40支秧歌队参加选拔活动，参赛人数近2000人。春节期间，长春市群众艺术馆举办“千家万福公益拍”活动，为期10天。是文化庙会“全家福公益拍”的延续，通过“家和万事兴”“大红门”“蒙古包之情”“温馨朝鲜小屋”“长白山下”等不同主题背景的设置，满足不同家庭拍摄要求。提供少数民族服饰配合场景进行拍摄，得到广大市民欢迎，有300多组长春市民家庭参与拍摄。

**【民生工程】** 市民公益培训。长春市群众艺术馆在中心馆、净月分馆、电大分馆长年举办免费开放公益培训班。为方便广大市民，培训班报名工作实行网上报名和现场报名2种方式。中心馆全年举办3期培训，228个班，培训16.40万人次。净月分馆全年举办2期培训，67个班，培训4.8万人次。电大分馆全举办2期培训班，开设3个专业，培训4000人次。长春市群众艺术馆有9个驻馆艺术团，包括2个合唱团、3个舞蹈团、2个模特团、1个话剧社和1个乐队。驻馆艺术团每周在长春市群众艺术馆内活动184课时，参与者14.7万人次。长春市群众艺术馆为各艺术团定期开展公益性辅导与培训，组织艺术团参与各类演出、赛事活动，为艺术团搭建起交流展示平台。基层艺术团扶持。长春市群众艺术馆每年与表现突出并具有一定代表性的群众艺术团签订协议、明确双方的权利和义务后进行扶持。全年长春市群众艺术馆为各艺术团提供服装、音响设备及以奖代投等扶持资金达17万元。

**【农民文化节】** “沃土·情深”2016长春市第三届农民书画大赛获奖作品展。活动3月启动，收到作品300幅，经专家评委评选出80幅获奖作品在长春市、德惠市、榆树市进行巡展100余场次，在展览现场举办笔会，加强作者之间沟通交流。长春市第三届农民歌手大赛。农民歌手大赛自10月19日启动，在长春市各县（市）区举办10场初赛、4场复赛。有238人参加选拔，选出28个优秀的声乐作品参加通俗、民族、美声唱法决赛。决赛暨颁奖仪式于11月8日在长春市群众艺术馆剧场举行。由专家评委按组别评选出4个一等奖、6个二等奖、9个三等奖和9个优秀奖。

**【市民艺术节】** 长春市群众文化活动展演季。展演季于5月21日至5月28日在劳动公园广场举行。启动仪式开展“魅力长春·多彩生活”文艺演出,以群众艺术团为主体,以在群众文化活动中表现突出的优秀节目为主要来源。2016长春市群众艺术团舞蹈展演。4月24日至5月12日在长春市各县(市)区举办14场初选,在初选中有239支队伍、280个节目、近5000人参加。设有大学生专场、农民专场社区专场等。经过评选,选出36个优秀的舞蹈作品于5月26日至5月27日在劳动公园广场举行2场长春市群众艺术团优秀舞蹈作品展演活动。

**【系列赛事】** “记录长春最美瞬间”2016第二届群众摄影大赛。活动得到摄影爱好者积极参与,征集作品532部,其中部分优秀作品在长春市群众艺术馆集中展览。由长春市文化广电新闻出版局、长春市教育局主办,长春市群众艺术馆承办的长春市第二十六届青少年艺术系列大赛于6月启动,有2000余名选手参赛。指尖上的艺术—“手指英雄”在长高校师生《美丽家园》手机摄影大赛于6月1日启动,上传作品600余幅,访问量60289人次,投票80803人次。长春市第五届群众诗歌、散文有奖征集活动于5月26日启动,通过报社、网站等媒体发布征文通知,参与人数1500多人,参与作品2000多篇。有612篇参赛作品入围,其中散文280篇,诗歌332篇。经过专家评委评选,有44篇作品获奖。

**【骨干培训】** 基层文化队伍培训。长春市群众艺术馆在长春市双阳区、九台区,榆树市、农安县等地开展4期基层群众文化队伍骨干公益培训,培训近2万人次。“艺术家进广场、公园、社区公益辅导”活动。吉林省第三届市民文化节暨“艺术家进广场、公园、社区公益辅导”活动于8月16日至9月13日在二道区、南关区、朝阳区、宽城区、绿园区的公园、广场、社区举办9场培训,内容包括摄影、声乐、舞蹈、京剧等,来自各区群众千余人次参加培训。歌唱家边桂荣、姜晓波,摄影家郭义、郑春生,舞蹈家王小燕、吕明明,京剧家倪茂才、吴迪等为市民群众讲解声乐、摄影、舞蹈、京剧等艺术理论与实践课。“戒烟歌”百姓健康舞推广活动于5月30日启动,分6个阶段(调研阶段,编曲、录制歌曲阶段,编排舞蹈阶段,培训阶段,普及、推广阶段和交流展示阶段)展开。在长春市各县(市)区举办10期群众艺术团舞蹈骨干培训班,有980人参与。为展示“戒烟歌”百姓健康舞的推广成果,长春市群众艺术馆于9月26日、9月27日在南关区、绿园区、宽城区、高新区举办4场展演活动,有近千名群众参加演出。

**【展览展示】** 在长春市群众艺术馆展厅举办“迎新春 庆团圆”年俗文化图片体验展、长春市少年儿童书画展、《幸福婚事》婚俗文化体验展、“影印非洲-—海妈走过的”姜莉摄影作品展、2016年全国地书邀请赛长春市选拔赛暨优秀作品展等展览,效果良好。其中年俗文化和婚俗文化2个体验展,有近千人次观展体验。

**【非物质文化遗产】** 长春市群众艺术馆开展省级非遗项目“关氏满族剪纸”传承人关云德老师进松竹梅社区传习活动及“董氏草编”进57中学校园传习活动。围绕传统节日开展长春市端午节剪纸艺术比赛和长春市“永恒的爱恋”纪念“七夕节”有奖征文活动。收到参赛剪纸作品100余幅和参赛散文、诗歌作品150余篇。

**【电影节系列群众文化活动】** 由中国长春电影节组委会办公室、长春市文化广电新闻出版局主办,第十三届中国长春电影节群众文化活动部、长春市群众艺术馆、各区文体局承办第十三届中国长春电影节系列群众文化活动。启动仪式文艺演出于9月12日在长春市群众艺术馆剧场举行。由歌唱家李秀文、边桂荣演唱的原创歌曲《青春多美好》《满怀深情望北京》掀起演出高潮。第十三届中国长春电影节“电影歌曲大家唱”颁奖仪式暨合唱精品展演。举办7场区域选拔赛、4场决赛,46个合唱团、近3000名演员参与其中。最终评选出7个优秀演唱奖、7个最佳表演奖、10个最佳风采奖等奖项。10月13日在长春市群众艺术馆剧场举办合唱精品展演,来自东北三省的10支合唱团队参加展演活动。“全民共唱电影歌曲”活动于9月18日至10月15日期间每周六、周日10点在长春市各区广场、公园举行,举办48场,每场演

5月27日,省级非遗项目“董氏草编”进57中学校园开展传习活动

(李欲伟　提供)

出时间为30分钟。《流金岁月》老电影海报展于10月11日至17日在长春市群众艺术馆展厅展出。活动分海报展、道具服装体验人物拍照和经典电影片段配音3部分。在展厅，大家观赏到40余幅老电影海报及电影史料、电影剧照、电影拍摄道具等与电影有关的50余件藏品；在拍照体验活动区，报名参加活动的市民可以穿着电影形象的服装免费拍照；在配音体验区，参与市民可分角色体验《开国大典》以及《智取威虎山》等经典影片台词。

**【“春芽”精品晚会】** 为庆祝“六一”国际儿童节，长春市群众艺术馆于5月31日在剧场举办面向幼儿园、中、小学生的“春芽”精品晚会。来自8个单位的14个节目参加演出，参加演出的小演员400多人，观众人数近500人。

**【金秋合唱音乐会】** 为纪念中国工农红军长征胜利80周年，吉林省第七届金秋合唱音乐会于10月22日在长春市群众艺术馆举行。音乐会分2场，来自长春市、吉林市、松原市的27支群众合唱团、1338人参加此次活动，参演人员涉及学校、社区、企事业单位等各行各界，演唱54首合唱曲目。

（李欲伟）

**【长春市朝鲜族群众文化】** 开展惠民利民免费开放工作。长春市朝鲜族群众艺术馆为更好地服务群众，服务内容除以往单一的声乐、舞蹈等传统培训项目以外，增设伽倻琴、民族打击乐、洞箫、长鼓、模特等内容。主要服务对象围绕长春市朝鲜族群老年协会、妇女协会以及各社会团体及单位，免费培训活动时间为每天9:00至17:00，公共空间设施场地实行免费开放，所提供基本服务项目全部免费。简化优化服务流程。对工作进行科学化管理和分配，对各社团单位的免费开放服务实行责任制。舞蹈、声乐、伽倻琴、四物打击乐等培训项目，指定专门老师负责，每周进行培训。组织大型活动时根据《长春市朝鲜族群众艺术馆各社团单位联络员制度》以及《志愿者服务标准》联络工作及分工，确保活动顺利进行。5月23日起，针对长春市朝鲜族各社团首次开设电脑基础知识应用培训班。通过培训让群众们可以掌握安装和下载电脑程序，正确使用浏览器、播放器、刻录软件、手机连接电脑等相关电脑知识。7月12日，举办纪念建党95周年系列活动“2016年长春市朝鲜族群众艺术馆培训作品展演”。演出当天400人的剧场座无虚席。

开展2016年幸福长春行动计划。1月16日，在新馆舍剧场举办“2016年长春市朝鲜族新年演唱会”。这是由艺术馆主办的长春市首次朝鲜族演唱会。2月22日，艺术馆举办“长春市朝鲜族老年人正月十五民俗活动”，此次活动在朝鲜族中学文体馆举行。来自朝阳区、绿园区、宽城区、南开区、一汽区、经开区、二道区、双阳区、双丰区包括在内的长春市9个分会的老年协会的近1000名老年人穿着节日盛装参加本次活动。各区老年协会派出集体舞表演及才艺展示，还进行掷柶、花图、排球等朝鲜族传统民俗游戏比赛和同乐舞会。为迎接“三八”妇女节，3月6日，在新馆舍剧场艺术馆和长春朝鲜族妇女协会共同举办“朝鲜族百姓健康舞”比赛。此次比赛由朝鲜族妇女协会选派10支队伍参赛，每只队伍20人，观众400余人。长春市朝鲜族群众艺术馆在5月14日在举办“长春市朝鲜族卡拉OK比赛”。全市60位选手参加，观众400余人。围绕“2016年长春市朝鲜族传统文化体育活动”内容安排，各项体育比赛从5月21日的排球比赛开始拉开序幕，是多年来参与单位最多的一次。6月18日在长春朝中举办2016年“长春市朝鲜族传统文化体育活动”。入场方队有30支单位及社团，是有史以来群众参与最积极，参与人数最多的一次朝鲜族大型活动。开展朝鲜族广场文艺表演、传统体育赛事，传统民俗娱乐赛事等少数民族特色文化活动。为纪念建党95周年暨国庆67周年，市朝鲜族群众艺术馆于9月29主办以“唱红歌、颂祖国、跟党走”为主题的首届长春市朝鲜族大合唱比赛。全市朝鲜族各社团组织、朝鲜族中小学10多个团体的500余名群众文艺骨干参加合唱比赛。

开展“进百姓、送文化”下基层惠民演出活动。1月19日，市朝鲜族艺术馆参加2016年“文化惠农直通车”集中送演出活动。送戏下乡的目的地是和龙市头道镇，选取3个别具特色的获奖作品送给观众，受到群众欢迎。为舒兰市老年协会和长春市东风社区文化爱好者们辅导朝鲜族民族舞蹈《长鼓舞》，3月起辅导老师利用双休及节假日的时间免费下基层去培训。5月30日，舒兰市老年协会艺术团表演的《风情长鼓》在“吉林市第十五届朝鲜族民俗文化节舞蹈比赛”中获特等奖。6月27日至28日，长春市朝鲜族群众艺术馆3位舞蹈老师下基层为“长春市大成集团”进行百姓健康舞辅导。辅导3个百姓健康舞，辅导近80人，后期骨干队伍会将此百姓健康舞普及至2000名员工。

关注未成年人文化发展。4月，长春市朝鲜族群众艺术馆对宽城区朝鲜族小学进行伽倻琴以及“百人集体舞”和“平鼓舞”培训。9月20日，长春市朝鲜族中学举办“长春市朝鲜族中学建校60周年纪念大会暨特色教育展示活动”，展演中7个节目全部由市朝鲜族艺术馆辅导。

中外文化交流。4月8日至4月17日，第三十届“四月之春”国际艺术节在朝鲜平壤开幕。此次“国际艺术节”由来自33个国家的代表团前来参加。长春市朝鲜族群众艺术馆黄海月代表“在中朝鲜族艺术团”参加艺术节。该艺术团由25人组成，演出5场受到组委会专家和观众欢迎，获团体金奖。17日闭幕会上，黄海月与崔京浩共同演唱的《我的爱人》获金奖；黄海月被授予功勋奖。根据省文化厅2016年2月下发的《关于举办第十一届中国艺术节作品类“群星奖”初选工作的通知》，朝鲜族艺术馆精心编排参赛作品，在全省50件音乐类作品、33件舞蹈类参赛作品中，舞蹈类作品《长白鼓韵》，以及声乐类黄海月演唱的《长白之魂》、李相浩演唱的《幸福欢乐的祖国》获吉林省赛区“优秀作品奖”。2016年长春市朝鲜族群众艺术馆6513.9平方米新馆舍全部投入使用，被评为“全国一级文化馆”。5月26日，长春市朝鲜族群众艺术馆协长春市朝鲜族老年协会艺术团参加2016年“长春市群众艺术团舞蹈展演”比赛,作品《庆丰收》获全场最高分。9月22日至25日,长春市朝鲜族群众艺术馆与长春市朝鲜族妇女协会共同参加在烟台市举办的“第八届全国朝鲜族爱心女性论坛会”交流演出,受到观众好评。

(李　近)

## 长春报业

**【概况】** 2016年,《长春日报》刊发335期,2600多个版面,稿件、图片2万余篇(幅),未发生政治性差错及重大差错。90余篇新闻作品获得国家、省、市各类新闻奖。

**【解放思想大讨论活动】** 2016年3月14日起,《长春日报》开展大规模集中解放思想大讨论活动宣传。《长春日报》一版刊发解放思想大讨论系列评论员文章12篇,署名评论7篇;刊发“抢抓机遇创新发展解放思想大讨论”专栏107期,其中稿件107件,图片17幅,全方位报道解放思想大讨论从市委部署,到各级党委落实的全过程;二版刊发市委常委、副市级领导及各委办局负责人访谈44期,稿件107篇,图片46幅;刊发县(市)区局在行动专版9期,稿件23篇,图片17幅,集中展示各县(市)区局落实解放思想大讨论的具体做法和经验;刊发政策红包细细拆专栏9期,稿件17篇,图片8幅,对市委市政府出台的支持经济社会发展的各项政策,逐一解读;刊发理论专版6块,在理论上引领解放思想大讨论。

**【民生工程宣传】** 5月4日,报社接到省委常委、市委书记王君正要求对市容环境整治、道路修缮和整治交通秩序等工作开展情况加大宣传力度的指示后,立刻组建专门报道团队,于当天晚上首先在“掌上长春”发布《长春交通整治大会战,启动半月已见成效,你看到了吗?》一文,5月5日,以交通整治和环境整治为主题的2个专题见报。自5月6日起,在重要新闻版面开设《市容环境综合整治》和《创文明城　做文明人·全市交通大整治》新闻专栏,关注市容环境整治和交通整治的阶段性工作成果和新措施。宣传旧城改造提升、伊通河综合治理工作。《长春日报》《长春晚报》提前谋划,从10月9日起刊发系列报道,刊发策划类稿件40余篇,反映旧城改造提升、伊通河综合治理。秋季,在秸秆禁烧工作中连续推出《小秸秆牵出生态循环链》等一系列报道。11月18日推出《秸秆禁烧:一场守护蓝天的攻坚战》的整版报道。

**【评论员文章】** 2016年,长春日报社除在“抢抓机遇、创新发展”解放思想大讨论报道中及时配发评论员文章外,配合“两学一做”报道,撰写6篇评论员文章,为“两学一做”学习教育的深入推进、取得实效提供正确路径和方法策略。为使全市更好地学习贯彻落实市委十二届九次全会精神,撰写8篇评论员文章。全年,报社组写时评文章128篇,刊发《时评互动》86块版。

**【经营管理】** 2016年,纸媒广告下滑趋势更加严重,传统媒体生存压力与日俱增,报社领导班子盘活资产、增收节支。年初报社班子确定预期年收入目标是6200万元。8月2日,新班子组成后,拓宽增收渠道,盘活报刊亭资产项目,增收200万元,调整形象广告政策,形象广告收入明显增长,8月后入账377.4万元。8月至12月,报社实现收入4456万元。收回贷款抵押物3018万元,节约利息支出189万元。全年在广告、专刊、发行、印务、经管、行政、财务等部门的努力下,年底时超额完成目标。从12月8日开始,报社事业编在职和退休人员的工资上调到长春市事业单位2016年的最新水平,聘用人员工资普遍提高100元,解决了困扰报社长达10年之久的工资难题。加强保障工作,报社聘用人员实现社保和医保全覆盖。

**【拓宽传播途径】** 实现大会直播。2016年2月26日,为做好长春市人大、政协“两会”报道,一线采访记者与新媒体密切配合,实现在长春新闻网、长报网、“看长春”APP手机客户端的实时直播,实现在微信端的当天实播,使“两会”内容以更前卫的形式展示出来。实现“网先报后”。“长春政事儿”是报社重点打造的又一微信平台,改报网同步的工作方式为先网后报,即每天市里主要领导的政务活动都要先于报纸至少一天推出,实现市里主要领导活动报道当天与粉丝见面。实现数据库信息化。《长春日报历史报纸数字化加工及新闻数据库建设项目》是经报社党委研究确定,经市委宣传部批准同意的一项重要工作,也是报社2016年的重点工作。年底已完成报纸扫描、著录规则、数据库设备采购、安装和数据加工人员培训工作,正在进行数据加工。

**【加快融合发展】** 推进“中央厨房”项目。建成后的“中央厨房”系统,可生产包括文字、图片、图表、视频、动漫等在内的多媒体产品。至2016年年底,该项目一期工程完工,并完成全媒体新采编平台流程测试。二期工程预计2017年完工,可实现采访团队跨地域、多渠道的信息采集,多媒体内容编辑、全媒介内容发布,实现信息在报纸、网站等新媒体的资源共享,拓展移动业务。

(赵新雨)

## 广播电视新闻出版

**【概况】** 2016年,市文广新局被吉林省新闻出版广电局评为2016年度全省新闻出版广电系统信息工作标兵单位,被长春市委办公厅评为2016年度长春市机要交换工作先进单位,被长春市人民政府办公厅评为市政府建议提案办理先进单位、2016年度政务信息工作先进单位,被市政府政务公开领导小组评为2016年下半年市政务中心先进窗口,被市保密委员会评为2016年度全市保密工作先进单位,被市国家安全工作领导小组评为2016年度国家安全人民防线建设先进集体。国家公共文化服务体系制度设计课题《公共文化服务绩效评估指标体系研究》被文化部公共文化司评为优秀课题。儿童剧《大山里的红灯笼》入选第十一届中国艺术节暨"文华奖"评选活动。《中国能源建设集团辽宁电力勘测设计院有限公司擅自在全国重点文物保护单位五家子遗址保护范围内进行建设工程案卷宗》被评为2016年度全国文物行政处罚案卷评查优秀案卷。"何某非法出版活动案"被全国扫黄办列为全国2016"护苗"专项行动"十大案件"之一，长春市"扫黄打非"办公室分别被全国"扫黄打非"工作小组、吉林省"扫黄打非"工作领导小组授予2016年全国"扫黄打非"先进集体和全省"扫黄打非"先进集体荣誉称号。国家版权局授予市文化市场综合执法支队2015年度查处侵权盗版案件有功单位二等奖。长春市图书馆"城市热读"公益讲座被长春市委宣传部、长春市教育局评选为"长春市终身学习活动品牌"，被全民终身学习活动周工作小组、中国成人教育协会授予2016年"终身学习品牌项目"称号。市少年儿童图书馆被吉林省妇女联合会评为2016年"我爱我家·书香吉林"亲子阅读示范基地。市朝鲜族群众艺术馆获朝鲜"四月之春"国际艺术节团体金奖，舞蹈《长白鼓韵》第十一届中国艺术节作品类"群星奖"吉林省赛区"优秀作品奖"，被文化部评为国家一级图书馆。市文庙博物馆被中国孔庙保护协会评为2016年度孔庙保护先进单位，被授予2016年度全国优秀中华传统文化教育基地称号。

【党建工作】 开展解放思想大讨论活动和"两学一做"学习教育活动，召开3次专题会议、4次理论中心组学习（扩大）会议、2次推进交流部署会议、3次专题讲座。引导领导干部带头做表率、党员立足岗位做贡献，全局在职党员公开承诺300余件、进社区320人次、设立党员先锋岗50余个。全局两级班子列出整改问题清单17份，问题132个；各级党员列出问题清单380余份，整改完结率93%。研究制定党委主体责任和纪委监督责任清单，一把手与相关领导签定落实党风廉政责任书。

【机构改革】 长春市文化科技研究所与长春市文物保护研究所整合成立长春博物馆（长春市文物保护研究所），新增编制19名。长春市艺术研究所与中国长春电影节办公室整合成立长春市艺术研究所（中国长春电影节办公室）。

【干部任用管理】 严格按照《党政领导干部选拔任用工作条例》规定选拔任用干部。2016年，全局提拔和调整干部40余名，其中，局机关选任5名正处长、4名副处长、晋升2名主任科员。市文化市场执法综合支队选任1名副支队长、7名副处长、1名调研员、3名副调研员、10名科级干部。为3家直属事业单位配备了一把手、晋升3名六级职员。为整合的2家事业单位选配负责人。严格实行领导干部护照统管制度。按照要求完成干部人事档案专项审核工作，对出现问题的档案统一进行认定和处理。研究出台《公务员平时考核办法》和《工作人员请休假制度》，加大对干部考核与管理力度。

【编制局"十三五"改革发展规划】 完成《长春市文化广电新闻出版"十三五"改革发展规划》编制工作，确定文化事业、产业发展"七大体系"建设目标，32项重点工作任务，组织制定分工实施方案，推动规划任务落实。完成《长春市文化设施专项规划（2016-2020）》编制工作初稿，召开专家论证会，待修改调整后上报市政府批准实行。

【依法行政】 按照省、市两级人民政府的相关决定要求，取消行政审批项目7项、下放31项、改变管理方式17项、暂停5项、承接6项、调整回2项，2016年市文广新局有行政审批项目11项。制作并通过网站向社会公布行政审批流程图。建立长春市文广新系统市场主体名录库，并报送至长春市工商局；完成政府"一门式、一张网"综合改革项目梳理工作。

【现代公共文化服务体系建设】 下发《关于加强公共文化服务机构常态化运行的通知》，对全市公共文化设施常态化运行在开放时间、开放项目、开放展示空间等方面提出具体要求。通过延时服务、错时服务和延伸服务提高公共文化设施效能。长春市图书馆和长春市群众艺术馆周开放时间84小时，长春市图书馆建立24小时自助图书馆，启动运行长春市图书馆汽车图书馆。两馆的法人治理结构改革和基层综合文化服务中心建设经验分别在北京和重庆进行文字材料交流。完成现代公共文化服务体系基础数据要素统计填报工作。对文化馆（站）室基础设施建设、活动广场数量、馆（站）人员队伍、公共文化服务经常性投入、公共文化服务情况等进行全面统计。开展公共文化服务绩效评估指标体系研究。长春市申报的《如何建立公共文化服务考核体系》课题经国家评审为优秀等级。该课题是吉林省唯一获得国家评审的项目，长春市也是国家在此方面进行系统研究的唯一一家单位。制定并以市委办公厅、市政府办公厅名义发布《长春市关于加快构建现代公共文化服务体系实施意见》，出台《长春市公共文化服务基本保障标准（2016-2020年）》。

【文艺精品创作】 排演《密林中的孩子》《宝莲灯》《木偶奇遇记》《卖火柴的小女孩》《白雪公主》《灰姑娘》和《快乐的汉斯》7部儿童剧。排演《良宵》《涩》等4部实验话剧；恢复1台评剧综合性晚会及《花打朝》《拜月记》《包公赔情》等6部折子戏。创作1部抗日题材杂技剧《地道战》，复排1台杂技晚会；完成《长白传奇》《雪国历险记》2部儿童剧剧本的创作提纲及项目汇报工作。完成2016年度"国家艺术基金"申报工作。大型原创儿童剧《大山里的红灯笼》入选第十一届中国艺术节暨"文华奖"评选活动。艺术节期间，该剧作为吉林省唯一一台剧目，受邀赴陕西省榆林市神木县职业技术学院大剧场分会场演出2场。开展"戏剧星期六"原创剧本征集大赛前期筹备活动，由5家大学剧社排演的《21克拉》《玉簪记》等5部剧演出10场。

【文化惠民活动】 组织开展新春秧歌大赛、非物质文化遗产展、东北民俗展、各类公益讲座等活动。制定《长春市2016年公共文化公益培训总体方案》,全年完成50万人次培训。举办长春市文化庙会、赠送福字春联活动、"全家福"公益拍摄活动、2016年长春市朝鲜族新年演唱会、群众文化活动展演季、2016长春市群众艺术团舞蹈展演、元宵佳节灯谜会、"记录长春最美瞬间"2016第二届群众摄影大赛、朝鲜族百姓健康舞比赛等。开展"我们的中国梦 文化进万家——长春市2016年三节系列公益演出"活动,到农村、社区等基层开展慰问演出34场。组织7场"2016长春市艺术精品系列演出"活动,长影乐团迎新经典音乐会、第二届中韩歌唱家新年音乐会、长影乐团《向经典致敬》交响视听音乐会、《天鹅湖》《浮生》等精品上演,受到广大群众欢迎。组织开展"送戏下基层"文化惠民演出活动。全市完成410场演出任务,市直属院团完成100场演出任务,满足边远地区农民群众文化需求。

【全民阅读】 印发《关于开展2016年"书香长春"全民阅读活动的通知》,在全市开展中华优秀传统文化经典诵读、读书讲座、读书征文等读书活动,春节前夕,为返乡农民工赠送图书2000册。举办2016年长春市暨宽城区全民阅读启动仪式,开展长春市2016年读书公益讲座,印发《长春市2016年读书公益讲座总体方案》,举办读者活动320次,参与人数15万余人次。举办"城市热读"49场,"长春雅音"艺术沙龙活动57场,"小树苗"亲子阅读活动60余次,市民公益课堂112场,"少年阅读"大讲堂20场,"蒲公英"系列讲座40场。

【文化市场监管】 集中开展文化市场专项整治,全市出动文化市场综合执法人员4968人(次),检查场所2439家(次),排查整改一般安全隐患210项,为5家无证经营场所补办文化经营许可证,4家被依法取缔,13家自动停止经营行为。

【文化遗产保护】 推进文物单位修缮保护工作。推动长影早期建筑、伪满军事部旧址、经济部旧址、国务院旧址、民生部旧址、司法部旧址等国保修缮工程全面开工,启动综合法衙旧址修缮工程,完成伪满皇宫及日伪旧址保护规划设计编写。联合市财政局向国家文物局申请2016年国家文物保护专项补助资金。"唐老边岗土墙"(又名"高句丽千里长城")保护标志牌设立工作全面启动。印发《关于进一步加强文博管理工作的通知》和《关于加强文物建筑安全管理的通知》文件。协调做好100部队旧址保护利用工作,指导开展旧址清理和发掘。完成第一次全国可移动文物普查工作,统筹推进长春博物馆工程建设。启动第4批非物质文化遗产挖掘整理工作,开展非遗传承人培训、项目传承与创新交流活动,提高保护传承水平。"董氏草编"技能课被列入五十七中学综合学科,全校600多名学生参加草编学习。

1月1日,"美丽中国梦·艺术暖春城"公益演出季活动

(高瑞鹏 王靖然 提供)

【广播电影电视管理】 严厉打击非法广播频率,组织68次集中行动,查处非法广播频率69个,收缴发射机66台、播放器66台,天线66套,抓获1人。做好卫星地面接收设施整治工作,检查居民小区住宅2000余家次、宾馆酒店200余家次,责令整改44家,拆除违法卫星天线1110处。协调组织相关技术人员参加市招生办组织的外语听力考试准备工作,对全市所有考场进行技术检查。强化广播电视广告播放管理,开展整治违法广告专项集中行动。

【公益电影放映】 召开2016年长春市数字电影公益放映工作会议,开展"2016年'两节'期间文化惠农直通车活动",在元旦、春节期间,为全市56个贫困村放送电影224场。开展农村公益电影数字放映工程和城区公益电影放映工作,全年放映公益电影22292场次,其中,农村20292场、城区2000场。

【现代文化产业体系建设】 长春市成功申报扩大文化消费试点城市,成为吉林省唯一入选的试点城市。制定《长春市引导城乡居民扩大文化消费试点工作方案》。获得中央文化消费试点城市补助资金200万元。落实国家省市扶持民营经济发展主要政策。通过市文广新局申报的文化产业引导资金项目中,有4个项目获得2016年省级文化发展专项资金;3个项目(包括首次实体书店扶持项目)获得2016年国家补助文化产业发展专项资金。完成2016年度中央财政文化产业发展专项资金重大项目申报工作,向上申报文化金融扶持项目3个、特色文化产业项目1个、促进文化创意和设计服务与相关产业融合项目3个，计2482万元。组织企业申报文化部2016年弘扬社会主义核心价值观动漫扶持计划项目6个。制定《长春市国家级文化产业示范园区创建方案》，并以市政府名义进行上报，待国家批复。开展文化部第3批文化旅游基础设施专项建设基金和文化文物单位文化创意产品开发试点单位申报工作。拟定《长春市关于加快发展文化产业促进文化消费的实施意见》《长春市市级文化产业发展专项资金管理办法》《长春市引导城乡居民扩大文化消费试点专项资金管理办法》《长春市文化创意与科技研发等融合发展专业孵化器核准和管理办法》等相关促进文化产业发展的政策文件。建立《长春市文化产业名录》数据库。

【版权保护】 开展版权咨询，调解版权纠纷，通过印制宣传册、宣传画，制作宣传片，组织各地、各相关部门开展张贴、发放、播放等宣传活动，设立3家法律维权援助站。协调长春电台、长春电视台举办版权(著作权)保护专题节目，并借助《长春日报》《长春晚报》进行专题宣传。开展“绿书签”宣传活动，发放“绿书签”等宣传品2万余张。联系大型书店开展送书、赠书、发放购书打折卡等活动，提高社会公众参与版权保护意识。

【扫黄打非】 制定印发《2016年长春市“扫黄打非”工作要点》，召开2016年全市“扫黄打非”工作会议，开展打击侵权、盗版及非法出版物、有害信息专项整治行动14次，打击非法网站24个，完成查办较大案件21件，收缴非法出版物27万余张(册)，罚款46余万元，下发查堵有害出版物目录2期，督办案件1个。在全市范围内开展“扫黄打非”工作进农村、进社区、进企业、进学校、进景点“五进”活动，建立56个“扫黄打非”岗。举办2016侵权盗版及非法出版物集中销毁活动，集中销毁非法出版物36万张(册)。

【第十三届中国长春电影节】 第十三届中国长春电影节于10月11日至15日举行。电影节期间，“金鹿奖”评选吸引众多影人和高质量影片参赛；纪念中国红军长征胜利80周年红色主题史诗电影《勇士》首映；组织“影评的力量”——第十三届中国长春电影节电影频道《今日影评》特别策划活动，第二届中国电影新力量论坛和全国艺术电影放映联盟启动仪式暨新闻发布会活动；107部经典影片参加电影展映，600余位嘉宾参与；以“电影歌曲大家唱”为龙头的群众文化活动吸引百万市民参与其中。本届电影节闭幕式暨颁奖典礼增加“影评的力量”“艺术电影院线联盟”“中国电影·长春共识”点亮龙标仪式等主题环节。6大板块、14项活动使本届电影节异彩纷呈。

【安全维稳】 按照《全市文化广电新闻出版系统公共场所安全生产管理责任制》，指导全市文广新系统行业按照三级管理模式落实安全生产责任。召开6次专题会议对安全生产工作进行部署，印(转)出台《全市文广新系统2016年第一季度安全生产专项整治行动实施方案》《全市文广新系统行业组织开展安全生产百日会战暨二季度专项整治行动方案》《关于在全市公共文化服务场所和文化娱乐经营场所等行业场所开展消防安全“三提高”宣传活动的通知》等文件30余件。开展全系统的安全生产隐患大排查，开展春节和“两会”全市文广新系统行业安全生产督查巡视工作、安全生产百日会战等9次安全生产专项行动，组织3次大型行业安全生产应急演练活动，确保全市文广新系统安全生产形势平稳。全年办理12345市长公开电话投诉件265件，答复率100%。举行局长接待日10次，接待来访120余人次，推进相关问题有效解决。

（高瑞鹏　王靖然）

## 长春出版社

【概况】 2016年，长春出版社出版图书1117种，其中新书349种，重印768种，完成图书发行码洋2.5894亿元，发行码洋比2015年增长7.82%。一批重点图书如期出版，如《侯外庐思想与著作研究》《西方社会文化生活元素丛书》《无障碍读经典》等。完成国家主题出版项目、国家出版基金扶持项目的结项，及长春版国标《语文》教材修订改版及向教育部送审及修订等工作。《中国现代市场利率通论》《满族说部》2种图书同时入选国家出版基金扶持项目。《辩证法与现代哲学思维方式》入选国家“十三五”重点图书规划项目。《中华文化的会通精神》被列为国家新闻出版广电总局2016年主题出版重点出版物。《中国梦与理想世界的重建》等18种图书入选吉林省“十三五”重点图书规划项目。《永远的雷锋》入选国家新闻出版广电总局2016年向全国青少年推荐的百种优秀图书。2016年在中国版协城市出版社工作委员会年度优秀图书评选中，长春出版社出版的《图本中国现当代作家传记》荣获一等奖，《黑白无双》《中国母亲与日本遗孤口述史》等4种图书获得二等奖。2016年长春出版社荣获第三届吉林省新闻出版奖优秀集体奖。《图本中国现当代作家传》《中国文学史》(4卷)《马克思主义中国化新探》《东北方言大词典》荣获第三届吉林省新闻出版奖图书精品奖。

【图书出版】 完善长春版“无障碍阅读系列”产品。2016年销售63.9万册，发行码洋1880.9万元，比2015年增长14.91%。完成《世界名著彩绘本》《名侦探柯南》等少儿系列图书的出版工作开发一批新的引进版少儿优秀图书，如“世界名著美绘本”30种精装、“动物故事系列”(4个系列48本)等。《名侦探柯南》第87、88、89集及相关新产品剧场版等相继出版。《名侦探柯南》系列图书2016年实现发行码洋1251.2万元。启动相关社科、历史文化类图书、名人传记类图书出版。《中华文化元素》丛书(14种)入选国家主题出版项目，进入稿件审读阶段。《中国现代市场利率通论》(8册)，该丛书被确定为2016年国家出版基金扶持项目。《常春藤传记馆》丛书。该丛书包括古今中外各个领域的50位名人的传记，首批出版12本。策划出版《小雅文丛》(4册)，如徐晋如的《长相思—与唐宋词人的十三场约会》、程滨的《与陶渊明生活在桃花源》等。其中《长相思—与唐宋词人的十三场约会》发行近1.5万册。

**【教材建设】** 2016年,长春版语文教材完成发行码洋1.285亿元,连续6年码洋突破亿元大关。全年完成回款7500万的任务指标。完成长春版国标《语文》教材的修订及送审工作。完成教育部送审9次,2次课程教材专项调查,1次教育部排查会议。中小学教材已全部通过教育部审定。完成常规教材、教辅的修订改版工作。完成500多个教材教辅品种的常规出版,以及《信息技术》《心理健康教育》《安全教育》(内蒙版)等地方教材的持续改版工作、《中考考纲》《复习检测试卷》重新编写,完成《高中必修课程复习与检测试卷》的修订再版及与新版语文教材配套的30种全新教辅的编辑出版等工作。出版发行《中华优秀传统文化教育》教材。4月,《中华优秀传统文化教育》教材正式由长春出版社出版发行。推动《中华优秀传统文化教育》教材发行工作,发行超过2000套。推进教材培训和教研工作、完成幼儿园教材的编辑出版工作、举办"中小学生古诗词大赛"、开展中华优秀传统文化系列教育活动等。巩固发行成果,保证教材市场份额稳定。做好吉林省内教材教辅推广工作。《同步解析与测评》《随堂同步练习》《语文读本》《中考考纲》等重点品种继续保持稳定发展。《信息技术》教材以每年增加1个县的速度扩大使用地区,松原市前郭县2016年秋使用长春版《信息技术》教材。《通用技术》教材订数翻倍,达4万册。

**【数字出版】** 推进以多媒体融合为方向的原创"动漫产品"跨媒体融合项目。《速滑少年》项目自年初启动以来,第一季脚本完成并正式签订出版合同,同期进行宣传网站、微信、微博等自媒体营销及相关投资联络等工作。学生自适应学习系统完成闭环进入测试期及数据采集期,完成《学生自适应学习系统》等9项计算机软件著作权注册;与科大迅飞等知名企业进行多次洽谈,开展深度合作。

**【发挥服务城市功能】** 围绕对外宣传、城市精神文明建设出版图书。与外宣办合作出版《外国友人在长春》《美丽长春》。与市文明办策划"精神文明建设系列丛书"等。策划长春历史文化类丛书—《长春记忆》。丛书初步计划5年内完成,部分图书已经进入到排版和设计制作阶段。出版具有区域特色的历史文化方面的图书,如《满族说部》《东北汉文化研究》《盛京时报中的长春社会生活》《吉林省中国传统村落图志》等。

**【发行工作】** 加强重点图书发行力度,新版图书的首发数量不低于印数的60%,考核在重点省份的上架率和馆配份额。在市场销售旺季,如学生假期、线上线下客户大型活动期间等,开展好促销活动,挑选重点销售区域做活动,提升产品市场占有率。做好农家书屋工程与中小学馆配工作、个别省份定制产品合作、配合教材分社引进和输出教材产品。增加线上图书定制,在跟进网上定制与销售活动方面有突破,与当当网及京东合作顺利,天猫旗舰店的自营销售及分销方面有较大提升。

(李春芳)

## 电影产业

**【《爱情麻辣烫》上映】** 3月7日"少女节",由长影集团携手星皓影业等公司出品的都市爱情电影《爱情麻辣烫之情定终身》正式上映。作为长影2016年首部大银幕作品,《爱情麻辣烫》源自于18年前的同名经典爱情故事,吸引众多女生走进影院享受爱情观影盛宴。

**【援疆题材电影《白天鹅》在乌鲁木齐首映】** 4月21日,少数民族题材电影《白天鹅》首映式在乌鲁木齐市新疆艺术剧院举行。十二届全国政协委员会常务委员毛肯·赛衣提哈木扎,自治区党委常委哈尼巴提·沙布开,自治区党委常委、宣传部部长李学军,吉林省委宣传部副部长张志伟、省新闻出版广电局副局长谢荣、长影集团总经理李庆辉,阿勒泰地委、行署有关领导和影片主创人员以及400余名各族观众代表出席首映式。白天鹅是哈萨克族的图腾,影片以此象征为喻意,以民族团结为主题,以阿勒泰的自然风光和哈萨克民族风情为背景,讲述了"老户儿家"同当地少数民族团结友爱、互帮互助、患难相依、亲如一家的感人故事,塑造了哈萨克族人热情、善良、乐观的民族群像。

**【长影获"中国文化企业三十强"提名】** 5月12日至16日,由文化部、商务部、新闻出版广电总局等部委主办的中国(深圳)国际文化产业博览交易会在深圳会展中心举行。长影集团携7部影视亮相展会。长影披露了2016年及"十三五"期间的部分影视作品拍摄时间表。这是长影自3月发出振兴主业信号后,首次在公开场合展示其主业创作、拍摄进展情况。

**【电视剧《少帅》获"白玉兰"奖6项提名及最佳编剧奖】** 6月10日,由长影集团领衔出品的重大历史题材电视剧《少帅》获得第22届上海电视节"白玉兰奖"最佳电视剧、最佳导演、最佳男主角等6项提名,并摘得最佳编剧大奖。

**【刘奇葆到长影集团调研】** 9月10日,中共中央政治局委员、中央书记处书记、中宣部部长刘奇葆在长春电影集团调研,强调要以习近平总书记在文艺工作座谈会上的重要讲话精神为指导,坚持以人民为中心的创作导向,坚持把创作生产优秀作品作为中心环节,奋力推动电影事业进一步繁荣发展。省委书记巴音朝鲁陪同调研。中宣部副部长、新闻出版广电总局局长蔡赴朝,新闻出版广电总局副局长童刚;省委常委、省委宣传部部长高福平陪同调研。

**【《老阿姨》入围澳门电影节】** 12月15日,由长影集团出品的主流价值观影片《老阿姨》入围电影节主竞赛单元,著名表演艺术家李雪健凭借在长影电影《老阿姨》中扮演的"将军农民"甘祖昌一角,荣获"金莲花"最佳男主角奖。影片《老阿姨》根据开国少将甘祖昌和妻子龚全珍的真实事迹创作，传递甘祖昌将军与龚老阿姨相携一生的革命情感，为教育无私奉献的大爱精神。影片上映以来票房逾千万，在全国范围内形成“接力式”观影现象，取得票房与口碑双赢佳绩。在第十三届长春电影节期间，该片喜获“金鹿奖”评委会特别奖。

（赵　乐）

## 图书馆

【概况】 2016年，长春市图书馆经费投入3904万元，其中文献购置费1000万元。文献入藏量16.9万册(件)，其中，实体文献11.9万册（件）；电子文献5万册。全年采购数据库43种，试用数据库18种。截至2016年12月底，长春市图书馆总藏量325.3万册(件)，数字资源存储容量100TB。全年办理读者证2.3万余张，有效借书证50万余张。全年外借各类文献91万余册次，解答咨询45万余条，网上联合参考咨询17万余条，代检索课题2097项，提供课题服务157项，文献宣传57次，文献开发49746条。全年共接待到馆读者145万人次。媒体报道718次。长春市图书馆开展阅读推广活动，形成“城市热读”公益讲座、“长图雅音”艺术沙龙、“小树苗”亲子阅读服务、“市图公益课堂”“文化展览”“漫读时光书友会”“休闲假日阅读活动”等系列知名服务品牌，承办长春市民读书节等主要文化项目。举办读者活动431次，参加人次16.8万。长春市图书馆建设由新版网站、移动阅读App与微信公众平台、微博、QQ群、短信等平台组成的新媒体服务矩阵，服务读者和宣传图书馆工作。微信公众平台关注超3.9万人，解答咨询2.3万余条。启动24小时自助图书馆、汽车流动图书馆服务，延伸服务范围和时间，推动图书馆服务向社区、农村等基层深入。新建标准化分馆2个、流通站4个，截至2016年12月底，有分馆34个、图书流通站43个。面向基层分馆开展辅导60次、集中培训4次。为分馆配送书刊6.4万册，联动分馆开展30余项读者活动。2016年，长春市图书馆获国家图书馆授予的“文津图书奖联合评审单位”称号，获全国图书馆参考咨询联盟管理中心授予的“2016年度全国图书馆参考咨询联盟优秀服务奖一等奖”，获吉林省文化厅授予的“吉林省古籍保护工作先进单位”称号，获吉林省妇女联合会授予的“‘我爱我家·书香吉林’亲子阅读示范基地”称号，获吉林省社会科学界联合会授予的“2016年吉林省优秀社会科学普及基地”称号，获吉林省妇女联合会、吉林省新闻出版广电局授予的“同悦书香‘她’空间”称号，获长春市文明办授予的“共筑爱心网建好幸福城爱心驿站”称号，获长春市文化广电新闻出版局授予的“2016年度全市文化广电新闻出版系统政务信息工作先进单位”称号等。

【《2016-2020年长春市图书馆发展规划》印发】 编制出台《长春市图书馆“十三五”建设发展规划》。规划提出长春市图书馆的发展愿景——“涵养城市文化引领阅读风尚”，明确“打造城市的知识信息中心，市民的学习交流中心，百姓的文化休闲中心”的建设目标。规划经长春市图书馆理事会审议通过，于2016年5月正式印发。

【长春市协作图书馆工作会议】 5月25日，长春市协作图书馆工作会议在长春市图书馆文化讲堂召开。会议由长春市图书馆副馆长吴锐主持，长春市图书馆领导班子、中层干部，长春市各县(市)、区图书馆馆长、业务副馆长及相关技术人员，社区图书馆代表等近80人参加会议。长春市图书馆馆长谢群做题为《推进协作图书馆服务体系建设，提高整体服务效能》报告。长春市图书馆副馆长朱亚玲详细解读《长春市图书馆分馆管理规范(征求意见稿)》。

【长春市民读书节】 第四届“长春市民读书节”于9月23日至10月22日召开。在长春市图书馆一楼大厅举办以推广数字“听阅读”为核心的开幕仪式，开启长春市图书馆流动服务车、24小时自助图书馆服务，发布《2016年长春市民阅读倡议书》及《2016年长春市民荐读书单》，启动长春市图书馆新媒体服务矩阵。读书节期间，长春市图书馆联合少年儿童图书馆及县(市)、区图书馆举办16类90余项阅读推广活动，为市民提供文化大餐。

【“城市热读”讲座】 “城市热读”讲座是长春市图书馆推进全民阅读的重点文化项目。举办讲座51场，馆内举办48场，基层讲座3场，受众达万余人次。除在馆内文化讲堂举办现场讲座外，还通过网站播放、光盘制作和出版实体书等实现讲座内容再转播，取得良好的社会效益。在全民终身学习活动周工作小组、中国成人教育协会开展的“终身学习品牌项

4月8日，长春市图书馆儿童国学公益课堂　（王英华　提供）

目”遴选展示活动中被评为2016年“终身学习品牌项目”。

【“小树苗”亲子阅读活动】 “小树苗”亲子阅读系列活动下设有“小树苗”亲子故事屋、“小树苗”亲子手工坊、“小树苗”亲子阅读沙龙、“小树苗” 亲子阅读讲堂、“小树苗”数字阅读活动、“小树苗”亲子荐购、“小树苗”假日影院、“小树苗”社会实践活动、“小树苗”图书角、“小树苗”音乐沙龙等项目。全年举办小树苗亲子阅读活动165次,近6000人参与。

【24小时自助图书馆】 长春市图书馆“24小时自助图书馆”于9月23日投入使用,其内部配备24小时无人值守借还设备、全智能书架、安全管理系统、电子图书扫描下载等设备,为广大市民随时提供自助办证、自助借还、预约续借、手机下载等一系列文化服务。3000余册纸本图书、180余万种电子图书供市民借阅。通过业务系统的无缝对接,市民可在长春市图书馆、宽城区图书馆馆、绿园区图书馆馆等地通借通还。

【流动图书馆】 长春市图书馆“流动图书馆”于9月23日首发。图书车可携带3000册纸本图书、2000册电子图书,车体配备的图书自助借还机、电子书借阅机、音响、饮水机、空调等设施为市民提供良好阅读环境。流动图书馆在经开、净月、宽城等区域8个服务点定时定点为市民提供图书借阅、数字化服务、讲座、展览等服务。

【市民学习中心】 打造“市民学习中心”实体阅读空间,举办“青少年心理教育”“助力中高考”“数字公益讲堂”“EF精品英语学堂”等主题活动,推出“EXCEL实用技术”“看电影学英语”“英语学习分享”等主题讲座、沙龙。长春市图书馆网站新设市民学习空间,系统整合各类型网上免费学习资源,内容包括260万册电子图书、20万集视频学习资源等,能方便读者进行学习进度管理。

【新媒体服务矩阵】 9月23日,在长春市民读书节开幕式上,长春市图书馆新媒体服务矩阵正式启动。服务矩阵包括改版后的长春市图书馆数字图书馆网站、移动阅读App与微信公众平台、微博、QQ群、短信等平台。新媒体服务矩阵形成合力,全年网站访问量150万次。移动客户端点击量1900万次。微信公众平台关注超3.9万人,解答咨询2.3万余条。

【社区图书馆(室)发展现状调研】 5月,长春市图书馆启动对长春市社区图书馆(室)发展现状综合调研工作。对全市20余个社区分馆进行调研、座谈和调查问卷摸底,了解基层实际情况和居民文化、阅读需求,形成《长春市社区图书馆调研报告》,为长春市开展社区图书馆(室)建设决策提供依据。

【馆刊《品读》】 2016年,长春市图书馆阅读推广刊物《品读》出版正刊6期,增刊1期。在中国图书馆学会阅读推广委员会举办的2016“阅读刊物的阅读推广实例”征集活动中,长春市图书馆提交的《品读》阅读推广实例获一等奖。

【全国数字图书馆业务技能竞赛】 在由中国图书馆学会主办的“信息时代,数字未来——2016年数字图书馆业务技能竞赛”中,长春市图书馆苗林、尚建伟、林忠娜3人因成绩突出被评为“2016年数字图书馆业务技能能手”称号。经过初赛、复赛的评选,苗林最终作为吉林省唯一参赛选手入选东北赛区团队。在2016年中国图书馆年会的现场决赛中,苗林在7个赛区、35位菁英中表现出色,获一等奖。

【社科界殊荣】 7月底,吉林省社会科学界联合会下发《关于表彰吉林省优秀科普专家、优秀科普工作者、优秀科普作品、优秀科普基地的决定》,长春市图书馆被评为“吉林省优秀社会科学普及基地”,由长春市图书馆馆长谢群主编的《文化之隅——城市热读讲座精编》被评为“吉林省优秀社会科学普及作品”,由长春市图书馆推荐的东北师范大学副教授钟放被评为“吉林省优秀社会科学普及专家”,长春市图书馆馆员谢彦君被评为“吉林省优秀社会科学普及工作者”。10月24日,在长沙召开的全国第十八次社会科学普及工作经验交流会上,经由吉林省社会科学界联合会推荐,由长春市图书馆馆长谢群主编的《文化之隅——城市热读讲座精编》被评为“全国优秀社会科学普及作品”,长春市图书馆馆员谢彦君被评为“全国优秀社会科学普及工作者”。

(王英华)

## 卫生 计生

【概况】 2016年,全市拥有医疗卫生机构4404家,其中综合医院91家,专科医院126家。三级甲等14家,三级丙等2家;二级医院34家(甲等9,乙等17,丙等4,未定4)。妇幼保健机构11家,疾病预防控制中心14家,卫生监督所11家,急救中心1家,血站1家。乡镇卫生院133家,社区卫生服务中心(站)95家。卫生从业人员68637人,其中专业技术人员50293人(执业医师19559,注册护士20944,药师2218,技师2677,其他3203)。床位48728张。全年诊疗人数为38039683人次,其中门诊32932825人次。全市总人口779.5万人,出生人口4.5万人,出生率5.77‰,自增率1.41‰,政策生育率95.73%。再生育审批57800例,其中两孩18560例。

【医药卫生体制改革】 制定科学的药品零差率补偿政策,差异化医疗服务价格调整政策。城市公立医院改革,发改部门调整医疗服务项目2780项,财政部门提供资金保障。先行试点的20家市、区公立医院以公益性为主导,使百姓得到实惠。

【基层卫生组织服务能力建设】 开展"建设群众满意的乡镇卫生院"活动,加大硬件设施建设力度,筹建34家中医馆。九台区其塔木镇中心卫生院等8个乡镇卫生院被国家评为"群众满意乡镇卫生院"。634个行政村建立村级"一站式"服务群众平台。加强以全科医生为重点的基层卫生人才队伍培养,开展岗位练兵和技能竞赛活动,吉林省选派参加全国竞赛的选手均来自于长春市,4名参赛队员均取得全国前三名。64名基层专业技术人员通过基层中医师承教育考试。组织26家社区卫生服务中心参加全省省级示范社区复核。朝阳区重庆社区卫生服务中心被评为全国百强社区卫生服务中心。实施公共卫生服务项目,提升公共卫生服务均等化水平,向居民免费提供12类46项基本公共卫生服务,强化基本公共卫生服务项目绩效考核。朝阳区与绿园区的家庭医生签约服务发挥示范引领作用。家庭医生签约服务率达50%,重点人群签约服务率65%。

【新型农村合作医疗】 2016年,全市有358.9万农民参合,在乡常住人口参合率98.76%,比省里规定的95%的参合指标高出3.76个百分点,新农合人均筹资标准由480元提高到570元,其中个人缴费150元,中央财政补助240元,省级财政补助117元,市、县财政补助63元,筹集参合资金20.5亿元。执行省卫计委制定的全省统一的补偿政策,年度报销封顶线由16万元提高到20万元;普通门诊医药费补偿封顶线由215元提高到350元;乡镇卫生院普通门诊医药费报销比例由55%提高到60%,封顶线由150元提高到300元;常见慢性病门诊医药费补偿病种由30种增加到32种;0-14周岁苯丙酮尿症患儿医药费年度报销封顶线由1.5万元提高到2万元;给予参合透析患者,每周3次,每次新农合定额补助由280元提高到300元。

【计划生育】 绿园区成立"国策百人宣讲团",宣传"全面二孩"政策。在省里组织的"党政线""业务线"考核中,南关区工作得到考核组认可。双阳区、榆树市被命名为全国计划生育优质服务先进单位。作为第2批国家级医养结合试点城市,长春市推动以社区居家养老服务中心、二、三级医院、医养融合为载体的医养结合工作。落实计划生育奖扶政策,建立特殊家庭档案10582份,发放奖励资金3196万元,特别扶助金4441万元。出生人口性别比降至106.12:100,近年来首次达标。长春市宽城区流动人口健康促进被国家评为优秀案例。

【健康管理】 传染病发病率为186.22/10万,呈低水平流行。市级检测实验室进行升级改造,提高检测能力。艾滋病形成健全的市、县、乡三级监测检测网络,结核病疫情稳中有降,精神卫生纳入到城市的综合管理,地方病防治得到巩固。在预防接种上,没有发生无苗可种现象。德惠市米沙子镇三胜卫生院黄家村卫生所接种医生高洪岐被评为全国十佳"最美接种医生"。加强妇幼健康服务,孕产妇健康管理率、儿童健康管理率逐年提高。免费孕前健康检查率98.44%;孕期艾滋病、梅毒乙肝监测率达80%以上；扩大免费乙肝病毒母婴阻断受益人群，成功阻断1687人。农村孕产妇住院分娩全部得到补助。向危重孕产妇发放救助金330万元；推进卫生城市复审迎检工作，对督导检查的卫生环境、食品安全等150个问题逐一整改。对公共场所、中小学、供水单位、餐饮具集中消毒服务单位、血液透析和基层院感进行专项监督检查。全市立案2832件，罚款340万元。开展健康促进活动，开展“服务百姓健康行动”义诊，“关爱慢病老人，健康管理进社区”等宣传活动。

【医疗服务】 建立专家评估机制，组织24个医疗质量控制中心的专家定期开展业务培训、调研督导和质量评审，规范化治疗得到推广。实施大型医院巡查制度，对查出的4类19项问题进行集中整改。申报省级科研立项22项，评选156个科室为市级十三五重点专科。加强药事管理，推进临床合理用药，开展抗菌药物临床应用专项整顿。强化采供血管理，全血采集量26.70吨。推进优质护理服务，强化常规技术培训和护理技能练兵，建立层级管理制度。加强中医人才培养，中医专家学术传承培训班得到基层认可。在二级以上医院开展控费工作，定期公布监测指标。开展全市第二届医院品管圈成果展示活动，市妇产医院获全国品管圈大赛三等奖。市儿童医院在全省大型医院巡查中获通报表扬。联合市综治办、市公安局等11个部门制定《关于深入开展创建长春市“平安医院”活动依法维护医疗秩序的实施意见》，建立医疗安全预警信息发布制度，对16起医疗事故进行通报。恢复医调委的工作职能，将仲裁引入医疗纠纷调解工作，20例纠纷通过仲裁解决。预约诊疗得到群众广泛参与，全年预约总量34万人次。

【健康扶贫】 制定10个扶贫项目，列入市政府脱贫攻坚整体工作规划。32种常见慢性病门诊、42种特殊疾病门诊、住院患者、42种重大疾病、大病保险报销比例均提高10个百分点；新农合大病保险报销起付线由1万元降至6千元，市级新农合定点医院住院起付线由1000元降至800元；增加23项残疾人康复新农合报销项目；县乡新农合定点医疗机构不设置起付线，贫困住院患者在乡镇卫生院就诊报销比例95%，在县(区)级定点医疗机构报销比例提高到85%。城乡医疗救助中心定点医院扩大到7家。针对农村贫困患者，建立健康档案，建档率92.76%，在包村扶贫上措施得力，脱贫率75%。

【国家卫生城市复审】 2月24日，市政府召开全市迎接国家卫生城市复审动员大会。会上各区及市直相关部门负责人向市长递交《长春市2016年迎接国家卫生城市复审工作目标责任书》，下发《长春市人民政府办公厅关于成立长春市国家卫生城市复审迎检指挥部的通知》《长春市2016年迎接国家卫生城市复审工作方案》等文件，对复审迎检工作进行动员部署。开展专项监督检查，为对各城区、开发区迎接省级卫生城复审工作进行暗访督查并下发通报反馈各区存在的具体问题150余个，推动各区对问题进行整改。在国庆节前对全市环境卫生进行专项暗访，以区为单位拍摄照片下发通报反馈问题62处。设立卫生城市复审大型围挡宣传牌匾44处、擎天柱宣传广告10处、宣传栏166个，利用大型LED屏幕宣传28块，营造宣传氛围。7月份全国爱卫会国家卫生城市考核组对长春市进行复审暗访。

【事业发展保障】 在人才引进上制定特殊政策，市直单位引进159名专业技术人才。在985、211高校开展急需人才招聘，可免试办理入编手续。在信息化建设上重金投入，人口健康信息平台项目有序推进。“一门式，一张网”审批流程科学规范，二道区网上服务得到国家调研组肯定。落实安全工作主体责任，开展安全生产隐患排查整治和专项检查。信访维稳措施落实到位，有效化解矛盾。

【卫生科技】 2016年，申报省、市级科研立项55项；获省级奖项2项、市级3项。新技术引进项目99项，填补市级及本单位临床技术空白。发表省级以上期刊论文633篇，其中核心及中华期刊454篇。加大临床人才培养力度，选送重点专科、临床骨干培训进修616人。156个科室被评为“十三五”长春市市级医学重点(特色)专科及学科带头人。

(姜德强)

## 体 育

【群众体育】 开展全民健身活动。启动建设南湖公园健身步道，为156个行政

10月8日，省委常委、市委书记王君正到长春急救指挥中心调研 (姜德强 提供)

7月17日，2016年长春市全民健身志愿服务“五进”活动走进公园——毽球

（孙彩贤 提供）

村安装健身器材；承办全国青少年“未来之星”冬（夏）阳光体育大会系列活动；承办2016全国东西南北中羽毛球赛吉林分区比赛，举办“百万市民上冰雪”“百万青少年上冰雪”、长春市青少年冬、夏令营体育公益培训活动、长春市校外体育公益培训活动、2016年全国软式棒垒球锦标赛长春分区赛、2016全国软式棒垒球夏令营暨全国软式棒垒球锦标赛、2016年长春市“快乐篮球”公益培训、2016年新浪3V3篮球黄金联赛、2016年全国全民健身操舞大赛吉林省分区赛、庆祝全民健身日、安利健康跑、南北大师象棋赛、国际半程马拉松邀请赛等活动。巩固和强化城区“10分钟体育健身圈”。启动伊通河百里健身长廊慢行系统和健身步道规划建设；维护、更新健身路径140套，新配置健身路径190套；跟进城市扩容建设，对健身场地设施进行升级，推进南湖公园、庙香山滑雪场、华众健身馆等场地设施建设，加大对室内足球场、羽毛球场、篮球场、滑冰场的建设扶持力度，为市民创造良好健身条件。市属公共体育场馆全部对外开放，长春市全民健身活动中心乒乓球馆、长春市体育馆网球场、篮球场、五环体育馆篮球场、长春体育场乒乓球馆等免费或公益低收费向市民开放。起草《政府购买公共体育服务管理办法》。发布2015年市民体质监测报告，完成2016年的国民体质监测工作，到社区、乡镇村屯、企事业单位等开展免费检测活动，提供科学体育运动锻炼指导，检测人数近1.5万人。起草《长春市全民健身实施计划》。报送市政府向各市直部门、县（市）区和开发区征求意见，待报政府印发。

【全民健身大数据中心建设】 升级社区体育网格智能服务平台；开发“奥运动”健身软件，完善信息发布、活动报名等功能，通过“万名市民”免费健身形式，推广线上选择场地、预定和支付，线下参与健身的现代健身消费模式；“低碳环保，绿色出行”软件应用较为成熟，“健步春城”活动受到广大市民欢迎；建设长春市全民健身大数据中心，将智慧体育社区网格智能服务平台、国民体质监测、居民健康数据库、科学健身指导、4G网络数据实时传输、视频调度系统等融为一体，推动全民健身数字化进程。实施体育社会组织“1+”工程。市级单项体育协会发展到54个（含舞蹈家协会、残疾人体育协会），完成协会法人化23个，成立民办非企业体育俱乐部20个。

【“百镇千村农民体育健身工程”建设】 实施“健康脱贫攻坚”工作。为全市74个贫困村配备健身器材74套，组织社会体育指导员技能专家、理论培训专家到贫困村，推广科学健身知识和科学健身技能，引导、培养村民养成健康的生活方式。

【竞技体育】 参加全国第十三届冬季运动会取得优异成绩。十三届冬运会会于1月20日至30日在新疆自治区举行。长春市代表团由150人组成，参加4大项8分项63小项的比赛，夺得12枚金牌、12枚银牌和10枚铜牌，有75个项目进入前8名，有1人1次打破1项全国纪录。金牌总数、奖牌总数和团体总分

8月2日，全国软式棒垒球夏令营暨全国软式棒垒球锦标赛 （孙彩贤 提供）

均位居52个参赛代表团的前3位，冬季项目整体实力保持在全国前列水平。长春市代表团，以及5个项目代表队和12名运动员荣获体育道德风尚奖。参加年度国际、国内重大体育比赛。长春市及长春市输送的运动员参加年度国际和全国比赛42项次，获世界系列比赛冠军9个，全国冠军40个，向国家队（集训队、青年队）输送运动员46人。特别是年仅20岁的男子短道速滑运动员韩天宇在世界短道速滑锦标赛中，获得男子接力、1500米和个人全能冠军，成为世锦赛41年历史上第一个夺得男子1500米冠军的中国运动员。大众卓越女足俱乐部获得全国足协杯和全国女足锦标赛的2个第三名，并在女足全国超级联赛上提前一轮确保进入前三名。备战省运会、青运会、冬运会工作。完成省运动员注册工作，在省注册运动员人数4300余人。争创国家级高水平体育后备人才基地。长春市有市业余冰雪运动学校、市运动学校、市青少年体校、市短道速滑学校、宽城区体育职业学校、市军体校和朝阳区体育运动学校进行申报，前5家单位通过省体育局专家组复评，准备迎接国家体育总局统评。开展全市重竞技、两射、冬季项目等12个项目的青少年运动员选材测试和大纲考核比赛，有87名教练员1043名运动员参加。组织优秀运动队试训、聘用运动员考核，对7个项目17名运动员进行统一专项素质和成绩考核测试，10名运动员达到聘用标准，7名运动员达到试训标准。举办市级教练员、训练管理人员培训班1次，科研人员培训班1次，全市各级体校、项目基地学校25家单位175人参加。参加国家级教练员和训练、科研人员培训班54人次，参加省级教练员和科研人员培训班40人次。

8月6日，庆祝全国第8个全民健身日活动 （孙彩贤 提供）

【体育竞赛】 国际国内品牌赛事形成规模。承办瓦萨国际越野滑雪赛、世界罗佩特越野滑雪巡回赛、国际雪联世界杯短距离积分赛、中美男篮对抗赛、净月潭世界森林马拉松大赛、长春农安“黄龙杯”全国马术大师赛、美国哈林花式篮球长春站巡演、中德足球邀请赛、中国女子乒乓球超级联赛吉林队主场比赛、中国男子足球超级联赛等具有较大影响力的国际国内单项赛事。举办长春市青少年短道、速滑、篮球、排球、足球、乒乓球、羽毛球、游泳、田径、射击、射箭、摔跤、举重、柔道等比赛，会同长春市教育局举办长春市中学生田径、篮球、排球、乒乓球等比赛。全年举办体育比赛200余项次。开展各级各类形式体育竞赛活动2000余项次，直接参与竞赛活动人数100余万人次。重新制定长春市裁判员管理办法。全年举办各项目裁判员培训班10期。审批国家二级运动员388人。

【体育产业】 开展经营高危险性体育项目场所安全检查。对净月潭、莲花山、庙香山、新立湖4家滑雪经营场所进行检查，确保安全运营。审核确认长春市体育局在政府网站发布的责任清单相关事项，制定落实随机抽查规范事中事后监管方案。推进体育产业发展。泰山体育产业集团落户长春新区，填补了长春市体育高端制造业空白；支持百瑞集团承办2016中国（长春）国际冰雪产业博览会；制定落实省服务业发展意见的措施；完成国务院对促进消费升级的督查工作。长春市体育彩票销售额15.13亿元，占全省销售额的40%。

【体育设施建设】 配合高新区，推进长春奥林匹克公园建设工作，力争2018年前完成建设任务。长春体育中心综合改造工程进入体育中心亮化、长春体育场看台防水、座椅更换、草坪翻新等收尾阶段。做好长春市全民健身活动中心游泳馆维修改造工程。长春市体育局委托吉林省建苑设计集团完成安全改造方案设计，经过改造，游泳馆建筑面积由原来的6900平方米增加到10269平方米。新增区域主要包括休闲服务、功能用房和观众看台等，具备包括省运会在内等中小型游泳比赛承办条件。游泳馆改造总体费用6000万元左右。启动建设长春市体育健身指导中心。该工程选址位于高新区宜居路和超凡大街交会处的体育预留地，属政府投资建设项目，建设周期3年，总投资概算3.5亿元。一期工程主要建设网球馆、游泳馆、篮球与羽毛球馆和室外体育公园；二期规划建设滑冰馆和社会体育指导培训中心。室外项目包括网球、足球、篮球、排球、羽毛球、乒乓球、武术、攀岩等。占地面积90651平方米，建筑面积43814平方米，绿地率47%。长春市体育局已与高新区就土地、规划问题进行多次沟通，发改委立项、能评、环评等工作已完成，可研报告已送审。

【体育规划编制】 编制《长春市体育事业发展“十三五”规划》，确定“十三五”时期长春市体育事业发展的指导思想、发展目标、基本原则和主要任务。委托长春市规划院，完成《长春市体育设施专项规划》的编制工作。《规划》已完成两轮专家论证，待市政府审议。

（孙彩贤）

# 社 会

## 城乡人民生活

【概况】 2016年，城镇常住居民人均可支配收入31069.4元，比2015年增长6.8%，其中，工资性收入17135.2元，增长4.8%；经营净收入1247.6元，下降2.4%；财产净收入2530.8元，下降0.6%；转移净收入10155.8元，增长13.9%。城镇常住居民人均消费支出24096.3元，增长3.8%。农村常住居民人均可支配收入12576元，增长7.0%。全市城市居民114528人享受最低生活保障；农村居民147032人享受最低生活保障。发放城乡低保资金8.5亿元。城镇医疗保险参保人数407.4万人，工伤和生育保险参保人数分别为142.6万人和113.7万人。全市建设保障性住房7819套、建筑面积51.9万平方米、总投资额81827万元。改造棚户区住宅9010套，回迁安置居民8090户。

【消费结构】 全年居民消费价格总水平比2015年上涨1.4%，涨幅扩大0.1个百分点。从各类商品及服务价格变动情况看，医疗保健价格上涨8.1%，食品烟酒价格上涨3.3%，其他用品和服务价格上涨1.1%，衣着价格上涨0.8%，生活用品及服务、教育文化和娱乐价格均上涨0.2%，交通和通信价格下降1.3%，居住价格下降1.1%。

【养老保险】 2016年底，全市城镇企业职工基本养老保险参保人数211.2万人，比2015年增长3.4%。其中，在职职工149.6万人，增长3.6%；城镇失业保险参保人数95.9万人，增长1.2%。征缴养老保险基金140亿元，增长10.1%；征缴失业保险基金9.8亿元。为61.6万名离退休人员发放养老金156.4亿元，增长10.2%；为2.2万名失业人员发放失业金1.3亿元。

【就业安置】 2016年，全市开发就业岗位14.3万个，实现城镇新增就业11.3万人，安置下岗失业人员实现再就业5.7万人，其中就业困难人员再就业1.3万人。全市公益性岗位在岗人数1.9万人，援助535户零就业家庭实现就业。实现农村劳动力转移就业113.7万人。城镇登记失业率3.57%。

（王玉宁）

## 婚姻家庭

【概况】 长春市有婚姻登记处14个。其中，城区7个；县(市)3个；开发区4个。全市所有婚姻登记处全部达到婚姻登记机关规范化建设标准，其中朝阳区婚姻登记处等8个登记处达到国家AAA级标准。2016年，全市办理结婚登记71159对，离婚登记29845对，补发婚姻登记证16309对。

【婚姻登记新证及便民措施】 按照民政部文件要求，从2015年10月1日起，除当事人办理赴台及德国等9个国家公证事项外，全市婚姻登记机关不再为任何个人和部门出具(无)婚姻记录证明。为解决市民办事难的问题，市民政局主动作为，与司法、公安、住房公积金等部门沟通协商，初步建立部门间信息核对机制。

【结婚登记】 2016年，长春市各婚姻登记机关严格按照《婚姻法》和《婚姻登记条例》的规定，公开审批程序，审核登记手续，全年办理结婚登记71159对，登记合格率100%。

【离婚登记】 2016年，长春市各婚姻登记机关依法对离婚登记手续齐全，尤其是根据离婚协议书的内容，对当事人在子女抚养、财产及债务处理等事项明确的情况下，准予办理协议离婚登记。全年办理离婚登记29845对。

（郭大鹏）

## 民族工作

【概况】 2016年，长春市有50个少数民族，人口31.95万，占全市总人口的4.2%。有满族、回族、朝鲜族、蒙古族、锡伯族5个世居民族。其中，满族17.8万人，占55.7%；朝鲜族5.7万人，占17.8%；回族4.9万人，占15.3%；蒙古族1.5万人，占4.7%；锡伯族1354人，占

0.4%。有4个民族乡：双阳区双营子回族乡、九台市胡家回族乡、九台市莽卡满族乡、榆树市延和朝鲜族乡。43个少数民族聚居村。市级少数民族社团6个；少数民族特需商品定点生产企业7家；市级朝鲜族群众艺术馆1所；乡级少数民族文化站4所。民族中小学13所；民族医院1所，民族乡医院4所，少数民族聚居村合作医疗点43个。

3月5日，段校共建T302次"民族团结列车"元宵节联谊会　（周文庆　提供）

【民族团结进步创建活动】 开展民族团结进步创建活动。围绕民族工作亮点、民族节庆活动等内容，在国家和省市级媒体宣传30余次。T302车队被国家民委确定为第3批全国民族团结进步创建活动示范单位，T302车队已经成为长春市民族团结进步创建活动的一个重大典型，在全国产生一定的影响力。开展民族团结进步宣传教育，下发《关于在全市开展民族团结进步宣传月实施方案》，指导各县(市)区举办丰富多彩的民族团结进步活动。开展发送民族团结主题短信息工作，不定期通过群发的形式向全市手机用户发送宣传民族团结的主题信息。打造民族团结进步宣传主题公交车，在66路、254路等10几条公交线路设置民族团结宣传口号，在长途公交车站设立滚动电子显示屏，进行民族政策法规宣传教育，营造民族团结氛围，收到好的社会效果。长春朝鲜族妇女协会作为全省唯一一家少数民族社团，获得"吉林好人·最美民族团结之星"先进集体荣誉称号，姜慧获得"吉林好人·自强之星标兵"荣誉称号。帮助长通路清真寺社区重新规划布置民族习俗展示室，提升示范功能。投入资金支持指导东北师范大学东北民族民俗博物馆馆舍建设，突出其民族团结进步宣传功能。加强与少数民族人大代表、政协委员和代表人士的联系沟通，听取他们的意见和建议。配合市委组织部和市委统战部做好第十三届市政协委员推荐工作。组织召开2016年迎新春少数民族代表人士团拜会。分别组织少数民族代表人士赴江西革命圣地，就少数民族传统文化传承与保护工作赴云南省学习考察。与市委统战部联合开展全市少数民族干部人才库建设调研，为民族工作积蓄后备力量。

5月6日，省委督查组到长春市督查省民族工作会议精神落实情况
（周文庆　提供）

【城市民族工作】 建立民族工作重点社区联络员(兼职)制度，对民族工作重点社区进行调查摸底，结合"民族团结进步宣传月活动"推进民族工作"六进"。重点打造南关区长通街道清真寺社区，不断提高软硬件建设，使其成为全市乃至全省的标杆，打造以南关区幸福街道明珠社区为代表的新的民族团结进步典型社区。对全市少数民族常住和流动人口等情况进行调研。为更好地接纳少数民族融入城市，调研设立少数民族流动人口服务站。新疆和田市民委就新疆和田籍少数民族流动人口在长春市工作、生活和学习情况进行调研时，各行业帮助吉林农业大学新疆维吾尔族学生买买提销售大枣为例，服务少数民族流动人口的做法，给予高度评价。指导市伊协、长通路清真寺回族婚介所在长通路清真寺门前广场举办内容丰富的大型"新月之缘"相亲联谊活动，邀请黑龙江、辽宁、内蒙、北京等外省市回族婚介所参加，当天参加相亲活动的回族青年和家长近1700

人次，规模和形式都有创新和突破。贯彻中央统战部关于“清真概念”泛化问题有关精神，在全市进行摸底排查工作，并举办清真食品换发清真标识牌专题培训班。长春市民委指导有关社团和单位成功举办锡伯族西迁252周年活动、市朝鲜族传统文化体育活动、开斋节庆祝等活动。

【少数民族经济发展】 对民族乡村基础设施和贫困人口等情况建档立案。对4个民族乡《民族乡行政工作条例》执行情况、修订意见等方面进行全面调研。探索合作社模式，在将军村建立望景山畜牧专业合作社，已经投入扶贫资金30万元。组织全市民族乡村干部赴中央民族干部学院进行“扶贫攻坚能力建设专题研讨班”培训。抓好黄金村脱贫攻坚，把发展项目、培育特色产业作为脱贫工作切入点和突破口，帮助协调坤元绿色蔬菜园温室富硒蔬菜扩建和现代农业模块化立体种植箱(微农场)2个项目。投入资金，用于建立扶贫农机合作社、扶贫养鸡合作社和帮助危房贫困户进行危房改造。引导市佛协到双阳区双营子乡黄金村慰问贫困户群众，捐款3万元。9月9日，省政协主席黄燕明，省委常委、市委书记王君正，市委常委、常务副市长张晶莹，市委常委、市委办公厅秘书长赵明等省市领导到黄金村督查扶贫攻坚工作，对黄金村扶贫工作给予肯定。支持胡家回族乡民族文化展示项目、延河朝鲜族乡文化馆展示等项目建设。组织市民族医院到双阳区双营子回族乡黄金村开展送医送药扶贫慰问活动，为村民义诊并发放药品和生活用品。

【少数民族文化体育建设】 开展基地建设指导工作，申报吉林体育学院武术与民族传统体育专业和东北师范大学人文学院音乐系2个单位作为新一批民族文化体育基地。指导有关民族社团开展纪念西迁节活动、全市朝鲜族端午节文体活动、第23届满族颁金节庆典等活动。指导组织5个世居民族社团和筹委会开展2016年春节传统联谊活动，并提供资金支持。组织市朝鲜族群众艺术馆、长春朝鲜族妇女协会在吉林省暨长春市“全民健身日”活动开幕式上展演。组织相关人员参加省民委组织的文化体育传承基地经验交流培训会，东北师大吉林省少数民族艺术人才培养基地在会上做经验介绍。做好市朝鲜族老年希望会换届改选工作，长春朝鲜族妇女协会被全国妇联授予“全国三八红旗集体”(全长春市唯一)和“大义妈妈”荣誉称号。支持少数民族社团开展抢救、挖掘、整理和传承少数民族传统文化工作，支持民族乡民俗资料馆建设。对长春市满族历史文化资源保护与利用及当前朝鲜族老龄工作形势、任务进行调研。协调国家民委“中华民族一家亲”文化下基层活动走入长春市，朝鲜族群众艺术馆、市朝中、宽城朝小、绿园朝小以及朝鲜族爱听爱读者协会赠送总价值50万元的朝鲜语图书。

10月10日，全市朝鲜族长寿老人祝寿大会 （周文庆 提供）

【关爱少数民族民生】 协调市财政局对长通路清真寺三期工程进行评审，完成工程招标。指导市回族殡葬服务站妥善处理回族群众反映修改碑文事宜，做好有关稳定工作。为落实《2016年建设幸福长春行动计划》体现社会福利均等化原则，由市民政局联合市民委起草《长春市无丧葬补助居民基本殡葬费用免除办法》，并以市政府办公厅的名义颁布实施。

【少数民族合法权益】 完成清真标识换发工作，在全市开展清真食品调研排查，清理整顿，规范清真食品管理，收到较好成效。将民族成分确认纳入到“一门式、一张网”流程中运行，并在政务大厅设立专门的审批窗口，为群众提供更加便捷的服务。少数民族节庆活动安全有序，妥善处理“清食品真不清”问题。

（周文庆）

## 宗教工作

【概况】 2016年，长春市有天主教、基督教、佛教、伊斯兰教、道教5种宗教，信教群众约55.86万人。全市有宗教教职人员702人，批准登记的宗教活动场所436处。全市重点宗教活动场所5处：东四道街天主教堂、西五马路基督教堂、长春般若寺、长春地藏寺和长通路清真寺。市宗教团体6个：市天主教爱国会、市天主教教务委员会、市基督教三自爱国运动委员会、市基督教协会、市佛教协会和市伊斯兰教协会。

【全国和省市宗教工作会议精神】 在全省宗教工作会议上，长春市宗教工作做经验介绍。长春市宗教局还配合市委统战部做好全市宗教工作会议的筹备工作；并以起草“加强和改进我市新形势下宗教工作的实施意见”为契机，调研和梳理宗教长春市领域存在的新情况和突出问题，研究解决办法。为推动全市宗教工作会议精神的深入贯彻，组织举办全市宗教部门干部培训班，坚决确保中央和省委、市委关于宗教工作的决策部署落地生根。

【宗教事务管理】 审核申报设立道教场所长乐宫、伊斯兰教场所小房身清真寺。9 月 22 日，双阳区双营子回族乡举办“大营子清真寺竣工典礼”。完成宗教活动场所基础信息库补录，佛教场所悬挂标识牌，全市报考神学院考生政审考核，按立牧师、长老等工作。调研确定 2016 年市宗教场所维修费分配方案并及时核拨，及时解决宗教场所房屋安全隐患。做好大型活动的审批，确保浴佛节、“四月十八”“四月二十八”民俗庙会、盂兰盆节、伊斯兰教开斋节、古尔邦节的安全稳定。指导净月区成功举办净土寺佛像落座开光法会。配合省宗教局在万寿寺举办“翰墨飘香、慈悲济世、吉林省佛教界公益慈善书画义卖”活动。

【重点难点问题】 抓好宗教活动场所安全工作，对重点宗教活动场所进行安全防火检查，协调解决市西五马路基督教堂和东三基督教堂消防隐患问题。完成全市宗教场所安全工作百日会战，在长通路清真寺、市亚泰教堂分别组织开展消防知识培训和灭火逃生演练活动。针对“狮子山”台风，及时部署各县(市、区)宗教部门做好宗教场所的安全工作，并排查重点场所和设施老旧场所的安全隐患。关注信教群众特殊需求。在伊斯兰教“斋月”期间，为西北流动穆斯林 170 人解决 4 处临时礼拜场所。为解决市区西部穆斯林和流动穆斯林的宗教生活需要，由省、市宗教局批准复建的小房身清真寺建设工程开工建设，协调解决小房身清真寺水、电、气、热接入问题。甘肃兰州拉面长春全体业主委托朝阳区政府办送给市宗教局题为“促和谐 各民族亲如一家；建家园 东西南北共同努力”的牌匾，以表达谢意。依法打击和制止违法、非法宗教活动。配合有关部门依法查处非法、违法宗教活动，依法治理整顿基督教私设聚会点，密切关注重点人员和重点场所的活动，掌握动向性的信息，对有关人员进行教育疏导，保持宗教领域稳定。做好矛盾排查化解，及时解决民族宗教领域内多起可引发大规模群访事件的矛盾和纠纷。协调有关部门，妥善解决绿园区紫竹庵部分建筑和场所用地拟被占用修路事宜、长通路清真寺广场规划停车位、清真寺东胡同违章建筑拆除引发的矛盾纠纷等。

【引导工作】 推动宗教界加强自身建设。指导佛教开展讲经说法活动，指导伊斯兰教开展“解经”工作，组织全市清真寺阿訇参加全省“卧尔兹”演讲活动，指导市基督教“两会”举办“践行社会主义核心价值观神学研讨会”。加强宗教团体和重点宗教场所的组织建设，推进有关团体和场所的换届筹备工作。建立恳谈制度，加强市宗教局领导班子与宗教界代表人士的对话交流，面对面地开展群众工作。以“规范”为主题开展创建活动，重点解决宗教活动场所管理中存在的突出问题。推荐农安县小八家天主教堂为第三届全国创建和谐寺观教堂先进集体。加强对教职人员的教育培养工作，筹备建立天主教、基督教爱国骨干人员信息库。11 月 28 日，中国伊斯兰教第十次全国代表会议在北京闭幕，长春市伊斯兰教协会副会长杨瑞强当选为中国伊斯兰教协会副会长。加强宗教界法治宣传教育。指导宗教界开展“宗教政策法律法规宣传月”活动。指导团体在场所内设立政策法规宣传栏，协助团体在天主教、基督教教职人员中开展宗教政策法律法规知识宣讲活动，指导市伊协在长通路清真寺多功能厅举办“坚持伊斯兰教中国化方向及国法与教规关系”培训班，指导市佛协举办“长春市 2016 年佛教宗教政策法规”培训班，都收到较好成效。支持宗教界开展公益慈善活动。鼓励和引导宗教界服务社会，在扶贫济困、养老等方面发挥积极作用。在省宗教局和省宗教文化交流协会组织的全省宗教界“希望之光关爱环卫工人家庭”活动中，市基督教两会捐助 8 万余元。2016 年初，市佛协慰问九台、农安、双阳等地少数民族困难群众。11 月，市佛协到双阳区开展慈善救助活动。

(周文庆)

## 人力资源和社会保障

【创业就业】 全市开发就业岗位 14 万个，实现城镇新增就业 12.6 万人，城镇登记失业率 3.68%。举办首届长春国际创客节。开展创客创投高峰论坛等系列主题活动，开通“创业就业一点通数字电视频道”，吸引 1 万余人现场体验。“创客节”与“创博会”互为联系、互为补充，成为共同助力就业、扶持创业的重要载体。大学生就业创业“助力启航”工程。健全“政校企”服务模式，打造“政校企”精品社区 10 个，推进“互联网+”创业战略，推动扶持高校毕业生创业 3500 名。农民工返乡创业“春雁行动”。召开“春雁行动”启动大会，形成“一体化”创业促进服务体系。全市建立返乡创业基地 14 个，发放农民工返乡创业小额担保贷款 2662 万元，扶持创业 2480 户，建设村级电子商务服务站 300 余个，实现返乡农民工自主创业 8713 户，带动就业 45037 人。自主择业军转干部创业孵化品牌工程。走出“军地协作”新路子，在全国首创建筑面积 3000 余平方米，拥有国家级创业导师、创业项目测评师等优质咨询力量的军转干部创业孵化基地，创建创业培训、实训、孵化和服务“四位一体”的创业扶助新模式，打造全国自主择业军转干部创业孵化品牌工程。

【社会保险体系】 提升社会保险待遇标准。养老保险金标准实现“12 连增”，企业退休人员月人均养老保险金 2283 元。启动机关事业单位养老保险制度，认定参保单位 164 家，完成 2.4 万人的信息采集工作。失业保险费率从 2%下调至 1.5%，为用人单位减少用工成本 0.5%，减负 3 亿元。对符合规定的 954 家企业发放稳岗补贴 2.46 亿元，惠及职工 30 万人。工伤保险各行业基准费率平均水平由 1%左右降至 0.75%左右，为 35 户企业5200余名职工开展工伤预防免费体检。医保“夕阳健康”行动。参保居民中85周岁以上老人住院补偿比例提高到80%左右，4066名失能人员享受医疗照护保险待遇，平均报销比例85%。启动与北京、新疆、海南等地医院异地联网结算工作，城乡居民基本医疗保险政府补助标准提高到420元，健全生命晚期参保人员舒缓疗护制度。作为全国首批试点城市，长春市推出的失能人员照护保险为国家长期护理保险制度的顶层设计做出贡献。医疗保险监督检查立法。研究制定《长春市城镇医疗保险监督检查办法》，对监管部门、经办机构、经办职责、服务要求、相关权利义务等进行全面规范。

【人才培养】 启动人力资源产业园运营合作洽谈工作，确定产业园选址，1月20日正式签订框架协议。组织成立由79家会员单位组成的长春市人力资源服务行业协会并召开第一届会员大会。升级“千名科技专家服务民营企业行动”，开展“农业专家乡镇行”和“医疗卫生县区行”系列活动，帮扶种植业等4大类农户，培训300余名医务人员。开展“千名高技能领军人才培养工程”。公共实训基地建设正式启动，通过竞赛选拔、岗位练兵、企业培养等不同方式，评选优秀高技能人才192名。引进境外技术、管理人才项目。上报国家外国专家局的16项高端、重点引智项目获批可执行15项，均属长春市经济发展所急需的“高精尖缺”项目，引进国外高端智力(专家)64人次。

【人事制度改革】 以量化指标为核心的绩效考核模式。完善“一个制度，四个办法”的考评体系，制定千分制考评标准，突出考评结果运用，对全市各级机关工作人员转变工作作风，提高行政效能起到重要的激励、规范和引导作用。公务员管理工作。建立省内首家“公务员考核云平台”，全市公务员考核工作跨入“互联网+”时代；通过采取增加地域户籍比例、设置专业考试、定向招录等精准招录方式，为全市各级行政机关补充412名新生力量。形成长春特色的人才政策体系。结合服务业发展对高层次人才的需求和全市产业发展整体规划，围绕人才的引进、培养、激励、合作、成果转化、服务保障等核心环节制定具体支持政策。发布《关于进一步放活事业单位人才交流的意见(试行)》，鼓励事业单位专业技术人员离岗创业、在职创业和兼职从业，通过突破体制壁垒，搞活人才流动的“外循环”。事业单位人才招聘。以东北师范大学等6所教育部直属师范类高校为重点，推行基础教育“633”强师计划。首开事业单位“走出去”招聘的“破冰之旅”，组织50家事业单位赴北京开展公开招聘，与来自清华大学等15所高校的235名毕业生实现对接，公开招聘工作实现了政策范围、操作程序、人才地域和学历层次的全方位突破。

【落实收入分配制度】 启动全民增收“暖流计划”。计划确定的13项32条措施全部落实到位，直接或间接惠及城乡居民650万人次，总增收实现23.4亿元，人均360元，被市民誉为“幸福长春”建设的姊妹篇和升级版。作为长春市提升群众幸福指数的品牌工程，“暖流计划”从百姓最关心、最直接、最现实的民生问题着手，增强改善民生的针对性和实效性。提高机关事业单位人员健康体检标准。由300元提高至1200元，实现体检标准和体检项目“双突破”，休养地由1地增至3地，实现休养选择多样化。

【保持劳动关系】 成立劳动人事争议仲裁院。提升仲裁机构的整体水平和层次，实现工作互动与队伍培养、实践指导与提升办案效能的全面整合。劳动关系综合试验园区建设。在城区52个街道确立270个社区监测点，在朝阳区成立省级和谐劳动关系综合试验园区。去产能结构性改革过程中的职工安置工作平稳有序。维护劳动者合法权益“暖心行动”。将12家拖欠农民工工资的建筑施工单位列入“黑名单”向社会公布。以农民工实名制管理和工资银行卡发放为核心，规范建筑工地304处，通过银行卡发放工资6.39亿元，实现规范后的建筑工地农民工工资“零拖欠”。

【软环境建设】 建立人社部门法律顾问团。通过对现有政策的整合完善，政策的操作性和可行性更加突出，为制度创新提供重要依据。软环境建设。“一门式、一张网”建设走在全市前列，首批上线试运行54项行政权力和公共服务，向长春新区下放80项行政权力。转变职能，公开18项服务承诺，打造人社系统软环境建设的“升级版”。信息服务实用便民。扩大《创业梦想》覆盖面和影响力，开通“长春人社局”微信公众平台订阅号，完善门户网站建设，网站访问量突破500万人次。提升部门内涵建设。机关文化活动丰富多彩，开办“五型人社”讲坛，班子成员亲自授课。在全系统开展“新进工作人员座谈会”“履新干部座谈会”“假如我是服务对象”等主题演讲和换位体验活动。在全市“学党章、严纪律”知识竞赛中获得第一名，获全国人社系统2014年度~2016年度优质服务窗口和2011年度~2015年度法治宣传教育成绩突出单位荣誉称号。脱贫攻坚工作。出台《关于就业和社会保障助力脱贫攻坚实施方案》，对贫困地区提供创业就业、技能培训、人才支持、兜底保障、资金支持等30项帮扶政策，为全市脱贫攻坚目标的实现做出贡献。

（杜 充）

## 民 政

【社会救助】 主城区城市低保标准由月人均510元提高到580元，农村低保标准由年人均3000元提高到4320元，双阳、九台和3县(市)农村低保标准提高到年人均3500元~3710元。落实“暖流计划”，农村五保、60年代精退职工、“三属”和在乡复员军人生活补助均有大幅提高。推行农村低保补差式救助，落实长春市医疗救助和临时救助政策，有效解决困难群众医疗救助难题，9500余人次临时性、突发性困难群众得到及时救助。开展“万户特困户结对救助”和“幸福长春·圆梦助学”活动，12747户特殊困难家庭和6404名困难学生得到救助。为3.5万名重度残疾人和2.7万名困难残疾人及时发放护理补贴和生活补贴。

**【社会养老】** 新增50个居家养老服务中心、11个托老服务中心、25家养老机构,新增养老床位3600张。投资2300余万元购买居家养老服务,惠及8类人群、1.5万名老人。《长春市社会福利设施专项规划》颁布实施,获批全国"居家和社区养老服务改革试点"和"第二批医养结合试点"。开展专项治理行动,对548家民政福利机构全面排查整改安全隐患,全部建立健全安全管理台账。老年人免费乘车年龄放宽到65周岁,持卡乘车次数提高到720次/年。

**【社区建设】** 加大基础设施建设力度,城市千米社区比例67%。下发《关于加强城乡社区协商的实施意见》,全面开展基层民主协商,全国城乡社区基层民主协商推进会在长春召开。建立社区工作准入制度和社区工作事项清单。完成村委会和村务监督委员会换届选举。召开纪念谭竹青"社区工作者楷模"命名10周年大会,社区工作队伍建设经验在"全国社区治理和服务创新经验交流会"上获得好评。召开全市农村社区建设现场会,下发《关于深入推进农村社区建设的实施意见》,全市农村社区用房平均面积404平方米,基础设施建设达标率62%。

**【社会事务】** 推出"三免两减一优化"政策,减免无丧葬补助居民基本殡葬费用,取消鲜花摆台收费,降低殡葬服务车辆收费标准和丧葬用品价格,优化殡葬服务环境,群众对殡葬服务满意度大幅提高。开展生态殡葬试点,文明祭祀被广泛接受。出台加强农村留守儿童关爱保护工作《实施意见》和《专项行动方案》,建立关爱保护工作市级部门联席会议制度,关爱保护体系初步形成。推进婚姻登记机关标准化建设,建立部门间信息核对机制。推进第二次全国地名普查。

**【社会组织建设】** 出台《社会组织直接登记管理办法(试行)》,全市新增社会组织563家,社会组织总数6048家,增长10.4%。2016年清明节期间,从3月25日至4月4日,全市出动执法人员11.5万人次,查获并收缴封建迷信用品80多车;各城区、开发区街道和社区干部及志愿者近万人,每天对全市5200个路口、2100个重点部位路口进行看守,劝阻在公共场所烧纸的人员200多人;全市各殡葬服务单位接待祭扫群众近85万人次,祭扫车辆11.2万台次。2016年,根据长春市人民政府《关于进一步加强和改进殡葬服务工作的意见》《长春市无丧葬补助居民基本殡葬费用免除办法的通知》的有关要求,2016年,对全市(含双阳区)1245名符合免除条件人员进行殡葬基本费用免除,减免金额62.95万元。为顺应殡葬改革,推进绿色环保葬式,2016年清明节期间,长春市举办第八届公益海葬活动,为300名逝者的骨灰实施撒海。

出台《社会组织规范化建设操作规程(试行)》。在扶老助残、扶贫济困等4大领域开展政府购买服务。购买第三方开展社会组织等级和公益服务项目评估。加大社会组织监管力度,对703家社会组织进行年检和执法检查。

**【双拥优抚】** 长春市蝉联全国双拥模范城"八连冠"。出台《深化社区拥军服务工作实施意见》,开展"情系驻长官兵、关爱革命功臣"主题拥军活动,为部队解决40件具体实事。协调解决12件征占部队土地问题,确保城市重点工程建设有序推进。市烈士陵园被评为国家级烈士纪念设施。实施阳光安置,符合安排工作条件的退役士兵100%得到妥善安置。

**【防灾减灾救灾】** 指导各县(市)、区完成县、乡、村3级《自然灾害救助应急预案》《受灾群众转移安置预案》的修订和演练。出台《长春市救灾储备物资管理办法》,全市物资储备规模达4395万元。新增15处应急避难场所和12个国家综合减灾示范社区,全市应急避难场所和国家综合减灾示范社区总数分别达到89处和65个。

(孙欣伟)

## 社会保险

**【扩面征缴】** 截至2016年12月末,全市城镇职工养老保险扩面新增7.6万人,参保总量211.2万人,占全省29.9%;城乡居保参保总量188.7万人,占全省28.3%。征缴总量148.75亿元,其中,城镇职工养老保险征缴总额140亿元,占全省35%,完成任务指标的111.9%,比2015年增长10%;失业保险基金征缴总额7.2亿元,占全省34.8%,完成任务指标的109.1%;城乡居保基金征缴总量1.55亿元,占全省28.8%,缴费率81.5%,超过任务指标11.5个百分点。各分局、县(市)局发挥联动机制作用,主动协调城区和地方政府和有关部门,联合人社部门依法监察,对参保企业开展两级稽核,对欠费企业实行跟踪清缴;对参保单位待转基金进行清理;各职能处室结合惠民利企政策加大宣传和培训工作力度,拉动扩面征缴。

**【待遇提标】** 全年"两金"发放165.7亿元,其中为全市61.6万企业退休人员发放养老金156.4亿元,占全省23.2%;为76.9万享受待遇的城乡居民发放养老金8亿元,占全省30.5%;为近2.2万名失业人员发放失业金1.3亿元,占全省40.2%。在保发放的基础上,待遇水平实现全面提标,完成连续第12次城职保调待,月人均增加140.85元,增长7%,月人均养老金2148元;城乡居保基础养老金每人每月增加5元,市本级基础养老金130元,增长4%;按照市政府暖流计划,市本级失业金标准1184元上调128元增长12%。

**【机关事业单位参保】** 机关事业单位参保稳步开展。配备人员,组织业务和政策培训,建立政策问答知识库,配合人社部门开展机关事业单位人员信息数据采集工作,参与省经办程序需求研究和测试工作。

**【利企惠民政策】** 落实失业保险降点政策,减轻企业缴费压力。将失业保险费率由2%阶段性降至1.5%,全年减少企业缴费1.26亿元。发放稳岗补贴,促就业稳增长。为812户不裁员、少裁员的企业发放稳岗补贴2.2亿元,超额完成市政府下达的1.5亿元任务指标。落实个体参保人员一次性缴费政策,趸交金额1.3亿元。通过政府助保、社保补贴减少个体缴费人员经济负担,全年为1851人办理政府助保,发放社保补贴1.1亿元。落实大学生养老保险创业就业扶持政策,市本级有656名高校毕业生按政策补缴养老保险费3652万元,降低大学生创业就业成本。

**【管理与服务】** 启动系统升级改造工作,结合新办公楼需求研究智能化建设;推进参保单位网上经办,实现有关影像资料的实时传输;完善短信微信公众服务平台,为服务对象推送社保政策、退休审批签字通知以及账户查询等服务;研究对接,配合市政府"一门式、一张网"政务改革。加强社会化管理服务。"三险合一"认证实现全覆盖,城镇职工养老保险、城乡居保认证率100%;发挥托管服务平台和档案管理平台的作用,接收托管人员33万人,为失业人员代缴医疗保险费3024万元,代发各类补贴2.2亿元,提供档案查询4万人次。完善综合柜员制经办流程,简化业务环节。完善9612333咨询服务平台,咨询总量超过22.8万人次。推进服务中心建设。争取政府和相关部门支持,2016年,社会保障服务中心建设处于收尾阶段。

(张暗礁)

## 老龄工作

**【宣传工作】** 进行老龄工作宣传报道,协调新闻媒体记者直接参加,全年跟踪报道涉老新闻35篇次。下发《关于切实做好宣传贯彻〈吉林省老年人权益保障条例〉工作的通知》,设立4月为落实《条例》的宣传月。在城市的主要路口悬挂宣传标语、在社区专栏张帖宣传画。县(市)区的老龄工作干部发放宣传手册,宣传《条例》的内容,开展普法工作。市老龄办与市司法局联合下发《关于开展2016年公证、司法鉴定法律服务"敬老助老宣传月"活动的通知》,在全市举办的"德法同行 敬老助老"法律知识大讲堂走进街道、社区,为老年人作司法讲课活动。9月,市老龄办和市教育局联合下发《关于在全市开展"以孝为先,敬老爱老"主题教育活动的通知》,在全市中小学范围内联合开展"以孝为先,敬老爱老"主题教育活动。全年按季度编辑《长春老龄信息》4期,印制近千份。及时上报市主管领导,市直机关33家市老龄委委员和联络员,下发各县(市)区老龄办、开发区社发局,国省营企事业单位、有关老龄工作部门,推动和指导老龄工作的开展。

**【出台《长春市老年人口及老龄事业发展状况》蓝皮书】** 开展长春市老龄人口抽样调查、老龄事业发展统计及老龄人口基本状况信息采集工作。对涉老机构的调查统计;在全市选取17个有代表性的,2个干休所作为抽样调查点,对全市老年人口基本状况、服务与保障状况、优待维权状况等42个方面进行抽样调查;吉林大学深入社区、村(屯)针对老龄人口及老龄事业发展状况开展调查研究,提出及时、科学、综合的应对长春市人口老龄化的具有针对性、可操作性、可持续性的对策建议。

**【维护老年人合法权益】** 全年办理市政协建议1份,解决接待来信来访87件。围绕老年人广泛关注和亟待解决的财产、赡养、婚姻等问题,为老年人提供优先、及时、便利、高效的法律维权服务。2016年,长春市在各个社区(村)已建立法律援助联系点(工作站)1669个,确定法律援助联系人1669人,解答法律咨询12000余人次,当场受理法律援助申请4682件,全市各级法律援助机构办理涉及老年人法律援助案件573件。

**【落实老年优待政策】** 5月6日出台《长春市老年人免费乘车实施办法的通知》。全年为65岁及以上老年人办理免费公交卡近20万张。同时完善高龄津贴科学规范的申报、审批、发放制度,为全市220位百岁以上老人发放高龄津贴79.2万元;为主城区136位百岁以上老人发放敬老金27.2万元;为全市90周岁~99周岁的老人发放高龄津贴1512.9万元;为全市80周岁~89周岁的低保边缘家庭、低收入家庭中的老年人,给予每人每月100元高龄老人津贴;对入住养老机构的城市"三无"老人、农村"五保"老人、城乡低保家庭老人等生活困难的老人,每人每月给予100元~300元补贴;对城市"三无"老人、农村"五保"老人、失独贫困老人、低保家庭、低保边缘家庭老人、重点优抚对象家庭中的空巢老人等,每人每月发放200元养老服务券;在"春节""敬老月"期间分变2不离其宗批发放助养经费30万元,并由县(市)区匹配30万元,为1000名特困老年人进行助养,提升困难老年群体民生保障水平。

**【敬老月活动】** 市老龄办下发《关于在全市开展"敬老月"活动的通知》,从10月1至10月30日,开展以"敬老爱老全民行动"为主题的"敬老月"活动。各级领导带头深入敬老院、老年公寓和老年人家庭,看望、慰问和救助孤寡老人、高龄、特困老人和离退休职工,帮助他们解决生活困难。活动期间,全市走访慰问老人500余位,送去慰问品及慰问金近40万元。市老龄办举办"第七届长春市老年艺术节",有近万人参加活动。组织开展第14次老人"看长春"活动,300余名老人游览首个社会主义核心价值观主题公园——长春德苑,参观建设中的地铁1号线市政府站。市福利院、市慈善会、九台农商银行联合开展"迎重阳,送温暖"活动,对全市社会福利院、农村社会服务服务中心集中供养的三无老人和五保对象送去入冬棉被500套。市老龄办与朝鲜族老年协会为65名85岁以上的朝鲜族老人过生日,中国科学院长春光机院在九九重阳节为80岁以上的50多名老科学家、老科技工作者在荣誉礼堂集体过生日。柏合志愿者协会、南湖街道爱心服务小组、新区志愿者队伍、吉林师范大学传媒学院等志愿者组织，走进社区、走进老人家中，开展“爱心捐赠”“爱心敲门”“结对帮扶”等各类为老志愿服务活动。汽开区启动实施“12156”志愿微服务直通车，将每月15日定为服务民生开放日。长春市法律援助中心开展进基层普法活动，推出“三优先、零等待”服务，为老年人优先申请、受理各项业务。宽城区开展“重阳杯”老年登山活动，全区近300人参加登山活动。九台区老龄办牵头组织纪念红军长征胜利八十周年暨长春市第七届老年文化艺术节文艺汇演，有33个节目280多名老人参加演出。活动期间，全市开展各类文体活动300余场，悬挂敬老宣传标语、挂图近3000份，发放《条例》宣传手册25000余份，发表“敬老月”相关宣传报道30余条，办理老年人法律援助案件90件，为上千人进行法律咨询服务，党政机关、企事业单位、各界团体和社会组织及个人为老年人办好事实事2万余件。

9月20日，2016年吉林省长春赛区老年人太极拳（剑）交流展示活动

（王文亚　提供）

【助老安康行动】　开展老年人意外伤害保险暨“助老安康行动”，面向老年人推出意外伤害保险。2016年，全市为147080位老年人办理意外保险，其中政府统保老人26293位，理赔金额近300万元，使意外伤害保险最大限度惠及广大老年人。

【老年文体活动】　市老龄办主办长春市第七届老年文化艺术节暨长春市第二十五届老年书画（摄影）展活动。老年书画（摄影）展，展出书法作品205幅，国画作品263幅。主办2016年吉林省长春赛区老年人太极拳（剑）交流展示活动，近2000名老年人参加专场展示（比赛）活动。参加“第三届吉林省市民文化节‘优秀社区中老年歌舞才艺嘉年华’”活动，荣获二等奖1个，三等奖2个，市老龄办被授予优秀组织奖。

10月18日，市老龄办组织开展第14次老人“看长春”活动　（王文亚　提供）

【基层老年协会建设】　完善协会各项工作制度，建立民主监督制度，确保老年人对协会事务享有知情权、参与权、决策权和监督权。整合利用现有的城乡社区服务设施，解决老年协会办公和活动场所。鼓励企事业单位、社会组织为老年协会的建设提供帮助。建立起社会力量参与老年协会建设的平台和渠道。2016年，全市老年协会规范化建设完成200个（其中，城市100个，农村100个）。

【农村居家养老服务大院建设】　在农村养老服务大院建设过程中，就地就近为老年人提供生活照料、健康保健、学习教育、文体娱乐、精神慰籍、法律援助等项服务。2016年，全市建成养老服务大院101个，主城区基本实现全覆盖。

（王文亚）

## 农安县

【概况】 农安县位于松辽平原腹地，面积5400平方公里，辖22个乡镇，377个行政村，人口120万，是吉林省唯一耕地面积超过26.67万公顷的县份和人口超百万的3个县份之一。近年来，农安县后荣获国家卫生县城、中国新能源产业百强县、国家现代农业示范区、主要粮食作物全程机械化示范县、全国食品工业强县、"三产"融合试点县、全国低碳经济示范县、中国最具投资潜力特色魅力示范县等称号，并连续5年挺进全国经济百强县，实现晋位升级。农安县城所在地史称黄龙府，曾是西汉时期北方夫余国的王城和辽金军事重镇，有2000多年建城史，是东北文明的发祥地之一，素有"东北名城、塞上明珠"之称，以抗金英雄岳飞的誓言"直抵黄龙府，与诸君痛饮耳"和革命先驱李大钊的诗句"何当痛饮黄龙府，高筑神州风雨楼"而闻名于世。2016年，农安县发挥扩权强县政策优势，突出扩大总量、提升质量，地区生产总值实现443亿元，比2015年增长8.7%；全口径和地方级财政收入分别完成24.55亿元和13.17亿元，增长13.3%和10%；社会固定资产投资完成421亿元，增长60.6%；社会消费品零售总额完成143亿元，增长10.1%；城乡常住居民人均可支配收入分别达到23924元和14377元，增长11.5%和24.5%。

【农业发展】 打造合隆镇陈家店、哈拉海镇金大房子和农安镇两家子现代农业示范区，发展特色经济作物10万公顷、棚膜经济1333.3公顷，产值超过35亿元。投资3.3亿元，推进高标准农田和黑土地保护工程，粮食产量30.09亿公斤，"一线四点"现代牧业示范区格局初步形成。探索智慧农业物联网建设，全县购置农机智能装备57台(套)，农业机械化水平大幅提升；完成土地增减挂钩试点60公顷，流转土地17万公顷，完成农防林更新改造607公顷，清收还林2100多公顷；全省秸秆综合利用和禁烧现场会在农安县召开，农安县有专业合作社18个，打包机678台，农业产业化重点龙头企业328家。

【工业经济】 加速合隆、烧锅、开安工业园区整合，推动产业集群化发展，盘活闲置土地22万平方米、厂房36万平方米，筹建1.5万平方米众创产业园，首批3家知名企业已经入驻。开工建设项目155个，完成工业固定资产投资280亿元，路通轨道客车二期、智能装备制造产业园等82个项目建成投产。全年引进内资127亿元、外资1.2亿美元，实际利用内资比2015年增长23%、外资增长18%；规模以上工业企业总产值376亿元，增长20%；工业用电量8亿千瓦时，增长10.1%。通用航空机场、生态环境综合治理、牧原规模化养殖等一批优质项目建设落地。与吉林大学合作研发的新一代贝壳粉内墙漆进入试生产，路通轨道、荣亿管道成功升级为市级企业技术中心，新增规模以上企业41户。

【城乡建设】 农安县聘请上海同济规划设计院高标准编制城市总体规划，加快推进县城"南扩、北改、东进、西秀"进程，建成区面积和常住人口分别达28平方公里和28万人。发挥棚改"农安模式"效应，融资16亿元改造棚户区2818户，开发房地产40万平方米，新建商品房5000套；投资1.5亿元完成站前街、宝塔街、西绕越线等7条重要街路；公共体育场、河湖连通工程、滨水生态治理、宪法主题公园、迎宾路生态治理和北湖湿地建设等项目顺利实施；启动建设中国北方首座综合性篮球训练基地、拥水公园水上游乐场及娱乐设施、西部生态治理二期工程和城市规划展馆；全省首家公共自行车网点投入运营；县城绿化亮化工程得到省市领导一致好评。

【民生事业】 农安县构建"一区五带"发展格局，服务业增加值207亿元。全县城乡社区284个，建立村淘产业园和村级服务站，打造省级电商村2个，交易额18.5亿元，被评为省级电子商务试点县。全年民生实业投入47.8亿元，79件民生实事全部落实。开发就业岗位8000个，新增就业7700人，转移农村劳动力33万人，劳务收入58.5亿元。投入扶贫资金1.6亿元，脱贫16063人，贫困村整体脱贫摘帽28个，发放困难残疾人、重度残疾人补贴3000万元。县医院扩建工程

**2016 年农安县国民经济和社会发展主要指标完成情况**

| 指标名称 | 单位 | 实际完成 | 比 2015 年±% |
|---|---|---|---|
| 国内生产总值 | 亿元 | 430.7 | 8.5 |
| 一产增加值 | 亿元 | 90.6 | 4.3 |
| 二产增加值 | 亿元 | 123.7 | 5.1 |
| 三产增加值 | 亿元 | 216.4 | 12.6 |
| 固定资产投资 | 亿元 | 421.6 | 61.5 |
| 规模以上工业企业户数 | 户 | 206 | 24 |
| 规模以上工业企业总产值 | 亿元 | 381.4 | 16.7 |
| 社会消费品零售总额 | 亿元 | 143.9 | 10 |
| 普通中学 | 所 | 38 | – |
| 普通小学 | 所 | 284 | – |
| 教育支出 | 万元 | 126368 | – |
| 科学支出 | 万元 | 341 | – |
| 医疗卫生支出 | 万元 | 75384 | – |

主体完工,分级诊疗制度全面推进,温馨村小创建经验得到新华网、凤凰网多家媒体报道。地方剧种黄龙戏《醉鬼相亲》在全国地方戏曲大赛中获得好评，成功举办“黄龙杯”全国马术场地障碍冠军赛。推进政府职能转变,“一门式、一张网”便民服务大厅上线运行，有效实施并联审批,工作效率提高近 10 倍，即办件比例超过 85%,提前办结率 100%,议案、提案和建议办复率、满意率均为 100%。

（刘宏亮）

## 榆树市

**【概况】** 榆树市位于吉林省中北部,地处松辽平原腹地,在世界黄金玉米带上,是长春、吉林、哈尔滨 3 市构成的三角区中心。面积 4712.49 平方公里。耕地 391126 公顷。境内有松花江、卡岔河、拉林河 3 大水系,无崇山峻岭。辖 9 个乡、15 个镇、4 个街道、388 个村、12 个城市社区。有省级经济开发区、工业集中区各 1 个:长春五棵树经济开发区、吉林省榆树环城工业集中区。2016 年,榆树市总户数 441550 户,总人口 1254681 人,其中农业户数 299648 户，农业人口 1027548 人。有满、朝鲜、回、蒙古、哈萨克、藏、苗、彝、壮、侗、瑶、土家、黎、佤、达斡尔、羌、锡伯、白、傣、傈僳 20 个少数民族。榆树市连续 11 年跻身全国最具投资潜力中小城市百强,连续 13 年获全国粮食生产先进县,晋升为全国 21 个现代农业改革与建设试点示范区、国家级生态示范区,被评为全国农产品加工创业基地、全国产业发展能力百强县市、全国生态文明先进市、群众体育先进市、文化先进市、中国民间艺术之乡。2016 年,榆树市地区生产总值 4078628 万元,比 2015 年增长 7.1%;全口径财政收入、地方级财政收入 124602 万元、93000 万元,分别增长 6.7% 和 5.2%；全社会固定资产投资完成 2523396 万元,增长 17.4%;社会消费品零售总额 1455200 万元,增长 9.7%;城镇居民、农村居民人均可支配收入 21300 元、12621 元,分别增长 7.4%和 9.7%。

**【农业】** 2016 年,榆树市粮食作物面积 37.87 万公顷。其中,玉米 29.12 万公顷;水稻 7.09 万公顷;大豆 3450 公顷;马铃薯 6781 公顷;高粱 264 公顷;谷子 103 公顷;经济作物面积 19333.3 公顷;粮食产量 3393036 吨。其中，玉米总产 2758647 吨;水稻总产 562252 吨;大豆总产 11784 吨;薯类总产 57672 吨;高粱 2232 吨;谷子 449 吨。建设高标准农田 20466.7 公顷,改造松坡、延青、松榆等灌区,维修红星大窝堡、转心湖和黒林靠河 3 座排涝站，解决 3866.7 公顷农田的旱能浇涝能排问题。投资 2.5 亿元，深化“一江两河”治理,提高农业生产保障水平。实施拉林河、卡岔河除险加固工程,解决 6666.7 公顷农田防洪隐患。投资 3000 万元,开展黑土地保护项目,增施农肥面积 6666.7 公顷，米豆轮作面积 2186.7 公顷,土地适度规模经营 15.6 万公顷，落实墨西哥玉米综合高产栽培技术展示区 46.7 公顷，优良品种应用率 100%。举办农业生产类培训班 1660 期,培训指导农民 10 多万人次。农田统一灭鼠、赤眼蜂防螟实现全覆盖,测土配方施肥面积 23.4 万公顷,实施病虫害统防统治航化作业 4.5 万公顷。玉米保护性耕作面积 8.4 万公顷,占玉米面积的 30%。水稻采用钵盘育苗、机械插秧和高光效栽培技术,机插面积 5.9 万公顷、占水稻面积 80%,水稻高光效面积 2.7 万公顷、占水稻面积 36%。玉米深松面积 8.2 万公顷、占玉米面积 29%,深翻面积 5000 公顷、占玉米面积 1.8%。新增农机具 4500 台(套),农机总动力 190 万千瓦。筹资 15 亿元,建设 805 个牧业小区。猪、牛、羊存栏数分别为 106.08 万头、68.73 万头、10.34 万头。肉、蛋、奶产量分别为 251485 吨、107824 吨和 25452 吨。畜牧业总产值 84 亿元，比 2015 年增长 0.5%。棚膜蔬菜发展到 4467 公顷,园艺特产业实现产值 78 亿元。

**【工业】** 2016 年,榆树市谋划包装亿元以上项目80个，10亿元以上项目10个。新洽谈亿元以上项目15个。投资418.5亿元，新开工项目39个，续建项目37个。在长春举办招商引资推介会，签约项目21个。投资26亿元的正大食品厂、饲料厂一期工程完工，孵化、养殖、屠宰、加工一体化产业体系初步形成。中德环保、坤泰农业等一批项目开工建设。民营企业发展到31691户，实现收入1268.72亿元，比2015年增长2.3%；服务业增加值实现216.6亿元，增长12%。全口径工业企业户数2858户，增长7.5%；实现总产值376.10亿元，增长6.3%；规模以上工业企业户数104户，实现总产值233亿元，增长25.4%；实现增加值31.86亿元，增长11.3%；完成工业固定资产投资252.34亿元。

【园区建设】 2016年，长春五棵树经济开发区地区生产总值完成116亿元，工业总产值完成98亿元，固定资产投资完成78亿元，全口径财政收入完成1.06亿元。接待国内外客商47批次，签约项目9个，签约资金55亿元。实际利用内资38亿元，比2015年增长13.2%，实际利用外资7900万美元，增长12.7%。北京中节环生物天然气等重点项目有序推进，新开工项目5个，落地项目6个，7个续建项目完成阶段性任务。吉林省榆树环城工业集中区全年固定资产投资47.5亿元，占全年任务的106%；工业固定资产投资43亿元，占全年任务的102%；实际利用外资5000万美元，占全年任务的112%；实际利用内资17.9亿元，占全年任务的128%。新开工的榆树市坤泰农产品深加工有限公司现代农业产业园项目，总投资4.3亿元，占地23公顷；吉林省弘吉能源开发有限公司工业用CNG天然气项目，总投资5000万元，主要建设规模为日供应压力为25千帕压缩天然气2万立方米。

【城乡建设】 2016年，榆树市投资6.77亿元，改造棚户区9个区段、D级危楼2处，征收房屋1972户、21万平方米。改造旧楼房供水系统32栋，2900户居民实现24小时供水。完成新城区供热站扩建工程，新安装65吨锅炉2台，新建管网20.26公里，改造旧管网15公里，撤并小锅炉房13个。铺设天然气管网1.6万米，新增用户7000户。投资3.87亿元，实施引松入榆工程，完成平安水厂基础设施建设。投资4014万元，新建安全饮水工程12处，解决10个乡镇12个村97个自然屯3.26万人的安全饮水问题。新建中心街北段等街路11条，改造巷路8条，修复科铁公路20公里，建设农村水泥路248公里。投资705万元，对4914公里农村公路进行路面养护，投资1500万元，完成13座危桥险桥建设。投资3000万元，建成新城区水系景观带。彩化工农大街、三盛路、繁荣大街等街路17350平方米。打造省级美丽乡村3个，建设省级新农村17个。被评为中国中小城市新型城镇化质量百强县市。

7月10日，榆树市招商引资推介会暨项目签约仪式在长春市南湖宾馆主楼会议中心举行 （刘艳成　提供）

【社会事业】 2016年，榆树市新建校舍3.1万平方米，维修校舍93所，新建围墙4137米，硬化场地8万平方米，建成农村中心幼儿园4所，维修国办幼儿园7所。扩建榆树市第一小学和榆树市第三小学，新增学位2160个，整合市区教育资源，将市第二中学、第五中学转制为九年一贯制学校。推进“数字校园”建设，装备639个多媒体教室。投资160万元，为榆树市乡(镇)以上中小学校建设光纤专线和教育专网。投资2389万元，购置多媒体教学设备550套、电子白板276套。投资120万元，建设榆树市中小学教师网络研修平台。榆树市有5所学校被评为吉林省乡村学校少年宫建设先进校，有4所学校被评为长春市级星级特色校。高考成绩保持长春外县(市)领先地位，重点线入围人数520人，本科入围人数2042人，三本以上入围人数3784人，进入长春外县(市)前10名的理科生、文科生及文理科总人数均居长春外县(市)首位，其中文科有8人进入长春外县(市)前十名。新招聘特岗教师101人，全面实施义务教育学校和教师交流轮岗制度，345名校长教师参与交流轮岗。在全省率先通过国家三类城市语言文字工作评估。改建东北大鼓剧场，新建农村文化广场25处，为60个行政村配备活动器材。投资714万元，为市区1个广场、3个乡(镇、街道)、113个行政村配建健身器材。举办全省象棋榆树站比赛、第二届“吉视传媒·净月杯”象棋全国冠军赛南北大师对抗赛（榆树市车轮挑战赛）、2016年吉林地区首届“邮政杯”毽球公开赛、2016年“体彩杯”台球赛、2016年榆树市气排球赛、2016年“鑫海杯”篮球赛、2016年榆树市乒乓球赛、2016年榆树市广场舞展演活动、“玩冰踏雪.健康吉林”2016~2017年度榆树市冰雪体育系列活动。开展榆树市"魅力榆树、健康榆树""邮政杯"广场舞大赛、"沃土情深"农民书画大赛巡展、"第三届"农民歌手大赛、秧歌大赛、纪念红军长征胜利"80周年"暨第三届社区文艺"汇演、"迎新年，送温暖"到红星乡敬老院文化公益演出等活动。开展慢病示范区创建活动，创示范单位3家，示范餐厅3家。落实孕产妇分级管理措施，实施9项免费检查制度，孕产妇免检率85%以上，农村孕产妇住院分娩补助率99.9%。实施计划生育证件网上办理，网上审批一孩、二孩申请4892例，再生育申请156例。投资350万元，加强卫生计生系统信息化建设。榆树大街人防工程基本建成，欧亚超市投入使用，特色农产品实现网上销售。投资9486万元，建成市、乡、村3级视频监控网络，市区和乡(镇、街道)、村屯出入口实现全覆盖。榆树市"110"警情下降5.8%，刑事警情下降9.2%，治安警情下降5.3%，命案发案下降36%。基层矛盾纠纷调解成功96%以上。完成法律援助案件238件。建立法律辅导站28个，法律图书角860个，培养农村法律明白人1万多人。

【人民生活】 2016年，榆树市开发就业岗位8569个，城镇新增就业7649人。农村劳动力转移就业48.26万人次，实现劳务收入83亿元。失业人员再就业2789人，就业困难人员再就业440人，实现困难群体创业50人，征集创业项目50个，新增创业企业孵化基地1家，引导扶持实现创业800人，带动就业3025人，高校毕业生就业735人，城镇登记失业率3.59%，发放小额贷款3200万元，完成农村劳动力引导性培训2.5万人，完成创业培训580人，城镇职工和居民医疗保险参保人数17.67万人。截至2016年末，榆树市有各类市场主体38858户，比2015年增长18.7%，其中企业3160户，个体工商户31340户，农民专业合作社4358户。精准识别贫困户9458户、贫困人口21753人。实施整村推进扶贫项目14个，改造农村危房1626户，16658人实现脱贫，26个贫困村摘帽。为7个贫困村援建留守儿童之家。2016年，金融机构各项存款余额2442831万元，比2015年增长13.6%，其中，城乡居民储蓄存款余额1958252万元，增长13.7%；金融机构各项贷款余额3261691万元，增长29.8%。社会福利中心、新光荣院建成。城乡低保年补差标准分别提高180元和624元，农村五保户年人均补贴标准提高200元。按每人每月700元的标准为230名孤儿发放生活费，为7967名优抚对象发放定补款4110万元、优待金312.11万元，为1220名90岁以上高龄老人发放生活费44.2万元。扩建市医院，新建妇幼保健医院，新增床位120张。新农合补偿额度由16万元提高到20万元，普通门诊报销由280元提高到350元。妇女"两癌"和儿童"两病"报销比例提高到70%，1岁~14岁参合儿童4种先天性心脏病定点免费手术治疗。取消42种重大疾病化疗转诊手续。榆树市优良级天数296天、污染级天数69天。空气环境质量状况总体好于2015年，稳定达到国家环境空气质量二级标准。

(刘艳成)

**2016年榆树市国民经济和社会发展主要指标完成情况**

| 指标名称 | 单位 | 实际完成 | 比2015年±% |
|---|---|---|---|
| 国内生产总值 | 万元 | 4078628 | 7.1 |
| 第一产业增加值 | 万元 | 841003 | 4.1 |
| 第二产业增加值 | 万元 | 1124333 | 7.2 |
| 第三产业增加值 | 万元 | 2113292 | 8.4 |
| 规上工业总产值 | 万元 | 2329312 | 25.4 |
| 农业总产值 | 万元 | 1597428 | 4.8 |
| 全口径财政收入 | 万元 | 124602 | 6.7 |
| 本级财政收入 | 万元 | 93000 | 5.2 |
| 固定资产投资额 | 亿元 | 252.34 | 17.4 |
| 社会商品零售额 | 万元 | 1455200 | 9.7 |
| 新增实际使用外资额 | 万美元 | 9514 | 12 |
| 民营经济增加值 | 万元 | 3129808 | 6.9 |
| 非私营单位在岗职工年人均工资 | 元 | 46804 | 9.2 |
| 城市居民人均可支配收入 | 元 | 21300 | 7.4 |
| 农民人均纯收入 | 元 | 12621 | 9.7 |
| 普通中学数 | 所 | 54 | 0 |
| 普通小学数 | 所 | 275 | 0 |
| 人口出生率 | ‰ | 3.9 | 16.1 |
| 计划生育率 | % | 98.33 | 5.6 |
| 城乡居民储蓄存款余额 | 万元 | 1958252 | 13.7 |

# 德惠市

【概况】 德惠市地处吉林省中北部，面积3435平方公里，辖16个乡镇、4个街道办事处，总人口100万。位于长春、吉林、哈尔滨3大城市之间，处在长东北开放开发先导区和哈大经济隆起带的重要结点位置。京哈铁路、102国道、同三高速公路和哈大铁路客运专线平行穿过全境，同三高速公路在德惠境内设有米沙子、德惠、菜园子3个出口，哈大铁路客运专线在德惠设站。耕地面积21.4万公顷，盛产玉米、大豆、水稻和瓜菜，是全国重点商品粮基地县之一，肉鸡年出栏量居全国县(市)首位；德惠市矿产资源丰富，是东北最大轻体建材生产基地，黏土矿、砂石矿遍布全市，境内天然气探明储量3000亿立方米，页岩储量434万立方米。已形成以食品加工业、玉米加工业、环保建材业、生物制药业、现代包装业和冶金制造业为支柱的门类较齐全的工业体系，产品达400多个品种，有40余种产品曾获得国家和省部级优质产品奖。

【国民经济】 全市地区生产总值实现437.8亿元，比2015年增长8.1%；规模以上工业总产值实现509亿元，增长10%；一般预算全口径财政收入实现13.5亿元，增长5.6%。地方级财政收入实现9.6亿元，增长6.2%(剔除不可比因素)；固定资产投资实现281亿元，增长21%；社会消费品零售总额实现147.4亿元，增长10.5%；城镇居民人均可支配收入实现23560元，增长8%；农村居民人均可支配收入实现12815元，增长8.1%。

【招商引资】 将2016年确定为招商引资推进年，在浙江等地组织投资环境说明会和项目推介会，与天津吉林商会共建以“德天独厚”为名称的微信招商平台，引进浙江才府玻璃制品有限公司投资2亿元的日用玻璃包装容器、浙江三和新型建材有限公司投资1亿元的钢结构加工等大项目。全年引进内资70.3亿元，实际利用外资1.1亿美元。

【园区建设】 德惠经济开发区建设道路1858米、排水3852米，铺装道路方砖1.7万平方米。米沙子工业集中区完成西部新区控制性详规，大学城污水、自来水、天然气等配套设施正在施工。朱城子食品加工产业园建设两横四纵道路和1.1万米排水工程，完成园区绿化和人行道铺装，安装太阳能路灯200盏，全面实现“七通一平”。万宝高新材料化工产业园乐洋变电站投入使用。布海汽车配件产业园积极储备建设用地，完成道路铺装12600平方米，水污分流排水系统8890米，10千伏供电专线工程开工建设。

【重大项目】 将26个重大项目纳入市级领导包保和绩效考核范畴，争取资金1.5亿元，全年开复工亿元以上项目48个。其中，新建项目23个，续建项目25个。吉林泉德秸秆综合利用项目制浆车间、抄纸车间、自备热电站及附属设施基建部分全部完工。达利公司投资1亿元的达利园菓真面包生产线投产，投资2亿元的食品和饮料生产线新产品年内上市，全年税收实现2亿元。总投资25亿元的武汉元丰汽车零部件生产、总投资20亿元的吉林回头客食品有限公司休闲食品加工、总投资2.5亿元的香江物流二期、总投资2.5亿元的启达汽车零部件生产、总投资1亿元的金鹏塑钢制品等项目按计划有序推进。

【产业结构】 初步形成以达利、德大为代表的食品加工业；以大成、泉德为代表的生物质资源利用业；以一汽四环、大华机械为代表的装备制造业；以海鹰城开、蓝天密封为代表的新型建材业；以吉林油田、坤森天然气为代表的石油化工业；以都邦药业、银河制药为代表的医药化工业，经济结构更加优化。

【农村农业】 编制《德惠市率先实现农业现代化总体规划》，引领现代农业发展。建设高标准农田0.65万公顷，水稻航化作业3.3万公顷，获得玉米生产者补贴近3.4亿元，粮食产量22.5亿公斤。新建2个棚膜蔬菜园区，申报国家级重点龙头企业2户、长春市级7户。组织第十五届长春农博会和第七届中国绿博会参展工作。打造德惠大米品牌，市场认知度显著提高。建设生猪小区40个、省级畜禽标准化示范场4个。完成“五大围堤”学安、塘沽、套子里围堤和松花江干流、雾开河、干雾海河治理工程。农防林更新改造205公顷，清收林地造林572公顷。使用国家农机购置补贴9500万

5月31日，德惠市生活垃圾焚烧发电项目落成　　（王忠祥　提供）

元,全市农机总动力125万千瓦,综合农机化水平80%。实施"互联网+电子商务"项目,建设示范点9个,农村经营模式逐步向信息化方向发展。建立农村产权交易管理中心,推进14个乡镇(街)农村土地确权登记颁证工作,涉及农户14万户,农村土地流转面积,流转比例30%。在全省率先开展农村集体经济组织公益事业项目招投标工作,完成项目100个,涉及资金3000万元。新增农民合作社300户和家庭农场100家。实施农村环境集中整治、整县美化、重点村项目建设、美丽乡村创建、美丽庭院干净人家创建、整片区推进与完善提升"六大工程",争取省级专项资金578万元,天台镇天台村等4个村被评为省级美丽乡村,农村面貌大为改观。

【城乡建设】 全年征收房屋55万平方米,楼房开发58.8万平方米。城区以迎新小区、隆成鸿域等10个小区为重点,开发建设51.6万平方米;乡镇以岔路口、万宝等乡镇为重点,开发建设7.2万平方米。建设公租房180套,改造农村危房550户。完成6条市政道路及排水工程。德惠路等5条街路给水管网改扩建3250米,改造老旧小区二次供水管网1.7万米、城区平房区给水管网2.7万米,更换无线远传智能水表1.2万块。污水再生水利用项目试运行,德惠西综合客运站完成主体工程,136台新能源电动公交车全部上线运营。修建"村村通"水泥路135公里,改造农村公路危桥15座。完成德大德莱66千伏线路和新增农网改造升级工程。开展城乡环境综合整治行动,对违章违法建筑依法进行清理。扩大城中村和垃圾点环卫管理范围,实现城区卫生保洁全覆盖。成立市容清理大队,强化对集贸市场的管理,对早市夜市进行规范,市容市貌全面改善。在主要街路及景点补植苗木、栽植花卉67万株。强化老旧散小区管理,纳入环卫管理的弃管小区达713栋,受益居民3.7万户。对德惠公园、植物园、惠民公园、文化公园、迎宾公园设施进行完善,已成为居民休闲娱乐的重要场所。完善城区交通设施,对停车位进行整体规划。加大对酒驾醉驾、超载超限等违规违法行为的整治力度,交通秩序明显好转。对燃煤锅炉、重点排污企业等环境污染进行治理,对黄标车进行清理,环境质量大幅提升。

【教育事业】 维修改造中小学159所。投入7117万元,为中小学配备装备。全市义务教育阶段学校均达到省定办学标准,顺利通过国家义务教育均衡发展评估验收。推进大学区及初中生综合素质评价等领域改革,将体育考试正式纳入中考范畴。严抓考风考纪管理,实现"零违纪""零事故""零投诉"的平安高考目标,高考成绩取得历史性突破。加大职业教育联合办学力度,与省内7所高职院校开展11个专业的中高职衔接合作办学项目,职教招生工作经验在全省推广。落实高中生国家助学金和农村初中贫困住宿生补助金、营养餐补助金526万元,受益学生7500人次。对校园校车监控平台、车载GPS进行升级,实施校车运营模式改革,全市上线运营的119辆校车惠及近万名学生。对城区中小学新生学区进行认定,实行阳光均衡分班,确保教育公平。

【民主法制】 推进财政信息公开,政府预决算、部门预决算、"三公经费"预决算在市政府门户网站公开。扩大预算绩效评价试点,试点资金增加到18项,整体支出绩效评价单位增加到10个。完善政府采购制度,提高采购限额门槛。制定第一批政府向社会力量购买服务指导性目录。推进政府部门权力清单和责任清单制度,实现非行政许可"零审批"目标。在政府机构改革上,将食药监局、质监局、工商局、食安办、酒办整合组建市场监督管理局。在粮食流通体制改革上,对30家破产粮库职工债权进行分配,使历时7年之久的企业破产工作顺利收关。开展"六五"普法和"五五"依法治市工作。自觉接受人大法律监督、工作监督和政协的民主监督,办理人大代表建议51件,政协委员提案67件,答复率和满意率均100%。长春市维稳工作现场会在德惠召开。

【民生事业】 开发就业岗位8000个,城镇新增就业7000人,下岗人员再就业2700人,解决"零就业"家庭比率100%。农村劳动力转移就业23.5万人次,劳务收入26亿元。城镇养老保险、失业保险、城镇职工和居民基本医疗保险任务均超额完成。城市低保标准由每人每月353元提高到369元,农村低保标准由每人每年2968元提高到3710元。医疗救助8万人次,发放救助金3200万元。为抗日战争等重点优抚对象和满60岁以上义务兵发放补助金2000万元。市福利中心扩建项目投入运营,维修改造农村福利中心10个。为残疾人提供康复服务1.3万人次。完成20个方面46项建设幸福德惠行动计划。精准扶贫攻坚工程投入基础设施项目资金1亿元、发展生产项目资金2155万元,完成14983名贫困人口和23个贫困村年度脱贫任务,实现70%现有贫困人口脱贫、70%贫困村摘帽"双70"脱贫目标。棚户区改造工程共改造15.7万平方米,完成1932套。第九中学、第十五中学食堂宿舍建成投入使用。54所中小学功能室建设全部完成。德朝路改建工程完成年度工作任务,立项、审批等手续办理完毕,资金全部到位。菜园子镇套子里村跨江大桥建设工程建成通车,解除近4000人洪水期和冰融期无法通行的困境。农村有线电视数字化整转工程完成2万户年度任务。饮用水贫困村完善工程已完成建设任务。小区巷路新建及罩面工程投资2863万元,完成工程22项,方便居民出行。德佳生活垃圾发电项目正式发电,解决原垃圾填埋场环境污染问题。果蔬储存气调库工程投入使用。

【社会环境】 有效解决拖欠农民工工资、德大公司超龄退休职工欠发养老金等重大信访问题。深化安全隐患排查治理,实现"杜绝较大安全生产事故、遏制一般安全生产事故"目标,通过国家安全生产检查。实行约谈消防安全重点单位责任人和管理人工作机制,开展消防隐患自检自查自纠活动,消防环境持续安全。全面加强食品药品监管工作,开展重点环节、重点区域等专项整治活动,没有出现系统性、区域性食品药品重大安全隐患。防控安全风险，考核结果位居长春外县市区第一名。完善社会治安防控体系，新安监控探头196个，将10个乡镇监控探头进行了联网，对所有公共部位WIFI管控前端进行系统性安装。深入推进“互联网+公安”平台建设，平台注册人数位居长春外县市第一位。开展了反恐防暴、命案攻坚和打击“盗抢骗、黄赌毒”等专项行动，命案13起13破，破命案积案1起。德惠市看守所被公安部评为“五化建设”成效突出单位，跻身全国100个成绩突出看守所行列。

【深化改革】 制定《部门预算编制实施方案》,所有收支项目全部纳入部门预算编制范围，政府收支预算、部门预算和“三公”经费预算通过政府网站予以公开。重新制定项目实施细则与考评办法，开展预算绩效整体评价工作。国库集中支付电子化改革正式上线运营，在全省率先实现国库集中收付电子化。开展政府集中采购，采购节约资金1670万元。深化行政审批制度改革，行政审批项目新划转进厅132个。推进全流程行政审批系统建设,部分项目实现网上审批。完善部门权力清单和责任清单，对部门行政权力进行核实和削减，将部分主要职责细化为具体工作事项，并制定追责制度。深化商事制度改革。对新增的内资企业注册资本全部实行认缴登记制，对新增的私营企业等市场主体实行先照后证审批程序,为新设立企业、换照企业发放“五证合一”“一照一码”营业执照,市场主体增幅位列全省县域前列，全市各类市场主7万户、私营从业人员10万人。

（王忠祥）

**2016年德惠市国民经济和社会发展主要指标完成情况统计表**

| 指标名称 | 单位 | 实际完成 | 比2015年±% |
|---|---|---|---|
| 地区生产总值 | 亿元 | 440.9 | 8.1 |
| 一产增加值 | 亿元 | 78.2 | 3.7 |
| 二产增加值 | 亿元 | 167.1 | 6.9 |
| 三产增加值 | 亿元 | 195.6 | 7.8 |
| 全口径财政收入 | 亿元 | 14.2 | -11.6 |
| 其中,地方财政收入 | 亿元 | 9.69 | -12.9 |
| 固定资产投资 | 亿元 | 281 | 21.0 |
| 农业总产值 | 亿元 | 157.3 | 14.6 |
| 工业总产值 | 亿元 | 704 | 9.1 |
| 其中,规模以上工业总产值 | 亿元 | 509 | 10.0 |
| 城镇人均可支配收入 | 元 | 23560 | 8.0 |
| 农民人均纯收入 | 元 | 12815 | 8.1 |
| 社会消费品零售总额 | 亿元 | 147.4 | 10.5 |
| 民营经济主营业务收入 | 亿元 | 1251 | 6.9 |
| 引进内资 | 亿元 | 70.3 | - |
| 引进外资 | 万美元 | 1.1 | - |

## 九台区

【概况】 九台区位于吉林省中部，东经125°24′50″~126°29′50″,北纬43°50′30″~44°31′30″,属长白山与松辽平原过渡地带，四季分明。东及东北与舒兰市和榆树市为界;南及东南同永吉县接壤;西与长春市为邻;西南同双阳区毗连;北及西北均界德惠市。辖11个街道、5个建制镇、2个民族乡、310个行政村。总人口82.5万人。周边境线381.5公里，面积3375.27平方公里,地表结构为“三山一水六分田”。耕地面积185721公顷,耕地土质肥沃，是国家主要的商品粮生产基地,盛产玉米、水稻、大豆、高粱、谷子,以及油料、甜菜、瓜果、蔬菜等作物,是各种杂粮、杂豆的高产区域,苗木花卉远销全国各地,被称为“北方苗木花卉之乡”。林地面积56329公顷,森林覆盖率15.7%,林木蓄积量495万立方米。水域面积22726公顷，总储水量8亿立方米,“一江三河”(松花江、饮马河、雾开河、沐石河)流经域内,坐落在西营城街道和东湖街道之间的石头口门水库是长春市最重要的水源地。域内煤、沙、矿泉水、沸石、钠基膨润土等矿藏资源丰富，千万吨储量以上的矿产11种,其中原煤储量5亿吨,年产煤炭700多万吨,占长春市煤炭产量80%。粮食年产量稳定在15亿公斤左右。年产300万吨优质煤的龙家堡煤田和吉林省单机最大、投资规模最大的华能九台电厂是矿产龙头企业。有“一脉五峰十景”,国家AAAA级旅游景区1个,AAA级旅游景区4个,AA级旅游景区6个,A级旅游景区7个。九台区处于长春市和吉林市之间的交通走廊地带和长吉经济圈的核心位置,域内有“四横三纵一空”的立体化交通格局。长吉高速公路、长吉北线公路、长吉高速铁路、长图铁路横贯东西，九万公路、九双公路、莱口公路纵穿南北，长春龙嘉国际机场坐落境内。长吉城际高速铁路在九台西营城街道设立中间站。

【国民经济】 2016年，九台区地区生产总值441.3亿元，比2015年增长8.3%。规模以上工业实现产值644.8亿元，位列全省第二位。规模以上工业企业254户，位列全省第一。全口径财政收入23.39亿元，其中本级财政收入14.46亿元。社会商品零售总额138.6亿元，增长9.8%。一产增加值44.1亿元，增长1.5%；二产增加值211.6亿元，增长5.9%；三产增加值185.6亿元，增长13.2%。装备制造等传统产业贡献突出，产值占比65%；新兴产业迅速发展，生物医药产业增速52.5%。高新技术产业产值占总产值22%。兰舍等4家企业被评为省级技术中心，中实被评为省级产业公共技术研发中心，海伯尔等3家企业被评为长春市级技术中心。

【民营经济】 民营经济主营业务收入1568亿元，比2015年增长19%；民营企业5100户，增长29.2%；个体户40052户，增长10.8%；从业人员28.2万人，增长3%。民营经济各项指标在长春外五县市区位列第一。制定民营经济（中小企业、乡镇企业、农产品加工业）发展计划。对全区重点企业和项目，实行跟踪服务，解企业和项目发展动态。举办"互联网+"电子商务培训班。开展万名创业者、万名"小老板"培训工程，全年培训1820人次，培训企业管理人才320人次。

【招商引资】 2016年，引进项目101个，投资总额418.05亿元。完成内资指标83亿元，比2015年增长15%；外资指标12900万美元，增长17.6%。招商引资内资、外资指标完成在长春外5县市区位列第一。新建项目29个，计划总投资87.4亿元。其中3000万元以上项目6个，5000万元以上项目10个，亿元以上项目11个，10亿元以上项目2个。续建项目36个，计划总投资92.9亿元。其中3000万元以上项目6个，5000万元以上项目13个，亿元以上项目12个，10亿元以上项目5个。签约项目36个，投资总额230.75亿元。主要项目有投资10亿元的康宁杰瑞（吉林）生物科技有限公司全人源化单克隆抗体项目、长春钻智生物科技有限公司吉芝元注射剂新药项目；投资5亿元的上海施慧生物科技有限公司卵泡刺激素及地诺克单抗生产项目；投资48亿元的长春龙嘉国际机场二期扩建项目；投资20亿元的长春大学新校区项目；投资5.5亿元的吉林东懿中医药文化旅游发展有限公司中医药科普旅游广场建设项目。

【开发区建设】 卡伦湖街道（经济开发区）。2016年，生产总值216亿元，比2015年增长8%；工业总产值608亿元，增长12%；其中，规模以上工业总产值520亿元，增长15%；工业增加值142亿元，年增长9.1%；固定资产投资180亿元，增长32.4%；全口径财政收入6.58亿元。新引进项目11个：投资20亿元的长春大学卡伦新校区、投资25亿元的吉大医院卡伦湖分院、投资3亿元的炫美包装、投资2.5亿元的爱得堡酒店、投资6000万元的爱康医疗、投资1.2亿元的绿森林环保科技、投资6000万元的大禹防护设备、投资5亿元的施惠生物、投资3.6亿元的菲洋生物科技、投资5.5亿元的东懿中医药旅游文化以及投资1.1亿元的美尔革业。协议投资额度63亿元。跟踪洽谈项目24个，投资总额110亿元，拟占地面积130公顷，主要有辽宁中科农机、河北华德钢板、长春中保牧生物、长春海基亚生物、长春莱沃科技、华龙汽车、雍达房地产、浙江苏嘉医疗、江阴贝瑞森生化、崔永元老滋味食品等。全年新开工项目7个，总投资17亿元，续建复工项目24个，新增投产运营项目11个。开发区基础设施总投资24943万元，完成投资约9139万元。南区甲二路及丙二十四路道路及给排水工程完成排水长约490米，占工程总量10%；甲二路等三条道工程完成施工招标；纬八路—山水大道排水主线工程完成施工招标；污水处理厂给水管线工程正在进行土方施工；吉林工商学院新校区项目建设外线工程全部完成，正在办理竣工验收手续；卡伦老镇区四条道路改造工程完成道路铺装面积27000平方米，占工程总量75%；污水处理厂二期工程投资7500万元，厂区土建部分完成98%，道路部分完成80%，外网部分全部完成，正在采购设备；中誉基础设施配套工程完成施工招标和场地平整；城市棚户区项目与农发行顺利对接，进入农发行评审阶段。投资1400万元，改造老镇区4

8月10日，九台区阿里巴巴农村淘宝、智慧乡村项目签约仪式暨启动大会

（张斌成 提供）

条道路；改造村级水泥路12公里；新建东风村水泥路3.5公里；新修红星村水泥路3.2公里，排水沟1250米；对4个水田村15公里田间道路进行修整；接待处理信访120余件1000余人次，化解积案5件；实现秸秆零焚烧。全年检查生产经营建设单位385家，发现隐患1495处，整改1477处，整改率98%；开展应急演练100余次；开展安全培训作业人员865人次；约谈域内生产经营单位负责人100人次；举办安全资格培训班3期；悬挂主题标语239条；开通安全生产微信公众平台；开展大型宣传活动4次。投入38.5万元，对10个村进行绿化改造；投入17万元为12个村部解决取暖问题；实现14个村部宽带全覆盖；全街道集体经济收入总额440万元，村均31万元以上；成立独立党支部11个、联合支部5个、派出党支部40个；为35户贫困户落实每月500元的扶持资金，实现82%贫困人口脱贫。

营城街道(工业集中区)。2016年，工业集中区项目总数85个，规模以上工业企业18户。全年规模以上工业总产值实现17亿元，工业增加值3.74亿元，固定资产投资3.5亿元，全口径财政收入实现2.3亿元。全年新增加平整项目用地0.6平方公里，清理和拆除遗留的“问题”房屋37处。储备意向投资项目31个，其中投资3000多万元的长春市桦昆农产品销售项目年度建成投产。引导企业转型升级。吉林永红新型墙体材料有限公司，投资近亿元；新注册吉林省九洋游乐设备有限公司，年生产水上游乐设备5000件套，建成投产。

**【农业】** 打造以波泥河为中心的东北最大苗木花卉基地，总面积7000公顷。蔬菜产量占长春市市场40%，黏甜玉米播种面积占天景玉米总播种面积2.4万公顷的一半以上。籽粒玉米播种面积减少10%，调减玉米总面积1.6万公顷，增加黏玉米0.2万公顷、青贮玉米0.3万公顷、旱改水0.3万公顷、马铃薯0.3万公顷、大豆0.3万公顷、蔬菜0.1万公顷(露地蔬菜700公顷、棚室300公顷)、苗木0.1万公顷。发展蔬菜产业。全区蔬菜面积12000公顷，比2015年增加1000公顷。食用菌面积21.4万平方米，比2015年增长38.3%。马铃薯种植面积7000公顷，增加3000公顷。新建农业产业化项目10个。新创省级以上知名品牌2个、新获省级以上驰名商标2个。发展绿色食品和无公害农产品，在其塔木、莽卡等乡镇发展绿色有机水稻，在土们岭、城子街等镇发展山野菜培育和林蛙养殖。年加工2万吨以上稻米加工企业9家、年加工量20万吨、销售收入92480万元。建设国家级农村金融改革试验区。全面完成顶层设计的10项试验任务。创新金融产品6个，新增金融机构13家。在城子街镇、苇子沟街道、兴隆街道、纪家街道、九郊街道、卡伦湖街道、东湖街道、龙嘉镇、波泥河街道、土们岭街道10个乡(镇)街开展农村土地承包经营权确权登记颁证试点工作，国土“二调”面积125372.17公顷，占全区国土“二调”面积63%。制定下发《九台区农民住房财产权抵押贷款实施方案》，完成各项工作流程和13个操作文件制定。4月1日，在龙嘉镇开展第一笔贷款业务，发放贷款5万元。发放贷款9笔94万元。农民住房财产权抵押贷款试验工作顺利开展，成果由省改革办上报到国务院。制定《九台区农村产权交易平台建设工作方案》，审核通过《九台区农村产权交易平台创建实施方案》《九台区农村产权交易管理办法》，确立运行机制，明晰产权交易主体，完成产权交易平台软硬件建设。农产品加工业。全区农产品加工企业375家；规模以上农产品加工企业77家；销售收入130亿元，比2015年增长42.9%。发展家庭院经济23万户。各类农业园120个，新发展15个。全区家庭农场1400家，新增260家；农民专业合作社2800家，新增428家；九台区级种粮大户、特色种植、粮食高产、特色加工等典型户各50户。合作社成员62300人，其中农民成员62050人；农民专业合作社资产总额23.65亿元，注册出资额3.1亿元。九台是全国第2批首个新型职业农民培育重点示范区。建立区级新型职业农民培育实训基地10个，田间学校15个，完成1500名新型职业农民培育任务，全区新型职业农民5000名。土地流转面积6.1万公顷。开展返乡农民工就业技术培训18次，培训人数1036人，开展返乡农民工就业招聘会4次，帮助1.2万名返乡农民工实现就业。全区农民工外出务工人数16.5万人，比2015年增加1.3万人。推广应用秸秆腐熟剂20000公顷，建设测土配方施肥示范区4个。建成万亩示范片84个、高产攻关田74个。新成立2个种子销售大厅、检测1120个样品，玉米合格率98.8%，水稻合格率93%，展示示范玉米新品种22个。全区综合利用秸秆80.3万吨，其中，能源化秸秆50万吨，饲料化秸秆15万吨，还田秸秆15万吨，基料化秸秆0.2万吨、原料化秸秆0.1万吨；全区秸秆综合利用率65%。全区农机总动力110万千瓦，比2015年增长10%；拖拉机保有量3.26万台。大中型拖拉机1.15万台，增长15%。联合收割机2127台，增长29%。全区综合机械化水平87%，增长1.6个百分点。机械插秧、玉米机械收获、秸秆综合利用与处理等关键环节机械化水平快速提高。农机专业合作组织492个，其中，农机化专业合作社396户，农机化专业合作社等新型农机经营主体发展逐步由数量增长向质量提升转变，农机社会化服务能力增强。全区完成机耕面积152666.67公顷；机播种面积17.3万公顷；机收获面积14万公顷。全年重点推广保护性耕作、深松整地等农机化新技术4项，技术实施面积7万公顷，培训人员3168人，发放技术资料11000余份，推广先进农业机械1500台套。计划争取国家农机购置补贴资金2000万元。实际争取到位国家资金4365万元，资金到位率218%。省级资金613万元，带动农民投入自筹资金9522万元。购置补贴各类农业机械1500台套，直接受益农户1116户。培训各类人员3168人，完成计划任务158%。检审拖拉机3026台，完成计划101%；新车落籍1026台，完成计划任务100.3%。全区重点建设新型农业生产经营主体8个，建设省级机库10000平方米，争取到位省级资金1000万元。生猪、肉牛、肉羊、家禽分别发展到215万头、68万头、6.1万只和8460万只，分别增长11.4%、3.1%、0.8%和2.4%；肉蛋奶总产量分别达22.8万吨、5.7万吨和2.4万吨，分别增长4%、2.2%和4.4%。举办“养殖技术培训、科技推广人员培训”等5个类别、60批次的畜牧科技培训班，培训3500人次。拓展秸秆综合开发利用新空间，推进秸秆饲料化。秸秆青黄贮窖建设总容量15万立方米，收贮秸秆饲料10万吨。

**【新农村建设】** 任家村、龙家堡村、袁家村、红光村、聂家村、吴家店村、荒山村、波泥河村8个村成为“美丽乡村”示范带亮点。落实省级新农村重点村13个，落实上报重点村专项补助资金项目22个。完成波泥河街道庙岭村、平安堡村，兴隆街道朝阳村，上河湾镇双顶子村、桦林村的规划设计、立项环评工作。龙嘉镇龙家堡村85户室内水冲厕所及生活污水处理项目建设完工。卡伦湖街道“两换两集中”初具规模，新区一期建筑面积5.16万平方米，11栋农民回迁楼竣工，300户农民于3月入住。其塔木镇五州商贸城三期占地4.5万平方米，入住农民1500户，新农村建设模式成为吉林省城镇化典型。

**【林业建设】** 编制“绿满九台”行动十年规划。设立“绿满九台”行动基金，筹集资金1000万元。实施城区绿化美化工程、清收林地造林和农田林网建设工程、美丽乡村建设工程、绿色廊道建设工程和裸露山体修复工程。2016年，完成清收林地造林和补植1733.33公顷，更新造林100公顷，绿化村屯110个，乡村路绿化61300米，村部绿化120个，小城镇绿化4个，改造提升弃管小区10个，栽植苗木750万株，其中针叶树566万株，阔叶120万株，其他苗木花卉64万株，投入资金5280万元。制定《九台市林下经济发展规划》，与林业大专院校和科研院所的技术合作，选派林业技术人员到科研院校企业进修提升。利用5个国有林场，积极推进林下经济示范基地建设。上河湾林场新建和国营波泥河林场续建樟子松嫁接红松项目，发展规模280公顷。波泥河林场等引进文冠果和油用牡丹。建立林业专业合作社124家，入社农户2700户，惠及林农3万人。进行产地检疫230公顷，1898万株，调运检疫750万株，原木1231立方米，木材456立方米，林木种苗备案346份，加强美国白蛾等森林病虫害的防治，全年投入防治资金120万元。成立5个森防联防区，组建防火专业队伍。在11个山区乡镇、街道办事处组建20人~50人的森林防火应急扑火专业队，新增临时护林员420名。防火期实行24小时值班制度。张贴防火宣传标语800条，发放宣传单10000份，每个山区乡镇街悬挂森林防火条幅100条，每个林场50条，设置防火旗阵1000面。开展打击非法侵占林地、林地清收专项检查和绿满九台行动专项检查3个专项行动，抽调50名业务骨干开展工作，绘制电子地图，全区排查出非法侵占林地地块27个，面积112.68公顷，其中，非法探矿和非法采石采矿21个。私建旅游山庄、农家乐6个。全区林政执法系统查处林业行政违法案件79起。其中，刑事案件5起，其他各类林业行政违法案件74起。重点对毁坏林木、侵占林地、毁林开垦等方面进行查处。

**【环境综合治理】** 依法合规审批建设项目。完成建设项目环评审批158个（其中，报告书4个、报告表81个、登记表73个）。发排污许可证271个。对重点建设项目开通绿色通道。对8个乡镇、93个村屯、723家养殖专业户进行集中整治。化学需氧量产生量1986.5吨，排放量197.64吨，消减量1788.86吨，消减率90.05%；氨氮产生量119.12吨，排放量35.94吨，消减量83.18吨，消减率69.83%。超过省里要求的2016年应削减化学需氧量和氨氮排放量443.12吨和10.57吨的减排任务。完成九台区域内832家医疗卫生机构调查，城区各诊所的医疗废物与区人民医院签订集中处置协议，20家乡镇卫生院办理环境影响现状评价。下达整改通知9900余份，纠正查处流动摊贩6800人次，拆除烧烤棚排档68处，收缴灯箱、广告旗牌3900多个，拆除大型广告设施110处，向临街15处基建工地发放市容管理通告，处理违规渣土运输车辆带泥上路行为40余台次，警告教育7处，停工整改5处基建工地，对城区12所中、小学校校园周边进行重点治理，取缔食品摊床占道经营“钉子户”50余个，取缔工商路小商品市场和花鸟鱼市场，清理九郊路农机农资店外摆卖市场、西环路果菜批发早市场，城区主要街路占道经营和店外经营得到控制。开辟城市管理宣传专栏，印制发放传单2万份，须知、告知、倡议书20多万份，执法车辆加装定向宣传喇叭循环播放。全年出动执法人员3980人次，车辆2315台次，清理地桩、地锁、隔离墩、反光锥等6000多个，占道经营、店外经营、占用停车位等行为得到有效遏制，临街商业宣传得到规范，占用公共空间隔离物全部清除。清扫时间由16小时调整为18小时，在部分街路实行电动车快速巡回保洁，城区主街路全部达到二级以上清扫保洁标准，道路机械化清扫率65%。将143个弃管小区、4个城中村、4处城乡结合部纳入保洁管理。加快垃圾清运频次，建立稽查值班制度，对重点路段巡回稽查及时清理，生活垃圾从日产日清转变为随产随清。强化环卫设施管理，普查城区内破损环卫设施，更新果皮箱200只、垃圾桶500只，维修破损公厕51座，临街果皮箱、垃圾桶定期清刷，城区旱厕每周消毒，环卫作业车辆每日清洗，保证环卫设施设备整洁如新。建成6座水冲厕所，完成垃圾转运中心站建设。投入28.6万元，开展城市窗口文明形象提升行动。在南北两座客运站增设标准化垃圾箱18个；翻新、净化站外垃圾箱4个；张贴禁烟标识37副。清理站内私设摊点和游走小商贩1个；站外绿化1000平方米，更新站内健康教育宣传栏4个，在停车场投放鼠药盒50个。整顿公交车辆车容车貌116台车，完善车内椅套、扶(拉)手、卫生袋、安全锤等配套服务设施3600(件)套；清理车体广告20台；按照行业管理规范，更新节能减排新能源车辆24台；开展从业人员培训420(人)次；车内明显位置张贴禁烟标识和公益广告240条。设计制作公交站牌263个。对1567台出租车车容车貌、室内卫生进行专项整治；对35名司机文明服务用语不规范行为进行专业培训教育,查处私贴广告车辆 12 台;处罚不按规定使用计价器等侵害乘客权益的经营行为人员 2 名,为高考征集 200 台出租车参与公益性社会服务,免费接送考生 500 人次。

**【就业富民】** 2016 年,开发城镇工作岗位 9700 个,城镇新增就业 7427 人,其中,下岗失业人员再就业 3807 人。"4050" 大龄就业困难人员再就业 550 人,全口径劳务输出 32 万人次,其中,农村劳动力输出 28.4 万人次。实现劳务经济收入 24 亿元,城镇登记失业率控制在 4%以内;解决零就业家庭比率 100%;实现困难群体创业 35 人,创业促就业成功项目 62 个,其中,大学生创业项目 19 个。新增创业企业孵化基地 2 家,包括其塔木五洲商贸城、徐丽秋融盛休闲文化产业园;引导扶持实现创业 720 人,其中,大学生创业 110 人。带动就业 2630 人,其中,大学生就业 420 人。高校毕业生登记就业率 85%。发放小额担保贷款 3820 万元,带动就业 3210 人。全年下岗失业人员职业技能培训 2250 人;农村劳动力引导性培训 22000 人,其中,职业技能培训 3240 人。参加职业技能鉴定率 96%,职业技能鉴定合格率 80%。创业培训 683 人,创业成功率 55%,其中,电商培训 5 期 210 人。建立城镇基层公共就业"1 公里基层公共就业综合服务圈,农村实现半小时就业服务圈";开展以"春风行动"为主题的专场招聘会活动 8 场,组织 201 家企业,提供招聘岗位 2186 个,接待求职人员 11320 人,现场达成就业意向 1274 人,其中为开发区企业输送近千人。为贫困劳动力外出就业举办专场招聘会 2 场,转移输出困难家庭劳动力 228 人,登记参加就业培训 529 人。实施创业帮扶、小贷支持等政策,建档立卡贫困户尽快脱贫。出资 10 万元,为上河湾镇上河湾村维修村屯道路;为上河湾镇干沟村大棚基地整修道路等基础设施。在城子街镇建立电商培训基地,投入资金 15 万元购置电脑 24 台,培训 2 期 64 人,新建电商培训中心,投入资金 30 多万元,购置 30 台电脑、1 套多媒体设备、50 套桌椅等教学设备,面向城镇失业人员、农民、大学毕业生、退伍军人等各类创业人员开展电商培训和 SIYB 创业培训,开办 3 期培训 68 人。区就业局为每期学员推介创业项目、九台农特产品,引进域外好的项目和产品,九台品牌大米、木耳灵芝食用菌产品、蜂蜜产品、小于子粘豆苞、土们岭干果食品等几十个项目,帮助学员线上线下创业运营。建立电商培训、项目孵化、线上交易"三位一体" 电商平台。返乡创业典型徐丽秋,创办九台田园牧业有限公司,经营养殖孔雀等珍禽系列项目,开发新项目融盛休闲文化产业园,占地 12 公顷,引领带动创业 21 户,带动就业 210 人。徐丽秋在 2016 年省"摆渡杯"创业创新大赛中获得第一名;在"长春创业再行动"长春国际 "创客节" 创业大赛中获得第三名。其塔木五洲商贸城,吸纳创业商户 113 户,创业人员 124 人,带动就业 310 人;获评吉林省"优秀返乡创业基地"称号。卡伦湖镇王家村返乡农民唐淑影创办的九台粘豆包加工创业基地,带动就业 80 人,产品销往东三省、北京、广东等地。返乡农民孙玉奎创办的嘉芝堂现代农业科技开发有限公司,开发以食用菌为主的特色产业,拥有会员 121 人,获吉林省人社厅"创业带头人"称号。加强与吉林大学等 15 所签约高校、长春工业大学实验室等科研院所以及开发区20 家规模以上企业的常态互动,推动产学研"双创"资源的整合和开放共享,引导制造企业联合高校、科研院所加快构建支持协同研发和技术扩散的"双创"体系。九台大学生创业园被评为 "国家级高技能人才培训基地""第三批全国创业孵化示范基地"。全区城镇基本医疗保险参保 178203 人,续保缴费率 91%。工伤保险参保 45807 人,生育保险参保 43409 人,大额医疗保险参保 57678 人,公务员补充险参保 24851 人。各项保险结余基金 3.5 亿元。组织各定点零售药店和定点医疗机构签订服务协议,协议签订率 100%。在长春外县(市)区首家实现城镇居民医疗保险缴费由银行代收代缴,消除社区代收的弊端,方便群众缴费,保证基金安全。完成城镇社会保障卡信息采集指标任务。城职保参保 45677 人,扩面新增 2712 人。养老基金年征缴额 28237 万元。失业保险参保 32120 人,失业保险费征缴 1005 万元。城乡居保参保 316293 人,续费率 77.94%,失地农民参保 5582 人。2016 年,全区养老待遇和失业金做到按时、足额发放。其中,享受城镇企业职工基本养老保险待遇的离、退休人员 42409 人,支付养老金和丧葬抚恤金 86857 万元。享受城乡居民养老保险待遇 116024 人,支付养老金 11308 万元。征地农民、独女户发放 2094 人,待遇发放 1012 万元。失业金发放 233 人,待遇发放 165 万元。制定《九台市城乡居民临时救助操作办法》,出台《长春市九台区人民政府办公室关于开展"救急难"工作的实施意见》。救助 1667 户,3082 人,发放救助金 264 万元。制定《农村低保制度与扶贫开发政策有效衔接实施方案》,落实 "农村低保标准与扶贫标准两线合一"工作。城市低保标准由月人均 360 元调整到 380 元,增幅 5%,占 2015 年城市常住居民人均可支配收入(19505 元)的 23.3%;农村低保标准由年人均 3000 元调整到 3500 元,增幅 16%,占 2015 年农村常住居民人均可支配收入(11564 元)的 30.2%。城市低保 8763 户,15950 人;农村低保 16287 户,30406 人。全年发放城乡低保金 13159 万元。重点救助对象住院发生的政策范围内自付费用大病保险起付线以上部分补助比例由原 60%提高到 70%,增加 5 种特殊疾病救助,特殊疾病患者和五保供养对象政策范围内自付医疗费用封顶线内全额救助,年救助封顶线由 12000 元提高到 20000 元。资助参保参合 68906 人,58946 万元。在 3 家县级医院、2 家民营医院建立"一站式"结算业务。全年发放医疗救助资金 1725 万元,救助 78752 人次,资助参保参合 589 万元。用市福彩公基金扶持土们岭办事处福利中心、其塔木镇福利中心和莽卡满族乡福利中心进行维修改造,全部投入使用。新建龙嘉镇福利中心,该工程 3 层楼房总面积约 3800 平方米,设置床位 180 张,总造价 970 万元,全部完工交付使用。

【扶残济困】 九台区有残疾人56175人(其中城区6675人,乡镇49500人),实际办理残疾人证28202件(2016年残疾人证办理5197件),对残疾程度进行鉴定,有67名残疾人残疾等级升级完成脑瘫儿童免费救治22例,重度精神病患者免费住院治疗636名,跟踪精神病人免费送药2080名,为900名残疾人免费发放配送各类器材1050台。全年投入就业扶持资金34.6万元。投资5万元。建成残疾人扶贫基地1个(城子街小文农机合作社),新增残疾人集中就业171人,完成各类培训1032人,全年发放残疾人困难生活补贴和护理补贴1434万元,受益残疾人16025人。发放燃油补贴23920元,受益残疾人92人。两节期间,"淋浴阳光项目"220台热水器安装落实到户,扶残救助钱物80万元。发放扶残助学资金26万元,受助大中专学生70人。开展3岁~6岁儿童助学,为1名儿童发放救助金3000元。围绕"全国助残日""爱耳日""全国特奥日"等主题宣传日开展活动,宣传残疾人事业发展成果,营造全社会扶残助残的风尚。选拔推荐优秀人才参加各类比赛活动。在长春"同行小康路"征文中,肢体残疾人杨昊获三等奖;在长春残疾人书画摄影艺术展中,残疾人刘振良获书法类二等奖;残疾人唐洪兵、白杰被评为"长春好人"。

【教育均衡】 争取中央、省、市投资17类3.7亿元,新建、改(扩)建公办幼儿园4所,新增学位1320个。新建学校5所,实施维修改造类项目19个,小学、初中起始年级班额控制在50人、55人以内。全年发放学前、义教、高中、职教等各类资助资金828.7万元,受益学生12000人。9所学校被评为长春市特色品牌学校,8所学校被评为长春市学区新优质学校。2016年高考,九台区理科最高分672分,文科最高分605分;理科综合平均分高于2015年17分,理科总分平均分高于2015年近8分。职业教育迅猛发展,全日制在校生人数超过1000人,有4名学生、18名教师在省市技能大赛中获奖。举办2016年全区中小学田径运动会;参加长春市中小学生运动会,取得县区组第三名。长春市教育局基础教育质量提升工程系列活动九台区农村艺术教育工作现场会举办;沐石河中心学校代表吉林省参加"全国中小学生第五届艺术展演活动";全区中小学校"一校一品"特色基本形成,13所学校被评为学校文化建设示范校暨"书香校园"建设先进单位;在中国香港举办的第六届世界珠心算比赛上,有4名选手获分获团体一、二等奖和个人1金3银。素质教育成果得到省、市高度关注,吉林教育电视台制作"走基层看教育——九台行系列报道""一校一特色,艺术教育有内涵""足球从娃娃抓起,让足球文化扎根孩子心灵"3个专题进行系列报道。3名教师被评为"吉林好人·最美教师",有3教师被评为长春市"我身边的好教师";教师节期间全区表彰优秀教师156名,优秀班主任48名,优秀教育工作者69名。全年补充中小学教师158人,遴选优秀中青年教师120人。开展名师名校长、农村教师素质提升项目,全年参加"国培计划"493人,参加"省培项目"27人,参加"市培项目"176人。有55名教师进入长春市中考命题人才库,在教育部开展的"一师一优课、一课一名师"活动中,全区参与网上晒课教师2529节,获部级优质课59节,占吉林省获部优课的8.5%,占长春市获部优课的20%。获省优课143节,获长春市优课231节,位列省市前茅。教育局被长春市评为"一师一优课、一课一名师"优秀组织奖。在长春市举办的长春市小学数学第二届"新世纪杯"教学大赛上,其塔木中心校教师冯春波教师,取得了长春地区课堂教学第一名。

【扶持农村文化】 新建农村文化小广场30处,全民健身路径30条,扶持农村文化大院50个,为农家书屋配备图书5000册;为城子街烧锅村等6个省级贫困村争取文化活动设备提升资金18万元。投入资金30余万元,提升"两馆一站"标准化建设,"两馆一站"实现免费开放工作常态化、制度化、规范化。以"欢乐家园·幸福九台"为主线,开展中国好声音九台站海选等大型文体活动40余次。举办各类培训班20余期,培训文艺骨干2000余名、三级社会体育指导员1000余人,受益群众6万余人次。加强非遗项目保护。申报成功国家级1项、省级9项、市级7项,储备项目14个。为"关氏满族剪纸""平氏浸膏制作技艺""魏氏外科祖传秘方"争取项目保护资金60余万元。

【旅游开发】 2016年,接待游客330万人次,旅游综合收入16.1亿元,比2015年增长22%。投资3000万元的吉林长发集团长吉游客服务中心项目正式签约落位;投资7.9亿元的天景现代农业试验示范区项目和投资13亿元的长春吉诺国际温泉度假村项目开始规划设计;投资2.2亿元的忆江南温泉旅游度假村项目,完成主体施工;投资4000多万元的"百里旅游地景公路"第一段及土们岭马鞍山、沐石河八台岭等乡村旅游公路建成通车;波泥河温泉探测出水;庙香山旅游度假区、碧水庄园度假村进行改造提升,增加嬉雪乐园、房车营地等活动项目。向上争取资金736万元,在波泥河、土们岭、龙嘉、其塔木、上河湾开展6个全域旅游示范村创建工作。新增乡村旅游点10个及乡村旅游饭店、农家乐等40余家。3个山庄被长春市农委评为休闲农业与乡村旅游示范点。波泥河街道平安堡村被农业部评为2016中国美丽休闲乡村。完成《多彩山水 醉美九台》新版旅游宣传册的发行及老版"九台旅游地图"改版工作;启动九台旅游形象宣传片的拍摄工作;《发现长春》栏目组完成《美在九台》大型纪录片年度拍摄工作。

【安全生产】 开展安全大检查大整改和百日安全专项整治。排查企业12361家次,排查各类隐患8163个,已整改7569个。停产停业整改32家,临时查封单位13家,责令"三停"单位7家。煤矿投入1.37亿元,进行安全基础建设和升级改造;推进去产能、调结构,退出关闭煤矿4家、矿井5个;保留的生产矿井二级以上安全标准化占75%;吊销烟花爆竹安全生产经营许可证12家,取缔2个烟花爆竹非法经营网点。加强安全培训。举办培训班16期，培训各级干部、工作人员518人次，培训企业主要负责人、安全管理人员和特种作业人员765人次。制定2016年全区应急演练计划，组织重点企业开展687次有针对性的应急救援实战演练，参加演练7万多人次，提高企业应急处置能力。全区控制考核范围内工矿商贸和营运性道路交通事故共发生14起、死亡13人，比2015年分别下降80%和14%。其中，工矿商贸事故1起，死亡1人，下降80%；营运性道路交通安全事故13起，死亡12人，下降14%。

**【质量监督】** 区内有特种设备使用单位438家，制造安装单位14家，设备2352台件。按照巡查、检查计划，出动执法人员258人次，检查单位125家，设备827台。发现隐患55个，治理隐患49个，6个隐患正在检查整改中（属于老旧压力管道）。检定计量器具19873台件，完成强检衡器810台件。全年免费检定计量器具约6000台(件)，为170余户居民免费检定家用燃气报警器。办理行政审批238件，其中电梯56件、压力容器33件、锅炉10件、压力管道77件、起重机械39件、厂车23台。推进无疫区建设工作。完成8台专用车辆、534件兽医实验室设备，55台冰箱、冰柜、冷藏柜、310个冷藏包及111件其他设备设施的采购及分发使用；配备"动监e通"移动终端60部；建成冷库、冷藏库和应急储备库10个；13个病死动物无害化处理池和投资350余万元的病死动物无害化处理场全部投入使用，整理归档案卷近800卷，开展畜禽免疫注射。"四大疫病"免疫率100%，常规疫病免疫率95%以上。监测口蹄疫样品800份、猪瘟样品240份、新城疫样品180份、禽流感样品180份，抗体合格率80%以上，达到保护水平，全年无重大疫情发生。开展畜禽屠宰"扫雷行动"、兽药饲料专项整治行动、"瘦肉精"专项整治等6个专项整治行动。检测兽药、饲料各2700个抽样、"瘦肉精"2561个养殖场、奶样500个样品；依法查处涉肉案件22起、假劣兽药案件18起，没收销毁涉案产品1560公斤、假劣兽药285盒（袋）、不合格饲料1000公斤；无害化处理不合格畜产品12吨，保证畜产品的质量安全。开展皮冻等肉制品中涉嫌添加非食用物质专项整治行动。出动执法人员1419人次，检查食品经营、餐饮服务单位1922个，检查批发市场、集贸市场等各类市场53个，检查冷库2个，没有发现违法添加行为。

**【食品药品监督】** 2016年，查处食品安全案件556件，结案540件，罚款142万元，查处空港新城小区25栋4门102室"红梅诊所"张红梅为首嫌销售假药；尹鹏飞、王涛利用九台区"糖仁康中医门诊部"销售有毒、有害食品案，移送司法机关5人，打掉造假实蛋、黑羊肉卷加工厂等一些制假、贩假窝点，违法犯罪活动得到有效打击和查处。开展食品药品安全状况基层调研。区域内食品经营单位6940户，其中有证照的4436，占总户数63.9%；从业人员19410人，其中，进行健康体检及卫生知识培训人员7100人，占总从业人数的36.6%；全区药品、医疗器械及医疗机构1391户，证照齐全，持证率100%。

2016年，市食药监局九台分局查处各类违法违规案件556件，结案537件，收缴罚没款142万余元。对域内食品生产经营单位进行排查，检查食品生产企业77户、食品流通企业及小作坊(农贸市场)1818户、餐饮单位1721户、学校食堂47户、大中型餐饮23户，对违法违规行为依法处理；完成餐饮单位量化分级1322户；创建"阳光厨房"194户；完成全国卫生城市复审工作，发放、粘贴量化分级公示板、制度板1589块，制作发放禁烟标示2800张，发放文明餐桌宣传挂图400余份，宣传手册及宣传单5500余份。检查300余户保健品专营店和兼营店、100余户化妆品店、90余户美容院，督促80余户无证经营者办理食品经营许可证，对14户涉嫌违法业户进行立案处理并处罚。完成域内18户药品生产经营企业药品现场核查及抽样工作，未出现特殊药品流弊事件；完成胃康灵胶囊(颗粒)和妇科止带片监督检查，现场检查企业2户，发现11项缺陷问题，依法处理。完成含牛黄中成药监督检查企业5户。开展中药饮片生产企业专项检查1户。检查城区医院、门诊部31家，药品经营企业119家，对9家存在违规违法行为企业进行处罚，对存在问题的101家企业做现场笔录并下达《责令改正通知书》。完成对96家药品经营企业的新版GSP申报信息上传工作，对66家药品经营企业进行GSP认证检查工作。全年上报药械不良反应450份。检查医疗器械厂家7家，检查医疗器械经营企业19家，检查个体诊所医疗器械经营企业21家。对城乡个体及村级医疗机构446家进行监督检查，对237家违规诊所进行立案查处，全部结案；受理并查处举报案件2件；办理药品行业从业人员健康证284件。完成白酒小作坊和散装白酒生产经营环节专项整治工作，检查29户散装白酒经营单位、3户白酒小作坊，下达责令改正通知书17份，取缔9家无证经营户。23个便民服务站(室)对全区1315个检测场所进行检测。其中，超市614个、集贸市场72个、早市4个、其他625个。完成68个检测品种，采样16026批次，合格率99.95%。检测出问题糖果1种1个批次，合计5(公斤)件，由商家下架处理并退出商场和超市。利用16家科普宣传站及各类媒体向社会宣传《食品安全法》及其相关法律法规，报送有效信息50余条。开展"3·31"食品安全普法宣传日、食品安全宣传周(月)、全国用药安全月、"国际宪法日"活动，制作展板10块，悬挂宣传标语20幅，印发宣传资料5500余份，提供咨询服务5000余人次。

**【街区绿化】** 沿河社区公园景观绿化工程。建设面积1.1公顷，投资额567万元，公园设有6处挑台、3处水池、庭院灯28套、草坪灯60套、景观柱灯31套、水下彩灯57套。对城区5个公园、11条街路的死树和缺树进行更换补植，补植乔木1124株，灌木球130株，灌木5.81万株，摆放景石46.8吨，中央路新植行道树白榆161株。各公园景点及街路栽植草花50万株；在福临大街和长通路，用白草、绿草、红草组成的园林小品11件；摆放城区内东西立交桥、长通路大桥等大桥上立体鞍式花箱1960箱,新华大街摆放吊篮137对。长通路大桥安装护栏管180个、射灯74个;区政府东墙外新制作景观小品一件;九台大街行道树种更新,新植五角枫309株;对曙光广场进行改造,拆除原有广场内小广场,雕塑基础变为石船造型。各公园景点、街路的树木进行修剪,剪除病残枝条,并集中销毁,修剪树木6950株,修剪绿篱面积11.8万平方米,修剪草坪面积34.1万平方米。

【道桥养护】 投资25663.6万元,完成县级以上危桥改造3座,改造农村公路危桥11座。新建农村水泥路243公里,对农九线进行道路养护。新建乡村旅游公路61.767公里,实施长吉北线-碧水庄园-妙香山-九开公路、长吉北线-桦树-八台岭-国道饶盖线公路、土们岭马鞍山景区道路、二道沟至加工河四条旅游线路的升级改造及长通路的改扩建工程。投资2277.7万元,实施一批道路养护工程。实施专养公路271.769公里,完成县级公路小修64133平方米。完成乡村公路灌缝80万米,修复水毁涵洞及水毁路段12处,对县道非转养"龙双公路"16.16公里进行小修保养及病害处理。对4条乡级公路104.3公里进行安全生命防护工程建设。对四家子、九舒绕越线、九榆线、九德线4个主要出口以及辖区道路0公里至5公里公路两侧,清除非法占道经营67处,拆除违章广告牌187块,拆除违章建筑24处,清除沙土堆40处。在九开、四舒、九德、九舒、九榆清理淤泥疏通排水沟28处,清除路肩堆积物和公路沿线白色垃圾3865立方米。加强公路运行标准,刷新示警桩1565根,刷新里程碑62块,安装大型宣传牌2块,安装波形护栏300米,投入人工529工日,动用机械设备489个台班,发生费用52.1788万元。清理普货运输超载、非法营运车辆9台。强化危货运输企业监管,开展从业人员资格培训169人次。查出违法营运客运"黑车"6台,清理三轮车、电瓶车、残疾人代步车等不具备营运资质车辆27台,暂扣3台。清理无证照和占道经营的机动车维修业户11家。

【维护社会稳定】 2016年,接受群众各类报警、求助、咨询电话34118起。其中,咨询电话直接答复27271起,及时派警6847起,及时出警率100%。刑事案件立1504起,破案689起,破案率45.81%;打处犯罪嫌疑人761人,其中逮捕254人,直诉507人。抓获各类网上逃犯167名,打掉各类违法犯罪团伙32个,打处团伙成员152人。经济犯罪案件立案56起,破案51起,为国家和人民群众挽回经济损失3500余万元。受理治安案件1612起,查处1580起,查结率98%。侦破"2016·9·13"张继忠特大故意杀人案、"2016·10·19"张春学杀人碎尸案等社会关注的命案。全年命案立16起,破16起,破案率100%。开展禁毒攻坚战,全年行政处罚478人,社区戒毒142人,强制隔离戒毒70人,破获刑事案件16起,刑事打处18人。元月初,侦破"8·18"特大跨国贩毒案,打掉犯罪团伙1个,抓获违法犯罪嫌疑人11人,缴获冰毒20余公斤。开展"枪爆物品大排查行动",查处涉枪、涉爆行政案件7起,行政拘留3人;收缴并销毁各类枪支27支,各类子弹378发。查处涉黄、涉赌行政案件12起,行政拘留48人,收缴并销毁赌博机100余台。"互联网+公安"注册人数123148人,实名注册率15.12%。群众网上预约办件17719条,网上办结率100%,群众满意率99.98%。推进农村视频监控系统建设,农村1748个公共探头图像全部上传省、市监控平台联网共享。"Y"库建设工作显著。采集家系数34517支、信息42566条,采集率91.7%、录入率100%;实现对全区农村男性家系的基本覆盖。

(张斌成)

**2016年九台区国民经济和社会发展主要指标完成情况表**

| 指标名称 | 单位 | 实际完成 | 比2015年±% |
|---|---|---|---|
| 地区生产总值 | 万元 | 4413190 | 8.3 |
| 第一产业增加值 | 万元 | 441446 | 1.5 |
| 第二产业增加值 | 万元 | 2115819 | 5.9 |
| 工业增加值 | 万元 | 1487046 | 6.8 |
| 规模以上工业增加值 | 万元 | 1146020 | 12.7 |
| 第三产业增加值 | 万元 | 1855925 | 13.2 |
| 规模以上工业企业户数 | 户 | 254 | 12.4 |
| 规模以上工业总产值 | 万元 | 6448000 | 17.2 |
| 规模以上工业销售产值 | 万元 | 6221831 | 16.8 |
| 社会消费品零售总额 | 万元 | 1385808.2 | 9.8 |
| 全口径财政收入 | 万元 | 233854 | 9.5 |
| 其中,地方本级收入 | 万元 | 144593 | 5.7 |
| 税收收入 | 万元 | 201958 | 9.1 |
| 地方级税收收入 | 万元 | 109008 | 4.4 |
| 企业所得税 | 万元 | 59397 | 30.2 |
| 一般预算财政支出 | 万元 | 528077 | -1.7 |

续表

| 指标名称 | 单位 | 实际完成 | 比 2015 年±% |
|---|---|---|---|
| 金融机构存款余额 | 万元 | 2260383 | 19.6 |
| 其中,居民储蓄存款 | 万元 | 1729965 | 16.2 |
| 金融机构贷款余额 | 万元 | 2343501 | 47.1 |
| 电力消费量 | 万千瓦小时 | 105333 | 8.0 |
| 其中,工业用电量 | 万千瓦小时 | 56951.5 | 13.0 |

## 朝阳区

【概况】 朝阳区位于长春市区中南部,是长春市科技、文化、经济、教育、商贸中心城区。下设重庆、永昌、清和、红旗、桂林、湖西、南湖、前进、富锋 9 个街道,53 个社区,2 个镇,24 个行政村,以及省级开发区——长春朝阳经济开发区。面积 237 平方公里。

【国民经济】 2016 年,全区地区生产总值实现 473 亿元,比 2015 年增长 8.6%。全口径财政收入实现 75.6 亿元,增长 8.3%。其中,本级财政收入实现 13.3 亿元,增长 10%;服务业增加值实现 355 亿元,增长 10.2%。引进内资 322 亿元,利用外资 5.2 亿美元,开工 3000 万元以上重大项目 243 个,完成固定资产投资 1155.4 亿元。全区规模以上工业企业达到 60 户,其中开发区企业 49 户,年产值亿元以上企业 28 户。全区规模以上工业产值实现 508 亿元。

【现代服务业产业】 引进科大讯飞、迪安科技等一批新兴服务业项目;全区电商类企业 647 家,网上交易额突破 200 亿元;大型商务楼宇 67 栋,星巴克、天涯若比邻等众多行业龙头企业成功落户。全区社会消费品零售总额实现 742.1 亿元,占全市城区的 48%。

【现代农业】 推进美丽乡村建设,完成永春镇二十里堡塘坝项目工程和富锋范家水库除险加固工程,修建养护农村公路 30 公里。投资 1000 万元,开展农村环境综合整治,建设文化墙 6000 米,改造大门 200 户,改造道路边沟 10000 米。鱼菜共生、汽雾栽培等现代农业技术成功应用。杏鲍菇、蟹稻米等特色农产品品牌效应逐渐形成。全年农业总收入实现 28.5 亿元,农民人均收入实现 1.4 万元,年均递增 10%。

【民营经济】 扶持鼓励“双创”,突出发展民营经济。创新转型示范区“一区多园”建设成效显著,电子商务集聚园、服务外包产业园、文化创意产业园等特色产业园初具规模。培育省级以上孵化基地 12 个;搭建中小企业服务联盟、产学研合作促进会等各类服务平台 16 个;引入 AI 众创空间、老建工创投咖啡等一批产业化“双创”项目。民营企业 2.1 万户,个体工商户 3.6 万户。民营经济主营业务收入实现 1286 亿元,税金实现 48 亿元。

【城市建设与管理】 全年投入维护资金 5.27 亿元,大中修道路 121 条,维修道路 872 条,铺设沥青路面 50.1 万平方米、方砖步道 14.6 万平方米。实施旧城改造提升工程,3 大商圈和建设街等 21 条街路改造取得阶段性成效。顺利启动建工学院 A、B 地块、前进西街西地块等 6 个项目征收,地铁 1、2 号线、“两横三纵”快速路等重点项目按时完成征收任务,征收房屋及土地 87 万平方米。在全市率先启动街区制试点工作,打通立信街等 15 条断头路。拆除各类违法建筑 3000 余处。从严治理脏乱等城市顽疾,顺利完成国家卫生城和文明城创建复审工作。加强市容环卫基础设施建设,实行生活垃圾分类试点,实施环卫机制试点改革,新建改造垃圾中转站 26 处,公厕 50 处,城区主干道机械化清扫率达 71%。结合整治道路交通秩序工作,投入资金 292 万元,拆除地桩、地锁等各类地面障碍物 1.5 万余个,清理占道经营 1500 余处,施划道路标线 11 万平方米,圆满完成整治道路交通秩序大会战任务,交通秩序明显改观,在全市城市管理综合评比中排名首位。

【宜居城市打造】 推进绿色宜居“森林城”建设,开展“123N”工程,主城区新增绿化面积 14 万平方米,绿化覆盖率 44.45%。伊通河综合治理取得进展。拆除燃煤小锅炉 550 台,狠抓秸秆禁烧,淘汰黄标车,空气质量逐步改善。拆除城市 D 级危房 40 栋,对华侨新村、松辉二期、东煤新村等 33 个“老、旧、散”小区实施综合整治。拆除棚户区房屋 51.97 万平方米,安置回迁房 4524 套,建设廉租房 1290 套。投入 23.24 亿元,整治完成“暖房子”工程 1278 万平方米,城市居住环境持续优化。

【安全生产】 推进安全体系建设,将全区 11109 家生产经营单位纳入市政府打造的安全生产综合监管平台并逐步实现自查自报。开展“安全生产月”活动,发放宣传单 1000 余份,宣传手册 800 余册。编辑印制安全生产相关文件汇编和指导手册 20000 册,下发至各相关生产经营单位。制作安全生产管理工作宣传展板 20 块,在重点企业进行巡展。实施法律援助,办理法律援助案件 285 件次,进社区咨询 1471 次。加强安全生产应急管理,增强群众安全感和满意度。

【朝阳经济开发区】 成立硅谷大街延长线项目专项资金账户,开展测绘机构招投标工作。配合国土部门进行现场实测踏查,确定与高新区、公主岭边界范围,并进行土地组卷。依托税源信息共享平台,掌握纳税动态,确保税收应收尽收。开展税源清查,清理跨区管户。开展“安全建设年”活动,强化以网格化管理为核心的公共安全新体系建设,推进企业安全生产标准化达标,制定安全生产制度样本,督促指导企业落实责任制。组织开展《安全生产法》培训工作,对重点企业开展预防性检查,突出企业隐患排查主体责任,落实重大隐患属地整改责任,确保安全生产,杜绝安全事故。

【智慧城区建设】 推进“互联网+政务服务”,围绕公共服务、智慧教育、智能城管、社会安全,制定实施“智慧城区·幸福朝阳”行动计划,推进智慧朝阳建设工作。投入1.4亿元,建设智能化网络服务平台、基础教育数据中心,新增高清监控探头3938个,初步构建信息化网络服务管理体系。截至2016年底,大数据共享交换中心已汇集9家、130类、300多万条数据资源,初步建成人口数据库、法人数据库、电子证照文库等基础数据库。政务服务平台可实现68项线下服务的一站受理、一点办结、全城通办。社会治理平台通过建立4级联动处置机制,上报事件846个,办结率98.2%。社会服务平台整合网上办事、家政服务、养老服务、医疗服务、公益服务、个人资费等功能,完成与佐邻佑舍、巾帼家政等优质服务单位的无缝对接。综合指挥调度平台实现日常事件管理调度、语音热线调度和应急指挥调度等功能。

【社区建设】 朝阳区1000平方米以上社区占75%,农村社区全部达到450平方米以上。开展社区和基层连队间的“双进工程”,双方相互发挥资源优势,开展知识讲座、专业技能培训、医疗卫生、设施维修等方面的互助服务。开展社区志愿服务,打造“一刻钟社区服务圈”,提高社区服务水平。创新基层民主工作模式,探索社区(村)协商民主试点工作,朝阳区被评为全国和谐社区建设示范城区。建立网格化立体服务格局,调解民间纠纷,提供法律援助,加强基层治理。

【文化体育】 建成社会主义核心价值观地标性宣传阵地—长春德苑,接受中宣部全国现场会参观。2016年,以“雅韵朝阳”迎新诗会为起点,举办朝阳区第三届“丹凤朝阳·创业之星”“送文化下基层”慰问、“月满朝阳·金秋诗会”等文艺演出活动,开展各种文化演出活动200余场。开展“书香朝阳”全民阅读系列活动,发动社会力量进行捐赠。落实全区农家书屋专项资金的使用,投入4.8万元(每村2000元)统一购置一批新书,发放到各村农家书屋,增加藏书量和品种,提高农家书屋的使用效率,扩大受众人群范围。整顿文化市场,在南岭体育场举行全国侵权盗版及非法出版物集中销毁活动,共销毁非法出版物数十万件。进行出版物市场的清理整顿活动,确保全区文化市场安全生产形势持续稳定。开展群众性体育健身活动,完成各种体育活动200余场。开展群众体育工作,年初举办“全民上冰雪”活动,拉开“健康朝阳”全民健身活动序幕。开展青少年夏令营体育公益培训活动,举办朝阳区职工运动会、吉林省大众篮球联赛启动仪式暨朝阳区篮球邀请赛、长春市首届独轮车比赛等60多项体育赛事活动。

【均衡教育】 贯彻省、市关于大学区的工作部署,把中小学校划分为6大学区,由驻区优质学校和区域优质学校共同担任学区长,实施“1+N”大学区管理模式。1为“大学区”管理、N为执行载体(执行载体为办学理念融合团、专家顾问指导团、品质提升带动团、名师工作引领团、师徒共研提升团、教师流动讲学团、学生素养展示团),即在以大学区为独立管理单位的前提下,发挥N项载体功能。成员单位共同参与课题立项、研究、总结及成果推广等活动,提升区域教育科研水平。完成10308名适龄儿童的入学工作和409个民办优质学位、788个公办优质空余学位派送工作。中高考工作顺利完成,高考报考9784人,中考报考7543人。投入4.8亿元,新、改扩建学校14所。“精品、特色、品牌”校建设成效显著,学前教育、特殊教育、职业教育发展全市领先。建立基础教育高位均衡发展协作体,朝阳区被评为全国义务教育基本均衡区。在全市教育系统中首创“师德工作室”,宣传“我身边的好教师”典型47人,在教师节期间表彰“我身边的好教师”60人。

【健康朝阳】 推进医药卫生体制改革,完善基层医疗卫生服务体系建设。投入改革经费500万元,加强基础设施建设。省“国家基本公共卫生资金管理现场会”“基本社区卫生服务项目交流现场会”等现场会在朝阳区召开。开展家庭医生“契约式”服务工作,组建56支家庭医生团队,全部实施签约。签约社区家庭96810户,签约人数23万人,签约率33%,与吉大一院、省医院等10家健康联盟成员单位签订双向转诊协议,此项工作得到各级领导关注,国家、省、市卫计委均到朝阳区进行调研。由长春国信投资集团投资的红旗第一社区卫生服务中心投入运行,率先在长春市建立社区卫生与养老康护相结合的新型社区卫生服务管理模式。完成3个社区中医馆建设。制定朝阳区关爱贫困居民、空巢老人健康活动方案,确定免费体检项目,免费体检1319人。完成建设100平方米“红十字生命健康安全体验教室”1间,授课32次,参与体验的学生、家长1500余人。全年无重大突发公共卫生事件发生,无传染病疫情爆发。对辖区内的疫苗和冷链管理系统进行全面检查。完成结核病生物安全实验室改建工作,并在长春市结核病防治工作会议上进行汇报交流。加大对“全面两孩”政策的宣传力度,政策知晓率达到全覆盖。开展“博爱助学”救助项目,救助210人次、帮扶资金18.68万元。在“世界自闭症日”,筹集康复资金36万元,开设“成长不烦恼”家长公益课堂,对特殊儿童及家长进行康复培训。开展“幸福长春——万名群众应急救护培训”活动,培训救护员60人,群众1000余人。开展应急救护普及培训“进公交”活动,为朝阳区主要街路公交车配备急救包。实施智慧食药监一期“阳光厨房”试点工作,新增“阳光厨房”263户,组织安装油水分离器35户。

【社会民生】 制定《2016年幸福朝阳行动计划》,涵盖12个方面75项民生任务。完善低保救助体系,为全区4821户、6583名城乡保障户发放低保金3379.55

万元。发挥好各级幸福超市作用，为全区低保户发放惠民卡补贴资金103.38万元。发放各类救助资金494.5万元，各类优抚资金1506.59万元。免费为570名残疾人办理二代残疾人证，开展康复医疗15800人次，免费为100名重度肢体残疾人发放轮椅。构建居家养老、社区照料、义工援助、邻里互助、亲情慰藉的“五位一体”养老模式。新建2家养老机构，增加床位583张。完成6家社区日间照料站升级为社区养老服务中心项目，为60周岁(含60周岁)以上失独老人和80周岁(含80周岁)以上空巢老人提供居家养老服务。为1700名老人发放助养金、慰问金、高龄津贴等资金208.26万元。办理老年证3.2万个，办理乘车保险和乘车卡1.7万个。发挥就业网络作用，实现人力资源社会保障服务一体化，开发城镇就业岗位73500个，城镇新增就业65900人，城镇登记失业率始终控制在4%以内，保持零就业家庭动态为零。落实国家的就业优惠政策，鼓励和扶持下岗失业人员自主创业，发放小额担保贷款598万元，为1759名就业困难人员办理社会保险补贴。劳动保障监察受理群众来访来电投诉2100余起，立案95件，为投诉人解决拖欠工资1200余万元。建成1200平方米的善满朝阳残障人创孵示范园，为残疾人提供职业培训与创业实训等职能相结合的多元化综合性创业孵化平台。开展“一卡通”社会保险宣传活动，完成城乡居民基本养老保险参保33821人，实现应保尽保。机关事业单位养老保险改革试点工作有序推进。深化“生命教育”区域品牌内涵发展，推进“优质校园”建设工程，投资823万元，完成21所中小学直饮水建设工程。改造农村危房167户，部分村屯实现自来水入户。构建全方位、广覆盖、多层次社会救助体系，救助帮扶近9万人次，发放各类救助金2亿多元。

【依法行政】 落实简政放权，深化行政体制改革。承接行政审批项目89项，向社会公开晒权881项。探索实施街道治理体制改革，理顺关系，调整机构，优化服务。主动接受人大依法监督和政协民主监督，办理区人大代表建议649件、政协提案930件，办复率100%。对重点领域和关键环节监督检查，强化廉洁政府建设提升。加强“五型机关”和公务员队伍建设，政府公职人员责任意识、服务意识、廉政意识。

（袁　源）

**2016年朝阳区国民经济和社会发展主要指标完成情况**

| 指标名称 | 单位 | 实际完成 | 比2015年±% |
|---|---|---|---|
| 国内生产总值 | 亿元 | 473 | 8.6 |
| 第二产业增加值 | 亿元 | 120.6 | 6.6 |
| 第三产业增加值 | 亿元 | 356.5 | 8.9 |
| 全口径财政收入 | 亿元 | 75.6 | 8.3 |
| 本级财政收入 | 亿元 | 13.3 | 10 |
| 地方财政支出 | 亿元 | 24.3518 | 1.3 |
| 固定资产投资(含房地产) | 亿元 | 287.3 | 20 |
| 社会消费品零售额 | 亿元 | 742.1 | 9.6 |
| 民营经济主营业务收入 | 亿元 | 1290 | 8 |
| 个体私营企业 | 户 | 62533 | 18 |
| 教育经费总额 | 万元 | 47588.4 | -1.47 |
| 科技三项经费 | 万元 | 3100 | 3.33 |
| 卫生事业费 | 万元 | 24701 | 15.3 |

## 南关区

【概况】 南关区是长春市的中心城区，位于长春市市区中南部，是长春市的南大门。辖区东起伊通河与二道区隔河相望，西至人民大街与朝阳区接壤，南起新立城镇、永春乡边界与长春净月潭旅游经济开发区、长春高新技术产业开发区为邻，北至新发路、上海路、光复路与宽城区相接。南关区下辖自强、民康、新春、长通、全安、永吉、南岭、鸿城、明珠、富裕、曙光、桃源等12街道及幸福乡，7个行政村，58个社区，以及省级开发区——长春市南部都市经济开发区。面积80平方公里，总人口47.6万人。

【国民经济】 2016年，地区生产总值实现281亿元，比2015年增长8.4%；全口径财政收入完成56.71亿元，增长7%；全社会固定资产投资实现125亿元；引进内资40.1亿元，利用外资7661万美元；社会消费品零售总额完成156.41亿元，增加9.5%。

【产业优化升级】 依托省级服务业综合改革试点区建设，最大限度争取国家、省、市相应扶持政策，增强区域综合发展竞争实力。引进小额贷款、典当、担保等民间金融企业307家，金融创新产业占全区服务业比重59.3%。围绕“准入、放权、让利、服务”做文章，制定出台扶持民营经济和服务业发展的政策措施，设立专项扶持资金，培育“互联网+”企业云上汽车实现上市。全区民营企业20029户，个体工商户35512户，主营业务收入实现650亿元。传统商贸业快速提升，现代服务业加速发展，第三产业比重达89.5%，其中现代服务业占比22.5%，产业结构得到优化。

**【项目建设】** 推行“领导包保”“绿色通道”等保障机制，开展“项目服务秘书”制度，为项目单位解难题、服好务。研发运行项目服务手机APP，项目前期手续、建设进展及后续服务全程可跟踪，有效推进项目建设。年内安排重点推进53个亿元以上项目，实现投资125亿元、开工面积240万平方米、竣工面积160万平方米。其中新星宇广场、新星宇之洲上邻、金色世界湾B区、万龙城等新建项目实现开工；钜城国际、冠城国际、瑞凯国际、东北亚国际金融中心等续建项目进度较快；长春国际金融中心项目226米的标志性建筑实现封顶，恒兴国际城项目全面启动招商，投资60亿元的华润万象城项目土地征收工作取得突破。

**【南部新城建设】** 在路网建设方面，丙五十四路、丙四十七路、丙六十九路等29条(段)道路进场施工，开工建设95条(段)，其中83条(段)道路实现通车，总长约93.4公里。在桥梁建设方面，亚泰大街南延长线(三环路节点)征拆问题正在快速推进，亚泰大街与南四环立交工程实现通车。在防洪工程方面，全长1808米的柴户张沟防洪工程完成1685米；全长1225米的谢家沟暗涵已完工550米；全长608米的八一沟完成400米。在地下管廊建设方面，完成基坑围护结构拉森钢板桩893米，钻孔桩237根，旋喷桩775根，基坑开挖949米，管廊结构底板完成638.9米，管廊结构侧墙及顶板完成531.5米，基坑回填176米。在管网配套建设方面，年内完成各类管网建设51公里。其中，供水管线6公里，高压线改线8公里，供气管线17公里，供热管线4.5公里，通信管线10公里。

**【城市建设】** 开展道路交通秩序整治工作，拆除地桩地锁等各类障碍物21792个；查处占道经营1629起，清理和排查占道“死车”392台；施划停车泊位67247万个，街路标线225条；投入4153万元，对乙一路、芳草街、南湖中街、丙十四路等11条街路和顺通路绿地、幸福东路绿地、四环路绿地等3块绿地进行新植、补植工作，完成绿化改造面积14.93万平方米，新增绿化面积6.03万平方米；专业化环卫保洁范围不断扩大，主次街路机械化清扫率达到70%；启动上海路、重庆路、东岭南街等街路的旧城改造工程；市容市貌整治成效明显，露天烧烤、占道经营、广告牌匾、废品收购、工地运输、环境污染等城市顽疾得到有效遏制。

**【幸福南关建设】** 制定出台《2016年建设幸福南关行动计划》，确定11个方面67件实事全部按照时序进度落实。“南关民生”微信公众平台实现上线运行，全年发送便民信息300余条。对大学区功能和格局进行重新定位和调整，深化大学区管理模式；推进“区管校聘”试点改革工作，实现资源共享。推进基本药物制度，区级医院及基层单位全部通过省级网上公开招标采购药品，实行零差价无利润销售、同城同价；做好“全面两孩”政策的宣传和服务工作，全年办理二孩生育服务证926个。新增城镇就业12000人，失业人员再就业5000人。为全区5151户低保户发放低保金497万元，开展“送温暖、献爱心”活动，发放优抚金337.85万元。加强残疾人就业工作，年内投入就业资金50余万元，扶持残疾人就业近500人。廉租房三期建设全面开工。通过“政府购买服务”，加强文艺骨干工作力度，为全区近400名武术爱好者购买培训课程，全民健身氛围更加浓厚。

**【精准扶贫】** 2016年初，制定印发《南关区精准化扶贫实施方案》，设立1000万精准扶贫资金，重点对享受省市救助政策后仍未能实现基本生活保障的家庭予以救助。建立精准扶贫对象4级工作台账，依托社管平台，开发精准扶贫工作模块，对精准扶贫对象信息、困难和需求信息、领导包保情况、帮扶措施和帮扶结果进行信息化管理，实时反映帮扶工作情况。开展副处级以上领导干部与188户精准扶贫对象进行一对一，点对点包保入户走访对接，通过精准扶贫资金救助困难群众199人，发放扶贫资金79.1万元。

**【平安建设】** 开展安全生产“大检查、大整改、大演练、大培训、大建设”专项行动，出动执法力量2354人次，检查企业4488户（次），排查一般安全隐患4685项，整改完成4630项，全区安全生产形势始终保持稳定。加大信访维稳力度，成立信访法律服务中心，引导上访人通过法律途径解决问题。完善联合接访工作制度，形成“一站式接待、一条龙办理、一揽子解决”联合处理信访问题工作机制。“互联网+信访”工作模式全面推开，全区信访工作实现网上操作。深化“网格化”社会服务管理模式，社管平台受理群众诉求49452件，解决49330件，办结率99.75%，群众满意率99.70%，百姓安全感、满意度位居全市前列。

**【旧城改造】** 加快旧城更新改造进程，启动27条街路、24个小区、2个商圈、3个棚户区，726栋楼宇的改造工作，改造总量为全市各城区中最多。由于年度工程受客观因素影响启动较晚，截至11月中旬，全区完成街路改造15条，居民小区7个，沿街楼宇404栋。结合旧城改造工作，南关区年内修复居民小区防盗门6557个，安装楼道灯12565个，维修下水管线11万米，拆除各类违法建筑42万平方米，改造巷道272条，受益群众42011户。

（刘　旭）

## 2016 年南关区国民经济和社会发展主要指标完成情况

| 指标名称 | 单位 | 年实际完成 | 比 2015 年±% |
|---|---|---|---|
| 地区生产总值 | 亿元 | 286.4 | 8.4 |
| 第一产业增加值 | 亿元 | 0.12 | 4.8 |
| 第二产业增加值 | 亿元 | 36.0 | 5.6 |
| 第三产业增加值 | 亿元 | 250.3 | 8.8 |
| 单位面积产出 | /平方公里 | 3.58 | 8.4 |
| 全口径财政收入 | 亿元 | 57.0 | 7.5 |
| 区本级收入 | 亿元 | 10.9 | 7.7 |
| 固定资产投资额 | 亿元 | 136 | 29.5 |
| 社会商品零售额 | 亿元 | 157.2 | 9.8 |
| 新增外商投资企业 | 个 | 4 | - |
| 新增实际使用外资 | 万美元 | 0.77 | 12.6 |
| 个体私营企业 | 个 | 55541 | 26 |
| 民营经济增加值 | 亿元 | 153 | 7.8 |
| 农民人均纯收入 | 元 | 14518 | 2.8 |
| 普通中学数 | 个 | 10 | 0 |
| 普通小学数 | 个 | 25 | 0 |
| 各类医院 | 个 | 14 | -6.7 |
| 绿化覆盖率 | % | 43.39 | 0.15 |
| 人口出生率 | ‰ | 7.33 | 3.68 |
| 政策生育率 | % | 100 | 0 |

# 宽城区

**【概况】** 宽城区(下文简称“全区”)位于长春市区北部,东以 102 国道为界,与二道区、长春经济技术开发区为邻;西至长沈铁路、铁西街、西环城路,与绿园区、农安县搭界;南起小铁道街、光复路、上海路、新发路,与朝阳区、南关区相接;北与德惠市毗邻。辖10 个街道、1 个镇,58 个社区、19 个行政村和长春宽城经济开发区、长春装备制造产业开发区。面积 237.99 平方公里,户籍人口 38.9 万人。

**【国民经济】** 2016 年,全区地区生产总值 270 亿元,比 2015 年增长 8.4%;全口径财政收入 37.46 亿元,增长 9.0%;全社会固定资产投资 284.3 亿元,增长 20.7%;实际利用内资 80 亿元,新增实际使用外资 13900 万美元,分别增长 15.1%和 63.9%。

**【项目建设】** 2016 年,全区开(复)工的重点项目 56 个,其中新开工项目 20 个,续建项目 36 个。实现投资 155 亿元,占项目建设总投资比重的 56%。其中,“长客动车” 项目竣工投产;“海尔市场创新产业园”一期建成投入运营;“万润光电”“旭辰机械”“新疆特色农(林)产品物流配送中心”等项目在建设中;总投资 21 亿元“中东新生活城市广场”的建设基本完工;总投资 33 亿元的“汽博贸易中心”的大部分项目竣工,11 家 4S 店开业,检车线、二手车市场投入运营;总投资 40 亿元中青旅集团商业综合体项目建设启动;总投资 30 亿元东北亚物流园项目进入建设前的选址阶段;长江路步行街改造项目的一期工程结束。2016 年,全区三次产业的比重为 0.4%:28.3%:71.3%。全区规模以上工业总产值 62.16 亿元,比 2015 年增长 13.3%,新增规模以上工业企业 13 家;全区重点服务业营业收入 3.73 亿元,比 2015 年增长 25%,铁北二路至北四环路区域纳入长春市现代服务业创新发展试点区域。

**【农业和农村发展】** 全区农业总产值 3.6 亿元。蔬菜商品量 28753 吨,畜禽肉总产量 969 吨,禽蛋产量 410 吨;粮食作物总产量 2.06 万吨,经济作物总产量 2.96 万吨。全年引进蔬菜新品种 10 个、新技术 2 项,培训农民 3000 人次。发展设施农业,新建蔬菜温室大棚 80 栋。落实畜禽防疫工作,畜禽疫病免疫率均 100%。全年培育省级农业产业化龙头企业 2 家、培育市级农业产业化龙头企业 1 家。全区完成 2.67 万公顷农区灭鼠任务。完成更新造林 4 公顷,补植农防林 4.72 公顷,排水渠和村屯道路绿化 5 公顷,森林抚育和病虫害防治 17.3 公顷。整修农村公路 140 公里,绿化农村公路 20 公里;配合长春市交通运输局完成 127 公里农村公路建设前的准备工作。落实农机购置对农民的补贴政策,全年申报补贴车辆及农业机械 22 台(件),农民享受补贴 32.73 万元,全区农业机械化覆盖率 50%。建设的兰家河城市防洪工程一期二标段工程基本竣工,建设的镜水河合隆段防洪工程竣工。

【城区建设】 2016年,新建、续建道路4条,维修道路504条,改造巷道101条、示范街路7条,全区道路完好率95%。推进30个市、区城市建设项目土地征收工作,完成17个项目的征收。完成率57%。20个老旧散居民小区改造加紧进行。在建回迁居民住房11.92万平方米,其中2.88万平方米的回迁住房建成,安置居民396户。清理小南明沟、千山明沟等4条排水明沟。全年投入资金2160万元,新植街路4条、新建绿地3块11.62万平方米。对北人民大街、九台路和宽府路实施彩化,绿化长农公路、长松公路出城口,面积5.7万平方米,完成长农公路出城口8100平方米道路硬化工程。完成都市森林公园二期建设的前期手续。全区绿化覆盖率38.5%。

【市容环境管理】 全区拆除各类违章建筑1659处11.4万平方米。整治道路交通秩序,全区清理地桩、地锁1.3万个,施划静态停车泊位4.5万个。加强街路扬尘治理,对区域58条主次街路洗扫降尘。实施“垃圾不落地”工程,实现垃圾密闭式收集运输。加大建筑装修垃圾管理力度,清理建筑装修垃圾9.5万吨。集中整治露天烧烤,非法广告、占道经营、渣土运输。全年清理违规烧烤点510处,收缴烧烤炉具60套,普及无烟烧烤炉具174套,教育劝导经营人员2000余人次。对12条示范街路和14条次要街路户外广告牌匾专项整治,拆除违规牌匾广告273块,更换缺字断亮牌匾112处,清理违规条幅213处,清除窗体字1200处和违规张贴物10万余张。清理违规牌匾灯箱652个和野广告2.31万处;占道经营及乱设摊点510处;取缔马路作业121处。全年检查渣土运输车辆300余台次,查处违规车辆40余台。纠正车辆乱倒乱卸垃圾等违章行为为500余起,教育人员1200余人次。新建水洗公厕12座,绿化24座水洗及免冲公厕的周边,对近200座各类公厕日常检修450余次。开展“以克论净”保洁试点工作,在人民大街、铁北二路等街路设立检测基点,检测道路含尘量,有针对性地加强保洁。宽城区环卫保障中心项目的建设有序推进,完成选址工作。

【社会民生】 全年开发就业岗位1.52万个,新增城镇就业1.4万人,城镇登记失业率控制在4%以内,解决零就业家庭比率100%。提前完成扶贫攻坚任务,全区13户贫困户38人,人均年收入5076元,高于国家规定标准。为铁南区域被征收房屋居民和D级危房居民3020户发放安置款。全年为城市、农村低保对象5361户8162人发放资金7521.18万元。实施临时救助1112人,发放救助金170万元;对低保户、困难户实施医疗救助13940人、发放救助金690万元。城镇居民医疗保险参保新增11817人,续保缴费92452人;新型农村合作医疗参合41915人,参合率100%,筹集资金2389.15万元。全年新增残疾人就业227人,残疾人居家安养服务606人,康复救助精神疾病患者723人次,配发残疾人辅助器具750件,康复服务残疾人5300人次,为3433名重度残疾人发放护理补贴271.9万元。春节期间,开展“寒冬访民情,温暖送万家”走访慰问活动,为城乡低保户、优抚对象、困难党员等5855户发放补助款和慰问金292.7万元。

【社会事业】 宽城区柳影中学、宽城区奋进中心校重建的主体工程竣工,区育红小学迁建工程的建设进入收官阶段,启动区兰家中心校等4所学校建设。完成宽城区中医院、区民族医院改造工程,全区儿童国家免疫规划疫苗报告接种率95%以上;建立区、街道(镇)、社区(村)医疗卫生3级预防保健网络,宽城区被评为国家级中医药综合示范区和国家级卫生应急综合示范区。对全区42个社区、15个村文化活动室实施标准化改造。举办迎新春文艺汇演、庆元宵节秧歌大赛、爱家爱宽城文艺演出、纪念红军长征胜利80周年文艺演出等群众性文化活动70余场,10万余人次参加。开展以“畅享读书·幸福宽城”为主题的全民阅读活动,组织各类读者活动23次,参加1.36万人次。举办宽城区第二届全民健身运动会;全年组织冰雪趣味运动会,职工乒乓球、羽毛球、篮球比赛,“九九”重阳节老年人登高徒步赛等比赛10余次。完成宽城区体育中心项目建设前期工作,即将开工。在吉林省青少年田径锦标赛上,宽城区代表队获8枚金牌、7枚银牌、6枚铜牌,总成绩位列全省第一名。全区列入市级各类科技发展计划项目2项,全年专利授权数549件,培育高新技术企业6家,打造科技企业孵化器3个;建设省级防震减灾示范企业1家。培育创新产业园区3个,区科技馆、区地震知识展览馆向全社会开放。全区社区用房面积由平均340平方米提升至1069平方米,千米社区比例66%。全年为区直机关部门及居民群众提供档案查阅服务270余人次、800余卷(件)。《宽城年鉴》(2015卷)印刷出版,《宽城年鉴》(2014卷)被省方志委评为优秀等次,《宽城年鉴》(2015卷)被中国出版协会年鉴工作委员会评为编校质量检查评比三等奖。

【“平安宽城”建设】 开通宽城区“法治宣传直通车”,在区域内88条街路19个行政村进行流动式普法宣传;在长新街打造法治文化一条街,在长春北站建设法治文化广场。开展百姓法律大讲堂121场次,解答百姓法律咨询1200多人次,发放宣传资料2.3万份。全区开展矛盾纠纷排查179次,预防矛盾纠纷122件,调解矛盾纠纷成功率98%。加强对刑满释放人员管理,衔接率、帮教率100%、安置率90%,重新犯罪率为零。全区安装高清公共探头1527个,城区监控覆盖率83%。发挥区政法监督服务QQ群作用,在线解答居民群众有关法律问题咨询1300余个。全区治安案件比2015年下降25.87%,刑事案件下降24.5%。开展“平安细胞”创建活动,全区创建“平安校园”的38所中小学均实现阶段性达标要求;创建“平安企业”50家。围绕老年人维权服务,宽城区在全省率先开通“老年法律维权服务直通车”,全年举办法律知识讲座58场次,发放法律援助卡2万余张,接受咨询350余人次,解决老年人实际问题31人次。区老龄办被评为全国老年法律维权工作先进集体。加大安全生产、食品安全监管力度,全区未发生重大安全生产事故和食品安全责任事故。宽城区公安夜巡工作连续2年在长春市城区中排名第一位。全年举办区长信访接待日9次,接待来访群众420余件次1450人次,跟踪督办150多件次,全区进京访人次和到省访批次分别比2015年同期下降27%和33%。开展"最美家庭"评选活动,全区评选"最美家庭"620户。国防教育展现亮点,长春市第七十二中学被教育部认定为2016年国防教育特色学校。

(曹继晔　张士学)

**【长春宽城经济开发区】** 长春宽城经济开发区(以下简称宽城开发区)为省级开发区,面积77.2平方公里,划分为工业与物流、商贸服务2个园区。区域人口22.5万人,注册企业1289家。2016年,宽城开发区地区生产总值162.7亿元,比2015年增长8.4%;规模以上工业总产值127.3亿元,增长20.6%;社会固定资产投资100.4亿元,增长13.3%;限额以上批发零售业销售额104.5亿元,增长6.3%;一般预算全口径财政收入29.77亿元,增长2%;全年招商引资45亿元,增长11.6%。宽城开发区全年有各类重点项目30个,计划总投资103.22亿元,其中续建项目8个,拟新开工项目11个,推进签约的项目11个。至2016年底,开(复)工项目11个,新开工项目3个,签约项目2个,合计占项目总数的53%。在路网建设方面,大中修道路29条,维修道路边石8605米。在供电设施建设方面,排迁"金达洲"项目涉及的300米10千伏供电线路和"万龙地产"项目涉及的160米供电线路,完成新长江66千伏变电站主体建设工程和"金达洲"66千伏高压线迁移工程。在供水设施建设方面,实施北三环路至规划丙六十七路供水管线铺设工程,总长度2.5公里。在燃气工程建设方面,铺设DN200燃气管线4000米。在生态环境建设方面,重点完成7条道路绿化补植任务,植树9000余株。完成"海尔二期""名嘴食品"等4个项目供地工作,供地面积24.15公顷。协助完成兰家污水处理厂泵房、金达洲汽车贸易物流园停车场等项目的规划调整工作;协助3个项目办理《建设工程规划许可证》,协助4个项目办理《建设用地规划许可证》。完成宽城开发区十二号地一地块和二地块2宗地236599平方米土地出让工作,完成开发区十九号地88773平方米宗地的收储工作。完成长江路步行街的升级改造一期工程。

(佟　莉)

**【长春装备制造产业开发区】** 长春装备制造产业开发区(以下简称装备产业开发区)为市级开发区,位于宽城区域内,幅员26.9平方公里,划分为现代工业、高端商住、都市农业3个功能分区。辖区总户数2570户、总人口8565人。2016年,装备产业开发区全口径财政收入14108万元,完成年计划的119.01%;全社会固定资产投资31亿元,完成年计划的16.1%;规模以上工业产值16亿元,完成年计划的103%;招商引资8亿元,完成年计划的105%;规模以上服务业550万元,完成年计划的110%。长客股份公司高速动车组3级检修项目竣工投产,4级检修项目完成设备安装调试。长春万润光电LED照明项目,年内开工建设,厂房及办公楼主体建成。长春威奥动车检修项目,完成厂房装修和设备购置。轨道客车零配件产业园续建项目,新建厂房3.1万平方米,铺设水、暖管网1097米,园区入驻企业9家。长春顺风顺利环保涂料厂扩建项目,建成建筑面积4221平方米的厂房1栋,进行设备安装。新星轨道客车内饰件生产项目,完成1条生产线建设,进入试生产。加强基础设施建设,投资8000万元建设区域道路5条并配套铺设供水、供热、供气管网;投入2300万元为区域3条道路安装路灯。完成春城北岸小区供水管网、污水管网的维修改造和"大学区"污水处理站建设前的筹备工作。拆迁面积1.3万平方米,整理土地2.6万平方米,确保3家引进企业的落驻;新征土地3.2万平方米,确保"大学区"周边绿化项目的实施。

(王　速)

### 2016年宽城区国民经济和社会发展主要指标完成情况统计表

| 指标名称 | 单位 | 实际完成 | 比2015年±% |
|---|---|---|---|
| 地区生产总值 | 亿元 | 270 | 8.4 |
| 第一产业增加值 | 亿元 | 1.1 | 2.3 |
| 第二产业增加值 | 亿元 | 76.4 | 6.8 |
| 第三产业增加值 | 亿元 | 192.5 | 9.0 |
| 规模以上工业总产值 | 亿元 | 62.16 | 13.3 |
| 全口径财政收入 | 亿元 | 37.46 | 9.0 |
| 其中:本级财政收入 | 亿元 | 8.96 | 6.9 |
| 财政支出 | 亿元 | 22.15 | -7.6 |
| 全社会固定资产投资 | 亿元 | 284.3 | 20.7 |
| 利用内资 | 亿元 | 80 | 15.1 |
| 新增实际使用外资 | 万美元 | 13900 | 63.9 |

续表

| 指标名称 | 单位 | 实际完成 | 比 2015 年±% |
|---|---|---|---|
| 绿化覆盖率 | % | 38.5 | - |
| 普通中学 | 所 | 12 | - |
| 普通小学 | 所 | 26 | - |
| 教育经费总额 | 亿元 | 5.38 | -20.5 |
| 医疗卫生支出 | 亿元 | 2.13 | 5.1 |
| 人口出生率 | ‰ | 6.65 | - |
| 人口自然增长率 | ‰ | 4.36 | - |
| 科学技术支出 | 万元 | 1025 | 310 |

## 二道区

【概况】 二道区位于长春市区东部，东与吉林市永吉县万昌镇相连，南与长春经济开发区、净月开发区接壤，西靠伊通河东岸，北与宽城区、长春高新技术开发区北区、长春经济开发区北区、九台市东湖镇相临。全区面积452平方公里，其中，二道区直接管辖区域102平方公里，辖1个省级开发区——长春国际物流经济开发区，7街、1镇，41个城市社区、8个行政村，总人口40万。二道区交通便捷，区位优势突出，区内临河街、东盛(远达)大街、东环城路、洋浦大街、东部快速路贯穿南北，自由大路、吉林大路、机场快速路和东荣大路横跨东西，构成"四纵四横"的城区道路交通格局；正在建设的地铁2号线、开通运行的轻轨4号线穿区而过；哈大、长吉高速等交通干线与二道区紧密相连。长春龙嘉国际机场紧邻辖区东部，二道区是机场进入长春市区的首先区域和必经之地。二道区水源、电力、热力、燃气供应充足，路网、电网、信息通信网络和金融网络等基础配套设施完备，服务功能齐全。

【国民经济】 2016年，地区生产总值完成176.8亿元，固定资产投资完成205亿元，社会消费品零售总额完成251.8亿元，全区地区生产总值完成216.2亿元，比2015年增长8.5%；区属规模以上工业增加值完成10.9亿元，增长12.8%；服务业增加值完成118.7亿元，增长9.7%；重点规模以上服务业营业收入完成18.2亿元，增长111.4%；二道区三次产业结构由2015年的0.1:34.1:65.8调整为0.1:45:54.9。固定资产投资完成200.5亿元，增长23%；社会消费品零售总额完成231.1亿元，增长9.9%；全口径和本级财政收入分别完成40亿元和9.8亿元，城镇居民人均可支配收入2.9万元，年均递增10.4%；农民人均纯收入1.2万元，年均递增9.9%。

【项目建设】 全年实施亿元以上项目74个。其中，3000万元以上服务业项目57个，新建项目9个，续建项目21个，重点谋划项目27个。全年共24个项目实现开复工，其中电商快递产业园、宏图电子商务物流中心、长春国际电商产业园正式开工建设，华润万家电子商务产业园等项目已开展前期手续办理，长春传化公路港、龙腾大厦、十里河灯饰城项目已启动前期工作。上东国际、东北亚家居总部基地、第一国际中心等项目实现竣工。红星美凯龙全球家居生活广场、凯利国际工业品交易中心等项目竣工开业。广发银行长春分行、众诚集团等金融类机构入驻，长发基金、吉林森工食品集团等41户总部企业相继落户，总部经济不断壮大。打造凯利长春国际工业品交易中心、东北亚艺术中心、长春东部陶瓷交易大市场三个省级现代服务业集聚区。东北亚艺术中心电商创业基地为吉林省首批电子商务"双创"示范基地。长春国际电商产业园、电商快递产业园、华润万家电商产业园、亚泰建材园、第一国际等63个项目建设全面展开；东北亚家居总部基地等13个项目竣工达效。

【招商引资】 全年引进内资61.4757亿元，完成外资9305万美元。14个新项目成功签约。"台企吉林行"活动成功签约闽台商贸城项目；吉商大会成功签约中关村软件孵化基地项目；电商峰会成功签约富力地产、汽车后服务等7个实体项目；签约酷狗音乐、深圳薇美薇等5家互联网企业，总签约额133.5亿元；成功举办2016第二届长春电子商务产业峰会暨招商引资推介会，吸引100余家外埠知名企业、162家电商企业和各地区相关部门、企业近700人参会，会上成功签约12家知名企业，其中：实体经济企业7家、互联网企业5家。

【民营经济】 2016年，二道区新增民营企业1844户，全区共有弘大能源、中辰园林2户上市企业，民营特色产业集群8个、高新技术企业1个、科技小巨人企业1个、企业技术中心2个、省级公共服务平台3个。东北亚电商基地被列入首批吉林省电子商务"双创"示范基地、吉林省蓝港创业孵化基地被认定为省级创业孵化基地。截至2016年，二道区有6个省级创业孵化基地。为解决中小企业发展难题，二道区开展"一门式、一张网"工作，成立二道区中小企业服务中心，建立民营经济融资担保平台、民营经济综合服务平台、"双创"服务平台，助推民营企业。

【长春国际物流经济开发区】 完成固定资产投资66亿元，规模以上工业产值21.1亿元，规上工业利润9590万元，民营企业收入236万元，引进内资24.1亿元，新增民营企业389户，包装项目36个。在省级开发区综合考评中位列全省

7 月 1 日，二道区庆祝建党 95 周年暨“二道信仰讲堂”工作交流会

（马　凌　提供）

第一。全年出让工业用地面积 53.7 公顷，在全市各城区中位居第一。上东国际、金色东方等 82 万平方米的商务楼宇投入使用。

【城市建设】 按照“打通主动脉，畅通微循环”目标要求，积极配合市建委继续推进东河东路等 10 条主、次干道建设。东河东路等 5 条道路建设已全面启动，其他道路建设的前期工作也在稳步推进；启动东环城路、东河东路综合管廊建设；结合旧城改造提升工程，将广德街等 10 条卡脖路、断头路列入计划，东发路、和顺三条、民丰大街已竣工通车，临河西街完成排水改造和道路基础建设，超额完成年初目标。通过向市里积极争取，将二道区原定的 8 条大中修道路增加为 11 条，比照年初目标超额完成 37.5%。完成 100 条巷道改造工程，方便百姓出行。大力开展地桩地锁拆除行动，仅用 5 天时间拆除全区 100 条道路上各类地桩地锁等道路障碍物 1952 个；独立完成施划停车泊位 17919 个，配合相关部门共同完成 37674 个，新增公共停车面积 47 万平方米，有效缓解二道区“停车难、停车乱”的问题。完成洋浦大街出入口 3.1 万平方米的道路、绿化等综合改造，有效改善二道区出入口道路沿线环境。

【旧城改造】 年初，将 30 个小区、5 条街路列入“老旧散”改造，使旧城改造具备“两年工程一年干”的条件，率先在三环内全面启动，按照“四个显著提升”要求，区委、区政府高位统筹，区主要领导亲力亲为，各相关部门密切配合，在时间紧、标准高、任务重（改造区域面积 30 平方公里、共划分 10 个片区，涉及 103 条街路、112 个住宅小区、804 栋楼体，占全市改造总量的 40%左右）、恶劣天气影响大的情况下，坚持高起点设计、高标准建设、高效率推进、高水平管理，注重群众宣传，全力打造民心工程。完成 804 栋 409.5 万平方米楼体立面整饰和 14.3 万平方米的道路硬铺装建设，立面整饰占全市改造总任务量的 38.5%。

【社会民生】 全区完成 13 大类 60 项民生实事。社会保障稳步提升。城镇新增就业 1.4 万人。城乡居民养老保险参保率、基本医疗保险续保率均超过 90%。全区养老床位达到 2229 张。全国首创“幸福里”居家养老定制化服务在全区 7 个街道全面铺开，为省、市打造可复制、可推广的“没有围墙的养老院”积累丰富经验。93%农村贫困人口实现精准脱贫，区内唯一的贫困村胡家村提前摘帽，并被评为省级美丽乡村。基础教育全市领先。集优化办学模式取得新进展，利用“互联网+”初步实现在线集体备课、在线同步课堂、在线主题活动。中考 600 分以上学生占毕业生总数三分之一以上，全市第二、三名在二道区产生；新优质学校占比达 88.5%，新生入校率高达 90%。平安校园工作获教育部“全国中小学安全教育工作优秀案例”。卫生事业保持全市先进。医疗卫生改革稳步实施。基本药物实现零差率销售全覆盖。“小病不出村、常见病不出镇、大病及时转诊”的就医格局基本形成。区中医院、卫星村卫生室完成规范化建设。新农合参合率 98.19%，受益人数 1.1 万人次。家庭医生签约服务模式全面推进，签约 13.5 万人。“一门式、一张网”政务服务改革持续深化，335 项行政审批与服务事项在二道区实现“一门受理”“一网办理”。经验做法在省、市全面深化改革领导小组会议上专题介绍。

（马　凌）

## 2016 年二道区国民经济和社会发展主要指标完成情况

| 指标名称 | 单位 | 实际完成 | 比 2015 年±% |
|---|---|---|---|
| 国内生产总值 | 亿元 | 216.2 | 8.5 |
| 第二产业增加值 | 亿元 | 97.4 | 7.2 |
| 第三产业增加值 | 亿元 | 118.7 | 9.7 |
| 全口径财政收入 | 亿元 | 40.6 | 0.7 |
| 本级财政收入 | 亿元 | 10.12 | 8.3 |

续表

| 指标名称 | 单位 | 实际完成 | 比 2015 年±% |
|---|---|---|---|
| 固定资产投资 | 亿元 | 200.5 | 23% |
| 工业固定资产投资 | 亿元 | 30 | 23% |
| 社会消费品零售总额 | 亿元 | 231.1 | 9.9% |
| 实际引进内资 | 亿元 | 61.4757 | 15% |
| 实际使用外资额 | 万美元 | 9302 | 12.7% |
| 个体工商户 | 户 | 31460 | 21.7% |
| 民营企业 | 户 | 13148 | 21.6% |
| 普通中学 | 所 | 10 | – |
| 小学 | 所 | 16 | – |
| 教育经费总额 | 万元 | 74407.6 | 13% |
| 科技三项经费 | 万元 | 50 | -51.7% |
| 卫生事业费 | 万元 | 4734 | -15 |
| 人口出生率 | % | 8.55 | 4.02 |
| 计划生育率 | % | 100 | 0.14 |
| 建成区绿化覆盖率 | % | 40.2% | 0.6% |

## 绿园区

【概况】 绿园区位于长春市区西部,东连朝阳、宽城两区,南接长春汽车经济技术开发区,西邻公主岭市,北依农安县。下辖春城、正阳、青年路、同心、林园、铁西、普阳 7 个街道办事处,57 个城市社区;城西、西新、合心 3 个镇,24 个行政村;4 个开发区:长春绿园经济开发区(加挂长春轨道交通装备产业开发区牌子)、长春绿园西新工业集中区、长春皓月清真产业园区、长春西部新城开发区。全区总面积 216 平方公里,总人口 62 万人。

【国民经济】 2016 年,绿园区地区生产总值完成 242.9 亿元,比 2015 年增长 8.1%。规模以上工业总产值完成 643.2 亿元,比 2015 年增长 4.4%。固定资产投资 287.8 亿元,比 2015 年增长 22.4%。全口径财政收入完成 56.6 亿元,比 2015 年增长 11.7%。地方级财政收入 9.2 亿元,比 2015 年增长 13.9%。社会消费品零售总额 109.7 亿元,比 2015 年增长 9.8%。

【经济结构调整】 截止到 2016 年,三次产业比重 1.6:58.2:40.2。蔬菜、君子兰、葡萄和肉牛、生猪为主体的产业基地形成规模,设施农业、休闲观光农业迅速发展,长客股份、皓月集团为龙头企业带动能力提高。规模以上工业企业 70 户。新城吾悦广场、吴中豪仕广场、万科城市之光、中海景阳公馆等项目开工建设;渤海银行,中邮证券落户绿园区;绿园区“双创基地”入选吉林省首批电子商务“双创”示范基地,“双创基地”1 期入驻企业 86 户,猪八戒网线上线下园区正式开园;“新三板”上市企业 6 户。

【招商引资和项目建设】 2016 年,开展 20 余次专题招商,引进万科城市之光等投资亿元以上项目 12 个。实际利用内资 61.2 亿元,比 2015 年增长 15%;实际利用外资 1.01 亿美元,增长 20.7%。高速列车系统集成国家工程实验室等 17 个工业项目开工,其中吉文汽车零部件等3 个项目试生产,兰普电器等 11 个项目主体完工,万华汽车等 3 个项目启动建设。建筑行业开工建设项目 22 个,新城吾悦广场项目住宅和商业部分主体完工,吴中豪仕广场天玺公馆项目主体封顶,万科城市之光、中海景阳公馆项目启动建设。科技型“小巨人”企业 19 家,昆仑建设、吉林路桥等 2 户企业在“新三板”成功挂牌。猪八戒网建设的“互联网+”型创新创业综合示范区项目投入运营。

【基础建设】 2016 年,绿园区启动第一批旧城改造,完成春城大街等 6 条街路沿线及周边 12 个老旧小区楼体整饰,改造街路两侧 328 栋老旧小区排水管网 80000 米,完成 148 条“小街区、密路网”沥青道路建设工程,总长度近 32 公里,占地约 360 万平方米拆除违法建筑 5.6 万平方米,完成楼宇门、健身器材、便民设施安装,45 万平方米“暖房子”工程竣工。投入 7500 万元,新植南阳路等 5 条街路和中机物流园门前等 3 处绿地,补植改造西环城路等 40 处绿地,新增绿化面积 64 公顷。举办第十七届中国长春(绿园)国际雕塑作品邀请展,收藏雕塑作品 35 件。新建安庆西路,续建大成北路,大中修青州路等 9 条道路,改造巷道 44 条,小五环路道路建设工程启动征拆。淘汰小锅炉 96 台。交通建设投入 1000 余万元,招聘交通辅警 50 名,施划停车泊位 3.7 万个,清理地桩地锁 8050 个。拆除青龙路市场和串湖流域违法建筑,整改青萍路市场和洛阳街。取缔马路市场 10 处、品收购站 38 家,清理占道经营 4256 处、露天烧烤 869 处、违章牌匾 2650 块,投入 1082 万元,完成于家等 5 个村环境综合改造,顺利通过国家卫生城复检。

【民生建设】 2016 年,绿园区《建设幸

9 月 26 日,第十七届中国长春(绿园)国际雕塑作品邀请展　(景年国　提供)

福绿园行动计划》确定的 11 个方面 68 项民生实事全部完成。开发就业岗位 1.59 万个，新增城镇就业人员 1.25 万人,失业人员再就业 5464 人,残疾人就业 91 人。城镇登记失业率低于 4%,“零就业家庭”动态为零。投入资金 4461 万元,落实城乡低保救助、军转优抚安置、困难群体再就业及生活补贴等政策;投入资金 3769 万元,落实各项支农惠农政策。城乡低保标准提高到人均 510 元和年人均 3000 元。开发社会救助信息管理服务平台，完成第 10 次村委会换届选举，全市农村社区建设现场会在绿园区召开。11 个社区与社会组织签订协议并开展居家养老服务。完成 18 所区属中小学操场改造，职业学校实训基地和全市首家青少年生命安全教育基地投入使用。9 所教育发展共同体试点校改革成效明显。实施基本药物管理,区医院分级诊疗工作代表吉林省迎接国家检查。开展中医治未病和公共卫生中医药服务，通过全国基层中医药工作先进单位复审。完成电子病历、健康档案、人口平台数据库建设,实现与区级医疗机构对接。建立区政府责任清单，梳理部门主要职责 247 项、具体工作事项 833 项、涉及部门之间职责边界划分的管理事项10 项、事中事后监管制度 113 个、公共服务事项 62 项，划分 1232 个工作岗位并明确责任。开展在建筑施工、危险化学品、道路交通等 8 大行业领域组织安全生产专项整治。查处各类安全隐患 8055 条，动态整改率 96.4%。绿园区代表省政府、市政府迎接国家应急救援综合督导检查。

**【民主法治建设】** 2016 年,办理人大代表建议 76 件和政协委员提案 28 件。“千米社区”56 个,占比 98%,直接选举社区居委会比例 30%。协调化解万嘉花园小区、一汽家园小区、林园街道两栋楼供水供气问题;台北阳光、隆都翡翠湾、长白 A 地块等难点问题得到推进。办理群众网上信访诉事项 106 件。制定《绿园区预算绩效管理方案》。

(景年国)

## 2016 年绿园区国民经济和社会发展主要指标完成情况统计表

| 指标名称 | 单位 | 实际完成 | 比 2015 年±% |
|---|---|---|---|
| 地区生产总值 | 亿元 | 242.9 | 8.1 |
| 第三产业增加值 | 亿元 | 76.8 | 9.2 |
| 农业总产值 | 亿元 | 7.2 | 2.1 |
| 规模以上工业总产值 | 亿元 | 643.2 | 4.4 |
| 全口径财政收入 | 亿元 | 56.6 | 11.7 |
| 本级财政收入 | 亿元 | 9.2 | 13.9 |
| 固定资产投资额 | 亿元 | 287.8 | 22.4 |
| 工业固定资产投资额 | 亿元 | 162.4 | 45.8 |
| 社会消费品零售总额 | 亿元 | 109.7 | 9.8 |
| 利用内资 | 亿元 | 61.2 | 15 |
| 新增实际使用外资额 | 万美元 | 10100 | 20.7 |
| 进出口总额 | 万美元 | 58376 | -24.74 |
| 普通中学数 | 所 | 9 | 0 |
| 普通小学数 | 所 | 27 | 0 |
| 各类医院数 | 所 | 18 | 5.8 |
| 教育经费总额 | 万元 | 37419 | -27.66 |

续表

| 指标名称 | 单位 | 实际完成 | 比2015年±% |
|---|---|---|---|
| 卫生事业费 | 万元 | 14957 | 4.0 |
| 绿化覆盖率 | % | 35.5 | 1.4 |
| 人口出生率 | ‰ | 5.79 | 3.73 |
| 计划生育率 | % | 99.97 | 0.16 |

## 双阳区

【概况】 长春市双阳区位于吉林省中部,长春市东南部,地处东经125°26′30″~126°00′45″,北纬43°16′06″~43°44′20″。南北狭长,最长直线距离60公里,东西最宽直线距离39公里。东濒饮马河与永吉县相望,东南、南与磐石县毗邻,西南、西和伊通县接壤,西北与长春市净月开发区为邻,北、东北与长春市二道区相连。双阳区人民政府驻西双阳大街599号。全区面积1677.42平方公里,人口密度为每平方公里233人。其中陆地1672.91平方公里,占总面积99%;水域4.51平方公里,占总面积1%;林地面积25834公顷。已发现各类矿藏30余种。矿泉水、膨润土等资源储量大、品质高,开采前景广阔。全区辖4个街道、3个镇、1个乡,15个城市社区,134个行政村。其中民族乡1个,民族村17个。总人口375597人。其中,城镇人口107143人,农村人口257841人。有满族、回族、朝鲜族、蒙古族等20多个少数民族。

【区域经济】 2016年,双阳区生产总值228.0亿元,比2015年增长8.4%;社会固定资产投资233.2亿元,增长21.4%;区属规模以上工业产值58.8亿元,增长21.3%;社会消费品零售总额69.7亿元,增长9.8%;全口径财政收入15.5亿元,增长17.8%;本级财政收入6.6亿元,增长24.5%,在全市绩效管理考评县域组中荣获第一名。金冠电气成功上市,国药一心制药连续扩能,吉通机械投产达效、欧洲研发中心挂牌成立。全口径工业总产值302亿元,增长7.9%。中国双阳梅花鹿节等节庆活动影响广泛,御龙温泉、国信南山温泉形成品牌效应,国家全域旅游示范区、全国旅游综合改革试验区、全国休闲农业与乡村旅游示范县成功获批。电商企业200户,金融机构9户,高校在校生3.4万人,现代服务业发展迅速,服务业增加值107.8亿元。举办三届海峡两岸都市农业发展论坛,国信乡村都市、奢爱良蔬等农业龙头项目引领作用持续增强,特色农牧园区170个,农机综合作业率81%,粮食产量保持80万吨以上。农业种植结构调整加快,绿色稻米、棚膜蔬菜分别发展到2133公顷和1150公顷。国家梅花鹿养殖综合标准化示范区通过验收,鹿产品精深加工业快速发展,"双阳梅花鹿"被评为最具影响力的中国农产品区域公用品牌。

【项目建设】 国信养老综合体、牧原养殖基地等22个投资超亿元项目签约落位,全区引进内资115亿元、外资1.15亿美元,比2015年分别增长14.9%和13.1%。中德工业园、东南热电厂等项目加快建设,全区开工项目181个,固定资产投资233.2亿元,比2015增长21.4%,其中超亿元项目42个,超10亿元项目达到10个。吉通机械、美亚先科等调整项目,鑫利密封、金荷药业等技改、扩能项目有效实施,金冠电气在深交所成功上市。新增规模以上工业企业11个,总数46户。双阳区组建长发控股双阳公司,成立土地房屋征收办公室,创新服务机制,2016年,调度、研究、推进项目68个。其中,重点项目30个,其他项目38个。梳理问题64个,服务推进项目23个。

【服务业】 鑫夕阳康复养老、密之康医药物流等服务业项目快速推进,欧亚商超、正旭云农场等得到发展,国信南山温泉酒店等景区影响力增强。全区服务增加值107.8亿元,比2015年增长12.3%;旅游总收入39.5亿元,增长33.4%;社会消费品零售总额实现69.7亿元,增长9.8%。

12月9日,国家旅游局局长李金早、吉林省委书记巴音朝鲁亲临首届中国·吉林国际冰雪旅游产业博览会中的双阳展位 (朱守林 提供)

【农村经济】 全区粮食作物播种面积84355公顷，粮食总产量保持8亿公斤阶段性水平。奢岭乡村都市、奢爱良蔬等项目带动作用增强，全区农村土地流转面积2.17万亩。新建都市农业示范村10个，改扩建牧业小区5个。实施农田水利重点工程8项，清收林地1500公顷。转移解决农村劳动力就业11.4万人次。新打造美丽乡村建设省级重点村7个。

【城市建设】 长双快速路、长春经济圈环线等重大交通项目前期进展顺利，完成230公里农村公路新建改建任务，新安装路灯3000盏。中心城区实施丙十九路、西广场提标改造等工程，完成通阳路、丹江街等5条街路标准化和嵩山路、春江街等10条街路大中修工程。实施30个老旧小区提标改造工程，改造供水管线20公里。撤并小锅炉65台，完成万合豪庭、宏苑小区等供热管网新建改造任务。城区新增精品绿化面积3万平方米。山河齐家污水处理厂、鹿乡镇污水管网等城镇化项目顺利推进。

【民生建设】 连续实施5个建设幸福双阳行动计划，民生支出破百亿。62个民生实事落实，新开发就业岗位8340个，城镇新增就业7056人。开发就业岗位4.3万个，安置就业3.7万人。城市人均可支配收入23939元，比2015年增长5.5%，农村人均可支配收入12584元，增长8.6%。开展脱贫攻坚行动，精准脱贫4761人，扶贫脱贫工作走在全市前列。城乡低保、农村五保等补助标准提高，临时救助资金增加，弱势群体和遭遇突发性困难家庭基本生活得到保障。免费为残疾人提供矫治手术和康复训练6.8万人次。实施22万平方米暖房子、300户农村危房改造工程，启动龙东公路西地块等棚户区改造征收工作。建设廉租房1217套，改造暖房子125.6万平方米、棚户区51.7万平方米、农村危房2388户，城乡居民住房条件明显改善。教师职称评聘有效实施，岗位工资全面落实。投资2.46亿元的15个教育重点项目，新建改建校舍17.6万平方米。齐家中心小学综合楼、山河中心幼儿园等8个项目投入使用。中心级学校楼房化率95%。医联体建设启动，中医院门诊综合楼、区体检中心、区120急救中心投入使用；双阳区医院门诊综合楼新建、长岭卫生院改扩建项目进展顺利。标准化村卫生室实现全覆盖。柏山、春阳、东桥、华泰、石桥等社区新建项目即将入住，城市社区服务用房达到千米标准。文体活动中心投入运行，文图两馆晋升国家二级馆。新建行政村文体广场30个，组织开展各类文体活动500余场次。引进推广科技成果3项，科技贡献率54%。双阳连续多年获评“全省平安建设示范区”，群众安全感测评始终位居全省前列、连续3年全市第一。

（朱守林）

### 2016年双阳区国民经济和社会发展主要指标完成情况

| 指标名称 | 单位 | 实际完成 | 比2015年±% |
|---|---|---|---|
| 地区生产总值 | 亿元 | 228.0 | 8.4 |
| 第一产业增加值 | 亿元 | 16.3 | 1.5 |
| 第二产业增加值 | 亿元 | 103.9 | 5.8 |
| 第三产业增加值 | 亿元 | 107.8 | 12.3 |
| 全口径工业总产值 | 亿元 | 302 | 7.9 |
| 农业总产值 | 亿元 | 31.0 | 2.4 |
| 全口径财政收入 | 亿元 | 15.5 | 17.8 |
| 本级财政收放 | 亿元 | 6.6 | 24.5 |
| 固定资产投资 | 亿元 | 233.2 | 21.4 |
| 社会消费品零售额 | 亿元 | 69.7 | 9.8 |
| 实际使用外资 | 亿(美元) | 1.15 | – |
| 实际利用内资 | 亿元 | 115 | – |
| 城市人均可支配收入 | 元 | 23939 | 5.5 |
| 农村人均可支配收入 | 元 | 12584 | 8.6 |
| 普通高中 | 所 | 2 | – |
| 普通中学 | 所 | 24 | – |
| 普通小学 | 所 | 111 | – |
| 各类医院 | 所 | 17 | – |
| 总人口 | 人 | 375597 | – |
| 人口出生率 | ‰ | 6.67 | – |

# 开发区

## 开发区发展综述

【经济指标】 2016年,全市开发区实现地区生产总值4250亿元,比2015年增长8.5%,占全市的72.5%;实现全口径财政收入770亿元,增长6.6%,占全市的67.5%;实现工业总产值8270亿元,增长8.5%,占全市的89.9%;完成固定资产投资3650亿元,增长17.5%,占全市的73%。

【招商引资】 2016年,开发区实际利用内资完成1070亿元,比2015年增长16%,实际利用外资完成58.5亿美元,增长15.1%。签约落位亿元以上项目135个,签约投资金额2826.9亿元。长春新区探索“引进+服务”的项目招管模式,加大对项目引进后的服务力度,新能源汽车产业园、航天信息产业园、华为大数据等20个超大项目落户北湖科技开发区。净月区签约超大型项目58个,签约总额632亿元,国家02重大专项产业化项目、新一代基因测序仪项目、COMS(影像传感)研发产业化等26个重大项目落户净月区。经开区的浪潮集团云计算中心、俄罗斯阿尔卡伊姆有限公司植物提取物二氢槲皮素、中科院青岛生物能源与过程研究所生物质工程研发中试平台等一批重大项目落位。

【项目建设】 2016年,全市开发区开工3000万元以上项目954个,工业项目455个,占项目总数的47.7%,服务业项目499个,占项目总数的52.3%。长春新区航天信息产业园项目、华阳玄武岩纤维项目、华为长春云计算中心项目已经开工建设,主体建筑完成冷封闭。经开区中粮聚乳酸、锐意美等项目进驻园区试生产。总投资50亿元的欧亚城市汇集商业项目落户高新区,年底完成一期基础设施建设。汽开区一汽大众Q工厂、一汽大众MQ250传动器搬迁改造、一汽-大众EA211发动机(三期)、一汽轴齿工业园有色铸造及研发等工业项目全面开工。宽城区总投资2亿元的长春市电力安装电器设备生产项目复工完成,厂区内管线施工。德惠经济开发区总投资135亿元的泉德秸秆综合利用项目一期设备安装调试基本完成,年底投产运营,二期项目进入启动阶段。

【保税区建设】 推进长春兴隆综合保税区建设。园区保税业务全年报关单7000票,货值4.7亿美元;跨境电商出口业务通过优化通关系统、规范汇总申报等措施,全年实现包机运行100架次,2500万票,货值10亿元。“长满欧”班列运营良好,通过协调大成集团和93313部队,利用其铁路专用线,支持长满欧开展国际货物运输,实现进出口货物运输2300标箱,货值8000万欧元。进口商品直销平台布点工作速度加快,进出口商品展览展示中心大楼主体完成,建成后将成为吉林省最大的进口商品展示交易中心。进口肉类查验平台搭建基本完毕,计划年末申请国家验收,正式运营后将成为吉林省第一个内陆进口肉类口岸。

【产业集聚】 先进装备制造产业,长春新区重点规划发展战略新兴产业,新能源汽车产业园建设进展顺利,一期规划占地36.7万平方米,建筑面积21万平方米,建设生产车间9栋,建筑面积10万平方米,完成主体框架6.2万平方米。长春新能源汽车有限公司与安凯合作生产的50辆公交车年末交付长春公交集团。光电子产业,航天信息产业园区,总投资54亿元,占地21.6万平方米,一期占地13.6万平方米,建筑面积8.5万平方米,框架主体建设完成。光电和智能装备产业园,总投资55亿元,园区已引进科技孵化项目23个,其中12个项目开工建设。现代服务业,净月区成功获批国家科技服务业区域试点。一批承担省和国家科技专项和重大研发成果的项目以及科研领军人物的研究计划项目,落户净月。孵化平台和双创平台建设快速推进,全区孵化面积由3万平方米发展到23万平方米,落户入驻众创空间、创业咖啡等各经营类项目近200家,孵化企业1000多户。

【特色园区建设】 2016年,重点推进航天信息产业园、光电和智能装备产业园、新材料产业园、亚泰医药园、新能源汽车产业园、大数据产业园、生物化工产业园、跨境电子商务产业园、中德工业园、轨道交通装备产业园等10大新兴产业园建设。中德工业园和跨境电子商务产业园区部分建成并投入运营，长春新区航空信息产业园等6个园区主体工程基本完成。其中，中德工业园完成4个园区的建设，总占地面积100万平方米，完成建筑面积44万平方米，产能100亿元，入驻4家合资公司，建设完成38栋厂房、职工宿舍、食堂、研发中心等配套设施。航天信息产业园于4月开工建设，规划占地21.6万平方米，总投资54亿元，一期占地13.6万平方米，建筑面积8.5万平方米。

【园区规划建设】 2016年，实现地区生产总值6亿元，比2015年增长1.52%；工业总产值23.8亿元，增长3.75%；固定资产投资174亿元，增长181.7%，其中工业投资106亿元，增长302.58%；全口径财政收入5.3亿元，增长3.9%，其中地方级财政收入3.9亿元，增长2.6%；完成内资53亿元，增长12.53%。完成区域规划编制。长德新区根据项目建设和快速发展的需要，启动长德经济开发区总体规划修编工作，编制完成开发区的产业规划和4个分项规划及东区控制性详细规划，排水、给水、供热、燃气、电力、通讯等配套规划覆盖面积约30平方公里。招商引资成效显著。长德新区围绕先进装备制造业、农产品加工业、高端服务业三大主导产业，通过国际投资贸易洽谈会、吉商大会、世界500强走进吉林活动、高交会等展会，招商入区建设项目72个，招商引资总额51亿元，项目总投资达558亿元，占地面积632万平方米，建筑面积594万平方米。基础设施建设。为增强区域承载能力，投资1.97亿元，完成与102国道口相接等市政道路工程建设，涉及道路总长度1.2万平方米、铺装面积25.01万平方米。投资3420万元，完成长德第一热电厂备用电源工程、路灯10千伏配电工程、交通信号系统一期工程。投资1.9亿元，完成园林绿地159.2万平方米，完成13条新建道路绿化工程和5条道路绿化提升工程。

【创新能力】 2016年，全市开发区拥有高新技术企业285户，省级以上企业技术中心126个，申请专利9870余项，比2015年增长41.9%。北湖科技园建设进展顺利，园区内已注册企业120家，光机所平台入驻企业54家。推进应化所新材料平台建设，2个通用技术平台和3个专用技术平台完成内外装修，聚酰亚胺树脂、合成橡胶等11个项目进驻。长春光电和智能制造装备产业园落位长光宇航等项目22个，逐步形成国内外技术领先、具有较强核心竞争力的光电和智能制造装备产业集群，北湖科技园获国家级科技企业孵化器、第二批国家小型微型企业创业创新示范基地等2项国家级称号。

【承载能力】 2016年，全市开发区新开工基础设施项目71个，完成投资70.32亿元。新开工社会事业项目12个，完成投资113亿元。高新区投资11.73亿元，实施基础设施、公用配套、环境提升、城市维护4大类、127项工程。净月区与长春供电公司共同建设的净月区一次变、二次变和三次变综合供电工程全面启动，能满足净月新城50年建设发展供电需求；33条道路、3座桥梁、1座立体停车场、7条排污管线、26项燃气、供水、供热等工程全线开工。莲花山完成总投资3.97亿元的都市服务区路网一期工程建设，启动总投资17.39亿元，总长11公里的南湖大路东延长线工程建设。长春新区获得国务院正式批准，净月开发区成功获批国家科技服务业区域试点。

（张　利）

## 长春新区

【概况】 长春新区是2016年2月3日由国务院批复设立的第17个国家级新区，主体位于长春市东北部，紧邻长春市主城区，批复面积499平方公里，管辖范围包括长春高新技术产业开发区、长春北湖科技开发区、长德经济开发区、空港经济开发区4个区域，面积710平方公里。下辖2个乡、5个街道、51个村、26个社区，常住人口约44万人。

【经济指标】 2016年，长春新区地区生产总值完成1035亿元，比2015年增长13.5%。工业总产值实现3750.25亿元，增长10.3%。长春市考核规模以上工业总产值690.6亿元。固定资产投资全年完成1017.9亿元，增长92%。其中，民间投资764亿元，占总投资的75%。一般预算全口径财政收入104.6亿元，增长10%。一般公共预算财政收入21.6亿元，增长18.5%。新增市场主体5418户，增长43.3%，各类市场主体达21031户。其中，内资企业8739户，外资企业164户，个体工商户11850户，农民专业合作社278户。

【发展规划】 聘请国际国内一流团队编制《长春新区发展总体规划》，开创“多规合一”规划体系被住房和城乡建设部作为示范在全国推广。总体规划细化新区战略定位的具体职责，提出发展的目标愿景，明确4大分区的功能布局。其中，高新技术产业开发区打造为传统产业升级、开发区职能转型的示范区，西南部生态宜居的综合性新城区；北湖科技开发区打造为东北亚区域重要的科技创新中心，复合枢纽型国际内陆物流港，重要产业基地及北部生态旅游休闲区；长德经济开发区打造为以先进装备制造业、现代农业为支撑的产业集聚区，建设生态新城、智慧新城、和谐新城区；空港经济开发区打造为东北亚区域开放与合作的核心区、北方生态智慧城市示范区。

【主导产业】 2016年，长春新区工业总产值实现3750.25亿元，实现增加值963亿元；现代服务业实现营业收入357.93亿元，实现增加值72亿元。从产业结构看，剔除一汽大众因素，二、三产增加值为75:25；战略性新兴产业快速增长，实现产值185亿元。从重点产业发展看，先进装备制造业实现产值3546.48亿元，占全区工业总产值的94.57%。汽车电子产业基地集聚长春启阳信息技术股份有限公司、长春市高新东卓汽车电子有限公司等40余家汽车电子企业，部分产品达到国内领先水平；新能源汽车产业取得突破性进展，实现产值8750万元，首批50辆新能源客车交付长春市公交集团使用。生物医药产业实现产值95.21亿元，占全区工业总产值的2.54%。长春迪瑞医疗科技股份有限公司制造产品成为全国医疗器械行业的质量样板；以生物医药板块为主的长春高新股份截至年底市值200亿元。光电子产业实现产值14.07亿元，占全区工业总产值0.38%，长春希达电子技术有限公司成为中国科学院“璀璨行动”项目成果承接、中试、产业化基地，全年实现产值1.4亿元。新能源新材料产业实现产值75.72亿元，占全区工业总产值的2.02%。吉林华阳玄武岩采用俄罗斯技术，年底实现主体封闭，目标是建成全国最大的玄武岩纤维生产基地。精优食品产业实现产值9.01亿元，占工业总产值的0.24%。现代服务业实现营业收入357.93亿元。其中，房地产领域实现销售收入94.5亿元、批零住餐实现销售收入229.19亿元(其中汽车贸易实现175.22亿元)、现代物流实现销售收入12.10亿元、软件行业实现销售收入17.98亿元、文化创意实现销售收入1.87亿元。

【特色园区】 航天信息产业园。位于北湖科技开发区，东至光电子孵化器、南至明溪路、西至盛北大街、北至光机路区域，总占地面积21.6万平方米，建筑面积17.5万平方米，总投资54亿元，主要建设光学加工厂房、机械加工厂房、相机装调厂房、卫星装调厂房等。产品为遥感卫星、无人机等。“吉林一号”组星发射后已执行3000余次成像任务，向行业用户、军队、高校、研究机构等相关部门提供大量高品质遥感数据。园区于2016年4月开工，完成投资8亿元，“天”字形厂房正在进行主体施工。东北亚大数据产业园。位于北湖科技开发区，东至京哈高速公路、南至龙腾路、西至航空街、北至京哈高速公路，园区占地面积1.5平方公里，建筑规模约35万平方米。11月，长春新区与华为上下游配套企业签署合作协议，重点建设“长云计划”服务中心、华为云计算服务中心和国际软件服务中心，打造东北亚地区高端智能制造支撑中心、东北亚地区大数据产业聚集中心、东北亚地区现代服务业支撑中心和区域信息消费中心。依托华为云技术资源优势，在长春建设云服务节点，作为东北亚地区核心汇聚节点，承接东北亚地区云服务业务。新能源汽车产业园。位于北湖科技开发区，东至北远达大街、南至远盛路、西至丙三十街、北至丙二十九路，总投资34亿元，占地面积45.3万平方米。新能源汽车产业园由长春新能源汽车股份有限公司投资建设。首批50辆新能源公交车下线交付使用；在整车生产目录申报方面，分别申报3款公交车及2款旅游车公告，获批公告在国家工业和信息化部网站下达；充电基础建设方面，引进青岛特来电新能源有限公司，完成137个充电桩的安装工作并投入使用。亚泰医药产业园。位于北湖科技开发区，东至航空街、南至丙二十九路、西至远达大街、北至新浦路，由吉林亚泰(集团)股份有限公司投资建设，总占地面积68万平方米，总建筑面积50万平方米，总投资50亿元。建设工期为2015年至2018年。

【项目建设与招商引资】 全年开工项目245个，其中，产业类项目104个、服务类项目76个、基础设施项目41个、社会事业项目24个；新开工项目126个，是全年计划的2.5倍。华阳玄武岩纤维、新能源汽车产业园、航天信息产业园、光电和智能装备产业园、亚泰医药产业园、现代物流产业园等战略性新兴产业项目加快推进；华为长春云计算中心、龙翔国际商务中心、空港国际商务区等平台功能类项目全面启动；长春检验检测认证产业园核心区、天都国际商务中心、汇集城市商贸中心等现代服务业项目扎实推进；长白山食品产业园、汉口精武农产品深加工和鸭脖小镇文化创意产业园等现代农业项目开工建设。谋划包装项目200个，总投资规模2万亿元，其中战略性新兴产业1万亿、现代服务业1万亿。综合运用多种招商方式，开展各类招商活动15次，签约落位重大项目70个，实际利用内资161亿元、外资19.7亿美元。新引进泰山国际体育文化产业中心与高端冰雪运动装备制造、广东龙浩临空产业园、温德克通航制造、北大未名生物示范区等一批基地型大项目，以及中国普仁集团、德生控股集团2个百亿级国际医疗健康养老基地项目。

【创新创业】 创新政策。制定《长春新区关于促进科技创新发展的若干政策》《长春新区关于促进金融创新发展的若干政策》《科技企业孵化器及入驻企业认定管理办法》《众创空间及入驻企业认定管理办法》和《科技企业加速器及入驻企业认

4月26日，长春新区成立大会暨项目签约仪式举行 (杨岚菲 提供)

定管理办法》。创新平台建设。长东北科技创新中心引进高水平研发项目60个；北湖科技园一期主体建成，二期开工建设，被科技部认定为"国家级科技企业孵化器"，签约落户高科技项目70个；长春市科技大市场落户新区，技术交易额突破百亿元，东北亚知识产权战略服务联盟正式成立；中俄科技园引进、孵化高科技企业48家。孵化体系建设。新建、在建孵化基地29个，入驻企业1443家，拥有科技企业孵化器、众创空间27个，其中，国家级9，省级11个，市"双创"基地落户新区；申请专利2000项，其中发明专利700项；高新技术企业114户，科技型"小巨人"企业71户。金融人才服务。科技金融中心入驻投融资及中介机构25家，投融资超过25亿元；挂牌"新三板"企业20家；区内企业通过融资平台获得投7000万元。推进"人才改革试验区"建设，104名高端人才入选"长白慧谷"英才计划，引进海外归国人员1000多人，设立全国第11家、东北首家"侨梦苑"。

**【深化改革】** 搭建清晰的管理架构。初步建立长春新区代管长春高新技术产业开发区，直管北湖科技开发区、长德经济开发区和空港经济开发区3个省级开发区的"1+4"管理架构；完成空港经济开发区、长德经济开发区、国际物流园的区划工作，实现统一组织管理、规划布局、开发建设；设置内部机构、明确工作职责、合理调配人员，实施灵活的选人用人机制。全面承接市级管理权限。2016年5月，吉林省制定出台《关于支持长春新区创新发展的若干意见》(吉发〔2016〕16号)，明确赋予长春新区市级管理权限，第一批55项市级管理权限下放并承接到位，第二批下放权限的基础工作已经完成。完善市场化运作模式。通过长春龙翔集团、长春高新创业投资集团、长春高新城市建设投资集团等平台公司建立基础设施建设基金500亿元，全年融资165亿元，完成固定资产投176亿元，股权投资98亿元，引进央企、民企参股、合作等社会资本参与新区建设，中国建筑工程等8家央企参与龙翔国际商务中心建设，有效化解投资压力与风险；采取PPP模式拓展融资渠道，北湖湿地、东北亚物流港、空港东区管廊、西区管廊4个项目完成招标落位，PPP项目获得国家及省市资金支持13.7亿元。

**【软环境建设】** 创新服务方式。改造联合办税大厅，增设智能终端，树立办税服务改革样板。变招商局为产业办，成立12个产业办公室，实现"招商、落位、投产"一条龙接续服务。实施重点项目领导包保责任制，推进重大项目服务秘书制，围绕项目引入、落位和成长。强化政策扶持。制定《关于促进科技创新发展的若干政策》《关于促进金融创新发展的若干政策》《关于促进战略性新兴产业发展的若干政策》《关于促进现代服务业加快发展的若干政策》和《关于加快高层次人才集聚的若干政策》5个专项政策，形成衔接配套的政策体系。推进审批改革。对项目审批实行容缺受理、承诺审批制，在项目用地审批及项目前期手续办理过程中，企业在部分申报资料暂时不能提供的情况下，以书面形式承诺能够在规定期限内提交符合审批条件的材料，审批部门采取先批后补或先批后审的方式进行审批；推进政务服务"一门式、一张网"综合改革，压缩审批时限、优化审批流程、提高审批效率。

**【城市建设与管理】** 启动重大基础工程。实施"四路七桥"(其中四路是长鲍公路、远达大街延长段、中科大街延长段和兴福大路；七桥是兴福大路与京哈高速互通立交桥、兴福大路跨哈大客专跨线桥、兴福大路跨京哈铁路跨线桥、北远达大街与兴福大路互通立交桥、中科大街与兴福大路互通立交桥、兴福大路跨长图铁路跨线桥和兴福大路与龙双公路互通立交桥)工程；长鲍公路完成大修；轨道交通空港线实现局部开工；北湖快轨一期加快建设；空港地下综合管廊启动实施，开工总长度47公里，形成部分廊体，目标是建成吉林首个区域性全覆盖的综合管廊工程。强化生态环境治理。完成长春高新技术产业开发区、北湖科技开发区环境提升设计方案编制；伊通河北北段综合治理全面开工，实现伊通河东岸绿道与北湖湿地公园相连接；启动实施北湖湿地公园、天茂湖、春明湖、龙泽湖"四湖"生态治理工程。提升城市管理水平。创新城市管理理念，对城市出入口、重点广场公园全面升级改造，对违法建筑、户外广告等开展专项治理；推进智慧城市建设，开展智慧市政、智慧社区、智慧政务等系统开发工作，提高城市管理数字化、信息化、现代化水平。

**【社会事业】** 落实"幸福新区"计划。提高公共服务能力，慧谷学校实现招生；长德群众文化活动中心完成主体建设；吉林省第二人民医院、国健妇产医院、全民健身中心以及慧仁、尚德、明达学校等项目加快推进；奥体中心"一场三馆"、泰山集团"冰雪进校园"项目进展顺利；吉林大学附属学校、长春市十一高分校引进落位；高新群众文化馆、文创中心、空港文化馆完成前期规划。健全社会保障体系，开发就业岗位5607个，提高"五险"覆盖面和低保标准，支付被征地农民养老金9740万元。

**【党群建设】** 推进思想解放、能力提升。开展"两学一做"和"解放思想大讨论"活动，组织干部到其他国家级新区学习考察，与天津滨海新区开展对口合作；坚持在招商引资、项目建设一线培养和锻炼干部，通过破解融资、征拆等制约难题，提高干部攻坚克难能力。推进责任落实、作风转变。调整完善岗位目标责任制，层层压实目标责任，强化督查问责，开展专项督查25次，对人为因素影响工作的进行严肃问责。推进廉洁从政，干净干事。实施《长春新区干事创新容错免责和治庸治懒严肃问责暂行办法》。落实"容错纠错"机制，宽容干部在工作中特别是改革创新中的失误。建立巡查制度，形成常态化监督机制。完成乡党委、村级组织换届选举工作；多渠道发展壮大村集体经济，增加村级收入1060万元；壮大"蒲公英"志愿服务组织的人才队伍，被中宣部、中组部等13个部委授予"全国最佳志愿服务组织"称号。

（刘海东　杨岚菲）

## 长春经济技术开发区

**【概况】** 2016年，完成地区生产总值574.6亿元，比2015年增长7.3%；规模以上工业产值830.8亿元，增长7%；固定资产投资610.7亿元，增长15%；一般预算全口径财政收入72.6亿元，增长10.2%；实际利用外资21.1亿美元，增长12.7%；实际利用内资160亿元，增长15%。

**【招商引资】** 2016年各类招商活动200余次，签约亿元以上项目40个，包括浪潮、二氢槲皮素、马瑞利、法雷奥等一批在全市有较大影响力的项目。其中，23个项目开工或投产运营。同时，超前部署项目"三早"行动，掀起"冬春招商大会战"，一次性签约30个项目，投资总额328亿元，为2017年招商和项目落位奠定基础。

**【项目建设】** 2016年，新建、续建重点项目161个（其中工业项目83个）。浪潮、合心机械、锐意美等新开工项目实现当年投产运营；法雷奥、马瑞利、顺丰、中粮等项目即将竣工投产；卫星路中央公园、世纪广场万豪综合体、南湖大路总部基地等商住项目有序推进。

**【服务企业】** 以行动服务企业。对区内规模以上企业挨家挨户进行走访，面对面倾听企业负责人心声，为企业排忧解难，坚定企业在经开区发展的信心。光机所注册发展2个项目在"十三五"期间产值40亿元。全年新增"四上"企业88户；工商注册新增企业2457户，个体4251户，超过20%。以政策服务企业。制定出台《促进经济发展若干意见》等政策；制定围绕汽车及零部件企业的优惠政策；拿出近1.5亿元，依法依规对以往在招商过程中承诺企业的政策予以兑现，剩余部分将根据企业履约情况按时足额兑付，激励企业扎根经开加快发展。以制度服务企业。完成审批项目梳理、政务大厅改造升级及人员招聘培训；严查项目服务中的"不作为"问题。以创新举措服务企业。围绕企业发展研究新举措，采取新办法，促进企业快落地、早达产，有序推进企业走访制度，项目调度制度、项目审批容缺制度等。

**【长春兴隆综合保税区建设】** 创新体制机制。突出招商引资和项目服务，对部分机构进行整合调整，调动各方力量向综保区倾斜，相关分管主任及各招商、服务部门全部常驻综保区办公。借助外力发展，支持国际陆港公司作为"长满欧"运营主体，以资金补助等方式推动顺丰做大货运包机业务，发挥口岸平台功能，提升经济外向度。各项业务快速增长。全年实现报关单9000票，货值6.5亿美元，是2015年的2.4倍，增速居全国内陆综保区前列；跨境电商3000万票、货值1亿美元，票数和货值分别是2015年的3倍和2倍；顺丰包机运行135架次，是2015年的4倍；"长满欧"国际货运班列1300标箱，货值6000万欧元，分别是2015年的2.7倍和1.4倍。三平台及项目建设。综保区铁路集装箱场站作为临时口岸对外开放，成为全省内陆地区唯一的国家一类铁路口岸；进口肉类指定查验场通过国家正式验收，成为省唯一的进口肉类指定查验场；国际快件海关监管中心已具备运营使用条件；进出口商品展览展示中心投入使用；机场大路市区至综保区段贯通，使经开南北区实现具有历史意义的一体化连接。

**【城市建设管理】** 组织实施全市重点工程。完成第一批旧城改造任务。集中拆除近3万平方米，完成交通大会战各项任务。增强配套能力。兴隆丽景C区、安龙、金色家园、南区二期等回迁楼建设有序推进，与安置回迁居民977户，盘活房源1965套，消化60%的库存；26项精品街路绿化工程全部完成。加强土地保障能力。全年取得土地批复117公顷；实施征地83公顷，征收民宅284户、工企12户，保障市区26个重大项目建设的需要。清理征而未用的土地1.5平方公里，其中可出让土地超过50公顷，出让收入10亿元。

**【资金保障】** 财政收入稳步增长。全年完成实现区级可支配资金98亿元，其中地方级留用收入14.8亿元，比2016年增长38.3%；实现上级补助收入15.3亿元。全年出让土地66公顷，实现合同价款27.1亿元。金融机构债务余额由2015年的114亿元降至94亿元。

**【社会管理与民生】** 改善民生保障。全年投入7亿元用于民生领域，完成就业创业、社会救助等42件民生实事。补齐民生短板、补足民生欠账，制定未来3年幸福经开计划，确定8大类182项民生实事。社区用房建设。全区千米社区用房达67%，建设58个服务群众三级监控平台，38个百姓说事点和社区警务室。社会管理创新。经开区街道和社区管理区域过大、人口过多调整2个街道办事处行政区划，新增2个街道办事处和部分社区。教育方面向社会公开招聘47名高学历、高素质优秀教师；增加教育用地14.4万平方米，筹建5所学校。信访形势好转。全区39件重点信访案件办结29件，办结率达74%，小河沿子失地农民养老保险、隆东七社水污染、长辽铁路征地、万盛东城小区产权办理、东皇星海湾历史遗留、回迁房源户型不匹配等积淀多年的信访难题得到解决。金源大市场火灾引发的信访问题得到处理。

**【廉政建设】** 基层党建取得进展。完成兴隆山镇党委、人大、政府及全区村级"两委"、村务监督委员会换届工作，23名社区"第一书记"全部选派到位；深化"幸福社区"党建品牌，打造出新开河、珠海、兴新等一批在全市有重要影响力的党建精品示范社区，非公企业和社会组织党组织覆盖率100%。政务保障能力增强。政务督查督办事项955件，确保管委会各项决策部署得到落实。加强党风廉政建设。落实"两个责任"，全年查处违反中央八项规定、"四风"及损害群众利益问题16件，党政纪处分16人；坚持公开透明原则，在教师招聘、科级竞岗、"一站式"窗口人员招聘过程中，严格程序，实现公开公正。强化制度建设，征拆工作建立"一公示三公开"制度、招投标工作采用隔离评标等方式，保障重点领域、关键环节的规范化、全透明；全年完成审计项目105个，发现问题145个，提出建议133条。

（林　通）

## 长春净月国家高新技术产业开发区

【概况】 净月高新区位于长春市东南部，是长春市的生态核心区、中央休闲区和高端产业聚集区。净月区成立于1995年8月，是以生态立区的旅游经济区，经过2006年全国开发区调整后，成为省级经济开发区，2012年8月，成功晋级为国家高新技术产业开发区，实现整体发展跨越式升级。净月高新区面积478.7平方公里，总人口40万，区域林水面积243平方公里，拥有3个国家AAAAA级风景区、3个整建制镇和2个街道办事处。自晋升为国家高新区以来，净月区获得长足发展，被评为国家服务业综合改革试点区、国家电子商务示范基地、国家现代服务业数字媒体产业化基地、国家信息消费试点区、国家级文化和科技融合示范基地、中国长春人力资源服务产业园。

【经济运行】 2016年，全区营业总收入实现2110亿元，比2015年增长8.2%；地区生产总值完成752.9亿元，增长8%；全口径财政收入完成115.8亿元，增长5.3%；固定资产投资完成520亿元，增长20%；全区实现服务业增加值533亿元，增长9.4%，主要经济指标增幅高于全市平均水平。在市委、市政府年度工作绩效考评中，净月区列开发区组首位，取得"四连冠"的历史佳绩；在新升级的57家国家高新区中，净月区知识创造和技术创新能力指标列第一名。

【项目建设】 全年开工新建、续建项目138个，实现投资413亿元，其中，亿元以上项目占比由2015年的81%提高到92%，10亿元以上项目超过开工总数的1/3，项目平均投资强度达到每平米1.1万元。伟峰东第、吉视传媒、环球贸易中心等六大总部项目全面建成投入使用；五洲国际、明宇金融广场、新天地步行街、迪卡侬吉林总部等十余个高端商贸项目如期竣工运营；复华文化产业园、中国电信东北呼叫中心、台湾富德林等30多个重点项目开工建设，生态大街的现代城市天际线向南推进3公里。强化土地运营，一次性单独核减406公顷基本农田指标，加快供地13宗，保障21个重点基础设施项目有序推进。征地拆迁，全年完成征收房屋及地上物总面积89万平方米，实现净地项目114个。拆除违法建筑物、构筑物2.5万平方米。推动13个现代服务业地块在全市首批享受土地修正系数的优惠政策，为优化产业格局、打造产业集群奠定基础。

【招商引资】 组织和参加各类主题招商活动52次，洽谈大族激光、楚天激光、中国银联、台湾元富等企业或机构152家，接待瑞典宜家、中基集团、新城控股等各类考察团体193批次，全年签约项目65个，签约总金额731亿元，实现签约项目"数量最多、层次最高、体量最大"的历史性突破，储备优质项目百余个，总投资过千亿元，为"十三五"期间的项目建设积蓄能量。金融服务业快速聚集，信息服务业强势跟进，文化创意产业亮点频出，净月高新区正在成为名商大企聚焦关注、新兴产业争相落位的热点区域。

【科技创新】 2016年，新入区科技类企业446户，比2015年增长57%，高于全国新注册企业28.6%的平均水平。纳入科技部火炬统计的高新技术企业784家。全区孵化面积由2015年的3万平方米增加到20万平方米，打造省青年创业园、创业服务中心、DEK众创空间等8个国家级孵化器和众创空间，占全省总数的1/4。新认定诺睿德电商大厦、泰壮"互联网+"产业大厦等6个区级科技孵化载体。组织建立人才服务联盟30余家，储备高端人才项目1000余项，举办大数据产业发展长春国际论坛，形成人才集聚、科技创新、产业升级同频共振的新格局。

【城市建设】 完成吉视传媒、新天地步行街、金融大厦等23个项目电力配套工程，推进净阳、彩宇2个变电站建设，全区市政道路总里程238公里，全区市政路网"主动脉"整体顺畅，西部新区"微循环"全部打通。道路交通整治大会战，对全区79条主次街路实行静态停车包保管理，开展7项专项整治行动，在全市交通秩序整治评比中被评为先进单位。取缔污水直排点6处，淘汰燃煤锅炉23台，实施9大绿化工程，新增公共绿地32万平方米。坚持城市生态和景区生态两手抓，完成造林190公顷，全区森林覆盖率提前4年完成"十三五"期间的任务，森林病虫害防治率实现100%。举办第十五届瓦萨国际越野滑雪节、第十五届农博会，净月潭景区获评国家"年度最受欢迎景区"，伪满皇宫博物院摘取"全国博物馆十大陈列展览"优胜奖，净月区的城市文化底蕴和品牌影响力全面提升。

【民生工作】 启动"十三五"全国教育改革实验区建设，组建净月教育集团，构建政府"管"、专家团队"办"、社会第三方"评"的全新机制。完成3个卫生院装修改造工程，率先在全国开展耳聋基因和唐氏综合症筛查，公共卫生服务能力大幅提升。完成4座小型水库的除险加固，开展尚家河综合治理，完成净月潭水库上游二期改造，农村饮水安全工程全面竣工。启动"美丽乡村"样板工程，"天怡"温泉获批国家AAAA级景区。建立贫困劳动力就业台账，开发就业岗位1.5万个，成立镇街社会救助中心，推行农村低保补差式救助，人均城乡低保标准提高40%。开展57次安全隐患大排查，查找各类安全隐患4713项，实现全区安全网格化动态管理全覆盖。

【党建工作】 通过签订党建目标责任书、推行跟踪问效等办法，逐级落实党建责任，确保从严治党的要求落实到"五位一体"建设的全过程。完成镇村两级换届，成立非公企业和社会组织党委，组建区、镇、村三级联动“派出党支部”56个，高标准建设1570平米党群活动服务中心，“五微净月”党建工作法得到中组部的高度肯定。查找理想信念、服务意识、改革发展以及群众利益等4大类12576个问题。开展首届农民运动会、桑榆学院文艺汇演、远程电子平台教育、“两学一做”知识竞赛等丰富多彩的群众文化活动，弘扬社会主义核心价值观。“印象净月”品牌成功走出吉林，受到社会各界广泛关注。成立反腐败协调小组，建立线索报送工作群，构筑全方位的监督体系，执行工程招投标、政府采购、项目资金审核等制度，全年处理各类违纪案件44件，实行党纪政纪处分6人。

（贺国峰）

## 长春汽车经济技术开发区

【概况】 长春汽车经济技术开发区（以下简称汽开区）是经国务院批准的国家级经济技术开发区，主要承担加快长春汽车产业发展、建设长春西南新城区、承接一汽社会管理职能3项任务。汽开区行政管辖面积110平方公里，建成区面积63平方公里，管辖2个街道办事处，9个半行政村。

【经济指标】 2016年，汽开区地区生产总值完成570亿元，比2015年增长7.5%；固定资产投资完成632亿元，增长17%；工业总产值完成4078亿元，增长9.5%；一般预算全口径财政收入完成110亿元，区本级留用收入15.01亿元，增长8.99%；实际利用内资完成164.8亿元，增长15%；实际利用外资完成8.59亿美元，增长12.3%。

【产业优势】 汽开区是长春市汽车产业的核心区域，一汽集团总部，一汽解放、一汽大众、一汽丰越等一汽集团的全资和控股整车制造企业坐落在区内。区内已经形成“中、重、轿”3大系列多个车型的产品格局，形成年产120万辆轿车、20万辆卡车的生产能力。开发区内有汽车零部件企业350余户，有麦格纳、纳铁福、富奥电装、一汽大众发动机、变速箱、一汽四环股份、杰克赛尔空调、一汽铸造、一汽锻造、一汽模具中心等一批在国际国内有影响的汽车零部件企业，形成大规模的配套体系和在国内具有竞争优势的零部件制造企业集群。一汽技术中心、中国机械工业第九设计院、长春汽车工业高等专科学校等构成国内汽车研发教育机构最密集地区。全国最大的汽车零部件交易集散地、东北地区最大的汽车、二手车交易市场等。

【招商引资】 组织赴日韩、长三角、珠三角等地零部件企业定向招商活动。全年引进骆驼电池、博世汽车电子、富奥万安制动控制系统等22个重点工业项目，总投资达120亿元，实现产值150亿元。引进万科地铁、华展体育中心等商业项目10个。跟踪储备工业项目110个，商业项目15个。

【项目建设】 2016年，完成征地62公顷，供地140公顷，房屋征收61万平方米。年内开工项目66个，其中，工业项目54个，商业12个。一汽大众Q工厂、一汽乘用车研究所等项目进展顺利，一汽东机工、富奥翰昂空调系统、济业锥齿、意力达汽车零部件等项目全面开工建设。

【基础设施】 2016年，开工63项，完工41项。完成一汽大众Q工厂供电供水配套设施建设，一铸二次变电线路(66千伏线路)建设。建设前程路、万达周边等10条道路，启动万达广场建设工程和轴齿、丰越周边环境工程。完成道路6.4公里，给水管线18.47公里，排水管线9.1公里，电力电缆及线路11.8公里。

【城市建设】 完成117条道路交通标线和36397个停车泊位施划工作。启动旧城改造工程，完成7条街路市政改造，实施道路罩面5万平方米，边石更换1.5万米。开展垃圾清运、冬季清雪、占道经营、露天烧烤等综合整治工作。绿化、彩化街路10条，种植乔木1万多株，新增绿地面积27万平方米。西湖公园完成前期招标工作。

【服务一汽】 建立政企沟通协调机制及协调解决一汽大众Q工厂等项目建设中问题。实施一汽大项目包保制度，定期走访一汽企业，为企业提供要素服务。继续配合市里做好“四供”接收工作。

【社会事业】 开发就业岗位6507个，城镇新增就业4815人，城镇失业人员再就业1191人，农村劳动力转移就业1160人，引导扶持实现创业674人。新增城镇企业职工基本养老保险685人，城乡居民养老保险1619人，被征地农民养老保险1657人。机关和事业单位养老保险参保率100%，城乡居民基本养老保险数据质量达标率100%。为城乡低保户发放低保金1849万元。为困难群众提供救助金300余万元。拥军优属、老龄、残疾人、孤儿救助等发放补助金480余万元。完成26万平方米暖房子和5个老旧散小区的改造任务。新建东风、西湖两所学校，对部分中小学校舍进行集中维修。为16个社区和9个村委会文化大院配备文艺体育器材，在13个社区成立体育社团。开展“我读书，我快乐”中小学生读书活动。

【社会治理】 开展普法宣传活动，加强人民调解队伍建设，聘任人民调解员58人。建立17个社区法律服务站，实现社区法律服务站全覆盖。开展自查自纠和衔接帮扶工作。通过区街两级培训戒毒(康复)人员100余名。完成社区社工站标准化建设，开通社区微信公众平台。开展文明祭祀、文明旅游、文明餐桌等系列活动，开展美德青少年评比“长春好人”评选等活动。开展安全生产专项整治行动。

（陈晓杰）

## 长春莲花山生态旅游度假区

【概况】 长春莲花山生态旅游度假区

（下称“度假区”）2010年9月经省委、省政府批准成立，是长春市政府直管的五大开发区之一，享有省级开发区优惠政策，是国家长吉图规划、吉林省长吉一体化战略的重要节点和功能区，承载着衔接和支撑长吉一体化城市拓展、加快产业转型升级、实现城乡双向一体化的重任。

【经济指标】 2016年，地区生产总值实现2.66亿元，比2015年增长6.7%；固定资产投资完成11亿元，增长19%；一般预算全口径财政收入实现1.86亿元，本级财政收入实行10029万元；全年实际利用外资1443万美元，全年实际利用内资18.4亿元人民币。

【基础设施建设】 完成劝农大街、东吉林大路、泉眼大街、雾开河大街、东自由大路等200多公里主干路网、300多公里乡村道路慢行系统建设改造，道路绿化、美化、亮化工作，水、电、气、热、污水处理等市政配套管网建设等工作基本完成。珲乌高速公路莲花山收费站正式开通，为度假区融入长吉大都圈、加快推进长吉一体化进程开辟新通道。

【新型城镇化建设】 度假区提出“做好集体建设用地开发利用一篇文章，解决宅基地换房、土地流转、农民就业3个问题，实现全域新型城镇化一个目标”的工作思路，被确定为吉林省城镇化建设试点莲花山模式。建成莲花印象、莲花雅居2个农民安置小区，完成回迁工作。对泉眼镇、劝农山镇两个老镇区进行棚户区改造，启动建设莲花泉眼小区。度假区进行集体土地确权登记，启动土地流转试点工作，对农村存量集体建设用地进行排查统计，正在研究开发利用方案，以解新型城镇化建设资金来源和休闲度假项目建设用地问题。

【生态文明建设】 全年植树造林、退耕还林230公顷；规划4.6平方公里的莲花湖国家湿地公园；推进总投资5亿元的雾开河、东风河、赵家岗子沟治理工程。开展创建“森林小镇”和“绿美示范村屯”活动，完成绿化美化村屯10个，完成绿美示范村屯106个。度假区成立以来，完成植树造林、退耕还林8平方公里，退耕还水、还湿地4.5平方公里。推进林地清收还林工作，完成停耕还林313公顷，栽植苗木230万株。对休闲度假项目落位和产业发展，实行最为严格的环境影响评价制度，采用新技术、新能源，满足生态标准和环保要求，形成“宜欣赏、宜游览、宜生活”的发展体系。

【招商项目建设】 度假区坚持以“休闲度假”为主，探索高端产业发展的新思路，按照总体规划中确定的产业发展方向，围绕低碳商贸娱乐、商务会议、田园度假、生态休闲、慢行游憩5大类产业，包装一批精品项目实施招商，力争使更多投资大、效益高、带动力强的大项目、好项目落户莲花山。度假区引进南京金鹰集团大型商业综合体项目、香港世茂集团国际中央休闲区项目、长春亚泰集团国际生态旅游度假区项目、吉林华正集团莲花溪谷生态休闲项目、省建设集团现代农业文化产业园项目。以上项目总投资260多亿元，完成投资21亿元，基本完成征地拆迁工作，有的进入摘地阶段。

【现代农业建设】 度假区坚持以“有机生态”为主，有针对性传统农业转型升级，重点以观光农业、设施农业、采摘农业、订单农业为主的现代农业产业来改造传统农业，把一产变成三产，用经济作物、花卉苗木、水果蔬菜、绿色食品等高效益农产品代替玉米种植。推动土地流转，农民土地进入合作社，合作社入股度假区农业发展公司，引入现代农业企业进行集约经营，在不改变土地性质前提下，发展现代农业产业，实现土地效益最大化。吉林省建设集团投资的现代农业文化产业园项目，投资5亿元实施有机蔬菜种植。

【社会事业建设】 度假区制定实施《2016年建设幸福莲花山行动计划》，实施城乡居民基本养老、全民就业创业、大救助体系建设、特色文化惠民等20项民生工程，提高莲花山群众的幸福感、满意度。全区新增就业2652人，农村劳务输出589人次，失地农民养老保险、新型农村养老保险实现应保尽保，教育、科技、体育等事业蓬勃发展，越来越多的人从中受益。按照“变上访为下访、变来访为回访”的要求，组织开展信访、市长公开电话、局长接待日等工作，为老百姓解决实际困难。

（李　勇）

# 人物

## 2016年度全国“三八”红旗手标兵

**吴亚琴** 1960年7月生,汉族,大专学历,中共党员。吉林省长春市宽城区团山街道长山花园社区党委书记、主任,妇联主席。她立足岗位敬业奉献,为社区群众谋幸福,联系帮助安置居民就业539人,扶持100多人成功自主创业;建立“十分钟助老服务圈”,解决社区老人居家养老难问题;成立“蒲公英少年之家”课后公益课堂,解决居民后顾之忧;带领党员群众改善社区环境,解决老旧散小区物业管理难题。她在社区健全完善“四步议事工作法”,通过民主议事协商,开展社区民主自治,形成“社区党组织领导、社区居委会主办、居民广泛参与”的民主协商治理机制;探索出“民事调解十二法”和“五代六心工作法”,打造“零犯罪、零家暴、零吸毒、零辍学、零失业家庭、零矛盾升级、零非正常上访”社区。吴亚琴曾获全国三八红旗手、全国五一劳动奖章、全国优秀共产党员、全国先进工作者、“中国小巷总理之星”吉林省特等劳动模范等荣誉。

## 2016年度全国“三八”红旗手

**于惠舫** 49岁,高级经济师,高级政工师,高级职业经理人,中共党员。长春欧亚集团商业连锁经营有限公司总经理。她始终以振兴民族商企为己任,提出“星级管理”激励机制,打造“三百规划”(门店数量达百店、经营面积超百万、销售额超百亿),迅速扩大企业规模。连续开建超市门店及大型购物中心、城市综合体。开创“实体店+网店”模式,推动商业零售业全新转型,使欧亚车百成为全国最大社区店。她让企业放宽招工条件,将员工就业年龄扩展至40岁。搞“4050工程”让社会众多的下岗职工再就业。

**武泽云** 吉林省女子监狱党委书记、监狱长。武泽云从警30余年,2011年任吉林女监监狱长以来,用短短4年时间把吉林女监建设成为全国一流女子监狱。她以实干创一流业绩,以创新开拓工作模式,搭建教育改造社会化“六大平台”,提高教育改造质量和罪犯回归社会后谋生能力,罪犯出监半年就业率由原来的40%提高到70%。在她的带领下,监狱晋升到全国一流女子监狱行列,在狱内建立“心理咨询师培训基地”和“服刑人员心理援助基地”。成立一支由35名民警组成的心理志愿者队伍,重塑罪犯健康人格。罪犯的教育转化率始终保持在90%以上,刑满释放后重新犯罪率下降到0.35%。

**白　莉** 1964年3月生,汉族,博士研究生,中共党员,吉林建筑大学市政与环境工程学院院长。1984年,白莉从吉林建筑工程学院毕业留校任教。她是学校环境科学与工程学科带头人,吉林省科技创新团队负责人及教育部重点实验室主任。正在主持国家“十二五”科技支撑计划项目、国家水体污染与治理重大科技专项课题、国家自然科学基金项目等4项国家级重大科研项目的研究工作。近5年主持完成了3项国家级和2项省部级重点项目研究工作。白莉作为第一作者发表论文30余篇,其中SCI检索1篇,EI检索20篇。获国家发明专利2项,实用新型专利4项。出版学术著作1部,编写高等学校统编教材3部。2014年9月,她成为吉林省首批“长白山学者”特聘教授。曾获国家技术发明二等奖、吉林省科学技术一等奖、吉林省自然科学学术成果一等奖等奖项。2016年被全国妇联授予全国三八红旗手。

**卜　睿** 1986年10月生,汉族,大学本科,中共党员,吉林省昌睿食品有限公司总经理。创业近7年时间里,她将最初只有30平方米的小作坊,发展到占地面积4000平方米的食品公司,从单一低端的产品,发展到有20余种产品。注册“卜家”品牌,解决农村剩余劳动力100余人,工人每人平均年收入4万元。2014年,卜睿带领乡亲发展生态养殖业。用土著微生物发酵床与散养相结合的方式饲养黑猪,用自创的高光效立体种养殖模式饲养土鸡。2015年4月,在长春市妇联的帮助下,她成立“长春市女大学生返乡创业联盟”。2016年,她与村集体签订村企共建合作协议，要把落后的贫困村打造成为中国“黑猪养殖第一村”，兴办“年猪文化节”。卜睿曾获吉林省三八红旗手等荣誉。

## 2016年全国“五一”劳动奖章获得者

**刘　刚**　一汽轿车股份有限公司二工厂焊装车间维修工段长
**郭福生**　长春公交集团北达汽车公司驾驶员
**谷万丰**　吉林省惠德建工集团有限公司副经理
**韩喜平**　吉林大学马克思主义学院院长
**华树成**　吉林大学第一医院院长
**贾　平**　中国科学院长春光学精密机械与物理研究所所长
**王力波**　吉视传媒股份有限公司党委副书记、副总经理

## 2016年吉林省享受国务院特殊津贴人员

（按照姓氏笔画排序）

专业技术人员

**丁晓燕**　吉林省社会科学院研究员
**于　侠**　吉林电视台新闻高级编辑
**于志晶**　吉林工程技术师范学院编审
**王玉玮**　吉林日报社新闻高级编辑
**王振铎**　吉林省水利科学研究院研究员
**乔　静**　吉林省体育局冬季运动管理中心国家级教练
**刘景圣**　吉林农业大学教授
**闫秋波**　吉林省交通科学研究所研究员
**杜　锐**　吉林农业大学教授
**李　青**　吉林省卫生监测检验中心卫生主任技师
**李北伟**　伟智博创教授
**李海燕**　吉林农业大学教授
**杨　明**　吉林体育学院教授
**冷向阳**　长春中医药大学主任医师
**宋尚龙**　吉林亚泰（集团）股份有限公司研究员
**张　越**　吉林省肿瘤医院主任医师
**张　群**　吉视传媒股份有限公司正高级工程师
**张四季**　吉林东北亚出版传媒集团有限公司编审
**张晓晖**　长春金融高等专科学校教授
**陈　杰**　吉林省第二实验学校特级教师
**林琨智**　吉林工业职业技术学院教授
**郑立国**　吉林动画学院研究员
**项　颗**　吉林省中医药科学院主任医师
**侯立刚**　吉林省农业科学院研究员
**贺　电**　吉林警察学院教授
**敖玉辉**　长春工业大学教授
**郭春方**　吉林艺术学院教授
**董相廷**　长春理工大学教授
**蒋立文**　长春师范大学教授
**谢佳贵**　吉林省农业科学院研究员
**窦立军**　长春工程学院教授
**褚腊林**　大成生化科技集团有限公司正高级工程师

高技能人才

**刘　洋**　长春工业技术学校高级技师
**郭福生**　长春公共交通有限公司北达汽车公司技师

## “感动中国”2016年度人物

**李万君**　中车长客股份公司高级技师。2016年被中组部授予“全国优秀共产党员”荣誉称号。作为中国第一代高铁工人的杰出代表，工作30年，李万君凭借自己精湛的技艺成为公司转向架制造中心的焊接大师、首席操作师，获得中华技能大奖，被称为“工人院士”。但他更看重“师傅”这个名称，经他培训的400多名学员，全部考取了国际焊工资格证书，为打造一批“大国工匠”储备了新生力量，其中10多人成为吉林省首席技师。2016年7月15日，中车长客股份公司试制生产的两列中国标准动车组，以420公里时速成功进行会车实验。列车以相对时速840公里的速度擦肩而过，这还是世界第一次。他参与填补了高速车、铁路客车、城铁车转向架焊接规范及操作方法的几十种国内空白，进行技术攻关100余项，其中21项获得国家专利。2011年，他主持的公司焊工首席操作师工作室，被国家劳动部授予“李万君大师工作室”称号，5年来组织培训近160场，为公司培训焊工1万多人次，考取各种国际、国内焊工资质证书2000多项，满足了高速动车组、城铁车、出口车等20多种车型的生产需要。

## 全国技术能手

**刘振利**　是“长春工匠”东北工业集团奥威公司机加分厂加工中心的操作工，负责30多台设备的编程、调整工作。作为企业技能带头人，他承担着攻坚克难、技术创新的重任，多年来完成《汽车电磁阀关键部件——阀座体的研发项目》《某型导弹控制系统——支座及阀体件加工项目》等重大攻关项目20余项，为企业节约资金上千万元。他曾获得“全国五一劳动奖章”和“中央企业技术能手”“吉林省首席技师”“中国兵器工业集团技术能手”“吉林省岗位创新能手”“长春市‘长白慧谷’人才计划高技能人才”“长春市技术能手”“长春市‘金牌工人’“长春工匠”等荣誉称号，并享受长春市政府特殊津贴。这次荣获的“全国技术能手”称号，是中国高技能人才的最高政府奖项。

## 2016年"时代楷模"

**黄大年** 他生前是享誉世界的地球物理学家。中央宣传部26日向全社会公开宣传发布"践行社会主义核心价值观的优秀知识分子"黄大年的先进事迹,追授他"时代楷模"的荣誉称号。2009年,他放弃国外优越条件返回祖国,担任母校吉林大学地球探测科学与技术学院全职教授、博士生导师,是东北地区首位引进的"千人计划"专家。7年多来,他带领科研团队取得一系列重大科技成果,填补多项国内技术空白,部分成果达到国际领先水平,为深地资源探测和国防安全建设作出了突出贡献。今年1月,黄大年因病逝世,年仅58岁。5月25日,习近平总书记对黄大年先进事迹作出重要指示指出,"黄大年同志秉持科技报国理想,把为祖国富强、民族振兴、人民幸福贡献力量作为毕生追求,为我国教育科研事业作出了突出贡献"。

## 2016年度吉林省"三八"红旗手

**长春市**

**康　宏** 朝阳区妇女联合会主席

**孙绍杰** 南关区环境卫生管理处长通大队队长

**张　卓** 长春市宽城区站前街道白菊路社区书记

**傅明珍** 长春二道东盛助残志愿者协会会长

**孙丽荣** 长春市绿园区同心街道一汽金色欧城社区书记兼主任

**王海艳** 榆树市妇女联合会主席

**张柏利** 农安县人民法院监察室主任

**王振曦** 德惠市大青咀镇二青咀村农民

**于芳芳** 长春市九台区爱达养老院院长

**孙玉芹** 长春市双阳区山河街道东升村副主任兼妇代会主任

**袁　星** 东北师范大学环境学院教师

**林洁琼** 长春工业大学研究生院院长

**周立红** 南关区鸿城司法所所长

**刚艳苗** 长春广播电视台第一频率(交通之声)执行总监

**王文秀** 长春公交集团北达汽车公司北湖专线驾驶员

**李　衍** 国网吉林省电力有限公司长春市城郊供电分公司计量班技术员

**付　丽** 中车长春轨道客车股份有限公司

**孟宪文** 一汽解放汽车有限公司变速箱分公司产品部基础开发组组长

**李冬艳** 长春人民印业有限公司总经理

**程　红** 空军航空大学航空航天情报系主任

**省　直**

**温小莹** 吉林省公安厅主任科员

**邵　伟** 吉林省国际人才交流服务中心主任、研究员

**王　丽** 吉林省水利厅调研员

**谢晓涛** 吉林中澳投资集团有限公司总经理

**崔　哲** 吉林省直机关第一幼儿园园长

**李东琦** 吉林省瑞特环境科技股份有限公司董事长

**刘金红** 吉林省电视台数字中心主任

**省军区**

**胡译舒元** 吉林省军区通信站有线电连副连职排长

**社会推荐**

**刘启芳** "吉青·吉心工程"志愿者团队负责人

**沙　莉** 吉林省新华书店集团外文图书发行有限责任公司总经理

**张　言** 吉林省财政厅党政群团处处长

## 2016年吉林省"五一"劳动奖章获得者

**王晓英(女)** 长春市轨道交通集团有限公司驾驶员

**张丽娟(女)** 吉林九台农村商业银行新嘉支行行长

**邓　海** 中车长春轨道客车股份有限公司高级工程师

**高小山** 吉林省新华书店长春市有限责任公司长春古籍书店店长

**刘宏宇** 长春市公安局交警支队二道区大队二中队中队长

**章大明** 净月高新区小合台工业园区工会联合会主席

**吴合佳** 吉林省西点药业科技发展股份有限公司合成一车间主任

**傅多强** 吉林日报社政法部主任

**刘桂琴(女)** 吉林省司法厅法律援助中心主任

**高岩松** 大唐东北电力试验研究所有限公司高级工程师

**董春艳(女)** 沈阳铁路局长春站售票主任

**刘艳璟(女)** 长春市绿园区普阳社区卫生服务中心主任

**李　岩(女)** 长春市二道区东站街道办事处党工委副书记

**肖　波(女)** 长春市长江路科技城工会联合会主席

**石贵军** 长春市中医院科主任、副主任医师

**房学东** 吉林大学中日联谊医院副院长、主任医师

**康　威(女)** 榆树市弓棚镇五龙中心小学教师、小教高级

**姜　建** 德惠市卫生监督所所长、主管药师

**于占宝** 吉林工业职业技术学院教师

**何南芙(女)** 吉林省卫计委省直干部保健室主任、主任医师

**韩春霞(女)** 吉林省中医中药科学院针灸按摩研究所所长主任医师

**卢华芬(女)** 长春市地方税务局副处长

**冉　明(女)** 长春市民政局基层政权和社区建设处处长

**杜占武** 长春市公安局交警支队支队长

**包瑞瑶** 吉林省长吉图办机关党委专职副书记

**何思平** 吉林省人力资源和社会保障厅办公室副主任

**王志宏** 长春一汽四环天利机械制造有限公司董事长

**王　爽** 长春水务集团总经理

于海军 中国吉林森林工业集团有限责任公司党委书记董事长

## 2016年长春市“五一”劳动奖章获得者(132名)

(按姓氏笔画排序)

丁贵军 中共长春市纪律检查委员会办公厅主任科员
于占池 国药一心制药有限公司四车间公用系统班长
于增生 吉林省红事会餐饮有限公司董事长
马东生 四川一汽丰田汽车有限公司长春丰越公司制造部焊装科工段长
王 延 长春猛固门业有限公司总经理
王 革 长春市动植物公园党总支书记、园长
王 淇(女) 吉林省喜月母婴护理服务有限公司董事长
王 可 康迪泰克大洋管件(长春)有限公司综合部部长
王 烁 长春红星美凯龙世博家居生活广场有限公司安全部消防班长
王乃庚 长春市森林公安局局长
王义全 吉林省房房网络科技有限公司 销售经理
王占功 吉林省宇光营城矿业有限公司 采掘二队副队长
王志宏 长春一汽四环天利机械制造有限公司董事长
王炳胜 国能德惠生物发电有限公司总经理
王洪伟 德惠市第七中学教导主任
王浩强 长春建筑学院学生工作处处长
王颜波 长春市经济技术开发区兴隆山镇工会联合会职业化主席
亓晓鹏 长春市中级人民法院 行政庭主任科员
孔庆贺 榆树市旺角广告传媒有限公司工程部主任
叶 馨(女) 长春市公安局绿园区分局法制大队副大队长
田春雨(女) 农安县民政局婚姻登记处主任
史育松 长春市轻工建筑工程有限责任公司董事长
付秀丽(女) 长春公共交通集团有限责任公司巴士公司驾驶员
丛利君 吉林省保安装备调拨中心有限公司营销部主任
冯世发 长春轨道客车装备有限责任公司客车装配厂车辆电工
司良政 吉林省泓政建工集团有限公司董事长
朴永革 吉林烟草工业有限责任公司长春卷烟厂 技术中心副主任
朱 颖(女) 长春市口腔医院工会主席
仲跻岷 长春富晟特必克汽车零部件有限公司总经理
刘 颖(女) 长春市南关区明珠街道办事处 明珠社区书记
刘立波 农安县实验中学副校长
刘连海 长春广播电视台电视新闻部记者
刘致恭 长春旭阳工业(集团)股份有限公司农业装备制造分公司车间工段长
刘恩泽 吉林天药本草堂制药有限公司工程师
闫 研 长春市公安局刑事警察支队五大队三中队中队长
孙志朋 恩坦华汽车零部件(长春)有限公司工段长
孙宝云 可口可乐(吉林)饮料有限公司销售执行总监
杜运升 农安县康发生猪交易市场有限公司技术管理员
李 波 中化地质矿山总局吉林地质勘查院院长
李 辉 长春市直机关事务管理局办公室主任
李长胜 长春水务(集团)有限责任公司生产调度部管网运行副部长
李龙利 长春市人力资源和社会保障局 就业与市场管理处处长
李冬艳(女) 长春人民印业有限公司总经理
李成汉 大汉手工工作室负责人
李拥军 吉林大学法学院教授
李国华 长春公共交通集团有限责任公司西昌汽车公司驾驶员
李晓波 德惠市公安局交通管理大队大队长
李铁军 长影集团有限责任公司人力资源部部长
李然伟 吉林大学第二医院泌尿外科主任医师
李曙光 长春大成实业集团有限公司党委书记
杨 旭 长春市十一高中教师
杨 超 长春聚德龙铁塔集团有限公司放样车间工人
杨 雷(女) 吉视传媒股份有限公司榆树分公司业务部主任
杨一平 富奥汽车零部件股份有限公司常务副总经理
杨升伟 长春市财政局党办主任
杨玉明 国网吉林九台市供电公司电力调度控制中心班长
杨名言 长春市朝阳区总工会 经济部部长
吴铁军 长春市新鸿铭物业服务有限公司董事长
谷开慧(女) 长春理工大学光电信息学院光电科学分院院长
谷春华 长春机械科学研究院有限公司产品部部长
汪兆东 博世汽车部件(长春)有限公司设施安全高级工程师
沈 熙 长春海德世汽车拉索有限公司总经理
宋 桢(女) 长春博宇汽车部件有限公司生产车间主任
张 萍(女) 长春建工集团有限公司财务审计部经理
张 斌 长春燃气股份有限公司振威安装公司班组长
张 佳(女) 长春日报社时政新闻部记者
张 晔(女) 长春静珠妇产科医院院长
张亚军 浙江开元酒店管理有限公司长春开元名都大酒店中餐部厨师长
张庆国 德惠市人民医院外一科主任
张丽娟(女) 吉林九台农村商业银行股份有限公司新嘉支行副行长
张茂全 国网吉林德惠市供电有限公司建设部主任
张英成 长春市职业技能鉴定指导中心副主任
张国军 东北工业集团有限公司总会计师
张国军 长春电力集团有限公司安全专责
张晓辉 九台博爱医院外科主任
陈 钢 国电吉林龙华长春热电一厂继电班班长
陈 颖(女) 长春市宽城区第三实验小学校长

陈云龙　长春市俞龙餐饮管理有限公司总经理
陈东静(女)　博亿达保险销售有限公司长春营业部业务组长
陈红月(女)　长春市社保局一汽分局局长
陈佳女(女)　长春市房地产管理和住房保障局住房保障处副处长
武凤杰(女)　农安县第二幼儿园园长
林凤义　长春发展农村商业银行股份有限公司监事长
欧　硕　长春市人民政府外事办公室领事处处长
金　亮　中国移动通信集团吉林有限公司长春城区分公司总经理、党委书记
周　浩　长春市宽城区团山街道长山花园社区党委副书记
周　强　吉林省荣亿工程管道有限公司研发中心主任
郑庆谊　长春汽车经济技术开发区总工会常务副主席
郑春南(女)　中国人民银行长春中心支行国库处副处长
孟维新　吉林晶辉农业生产资料有限公司工会副主席
孟敬东　中国移动通信集团吉林有限公司农安分公司综合部主任
赵　地　榆树市供电公司环城供电所所长
赵　刚　长春市第二医院院长
赵　丽(女)　长春经济技术开发区威海小学教师
赵　琪(女)　吉林省寰旗科技股份有限公司研发中心主任
赵　鑫　长春市南关区房屋征收经办中心项目负责人
赵宏志　吉林省送变电工程公司国际分公司国外工程专责
赵鹏雨　长春市双阳区市政设施管理处处长
郝　峰　中共长春市委党校专职副书记
胡文河　吉林农业大学农学院教授
柏　旭　吉林省博创药业有限公司董事长
柏荣慧(女)　长春市仁德大药房有限公司董事长
姜　玲(女)　长春市地方税务局人事处处长
姜洪波　长春市第六医院院长
娄军波　长春电力建设公司工程管理部主任
贾会云(女)　长春同仁眼科医院院长
贾红军　长春佛吉亚排气系统有限公司技术员
徐丽秋(女)　九台市卡伦镇融盛农林科技发展有限公司总经理
徐忠方　长春市人民检察院刑事检察部主任科员
高雪峰　吉林省榆树钱酒业有限公司党委书记
郭绪家　吉林省勘查地球物理研究院工会主席
黄小秋　吉林省视力佳视光科技有限责任公司销售部部长
黄会臣　长春市公安局汽车经济技术开发区分局东风大街派出所所长
崔党辰　新星宇建设集团有限公司长春市柏巢建设有限责任公司香港城项目经理
章大明　长春净月高新技术产业开发区小合台工业园区工会联合会主席
梁云平(女)　长春邮政分公司绿园营销中心春城大街支局班组长
葛　新　长春公正实业集团有限公司仓库保管员
董国薇　长春和成动画职业培训学校教师
韩　冬(女)　长春市二道区青少年宫主任
韩　辉　吉林省中鑫路桥工程有限公司技术员
韩东宁　中车长春轨道客车股份有限公司高速动车组制造中心车辆装调工
韩占洋　长春市双阳区医院泌尿外科主任
韩利军　长春久隆实业有限公司工会干事
智海龙　榆树市刘家镇合心小学主任
嵇娇红(女)　长春欧亚集团股份有限公司商业连锁经营有限公司采购部主管
温俊杰　长春市公安局反恐怖支队副支队长
靳　可(女)　长春市政建设(集团)有限公司工会干事兼综合文员
甄春风　榆树市圣安医院内科主任
蔡鸿雁(女)　长春欧亚集团车百大楼有限公司服饰招商部主管
滕　野(女)　长春市九台区人民医院外二科护士长
潘海英(女)　吉林大学公共外语教育学院教授
白　昆　长春广播电视台资产部干事

## 第十一届“长春十大杰出青年”

(按姓氏笔画排序)

王海辉　长春市公安局朝阳分局重庆路派出所所长
乔　峰　中车长春轨道客车股份有限公司制动系统专家
张超凡　长春市书山学府教育培训学校校长
杨　弋　吉林大学第一医院副院长
杨　瑞　农安县洼中高农场中学教师
肖　晞　吉林大学国际政治系主任
陈太博　吉林省森祥科技有限公司总经理
夏　翊　长春广播电视台《问政进行时》主编、主持人
雷振春　吉林省肝胆病医院副主任医师
戴　路　长光卫星技术有限公司卫星总师

(张晓光)

## 中共长春市委员会

书　　记　王君正（1月任）
副 书 记　姜治莹（5月免）　刘长龙（9月任）
　　　　　张晶莹（12月任）　杨子明（12月免）
常　　委　赵　明　王　路　王长久　李　祥（11月任）
　　　　　刘德生（11月任）　王庭凯　张敬安（5月任）
　　　　　马延峰（12月任）　郭灵计（11月任）
　　　　　李忠斌（12月任）
秘 书 长　赵　明
副秘书长　张家祥（兼）　马延峰（9月任）　孙基利（9月任）

办公厅
　主　　任　郝肖峰
　副 主 任　王继荣（女，8月免）　林继东（8月免）
　　　　　　王文洲（9月任）　李卫国　周　鹤

组织部
　部　　长　郭灵计（12月任）　綦远方（12月免）
　副 部 长　孟宪新　张宝琦　雷　萦　时万忠

宣传部
　部　　长　王庭凯
　副 部 长　梁国超（9月免）　王　弋
　　　　　　于迅来　宋学兵（女，10月任）

统战部
　部　　长　刘德生
　副 部 长　薛文革（9月免）　曲春雨（9月任）
　　　　　　张守刚　许　红

政法委员会
　书　　记　王振华（12月免）　李　祥（12月任）
　副 书 记　孙　飞（7月免）　姜晓东　张新甦（8月任）
　市政法纪工委书记、监察室主任　岂振玲（女，7月免）

市委老干部局
　局　　长　宫立武（4月任）
　副 局 长　魏立斌　马延军

市委、市政府政策研究室
　主　　任　吕　凝（9月兼）　姜保忠（8月免）
　副 主 任　杨松望　邱志华（女）　周　毅　田　成

中共长春市委全面深化改革领导小组办公室
　主　　任　赵　明
　副 主 任　姜保忠　杨松望（1月任）　邱志华（女）
　　　　　　周　毅　田　成

市委、市政府信访局
　局　　长　张家祥
　副 局 长　李伟强　许晓东　金立东　赵　军（10月任）
　党组书记　张家祥

市档案局（馆）
　局（馆）长　王继荣（女，8月任）　梁　伟（8月免）
　副局（馆）长　赵　欣　韩　东　王海清（1月免）

市委党史研究室
　主　　任　雷　萦（兼）
　副 主 任　王立祥（10月免）　魏跃军（10月任）

市委党校（行政学院）
　常务副校（院）长　林　姗（女）
　副校（院）长　吴彦杰　田长海　邵静野　高巨云（女）

市保密局
　主　　任（局长）　刘　徽

长春日报社
　社　　长　刘　宏（8月免）　孙成军（8月任）
　总 编 辑　丁　宁（女）
　副 社 长　尚洪波（8月免）　温祝明（女）
　　　　　　王大宏（8月任）
　副总编辑　王艳春（3月免）　钱德元（9月任）
　党委书记　刘　宏（8月免）　孙成军（8月任）
　纪委书记　何　文（8月免）

长春出版社
　社　　长　郑晓辉

副 社 长　庄宝仁

长春社科联

主　　席　王庭凯　姜殿军(9月任)

副 主 席　常　新　段宝民(3月任)

党组书记

中共长春市直属机关工作委员会

书　　记　马延峰

常务副书记　张知众

副 书 记　战国立(11月免)　张佐斌(11月任)

纪工委书记　文智杰(12月免)　苗　芃(8月任)

机构编制委员会办公室

主　　任　孟凡友(9月任)

副 主 任　杨敬东

# 长春市人民代表大会常务委员会

主　　任　李树国

副 主 任　龙　华(女,2月免)　王　宁(2月免)　闻　弘　陈克信(2月免)　杜　剑　吕　凝(2月任)　王铁茗(2月任)　王明德(2月任)

秘 书 长　吴　强

副秘书长　宫国英(9月免)　赵　蕾(9月任)

办公厅

主　　任　孙　宁(9月免)　徐高峰(9月任)

副 主 任　赵笠村　徐高峰(9月免)

内务司法委员会

主任委员　隋光伟

财政经济委员会

主任委员　王大伟(2月免)　刘　君(2月任)

副主任委员　刘玉铧(女,9月免)　栾晓虹(女,10月任)

预工委

主　　任　王大伟

副 主 任　栾晓虹(女)

农村与农业委员会

主任委员　鞠国彬(2月任)

副主任委员　鞠国彬(2月免)

城乡建设环境保护委员会

主任委员　盖国庆(10月免)　于　春(9月任)

副主任委员　王筱英(女)

教育科学文化卫生委员会

主任委员　刘　君(2月免)　宫国英(2月任)

副主任委员　刘　畅(女,2月任)

民族侨务外事委员会

主任委员　李学军

副主任委员　吴　忠

人事代表选举委员会

主任委员　崔洪泉

副主任委员　吴丽娟(女,2月任)

法制委员会

主任委员　崔迎和(10月免)　乔大勇(10月任)

副主任委员　乔大勇(10月免)

法工委

主　　任　崔迎和(9月免)　乔大勇(9月任)

副 主 任　乔大勇(9月免)

研究室

主　　任　孙雁力

副 主 任　张吉氚(女)

预算工作委员会

主　　任　刘　君

副 主 任　栾晓红(女)

机关党委

书　　记　吴　强(兼)

副 书 记　关立辉

# 长春市人民政府

市　　长　刘长龙(10月任)

副 市 长　张晶莹(女)　孙亚明(11月免)　桂广礼(11月免)　李　祥(11月免)　白绪贵　王　路　张敬安(5月任)　贾晓东(8月任)　吕　锋(11月任)

秘 书 长　贺兴国(12月免)　赵　显(12月任)

副秘书长　卢福建　张忠耀(7月免)　王慧力　邹德东(8月免)　周继峰　马长山(10月任)　逄吉春(8月免)　王首先(10月任)　赵首沣(10月任)　谭景坤　李忠斌(9月任)　周　贺(9月任)

办公厅

主　　任　赵　显(12月免)　张海治(12月任)

副 主 任　张海治(12月免)　王首先(10月任)　赵首沣(10月任)　周俊峰　王　飞　杜　勇　高清燕(女,5月任)

党组书记　贺兴国(12月免)　赵　显(12月任)

党组副书记　赵　显(12月免)　张海治(12月任)

市政府参务室

主　　任　张海治

地方志编委会

主　　任　姜治莹(兼)

副 主 任　韩忠宝(兼,11月免)　杜　福(11月任)　王　磊　丁丽君

党组书记　韩忠宝(兼,11月免)　杜　福(11月任)

法制办公室

主　　任　刘凤桂(3月免)　刘任远(9月任)
副 主 任　贾　伟　孙贵志　姜兰兰(3月任)
党组书记　刘凤桂(3月免)　刘任远(9月任)

老龄工作委员会办公室
主　　任　徐连东(兼)　陈亚斌(4月任)
副 主 任　于日光(3月免)　刘　博(3月任)

发展和改革委员会
主　　任　吕　凝(8月免)　王海英(8月任)
副 主 任　李国恒(3月任)　宋长者　刘　铭　王　雷
单　纯　张　成

大项目办
主　　任　吕　鑫(7月免)　宋长者(9月任)
副 主 任　刘　铭(兼,9月免)

长吉图办
主　　任　张少军(9月任)
副 主 任　韩守庆(兼)　李国恒(3月免)　李　辉

价格监督检查局
局　　长　孙振海(8月任)

金融办
主　　任　刘仁龙(9月任)
副 主 任　崔洪祥
中共长春市发展和改革委员会党组成员
刘仁龙(9月任)

长春市人民政府金融服务办公室
主　　任　唐庆会(7月免)
副 主 任　崔洪祥

工业和信息化局
局　　长　郝晶祥(9月免)　李维彬(9月任)
副 局 长　刘海军　魏长平(女)　杨连仲　车仁义
蒋旭桐　李子臣　鲁晓光(9月任)
勾兴涛(10月任)
苑旭东(10月任,挂职锻炼)
党组书记　郝晶祥(9月免)　李维彬(9月任)

科学技术局
局　　长　孙国庆
副 局 长　孟繁军　杨喜春　周衍广　张加才
党组书记　孙国庆

商务局
局　　长　吴相道(9月免)　高　山(10月任)
副 局 长　李宪忠　任宏雷　祝　凯　程　辉　李　军

贸促会
会　　长　寇纯福
副 会 长　林　野　温淞文　周建波(9月免)
王金玉(9月任)

城乡建设委员会
党委书记　李　健
主　　任　李　健
副 主 任　俞　生(3月免)　于建新　李长城(9月任)
陈铁志(9月任)　李铁生

市集体土地征收和国有土地上房屋征收与补偿工作领导小组
办公室主任　陈桂林

市政公用局
局　　长　刘东伟(9月免)　宋　驰(9月任)
副 局 长　任晓强　董　军
党委书记　刘东伟(9月免)　宋　驰(9月任)
党委副书记　蔡晓时(女,2月免)
纪委书记　蔡晓时(女,2月免)

市容环卫局(行政执法局)
局　　长　韩志斌
副 局 长　李凤坤　任建军　周建波(9月任)
市城管委办副主任、市容环卫局党组成员
王世忠　张鑫彧

统计局
局　　长　王海英(9月免)　王希田(9月任)
副 局 长　刘　刚　姜　波(女)　谭　英(女)
李文发

安全生产监督管理局
局　　长　张意海
副 局 长　祝云河(7月免)　何学勇　刘胜军
陈　锋(女)　郭义波(8月任)
党组书记　张意海

食品药品监督管理局
局　　长　唐若迪
副 局 长　李云义　邱清扬(女)　张文革　丁甫久
余晓光(10月任)
党委书记　唐若迪
党委副书记　于　艇(3月任)
纪委书记　于　艇(3月任)

交通运输局
党委书记、局长　沈洪斌
副 局 长　邵永全　张玉新(8月免)　王　伟(3月免)
傅凤潮(4月免)　马　利(8月任)
高仲明(11月任)　辛大伟(兼,4月任)
党委副书记、纪委书记　王国君

环境保护局
党委书记　于　春(9月免)　盖国庆(9月任)
党委副书记、纪委书记(正局级)　凌正凯
局　　长　于　春(10月免)　盖国庆(10月任)
副 局 长　叶春民　王晓东　叶蓬欣

气象局
局　　长　孙　力
副 局 长　尹文斌　杨志东
纪检组长　裴福军
党组书记　孙　力

住房保障和房地产管理局
局　　长　刘大平(10月免)　李晓曼(10月任)

副 局 长　陈济生(4月免)　黄立新(5月免)
　　李长城(9月免)　高雪峰(10月任)
　　薛春龙(6月任)
党委书记　刘大平(8月免)　李晓曼(8月任)
党委副书记　高雪峰　杨树峰(9月任)
纪委书记　高雪峰　杨树峰(9月任)

规划局
局　　长　曲国辉
副 局 长　韩守庆　杨少清(3月免)　林　巍(3月任)
　　赵家辉
党委书记　曲国辉
党委副书记　陈亦鸣
纪委书记　陈亦鸣

城市雕塑规划管理办公室
主　　任　杨少清(3月任)
副 主 任　林　巍(3月免)

国土资源局
局　　长　李成员
副 局 长　李东坡　林　松(11月免)
　　王丽光(11月任)　陈定贵(3月任)
党委书记　李成员
党委副书记、纪委书记　李贵文(3月免)
　　石　伟(10月任)
土地监察专员　焦　琳(3月任)

农业委员会
主　　任　王立学(11月免)　鲍文明(11月任)
副 主 任　孙长占　郭晋巍　李　欣　宋占龙
　　赵占春(4月任)
党委书记　王立学(11月免)　鲍文明(11月任)
党委副书记、纪委书记　王桂范(女)

水利局
局　　长　马国成(10月免)　吕　鑫(10月任)
副 局 长　刘国君　田志坤　邴海英(3月任)
党委书记　马国成(7月免)　吕　鑫(7月任)
党委副书记　张英杰(3月任)
纪委书记　张英杰(3月任)

林业局
局　　长　王万成(4月任)
副 局 长　王万成(4月免)　林崇学　张艳秋(10月任)
党组书记　王万成(4月任)

粮食局
局　　长　鲍文明(12月免)
副 局 长　李北牧　王丽娜(女)
党组书记　鲍文明(11月免)

财政局
局　　长　胡延生(9月免)　王慧力(9月任)
副 局 长　高　山(9月免)　李晓玲(女)　刘显军
　　姜兴春　刘向国
党委书记　胡延生(9月免)　王慧力(9月任)

国有资产监督管理委员会
主　　任　董俊杰(11月免)　黄永超(11月任)
副 主 任　林立志　黄永超(11月免)　欧阳丽宇(女)
　　辛淑兰(女)
党组书记　董俊杰(11月免)　黄永超(11月任)
党委副书记、纪委书记　朱正皓

工商行政管理局
局　　长　谢志敏(10月免)　张洪彬(10月任)
副 局 长　郑广慧(11月免)　胡书鹏　姜　辉　潘　锋
党委书记　谢志敏(10月免)　张洪彬(10月任)
党委副书记　祁丽梅(女,3月免)　张光锐(11月任)
纪委书记　祁丽梅(女,3月免)　张光锐(11月任)

审计局
局　　长　李志刚
副 局 长　吴焕军　孔维进(3月免)　赵力彦(女)
　　孙忠林
党组书记　李志刚
总审计师　李贵军(党组成员)

国家税务局
局　　长　孟　军
副 局 长　钱立仁　王铁勇　徐　伟　齐志宏(10月免)
　　张生伟
局党组书记　孟　军
局党组副书记　王铁勇
纪检组长　潘　晶

地方税务局
局　　长　沈德生(11月免)
副 局 长　张立中(11月任)　金光日(8月免)
　　文　明　司立新　李晓黎　翟志坚
党组副书记　金光日(8月免)　文　明(8月任)
纪检组长　刚占辉(8月免)　于　洋(8月任)

文化广电新闻出版局
局　　长　崔永泉(10月免)　张鸣雨(11月任)
副 局 长　张清秀(女)　曲　笑　刘红宇　贾　哲(女)
　　杨青宇
党委副书记　王　立
纪委书记　王　立

教育局
局　　长　何泉秀(8月免)　梁国超(9月任)
副 局 长　周国韬(7月免)　张茂金　安　军(10月免)
　　崔国涛
党委书记　何泉秀(8月免)　梁国超(9月任)
党委副书记　李　敏(女,2月免)　吴海涛(4月任)
纪检委书记　李　敏(女,2月免)　吴海涛(4月任)

卫生和计生委
主　　任　马　平
副 局 长　高舒民　刘　佳(女)　温贵君

罗　昕(女,10月免)　宋学兵(女,10月免)
高玉堂(10月任)
党委书记　马　平
纪委书记　马　平

体育局
局　　长　刘海玉
副 局 长　赵晓路　李志坚
党委书记　张政明
党委副书记　温良杰(女,9月任)
纪委书记　温良杰(女)

人力资源和社会保障局
局　　长　张宝琦
党委书记　张宝琦
副 局 长　曲玉业　焦　瑯(女)　张宝山　孙晓伟
魏　东　张咏刚(4月任)
党委副书记、纪委书记　于明军(3月任)

社会保险局
局　　长　张发文(7月免)　林鹏飞(12月任)
副 局 长　崔　伟　刘振龙　林鹏飞　王靖宇
王大立　刘福友
纪检组长　刘振龙

民族事务委员会(宗教事务局)
主任(局长)　韩忠宝
副主任(副局长)　咸荣日　杨　军(女)
党组书记　韩忠宝

民政局
局　　长　徐连东
副 局 长　郑秀梅(女,3月免)　许　军　周玉国
曲春蕾(3月任)　孙晓东(8月任)
党委书记　徐连东
党委副书记　李　刚(8月任)
纪委书记　李　刚(8月任)

公安局
局　　长　李　祥(12月免)　吕　锋(12月任)
副 局 长　董世年(3月免)　姜宏亮(3月任)
梁向东(11月免)　关连平　张玉龙
刘省伦(4月任)
政治部主任　公　平(4月免)　王玉民(4月任)
党委书记　李　祥(12月免)　吕　锋(12月任)
党委副书记　姜宏亮(3月任)
纪委书记　赵旭明(9月任)

司法局
局　　长　张洪彬(10月免)　梁向东(11月任)
副 局 长　王承伟　何凤举　李长春　李小华
党委书记　张洪彬(10月免)　梁向东(11月任)
党委副书记　尹晓民
纪委书记　尹晓民
政治部主任　鲍龙乡

国家安全局
局　　长　曲庆江

质量技术监督局
局　　长　沙宪卿(8月免)　逄吉春(8月任)
副 局 长　孙令起　孙合民　李林峰(3月任)
党委书记　沙宪卿(10月免)　逄吉春(10月任)
党委副书记　杨明志
纪委书记　杨明志

人防办公室
主　　任　曾庆彬(11月免)　战国立(11月任)
副 主 任　刘寿松(3月免)　张文华(女)
袁家春(11月任)
党组书记　曾庆彬(11月免)　战国立(11月任)

地震局
局　　长　祖　国(10月免)
副 局 长　李恩泽
党组书记　祖　国(10月免)

外事(侨务)办公室
主　　任　齐国华(10月任)
副 主 任　薄中堂　徐怀武　段华旭(8月任)
党组书记　齐国华(10月任)

园林绿化局
局　　长　周亚昆(4月免)　刘　宏(10月任)
副 局 长　徐　林(10月免)　孙欣雨　王向阳
黄宇松(10月任)
党委书记　周亚昆(3月免)　刘　宏(8月任)
党委副书记　杨士平
纪检委书记　杨士平

机关事务管理局
局　　长　武　凌(9月免)　许晓东(9月任)
副 局 长　隋广权　邴晓君(7月免)
杨皎洁(女,6月任)　李　辉(8月任)
党委书记　武　凌
党委副书记　王德中(5月任)
纪委书记　王德中(5月任)

伊通河管理委员会
主　　任　娄长兴(3月免)　鞠　峻(11月任)
副 主 任　张效佐(8月免)　王成田　王　伟(3月任)

长春高新技术产业开发区管委会
主　　任　孙亚明
副 主 任　赵　旭(8月任)　孙　莉(女)
刘成福(7月免)　张少军　于振波
党工委书记、纪工委书记　杨俊良(8月免)
党工委副书记　唐继东(女)

经济技术开发区管理委员会
主　　任　王庭凯(8月免)　何泉秀(8月任)
副 主 任　赵　旭　王志良　王大鹏　丁万钧　王　彪
党工委副书记　王庭凯(8月免)　孙洪健

纪工委书记　孙洪健

长春兴隆综合保税区管委会

主　　任　王庭凯(兼)

副 主 任　赵心锐　曹　臣　吕　东(9月任)

党工委书记　赵心锐(6月任)

党工委副书记、纪工委书记　吕　东(9月任)

净月经济开发区管理委员会

主　　任　管树森

副 主 任　鞠　峻(10月免)　张金超(9月任)
杨文俊　朱光明　李东光　张德祥(10月任)

汽车产业开发区管理委员会

主　　任　李长明

副 主 任　曹　伟　魏朝明(6月免)　丁文涛　孙弘颜
杨铁夫　董　龙(11月任)

党工委书记

党工委副书记　李长明　张世杰

纪工委书记　张世杰

长江路经济开发区管理委员会

主　　任　梁振亚　孙彦鹏

副 主 任　高仲明(兼)　赵海英

党工委书记　务　宏

莲花山度假区管委会

主　　任　杨云超

副 主 任　戚　勇　郝忠奇

党工委书记　杜　福(10月免)

牧业管理局

局　　长　宋荫卓

副 书 记　富志坚　孙晓晖　迟义昌　王殿奇

党组书记　宋荫卓

供销合作社联合社

主　　任　张　伟

副 主 任　刘金岩　肖建伟

党委书记　张　伟

党委副书记　孙中亮

纪委书记　孙中亮

旅游局

局　　长　邵大明(12月免)　曲　笑(12月任)

副 局 长　袁继业(10月任)　秦　岩　张占铎

党组书记　邵大明(11月免)　曲　笑(11月任)

接待办

主　　任　宋长生(2月免)　李　辉(兼)

商业国有资产经营公司

总 经 理　辛延明

副总经理　杨录奇

党委书记　辛延明

## 中国人民政治协商会议长春市委员会

主　　席　崔　杰

副 主 席　张晓华(2月免)　孙丰月　张红星　侯治富
刘德生　贾丽娜(女)　崔国光　李维斗
何泉秀(2月任)

秘 书 长　蔡延斌(2月任)

副秘书长　黄　强　高丽筠(女)

办公厅

主　　任　蔡延斌(2月免)　邴晓君(7月任)

副 主 任　马　达　马振江

研究室

主　　任　张鸿飞(7月任)

提案委员会

主　　任　樊玉桂(女,9月免)　郑秀梅(女,9月任)

副 主 任(按姓氏笔画为序)
王立学(兼职)　王首先(兼)
王继荣(女,兼)　冯正玉(兼)
张凤瑛(女,兼)　刘明隽(女,7月任,驻会)
陈敏雄(兼)

文化教育卫生体育委员会

主　　任　赵　蕾(女,9月免)　杨启新(9月任)

副 主 任(按姓氏笔画为序)
王　弋(女,兼)　史　亮(兼)
杨启新(9月免,驻会)　汪鹏辉(兼)
侯冠森(兼)　姚国华(兼)　郭　巍(兼)
郭敬萍(女,兼)　韩晓峰(兼)

经济科技委员会

主　　任　常　新

副 主 任(按姓氏笔画为序)
王希庆(兼)　吕冬雷(女,驻会)
闫　玉(女,兼)　李北伟(兼)　杨青山(兼)
龚雅军(兼)　薛春志(兼)

港澳台侨和外事委员会

主　　任　张东威

副 主 任(按姓氏笔画为序)
王力量(兼)　张亚萍(女,兼)
刘俊清(驻会)　邵大明(兼)　陈　密(兼)
唐锡根(兼)　谭国荣(兼职)　薄中棠(兼)

文史资料委员会

主　　任　邢　文(10月免)　崔永泉(10月任)

副 主 任(按姓氏笔画为序)
王明时(兼)　李公君(兼)
张　颖(女,7月任,驻会)　宋银秋(女,兼)
郑晓辉(兼)　赵继敏(女,兼)　景喜猷(兼)

社会法制委员会
主　　任　姜保国（10月免）　杨盛林（女，10月任）
副 主 任（按姓氏笔画为序）
付　诚（兼）　孙　飞（兼）　孙　捷（兼）
杨丽华（女，兼）　杨盛林（女）
郑秀梅（女，兼，2月免）　韩志斌（兼）

民族宗教委员会
主　　任　郑秀梅（女，2月任，9月免）
刘玉铧（女，9月任）
副 主 任（按姓氏笔画为序）
王洪亮（5月任）　刘际阳（5月任）
柏　旭（5月任）　咸荣日（5月任）
韩　涛（女，5月任）

人口资源环境委员会
主　　任　许文才
副 主 任（按姓氏笔画为序）
王德利（兼）　孙伟凡（兼）　张越杰（兼）
李　梅（女，7月任，驻会）　李诚固（兼）
金兆怀（兼）　韩星焕（兼）

机关党委
书　　记
副 书 记　张鸿飞（7月免）　陈　然（7月任）

# 中国共产党长春市纪律检查委员会

书　　记　王长久
副 书 记　胡书君　王冬梅（4月任）　张知众（12月任）
邢铁溢（4月任）
常　　委　雷　萦（兼）　姜元生（11月免）
徐玉林（1月免）　邢铁溢　郑玉辉　付印红（女）
秘 书 长　郑玉辉
办公厅（老干部处）主任　吴海涛（4月免）　薛风雷（9月任）
组织部部长
宣传部部长　高　飞（3月任）
调查研究室主任
法规室主任
党风政风监督室（长春市人民政府纠正行业不正之风办公室）
主任　裴庆镇
信访室主任
案件监督管理室主任　赵旭明（9月免）
第一纪检监察室主任　宋成安（8月任）
第二纪检监察室主任　王　滔（12月免）
第三纪检监察室主任　侯俊杰（女）
第四纪检监察室主任　李向阳
第五纪检监察室主任　孙洪民（3月任）
第七纪检监察室主任　李　彬（3月任）
案件审理室（申诉复查工作办公室、市监察局行政复议行政应诉工作办公室）主任　吕　晴
纪检监察干部监督室主任　鞠　崑（女）
机关党委书记　郑玉辉（兼）

长春市监察局
局　　长　胡书君（10月任）
副 局 长　姜元生　徐玉林　王英梅（女）

中共长春市纪委、长春市监察局直属纪工委、监察分局
第一纪工委书记、监察分局局长　温小斌（3月任）
第二纪工委书记、监察分局局长　赵英军
第三纪工委书记、监察分局局长　刘大革
第五纪工委书记、监察分局局长　梁英杰
第八纪工委书记、监察分局局长　杜云山
第十纪工委书记、监察分局　张巧珑（3月任，机构更名）

# 民主党派

中国国民党革命委员会长春市委员会
主任委员　杜　剑
副主任委员　王庆军（11月任）　鹿　云（女）　董　心
任炳忠　别海洲　林洁琼（女）
秘 书 长　王庆军

中国民主同盟长春市委员会
主任委员　孙丰月
副主任委员　穆金辉　李德山　欧阳继红（女）
图力古尔　胡岳岷　冯银江　董　龙
秘 书 长　李娟娟

中国民主建国会长春市委员会
主任委员　陈　巳（11月免）　贾晓东（11月任）
副主任委员　丁绍伦（女）　张少杰（兼，11月免）
胡　伟（兼）　孙忠林（兼）　陈桂芬（女，兼）
布　和（兼）　任喜荣（女，兼，11月任）
秘 书 长　葛建民

中国民主促进会长春市委员会
主任委员　杜　婕
副主任委员　林　宇　周国韬　窦　森　董玉琦（兼）
禹　平（女）
秘 书 长　黄金和

中国农工民主党长春市委员会
主任委员　侯治富（满）
副主任委员　张慧红（女）　李守春　苗里宁
赵宏岩（女）　张金权　阴春霞（女）
刘林林（女）　王洪亮　张文彬（6月任）
秘 书 长　张文彬

九三学社长春市委员会
主任委员　张红星

副主任委员　王　进　陈济生　王丽颖(女)　李　铭
王秋丽(女)　张文祥
秘书长　顾红艳(女)

# 人民团体

## 市总工会

主　　席
副主席　甘　琳(女)　朱　琪　崔维国
党组书记　甘　琳(女)
经费审查委主任　高长春(女)

## 中国共产主义青年团长春市委员会

书　　记　丁　佳(女,3 月任)
副书记　丁　佳　吴　威
党组书记　丁　佳(女,3 月任)

## 市妇女联合会

主　　席　李炜姝(女)
副主席　杜　影(女)　刘　影(女)
党组书记　李炜姝(女)

## 市工商业联合会

主　　席　李维斗(兼)
副主席　薛文革(9 月免)　高文学(3 月免)
张光锐(11 月免)　高　岩(女)
曲春雨(9 月任)　任世熙(3 月任)
赵　伟(11 月任)
党组书记　薛文革(9 月免)

## 市社会科学界联合会

主　　席　王庭凯(兼,7 月任)
副主席　常　新(12 月免)

## 市文学艺术界联合会

主　　席　王庭凯(4 月免)　王长元(4 月任)
副主席　张守智(3 月免)　张鸣雨(兼)　崔永泉(兼)
刘　宏(兼)　杨云超(兼)　王长元
尚洪波(8 月任)　孙德伟　曲　笑(兼)
韩志晨(兼)　孙佳宾(兼)　王建国(兼)
金仁顺(兼)
党组书记　张守智(3 月免)　王长元(5 月任)
秘书长　孙中亮

## 市科学技术协会

主　　席　孙成军(8 月免)　孙彦鹏(9 月任)
党组书记　孙成军(8 月免)　孙彦鹏(9 月任)
副主席　刘晓明　蔡卓研

## 市归国华侨联合会

主　　席　张越杰(兼)
副主席　陈　坚(专职驻会)
于洪升(兼)　陈　密(兼)　马晓燕(兼)
朱丽伟(兼)　冷雪洁(兼)　王　滨(兼)
王　昆(兼)　程　彧(兼)　林　路(兼)
刘天星(兼)
秘书长　崔　昕(专职驻会)

## 市台湾同胞联谊会

会　　长　孔令智
副会长　吴　音(女)　徐正考　路景权　胡　明
吴晓东　李思维　郭敬萍(女)　陈明强
张　伟　张玉军　刘晓娟(女)　修　远
秘书长　徐　昕

## 市红十字会

名誉会长　高广滨　崔　杰　郑文芝(女)
会　　长　吴　兰(女)
副会长　王大雷　卢福建　张知众　马　军　齐国华
胡延生　吴　强　崔永泉　公　平

## 市残疾人联合会

理事长　庞国忠
副理事长　张英君
党组书记　庞国忠

# 地方军事

## 长春警备区

司令员　马吉祥
政治委员　孙　超　张为周
参谋长　郭华山(10 月免)
政治部主任　胡静波
后勤部部长　陶树忠

## 武警长春市支队

支队长　虞　超
第一政治委员　李　祥(兼)　吕　锋(兼)
政治委员　曹经纬　常　懿
副支队长　赵立鹏　王崇伟　马东辉　杨朝阳　汤吉顺
副政治委员　郭洪石

## 市公安消防支队

支队长　王　星
政　　委　李德生
政治委员　赵子魁

# 法　治

## 中级人民法院

院　　长　张德友
副院长　肖德楦　刘德孝　金运珍(女)
孙苏平(女,7 月免)　李缃凡
尹彦久(9 月任)
党组书记　张德友

党组副书记　肖德馗
纪检组长　韩　军
政治部主任　王国睿
审判委员会专职委员　宋惠生（2月免）　许　光（女）
刘大伟（9月免）
胡俊生（3月免）

人民检察院
检察长　张海胜
副检察长　盛美军（12月任）　胡金刚　王　禹　李　驳
赵　军　高林树
党组书记　张海胜（12月免）　盛美军（12月任）
党组副书记　胡金刚
纪检组长　聂施恒（3月免）　岂振玲（7月任）
政治部主任　焦成千（9月任）
反贪污贿赂局局长　胡金刚
反渎职侵权局局长
检察委员会专职委员　杨玉兰（女）　刘亚利（女）
李崇峰
检察专员　赵厚福

# 双重领导局级单位

长春海关
关　长　薛颖超
副关长　于　明　胡　薇（女）　孙玉宁　刘琦瑾
党组书记　薛颖超
缉私局局长　刘琦瑾
纪检组长　刘吉林

市烟草专卖局
局　长　于显峰
副局长　张建华　张　波　车大光　刘　炜
陈　红（女）
党组书记　于显峰

长春供电公司
总经理　辛国良（2月免）　李国辉（2月任）
副总经理　李国辉（2月免）　苗　强（3月任）　冷传东
刘洪涛　王春书　王珏昕（8月任）　梁晓亮
张殿华　张树东　陈学宇
党委书记　李国辉（2月免）　苗　强（3月任）
党委副书记　辛国良（2月免）　李国辉（2月任）
纪检委书记　罗学明
总会计师　王德春

吉林省邮政公司长春市分公司
总经理　刘满堂
副总经理　李宏伟　李远飞　张斌杰（女）
李警德
党委副书记　刘满堂

中国联合网络通信有限公司长春市分公司
总经理　郭　彤（8月免）　张宏光（8月任）
副总经理　张宏光（8月免）　闫明柱　张　珂　宋秋梅
王立新　王　为　王德新　赵鹏苏　张　健
唐　阔
党委书记　郭　彤（8月免）　张宏光（8月任）

中国移动通信集团吉林有限公司长春分公司
总经理　金　亮
副总经理　朱世英　李　刚　马　力　张　华（女）
陈　东　黄　昊　冯　祺（10月任）　于洪涛
党委书记　金　亮

# 区县（市）

【朝阳区】

中共朝阳区委
书　记　钱万成（至8月）　祝永安（8月任）
副书记　祝永安（至8月）　黄德军（8月任）
丛中梅（女，8月免）　武　凌（8月任）
区委常委　钱万成（8月免）　祝永安
丛中梅（女，8月免）　宋　驰（8月免）
毕洪鹰（8月免）　黄德军　林　松（8月任）
王大军（8月任）　薛春生　陈　杰
谭景凤（女）　王本飚　石作选（8月任）
李晓彤（8月任）

区人大常委
主　任　钱万成（8月免）　丛中梅（女，8月任）
副主任　王长林（1月免）　韩希光　宋春生（1月任）
石新民　蔡晓民

区人民政府
区　长　祝永安（9月免）　武　凌（8月任）
副区长　宋　驰（8月免）　毕洪鹰（8月免）
林　松（8月任）　谭景凤（女，8月任）
陈德智　宋春生（1月免）　孙景龙（2月免）
张　笃（1月任）　刘洪伟（4月任）
谭大为（8月任）

区政协
主　席　李　军（8月免）　毕洪鹰（8月任）
副主席　孙　义（8月免）　曹望庆（至8月免）
张文彬（8月任）　于鸿哲（8月任）
高业铭（8月任）

区纪律检查委员会
书　记　谭景凤（女，8月免）　薛春生（8月任）

区法院
院　长　潘长文（3月免）　刘春梅（8月任）

区检查院
检察长　李忆农

副区级领导(援藏) 王文洲(8月免)

【南关区】

中共南关区委

书　　记 王铁茗(5月免) 谢志敏(5月任)

副 书 记 杨大勇

常　　委 王铁茗(5月免) 杨大勇 谢志敏(5月任)
鲁　月(女,8月免) 公　平(4月任)
赵明瑞 许　迪 方述华 李　蕊(女)
胡金友(5月任) 周振岩(4月免)

区人大常委会

主　　任 王铁茗(8月免) 鲁　月(8月任)

副 主 任 李玉林 赵洪田 张学玉 武良义(8月任)

区人民政府

区　　长 杨大勇

副 区 长 赵明瑞 方述华 丁绍伦(8月免)
袁继业(8月免) 陈云峰(8月免) 杜　煜
董志宇(8月任) 张　晶(8月任)
王维学(8月任)

区政协

主　　席 华　岳

副 主 席 郭成尧(8月免) 刘润滨 张继良
王　辉(8月任)

区纪律检查委员会

书　　记 鲁　月(女,8月免) 朱　峻(8月任)

南部都市经济开发区管委会

主　　任

副 主 任 安利全

区法院

院　　长 郭桂玲(女)

区检察院

检 察 长 张颖彧

【宽城区】

中共宽城区委

书　　记 李忠斌(8月免) 郝晶祥(8月任)

副 书 记 左　毅(8月免) 吴相道(9月任)
明　翔(8月任)

常　　委 李忠斌(8月免) 郝晶祥(8月任)
左　毅(8月免) 吴相道(9月任)
明　翔 徐忠有(8月免) 李维彬(8月免)
苏　荆(女) 所擎柱(8月任) 靳　明
赵庆利(8月任) 张爱民 刘　宏(8月任)
王　华(8月任) 崔东亮(8月任)

区人大常委会

主　　任 殷淑琴(女)

副 主 任 田　武 张　捷(女) 韩明仁 黄淑梅(女)

区人民政府

区　　长 左　毅(8月免) 吴相道(9月任)

副 区 长 李维彬(8月免) 刘　宏(8月任)
邹　娜(女) 所擎柱(8月免)
赵庆利(8月免) 王　华 张国臣(8月任)
周　红(女,8月任) 郭中凡(8月任)

区政协

主　　席 严　涛(8月免) 徐忠有(8月任)

副 主 席 齐树森(8月免) 王晓君(女,8月免)
战晓光(女,8月任) 方　明(8月任)
白　彬(8月任)

区纪委

书　　记 苏　荆(女)

区法院

院　　长 齐兆云(女,9月免) 王博杰(女,9月任)

区检察院

检 察 长 卢　炬

长春宽城经济开发区

主　　任 孙彦鹏(9月免) 邹　娜(女,代管)

副 主 任 刘成斌 万家坤 赵海英(女) 务　宏

党工委书记 孙彦鹏

【二道区】

中共二道区委

书　　记 黄宪昱

副 书 记 王　吉 刘任远(至8月) 卢天恒(8月任)

常　　委 黄宪昱 王　吉 卢天恒 刘　嫱(女)
刘绍峰(8月任) 刘占方(8月任) 秦锡春
张玉和 林继东(8月任) 卢　健(8月任)
朱　艳(8月任)

区人大常委会

主　　任 孙慧颖

副 主 任 刘　琦(女,不驻会,8月免)
李永利(8月任) 陈国彦 辛　华(女)
蔡　鸿

区人民政府

区　　长 王　吉

副 区 长 刘占方 李　宏(7月免) 林继东(8月任)
魏东岩 曲　杰(4月免) 宋今东(4月任)
姚　珺(8月任) 李永利(8月免)
张万财(8月任)

区政协

主　　席 孙爱华(女)

副 主 席 王怀忠 曹正礼
王　杨(女,不驻会,至8月) 布　和(8月任)

区纪律检查委员会

书　　记 卢天恒(8月免) 卢　健(8月任)

区法院

院　　长 尹彦久(8月免) 齐兆云(8月任)

区检察院

检察长　姜博仁(8月免)　刘志民(8月任)

【绿园区】

中共绿园区委

书　　记　孙英利(8月免)　程　宇(8月任)

副书记　程　宇(8月免)　薛文革(8月任)　曲春雨(8月免)　高庆福(8月任)

常　　委　孙英利(8月免)　程　宇　薛文革(8月任)　高庆福(8月任)　曲春雨(8月免)　王希田(8月免)　徐伟民　李　瑞(女)　高丽丽(女,8月任)　杨宝昌(8月任)　杨万来　王　涛(8月任)　曲喜军(8月任)　严宏骞(8月免)

区人大常委会

主　　任　王丽秀(女)

副主任　李长信(8月免)　付彩霞(女,不驻会)　杜玉凤(女)　侯　伟(8月任)　杨自山

区人民政府

区　　长　程　宇(8月免)　薛文革(8月任)

副区长　王希田(8月免)　高庆福(8月免)　高丽丽(女,8月免)　刘绍峰(8月免)　宋今东(4月免)　李　瑞(女,8月任)　王　涛(8月任)　曲　杰(4月任)　吕长春(4月任)　王景耀(4月任)　贾玉彬(4月任)

区政协

主　　席　陈志勇

副主席　刘永久　马　学　郭　丽(女)

区纪律检查委员会

书　　记　徐伟民

区法院

院　　长　林晓光(9月免)　田　良(9月任)

区检察院

检察长　刘志民(9月免)　邢立明(9月任)

副区级领导干部　杨宝昌　侯　伟

【双阳区】

中共双阳区委

书　　记　王明德(5月免)　唐铁生(5月任)

副书记　唐铁生(5月免)　马国成(7月任)

常　　委　王明德(5月免)　唐铁生　史延文　王大军(8月免)　王天行　王　辅(8月免)　谷延年　王醒时(8月任)　韩玉明　李铁刚　甄玉刚　滕广涛(8月任)　范云波(女,8月任)

区人大常委会

主　　任　朴连玉

副主任　丰建春(8月免)　许占有(8月任)　索若达　谭大东　李洪波(8月任)

区人民政府

区　　长　唐铁生(5月免)　马国成(5月任)

常务副区长　王　辅(8月免)　谷延年(8月任)

副区长　李铁刚(8月任)　冯国刚　贾秀丽(女,8月任)　朱君宝(8月任)　张艳秋(女,8月免)　许占有(8月免)　王醒时(8月免)

区政协

主　　席　张立新

副主席　兰凤霞(女,8月免)　李成兴(8月免)　史春林(8月任)　满星宇(女,8月任)

中共纪律检查委员会

书　　记　史延文(8月免)　王天行(8月任)

区人民法院

院　　长　李新生(8月免)　贾晓红(女,8月任)

区人民检察院

检察长　孙冠夫

【农安县】

中共农安县委

书　　记　周　贺(8月免)　韩明玉(8月任)

副书记　韩明玉(8月免)　孙　宁(8月任)　滕广涛(8月免)　王立春(8月任)

常　　委　周　贺(8月免)　韩明玉　孙　宁(8月任)　王立春(8月任)　滕广涛(8月免)　朱　峻(8月免)　徐　宁(女,8月免)　徐志成　李凤良(8月任)　赵　欣(女,8月免)　赵建国　张凯楠　蔡景海(8月任)　崔　博　焦明元(8月任)　林凤生(8月任)

县人大常委会

主　　任　王　伟(8月免)　蔡　光(8月任)

副主任　张　波(8月免)　张淑梅(女,不驻会)　宗喜洪　陈　志(8月免)　李景忠(8月任)

县人民政府

县　　长　韩明玉(8月免)　孙　宁(8月任)

副县长　李凤良　刘生贵(8月任)　李兴涛　林凤生(8月任)　玄立民(8月任)　胡超著(8月任)

县政协

主　　席　蔡　光(8月免)　于德斌(8月任)

副主席　贾树飞　冷德杰(8月任)　张昌峰(8月任)

县纪律检查委员会

书　　记　崔　博

县法院

院　　长　田　良(8月免)　姚建新(8月任)

县检察院

检察长　邢立明(8月免)　吕　芃(8月任)

【榆树市】

中共榆树市委

书　　记　冯善国

副书记　高中会　徐　宁(女,8月任)
王立春(女,至8月)

常　　委　冯善国　高中会　王立春(女,至8月)
赵国军(8月任)　常　健(8月任)
林小明　徐　阁(8月任)　马　光(8月免)
王海瑛(女,8月免)　卢　健(至8月)
李灿明(至8月)　金　海　霍秀田
郑学华(8月任)　王开远(8月任)

市人大常委会

主　　任　孙中兴

副主任　郭景君(8月免)　王伟成(8月任)
王百陆　李长寿　庄桂良

市人民政府

市　　长　高中会

副市长　王是非(8月免)　马　光(8月免)
赵国军　常　健　高洪洲(8月任)
高广野　闫　伟(8月任)

副市级干部　徐　阁　高洪洲

市政协委员会

主　　席　张树国(8月免)　马　光(8月任)

副主席　王是非(8月任)　张　媛(女)
王伟成(8月免)　吴喜庆(8月任)

市纪律检查委员会

书　　记　卢　健(8月免)　王开远(8月任)

法院

院　　长　王建红(女,8月免)　孙青山(8月任)

检察院

检察长　孙　涛

【德惠市】

中共德惠市委

书　　记　马延峰(8月免)　左　毅(8月任)

副书记　赫　哲　赵文波(8月任)　林英昌(9月免)

常　　委　左　毅(8月任)　马延峰(8月免)　赫　哲
林英昌(8月免)　赵文波　白松巍
王海瑛(女)　王　莹(女)　王　涛　孔宪权
杨旭辉　尚祖军　王　中　杨树峰(8月免)
王克瑜(8月免)　薛风雷(8月免)

市人大常委会

主　　任　马延峰(8月免)　王克瑜(8月任)

副主任　宋云官　韩国明　张国东　李建国

市政府

市　　长　赫　哲

副市长　白松巍　王海瑛(女)　夏明君　丁日伟
刘海涛　褚双龙　赵文波(8月免)
王　涛(8月免)　南振波(8月免)

市政协

主　　席　于树军

副主席　禹希军(8月免)　王志华(8月免)
张国占(8月任)　张孝权(8月任)

市纪律检查委员会

书　　记　薛风雷(8月免)　杨旭辉(8月任)

市法院

院　　长　李海峰(8月免)　袁中山(8月任)

市检察院

检察长　兰　舰

【九台区】

中共九台区委

书　　记　史长友

副书记　李洪亮　王树民

常　　委　史长友　李洪亮　王树民　宋　超(5月免)
于海山　王大宏(8月免)　李国辉　孔庆丰
鲁晓光(女,8月免)　杨丽敏(女,8月免)
李树国(8月任)　祁桂东　王　萍(女,8月任)
王　健(8月任)　赵国俊(8月任)

区人大常委会

主　　任　史长友

副主任　李元君　张　进(8月免)　杨宝玉(8月免)
肖志华(8月任)　徐建侠(8月任)

区人民政府

区　　长　李洪亮

副区长　宋　超(5月免)　于海山　逯占元(8月免)
肖志华(8月免)　李树国　李　金
李雪峰(8月任)　夏　新

区政协

主　　席　关　星(8月免)　徐　林(8月任)

副主席　逯占元(8月任)　李德军　王宝石

区纪律检查委员会

书　　记　鲁晓光(女,8月免)
王　健(8月任)

区法院

党组书记、院长　徐建侠(8月免)　张纹阁(8月任)

区检察院

党组书记、检察长　焦成千(8月免)　李　序(8月任)

# 不忘初心 继续前进<br>为建设东北亚区域性中心城市而努力奋斗

## ——在中国共产党长春市第十三次代表大会上的报告

（2016 年 12 月 27 日）

王君正

同志们：

中国共产党长春市第十三次代表大会的主要任务是：高举中国特色社会主义伟大旗帜，坚持以习近平总书记系列重要讲话特别是视察吉林重要讲话精神统揽经济社会发展全局，深入贯彻落实习近平总书记治国理政新理念新思想新战略，动员全市广大党员干部群众，按照省委提出的“打先锋、站排头”要求，解放思想、开拓奋进，抢抓机遇、创新发展，加快老工业基地全面振兴和吉林中部创新转型核心区建设，为建设东北亚区域性中心城市而努力奋斗。

下面，我代表中国共产党长春市第十二届委员会向大会作报告，请予审议。

### 一、继往开来，在总结成绩中坚定发展信心

市第十二次党代会以来的五年，是长春经济社会发展史上不平凡的五年。五年来，在中央和省委的坚强领导下，市委团结带领全市广大干部群众，主动适应把握引领经济发展新常态，积极作为、真抓实干，圆满完成了市第十二次党代会确定的目标任务，为在新的起点上谋求更大发展奠定了良好基础。

（一）解放思想、凝聚共识，竞进有为的发展氛围更加浓厚

市委始终以深入学习贯彻习近平总书记系列重要讲话特别是视察吉林重要讲话精神为统领，全面贯彻中央“五大发展”理念和省委“三个五”战略，不断强化“打先锋、站排头”意识，在全市深入开展了“抢抓机遇、创新发展”解放思想大讨论，自觉把长春发展放在更大的格局中去思考、谋划和推动，立足吉林看长春、放眼全国看长春、走向世界看长春，努力在解放思想中统一思想，在统一思想中深化认识，在深化认识中推动工作，凝心、聚力、干事，形成了推动振兴发展的强大合力。

（二）聚焦中心、共谋发展，综合经济实力迈上新台阶

始终坚持发展第一要务，积极推动经济结构调整和发展方式转变，全市经济在复杂多变的形势下，实现了平稳较快增长。

集中精力做大“底盘”，全力以赴扩大有效投资，滚动推进重大项目建设，华为、浪潮等一批世界 500 强和中国 500 强企业相继落户长春，5 年累计完成投资近 2 万亿；经济规模不断壮大，由 4000 亿元发展到接近 6000 亿元。

加快经济结构调整，农业产业化和现代化进程不断加快，实施了五大现代农业实验区建设，2016 年粮食总产量达到 238.3 亿斤历史新高水平，我市获批创建全国首个“绿色有机农业示范市”；加快新型工业化步伐，传统汽车产业、农产品加工业转型成效显现，先进装备制造、光电信息、生物及医药健康等战略性新兴产业，以年均近 20%的增幅快速发展，“中国制造 2025”试点示范城市正式获批；服务业特别是现代服务业

发展迅猛,净月国家服务业综合改革试点顺利推进,东北亚区域性金融服务中心加快建设,服务业占比不断提升,三次产业结构由2011年的7.2:52.3:40.5优化为5.9:48.8:45.3。

协调推进区域发展,各类国家级开发区和省级开发区发展全面提速,开发区对经济发展的拉动作用日益显现,特别是长春新区获批一年实现经济总量1000亿元、固定资产投资1000亿元、全口径财政收入100亿元"三个一"的目标;县域经济活力迸发,县域GDP、地方财政收入、规上工业总产值等主要指标增速超过全市平均水平,全市上下对标高位、竞进有为的发展氛围越来越浓厚。

(三)深化改革、创新驱动,经济发展活力不断增强

积极推进重点领域和关键环节改革,供给侧结构性改革深入实施,投融资体制、商事制度改革扎实开展,司法体制改革走在全国前列,民营经济综合配套改革示范区被列为国家试点,"一门式、一张网"政务服务改革强力推进,改革红利得到有效释放。

全力创建国家创新型城市,围绕建设吉林中部创新转型核心区,加快实施了"一二四五"创新驱动发展战略,高水平谋划建设了长春科技大市场等一批创新服务平台,国家级"双创"综合性示范区已进入审批流程,国家自主创新示范区创建取得实质性进展。

加快构建开放高地,长春新区体制机制优势初步显现,兴隆综保区获批国家一类口岸,中俄、中德、中韩等国际合作园区建设扎实推进,"长满欧" 国际铁路货运班列顺利开通,对俄、对欧跨境电子商务深入开展,长客、吉通等企业"走出去"步伐不断加快,东北亚博览会、汽博会、农博会、电影节、雕塑展、冰雪节等一批重要节庆展会成功举办,经济开放度和外向度明显提升。

(四)把握规律、文化引领,城市形象面貌发生明显变化

坚持规划先导,遵循城市发展规律,走可持续发展道路,全面启动了以"空间发展战略规划"为统领的"多规合一"空间规划体系,城市建成区面积不断拓展,城镇化率达到58.6%,城市空间布局和生产力布局不断优化。

坚持基础先行,城市功能不断完善,"两横三纵"快速路正式通车,地铁快轨建设积极有序推进,长春站、西客站换乘中心投入使用,南部新城综合交通枢纽建设进展顺利,国家"公交都市"示范城创建扎实推进,整个城市的综合承载能力不断加强。

坚持"双核带动"战略,在加快新区建设同时,大力实施旧城改造提升工程,先后实施了交通秩序整治、市政公用管线改造、街路环境提升、老旧小区改造、重点商圈改造、绿化美化亮化提升、城市功能完善、历史文化街区改造、暖房子改造和城市管理体制再建"十大工程",伊通河综合治理取得阶段性成效,我市成功获评"国家森林城市",城市面貌发生日新月异变化。

(五)以人为本、统筹兼顾,人民群众幸福感进一步提升

始终以人民为中心,端正工作出发点和落脚点,把保障和改善民生作为"指南针",持续实施"幸福长春行动计划",民生整体保障水平明显提升。

牢牢兜住底线民生,把脱贫攻坚作为1号民生工程,率先实现"双70"脱贫目标;稳步提高城乡低保标准,基本社会保险覆盖面和保障水平全面提升,社会救助"长春模式"在全国推广,低收入群体生活得到切实保障。

着力抓好普惠民生,持续加大社会事业投入力度,大力推进棚户区改造和保障性住房建设,群众居住环境和条件得到改善;高度关注就业增收,多措并举促进就业,累计新增就业62.8万人,城乡居民收入"暖流计划"取得明显成效,人民群众收入水平不断提高;积极推动教育均衡发展,全面构建布局合理的学前教育公共服务体系,深化城区义务教育"大学区"管理,大力推动优质教育资源向薄弱校、农村延伸,高质量通过国家义务教育基本均衡评估验收;全力推进城市公立医院综合改革,体育、广播电视、新闻出版、老龄以及残疾人等各项社会事业蓬勃发展。

突出解决热点民生,全面加强大气污染治理,深入开展食品药品安全、生产安全、消防安全等重点领域专项整治,我市被确定为"国家食品安全示范城市"试点,广大群众的幸福感和满意度持续提升,长春连续九次获评"最具幸福感城市"。

(六)弘扬法治、强根铸魂,社会治理体系和治理能力稳步增强

弘扬社会主义核心价值观和传统文化,加快培育壮大文化产业,繁荣文化事业,我市跻身首批"国家公共文化服务体系示范区"行列。国家级文化和科技融合示范基地落户长春,城市文化软实力不断提升。

积极支持人大、政协依法依章履职,大力加强同各民主党派、工商联、无党派人士合作共事,认真做好民族宗教工作,不断壮大爱国统一战线,充分发挥群团组织的桥梁纽带作用;巩固军政军民团结,深入推进军民融合发展,增强国防后备力量,长春荣获"全国双拥模范城"八连冠。

加快推进"法治长春"建设,依法行政、阳光司法水平不断提高,我市连续4次被评为全国法治宣传教育先进城市;大力推进社会治理模式创新,不断完善"联调联动"矛盾纠纷多元化解机制和重大信访案件领导包保制度;深入推进"平安长春"建设,全面开展夜治安巡逻防控,依法严厉打击各类违法犯罪,我市荣获"长安杯"荣誉称号。

(七)落实责任、久久为功,全面从严治党取得阶段性成效

坚持把"抓好党建作为最大政绩",把全面从严治党要求贯穿到党的建设各个方面。扎实开展了党的群众路线教育实践活动、"三严三实"专题教育和"两学一做"学习教育,结合长春实际在全市深入开展党员领导干部争做"六个表率"和基层党组织、党员"打先锋、站排头,建功立业共圆长春梦"活动,党员领导干部政治素养和思想境界进一步提升;认真贯彻好干部"五条标准"和合格党员"四讲四有"要求,不断强化正确用人导向,努力做到凭能力用干部、以实绩论英雄,圆满完成市县乡村四级领导班子换届,一批组织和群众公认的好干部走

上领导岗位;突出抓好基层基础,选优配强基层“带头人”,全面整治软弱涣散村党组织,长春被评为“全国和谐社区建设示范城市”;坚定不移落实“两个责任”,坚决贯彻执行中央八项规定精神,切实发挥“电视问政”创新性监督作用,驰而不息整治“四风”,卡住纪律“戒尺”,以“零容忍”态度惩治腐败,严肃查处了一批违纪违法案件,全市上下呈现出风清气正、干事创业的良好氛围。

奋斗成就事业,成绩来之不易。过去五年取得的进步和成就,在长春发展历程中留下了坚实足迹!这是在党中央、省委坚强领导和亲切关怀下取得的,是在历届班子砥砺前行、接续奋斗中实现的,是在全市广大党员干部和各族人民群众同心协力、开拓进取下创造的,也是驻长中央和省级机关、企事业单位、人民解放军、武警官兵大力支持的结果。在此,我代表中共长春市第十二届委员会,向全市广大共产党员和干部群众,向各民主党派、工商联、人民团体和各界人士,向驻长部队、武警官兵,向所有关心、支持和参与长春改革振兴发展的同志们、朋友们,表示崇高的敬意和衷心的感谢!

在肯定成绩的同时,我们一定要清醒地认识到,纵向比长春发展在加快,横向比仍有差距。我们必须面对工业“一柱擎天”和结构单一“二人转”的双重制约;传统动力减弱和新兴动能不足的双重挑战;改革开放程度不够和科技创新能力释放不充分的双重难题;城市综合承载功能不强和绿色宜居品质整体不优的双重矛盾;民生保障层级不够高和人民群众诉求更加多元的双重压力;建设东北亚区域性中心城市的繁重任务和党员干部队伍能力水平有待提高的双重现实;全面从严治党深入推进和党风廉政建设仍需强化的双重要求。我们一定要进一步增强忧患意识、责任意识和前瞻意识,切实采取有效措施,全力以赴推动长春经济社会发展跃上新台阶。

## 二、立足全局,加快建设东北亚区域性中心城市

思想的先进是本质上的先进,观念的落后是根本上的落后。在长春转型跨越的历史关口,我们一定要顺应时代发展潮流,进一步解放思想,准确把握发展大势,牢固树立科学发展理念,坚持向创新开放要活力,变中求新、变中求进、变中突破,努力开启振兴发展新篇章。

立足吉林看长春,“打先锋、站排头”是我们必须肩负的使命担当。作为省会城市,“打先锋、站排头”既是省委寄予的殷切期望,更是义不容辞的历史使命,我们必须敢于担当、善于担当、体现担当,在全面落实省委“三个五”战略、“东中西”区域协调发展战略中,多行“表率”“领先”之举,不断强化省会城市的龙头作用,更好地引领、辐射和带动全省经济社会快速健康发展。

放眼全国看长春,抢抓机遇、加快振兴是我们必须坚定的战略选择。在国际国内经济社会发展大背景下,长春经济发展面临着难得机遇:随着国家“一带一路”、长吉图开发开放、哈长城市群建设等重大战略的深入实施,长春作为“一带一路”北线重要节点城市、长吉图腹地城市和哈长城市群核心城市,发展的空间更加广阔;《东北振兴“十三五”规划》、《加快推动东北地区经济企稳向好若干重要举措的意见》等一系列政策的密集出台,尤其是国家开展长春与天津对口合作,给我们注入了新的活力,带来了难得的发展机遇;吉林中部创新转型核心区建设全面启动,长春新区获批国家级新区,为我们推动产业转型升级、打造新的增长极提供了重要平台。我们必须抢抓机遇,创新发展,为加快东北老工业基地振兴做出新的贡献。

走向世界看长春,开放合作、积极作为是我们必须践行的时代要求。当前世界经济依然在调整中曲折复苏,新一轮科技革命和产业变革蓄势待发,我们必须以世界眼光审时度势,更加主动融入全球经济发展大局之中,充分利用国际国内“两个市场、两种资源”,全方位、多层次、多领域地参与国际竞争与合作,大力推动开放型经济发展,努力在互惠互利中提高对外开放水平,全力打造对外开放新格局。

今后五年,全市工作的指导思想是:以马克思列宁主义、毛泽东思想、邓小平理论、“三个代表”重要思想、科学发展观为指导,全面贯彻党的十八大和十八届三中、四中、五中、六中全会精神,坚持以习近平总书记系列重要讲话精神和治国理政新理念新思想新战略统揽经济社会发展全局,认真践行“五位一体”总体布局、“四个全面”战略布局和“五大发展”理念,坚持“稳中求进”工作总基调,全面落实省委“三个五”发展战略,按照“打先锋、站排头”要求,以全面振兴为主线,突出吉林中部创新转型核心区建设,不断提高从严治党水平,努力在率先全面建成小康社会进程中,把长春建设成为东北亚区域性中心城市。

按照这个思路,未来五年我们要始终突出建设东北亚区域性中心城市这个发展方向,自觉把长春经济社会发展置于国内外大局中进行比较、思考和推动,加快推进长春参与区域发展、集聚资源要素、抢占发展先机、拓展发展空间,努力做到“五个一”:“一个高于”,主要经济指标增速持续高于全省平均水平,经济发展在全省的首位度持续提升,综合经济实力和经济增长质量位居全省首位,在全省经济发展大局中的核心增长极作用进一步增强;“一个前移”,城市综合竞争力在全国同类城市中实现位次前移,逐步实现速度换挡、结构升级、动力转换,城市的集聚力、辐射力、影响力进一步扩大;“一个领先”,生态文明建设保持全国领先水平,生态环境质量综合评价在全国省会城市保持前列,绿色、循环、低碳发展理念深入人心,自然生态环境和市民生活环境不断优化;“一个率先”,在全省率先全面建成小康社会,人民群众共享改革发展成果,生产生活水平明显提高;“一个提升”,党建科学化水平全面提升,从严治党深入推进,为经济社会发展提供坚强的组织保证。

未来五年,要在打造经济量级、城市能级、民生改善、社会治理和生态文明“五个升级版”生动实践中,努力实现经济发达、文化繁荣、法治优良、功能完善、生态一流、人民幸福“六个目标”。

——经济发达。坚持从速度、结构、动力全方位入手综合

施策,以改革的精神、开放的视野,在激活各类发展要素中实现量质并进的"蝶变",经济保持较快增长速度,经济规模不断壮大,加快向"万亿俱乐部"迈进;经济结构持续优化,三次产业实现由"二三一"向"三二一"的结构转变;经济效益明显提升,地方财政收入突破600亿元,切实走出一条创新驱动、跨越发展、全面振兴的发展路子。

——文化繁荣。"中国梦"和社会主义核心价值观深入人心,人民群众思想道德素质和文明程度全面提高;"文化兴市"战略深入推进,文化产业、文化事业蓬勃发展,公共文化服务体系基本建成,文化产业占GDP比重达到5%以上,成为新的支柱产业;长春进入"国家历史文化名城"行列,实现"全国文明城市"三连冠。

——法治优良。着眼提升城市治理体系和治理能力现代化水平,全面推进依法治市,法制环境不断优化,人民群众合法权益得到有效保障,公共法律服务体系进一步完善,民主法治化水平不断提高,尊重尊严、公平正义、和谐友爱、安全有序的社会秩序逐步形成,长春成为全国一流的法治城市。

——功能完善。以强烈的文化意识推进城市规划、建设、管理,引领新型城镇化建设,推动城市由外延式扩张向内涵式发展转变,城乡一体化进程不断加快,全市常住人口达到800万左右,城镇化率达到68%左右,中心城区规划建成区面积达到450平方公里,立体化交通体系全面建成,成为区域性重要的生产要素配置中心、信息资源交流中心和高端商务活动聚集中心。

——生态一流。牢固树立绿色发展理念,积极推动生产生活方式绿色化,生态建设各项约束性指标全面达标,单位地区生产总值能源消耗持续降低,空气质量优良天数不断增加,国家水生态文明城市建设试点任务全面完成,1000平方公里"森林城"建设有序推进,全市森林覆盖率和建成区绿化覆盖率稳步提高,良好的生态环境成为人民生活质量的重要保障。

——人民幸福。始终把关心关注人民群众最现实的利益问题作为各级党委政府的行动自觉,"幸福长春行动计划"滚动实施,脱贫攻坚任务圆满完成,城乡居民收入稳步提升,收入增长与经济增长保持同步,基本社会保险覆盖率全面提高,社会救助体系更加完善,各项社会事业蓬勃发展,逐步把长春建设成为"本地人自豪、外地人向往"的幸福家园。

建设东北亚区域性中心城市,打造"五个升级版",实现"六个目标",是统筹推进"五位一体"总体布局和协调推进"四个全面"战略布局的长春篇章,是追逐"中国梦"征程中实现"长春梦"的战略构想。我们坚信,只要全市凝心聚力、万众一心、不懈奋斗,就一定能够化蓝图为现实,重塑老工业基地全面振兴的新辉煌!

## 三、开拓奋进,全面推动老工业基地振兴发展

立足新起点,迎接新挑战,全面建成小康社会,开启长春全面振兴新征程是我们的责任和使命。面对新的形势和任务,我们必须全面落实"五大发展"理念,求真务实、开拓进取,确保各项重点工作任务不折不扣地落到实处。

(一)坚持全面振兴,确保国家战略部署落地生根

党中央、国务院站在加快区域协调发展的战略高度,强力推进新一轮东北老工业基地振兴,意义重大、全国瞩目。未来一个时期,我们必须抢抓这一难得的重大机遇,坚持把全面振兴作为经济社会发展的主线,以强烈的责任意识和担当精神抓好各项决策部署落实,率先开创老工业基地振兴发展的新局面。

抢先抓早,全面做好政策承接。国家出台的支持东北振兴的系列政策措施,含金量很高,指向性很强,既有中长期战略规划,又有宏微观配套政策,打出了一套高强度的政策"组合拳"。全市上下一定要紧盯国家政策导向,全力做好对接落实。政策承接要准,准确把握国家政策要求,确保用好、用足、用活;试点争取要快,积极做好上争下促,高标准建设一批平台载体,力争更多国家试点、试验和示范落位长春;项目推进要实,对已经列入计划的项目要加大跟踪力度,同时高水平谋划包装一批重大战略项目,力争纳入国家东北振兴"大盘子",努力把战略机遇期转化为振兴发展黄金期。

突出重点,务实推进对口合作。认真落实《国务院关于深入推进实施新一轮东北振兴战略加快推动东北地区经济企稳向好若干重要举措的意见》精神,积极推进长春与天津对口合作。要加快建立高效畅通的对口合作机制,深入落实长春同天津对接交流成果,坚持全市一盘棋,统筹推进各领域对接合作,努力实现互利共赢;要务实推进长春天津产业合作园区建设,学习借鉴发达地区先进改革经验,全力将合作园区打造成两市对口合作的典范;要借助我市被国家列为"双创"基地机遇,共建长春天津创新创业合作示范区,推动"大众创业、万众创新"进入发展新阶段;要积极推进干部人才交流,加快建立两市干部交流挂职长效机制,学习天津全国人力资源服务产业创新基地经验,推动人力资源合作共享。同时,要按照国家和省安排部署,主动做好与浙江省对口合作工作。

强化责任,全力促进工作落实。各级各部门对国家政策文件中提出的重大战略、重大政策、重大项目,对我市与天津、浙江对口合作明确的重点任务,要逐项明确责任、提出目标、规定时限、拿出方案,确保各项决策部署落到实处。要守土有责、守土尽责,更多从内因出发,积极研究新情况、发现新问题、探索新办法,把支持东北振兴的各项举措与长春实际结合起来,与建设东北亚区域性中心城市的发展目标结合起来,务实创新开展好各项工作,确保取得实实在在的成效。

(二)坚持创新驱动,全力打造国家创新型城市

抓创新就是抓发展,谋创新就是谋未来。要深入实施创新驱动发展战略,加快建立国家自主创新示范区,着力打好"有中生新"转型牌和"无中生有"创新牌,努力形成以创新为主要引领和支撑的经济体系和发展模式。

建设国家创新型城市。围绕建设吉林中部创新转型核心区,做好"高"和"新""两篇文章";打赢科技体制机制建设、科技创新平台建设、科技创新项目、科技创新主体培育"四个攻

坚战”;推进形成“一条龙”式的协同创新、围绕产业链推广创新链、科技型“小巨人”企业、科技孵化器、科技人才带动科技创新“五种模式”,努力推动长春由“追跑”“跟跑”向“并跑”“领跑”跨越,加快进入创新发展第一方阵,力争到2020年进入国家创新型城市行列,为全省发展大局做出更大贡献。

发挥科技创新引领作用。科技创新是基础,是全面创新的战略支撑。要以全面落实市委市政府《关于大力推进科技创新的实施意见》为抓手,积极推动科技创新取得实质性进步。

要加大科技研发投入。积极增加各级财政科技投入,在发挥财政资金引导和放大效应的基础上,吸引战略投资者共同建立科技成果转化基金、产业引导基金、创业投资基金,加快形成社会化创新投入稳定增长机制,到2021年规上企业R&D经费支出占主营业务收入比重达到2%以上,全社会R&D经费投入占地区生产总值比重达到3%以上。

要抓好平台项目建设。大力推动基础研究平台建设,支持在长高校、科研院所、企业建设一批国家级重点实验室和技术研究中心,鼓励打造优势学科集群和高水平科技创新基地,围绕制约支柱优势产业、战略性新兴产业发展的重大瓶颈问题开展攻关,高水平谋划和推进一批科技攻关和科技成果转化项目,助推产业升级,力争到2021年国家级重点实验室达到20个,科技产业园区达到30个。

要加快科技成果转化。面向经济社会发展主战场,加快科技成果转化为经济社会发展第一推动力。进一步完善协同创新机制,充分发挥长春科技大市场在资源共享、创业孵化、科技中介等方面的引导作用,探索多种形式的成果转化模式,加快推动企业创新需求向科技攻关成果转化、科技攻关成果向中试成果转化、中试成果向产业化转化,不断提高创新成果属地转化率,力争到2021年达到35%左右。

突出企业创新主体地位。企业既是市场主体,也是技术创新主体。要全面提升企业创新能力,引导各种创新要素向企业集聚,推动企业成为研发投入的主体、技术创新的主体、成果应用转化的主体。

要把提升自主创新能力作为主攻方向。按照“平台向企业集中、人才向企业集聚、政策向企业集成”的发展思路,促进创新要素向骨干企业集聚,支持企业技术创新、管理创新、商业模式创新,鼓励企业加快建设研发机构,推动关键领域核心技术改造,形成一批具有自主知识产权的核心技术和重点产品,全面提升企业的核心竞争力,力争到2021年国家企业技术中心达到8个以上,省级以上企业技术中心达到220个左右。

要把发展中小科技企业作为重要途径。中小科技企业是知识密集型实体经济,具有机制活、贴近市场、效益高、成长性强的典型特点。要坚持“抓大不放小”,大力实施企业培育计划,全方位扶持企业成长壮大,力争全市国家级高新技术企业累计达到1000家、科技型“小巨人”企业新增1000家,着力打造更多的“希望之星”,形成大企业顶天立地、中小企业铺天盖地的发展态势。

要把培育创新文化作为精神动力。坚持以创新引领企业文化建设,大胆学习借鉴一切先进经营管理理念和经验,积极培育在创新中求生存、以创新求发展的价值理念和企业精神。

激发人才创新创造活力。创新驱动的核心是人才驱动,人才驱动的核心是体制机制改革。要牢固树立人才是第一资源意识,深入实施人才优先发展战略,大力推进人才政策创新,增强人才要素、资源、保障等方面有效供给,破除制约创新活力释放的体制机制枷锁,不断吸引更多创新领军人才;要广开进贤纳才之路,坚持“不求所有、但求所用”“不求常在、但求常来”,充分发挥市场在人才资源配置中的决定性作用,探索建立“人在彼地、才施长春”的人才智力汇聚机制;要搭建人才干事创业舞台,激励各类人才岗位建功,促进人才、科技、资本等生产要素融合对接,努力提供人尽其才、才尽其用的良好环境。

(三)坚持扩容强基,进一步夯实振兴发展基础

发展不够、不充分、不协调仍然是长春的最大市情,我们必须用发展的办法解决前进中的困难和问题,紧紧抓住发展这个第一要务,放手发展规模,努力提高质量,全力做大经济量级。

积极扩大有效投资,不断积蓄发展动能。今天的投资总量决定明天的经济增量,今天的投资结构决定明天的产业结构,必须把扩大有效投资牢牢抓在手上,摆在突出位置,确保经济当前有动力,未来有潜力;要多渠道做大有效投资规模,积极培育优质投资、引进战略投资、争取国家投资、激活民间投资,以有效投资形成有效供给,拉动有效需求,形成有效增量,着力解决总量不足、底盘不大的问题;要坚持不懈优化投资结构,立足我市产业基础、资源禀赋、特色优势,选择主导产业,加大“既利当前、又利长远”的投资力度,重点抓有质量、可持续的投资,着力提高投入产出比,提高投资强度和科技含量,坚决杜绝高耗能、高污染、重复建设的投资,以投资结构的优化推动产业结构的转型升级。

全力推进项目建设,持续强化发展支撑。项目是点,产业是线,经济是面。我们与发达地区的差距,表面上是经济总量上的差距,但归根结底还是项目的差距,只有每一个项目顺利落地投产,产业才会壮大、经济才能发展。

要超前谋划储备项目。项目建设具有周期性特点,我们一定要有前瞻意识,着眼未来振兴发展需求,积极抢抓国家“一带一路”“中国制造2025”等战略机遇,高水平谋划一批体现区域发展战略高度、体现顶层设计要求、引领产业发展和完善城市配套功能的重大项目,形成充实完善的项目储备库。

要积极推进重大项目建设。在经济新常态下,必须用新理念新思维推进项目建设。要以创新理念抓项目,全力推进一批科技创新和产业项目;以协调理念抓项目,加快推进一批重大基础设施和城建项目;以绿色理念抓项目,着力推进一批生态环保类项目;以开放理念抓项目,积极推进一批对外开放平台类、载体类重大项目;以共享理念抓项目,重点推进一批民生改善类项目,努力发挥项目对经济增长的重要支撑作用。

要完善项目推进落实机制。项目建设具有明显的时效性,

经济项目一旦久拖不决,市场先机就会失去;民生项目如果久建不成,社会效益必然大打折扣。要认真落实重大项目建设包保责任制、项目服务秘书制,进一步探索完善绩效考核办法,加强督促检查,严格绩效考核,推进项目落实,全面提高项目的核准落户率、开工竣工率和投产达效率,营造敢抓项目、善抓项目、大抓项目的良好氛围。

强力实施招商引资,切实增强发展后劲。发展是第一要务,招商是经济发展第一要事。要主动打破旧思维旧观念束缚,用新思想指导新实践,用新观念开创招商引资工作新局面。

要解放思想抓招商。资金项目落位从来不是自然选择的结果,区域和资源是有形优势,而信心和智慧则是无穷变量。要充分发挥主观能动性,主动适应国内外产业和资本转移大趋势,坚持优势互补、差异发展,向内多挖潜、向外多引进,努力闯出长春招商引资新天地。

要突出重点抓招商。牢固树立全市"一盘棋"的招商理念,统筹推进项目招商、园区招商、产业招商、企业招商、环境招商,尤其是要加大与世界500强、国内500强企业对接力度,努力吸引一批战略性投资者、战略性项目、战略性产业落位长春,促进经济结构调整和发展方式转变,加快产业和实体经济发展。未来5年,全市实际利用内外资力争年均增长15%和12%左右。

要强化服务抓招商。牢固树立"开明重于精明""服务重于资源"理念,着眼便商利商,积极转变政府职能,打造务实高效的政务环境;着眼兴商富商,积极打造优质便利的投资环境;着眼聚商活商,积极打造公平有序的市场环境,特别是要把诚信作为环境建设的重点,加快建设诚信政府、打造信用企业、培育守信市民,形成吸引投资的良好社会效应。

要创新手段抓招商。牢固树立"精准招商"理念,聚焦客商投资需求和全市产业发展重点,运用大数据,推进"互联网+招商",实现发展要素的协同整合、招商信息的精准投放、项目与客商的有效对接,切实提高招商引资的效率和质量。

发挥消费基础作用,积极扩大有效需求。消费需求是最终需求,也是最大的、根本性的需求。要主动适应个性化、多样化消费趋势变化,进一步加强政策引导,改善消费方式,增强群众消费能力,营造良好消费环境,努力在稳定传统消费的基础上,积极挖掘新的消费增长点,大力发展现代服务业,培育现代物流、移动互联网、物联网等新型业态,全面带动消费结构整体升级,力争社会消费品零售总额年均增长10%左右。同时,要依法管理房地产市场,继续做好房地产去库存工作,综合运用金融、土地、财税、投资等手段,确保房地产业平稳健康发展。

(四)坚持转型升级,积极构建动力转换新引擎

调整优化经济存量,择优打造经济增量,加快传统动力引擎优化升级、新兴动力引擎蓄势发力是我们必然选择。要牢牢抓住转方式、调结构这条主线,坚定不移地推进三次产业转型升级,实现发展动能转化,全力构建支撑未来发展的现代产业新体系。

优化一产,争当现代农业建设排头兵。推进农业农村经济发展,不仅要立足于"大",更要立足于"强",必须以构建现代农业产业体系、生产体系和经营体系为重点,加快推动长春由"农业大市"向"农业强市"跨越,向率先实现农业现代化目标迈进。

要围绕转变农业发展方式,科学调整农业内部产业结构。在确保国家粮食安全前提下,处理好发展传统产业与引进先进技术、重视粮食生产与发展高效经济作物的关系,主动适应市场需求和政策调整变化,深入推进农业供给侧结构性改革,进一步调整农业内部结构,依据不同区域的产业基础,坚持扬长避短、分区施策,大力发展高效特色农业和现代都市农业,推动农业产业结构不断优化升级。

要围绕打造绿色农产品基地,突出抓好品牌建设。以创建国家绿色有机农业示范市为依托,全面推行农业标准化生产、基地化建设、产业化经营、品牌化发展、全程化可追溯,实现绿色有机农业面积、总值"双倍增",打响绿色有机农产品品牌,努力将长春建设成为全国绿色有机农业示范基地。

要围绕提升农业比较效益,大力发展农产品加工业。坚持以工业化思维谋划农业,发挥农产品加工业在促进农村三次产业融合发展中的重要作用,放眼国内外市场,立足长春农产品加工业发展优势,下大力气培育和发展龙头企业,全面提升农产品加工档次和产业化层次,着力打造一批产值超50亿元、100亿元的"农"字号大企业,促进我市农产品加工业向"双千亿"目标迈进。

要围绕探索发展新模式,着力抓好现代农业实验区建设。以推进农业供给侧结构性改革为突破口,整合优势资源,高标准、高水平集中建设好五大现代农业实验区,强化农业水利基础设施建设,推动先进适用技术广泛应用,确保粮食综合生产能力稳定在200亿斤阶段性水平,努力打造现代农业产业实验区,引领农业跨越发展。

抓牢二产,打造东北亚智能制造基地。工业是实体经济的脊梁,是长春发展的根基,必须抓住"中国制造2025"试点示范城市获批机遇,坚定不移地走新型工业化道路。

要积极推动传统产业品牌化。大力实施品牌发展战略,促进传统企业改造升级,不断提升产品生产标准、产品质量、技术含量和附加值,加快培育一批名牌产品、知名商标和国家地理标志保护产品,形成传统产业品牌集群优势,努力实现"长春制造"向"长春创造"转变。

要积极推动支柱产业高端化。着力实施制造业高端发展战略,全力建设世界级汽车、农产品加工和轨道客车研发制造服务基地。加快发展节能汽车、新能源汽车和智能网联汽车,形成350万辆整车规模,大力发展汽车零部件产业,推动汽车产业向低碳化、网络化、智能化方向发展;突出发展粮食深加工、绿色食品,推进特色资源开发转化,推动农产品加工向绿色化、精深化、品牌化发展;提高轨道客车研发制造能力,加快维修基地建设,推进协作配套服务,推动轨道客车产业向基地

化、集成化、国际化迈进。

要积极推动新兴产业规模化。加快实施千亿级新兴产业培育工程,大力发展具有比较优势的战略性新兴产业,在现有的汽车、农产品加工两个千亿级产业基础上,依托开发区和特色产业园区,再集中力量打造先进装备制造、生物及医药健康、光电信息、新能源汽车、新材料、大数据等6个千亿级产业,努力形成一批新的经济增长点。

突破三产,建设东北亚区域性服务业中心城市。全力打好服务业发展攻坚战,推动生产性服务业向专业化和价值链高端延伸、生活性服务业向精细化和高品质转变。

功能要向专业化转型。围绕服务实体经济,大力推动金融业发展,加快建设东北亚区域性金融服务中心;发挥区域交通枢纽优势,不断壮大临空经济、陆港经济和高铁经济,加快建设国际物流中心;立足打造“长春服务”品牌,积极推动国际贸易、服务外包、跨境电商等多领域合作,加快形成参与国际竞争的比较优势。

品质要向高端化转型。打好“优势牌”“特色牌”“融合牌”,实施全域旅游战略,支持冰雪和避暑旅游产业发展,变“冷冰雪”为“热资源”,着力打造区域性旅游名城;建立健全“大健康”服务体系,着力打造休闲康养基地;提升东北亚博览会、汽博会、农博会等展会层次和水平,着力打造会展经济高地。

布局要向集聚化转型。全面落实长春新区等特定区域的突破性政策,引导资源配置向重点区域、优势行业集中,高标准打造一批像净月商务、欧亚汇集一样的服务业集聚区、城市商业综合体和特色街区,努力形成集约集群发展态势。

(五)坚持改革开放,持续激发振兴发展的强大动力

改革开放是实现新一轮全面振兴发展的制胜法宝。必须坚持深化改革不停顿、扩大开放不止步,深化供给侧结构性改革和关键环节改革,不断解决经济运行中的供给侧、结构性、体制性问题,努力以改革开放的新突破引领全面振兴发展的新实践。

深化供给侧结构性改革,充分释放市场活力。严格执行国家和省部署,按照“最终目的是满足需求、主攻方向是提高供给质量、根本途径是深化改革”要求,抓住供给约束、供给抑制、供给结构老化主要矛盾,认真落实去产能、去库存、去杠杆、降成本、补短板各项重点任务,着力减少无效和低端供给,突出补齐有效投资不足、产业不协调、城市功能不完善、民生保障层次不高、县域经济不发达、科技创新能力不足和软环境建设的短板,努力实现由低水平供需平衡向高水平供需平衡跃升。

深化行政管理体制改革,不断优化市场环境。要充分发挥政府“有形之手”和市场“无形之手”的作用,正确处理“放”和“管”的关系,全力下好简政放权“先手棋”,以政务服务“一门式、一张网”综合改革为抓手,继续深化“放管服”改革,全面建立清单管理制度,实行权力清单、责任清单、投资项目负面清单和财政专项资金管理清单,加快财税管理体制和投融资管理体制改革,真正用政府权力的“减法”换取市场活力的“加法”。

深化国企国资改革,努力壮大市场主体。进一步加强国有企业党的建设,按照“三个有利于”要求,进一步深化国企国资改革,尤其是要抢抓国家在东北开展混合所有制改革试点机遇,加快完善国有企业治理结构、经营机制和国有资产监管体制。要坚持市场化改革方向,努力做强做优做大竞争类国有企业;坚持服务为先的理念,不断提升公益类国有企业的服务能力和水平;坚持聚焦发展全局,在服务城市建设中壮大功能类国有企业,进一步放大国有资本功能,不断激发国有企业的发展活力和内生动力。

深化民营经济改革,全面激发市场潜力。坚持“两个毫不动摇”,积极构建“既亲又清”的新型政商关系,以提高质量效益为中心,以加快转型升级为主攻方向,以民营经济综合配套改革示范区建设为依托,全面提升民营经济集约化、规模化、特色化水平。要坚持发展大中小微民营企业并举、三次产业并举、发挥国企优势和挖掘民企潜力并举,努力形成有利于民营经济集聚发展的体制机制和发展环境,促进更多民营资本扎根长春、更多民营企业成长壮大,到2021年,民营经济增加值占GDP的比重要达到60%以上。

加快对外开放步伐,大力拓展市场空间。主动融入“一带一路”沿线国家和地区的经济技术合作,积极参与中蒙俄经济走廊建设,支持龙头企业、品牌企业“走出去”;全力抓好长春新区、兴隆综保区、空港开发区等对外开放平台和“长满欧”等对外通道建设,进一步提高龙嘉机场空港承载能力,充分发挥国家内陆口岸功能;积极推进中韩产业投资贸易合作示范区、中德工业园、中泰产业园、中俄、中白科技园、中古生物技术产业园等一批国际合作园区建设。同时,不断扩大对内开放力度,积极与长三角、珠三角、环渤海等区域开展交流合作,与发达地区进行产业对接,建立一批产业转型升级示范区,不断提升我市利用“两个市场、两种资源”的能力和水平,全面构建立体化对外开放新格局。

(六)坚持统筹协调,着力推进区域均衡协调发展

科学把握城市发展规律,加快转变城市发展方式,坚持走城区、县域、开发区均衡发展,生产布局和空间布局统筹协调的新路,全力打造深度融合、协同发展的城市发展格局。

构建长春都市经济圈。充分发挥哈长城市群核心城市带动作用,携手市州、联动周边,延伸长春对外辐射半径,促进长吉、长平一体化发展,着力打造环长春一小时经济圈;加大与环渤海、京津冀城市群的对接力度,探索建立区域合作与协同发展机制,增强跨区域资源和要素整合能力,着力打造区域带动力和辐射力全面升级的大都市经济圈。

优化多元化发展格局。顺应社会主义市场经济体制要求,创新体制机制,推动要素集聚,加快构建科学合理的生产力布局。开发区要立足打造转型升级创新发展“排头兵”,加快向创新转型、向集约集聚转型、向以特色园区为载体的新型工业化转型,通过不懈努力,使开发区经济增长速度持续领跑全市,占全市经济总量比重持续提升,特别是长春新区要敢于大胆

创新,着力在科技、体制机制创新等方面先行先试,不断提升要素集聚能力,全面提高发展水平,力争在国家级新区中后来居上;城区要立足打造内涵发展“火车头”,切实发挥区位经济、多元经济、集约经济的比较优势,以发展现代服务业为重点,进一步提升产业层次,着力完善服务功能,积极打造城市品牌,加快建设宜居宜业的现代化城区;县域经济要激发活力,主动和国内发达地区对标,坚持产城融合、差异发展,因地制宜培育主导产业、富民项目和特色经济,高标准抓好县城建设管理,加快转变“二元”结构,努力建设中等城市,形成八仙过海、各显神通的良好竞争局面。

推进新型城镇化建设。坚持以人为核心,深入推进国家新型城镇化综合试点,率先建立农业转移人口市民化成本分担机制,完善多元化的城镇化投融资机制,积极推进户籍制度改革,促进基本公共服务向常住人口均等化覆盖,着力抓好“美丽乡村”建设,切实发挥重点城镇示范效应,探索形成一批农业现代化、新型工业化、城乡一体化等特色小城镇发展模式,努力推动城乡协调发展。

(七)坚持品质引领,加快建设绿色宜居新型城市

牢固树立“以人民为中心”的思想,推动城市功能、形象、品位和人居环境全面提升。

坚持科学规划,明确发展坐标。规划是城市发展的龙头,决定着城市建设的品质。要学习借鉴先进的城市规划理念,以战略思维来审视规划工作,使规划具有长远的眼光、科学的预测和理性的控制,既立足当前,又顺应未来。要坚持科学发展,调整优化产业结构;坚持以人为本,改善提升人居环境;坚持区域特色,注重文化品位;坚持环保优先,打造生态文明,全力促进城市发展提质,坚决避免和防止“摊大饼”式的城市发展模式。要突出规划的权威性和严肃性,在推动发展过程中不折不扣地抓好落实,做到一本规划、一张蓝图、一抓到底,引领建设“百年城市”。

注重功能完善,提升城市能级。建设城市既要好看,更要好用,对外有形象,对内有品质。要从长春实际出发,深入实施“双核带动”战略,一方面加快建设新区,走内涵式发展道路,努力打造城市新的增长极;另一方面抓好旧城改造提升,不断完善城市功能,努力为人民群众提供良好的生活环境。今后一个时期,要立足解决“城市病”问题,全力推进生态修复工程、轨道交通建设工程、路网提升工程、住房改善工程、要素保障工程、环境整治工程和“公交都市”“海绵城市”创建工作,努力为城市“强筋壮骨”。同时要大力发展绿色节能建筑,规划建设装配式建筑产业园区,加快实现建筑业转型升级。要坚持“五季长春”理念,统筹规划实施“地下长春”工程,加快建设寒地地下空间利用示范城市。

彰显地域特色,塑造城市风貌。经过多年发展,长春已经形成了汽车、电影、雕塑、冰雪、警示文化等特色文化品牌,要在创建“国家历史文化名城”过程中,全面实施文化注入与表达工程,切实把长春的地域特色和历史文化元素融入到城市设计之中。积极推进城市公共空间雕塑建设,全面实施美化亮化彩化绿化和冬季城市景观工程,全力抓好城市森林、绿地、水域、湿地、园林建设,进一步放大净月、莲花山生态资源优势,加快一体化发展进程,不断提升“休闲消夏胜地、冰雪体验之都、文化旅游名城”的品牌形象。

强化科学管理,建设美好家园。深化城市治理体制改革,加快建立责权一致、重心下移、高效有序的管理体制。要向智慧化要效率,促进大数据、物联网、云计算等现代信息技术与城市管理服务融合,加快智慧城市建设步伐,降低城市运行和管理成本;要向科学化要效益,以科学理性的态度推进城建投融资体制和征地拆迁机制创新;要向网格化要效能,全面构建大城管体制,推进城市管理重心下移,切实在共治共建共管中创造美好的城市生活。

(八)坚持文化兴市,全力打造东北亚现代文化名城

文化是城市的灵魂,城市是凝固的艺术。一座城市的综合实力和核心竞争力,不仅仅在于拥有多少高楼大厦,更重要的是城市鲜明的文化特色和个性魅力。我们要着力实施“文化兴市”战略,不忘本来、吸收外来、面向未来,让文化精髓贯穿于城市化进程,不断提升城市文化软实力。

坚定文化自信,共建精神家园。要大力弘扬以爱国主义为核心的民族精神和以改革创新为核心的时代精神,积极倡导“宽容大气、自强不息”的城市精神,打造共同奋斗的思想基础;要扎实推进社会主义核心价值观建设,不断完善以爱国主义教育基地和“长春德苑”等主题公园为主体,以主题社区、主题街路等教育阵地为补充的“一体多翼”宣传教育网络体系,通过大众化、有形化的阐释和表达,让城市始终充满积极向上、和谐包容的正能量;要切实加强意识形态工作,强化党对意识形态工作的领导,牢牢把握领导权、管理权、话语权,认真抓好新闻舆论宣传,强化文化对外交流,讲好长春故事,传播长春好声音,更好地发挥文化宣传引领风尚、教育人民、服务社会、推动发展的作用,不断提升长春文化的传播力和影响力。

壮大文化产业,提升文化实力。坚持做大总量和优化结构并重,发展产业和繁荣市场并举,走文化产业与产业文化、城市特色相结合的发展路子。要加快构建现代文化产业体系,在不断壮大传统文化产业基础上,进一步强化“文化+”战略思维,大力推进文化与旅游、科技、金融、互联网深度融合,加快培育一批新媒体、数字动漫、文化创意等新兴文化业态,不断提升全市文化产业的规模和层次,努力把文化产业打造成新的支柱产业;要深入实施“扶优扶强”和“中小文化企业”发展战略,进一步把骨干文化企业做大做强,把中小文化企业做精做特,引导文化企业开发适销对路的文化产品和服务,积极推进国家文化消费试点,培育新的文化消费增长点;要加快完善文化市场服务体系,提升文化市场综合管理水平,积极构建文化产业投融资平台,用好文化产业发展基金,推动有条件的企业兼并重组、上市融资,形成强大的文化产业发展合力。

繁荣文化事业,实现文化惠民。要坚持文化事业和文化产业“双轮驱动”,深入推进国家公共文化服务体系示范区建设,

保障人民群众的基本文化权益；要坚持政府主导、社会参与、重心下移，鼓励和扶持社会力量参与公共文化服务，引导各类文化资源向基层延伸、向社会开放；要着力实施文化惠民工程，积极发展文学艺术、新闻出版、广播影视事业，着力推出文化精品力作，丰富公共文化产品和服务供给，做好文化“精准扶贫”，推行“菜单式”服务，切实为全市人民提供更多的精神食粮和文化大餐。

（九）坚持民生优先，让人民群众共享改革发展成果

以人为本、关注民生是党和政府一切工作的出发点和立足点，要主动适应群众对美好生活的新需求，进一步提升民生工作水平。

坚决打赢脱贫攻坚战，补齐全面小康短板。按照“精准扶贫、不落一人”总要求，坚持扶贫开发与社会保障两轮驱动、集中攻坚与精准扶贫同步推进、扶贫开发与基层组织建设有机结合，深入实施“六个一批”举措和“双包双转化”工程，切实以精准施策推动精准脱贫，同时要扎实做好贫困人口动态调整、贫困对象退出、项目建设、考核验收等工作，确保到 2017 年在全省率先实现全面脱贫。

持续推动增收就业，打牢民生工作基石。深入实施城乡居民增收“暖流计划”，保护合法收入，增加低收入者收入，扩大中等收入者比重，积极构建职工收入正常增长机制，完善农民工工资“精准支付”模式，多渠道增加城乡居民财产性收入；全力抓好就业，着力完善就业创业服务体系，切实做好高校毕业生、返乡农民工等重点群体就业创业工作，不断降低结构性失业风险，努力实现充分就业。

统筹推进社会事业，办好各项民生实事。坚持普惠性、保基本、均等化、可持续发展方向，不断提高公共服务共享水平。优先发展教育事业，促进学前教育普惠发展、义务教育均衡发展、高中教育特色发展、职业教育加快发展、高等教育协调发展、农村教育城乡一体化发展，加快建设东北亚区域性教育中心；积极推进“健康长春”建设，普及健康生活、优化健康服务、完善健康保障、发展健康产业，扩大公共卫生均等化服务范围，努力打造区域性医疗中心；统筹城乡居民养老保险制度，实施城乡居民医疗保险并轨，完善工伤、失业、生育保险制度，大力发展慈善事业、养老事业、残疾人事业、志愿服务等社会公益事业，完善社会救助体系，全方位提升社会保障水平。

积极回应群众关切，解决民生热点问题。坚持多看百姓的身边事，多听百姓的心里话，多算百姓的生活账，进一步加大民生实事落实力度，着力畅通沟通机制和解决渠道，全力抓好“菜篮子”工程、保障性住房、交通出行等群众关心关注的重点问题。当前，尤其是要突出抓好空气污染治理，各级党委政府必须把责任担起来，以更大的决心全面加强整治，积极落实“煤改电”“煤改气”等扶持政策，统筹推进煤炭高效利用和秸秆综合利用等源头调控措施，力争 2021 年基本消除重污染天气。

（十）坚持依法治市，扎实做好民主法治工作

始终把法治作为一种价值导向和实践标准，加快建设科学立法、严格执法、公正司法、全民守法的法治长春。

积极推进民主政治建设。大力支持人大及其常委会依法履职，使立法、监督、决定重大事项和人事任免更好地体现人民意志；支持人民政协广泛多层次推进协商民主，更好地协调关系、汇聚力量、建言献策、服务大局；巩固和发展爱国统一战线，充分发挥各民主党派、工商联、无党派人士服务发展的独特优势，更好地发挥工会、共青团、妇联等群团组织的作用，努力形成生动活泼、安定团结的政治局面。持续抓好“双拥”工作，积极推动军民融合深度发展，为实现“强军梦”贡献力量。

全面提升“法治长春”水平。紧紧围绕“规范公权、保障私权”两项基本任务，坚持依法治市、依法执政、依法行政共同推进。加强党对政法工作的绝对领导，加快建设法治政府，规范行政执法行为，着力提高党员干部运用法治思维和法治方式深化改革、推动发展、化解矛盾、维护稳定的能力和水平；深化司法体制改革，健全司法权力运行和监督机制，规范司法行为，提高司法公信力；深入推进公共法律服务体系建设，扎实做好“七五”普法，全力营造尊法、学法、守法、用法的良好法治氛围。

全力维护社会和谐稳定。围绕创建国家安全发展示范城市，全面提升社会治理的网格化、信息化、社会化、精细化、法治化水平，积极落实社会稳定风险评估、主体责任制、责任追究制度，健全社会矛盾纠纷多元化解机制，完善立体化社会治安防控体系，依法严厉打击各类违法犯罪活动，突出抓好重点领域安全生产工作，坚决防止重特大安全生产事故发生，真正把长春打造成为最具安全感城市。

## 四、不忘初心，全面提高从严治党水平

事业兴衰，关键在党。要深入学习贯彻党的十八届六中全会精神，坚决贯彻落实党中央关于全面从严治党的新要求新部署，坚持从党内政治生活管起、从党内政治生活严起，不断将从严治党推向新高度，努力把党的政治优势和组织优势转化为推动振兴发展的强大力量，为建设东北亚区域性中心城市提供有力保证。

（一）坚定政治方向，从严加强思想政治建设

理论上的成熟是政治上坚定的基础，理论上的与时俱进是行动上锐意进取的前提。要深入学习贯彻习近平总书记系列重要讲话精神，深刻领会总书记治国理政新理念新思想新战略，自觉地用重要讲话精神武装头脑、指导实践、推动工作。

要严格遵守政治纪律和政治规矩，牢固树立政治意识、大局意识、核心意识、看齐意识，坚决维护习近平总书记核心地位，坚决维护党中央权威，真正做到在思想上深刻认同核心、在政治上坚决维护核心、在行动上坚定紧跟核心，确保中央和省委的各项决策部署在长春落地生根。

要始终把灵魂置于高处，深入学党章党规、学系列讲话，学党的历史，学中国特色社会主义理论，推进“两学一做”学习教育常态化，不断增强对中国特色社会主义的道路自信、理论自信、制度自信和文化自信。

(二)注重德才兼备,从严加强干部队伍建设

政治路线确定之后,干部就是决定因素。要坚持德才兼备、以德为先,坚持五湖四海、任人唯贤,按照好干部"五条标准",旗帜鲜明地树立正确的用人导向,树立注重学识的导向,大胆起用胸襟宽、眼界宽、思路宽的开拓者;树立注重发展的导向,大胆起用懂得经济、熟悉市场、善于经营的创业者;树立注重创新的导向,大胆起用顺时应势、敢闯敢试、开拓进取的领头雁;树立注重实绩的导向,大胆起用埋头苦干、身体力行、励精图治的实干家;树立注重勤廉的导向,大胆起用政治清醒、经济清楚、生活清白的明白人,努力形成"凭能力用干部,以实绩论英雄"的良好氛围。

要紧紧围绕加快打造"五个升级版"、实现"六个目标"选干部配班子,进一步落实领导干部能上能下实施意见,细化政绩考核评价办法,做到优上劣汰庸下;要深化干部人事制度改革,加大优秀年轻干部培养选拔力度,优化干部培养路径,鼓励年轻干部到基层和艰苦地区锻炼成长。

要大力弘扬"做官务必做事、做事绝不做秀"的务实精神,铭记"看重组织考核、注重群众感受"的公仆情怀,完善容错免责办法,敢于为勇于担当者担当、为实干创业者负责、为改革创新者撑腰,让广大干部的干事创业热情竞相迸发。

要加强能力建设,干部培养要"保证储量",更要"提升质量",学会用马克思主义认识论和方法论观察问题、分析问题、处理问题,进一步强化战略思维、历史思维、辩证思维、创新思维、底线思维,不断提高驾驭全局、化解矛盾、推动发展的能力和水平。

(三)立足固本强基,从严加强基层组织建设

党的执政根基在基层,党的工作最坚实的力量支撑也在基层。要坚持政治合格、执行纪律合格、品德合格、发挥作用合格,大力开展"做表率、当先锋"行动,领导做表率,党员树形象,推动基层党组织建设全面进步、全面过硬。

要强化政治引领,注重典型引路,打造党建品牌,选优配强基层党组织带头人,推动力量、投入、资源和工作向基层下沉;要巩固扩大各领域基层党的组织覆盖和工作覆盖,突出国有企业、非公有制企业和社会组织党的建设,促进基层党组织在推动发展、服务群众、凝聚人心、促进和谐中彰显先进性。

要加强党员队伍建设,提高党员发展质量,从严加强党员日常管理,推动党员更好发挥先锋模范作用。要努力拓宽党建工作新领域,不断探索富有时代特征、贴近长春实际、深受群众欢迎的工作手段,借助现代科学技术,探索"互联网+党建"新模式,不断激发基层党建新活力。

要把联系服务群众、做好群众工作作为基层党组织核心任务和基层干部基本职责,落实党员干部联系服务群众制度,建好用活基层党建阵地和服务平台,真正让"最后一公里"成为"最畅一公里",让人民群众感受到党的力量和温暖。

(四)坚持制度治党,从严加强长效机制建设

制度建设带有根本性、全局性、稳定性和长期性。要认真落实《关于新形势下党内政治生活的若干准则》《中国共产党廉洁自律准则》和党内监督条例、地方委员会工作条例、党组工作条例以及巡视工作条例、纪律处分条例、问责条例等党内法规,让制度治党落地生根。

要严肃党内政治生活,认真落实"三会一课"、民主生活会、领导干部双重组织生活、民主评议党员、谈心谈话制度,切实用好批评和自我批评这个锐利武器;认真落实民主集中制,坚持民主基础上的集中和集中指导下的民主,凡属重大问题,必须发扬民主、善于集中、敢于担责,努力形成团结、紧张、严肃、活泼的生动政治局面。

要认真执行党内监督条例,全面落实党内监督责任,促进党内监督同有关国家机关监督、民主党派监督、群众监督、舆论监督相结合,形成监督合力,提升监督实效,不断增强自我净化、自我完善、自我革新、自我提高能力;要坚持制度面前人人平等,使制度成为硬约束,以刚性的制度规定和严格的制度执行,推进全面从严治党规范化、常态化、长效化。

(五)高悬反腐利剑,从严加强党风廉政建设

要进一步增强落实"两个责任"的坚定性和自觉性,党委(党组)书记要切实履行"第一责任人"责任,各级党委(党组)要牢固树立首责主业意识,切实担负起全面从严治党主体责任;各级纪委要聚焦中心任务,强化监督执纪问责,推动形成不敢腐、不能腐、不想腐的长效机制。

要强化"永远在路上"的思想自觉和行动自觉,严格执行中央八项规定精神和省、市委具体规定,坚决防止"四风"反弹回潮;要坚持把纪律和规矩挺在前面,用好监督执纪"四种形态",抓早抓小、防微杜渐,真正使纪律规矩成为"带电的高压线"。

要加大对腐败问题的查办力度,坚持无禁区、全覆盖、零容忍,突出解决好群众身边的不正之风和腐败问题,做到有腐必反、有贪必肃,切实以党风廉政建设和反腐败斗争的实际成效取信于民。

同志们,全面振兴发展使命在肩,我们唯有坚强担当;建设中部创新转型发展核心区目标在前,我们必须拼搏进取。让我们更加紧密地团结在以习近平同志为核心的党中央周围,在省委的坚强领导下,解放思想、凝心聚力,开拓进取、合力攻坚,为建设东北亚区域性中心城市而不懈奋斗!

# 政府工作报告

## ——2017年1月7日在长春市第十五届人民代表大会第一次会议上

刘长龙

各位代表:

现在,我代表市政府,向大会报告工作,请予审议,并请市政协各位委员提出意见。

### 一、2016年工作回顾

2016年,面对严峻复杂的发展环境,在市委的坚强领导下,我们紧紧依靠和团结全市人民,解放思想、抢抓机遇、创新发展,圆满完成了经济社会发展主要预期目标,实现“十三五”的良好开局。

——经济运行稳中向好。预计地区生产总值完成5986.4亿元,增长7.7%,增速比上年提高1.2个百分点。地方级财政收入完成415.5亿元,增长7%,增速比上年提高9.3个百分点。规模以上工业产值、固定资产投资、社会消费品零售总额等主要指标增速均比上年有较大幅度的提高。

——发展新动能加快成长。改革创新持续推进,战略性新兴产业产值占工业比重提高1个百分点,电子商务交易额增长35%,大众创业、万众创新蓬勃发展,新的增长动力加快形成并不断蓄积力量。

——城市品质稳步提升。伊通河百里生态长廊建设扎实推进,旧城改造提升工程启动实施,交通秩序整治成效明显,空气质量优良天数由237天增加到291天,长春荣获“国家森林城市”称号。

——区域发展格局不断优化。长春新区建设高点起步、顺利开局,开发区转型升级步伐加快,城区服务业不断进档升级,县域经济加速崛起,新型城镇化取得新成效。

——各项事业协调发展。教育、科技、文化、卫生、体育、广播电视等领域取得新进步,安全生产、市场监管、社会治安得到加强,社会大局和谐稳定。

——人民生活持续改善。幸福长春行动计划全面完成,为群众办了一批好事、实事。城乡居民增收“暖流计划”启动实施。全年新增就业12.6万人,超出年初预期目标。长春连续九次获评“最具幸福感城市”。

一年来,主要做了以下工作:

(一)推动产业转型升级,促进经济提速增效。坚持把扩大有效投资摆在经济工作首位,以项目为载体转方式、调结构、补短板,推动经济稳定回升向好。全年实施亿元以上项目1150个、10亿元以上项目284个。完成固定资产投资4710.6亿元,增长10%,启动建设五大现代农业实验区,带动农业发展方式加快转变。综合农机化率超过80%。调减籽粒玉米面积22.3万亩,“长春大米”等优质农产品品牌影响力持续扩大,长春成为首个“创建全国绿色有机农业示范市”。畜牧业稳定发展,免疫无口蹄疫区建设基本完成。制定了工业转型升级实施意见,一汽大众奥迪Q工厂、EA211发动机、长客动车组检修基地、中粮10万吨液糖等一批项目顺利实施,汽车、农产品加工、轨道客车三大支柱产业整体素质不断提升,长春被国家正式列为“中国制造2025”试点示范城市。规模以上工业产值增长8.6%,增速比上年提高20.4个百分点,总量在15个副省级城市中位次由第10位上升到第9位。实施服务业攻坚,出台系列扶持政策,加快建设商业综合体、特色街区、现代服务业集聚区,服务业占GDP比重提高1.6个百分点。长春获批国家服务业综合改革试点。成功举办汽博会、农博会、电影节、雕塑展、雪博会。民航进出港人数增长11%。旅游业总收入增长25%。社会消费品零售总额增长10%,增速比上年提高1.2个百分点。金融业稳步发展,获批筹建东北首家民营银行。互联网和相关服务营业收入增长2倍。长春进入“中国服务外包示范城市”行列。启动创建国家自主创新示范区、国家级“双创”综合性示范区,加快培育发展新动能。单克隆抗体、玄武岩纤维等一批关键技术实现产业化,航天信息、新能源汽车等10大产业园区启动建设。科技大市场建成开业。全市技术合同交易额达到109亿元,增长3.5倍。3户企业上市,17户科技型中小企业新三板挂牌。国家级众创空间、科技企业孵化器分别发展到9家和49家。国家高新技术企业和科技型“小巨人”企业分别发展到285户和453户。

(二)加大改革开放力度,经济发展活力不断增强。扎实推进供给侧结构性改革,努力扩大对外开放,不断破除束缚发展的体制机制障碍,向改革开放要动力、要潜力、要红利。全面启动“一门式、一张网”综合改革,构建“互联网+政务服务”新模式,方便群众和企业办事创业。行政审批中介服务事项削减23%,行政审批要件精简21%。基本建设项目实行并联审批,审批时限压缩到51天。探索推行“双随机、一公开”监管,随机抽取检查对象,随机选派执法检查人员,及时公布查处结果,确保市场活而不乱。认真落实减免税优惠政策,全面推行营改增,进一步清费减负,行政事业性收费和政府性基金实行清单管理,全年减轻企业税费负担30多亿元,经济发展软环境不断改善。全年新增规模以上工业企业273户、规模以上服务业企业793户、限额以上批零住餐企业434户。全社会创业创新热情日益高涨,新登记各类市场主体增长18.3%,其中新登记民营企业户数增长27.1%。民营经济综合配套改革示范区被列为国家试点。淘汰煤炭落后产能117万吨、钢铁落后产能48万吨。汽车库存降低2.6万辆。商品住房可售面积下降15%。市属国有企业股权规范重组取得积极进展,开展公共资源交易平台整合,供销社、农村金融、不动产登记、集体经营性建设用地入市等领域改革有序推进。抢抓国家"一带一路"、新一轮东北老工业基地振兴等重大机遇,主动参与中蒙经济走廊建设,积极与天津市开展对口合作,兴隆综保区获批国家一类口岸,"长满欧"货运班列实现常态化运行。中德、中韩、中白等国际合作产业园区加快建设,华侨华人创新创业聚集区落户长春。引进了华为云计算、浪潮大数据等一批高质量的大项目,实际利用内外资分别增长15%和12%。

(三)提高建设管理水平,打造绿色宜居新型城市。坚持新区建设与旧城改造并重,强化城市规划、建设、管理,推动城市承载能力、形象面貌稳步提升。以城市发展战略规划为统领的30个专项规划实现"多规合一",基本实现主城区"规划一张图"。伊通河百里生态长廊建设扎实推进,城区段主河道完成截污,南溪湿地、沿河旅游设施、防洪生态绿道、调蓄池、污水处理厂建设顺利推进,建成区黑臭水体治理全面启动。实施三环以内旧城改造提升工程,综合整治6个商圈、155个老旧小区、2087栋楼体,集中打造260条示范街路、规范街路,亮化美化一批重点街路、公园广场。拆除违法建筑1.8万处、193万平方米。完成16个城市出入口综合改造。亚泰大街南四环路立交桥、机场大道哈尔滨大街至保税区段、吉林大路东延长线等一批重要路桥建成通车。新建7座人行天桥,打通32条断头路、卡脖路,打开253处小区围墙。开展整治道路交通秩序大会战,完善道路标牌标线,清理私设地桩、地锁、隔离墩18万个,施划公共停车泊位34万个。地铁1号线热滑试车,地铁2号线、北湖快轨、轻轨3号线延伸线建设进展顺利。建成17.6公里地下综合管廊廊体,改造地下管网822.8公里,外环燃气高压管网全线竣工,哈沈天然气干线连接工程交付使用,城区3个热电厂实现热网联接。加大空气污染防治力度,关停搬迁重污染企业12户,淘汰4万辆黄标车和老旧车辆、1255台燃煤小锅炉,秸秆综合利用率达到75%。提升城市保洁标准,地面清洗范围扩大到26个广场、596条道路,16条街路实施深度保洁。新建6个社区公园、15宗大块绿地。长春世界雕塑公园被国家评定为5A级景区。"长春德苑"主题公园建成开放,文明城创建取得新成效。

(四)全力改善民生,不断提升群众幸福感满意度。坚持把民生作为发展的"指南针",破解民生难题、回应民生关切、满足民生需求,推动民生状况持续改善。强力推进脱贫攻坚,实施各类扶贫项目626个,76.2%贫困人口、74%贫困村脱贫。加大就业创业支持力度,对少裁员、不裁员企业发放2.1亿元稳岗补贴,城镇登记失业率保持在4%以下。提高居民基础养老金、城乡低保、重点优抚对象补助标准,企业退休人员养老保险金实现"十二连增"。全面实施困难残疾人生活补贴、重度残疾人护理补贴制度。建立政府购买居家养老服务新模式,10万名失独、失能、空巢老人受益。拆除90万平方米棚户区,当年安置被拆迁居民1.1万户。改造"暖房子"254.7万平方米。1.7万户群众享受货币和实物住房保障。2.26万户中低收入家庭获得公积金低息贷款。无籍房确权取得新进展。完成7.8万户居民二次供水接收改造。改造农村室内水冲式厕所1.45万户。新建农村公路928公里。23个村获评省级"美丽乡村"。新建5所义务教育学校、22所公办幼儿园,公办小学100%、公办初中90%以上实现划片入学,基础教育质量和均衡化水平稳步提升。市属公立医院取消药品加成,住院费中的药费占比下降15.2个百分点。积极推动分级诊疗,区级医院门诊量增加2倍。在全国率先启动失能人员长期护理保险制度试点,医保低自付、慢性病门诊治疗病种进一步增加,长春与部分省市实现医保即时结算。实施城区残疾人免费乘坐公交车政策。开辟优化公交线路22条,新建港湾式停靠站20座。2000余台公共自行车投入使用。举办市民艺术节、送戏下基层、公益电影放映等活动,公共文化服务均等化水平不断提升。长春体育中心完成改造,启动建设伊通河、南湖等一批健身步道。深入开展幸福社区创建,城市千米社区比例达到67%,农村社区用房面积平均超过400平方米。社区建设经验在全国推广。

(五)加强民主法制建设,维护社会和谐稳定。坚持运用民主法治思维推动发展、化解矛盾、维护稳定,不断加强政府自身建设、提升社会治理能力。自觉接受人大及其常委会的法律监督、工作监督和政协的民主监督,坚持重大事项向人大报告、与政协协商制度。认真听取各民主党派、工商联以及无党派人士的意见建议。办理人大议案2件、人大代表建议174件、政协建议案3件、政协提案326件。深入推进依法行政,严格执行重大行政决策法定程序,不断加大政务公开力度,努力保障公众的知情权、参与权。公布市直部门责任清单,实施教育规范、限期整改、依法处罚的"三段式"执法模式,认真落实规范性文件备案审查、重大行政处罚报备制度。加强安全生产监管,安全事故总量、死亡人数分别下降16.8%和15.8%,安全生产形势总体稳定。创建"国家食品安全示范城市",不断强化食品药品安全监管。加强立体化社会治安防控体系建设,严厉打击各类违法犯罪,110刑事警情下降16.2%,"两抢" 案件下降13.2%,刑事案件下降27.5%。人防基础设施不断完善。全面提高局长接待日、读报读网工作水平,市长公开电话在全国地级以上城市服务热线质量测评中获得第二名。强化信访接待,初信初访办结率达到93.6%。启动实施"七五"普法,深入开展法治宣传教育。民族团结、宗教和谐良好局面进一步巩固。军政军民团结奋进,双拥模范城实现"八连冠"。扎实开展"两学一做"学习教育,深入开展以"抢抓机遇、创新发展"为主题的解放思想大讨论,实施电视问政活动,全面强化政务督查,敢于担当、竞进有为的发展氛围更加浓厚。锲而不舍落实中央八项规定精神,坚决纠正"四风"。加强行政监察和审计监督。大力推进党风廉政建设,始终保持惩治腐败的高压态势。

根据中央部署,本届政府提前一年换届。市十四届人大一次会议以来，在市委的坚强领导下，我们紧紧依靠和团结全市人民，坚持稳中求进工作总基调，实施一系列利当前、惠长远的重大举措，推动全市经济社会发展不断取得新的成就。

这四年，是长春经济适应把握引领新常态、不断改革创新奋力前行的四年。经济运行克服下行压力逐步止跌回稳，重新回到合理区间，在东北率先实现回升向好，城市综合经济实力显著提升。传统制造业提质增效，现代服务业迅速成长，新产业、新业态、新商业模式不断涌现，经济结构加快调整，转型升级迈出坚实步伐。

这四年，是城市规模扩张和城市品质提升良性互动、相互促进的四年。新的城市次中心在绕城高速公路以外竞相成长，主城区620多万平方米棚户区、3400多万平方米老旧楼宇经过改造旧貌换新颜。支撑城市发展的立体交通体系框架基本形成，水、电、气、热等生产要素供应保障能力稳步提高，体现空气质量的PM10、PM2.5两项指标连续三年下降。

这四年，是保障民生力度持续加大、民生状况稳步改善提升的四年。城乡居民收入增长快于经济增速。城乡养老、医疗保险覆盖率均达到95%以上，初步实现人人享有基本社会保障。低收入群众住房条件、残疾群众康复救助力度、困难群众基本生活保障水平每年都有新提高。经过四年努力，我市经济社会发展迈上了新的台阶。

各位代表，长春经济社会发展取得的成绩，是省委、省政府和市委正确领导的结果，是人大、政协以及社会各界大力支持的结果，是全市广大干部群众团结奋斗的结果。在此，我代表市政府，向全市广大干部群众致以崇高的敬意！向人大代表、政协委员和社会各界人士，向中省直驻长单位，人民解放军和武警驻长部队以及海内外的朋友们，表示衷心的感谢！

肯定成绩的同时也要清醒看到，长春振兴发展还面临着许多困难和挑战。经济持续稳定向好的基础还不牢固，结构调整转型升级任务繁重，科技创新带动作用尚未得到充分释放，新动能支撑发展的能力仍然较弱，经济发展软环境尚需进一步改善，城市基础设施建设与环境治理任重道远，影响城市安全的潜在风险和隐患依然较多，一些群众关心的热点难点问题还没有得到有效解决。政府职能转变还不到位，管理和服务水平有待提高，廉政建设和作风建设仍需加强。我们要进一步增强忧患意识和担当意识，下更大力气解决这些问题，尽心竭力做好政府工作，不辜负人民期望和重托。

## 二、今后五年主要任务

市十三次党代会确立了建设东北亚区域性中心城市的宏伟蓝图。我们要立足新起点、瞄准新目标、实现新跨越，谱写长春振兴发展的新篇章。

今后五年政府工作的指导思想是：以马克思列宁主义、毛泽东思想、邓小平理论、“三个代表”重要思想、科学发展观为指导，全面贯彻党的十八大和十八届三中、四中、五中、六中全会精神，坚持以习※近平总※书记系列重要讲话精神和治国理政新理念新思想新战略统揽经济社会发展全局，认真践行“五位一体”总体布局、“四个全面”战略布局和“五大发展”理念，坚持“稳中求进”工作总基调，全面落实省委“三个五”发展战略和“打先锋、站排头”要求，按照市十三次党代会的战略部署，以全面振兴为主线，突出吉林中部创新转型核心区建设，努力在率先全面建成小康社会进程中，加快建设东北亚区域性中心城市。

今后五年，我们要打造经济量级、城市能级、民生改善、社会治理和生态文明五个“升级版”，努力做到“五个一”：“一个高于”，主要经济指标增速持续高于全省平均水平；“一个前移”，城市综合竞争力在全国同类城市中实现位次前移；“一个领先”，生态文明建设保持全国领先水平；“一个率先”，在全省率先全面建成小康社会；“一个提升”，党建科学化水平全面提升。努力实现六个目标：

——经济发达。毫不动摇坚持以经济建设为中心，努力保持经济中高速增长，推动产业迈上中高端水平，不断提升城市经济综合实力、核心竞争力。经济规模加快向“万亿俱乐部”迈进，地方级财政收入突破600亿元。三次产业结构持续优化，由“二三一”向“三二一”转变。全力建设世界级汽车、农产品加工、轨道客车研发制造服务基地，努力打造先进装备制造、生物及医药健康、光电信息、新能源汽车、新材料、大数据6个千亿级产业。国家重点实验室达到20个，国家企业技术中心达到8个，国家高新技术企业力争达到1000户，科技型“小巨人”企业新增1000户，全社会研发经费投入强度达到3%以上，成为国家创新型城市。人均GDP超过1.5万美元，长春进入中等发达城市行列。

——文化繁荣。实施“文化兴市”战略，努力推动社会主义文化大发展大繁荣。“中国梦”和社会主义核心价值观深入人心，爱国主义、集体主义、社会主义思想广泛弘扬，市民思想道德素质、科学文化素质、健康素质明显提高。文化与旅游、科技、金融、互联网深度融合，文化产业占GDP比重达到5%以上，成为新的支柱产业。基本建成覆盖城乡、便捷高效、保基本、促公平的现代公共文化服务体系。文化软实力、影响力全面增强，城市知名度、美誉度明显提升，长春进入国家历史文化名城行列，实现全国文明城市“三连冠”。

——法治优良。全面推动依法治市，努力提高城市治理体系和治理能力现代化水平。政府活动全面纳入法治轨道，切实做到法定职责必须为、法无授权不可为，自觉运用法治思维和法治方式推动工作。平安建设扎实推进，治安防控体系日益完善，群众安全感不断提升。社会矛盾纠纷化解机制进一步健全，法律援助能力不断增强，群众合法权益得到有效维护。市场主体依法经营，企业社会责任普遍增强，城市信用环境持续改善。群众法律素养、法治意识明显提高，尊法守法成为全体市民的共同追求和自觉行为。社会在深刻变革中既生机勃勃又井然有序，长春成为公平公正安定有序的一流法治城市。

——功能完善。坚持以强烈的文化意识引领规划、建设、管理，推动城市发展方式由外延式扩张向内涵式发展转变。城乡一体化进程不断加快，常住人口达到800万左右，城镇化率达到68%左右,中心城区规划建成区面积达到450平方公里。快速路体系、轨道交通网络、慢行系统全面形成,畅通水平稳步提升。老旧地下管网基本完成改造,水、电、气、热等生产要素能够满足当期需求并适度超前。基本完成棚户区改造,加大老旧小区、历史文化街区改造力度,城市形象全面提升。信息技术在城市管理中得到广泛应用,新型智慧城市建设取得实质性进展。城市辐射、集散、带动能力不断扩大,成为区域性生产要素配置中心、信息资源交流中心和高端商务活动聚集中心。

——生态一流。创新环境治理理念和方式,实行最严格的环境保护制度,加快形成绿色生产生活方式,不断提升资源利用效率和生态环境质量。生态建设约束性指标全面达标,主要污染物排放总量显著下降,空气质量优良天数比率超过80%。城区绿地覆盖率达到42%以上,全市森林覆盖率稳步提升。符合海绵城市标准的建成区面积达到20%。伊通河城区段成为百里生态长廊。市域河流断面水质达到国家考核标准。全民节约意识、环保意识、生态意识明显增强,循环经济、低碳经济等绿色经济模式基本形成,天蓝、地绿、水净、城美、空气清新成为常态。

——人民幸福。全面落实以人民为中心的发展思想,着力解决群众最关心最直接最现实的利益问题。教育、体育、医疗、住房等公共服务体系更加健全,基本公共服务均等化水平稳步提高。就业比较充分,城镇登记失业率持续低于全国平均水平。城乡居民收入与GDP同步增长,收入差距不断缩小,中等收入人口比重稳步提高。劳动年龄人口平均受教育年限提高0.5年,人均预期寿命提高1岁。社会保障制度更加公平、更可持续,养老、医疗保险覆盖面达到97%以上。社会救助体系更加完善,困难群众得到更有针对性的帮扶。农村贫困人口、贫困村全部脱贫。全市人民群众获得感、满意度全面提升,共同迈入全面小康社会。

## 三、2017年重点工作

今年是新一届政府开局之年,我们要把长春发展业已形成的良好势头巩固和持续下去,争取更大的发展、更多的成绩。全市经济社会发展的主要预期目标是:地区生产总值增长7.8%左右,规模以上工业产值增长8.3%以上,全社会固定资产投资增长15%以上,社会消费品零售总额增长10%以上,地方级财政收入、城乡居民收入与经济保持同步增长,居民消费价格涨幅3%左右,城镇登记失业率控制在4%以内。在实际工作中,我们要以奋发有为的状态、争先进位的勇气、攻坚克难的决心,努力争取更好的结果。

做好今年经济社会发展工作,必须全面贯彻新一轮东北振兴战略。去年以来,党中央、国务院围绕东北振兴连续下发三个文件,操作性强、含金量高。要紧密结合实际,全面对接、精准发力、狠抓落实,把每一条政策措施用好、用足、用到位。必须牢牢把握稳中求进工作总基调。稳是大局,进是目的。在确保经济增长稳定、社会大局稳定、市场预期稳定的前提下,力争在结构调整、改革开放、城市建设、生态环境、改善民生等关键领域奋发有为、有所进取,一步一个脚印向前迈进。必须以供给侧结构性改革作为主线。供给侧结构性改革刚刚开始,更艰巨的任务还在后面。要统筹推进"三去一降一补",既去旧、又育新,既减少无效供给、又扩大有效供给,努力推动经济朝着更高质量、更有效率、更加公平、更可持续的方向发展。重点做好九个方面工作:

(一)促进经济持续稳定增长。要采取有力措施,挖掘增长潜力、激发市场动力、释放企业活力,推动经济稳定持续向好。充分发挥投资的关键作用,加大对基础设施、科技创新、生态环保等领域政府投资,引导和撬动社会资本更多投向制造业、战略性新兴产业和现代服务业。加强项目谋划储备,加快项目前期工作,落实项目建设条件,继续推行重大项目服务秘书制和领导包保责任制,全年实施亿元以上项目1200个。深化投融资体制改革,推动融资平台转型进行市场化融资,探索基础设施等资产证券化。规范政府举债行为。支持企业上市、新三板挂牌。切实发挥消费的基础作用,支持发展养老、健康、家政、教育培训、文化体育等服务消费,壮大网络信息、智能家居、个性时尚等新兴消费。深入实施消费品"增品种、提品质、创品牌"专项行动,推动消费升级。支持企业债转股,加大股权融资力度,切实降低企业杠杆率。在落实税收优惠政策、清理涉企收费、降低要素成本上下功夫,规范认证、评估、检查、检测等中介评估收费,切实减轻企业负担。深入推进"放管服"改革,全面推广"双随机、一公开"监管模式,全面优化企业发展软环境。强化重点企业跟踪包保措施,加强生产要素组织调度。加大对中小企业扶持力度,有针对性地解决实际困难。规模以上工业、服务业企业分别新增150户、500户以上。

(二)努力培育发展新动能。把创新摆在发展全局的核心位置,深入创建国家自主创新示范区和国家级"双创"综合性示范区,推动新技术、新产业、新业态加快成长。全面落实《大力推进科技创新的实施意见》,支持高校院所重大科技成果就地转化,推动检验检测等科技公共服务平台建设,鼓励企业建立研发中心、并购国内外研发机构和先进科技型企业,政府科技投入增加50%以上。实施10个重大科技攻关、10个重大科技成果转化项目,推动工业机器人、新能源汽车、卫星遥感数据应用产业化不断实现新突破。充分发挥科技大市场、科技金融创新中心作用,把创新成果的研发、中试、转化、推广、应用等环节有效衔接起来,逐步建立科技成果转化的"舟桥"机制。全年新增国家高新技术企业、科技型"小巨人"企业户数力争比上年翻一番。加快建设中德、中白、中韩、中以、中古等中外合作科技园区,续建长东北科技创新中心、北湖科技园。打造一批众创、众包、众扶、众筹等"双创、四众"支撑平台,新增创业孵化面积50万平方米。突出发展民营经济,抓好民营经济综合配套改革示范区国家试点,完善融资担保体系,新登记民营中小企业2万户以上,民营经济主营业务收入增长10%左右。建设人力资源产业园。实施更积极、更开放、更有效的人才引进政策,加快建设"人才强市"。引导企业发扬"工匠精神",

强化质量管理，加强品牌建设，增强产品竞争力。弘扬企业家精神，支持企业家专心创新创业。大力弘扬创新文化，厚植创新沃土，调动全社会创业创新积极性，汇聚成推动发展的磅礴力量。

（三）加快产业转型升级。狠抓增量投入，加快调整结构，放手发展规模，努力提高质量，大力振兴实体经济。加快实施“中国制造2025”试点示范城市建设，注重运用新技术新业态改造提升传统产业，提高智能制造、绿色制造、精益制造和服务型制造能力，工业投资增长14%以上。培育红旗乘用车、高寒宽轨高速动车组、聚乳酸等一批新产品，带动三大支柱产业加速向高端化迈进。不断壮大先进装备制造、生物及医药健康、光电信息、新能源汽车、新材料、大数据产业，完成投资增长15%以上。实施服务业发展攻坚，加快建设商业综合体、五星级酒店、综合性物流园区，发展壮大电子商务、服务外包、文化创意、动漫设计等现代服务业集聚区，服务业投资增长16%以上。开展服务业综合改革试点，提高生产性服务业专业化、生活性服务业精细化水平。整合发挥优势资源，不断强化金融、旅游、会展、商贸、教育、医疗、文化区域性服务能力。推进商品房特别是商业楼宇去库存。综合运用金融、土地、投资等手段，促进房地产市场平稳健康发展。积极发展装配式建筑产业。以促进农民增收为核心，深入推进农业供给侧结构性改革。加快建设五大现代农业实验区，促进农业提质增效。把增加绿色优质农产品供给放在突出位置，加强农产品标准化生产、品牌创建、质量安全监管，积极争取创建国家农业可持续发展试验示范区。引导农民瞄准市场调整种植结构。突出发展现代畜牧业。支持农产品精深加工，延伸产业链条，提高产品附加值。强化农业水利基础设施建设。发展适度规模经营，稳步提高土地流转比例、综合农机化率。推动电子商务进农村。

（四）深入推进改革开放。深化供给侧结构性改革，围绕解决重点领域的突出矛盾和问题，加快破除体制机制障碍，进一步激发市场活力和社会创造力。向纵深推进“一门式、一张网”政务服务综合改革，实现行政审批和公共服务一号申请、一窗受理、一网通办，革除陈规旧制、砍掉繁文缛节，为群众和企业办事创业开路清障。深化国企国资改革，开展混合所有制改革试点，稳步推进经营性国有资产集中统一监管，推进驻长央企“三供一业”分离移交。推动厂办大集体改革取得实质性进展。加快建设农村金融综合改革试验区，新组建一批村镇银行。继续推进商事制度、科技、教育、文化、医药卫生、地方国有林场以及农村产权制度等领域改革，为发展加力、让群众受益。主动融入国家“一带一路”、“长吉图”、“哈长城市群”战略，推动新一轮高水平对外开放。全面加大招商引资力度，突出引进国际战略投资者、央企、民营500强企业，实际利用内外资分别增长15%和12%以上。抓好兴隆综保区、空港开发区等对外合作平台建设，大力发展保税物流、跨境电子商务产业，积极争取设立汽车整车进口口岸。推动外贸创新发展，进出口总额增长5%以上。扩大国际产能合作，推动装备、技术、服务走出去。积极与天津市以及浙江省相关城市开展对口合作，通过市场化方式吸引企业来长投资，共建产业合作园区。主动对接京津冀协同发展战略，全面加强与环渤海、长三角地区合作。

（五）优化区域发展格局。突出特色、分类指导、统筹兼顾，促进城区、开发区、县域优势互补、错位发展、协同并进。城区要树立集约发展、内涵提升、精明增长理念，加快发展双创空间、特色街区、现代服务业集聚区和都市型工业、高端制造业园区。支持双阳、九台加快发展，尽快成为现代化新城区。长春新区要在体制机制创新等方面先行先试，全面加大招商引资、项目建设、基础设施建设力度，不断提升要素集聚能力，尽快成为带动全市发展的新引擎。经开、汽车开发区要集中精力发展新型工业化，强化创新驱动，壮大特色园区，培育产业集群，成为工业转型升级的主力军。净月开发区、莲花山度假区要集聚创新创业资源，突出发展现代服务业，不断优化生态环境。县域要以更大的力度推进工业化、城镇化，培育有特色的产业集群，按照中等城市标准抓好县城建设，提高教育、医疗等公共服务水平，增强对农业转移人口的吸引力。扎实推进以人为核心的新型城镇化，促进农民工市民化。综合治理农村环境突出问题，建设美丽宜居乡村。新建改造主城区农村公路500公里。全面完成74个贫困村安全饮水工程。建设长春一小时经济圈环线，逐步畅通与伊通、公主岭交通联系，持续推进长吉一体化，强化中心城市集聚扩散能力。落实最严格的耕地保护制度，提升土地节约集约利用水平。

（六）提高城市宜居水平。牢固树立人民城市为人民的思想，坚持以人为本、建管并重、生态优先，不断提高城市承载能力、优化城市环境质量。突出规划引领作用，推行空间规划“一张图”管理模式。全面开展城市设计，统筹建筑布局，协调景观风貌，培育城市特色。续建伊通河百里生态长廊，基本完成南溪湿地建设、中段景观塑造。完成建成区黑臭水体治理。提标改造9座污水处理厂，新建14处污水集中处理设施，完善重点区域污水管网，不断提高污水收集处理率、中水回用率。全面推行“河长制”。加快伊通河支流综合治理。完成“全国水生态文明城市建设试点”任务。基本完成三环以内旧城集中改造提升，坚持民生导向，突出改造危旧管网，完善老旧小区功能。优化提升历史街区，打造一批示范街路、精品商圈。新建续建6座公园，绿化提升一批主要街路，城区新增绿地100公顷。改造“暖房子”503万平方米。优化城区路网，完善“两横三纵”快速路，打通一批断头路、卡脖路、关键堵点。启动建设一批立体停车场。地铁1号线投入运营，地铁2号线实现热滑试车，加快建设轻轨北湖线、轻轨3号线延伸线。启动龙嘉机场综合交通枢纽建设。加快地铁6号线、机场快轨工程前期工作。创建“公交都市”示范城市，改革完善运营体制，调整优化线路，切实改善公共交通状况。启动新建六水厂前期工作。新增供热能力540万平方米，推动城市热网联接，提高居民供热质量。推进地下综合管廊建设。强化空气环境治理，基本淘汰“黄标车”，淘汰和治理超标排放燃煤锅炉，基本完成建成区重污染企业关停搬迁，秸秆综合利用率提高10个百分点。建成区机械化清扫率达到80%左右。实施城市管理综合执法改革，积极应用现代信息技术,不断提升城市管理水平。

(七)全力改善民生状况。继续实施幸福长春行动计划,努力办一批群众最关心、最直接、最迫切的民生实事。加大脱贫攻坚力度,确保贫困村、贫困人口全部脱贫,提前完成脱贫攻坚任务。积极扶持高校毕业生、农村转移劳动力、城乡就业困难人员和退役军人就业,加大创业担保贷款投放力度,城镇新增就业11万人。滚动实施"暖流计划",促进城乡居民持续稳定增收。强化社会保险扩面征缴,稳步实施机关事业单位养老保险制度并轨。完善政府为空巢、失能、失独老人购买居家养老服务政策。大力发展民办养老机构,提高养老服务质量,新增养老床位3000张以上。移址新建市社会福利院。建立残疾、生活困难家庭学生生活补助制度。加大贫困精神病患者和农村贫困患者医疗救助力度。继续开展"万户特困户结对救助"等活动,及时救助群众各类突发性、紧迫性、临时性基本生活困难,坚决避免冲击社会道德和心理底线事件发生。加强农村留守儿童关爱保护。大力发展慈善、残疾人、志愿服务等公益事业。积极开展住房购租并举试点,努力让群众住有所居。新建8所义务教育学校,持续推动大学区改革、"强师计划"、"温馨村小"建设,不断提高义务教育质量。探索建立城区公办小学课后免费托管服务制度。整合居民医保与新农合制度,加快构建城乡统一的医疗保障体系。提高城镇职工医保报销限额、大额医疗救助标准。启动中省直医院综合改革,实现二级以上医疗机构检验结果互认。完善城区"10分钟体育健身圈",倡导全民健身新时尚。繁荣文化市场,加强文化市场管理。深化群众性精神文明创建活动,不断提高市民素质和社会文明程度。

(八)强力维护安全稳定。始终牢记"生命至上、安全第一",用最严格的监管、最严厉的处罚、最严肃的问责,推动城市安全水平不断提升。推进安全生产领域改革发展,完善安全生产防控体系,加强安全基础设施建设,强化风险分级管控与隐患排查治理,努力创建"国家安全发展示范城市"。深入推进"平安长春"建设,完善立体化、信息化社会治安防控体系,依法惩治违法犯罪行为,严密防范和严厉打击暴力恐怖活动,增强人民群众安全感。切实强化交通、消防安全管理,努力降低事故发生率和伤亡人数。深入创建"国家食品安全示范城市"。强化食品药品安全监管,源头严防、过程严管、风险严控,努力让人民群众饮食用药安全放心。建设社会综合治理信息平台。增强城市综合应急能力。充分利用信访机构接待、局长接待日、市长公开电话等渠道,调处纠纷、化解矛盾、促进和谐。完善落实重大信访案件包保制度,切实解决信访群众合理合法诉求。深入开展"七五"普法。推进法律服务惠民行动。进一步做好国家安全和民族宗教工作。支持深化国防和军队改革,深入开展双拥共建活动,推动军民融合深度发展。

(九)加强政府自身建设。深入贯彻落实新发展理念,把全面建成小康社会使命扛在肩上,把万家忧乐放在心头,努力建设群众满意的法治政府、创新政府、廉洁政府和服务型政府。依法接受人大及其常委会的监督,自觉接受人民政协的民主监督,接受社会和舆论监督,让权力在阳光下运行。坚持依宪施政、依法行政,所有行政行为都要于法有据。深入推进政务公开,及时回应社会关切,使群众了解政府做什么、怎么做。认真落实中央八项规定精神,坚持不懈纠正"四风",深入开展反腐败斗争。加强行政监察,推进审计全覆盖。以减权限权、创新监管等举措减少寻租空间,铲除滋生腐败土壤。巩固拓展"三严三实"专题教育、"两学一做"学习教育成果,增强政治意识、大局意识、核心意识、看齐意识,加强作风和能力建设,打造高素质专业化的公务员队伍。健全并严格执行工作责任制,确保各项政策和任务不折不扣落到实处。强化督查问责机制,坚决整肃庸政懒政怠政行为。不断健全正向激励机制和容错纠错机制,给改革创新者撑腰鼓劲,让广大干部想干事、敢干事、能干成事。

各位代表!奋斗才能赢得未来。新的五年征程已经开始。让我们紧密团结在以习近平同志为核心的党中央周围,在省委、省政府和市委的坚强领导下,凝心聚力、锐意进取、扎实工作,为建设东北亚区域性中心城市而努力奋斗!

# 2016 年长春市国民经济和社会发展统计公报

长春市统计局

2016 年，面对错综复杂的国内外宏观环境，全市上下在市委、市政府的坚强领导下，认真贯彻党的十八大和十八届三中、四中、五中、六中全会精神，坚持稳中求进工作总基调和“打先锋、站排头”的总体要求，解放思想，抢抓机遇，创新发展，坚定不移的推动供给侧结构性改革，不断推动重点产业发展，扩大有效需求，加快培育新动能，全市经济运行稳中有进、稳中提质、稳中向好，各项社会事业全面进步，民生福祉持续改善，实现了“十三五”良好开局。

## 一、综合

初步核算，全年实现地区生产总值 5986.4 亿元，按不变价格计算，比 2015 年增长 7.7%。其中，第一产业增加值 323.5 亿元，增长 3.7%；第二产业增加值 2957.3 亿元，增长 6.7%；第三产业增加值 2705.6 亿元，增长 9.4%。三次产业结构为 5.4:49.4:45.2。对经济增长的贡献率分别为：2.9%和 45.0%、52.1%。人均生产总值 79434 元(按户籍年平均人口数计算)，比 2015 年增长 7.7%，折合 11959 美元。

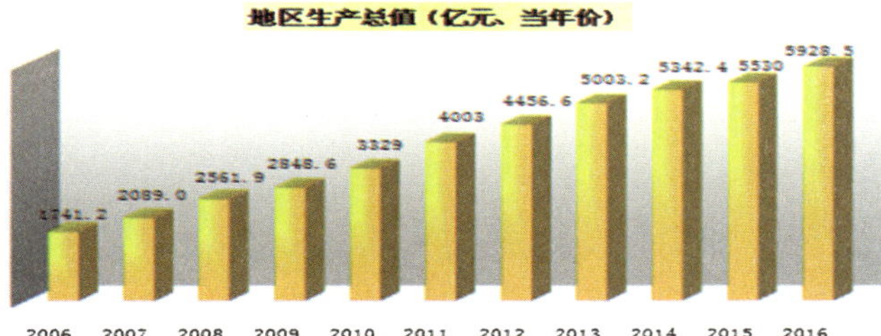


全市一般预算全口径财政收入 1150.5 亿元，增长 6.7%。全市地方财政收入 415.5 亿元，增长 7.0%，其中，税收收入 309.9 亿元，增长 3.3%。地方财政支出 770.6 亿元，增长 0.6%，其中，社会保障和就业支出 111.6 亿元，增长 5.6%；医疗卫生与计划生育支出 67.6 亿元，增长 8.1%；交通运输支出 21.7 亿元，增长 11.7%；农林水支出 57.4 亿元，增长 24.2%；住房保障支出 26.5 亿元，增长 32.7%。

全年居民消费价格总水平比 2015 年上涨 1.4%，涨幅比 2015 年扩大 0.1 个百分点。从各类商品及服务价格变动情况看，医疗保健价格上涨 8.1%，食品烟酒价格上涨 3.3%，其他用品和服务价格上涨 1.1%，衣着价格上涨 0.8%，生活用品及服务、教育文化和娱乐价格均上涨 0.2%，交通和通信价格下降 1.3%，居住价格下降 1.1%。

工业生产者出厂价格比 2015 年下降 0.43%，降幅比 2015 年收窄 1.17 个百分点。其中，生产资料价格下降 2.05%，生活资料价格上升 0.75%。工业生产者购进价格比 2015 年下降 1.72%，降幅比 2015 年扩大 0.82 个百分点。

### 居民消费价格指数

单位：%

| 指　　标 | 2016 年 |
|---|---|
| 居民消费价格总指数 | 101.4 |
| 服务项目价格指数 | 100.5 |
| 消费品价格指数 | 102.0 |
| 一、食品烟酒 | 103.3 |
| 二、衣着 | 100.8 |
| 三、居住 | 98.9 |
| 四、生活用品及服务 | 100.2 |
| 五、交通和通信 | 98.7 |
| 六、教育文化和娱乐 | 100.2 |
| 七、医疗保健 | 108.1 |
| 八、其他用品和服务 | 101.1 |
| 商品零售价格指数 | 101.2 |

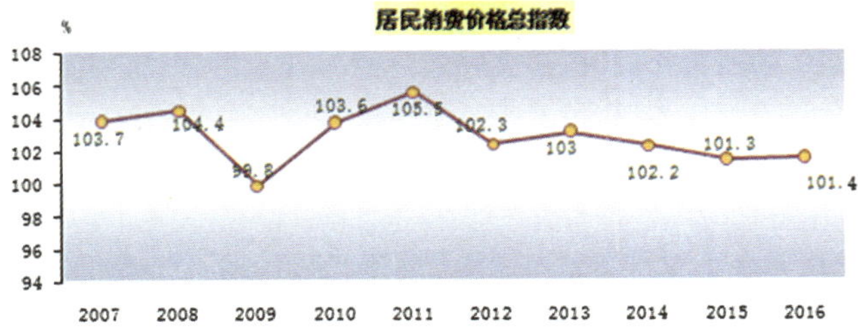


## 二、农业

全年完成农林牧渔业增加值332.3亿元，比2015年增长3.7%。其中，种植业增加值181.3亿元，增长3%；林业增加值1.9亿元，增长18.8%；牧业增加值137.5亿元，增长4.2%；渔业增加值2.8亿元，增长4.8%；农林牧渔服务业增加值8.8亿元，增长3%。

全年农作物总播种面积134.9万公顷，比2015年增长1.1%。粮食总产量988.3万吨，比2015年增加32.6万吨。其中，玉米产量828.9万吨，增长4.1%；水稻产量136.2万吨，下降0.2%。猪出栏600.8万头，下降3.0%；牛出栏110万头，增长1.1%；羊出栏40.3万只，增长2.6%；家禽出栏2.6亿只，增长4.1%。肉类产量113.1万吨，下降1.1%；禽蛋产量34.7万吨，增长4.0%；牛奶产量6.6万吨，下降12.4%。

### 主要农副产品产量

| 指标 | 单位 | 2016年 | 比2015年增长% |
|---|---|---|---|
| 粮食总产量 | 万吨 | 988.3 | 3.4 |
| 蔬菜总产量 | 万吨 | 270.2 | -6.4 |
| 肉类总产量 | 万吨 | 113.1 | -1.1 |
| 禽蛋总产量 | 万吨 | 34.7 | 4.0 |
| 牛奶总产量 | 万吨 | 6.6 | -12.4 |
| 出栏生猪 | 万头 | 600.8 | -3.0 |
| 出栏家禽 | 亿只 | 2.6 | 4.1 |

2016年，全年农业机械总动力为660.4万千瓦，比2015年增长1%；全市蔬菜耕地面积76800公顷，增长1%；蔬菜总产值98.9亿元，增长4.5%。全市有效使用绿色食品标识产品10个，有机食品86个，无公害农产品151个，认定无公害产品基地15个，面积1.23公顷。

农业支持保护补贴共20.5亿元，玉米生产者补贴24.5亿元，农机购置补贴3.7亿元。全市高标准建设省级新农村示范村73个，落实新农村建设项目5大类114项，获得省新农村建设项目补助资金3013万元；获评吉林省美丽乡村24个。

全市农产品加工企业实现产值2080亿元，比2015年增长8%。新建续建农产品加工业项目113个，完成投资235亿元。省级以上和市级龙头企业数量分别发展到105户和355户。

## 三、工业　建筑业

全年完成规模以上工业增加值2332.2亿元，比2015年增长8.3%。其中，轻工业实现增加值387.8亿元，增长4.6%；重工业实现增加值1944.4亿元，增长9.0%。分经济类型看，国有企业实现增加值1122.2亿元，增长7.0%；集体企业实现增加值1.5亿元，增长6.9%；股份制企业实现增加值885.6亿元，增长10.3%；外商及港澳台商投资企业实现增加值311.4亿元，增长6.3%；其他经济类型企业实现增加值11.5亿元，增长33.9%。规模以上工业企业万元增加值综合能源消耗降低率为5.3%。

全年完成规模以上工业总产值9278亿元，比2015年增长8.6%。汽车制造业完成产值5372.2亿元，增长10.1%，占规模以上工业总产值的57.9%；农副食品加工业完成产值1186.1亿元，增长8.2%，占规模以上工业总产值的12.8%；生物与医药工业完成产值153.7亿元，增长9.3%，占1.7%；光电子信息工业完成产值132亿元，增长8.3%，占1.4%；建材工业完成产

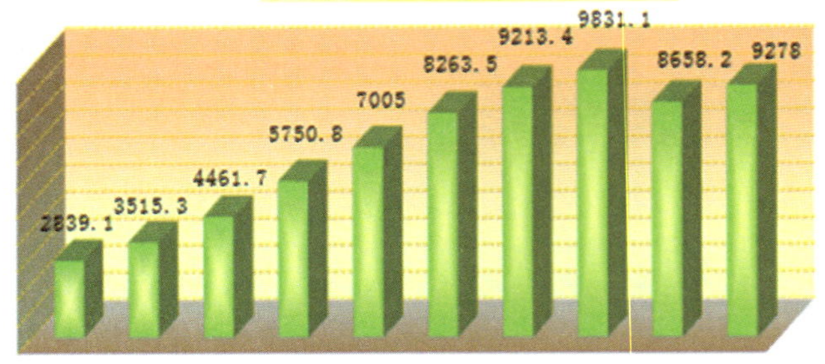


### 2016年主要工业产品产量

| 产品 | 单位 | 产量 | 比2015年±% |
|---|---|---|---|
| 汽车 | 万辆 | 254 | 15.6 |
| #轿车 | 万辆 | 183 | 12.2 |
| #公路客车 | 万辆 | 1.0 | -58.9 |
| #载货汽车 | 万辆 | 11.5 | 3.9 |
| 铁路客车 | 辆 | 202 | 21.7 |
| 动车组 | 辆 | 976 | 8.9 |
| 变压器 | 万千伏安 | 352.1 | 13.0 |
| 橡胶轮胎外胎 | 万条 | 353.7 | 9.6 |
| 中小型拖拉机 | 台 | 4767 | 9.9 |
| 工业自动调节仪表与控制系统 | 万台 | 22.7 | 11.4 |
| 发电量 | 亿千瓦时 | 226.2 | 0.1 |
| 水泥 | 万吨 | 1622.6 | -9.7 |
| 原煤 | 万吨 | 270.8 | -21.2 |
| 钢材 | 万吨 | 17.7 | 19.1 |
| 卷烟 | 亿支 | 143.2 | -27.7 |
| 啤酒 | 万吨 | 26.3 | -2.9 |
| 中成药 | 吨 | 9117.4 | -15.2 |
| 饲料 | 万吨 | 359 | 8.1 |
| 精炼食用植物油 | 万吨 | 30.6 | -7.5 |
| 农用塑料薄膜 | 万吨 | 3.6 | 29.9 |
| 服装 | 万件 | 1046.6 | 23.1 |

值 626.9 亿元，下降 1.9%，占 6.8%；能源工业完成产值 546.2 亿元，增长 4.0%，占 5.9%；装备制造业完成产值 775 亿元，增长 10%，占 8.4%。40 户重点工业企业完成工业总产值 6532.2 亿元，增长 8%，占规模以上工业总产值的比重达 70.4%。

全年实现主营业务收入 9486.2 亿元，比 2015 年增长 8.4%；利税总额 1337.5 亿元，增长 4.6%；盈亏相抵后实现利润总额 737.8 亿元，增长 1.3%。

全年建筑业完成增加值 467.4 亿元，比 2015 年增长 8.1%。资质以上建筑业完成总产值 1184.3 亿元，比 2015 年增长 6.2%。

## 四、固定资产投资

全年完成全社会固定资产投资总额 4710.6 亿元，比 2015 年增长 10%。其中，房地产开发投资 596.6 亿元，增长 17.9%。新增固定资产 3163.4 亿元。固定资产交付使用率为 67.9%，比 2015 年下降 10.2 个百分点。房屋面积竣工率为 20.7%，比 2015 年下降 0.2 个百分点。

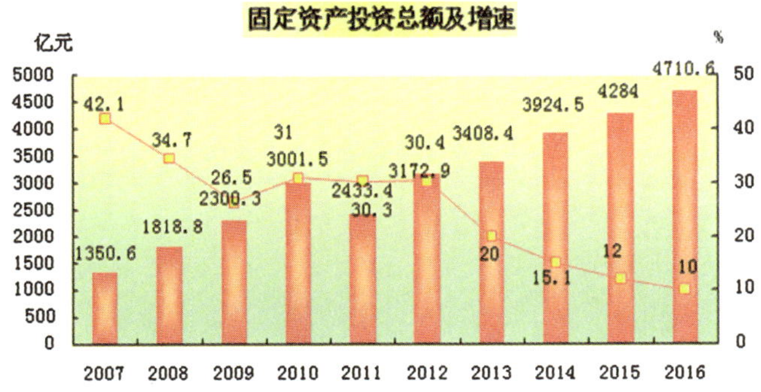


从各产业完成投资情况看，第一产业投资 27.9 亿元，增长 7.2%；第二产业投资 2314.3 亿元，增长 8.3%；第三产业投资 2316.9 亿元，增长 12.8%。从投资主体看，国有经济投资 1117.1 亿元，下降 12.7%；非国有经济投资 3541.9 亿元，增长 20.5%，占全社会固定资产投资的比重为 76%。民间投资 3465.8 亿元，增长 21.8%。全市工业投资 2310 亿元，增长 10%，对全社会投资增长的贡献率达 47.6%。

全市商品房施工面积 6522.2 万平方米，比 2015 年增长 6.1%。商品房竣工面积 762 万平方米，增长 29.1%。商品房销售面积 1017.7 万平方米，增长 25.5%。商品房销售额 667.4 亿元，增长 24.9%。

2016 年，长春市二手房交易 65766 套，交易面积 593.5 万平方米，比 2015 年增长 40.2%。其中，住宅交易 63308 套，交易面积 544 万平方米，增长 40.5%。

## 五、国内贸易

全年实现社会消费品零售总额 2650.3 亿元，比 2015 年增长 9.8%。分行业看，批发零售贸易业零售额 2374.7 亿元，增长 9.1%。其中，限额以上批发零售贸易业零售额 1057.8 亿元，增长 6.9%；限额以下批发零售贸易业零售额 1316.9 亿元，增长

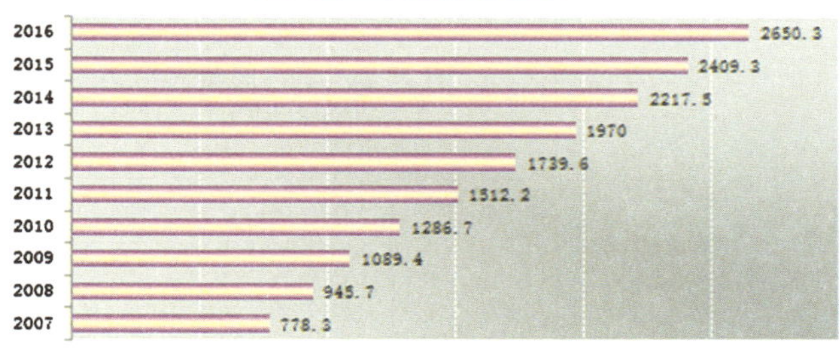


### 2016 年社会消费品零售额及其增速

单位：亿元

| 指 标 | 2016 年 | 比 2015 年增长% |
|---|---|---|
| 社会消费品零售总额 | 2650.3 | 9.8 |
| 按行业分： | | |
| 批发、零售贸易业 | 2374.7 | 9.1 |
| 其中：限额以上批发零售贸易业 | 1057.8 | 6.9 |
| 住宿、餐饮业 | 275.6 | 16.2 |

10.6%。住宿和餐饮业零售额 275.6 亿元，增长 16.2%。其中：限额以上住宿餐饮业零售额 27.6 亿元，增长 10.5%；限额以下住宿餐饮业零售额 248 亿元，增长 16.9%。

2016 年，长春市限额以上批发和零售企业汽车类零售额 293.7 亿元，增长 4.4%；粮油、食品类零售额 106.3 亿元，增长 9.9%；服装鞋帽针纺织品类零售额 158.9 亿元，增长 6.3%；金银珠宝类零售额 38.1 亿元，增长 2.2%；家用电器和音像器材类零售额 60 亿元，增长 0.7%；石油及制品零售额 140.4 亿元，增长 8.8%。

## 六、对外经济 旅游 会展

全年实现进出口总额 141.6 亿美元，比 2015 年增长 1.4%。其中，进口 122.4 亿美元，增长 1.7%；出口 19.2 亿美元，下降 0.6%。在出口企业中，一般贸易企业出口 13.3 亿美元，下降 3.5%；加工贸易企业出口 5.8 亿美元，增长 5.1%。

全年新批外资项目（企业）28 个，全年实际利用外资 65 亿美元，比 2015 年增长 14.7%。其中，直接利用外资 12.9 亿美元，增长 8%。

全年来长旅游人数 6700.4 万人次，比 2015 年增长 17%。其中，接待入境游客 45.2 万人次，比 2015 年增长 5%；接待国

内旅游者6655.2万人次,增长17.1%。全年旅游总收入1341.1亿元,增长25%。旅游外汇收入34398.2万美元,增长8%。

全市举办规模以上会展活动135项,展览面积248万平方米,比2015年分别增长10%和12%。展会直接收入55亿元,带动其他相关产业收入480亿元,分别增长17%和15%。

## 七、交通邮电业

全年公路货物周转量290.2亿吨公里,增长3.2%;旅客周转量为44.2亿人公里,下降5.3%。民航完成货邮吞吐量8.7万吨,增长11.3%;完成旅客吞吐量949.3万人,增长11.0%。2016年末全市民用汽车保有量143.7万辆,增长13.1%。其中,私人汽车保有量128.1万辆,增长15.2%。

2016年完成邮电业务总量99.0亿元,增长44.3%。其中,邮政业务总量5.7亿元,下降1.8%;特快专递36.0万件,下降30.8%;集邮1418万件,下降12.5%;邮政储蓄平均余额3201.2亿元,增长26.8%。电信业务总量93.2亿元,增长48.1%。市话期末到达户数115.8万户,下降4.9%;农话期末到达户数23万户,下降6.5%;移动电话期末到达户数1489.2万户,增长38.7%。互联网接入用户699.4万户,增长35.8%。

## 八、金融　证券　保险

截至2016年末,全市拥有银行信社类金融机构39家,保险公司34家,证券公司2家,证券公司分公司21家,证券营业部66家,上市企业23家。

全市金融机构本外币各项存款余额11122.2亿元,比年初增长11.7%。住户存款余额4277.1亿元,增长11.6%。金融机构本外币各项贷款余额9966.1亿元,比年初增长10.6%。

### 2016年金融机构本外币存贷款及其增长速度

单位:亿元

| 指　　标 | 2016年 | 比年初增长% |
|---|---|---|
| 各项存款余额 | 11122.2 | 11.7 |
| 其中:1.住户存款 | 4277.1 | 11.6 |
| 2.非金融企业存款 | 4180.7 | 15.0 |
| 3.广义政府存款 | 2112.2 | 7.1 |
| 各项贷款余额 | 9966.1 | 10.6 |
| 其中:住户短期贷款 | 350.7 | -2.9 |
| 中长期贷款 | 1893.8 | 26.6 |

全市股民账户数208.6万户,比2015年增长13%。有价证券成交总额15820.8亿元,比2015年下降35.9%。其中,股票交易成交额9312.2亿元,下降54.9%;国债成交额5081.6亿元,增长55.1%;基金成交额1083.9亿元,增长102.3%。

全年保费收入224.8亿元,比2015年增长39.1%。其中,财产险保费收入68.2亿元,增长12.6%;人身险保费收入156.6亿元,增长55%。全年赔付总金额68.5亿元,增长23.3%。其中,财产险赔付金额38.9亿元,增长15.5%;人身险赔付金额29.6亿元,增长35.1%。

## 九、城建

全市完成道路新建和扩建长度119.2公里,全市道路总面积7715.2万平方米,道路长度3534.7公里,人均道路面积19.8平方米。全市水厂日综合生产能力为124万立方米/日,城区使用自来水人数417.77万人。全市天然气供气总量57914万立方米;液化石油气供气总量5万吨。城区使用天然气、石油液化气户数169万户。城区集中供热面积21185.64万平方米。全市公园绿地面积16974公顷,建成区绿化覆盖面积19299公顷,建成区绿化覆盖率41.5%。

## 十、科技　质量技术监督　教育

全年专利申请量13327件,授权量7062件,分别比2015年增长30.9%和18.1%。其中,发明专利申请量5801件,增长24.4%;发明专利授权量1982件,增长8.2%。全年通过鉴定、验收和认定的科技成果381项,其中,获得市级科技进步奖励50项。

2016年末,在全市各级各类科技人员中,驻长“两院”院士40人,其中,域内24人,双聘16人。全市技术合同成交额108.2亿元。市科技管理部门投入科技经费2亿元。全市新认定高新技术企业73户。

全市有法定产品质量检验机构6家,法定计量技术机构11家。全年实施市级产品质量监督抽查258批次,受理委托检验18114批次,国家和省的监督抽查产品质量平均合格率分别为97.1%和96.3%;计量校准设备15781台/件,检验各类器具266971台/件。

2016年,长春市各级各类教育学校1556所(不含幼儿园),其中,在长普通高校38所,成人高校8所,中等职业学校96所,普通高中68所,初中268所,小学1067所,特殊教育10所,工读学校1所。

全市各级各类学校招生人数34.6万人,其中,普通高校15.5万人,成人高校0.4万人,中等职业学校1.7万人,普通高中4万人,初中阶段6.4万人,小学6.7万人,特殊教育259人。

全市各级各类学校在校人数129.6万人,其中,在读研究生5.1万人,普通本、专科生43.4万人,成人本专科生6.9万人,中等职业学校在校生4.4万人,普通高中在校生11.7万人,初中在校生17.9万人,小学在校生40万人,特殊教育在校生1116人。

全市各类教育学校专任教师9.1万人。其中,普通高等学校2.7万人,成人高校934人,民办机构178人,中等职业学校0.46万人,普通高中1.02万人,初中阶段2.1万人,小学2.7万人,特殊教育学校396人,工读学校29人。

全市学前教育机构1084个,其中,举办幼儿班机构304个,独立设置幼儿园780所,当年入园儿童5.65万人,在园儿童12.3万人。幼儿园教职工人数1.8万人,其中,专任教师1.02万人。

## 十一、文化 卫生 体育

2016年全市有文化(文物)事业机构230家,其中艺术表演团体3家,艺术表演场馆6家,公共图书馆12家,艺术馆、文化馆12家,文化站160家,文化艺术科研、科技机构2家,文物保护研究机构1家,文物保护管理机构4家,其他文化事业19家,其他文化企业1家,博物馆10家,文化市场管理机构15家。公共图书馆总藏量490.57万册,其中少儿图书馆藏量94.82万册。

2016年全市有各类文化经营场所1216家,其中互联网上网服务营业场所676家(连锁46家),文化娱乐场所201家,演出场所17家,音像制品营业场所96家,古玩(美术品)经营店226家,其中市区(含开发区)文化经营场所872家。其中互联网上网服务营业场所465家(连锁42家),文化娱乐场所122家,演出场所9家,古玩(美术品)经营店223家。

2016年全市有广播电台4座,节目10套,中波发射台和转播台26座,转播台24座,广播人口覆盖率为100%,电视台4座,节目9套,电视人口覆盖率为100%。

全市有国家综合档案馆11个,馆藏档案179万卷、166万件,开放档案16万卷、9万件。

2016年末,全市卫生医疗机构4404个,增长2%。其中,医院、卫生院297所,比2015年减少1.3%。拥有医疗床位4.87万张,比上年增长2.9%。卫生技术人员为5.03万人,比2015年增长5.9%。每千人拥有执业医师和执业助理医师2.82人。

2016年末,市辖区建成社区卫生服务中心68家,城区人口覆盖率100%。358.9万农民参加新型合作医疗,常住人口参合率98.1%,筹集资金20.5亿元,有152.1万参合农民受益,支付补偿金17.4亿元,占筹资总额的89.7%。

全年承办瓦萨国际越野滑雪赛等国际国内大型体育赛事200余项次。开展全民健身活动,完善健身场地设施,改善健身条件,各级各类健身活动1200余项次,近百万人次参与活动。

长春市代表团参加全国第十三届冬季运动会,取得运动成绩和精神文明双丰收。夺得12枚金牌、12枚银牌和10枚铜牌,75个项目进入前8名,1人1次破1项全国纪录,位居52个参赛代表团的前3位,整体实力继续保持在全国前列水平。全年体育彩票销售15.13亿元,占全省销售比例的40%。

## 十二、环境保护

2016年末,全市区域环境噪声平均值控制在56分贝,道路交通噪声平均值控制在69.5分贝。

全年城区空气环境质量优良级天数291天,占总天数的79.5%,其中,优级天数55天,占15.0%;良级天数236天,占64.5%;空气首要污染物细颗粒物(PM2.5)年日均值每立方米46微克,比2015年下降20微克;二氧化硫年日均值每立方米28微克,比2015年下降8微克;二氧化氮年日均值每立方米40微克,比2015年下降5微克;饮用水源水质达标率100%。

## 十三、人口 人民生活 社会保障

2016年末,全市户籍总人口为753.4万人。其中,市区人口437.8万人,3县(市)人口315.6万人。全市人口出生率为8.24‰,死亡率3.89‰,自然增长率4.36‰。

2016年,城镇常住居民人均可支配收入31069.4元,比2015年增长6.8%,其中,工资性收入17135.2元,增长4.8%;经营净收入1247.6元,下降2.4%;财产净收入2530.8元,下降0.6%;转移净收入10155.8元,增长13.9%。城镇常住居民人均消费支出24096.3元,增长3.8%。农村常住居民人均可支配收入12576元,增长7.0%。

2016年底,全市城镇企业职工基本养老保险参保人数211.2万人,比2015年增长3.4%。其中,在职职工149.6万人,增长3.6%;城镇失业保险参保人数95.9万人,增长1.2%。全年征缴养老保险基金140亿元,增长10.1%;征缴失业保险基金9.8亿元。全年为61.6万名离退休人员发放养老金156.4亿元,增长10.2%;为2.2万名失业人员发放失业金1.3亿元。

2016年城镇医疗保险参保人数407.4万人,工伤和生育保险参保人数分别为142.6万人和113.7万人。

2016年全市开发就业岗位14.3万个,实现城镇新增就业11.3万人,安置下岗失业人员实现再就业5.7万人,其中就业困难人员再就业1.3万人。截至到2016年末,全市公益性岗位在岗人数1.9万人,援助535户零就业家庭实现就业。实现农村劳动力转移就业113.7万人。到年底,城镇登记失业率3.57%。

全市建设保障性住房7819套、建筑面积51.9万平方米、总投资额81827万元。改造棚户区住宅9010套,回迁安置居民8090户。

截至年末,全市城市居民114528人享受最低生活保障;农村居民147032人享受最低生活保障。全年发放城乡低保资金8.5亿元。

全市在民政部门注册养老服务机构有300家,总床位数28235张。其中,国家办养老机构5家,社会力量投资兴办的养老机构199家。农村社会福利服务中心96所。全年销售社会福利彩票13.8亿元。募集善款1799.2万元,总支出慈善募捐款907.5万元,受助群众1.5万人次。

注:1.本公报各项统计数据为初步统计数。

2.本公报行业数据系有关部门(行业)提供。

3.本公报长春市地区生产总值、各产业增加值绝对数按现价计算,增长速度按可比价格计算。

# 2016年主流媒体看长春

| 媒体 | 报道题目 | 时间 |
|---|---|---|
| 人民日报 | 持续整治不作为慢作为 长春“抓落实”推进新一轮振兴 | 2016年12月23日 |
| | 长春市吹响新一轮软环境建设冲锋号 | 2016年11月23日 |
| | 长春为何率先在东北地区实现企稳增长? | 2016年11月23日 |
| | 长春新区:高台之上起高楼 | 2016年5月23日 |
| | 长春高新区 将科教优势转化为产业优势 | 2016年8月11日 |
| | 上半年规模以上工业增加值增长7.2% | 2016年8月26日 |
| | 德如春园草自生——长春市推动社会主义核心价值观建设纪实 | 2016年10月13日 |
| | 中宣部召开社会主义价值观宣传教育现场会 | 2016年10月15日 |
| | 车巡步巡交替进行,安全隐患整完排查 长春夜巡提升群众安全感 | 2016年10月24日 |
| | 我国造出世界最大面积中阶梯光栅 | 2016年11月14日 |
| | 中科院长春光机所成功研制大面积、高精度光栅刻划机 把光谱看的更透 | 2016年11月21日 |
| | 创建就业基地,提供创业补贴 长春市扶贫不忘残疾人 | 2016年1月15日 |
| | 李万君:这个焊工不简单 | 2016年11月4日 |
| | 吉林省长春市职工创新大会暨优秀创新成果展开幕 | 2016年1月4日 |
| | 工人在装配具有完全自主产权的轨道转向架 | 2016年2月25日 |
| | 火车站进站大厅客运员朱立红——让我送你进站台 | 2016年3月14日 |
| | 把幸福带给社区每个人——记长春长山花园党委书记、主任吴亚琴 | 2016年6月17日 |
| | 幼儿园长张馨予 因为爱,付出再多也心甘 | 2016年9月10日 |
| | 『独臂快递哥』入职八年『零差评』邢亮 忙活儿不白活 | 2016年1月26日 |
| | 军营飞歌 | 2016年11月29日 |
| | 公建民办,构建心智障碍者康复教育托养就业培训链条 让更多“阿甘”融入社会 | 2016年11月24日 |
| | 迎首个航天日 了解航天奥秘 | 2016年4月24日 |
| | 追梦 | 2016年9月3日 |
| | 长春师范大学持续实施“青年马克思主义者培养工程” 这里的青春不迷茫 | 2016年5月30日 |
| | 体育公益培训政府埋单 长春青少年冬令营 冬季健身天寒心暖 | 2016年1月10日 |
| | 开学啦 | 2016年8月24日 |
| | 吉林大学一群志愿者接力帮助临终病患,其中1900余人已平静离世 让青春呵护一程 | 2016年11月25日 |
| | 吉林长春市 均衡发展普惠百姓 | 2016年2月24日 |
| | 5000余名中外选手竞逐长春雪野 | 2016年1月5日 |
| 新华社 | 东北振兴看长春:逆势增长 长春为什么能 | 2016年12月19日 |
| | 长春工业跑出提质增效加速度 | 2016年12月4日 |
| | 润物细无声 入脑入心——长春打造宣传教育阵地促核心价值落地 | 2016年10月13日 |
| | 长春:创新火照亮老工业基地振兴路 | 2016年5月13日 |
| | 中宣部召开社会主义核心价值观宣传教育现场交流会 | 2016年10月14日 |
| | 长春“中关村”为东北振兴注入“新动能” | 2016年5月11日 |
| | 长春金赛药业:以科技焕发老工业基地新生机 | 2016年12月1日 |
| | 长春民企以海外并购谋划“弯道超车” | 2016年5月23日 |
| | 填补国内空白 中科院成功研制光谱“解码芯片”母机 | 2016年11月11日 |
| | 1毫米刻6000道槽!长春光机所8年打磨“精密机械之王” | 2016年11月14日 |
| | 黑土地上的秋收:全程机械化 农民收益多 | 2016年10月23日 |
| | “大国工匠”李万君:在平凡中非凡 | 2016年10月20日 |
| | 长春瓦萨国际滑雪节首次引入世界顶级职业滑雪巡回赛 | 2016年12月2日 |
| | 吉林美丽秋收 | 2016年10月11日 |
| | 刘奇葆:奋力推动电影事业繁荣发展 在长影集团调研时强调着力增强创新能力,为人民群众奉献更多优秀电影 | 2016年9月12日 |
| | 第13届中国长春电影节开幕 | 2016年10月12日 |
| | 第13届中国长春电影节闭幕 | 2016年10月15日 |

续表

| 媒体 | 报道题目 | 时间 |
| --- | --- | --- |
| 中央电视台 | 爬坡过坎看东北 振兴需要好机制 | 2016 年 5 月 15 日 |
| | 学习贯彻习近平总书记七一重要讲话 | 2016 年 7 月 5 日 |
| | 调结构转方式·国家高新区调研行 长春高新区:创新培育新动力 | 2016 年 7 月 25 日 |
| | 长春新区报批 打造东北振兴“新引擎” | 2016 年 2 月 21 日 |
| | 吉林:消除创新孤岛 促进成果转化 | 2016 年 9 月 7 日 |
| | 吉林:打造优质营商环境 为企业松绑 | 2016 年 7 月 29 日 |
| | 长春:让核心价值观融入思想深处 | 2016 年 10 月 16 日 |
| | 郭力:中国汽车工业的开创者 | 2016 年 2 月 25 日 |
| | 第十三届长春电影节开幕 | 2016 年 10 月 12 日 |
| | 管道维修工:在五十度温差中堵漏点 | 2016 年 11 月 8 日 |
| | 中国空军将举办航空开放活动 | 2016 年 8 月 31 日 |
| | 冰雪嘉年华 喜迎八方客 | 2016 年 1 月 4 日 |
| 光明日报 | 东北腹地的“国际范儿”——长春高新区构建“人才特区”点亮未来之路 | 2016 年 8 月 5 日 |
| | 德在身边伴君行——吉林省长春市开展社会主义核心价值观教育宣传教育综述 | 2016 年 10 月 13 日 |
| | 党组织服务民生的 “社区样本”——记吉林省长春市宽城区团山街道长山花园社区党委 | 2016 年 6 月 6 日 |
| | 给普通人更多到的出彩的机会——吉林省长春市绿园区春城街道信阳社区推出“草根雷锋”海选活动 | 2016 年 7 月 19 日 |
| | 近千亿自己投向长春新区助力老工业基地振兴 | 2016 年 11 月 27 日 |
| | E 人 E 本助力长春市开启互联网+政务服务新模式 | 2016 年 11 月 14 日 |
| | 美国老人眼中的中国变迁 | 2016 年 12 月 1 日 |
| | 第十三届中国长春电影节开幕 | 2016 年 10 月 12 日 |
| 经济日报 | 潜力怎样成为实力——从长春发展新亮点看东北振兴新希望 | 2016 年 10 月 19 日 |
| | 长春净月高新区:项目宁缺毋滥 产业迈向高端 | 2016 年 8 月 11 日 |
| | 滚石上山,注入澎湃新动力——对吉林省经济转型发展的调研(上) | 2016 年 8 月 29 日 |
| | 敢闯敢创,释放市场新活力——对吉林省经济转型发展的调研(中) | 2016 年 8 月 30 日 |
| | 汇聚实干的强大合力——对吉林省经济转型发展的调研(下) | 2016 年 8 月 31 日 |
| | 吉林农安陈家店村:“发展自己的不如发展集体的” | 2016 年 8 月 8 日 |
| | 阵地有形化 润物细无声——长春力促社会主义核心价值观宣传教育落地生根 | 2016 年 10 月 13 日 |
| | 核心价值观宣教现场交流会举行 | 2016 年 10 月 16 日 |
| | 长春旅游:从“边缘经济”到支柱产业 | 2016 年 3 月 21 日 |
| | 长春新区打造创新发展引擎 | 2016 年 5 月 11 日 |
| | 解放牌卡车——30 年填空白 30 年创世界 | 2016 年 7 月 27 日 |
| | 一汽一大众累计销量超过 1250 万辆 | 2016 年 9 月 11 日 |
| | 首届全球吉商大会在长春开幕 | 2016 年 7 月 29 日 |
| | 新中国第一代汽车人楷模——追记第一汽车制造厂第一任厂长郭力 | 2016 年 2 月 26 日 |
| | 热心肠的“轮椅姐”——记沈阳铁路局长春站客运值班员朱立红 | 2016 年 3 月 8 日 |
| | 高铁焊接大师李万君 | 2016 年 10 月 22 日 |
| | “老乘务”站好最后一班岗 | 2016 年 2 月 12 日 |
| | “兰中君子”探路产业化——从长春君子兰说开去 | 2016 年 4 月 5 日 |
| | 壮大冰雪旅游经济——访吉林长春市人大常委会主任李树国代表 | 2016 年 3 月 8 日 |
| | 吉林长春:“小手拉大手”弘扬文明家风 | 2016 年 4 月 4 日 |
| | 中车长客:银龙出海,不靠颜值靠实力 | 2016 年 6 月 13 日 |

续表

| 媒体 | 报道题目 | 时间 |
|---|---|---|
| 中央人民广播电台 | 东北经济艰难筑底 长春工业为何能够率先企稳回 | 2016年12月6日 |
| | 升长春力克“堵车”痼疾 城市面貌焕然一新 | 2016年11月1日 |
| | 长春工业首季飘红 助力吉林老工业基地爬坡过坎 | 2016年4月17日 |
| | 长春规模以上工业结束连续十二个月负增长产值创近10年之最 | 2016年4月17日 |
| | 长春装备中国造 | 2016年4月24日 |
| | 吉林实施金融对接科技 解决科技型中小企业融资难 | 2016年11月30日 |
| | 高铁战线工人“院士”李万君为“中国制造”提供质量保证 | 2016年10月21日 |
| | 滚石上山爬坡过坎 长春工业逆势增长 | 2016年12月5日 |
| | 长春国家级新区 东北振兴新引擎 | 2016年5月3日 |
| | 长春逆势增长 前三季度利润由负转正 | 2016年12月5日 |
| 中国新闻社 | 中国批准设立长春新区 打造东北振兴新引擎 | 2016年2月15日 |
| | 软环境成振兴东北应破之题 长春“加减法”做出大文章 | 2016年12月14日 |
| | 软环境为振兴东北破题 长春“加减法”做出大文章 长春创出经济雾霾 | 2016年12月14日 |
| | 长春新区建设按下“快进键” 东北振兴再获新引擎 | 2016年10月26日 |
| | 中国“汽车城”长春整车产量超200万辆 新能源汽车成未来重点 | 2016年2月27日 |
| | 中俄媒体聚焦长春 共商讲好“中俄故事”新途径 | 2016年9月2日 |
| | 东北振兴“硬仗” 制造业拓“新路”突围 | 2016年5月9日 |
| | 吉林大学南极科考队员集结 五赴冰穹探寻“气候密码” | 2016年10月27日 |
| | 长春打造东北亚跨境电商中心 中国货“包机”空降欧洲 | 2016年5月12日 |
| | “汽车城”长春扩大产能引港企组团北上掘金 | 2016年4月2日 |
| | 外资加速进入老工业基地长春 制造业受关注 | 2016年11月23日 |
| | “中国造”地铁连通里约奥运 | 2016年11月23日 |
| | 长春——满洲里——欧洲班车列车运行常态化 | 2016年11月14日 |
| | 长春——满洲里——欧洲冷链国际班车开通 中国果蔬批量“输欧” | 2016年9月18日 |
| | 长春新区“侨梦苑”揭牌 打造华侨华人创新创业基地 | 2016年9月6日 |
| | 长春建通用机场基地 抢滩私人飞机市场 | 2016年11月16日 |
| | 迎首个中国航天日 新中国“光学摇篮”展示半世纪成就 | 2016年4月23日 |
| | 新中国电影摇篮谋振兴主业 拍片规划至2021年 | 2016年11月9日 |
| | 第十三届中国长春电影节开幕 | 2016年10月11日 |
| | 全球137个汽车品牌亮相长春国际车展 | 2016年7月15日 |
| | 吉林长春市民年货清单“悄然生变” | 2016年2月4日 |
| | 长春拂起文明追思风 市民跨越时空祭祀先人 | 2016年3月26日 |
| | 长春禁燃换来“春节蓝” 专家支招寻找新年味 | 2016年2月15日 |
| | 长春不闻“开门炮” “春节蓝”获市民点赞 | 2016年11月29日 |
| | 长春“全民上冰雪”迎新 百余活动助推“白雪变白银” | 2016年1月1日 |
| 中国日报(CHINA DAILY) | New area shows how it's done | 2016年11月18日 |
| | City shifting from heavy industry to modernization | 2016年9月2日 |
| | Changchun advances 'city of happiness' plan | 2016年12月16日 |
| | PROVINCE HAS HIGH AMBITIONS FOR 2016 AND BEYOND | 2016年3月8日 |
| | Renovation gives older urban areas a much-needed face-lift | 2016年10月16日 |
| | Laundries making a clean break from past | 2016年2月16日 |
| | Pair bonds in helping others | 2016年1月8日 |
| | First hybrid train on track for testing | 2016年5月6日 |
| | Beijing rolls out big CRRC subway train | 2016年7月5日 |
| | Bucking downtrend,adding value to human resources | 2016年3月10日 |

续表

| 媒体 | 报道题目 | 时间 |
|---|---|---|
| 中国日报（CHINA DAILY） | Big names attest to city's parts prowess | 2016年5月20日 |
| | Industrial economy stabilizing and rising | 2016年10月16日 |
| | Shangri-la reopens in Changchun after revamp | 2016年9月10日 |
| | Curbing smog to improve lifestyles | 2016年10月16日 |
| 文汇报 | 这些「中国制造」曾被总理寄予厚望 | 2016年5月28日 |
| | 中车获澳洲地铁列车大单 | 2016年9月15日 |
| | 吉林汉自掏200万赴日 收集逾万件侵华罪证 | 2016年12月3日 |
| | 三次登基终贬庶 溥仪文物展 沧桑人生路 | 2016年9月14日 |
| | 「星星的孩子」搬「新家」吉林省政协助力残疾儿童康复事业 | 2016年10月8日 |
| 大公报 | 吉林省十二届人大五次会议 政协吉林省十一届四次会议闭幕 在新一轮振兴发展征程上砥砺前行 | 2016年2月5日 |
| | 中车长客股份公司 依靠「创新驱动」打造世界级企业 | 2016年7月27日 |
| | 穿越新丝路 牵手欧洲经济体 "长满欧"国际铁路大通道试运行一年 | 2016年8月31日 |
| | 通信业发力 描绘吉林服务业新「云图」 | 2016年3月15日 |
| | 吉林:「双创」催生民营经济新活力 | 2016年3月15日 |
| | 全球吉商有了自己的家 吉商联合会在长春成立 | 2016年8月5日 |
| | 吉商发展高峰论坛成功举办 全球吉商为吉林新一轮振兴共商大计 | 2016年8月5日 |
| | 侵华日军生化战暴行之 长春篇 | 2016年12月13日 |
| | 第十三届长春电影节11日启幕 15部影片角逐"金鹿奖" | 2016年10月10日 |
| 香港商报 | 长春新区:打造吉林整形发展新引擎 | 2016年6月21日 |
| | 创新体制机制 激活兴趣发展活力 | 2016年6月21日 |
| | 打造吉林振兴新引擎 长春国家级新区设立 | 2016年4月28日 |
| | 长春新区谋综合实力新跨越 | 2016年10月25日 |
| | 长春兴隆综保区提升经济外向度 | 2016年5月21 |
| | 长春「互联网+」博览会开幕 | 2016年6月14日 |
| | 长春互联网+博览会吸引跨境电商 | 2016年6月11日 |
| | 中俄媒体长春聚焦两国战略对接 | 2016年9月7日 |
| | 长春净月高新区谋建创新型生态城 | 2016年7月20日 |
| | 长春农博会见证吉林现代农业崛起 | 2016年8月24日 |
| | 长春企博会参展车企豪华亮相 | 2016年7月7日 |
| | 长春冰雪节暨净月潭滑雪节开幕 | 2016年1月7日 |
| | 以"旅游"为支点 撬动服务业大发展 | 2016年4月7日 |
| | 长春科技大市场正式启动运行 | 2016年7月21日 |
| 凤凰卫视 | 东北振兴 长春官方减负放权破困局 | 2016年12月14日 |
| | "长满欧"班车运行1年 建东北亚枢纽 | 2016年11月16日 |
| | 吉林长春新区建立 载东北振兴期望 | 2016年4月26日 |
| | 长春建大数据服务平台 优化营商环境 | 2016年12月4日 |
| | 长春纪念九一八事变85周年 | 2016年9月18日 |
| | 33国数千选手竞逐长春瓦萨滑雪 | 2016年1月5日 |
| | 长春百名儿童同受中华传统"启蒙礼" | 2016年6月2日 |
| | 长春癌症女孩圆梦做新娘 | 2016年8月6日 |
| | 长春老外端午节包粽子体验中国文化 | 2016年6月9日 |
| 农民日报 | 吉林:农村低保与国家扶贫标准"双线融合" | 2016年12月28日 |
| | 春耕时节 种粮大户有期盼 | 2016年4月12日 |
| | 养鹅致富经——"鹅管家"说鹅 | 2016年2月23日 |
| | 吉林推进农业供给侧结构性改革 加快率先实现农业现代化 | 2016年12月17日 |
| | 【新春走基层】小草莓的火热致富路 | 2016年2月11日 |

续表

| 媒体 | 报道题目 | 时间 |
|---|---|---|
| 工人日报 | 身边的大国工匠:“攻克一个难题,就获得一份快乐” | 2016 年 9 月 12 日 |
| | “大国工匠”李万君:在平凡中非凡 | 2016 年 10 月 24 日 |
| | 长春市“局长接待日”6 年记 | 2016 年 8 月 1 日 |
| | 搭职工成长平台 设岗位献智舞台 摆万众创新擂台 长春市总引领百万职工争当岗位创客 | 2016 年 12 月 7 日 |
| 中国青年报 | [东北振兴再出发]吉林前三季 GDP 增 6.9%经济持续回暖 | 2016 年 12 月 1 日 |
| | 印象长春:老工业基地召唤新“创客” | 2016 年 7 月 26 日 |
| | 2016 年,中国无战事,军人有牺牲 | 2016 年 7 月 26 日 |
| | 吉林外贸回稳向好:截止 11 月全省外贸进出口实现 1110 亿元 | 2016 年 12 月 19 日 |
| | 长春农博会 10 天签约 220 亿元 | 2016 年 8 月 22 日 |
| | 吉林大学举行减小 70 周年庆祝大会 | 2016 年 9 月 16 日 |
| 中国经济时报 | 东北经济滚石上山 长春工业何以逆势回升 | 2016 年 12 月 29 日 |
| | 融入“一带一路” 吉林构建国际运输大通道 | 2016 年 6 月 9 日 |
| | 长春新区:拓展东北振兴新空间 | 2016 年 12 月 19 日 |
| | 科技型“小巨人”企业:长春经济增长的新动力 | 2016 年 3 月 11 日 |
| | 长春:科技创新在供给侧改革中精准发力 | 2016 年 3 月 11 日 |
| | 首条“中国标准”铁路服务海外 | 2016 年 10 月 25 日 |
| | 我国米轨客车首次出口泰国 | 2016 年 5 月 26 日 |
| | 长春科技金融:科技型企业融资聚富的新平台 | 2016 年 3 月 11 日 |
| | 房地产供给侧改革重在增加有效供给——访长春市住房保障和房地产管理局局长刘大平 | 2016 年 11 月 23 日 |
| 新媒体 | 首届长春网友节:打造生态网络 争做中国好网民 | 2016 年 7 月 12 日 |
| | “直播春天”引爆全民多媒体社交热潮 | 2016 年 4 月 9 日 |
| | 吉林省长春市开展《寻找蛮拼“小人物”》活动 | 2016 年 8 月 10 日 |
| | 天长对标手牵手,何愁振兴不地久—长春代表团天津考察对接述评 | 2016 年 12 月 1 日 |
| | 吉林长春:摆脱“一汽打喷嚏,长春就感冒”单一产业格局 | 2016 年 12 月 24 日 |
| | 东北振兴看长春 长春发展靠制造 | 2016 年 12 月 19 日 |
| | 长春经济增速重回“7”时代 | 2016 年 12 月 7 日 |
| | 长春为何率先在东北地区实现企稳增长 | 2016 年 11 月 24 日 |
| | 旧城蝶变展新颜 长春市旧城改造纪实 | 2016 年 12 月 5 日 |
| | 整治道路交通秩序,长春签订 4 万份责任书 | 2016 年 11 月 19 日 |
| | 长春城市战略:建设东北亚区域性中心城市 | 2016 年 12 月 8 日 |
| | 长春新区立足“一带一路”构建开放新格局 | 2016 年 12 月 13 日 |
| | “网聚振兴路”媒体推介会:探讨长春城市建设 | 2016 年 12 月 14 日 |
| | 长春加强路网工程建设 打通城市微循环 | 2016 年 12 月 21 日 |
| | 长春市全面推行河长制综合治理河湖 | 2016 年 12 月 15 日 |
| | 长春市抢抓机遇 快速推进重点工程建设 | 2016 年 12 月 14 日 |
| | “长珲欧”中欧班列有望 2017 年上半年开通 | 2016 年 12 月 19 日 |
| | 深化合作 创新发展 积极推动老工业基地振兴发展 | 2016 年 11 月 30 日 |
| | 旧城蝶变展新颜——长春市旧城改造纪实 | 2016 年 12 月 6 日 |
| | 东北振兴看长春 2016 年实施 6 项城建重点工程 | 2016 年 12 月 14 日 |
| | 3850 个车位是怎么变成 33 万的——长春市整治道路交通秩序大会战纪实之一 | 2016 年 11 月 19 日 |
| | 培育新产业 壮大新经济 开启长春央企深度合作新篇章 王君正带队赴京拜会中国通用集团董事长许宪平 | 2016 年 11 月 30 日 |
| | 长春申报“中国制造 2025”试点示范城市 | 2016 年 12 月 16 日 |

# 2016年长春市人大常委会制定修订废止及修改法规情况

审议制定、修订、修改和废止地方性法规10件，其中，

**制定**3件：《长春市城市地下空间开发利用管理条例》《长春市道路交通安全管理条例》《长春市爱国卫生条例》

**修订**2件：《长春市动物诊疗机构管理条例》《长春市市容和环境卫生管理条例》

**修改**2件：《长春市企业负担监督管理条例》《长春市城市客运出租汽车管理条例》

**废止**3件：《长春市大气污染防治管理办法》《长春市道路货物运输交易市场管理条例》《长春市信访工作若干规定》

（张 剑）

# 2016年长春市政府规章目录

1.《长春市发展应用新型墙体材料管理规定》（2016年1月20日，市政府66号令公布）

2.《长春市人民政府关于修改和废止部分政府规章的决定》（2016年12月2日，市政府67号令公布）

3.《长春市电梯安全管理办法》（2016年12月12日，市政府68号令公布）

（张海光）

# 主题索引

## 说明

1.本索引采取主题抽取法,以主题词首字按拼音顺序排列为序,首字相同,以第二个字按拼音顺序排列为序,以此类推。

2.索引的主题词后面的数字表示内容所在页码,数字后面的英文字母(a、b、c)表示该页自左至右的栏别,无英文字母的表示当页各栏都有该主题词。

## D

## E



## F



## G

## H



## J

## K

## P



## Q



## R



## S

## T

## Y



## Z